# ARCHITEKTUR-
# ZEICHNUNGEN
## der Sammlung Albrecht Haupt

# ARCHITEKTUR-ZEICHNUNGEN
## der Sammlung Albrecht Haupt

Markus Jager und Simon Paulus (Hg.)

**MICHAEL IMHOF VERLAG**

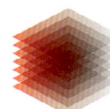

## IMPRESSUM

**Herausgeber**
Markus Jager und Simon Paulus

**Projektleitung Verlag und Gestaltung**
Carolin Zentgraf, Michael Imhof Verlag

© 2023
Michael Imhof Verlag GmbH & Co. KG und die Autoren
Stettiner Straße 25, D-36100 Petersberg
Tel.: 0661/2919166-0; Fax: 0661/2919166-9
E-Mail: info@imhof-verlag.de
www.imhof-verlag.de

**Druck**
Gutenberg Beuys Feindruckerei GmbH, Langenhagen

ISBN 978-3-7319-1297-2

# INHALT

6     Vorwort
*Markus Jager und Simon Paulus*

## ESSAYS

8     Geschichte vergegenwärtigen. Der Architekt Albrecht Haupt (1852–1932)
*Markus Jager*

30     „Innerhalb des reichen Bücherbestandes". Monographien der Sammlung Albrecht Haupt
*Hedda Saemann*

40     „Durch Anschauung mit Leben erfüllen". Druckgraphik in der Sammlung Albrecht Haupt
*Birte Rubach*

50     Die Architekturzeichnungen in der Sammlung Albrecht Haupt.
Ein sammlungs- und forschungsgeschichtlicher Einblick
*Simon Paulus*

## KATALOG

73     A   Antiken- und Italienstudien
107    B   Ausbildung, Studienblätter und Akademiepraxis
127    C   Szenographien und Bühnenbilder
151    D   Bauten und Projekte
197    E   Grabmonumente und Denkmalentwürfe
211    F   Sakrale Raumausstattungen
229    G   Profane Raumausstattungen
253    H   Gartenkunst
271    I    Topographia und Reisestudien
291    J   Historische Konvolute

## ANHANG

306   Literatur
318   Abkürzungen
319   Archivalien, unveröffentlichte Berichte und Gutachten aus dem Archiv der Sammlung Haupt

# VORWORT

*Markus Jager und Simon Paulus*

Dieses Buch widmet sich den Architekturzeichnungen der Sammlung Albrecht Haupt, die in der Technischen Informationsbibliothek Hannover (TIB) aufbewahrt werden. Diese Architekturzeichnungen bilden einen qualitätvollen, aber bislang nahezu unbekannt gebliebenen Teilbestand der Sammlung Albrecht Haupt, die insgesamt aus drei großen Sammlungssegmenten besteht. Sie setzen sich zusammen aus einem Bestand an historischen Architekturtraktaten, aus einem umfangreichen Konvolut an eigenhändigen Reiseskizzen von Albrecht Haupt sowie aus einem gut 6.000 Werke umfassenden Bestand an historischer Graphik, die Albrecht Haupt über mehrere Jahrzehnte gesammelt und zu Beginn des 20. Jahrhunderts der Universitätsbibliothek der damaligen Technischen Hochschule Hannover vermacht hat.

Während der bibliophile Bestand an Architekturtraktaten seit jeher über den Bibliothekskatalog erschlossen ist und als Rara-Bestand relativ unkompliziert benutzt werden kann, handelt es sich bei den beiden anderen Großbeständen der Sammlung Haupt um graphische Konvolute, deren Benutzung nicht ganz so niederschwellig ist. Das liegt neben konservatorischen Aspekten auch an der Art der Erschließung. Während die eigenhändigen Reiseskizzen von Albrecht Haupt vor einigen Jahren digitalisiert und über eine behelfsmäßige Datenbank der Forschung zugänglich gemacht werden konnten, war dies für das dritte große Segment der Sammlung Haupt, nämlich die historischen graphischen Einzelblätter von dritter Hand, bislang nicht der Fall. Das hat dazu geführt, dass dieser in kunsthistorischer Hinsicht besonders kostbare Teil der Sammlung bislang recht selten von der Forschung benutzt worden und relativ unbekannt geblieben ist.

Um diesen mehr als einhundert Jahre währenden „Dornröschenschlaf" zu beenden, haben sich die Technische Informationsbibliothek in Person von Irina Sens und Hedda Saemann sowie der Lehrstuhl Bau- und Stadtbaugeschichte der Leibniz Universität Hannover in Person von Markus Jager 2018 entschlossen, gemeinsam das Kooperationsprojekt „Digitalisierung und Erschließung der Graphischen Einzelblätter der Sammlung Albrecht Haupt (GESAH)" zu initiieren, das Dank seiner großzügigen Förderung durch die Deutsche Forschungsgemeinschaft in den Jahren 2019 bis 2022 durchgeführt werden konnte. Ziel des Projektes war es, die graphischen Blätter vollständig zu digitalisieren und über eine durch das Open Science Lab der TIB zu entwickelnde Datenbank der Forschung online verfügbar zu machen. Was bislang in den Planschränken schlummerte und nur wenigen Wissenschaftlerinnen und Wissenschaftlern zugänglich war, wird künftig auf digitalem Wege einsehbar sein.

Zugleich sollte jene Basiserschließung erfolgen, die bislang fehlte und den fachlichen Umgang mit der Sammlung so sehr erschwere. Dies stellte und stellt aus kunsthistorischer Sicht eine große Herausforderung dar. Denn im Unterschied zu dem Bücherbestand der Sammlung und dem Bestand an eigenhändigen (aber zumeist lokalisierten) Reiseskizzen von Albrecht Haupt befinden sich im dritten Sammlungssegment sehr viele graphische Blätter, für die in vielen Fällen bislang keine individuelle Erschließung vorlag. Abgelegt in drei verschiedenen Formatgruppen waren die Blätter bislang nur kursorisch nach Ländern oder Schulen geordnet. Viele weitere Erschließungsfaktoren, sei es Datierung oder Entstehungsjahr, die künstlerische Autorschaft oder auch nur die Lokalisierung bzw. Identifizierung des Dargestellten, waren in den allermeisten Fällen unklar. Diese fehlende Basiserschließung war auch der Grund, weshalb dieses große Sammlungskonvolut bislang im Windschatten der Forschung geblieben ist.

Da der Mengenbestand mit über 6.000 Werken nicht innerhalb von drei Jahren eine vollständige fachliche Erschließung erfahren konnte, richtete das Projekt seinen fachlichen Fokus auf den Teilbestand der Architekturzeichnungen und verwandter künstlerischer Handzeichnungen. Dieser etwa 900 Werke umfassende Fundus sollte – gleichsam als exemplum einer künftigen Gesamterschließung – einer tiefergehenden Erschließung unterzogen werden, um das Arbeiten mit diesen Beständen zu erleichtern. Denn nur wer weiß, dass in Hannover beispielsweise Blätter zu oberitalienischen Kirchen oder schlesischen Palastbauten des Barock aufbewahrt werden, kann sich dem mit konkreten Forschungsfragen nähern.

Die fachliche Tiefenerschließung der Architekturzeichnungen, deren Durchführung Simon Paulus als Projektmitarbeiter am Lehrstuhl Bau- und Stadtbaugeschichte verantwortete, wurde zudem auf kollaborativem Wege realisiert. Das heißt, dass nicht allein das engere Projektteam die Erschließung geleistet hat, sondern dass darüber hinaus ein Kreis von ausgewiesenen internationalen Expertinnen und Experten für die Bearbeitung der Blätter herangezogen wurde. Daher wurde im Anschluss an die erste Sichtung und Schnellerfassung durch die beiden Herausgeber eine Auswahl von 100 herausragenden und besonders forschungswürdigen Zeichnungen getroffen. Diese Auswahl wird in diesem Buch vorgestellt. Die Zuweisung der Blätter erfolgte unter der Maßgabe, dass für deren Bearbeitung möglichst jene Kolleginnen und Kollegen gewonnen werden sollten, die bereits im thematischen Umfeld der Zeichnungen geforscht haben. Die Herausgeber schätzen sich außerordentlich glücklich, dass auf diesem Wege mehr als 40 Expertinnen und Experten aus dem In- und Ausland in das Projekt eingebunden werden konnten, von denen nicht wenige sogar mehrere Blätter bearbeitet haben. Der Zugang der Autorinnen und Autoren ist jeweils ein individueller, so dass sich insgesamt ein breites Spektrum unterschiedlicher methodischer Ansätze und Herangehensweisen bietet.

Der Architekturbegriff und das Sammelspektrum von Albrecht Haupt waren ungewöhnlich breit. So finden sich neben klassischen Fassadenentwürfen auch zahlreiche Interieurs, Möbelentwürfe oder Ornamentzeichnungen in der Sammlung. Um diese Breite adäquat abzubilden, haben wir die ausgewählten Blätter in insgesamt zehn Themenfelder gruppiert. Dabei haben wir uns an einem Gliederungsmuster orientiert, das einerseits von Haupts eigener Ordnungsstruktur inspiriert ist, andererseits jene wesentlichen Themengruppen abbildet, die sich im Verlauf der Erschließung in quantitativer Hinsicht herauskristallisiert haben. Das sind: Antiken- und Italienstudien; Ausbildung, Studienblätter und Akademiepraxis; Szenographien und Bühnenbilder; Bauten und Projekte; Grabmonumente und Denkmalentwürfe; Sakrale Raumausstattungen; Profane Raumausstattungen; Gartenkunst; Topographia und Reisestudien sowie drei Sonderkonvolute.

Diese Themengebiete verdeutlichen einerseits das besondere Interessensspektrum des Sammlers Albrecht Haupt. Bis zu einem gewissen Grad dokumentieren sie andererseits jene Gattungen und Sphären, in denen Albrecht Haupt auch als praktizierender Architekt aktiv gewesen ist. Dessen ungeachtet bleibt zu konstatieren, dass wichtige Praxisbestandteile der Architektur in ihrer Eigenschaft als Ingenieursdisziplin, beispielsweise Themen der Baukonstruktion und der Bautechnik, in dieser Reihe nicht auftauchen. Tatsächlich finden sich unter den Zeichnungen der Sammlung so gut wie keine Beispiele aus diesem Feld. Dies mag dem Umstand geschuldet sein, dass Haupt seine graphische Sammlung in erster Linie als künstlerische Inspirationsquelle betrachtete.

Die meisten der hier vorgestellten Blätter werden zum ersten Mal veröffentlicht. Viele Zeichnungen, die bislang gleichsam inkognito in den Planschränken lagen, konnten im Rahmen des Projektes durch aufwändige Recherchen identifiziert werden. Was bislang nur kursorisch als „Kirchenportal, Oberitalien" benannt war, lässt sich nun einem konkreten Ort und einem konkreten Projekt zuweisen. Auch Datierungsfragen sowie die künstlerische Urheberschaft, die bislang bei vielen Blättern unklar gewesen sind, haben sich in vielen Fällen eingrenzen, präzisieren oder sogar klären lassen. Das ist das Verdienst aller an diesem Buch beteiligten Autorinnen und Autoren. Sie alle haben mit ihrer Expertise ganz wesentlich dazu beigetragen, dass wir die Sammlung Haupt heute mit anderen Augen sehen können. Einen solchen Blick auf die Sammlung hat es bislang nicht gegeben.

Die Sammlung Haupt ist mit dem vorliegenden Buch keineswegs ausgeforscht. Im Gegenteil, auch künftig besteht noch viel Forschungsbedarf. Zahlreiche weitere Blätter harren der vertiefenden Erschließung und der fachlichen Würdigung. Mit den hier ausgewählten Zeichnungen ist lediglich ein Anfang gemacht. Wir hoffen, dass von diesem Initial viele Impulse für die weitere Forschung ausgehen und dass die graphischen Bestände der Sammlung Haupt künftig mehr als zuvor zum Gegenstand weiterer Untersuchungen werden.

Unser Dank gilt allen, die an diesem Projekt mitgearbeitet und es möglich gemacht haben. Das ist an erster Stelle die Deutsche Forschungsgemeinschaft (DFG), die das Vorhaben großzügig gefördert hat. Ohne die kollegiale und positive fachliche Resonanz seitens der DFG und ihrer Gutachterinnen und Gutachter hätte das Projekt nicht realisiert werden können. Darüber hinaus gilt unser Dank dem engeren und erweiterten Projektteam in der Technischen Informationsbibliothek und am Lehrstuhl Bau- und Stadtbaugeschichte der Leibniz Universität Hannover, namentlich Irina Sens, Hedda Saemann, Christian Hauschke, Birte Rubach, Thomas Bähr sowie Graham Triggs (†), Georgy Litvinow, Tatiana Walther, Elena Luz, Susanne Nicolai, Johanna Wolf, Clara Burkhard, Vanessa Müller und Cord Plate. Sie alle haben auf unterschiedlichen Ebenen mit großem Engagement dazu beigetragen, dass das Projekt ungeachtet der Beeinträchtigungen während der Corona-Pandemie erfolgreich durchgeführt wurde.

Da dieses Buch nicht nur in seinem Umfang ein gewichtiges, sondern auch in seiner Aufmachung und Ausstattung ein sehr attraktives geworden ist, möchten wir uns auch beim Michael Imhof Verlag bedanken. Dieser Dank gilt insbesondere Carolin Zentgraf und Michael Imhof, die diesem Buchvorhaben eine besondere Aufmerksamkeit geschenkt und es mit großer Sorgfalt betreut und realisiert haben. Unser abschließender Dank gilt allen Autorinnen und Autoren, die mit ungewöhnlicher kollegialer Begeisterung und mit großer Expertise dazu beigetragen haben, dass das vorliegende Buch ein so gehaltvolles geworden ist.

# GESCHICHTE VERGEGENWÄRTIGEN.
## Der Architekt Albrecht Haupt (1852–1932)

*Markus Jager*

Der Sammler und die Sammlung Albrecht Haupt werden in diesem Buch erstmals umfassend gewürdigt und aus unterschiedlichen Blickwinkeln untersucht. Dieser Beitrag widmet sich der Person hinter der Sammlung und nimmt dessen Werk und Wirken etwas breiter in den Blick. Albrecht Haupt war nicht nur ein passionierter und kenntnisreicher Sammler, sondern vor allem ein praktizierender Architekt, der Zeit seines Lebens entworfen und gebaut hat. Er realisierte Wohnhäuser und Villen, Versammlungsbauten und städtische Geschäftshäuser sowie Gutsanlagen und Schlösser.[1] Darüber hinaus engagierte sich Haupt in einem ungewöhnlichen Maße für die Reform des Friedhofswesens und der Bestattungskultur. Er entwarf nicht nur zahlreiche Grabstätten und Mausoleen, er plante sogar Friedhofsquartiere und eine Großstadt-Nekropole. Zudem setzte er sich für das Feuerbestattungswesen ein, und das zu einer Zeit, als es in Preußen noch gesetzlich untersagt gewesen ist.

Daneben hat Haupt eine stattliche Zahl von historischen Bauten als Denkmalpfleger restauriert und geprägt, darunter das Leibnizhaus in Hannover und die Stadtkirche in Bückeburg. Ferner hat er zu einer Fülle von architekturhistorischen Themen geforscht und publiziert. Der Umfang dieser Publikationstätigkeit ist bemerkenswert. Er hat mehr als einhundert Schriften publiziert, was für einen praktizierenden Architekten ungewöhnlich ist.

Das Schaffen von Albrecht Haupt war ein äußerst vielgestaltiges. Jedes Segment wäre für sich genommen reich genug für ein Lebenswerk. Da Albrecht Haupt seine unterschiedlichen Neigungen und Aktivitäten gleichermaßen pflegte, saß er oft auch zwischen den Stühlen. Das hat insgesamt dazu geführt, dass Albrecht Haupt weder so richtig als Neubauarchitekt noch als Denkmalpfleger wahrgenommen wurde. Auch als Wissenschaftler und Bauhistoriker ist er – im Unterschied beispielsweise zu Kollegen wie Friedrich Adler, Josef Durm oder Cornelius Gurlitt – eher als Randfigur der Zunft wahrgenommen worden. Sowohl die Zeitgenossen von Albrecht Haupt als auch spätere Generationen hatten Mühe, ihn kategorial zu fassen.

Darüber hinaus ist Haupts Wirken auch von mancherlei Widersprüchen geprägt gewesen. Um es vorweg zu nehmen: Albrecht Haupt war Pionier und Reaktionär zugleich. So hat er als junger Mitarbeiter des jüdischen Architekten Edwin Oppler (1831–1880) an dessen Synagogenbauten mitgewirkt. Auf Basis von Opplers Erfahrungsschatz hat er nach dessen Tod eine Darstellung zum Synagogenbau verfasst, die zu den frühen Überblicksdarstellungen dieser Gattung gehört (und noch vor Gurlitts Synagogen-Darstellung im Handbuch der Architektur erschienen ist).[2] In späteren Jahrzehnten, als sich Haupt immer eingehender mit „Germanischer" Kunst und Architektur befasste, stellte er rassentheoretische Überlegungen und Thesen an,[3] die nicht nur seine jüdischen Kollegen und Bauherren irritiert haben dürften, sondern auch heutige Leser verstören. Albrecht Haupt hat damit den Blick auf sein schriftliches Werk getrübt und der Rezeption seiner Schriften geschadet.

Im Hinblick auf seine Bauherrenklientel ist zudem das Paradox zu beobachten, dass Albrecht Haupt auf der einen Seite für die Arbeiterschaft Hannovers ein Vereins- und Konzerthaus gebaut hat, das ein wichtiges öffentliches Bauwerk für die hiesige Arbeiterkultur gewesen ist (und durchaus auch ein wichtiger Baustein für Haupts Durchbruch und Anerkennung als praktizierender Architekt). Auf der anderen Seite baute Haupt überwiegend und gerne für großbürgerliche, adlige und fürstliche Bauherren, die seine eigentliche Klientel bildeten. Die Revolution von 1918/19 lehnte er ab, da er in der Aristokratie die wahre Elite sah. Mitten im Ersten Weltkrieg verstieg sich Haupt zu der Auffassung, dass sich die Menschheit in demokratische und aristokratische Völker unterscheide und dass Deutschland ein Hort des aristokratischen Wesens sei.[4]

Albrecht Haupt hat sich durchaus widersprüchlich zu seinen eigenen Thesen verhalten. Auf der einen Seite wurde er nicht müde, das Deutsche Reich unter der Führung des Kaisers als den glücklichen Zielpunkt deutscher Staatlichkeit zu erachten. Ein beredtes Zeugnis ist die von Haupt durchgeführte Restaurierung der Stiftskirche in Fischbeck, die zu einem Gutteil aus der Schatulle Wilhelms II. finanziert wurde und die dem stilistischen Geschmack und der politischen Ideologie des Kaisers offenkundig Rechnung trug. Auf der anderen Seite hat Haupt immer wieder die städtisch-bürgerliche Selbstverfasstheit und das kommunale Selbstbewusstsein thematisiert – die ja das politisch-semantische Ideal der Neorenaissance des 19. Jahrhundert bildeten – und diese in verschiedenen Projekten auch bildmächtig in Szene gesetzt. Das dokumentieren nicht zuletzt die Restaurierung des Leibnizhauses wie auch die Restaurierungen der frühneuzeitlichen Rathäuser in Krempe und Wilster, die Haupt in den Jahren vor dem Ersten Weltkrieg durchgeführt hat. Der sich nach aristokratischen Werten sehnende Haupt war auch ein Verfechter kommunaler Bürgerlichkeit.

Auch in seinem Engagement für die freie Architektenschaft, namentlich durch seine Mitwirkung an der Gründung des Bundes Deutscher Architekten (BDA) hat er die bürgerlich-liberalen Werte des Berufsstandes verankert und mit Nachdruck gestärkt. Es ist wenig bekannt, dass Albrecht Haupt zu den frühen Akteuren des 1903 gegründeten Bundes Deutscher Architekten (BDA) gehörte und in den Jahren 1903–1907 sogar dessen erster Präsident gewesen ist.[5] Mit der Gründung des BDA war seinerzeit auch die Absicht verbunden, das öffentliche Bauen stärker von den staatlichen Behörden zu emanzipieren – und im Gegenzug die Stellung der Privatarchitekten zu stärken. Und doch geht man nicht fehl in der Annahme, dass Albrecht Haupt trotz seiner Eigenschaft als erster Präsident des BDA alles andere als unglücklich gewesen wäre, wenn ihm die Stelle eines Hofbaurates angetragen worden wäre, wie er sich das vielleicht für den Schaumburgischen oder Mecklenburgischen Hof erhofft hat. Als Albrecht Haupt 1914 den Titel Geheimer Baurat verliehen bekam, trug er ihn mit demselben Stolz wie seine BDA-Mitgliedschaft, obschon beides – zumindest nach heutigem Verständnis – eigentlich nur schwer miteinander vereinbar war.

Um den unterschiedlichen Tätigkeitsfeldern von Albrecht Haupt besser gerecht werden zu können, werden diese in den folgenden Ausführungen in eigenen Abschnitten behandelt. Diese widmen sich seiner Tätigkeit als Hochschullehrer, Wissenschaftler und Publizist, seinem Wirken als Architekt von Neubauten, seinen Aktivitäten als Restaurator und Denkmalpflege sowie seinem Engagement als Reformer der Sepulchralkultur.

## Lehrer, Publizist und Wissenschaftler

Albrecht Haupt wurde 1852 im hessischen Büdingen geboren, wo sein Vater das dortige Gymnasium leitete. Zum Architekturstudium ging er 1869 zunächst nach Gießen, wo Hugo von Ritgen (1811–1889) die Architekturlehre etabliert hatte. Der Wartburg-Restaurator und Mitbegründer des Germanischen Nationalmuseums wurde Haupts erster einflussreicher Lehrer. Er war es wohl auch, der mit seinen vielseitigen Begabungen und Interessen als Hochschullehrer, Forscher, Denkmalpfleger und publizierender Fachwissenschaftler dem jungen Haupt ein Rollenbild vorlebte, das sich von dem des üblichen Privatarchitekten unterschied.

Abb. 1
Albrecht Haupt. Portraitfotografie anlässlich seines 75. Geburtstages 1927

Unterbrochen wurde das Studium 1870/71 durch den Militärdienst und den deutsch-französischen Krieg, an dessen Ende die Deutsche Reichsgründung stand. Dieses politische Ereignis hat Haupt persönlich tief geprägt und beschäftigt. Das Deutsche Reich war über Jahrzehnte seine zentrale Bezugsgröße und blieb es auch über das Ende der Monarchie hinweg. In der Weimarer Republik ist Haupt politisch nicht angekommen.

Nachdem es Haupt in Folge des Deutsch-Französischen Krieges an den Rhein verschlagen hatte, setzte er sein Studium in Karlsruhe fort. Dort dürfte die Begegnung mit dem erst kurz zuvor berufenen Josef Durm (1837–1919) zu den folgenreichsten Erlebnissen gehört haben. Der nachmalige Gründer und Herausgeber des wegweisenden „Handbuch der Architektur" war im Begriff, nicht nur ein wichtiger Wissenschaftler und Forscher seiner Generation, sondern als entwerfender Architekt auch einer der wichtigsten deutschen Vertreter der Neorenaissance zu werden. Mit Durm hatte Haupt einen Lehrer gefunden, der sich im Unterschied zu vielen anderen Kollegen auch mit der *deutschen* Renaissancearchitektur befasste. Hier liegen die künstlerischen Wurzeln für Haupts lebenslange Beschäftigung mit jener Epoche.

In den Jahren 1873/1874 setzte Haupt sein Studium in Hannover fort. Dort studierte er unter Conrad Wilhelm Hase (1818–1902). Aber ein Hase-Schüler im engeren Sinne war und wurde er nicht. Dessen Neogotik blieb ihm eher fremd. Allerdings profitierte er im Unterricht bei Hase von einer äußerst soliden Beschäftigung im Bauen mit Backstein. Insofern gehörte Albrecht Haupt zu denjenigen, die die neogotische Hase-Schule aus ihrem Dogma zu befreien und bis zu einem gewissen Grad weiterzudenken vermochten.[6]

Eine weitere prägende Persönlichkeit für Haupt war der bereits erwähnte Edwin Oppler, dem er nach dessen frühen Tod einen ausführlichen Nachruf widmete.[7] Im Unterschied zu seinen akademischen Lehrern erhielt Haupt bei Oppler nicht nur Einblicke in die Praxis des freiberuflichen Architektendaseins. Oppler war für Haupt auch ein Vorbild als Sammler (sowie als Initiator der Hannoverschen Kunstgewerbebewegung).[8] Oppler gehörte zu denjenigen Architekten, die der Inneneinrichtung ihrer Bauten dieselbe Aufmerksamkeit widmeten wie den Fassaden. Aus dieser Motivation heraus trug er über Jahre eine Sammlung an historischen Möbeln und kunstgewerblichen Gegenständen zusammen (Schmiedekunst, Stoffe, Fayencen, Steingut etc.), die überwiegend aus der Gotik und der Renaissance stammten. Diese Sammlungsobjekte waren Bestandteil von Opplers Wohn- und Atelierräumen und dienten seinen Mitarbeitern und Klienten als ästhetische Vorbilder und Muster. Nach Opplers Tod wurde dessen Sammlung mit der im Aufbau befindlichen Sammlung des Kunstgewerbevereins vereinigt, was wohl auf die Initiative von Albrecht Haupt zurückging. Wenige Jahre später sollte diese Sammlung im restaurierten Leibnizhaus Aufstellung finden, auf das weiter unten noch einmal zurückzukommen sein wird.

1879, im Alter von nur 27 Jahren und noch während seiner Mitarbeit bei Oppler, habilitierte sich Albrecht Haupt an der TH Hannover als Privatdozent für „Deutsche Renaissance". Haupt deckte damit ein Feld ab, das sich gleichsam im Windschatten der beiden großen Ordinarien befand. Das waren damals Heinrich Köhler, der das Entwerfen im Stil der italienischen Renaissance unterrichtete, und Conrad Wilhelm Hase, der das Entwerfen im Stil der mittelalterlichen Baukunst lehrte und einer der prägenden Köpfe der Backsteinneogotik war. Seit 1880 hielt Haupt Vorlesungen zur „Deutschen Renaissance".[9] Er tat dies über mehr als vier Jahrzehnte bis in die 1920er Jahre hinein. Sie war sein großes Lebensthema und blieb es über alle Jahrzehnte. Noch im Alter von über 70 Jahren verfasste und edierte er Standardwerke dazu.[10]

Den nächsten akademischen Schritt vollzog Albrecht Haupt im Jahr 1893, als er an der Universität Leipzig zum Dr. phil. promoviert wurde. Er hatte dafür sein bereits drei Jahre zuvor publiziertes Werk über die „Baukunst der Renaissance in Portugal" eingereicht. Den Antrag auf Eröffnung des Verfahrens verband Haupt mit der Bitte „sine examino" promoviert zu werden, also ohne mündliche Disputation. Dieser Bitte ist das Leipziger Fakultätskollegium nachgekommen.[11]

Das mag heute als ein ungewöhnliches Verfahren erscheinen. Aber angesichts des Umfanges, den viele andere Dissertationsschriften seinerzeit hatten, war Haupts Buch zweifellos ein gewichtiges und umfangreiches Kompendium, auch wenn es zu einem nicht geringen Teil auf seinen eigenen Reisebeobachtungen basierte. Haupt betrat in der Sache durchaus Neuland, denn im deutschsprachigen Raum hatte sich bis dato kaum jemand mit der Architekturgeschichte Portugals beschäftigt. Auch im Rahmen der Forschungen zur Renaissancearchitektur war Portugal allenfalls am Rande behandelt worden.

Obschon die Renaissance als Kunstepoche weiterhin im Mittelpunkt seiner Aufmerksamkeit stand, richtete Haupt seinen Blick in den folgenden Jahren zunehmend auf den Werkstoff Backstein. Das war, zumal im Umfeld der Hannoverschen Architekturschule, nicht ungewöhnlich. Albrecht Haupt nahm insbesondere die mecklenburgischen, lübischen und holsteinischen Regionen in den Blick. Das dürfte wohl auch auf seinen älteren Bruder Richard Haupt (1846–1940) zurückgehen. Dieser lebte als Gymnasiallehrer in Plön und verfasste in den 1880er Jahren die ersten Kunstinventare Schleswig-Holsteins. Sie erschienen in drei Bänden und wurden in den Jahren 1886–1889 publiziert.[12] Richard Haupt, der Philologie und Theologie studiert hatte, avancierte auf diesem Wege zum Kunsthistoriker und Denkmalinventarisator. Seit 1893 nahm er – zunächst im Ehrenamt – die Aufgaben des ersten Provinzialkonservators in Schleswig-Holstein wahr.[13]

Albrecht Haupt hat seinen Bruder Richard auf manchen Inventarisationsreisen begleitet und auch einige Zeichnungen für dessen Denkmalinventare beigesteuert. Es fällt nicht schwer sich vorzustellen, wie die beiden Brüder auf ihren Reisen und Gesprächen die Baudenkmäler diskutierten und erforschten. In späteren Jahren kam es wohl auch vor, dass Richard Haupt manchen Kommunen und Kirchengemeinden seinen Bruder als Restaurierungsarchitekten empfahl.

Nach der Jahrhundertwende setzte bei Albrecht Haupt ein Interessenswandel ein. In den Jahren nach 1900 publiziert er mehrere Schriften, die sich mit der „germanischen" Kunst und Architektur befassen.[14] Ohne diese Schriften hier im Einzelnen beurteilen zu können, lassen sich in diesem Zusammenhang drei Phänomene beobachten:

1) Haupts Epocheninteresse wandte sich von der Renaissance den frühmittelalterlichen Epochen zu.
2) Die bisherige Fokussierung auf das „Deutsche" wurde durch das „Germanische" ersetzt.
3) Das Augenmerk galt zunehmend dem Holzbau.

Abb. 21. Der Otto Heinrichsbau mit seinen ersten Giebeln.

Abb. 2
Albrecht Haupt, Ottheinrichsbau
Schloss Heidelberg, Rekonstruktion
des ursprünglichen Zustandes, 1902

Diese Interessenverschiebung ist in jenen Jahren auch im praktischen Œuvre von Haupt zu beobachten, worauf weiter unten noch zurückzukommen sein wird. Und sie hatte offenkundig auch Auswirkungen auf seine Tätigkeit als Sammler. 1901 übergab Albrecht Haupt einen Gutteil seiner Sammlung der Hochschulbibliothek der TH Hannover. Bis dato war die Arbeit mit neuzeitlicher Architekturgraphik für Haupt von großer Bedeutung gewesen, sowohl als Wissenschaftler und Lehrer wie auch als praktizierender Architekt. Doch mit seiner Hinwendung zu den frühmittelalterlichen Epochen büßte das Medium der Künstlerzeichnung als historische Quelle (und Vorlage) ihre Bedeutung ein. Stattdessen wurden die substanziellen, gebauten Zeugnisse ungleich wichtiger. In dem Maße, in dem sich Haupt mehr und mehr mit vernakulärer, namenloser Baukunst befasste, in dem Maße verloren die Zeichnungen und Graphiken neuzeitlicher Künstlergenies ihre unmittelbare Relevanz.

Als Bauhistoriker, Bauforscher und Denkmalpfleger war Albrecht Haupt wiederholt in Fachdebatten involviert, die seinerzeit die Gemüter beschäftigten. Oftmals drehten sich diese Debatten um die Rekonstruktion früherer, bauzeitlicher Zustände bestimmter Bauten. Zwei dieser Rekonstruktionsdebatten seien hier erwähnt, da sie prominenten Bauten galten und diese Debatten fachgeschichtlich von gewisser Bedeutung sind. Das eine Bauwerk ist das Grabmal des Theoderich in Ravenna, das andere das Heidelberger Schloss.

Zunächst zur Debatte um das Heidelberger Schloss. Als Experte für Deutsche Renaissance war das Heidelberger Schloss für Albrecht Haupt naturgemäß ein Objekt von besonderer Bedeutung. Aus der Ferne verfolgte er die Rekonstruktionsarbeiten, die Carl Schäfer in den 1890er Jahren am Friedrichsbau des Schlosses durchführte (Haupt selbst war nahezu zeitgleich mit der Restaurierung des Mecklenburgischen Renaissanceschlosses Basedow befasst, das 1891 einem Brand zum Opfer gefallen war). Als sich um 1900 abzeichnete, dass Schäfer auch damit beauftragt werden sollte, die Ruine des Ottheinrichsbau zu rekonstruieren, regte sich in der Fachöffentlichkeit Widerstand. Bekannt und bis heute präsent ist die Streitschrift von Georg Dehio aus dem Jahr 1901 („Was soll aus dem Heidelberger Schloss werden?"). Dehio stellte das eher auf Mutmaßungen, denn auf Befunden beruhende Projekt von Schäfer in Frage und nutzte das zu einer Generalabrechnung mit der historistischen Restaurierungspraxis des 19. Jahrhunderts. Im Gegenzug warb Dehio für eine Konservierung des ruinösen Denkmals („konservieren, nicht restaurieren").

Weniger bekannt ist, dass sich auch Albrecht Haupt in die Debatte um den Ottheinrichsbau einbrachte, den er als die „Venus von Milo in der deutschen Baukunst" bezeichnete.[15] Auch Haupt stellte das Projekt von Carl Schäfer in Frage. Das heißt jedoch nicht, dass er zum Dehio-Lager gezählt hätte. Albrecht Haupt vertrat in der Debatte eine dritte Position. Er stellte einen rekonstruierenden Wiederaufbau des Ottheinrichsbaus nicht *per se* in Frage, sondern nur den konkreten Entwurf von Schäfer. Stattdessen brachte er einen alternativen Rekonstruktionsvorschlag in die Debatte ein, den er quellenkritisch sowie kennerschaftlich-stilistisch belegen zu können glaubte (Abb. 2). Er publizierte ihn Anfang des Jahres 1902 in der Deutschen Bauzeitung und im Verlaufe des Jahres auch in einer Monographie über das Heidelberger Schloss.[16]

In dieselbe Zeit platzte die Entdeckung einer neuen Quelle. In Wetzlar hatte der Architekt Friedrich Ebel ein historisches Skizzenbuch mit Architekturzeichnungen entdeckt, das um 1615/1620 entstanden ist. Eines der Blätter zeigt eine Giebelarchitektur, die laut Aufschrift den Giebel des Ottheinrichbaus abbildet.[17] Diese Giebelgestaltung unterschied sich von der stilkritischen Rekonstruktion von Albrecht Haupt. Seine zeichnerische Rekonstruktion schien durch diesen Quellenfund widerlegt. Haupt äußerte sich mehrfach zu dem Fund Ebels und verstieg sich schließlich zu der Auffassung, dass das Skizzenbuch zwar eine wichtige historische Quelle, das konkrete Blatt aber eine Fälschung sei.[18] Da sich die Badische Regierung entschlossen hatte, den Ottheinrichsbau nicht wiederherzustellen, hatte die akademische Debatte keine unmittelbaren Auswirkungen auf das Restaurierungsgeschehen.

Abb. 3
Albrecht Haupt, Grabmal des Theoderich in Ravenna, Rekonstruktion des ursprünglichen Zustandes, 1907

Bald darauf sollte Albrecht Haupt abermals in eine bauhistorische Fachdebatte involviert sein, die nicht minder kontrovers verlief. In diesem Fall ging es um das Theoderichgrab in Ravenna, das Haupt im Kontext germanischer Kunstentwicklungen verortete. In der „Zeitschrift für Geschichte der Architektur" publizierte Haupt 1907 einen Aufsatz, in dem er seine Thesen zur ursprünglichen Gestalt des Außenbaus darlegte.[19] Er stellte darin den erst ein Jahr zuvor publizierten Rekonstruktionsvorschlag seines Lehrers Josef Durm in Frage.[20] Haupt bezweifelte die von Durm angenommene steinerne Brüstung über dem Arkadenoktogon. Stattdessen stellte Haupt die These auf, dass dort die Bronzegitter des Aachener Doms die Einfriedung gebildet hätten, ehe sie nach Aachen transloziert worden seien. Darüber hinaus widersprach er Durms Annahme, dass der Zierfries unterhalb des Kuppelrunds eine Zutat späterer Epochen sei.

Haupts Rekonstruktionsvorschlag (Abb. 3) wurde nicht nur von Durm selbst in Frage gestellt. Im selben Jahr – und in derselben Zeitschrift – meldete sich der Architekt und Archäologe Bruno Schulz mit einem dritten Rekonstruktionsvorschlag zu Wort.[21] Diese Kontroverse war auf persönlicher Ebene nicht minder heikel als die mit seinem ehemaligen Lehrer Durm. Denn Schulz war seit 1904 Professor für Formenlehre der antiken Baukunst an der TH Hannover und damit Haupts Fakultätskollege. Bruno Schulz bezweifelte die Bronzebrüstung von Haupt. Zudem brachte er eine aufwändige Arkadenarchitektur für das Obergeschoss in Vorschlag. Schulz sah das Bauwerk nicht im Kontext germanischer Kunst, sondern verortete es stilistisch und kulturgeschichtlich im Kontext der spätrömisch-syrischen Kunst.

Es wäre müßig, hier die jeweiligen Argumentationen, Widerlegungsversuche und persönlichen Anwürfe, mit denen sich die Kombattanten begegneten, näher darzustellen, zumal alle drei heute in der Forschung als überholt gelten.[22] Haupt und Schulz haben ihre fachliche Fehde aber über mehrere Jahre fortgeführt und in späteren Publikationen ihre Sicht der Dinge neuerlich manifestiert. Albrecht Haupt, dessen Selbstbewusstsein nur schwer zu erschüttern war, etablierte sogar die Schriftenreihe „Monumenta Germaniae Architectonica", in der er 1913 als ersten Band eine Monographie über das Theoderichgrab publizierte.[23] Im Unterschied zu den vielbändigen „Monumenta Germaniae Historica" der Geschichtswissenschaft ist die von Haupt edierte architekturgeschichtliche Schriftenreihe jedoch nicht über zwei Bände hinausgekommen.

## Architekt von Neubauten

Neben seiner Tätigkeit als Hochschullehrer und forschender Bauhistoriker war Albrecht Haupt stets als praktizierender Architekt tätig. Sein Werkverzeichnis weist etwas mehr als 60 Positionen auf

– einschließlich der von ihm betreuten Restaurierungen, auf die im folgenden Abschnitt zurückzukommen sein wird. Im Vergleich zu anderen prominenten Architekten seiner Zeit mag das gebaute Werk von Albrecht Haupt eher überschaubar sein. Doch wenn man das gesamte Tätigkeitsspektrum von Haupt vergegenwärtigt, ist das in Summe beeindruckend. Bedauerlicherweise sind heute nur wenige Bauten von Haupt erhalten, insbesondere in Hannover sind die Lücken groß. Haupts Bauten in den ländlichen Regionen haben die Zeitläufte indessen besser überstanden.

Für Architekten der Generation von Albrecht Haupt gab es üblicherweise zwei Wege in die berufliche Praxis. In den Zeiten, als noch nicht das Diplom, sondern die staatliche Examensprüfung zum Baukonducteur den „ordentlichen" Hochschulabschluss bildete, erwarben die meisten Architekturabsolventen ihre ersten praktischen Sporen im Dienst der öffentlichen Bauverwaltung. Dort hatten sie die Ausführung staatlicher Hochbauten, die an zentraler Stelle projektiert wurden, in den Provinzen verantwortlich zu leiten. Nach einer gewissen Bewährungszeit stand ihnen dann die Karriereleiter in den öffentlichen Bauverwaltungen offen.

Daneben eröffnete sich seit der Mitte des 19. Jahrhunderts mehr und mehr der Weg des Privatarchitekten. Diejenigen, die diesen Weg beschritten, hatten üblicherweise nicht das Privileg, öffentliche Bauten realisieren zu können. Ihre Domäne war die private Wohnarchitektur und die Geschäftshausarchitektur. Jene beiden Zweige prägten auch die Tätigkeit von Albrecht Haupt. Bekanntlich sammelte Albrecht Haupt seine ersten Erfahrungen als Privatarchitekt ab 1878 im Büro von Edwin Oppler. Dieser war einer der bedeutendsten jüdischen Architekten seiner Generation in Deutschland und gehörte seinerzeit zu den bekanntesten und vielbeschäftigten Privatarchitekten in Hannover. Als Oppler 1880 unerwartet jung verstarb, machte sich Haupt selbständig.

Die ersten Jahre scheinen alles andere als einfach gewesen sein, denn eigene Aufträge konnte Haupt erst ab 1886 realisieren. Einen fulminanten Auftakt bildete die Villa des Klavierfabrikanten Haake an der Nienburger Allee in Hannover mit Blick auf den Georgengarten.[24] Sie war im Geiste der Neorenaissance entworfen. Von außen ein wenig ungelenk, überzeugt die Villa vor allem im Inneren durch sein großzügiges und farbenreiches Treppenhaus, das mit einem Oberlicht versehen ist (Abb. 4).

Schon wenige Jahre später machte Haupt auch durch Gesellschaftsbauten von sich reden. So realisierte er 1888 auf dem Goetheplatz in Hannover das Luther-Festspielhaus. Es war ein hölzernes Theatergebäude, das für eine interimistische Nutzung geplant und nach einer Saison wieder abgebaut wurde.[25] Gleichwohl dürfte dieses Bauwerk eine wichtige Referenz gewesen sein, als Haupt drei Jahre später den Auftrag erhielt, die Reithalle am Hohen Ufer in einen Saalbau des Arbeiter-Vereins umzubauen. Auch dieser Saalbau hat

Abb. 4
Hannover, Villa Haake, Treppenhaus, 1886 (Foto 2022)

die Zeitläufte leider nicht überstanden. Dessen ungeachtet ermöglichten es diese Aufträge Albrecht Haupt offenbar, sich in Hannover unweit des Steintors ein eigenes Haus zu errichten. Das Haus existiert noch, ist aber leider überformt.[26]

Einen seiner größten privaten Wohnaufträge sollte Albrecht Haupt in Kassel-Wilhelmshöhe realisieren. Es ist die Villa für Oskar Mummy, die sich dieser 1893–1895 unweit des Bergparks errichten ließ. Haupt dürfte Mummy vermutlich in Hannover kennengelernt haben, denn dieser war Mitglied der Calenberger Ritterschaft und hatte mit seiner ersten Frau in einer Villa auf der Herrschaft Burg bei Herrenhausen gelebt, die in den 1860er Jahren von Otto Götze entworfen worden war. Nach dem frühen Tod seiner ersten Frau zog es Oskar Mummy mit seiner zweiten Gattin nach Kassel.

Der Standort war für Albrecht Haupt durchaus eine künstlerische Herausforderung, denn die direkte Nachbarschaft des barocken Bergparks mit seinen Achsen, Terrassierungen und Wasserspielen, sollte auf Wunsch des Bauherrn auch das Leitmotiv für den Garten der Villa von Oskar Mummy bilden. So schrieb Haupt fast entschuldigend, dass der Stil der Fassaden mit Rücksicht „auf die Formenwelt der Mitte des 18. Jahrhunderts" gewählt worden sei, wobei es ihm wichtig war zu betonen, dass der Stil „mehr deutsch als französisch" sei.[27] Darüber hinaus wies Haupt darauf hin, dass das Speisezimmer „in flämischer Renaissance getäfelt" und das Zimmer des Herrn „in deutscher (Nürnberger) Renaissance unter Benutzung einer alten Täfelung" gestaltet worden sei (Abb. 5).[28]

Der Grundriss unterscheidet sich von den Villengrundrissen, die Haupt später verwendete. Das liegt zum einen an der Größe der Villa Mummy, die fast schon die Dimensionen eines Schlosses hatte. Zum anderen folgte Haupt hinsichtlich des Grundrissdisposition dem Wunsch des Bauherrn, die zentrale Halle von der Haupttreppe zu separieren. Diese Lösung hatte Edwin Oppler für die schlossartige Villa von Diergardt in Düsseldorf gewählt, die eine wichtige Referenz für die Villa Mummy gewesen ist. Nur wenige Jahre nach Fertigstellung wurde die Villa Mummy im „Handbuch der Architektur" erwähnt und ihr Grundriss auf einer Tafelseite publiziert.[29] Diese fachliche Wertschätzung vermochte jedoch nicht zu verhindern, dass die Villa Mummy 1972 abgerissen wurde, um einer Wohnanlage der Neuen Heimat zu weichen.

Mit der Villa Mummy deutete sich bereits die Tendenz zum Schlossbau an. Und tatsächlich sollte der nächste Auftrag von Albrecht Haupt ein Schlossbau sein. Es war Schloss Wiligrad, das er im Auftrag des Mecklenburgischen Fürstenhauses am Westufer des Schweriner Sees realisierte (Abb. 6).[30] Bauherr war Herzog Johann Albrecht. Dieser stand eigentlich nicht in direkter Thronfolge, hatte aber in den Jahren 1897–1901 an Stelle seines minderjährigen Neffen Friedrich Franz die Regentschaft im Großherzogtum inne. Insofern war Wiligrad („große Burg") nicht irgendein Herzogsschloss, sondern das Schloss eines regierenden Fürsten.

Der Bauherr Johann Albrecht hatte einen berühmten Vorfahren des 16. Jahrhunderts, mit dem er den Namen teilte. Nach diesem berühmten Renaissancefürsten hatte die Kunstgeschichte einen Stil benannt, nämlich den sogenannten „Johann-Albrecht-Stil". Er charakterisiert jene mecklenburgischen Renaissancebauten, die sich durch umfangreiche Terrakotta-Dekorationen an den Fenster- und Türbereichen auszeichnen. Die bedeutendsten historischen Beispiele sind das Schweriner Schloss, der Fürstenhof zu Wismar und Schloss Gadebusch. Die Namensgleichheit des Bauherrn Johann Albrecht wurde zum Anlass genommen, auch Schloss Wiligrad im sogenann-

Abb. 5
Albrecht Haupt, Villa Mummy, Kassel-Wilhelmshöhe, Schnitt, 1894

Abb. 6
Lübstorf (Mecklenburg), Schloss Wiligrad, 1896–1898 (Foto 2022)

ten „Johann-Albrecht-Stil" zu entwerfen. Das gilt zumindest für die Fassaden. Die innere Disposition war indessen ungleich großzügiger, moderner und komfortabler, als es die Burgschlösser des 16. Jahrhunderts jemals gewesen sind. Zentraler und größter Raum war die 13 Meter hohe Treppenhalle. Während das Oberschoss den privaten Räumen des Fürstenpaares vorbehalten waren, gruppierte sich im Erdgeschoss um die Treppenhalle eine Folge großer Säle.

Die Großzügigkeit im Inneren ist am Außenbau nur bedingt ablesbar, denn die Fassaden sind von den eher kleinteiligen Terrakotta-Dekorationen geprägt. Deren Gestaltung basierte auf einem eingehenden Studium der historischen Vorbilder, mit denen sich Albrecht Haupt schon wenige Jahre zuvor anlässlich der Restaurierung von Schloss Basedow befasst hatte. Wenig später publizierte er seine gesammelten Beobachtungen in dem Werk „Backsteinbauten der Renaissance in Norddeutschland".[31]

Ungeachtet der großen Villen- und Schlossprojekte in Kassel-Wilhelmshöhe und am Schweriner See war Albrecht Haupt in Hannover während dieser Jahre vor allem mit Geschäftshausprojekten betraut. Obwohl er bei mehreren Wettbewerben das Nachsehen gegenüber seinen Mitbewerbern hatte, demonstrieren Haupts Entwürfe, dass er scheinbar mühelos zwischen verschiedenen Stil- und Materialvarianten zu wechseln vermochte.[32] Auch die realisierten Geschäftshäuser von Haupt weisen jeweils sehr unterschiedliche Fassaden und Stillagen auf.

Das Haus für die Merkur-Post besaß eine Backsteinfassade, die sich von allzu wörtlichen historischen Vorbildern freimachte. Stilis-

Abb. 7
Albrecht Haupt, Ansicht der Langeschen Stiftung in Hannover (Theaterstraße), 1900

tisch ist es gar nicht so weit entfernt von den zeitgleichen Bauten, die Hendrik Petrus Berlage und andere in den Niederlanden realisierten und die als Zeugnisse für den Aufbruch in die frühe Moderne gelten. Angesichts dessen verwundert es nicht, dass das Gebäude der Merkur-Post seinerzeit nicht nur in deutschsprachigen Architekturzeitschriften, sondern auch in einem niederländischen Periodikum publiziert wurde. Es ist dasjenige Gebäude von Albrecht Haupt, das wohl die größte internationale publizistische Resonanz erfahren hat.[33] Leider ist es nicht erhalten.

Das einzige heute erhaltene Geschäftshaus in Hannover von Albrecht Haupt ist dasjenige, das er in der Theaterstraße für die Langesche Stiftung realisiert hat (Abb. 7). Stilistisch verkörpert es wieder eine andere Haltung als das Merkur-Gebäude. In die Zukunft weisend war die aus vier weiten Bögen bestehende Sockelzone, die sich durch großflächige Verglasungen auszeichnete. Heute ist das Geschäftshaus in den Komplex der Galerie Luise integriert. Leider haben Kriegsbeschädigungen und ein fremdelnder Wiederaufbau die Gesamtkomposition der Fassade sehr verändert.

Neben den städtischen Geschäftshausbauten war und blieb die Wohnarchitektur die eigentliche Domäne von Albrecht Haupt. Nach der Jahrhundertwende errichtete er ein gutes Dutzend Villen und Landhäuser. Es sind diejenigen Bauten im Œuvre von Haupt, die den stilgetreuen Historismus am deutlichsten hinter sich zurücklassen und zwischen englischem Landhausstil und deutscher Heimatschutzarchitektur oszillieren. Sie gehören zu den qualitätvollsten Bauten, die Haupt errichtet hat. Es ist eine Reformarchitektur, die die Haltung erkennen lässt, nicht mehr einen Stil zu kopieren, sondern eine regionale, wenn nicht sogar vernakuläre Baukultur neuerlich zu beleben. Davon zeugt insbesondere das Haus für den Flensburger Museumsdirektor Heinrich Sauermann, das eine völlig frei entwickelte Kubatur hat und sich durch gediegene Wohnlichkeit auszeichnet. Es ist eine ganz andere Haltung als bei der Villa Mummy, die Haupt zehn Jahre zuvor errichtet hatte.

Auch die Häuser, die Albrecht Haupt nahezu zeitgleich in Elsfleth und in Delmenhorst errichtete, verkörpern diese Haltung. Sie zielt weniger auf Repräsentation und gesellschaftliche Distinktion, sondern dokumentiert eine komfortable Wohnlichkeit, die ihre regionale Verwurzelung zum Ausdruck bringt. Albrecht Haupt hat mit diesen Bauten bewiesen, dass er nicht nur die Klaviatur der großen Stil-Lagen der europäischen Kunstgeschichte beherrschte, sondern auch auf der Ebene individueller Wohnlichkeit Qualitätvolles zu leisten vermochte.

**Abb. 8**
Albrecht Haupt, Wohnhaus für Fräulein Süs in Bückeburg, 1907

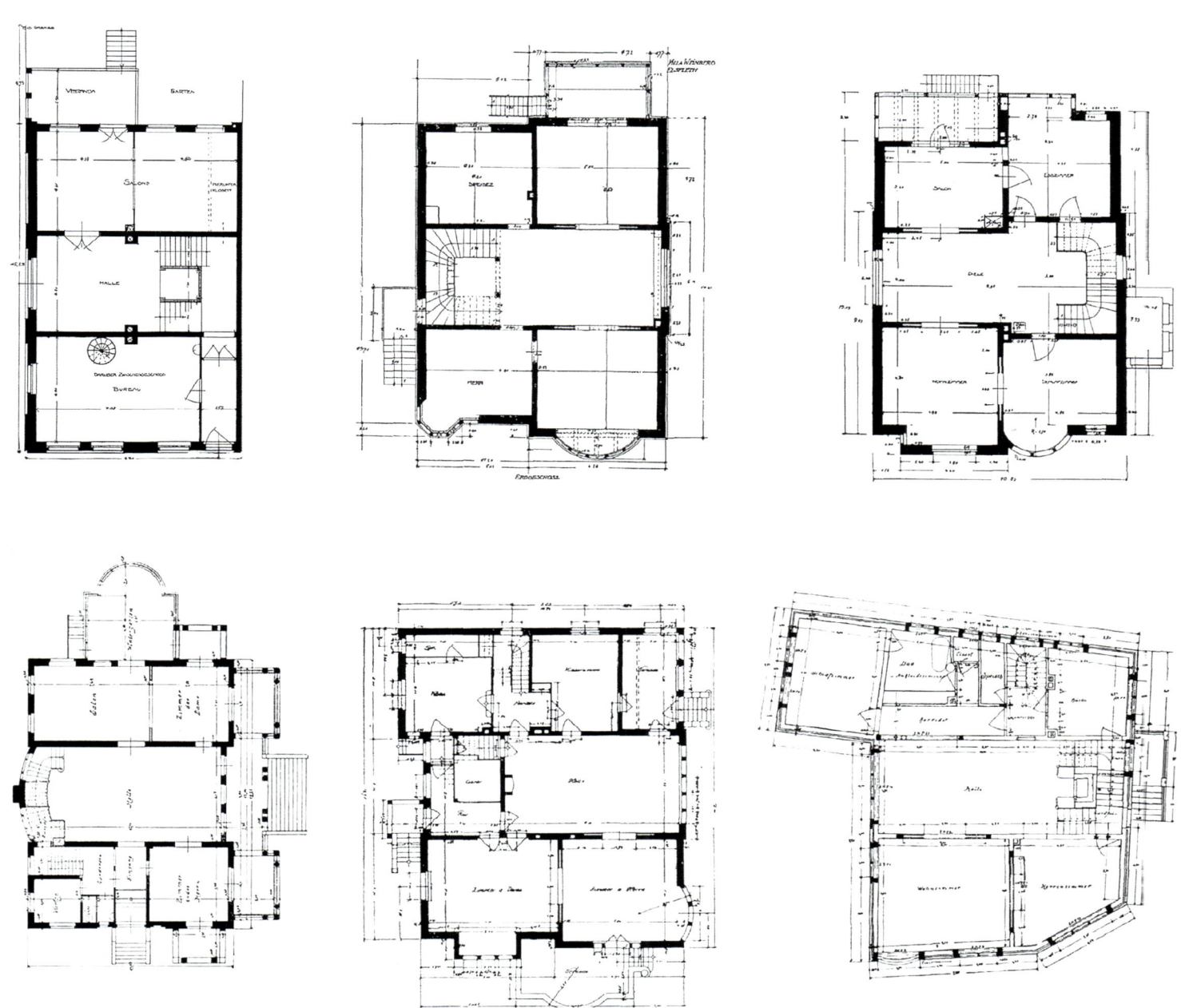

#### Abb. 9
Synopse von Wohnhausgrundrissen von Albrecht Haupt. Haus Haupt (Hannover), Haus Weinberg (Elsfleth), Haus Koch-Weser (Delmenhorst), Haus Albrecht (Haldensleben), Haus v. Ditfurth (Bückeburg), Haus Sauermann (Flensburg)

Davon zeugen auch die auf benachbarten Grundstücken errichteten Häuser für den Major von Ditfurth und Elisabeth Süs in Bückeburg (Abb. 8). Albrecht Haupt schrieb über diese mit Sandstein und Holzelementen akzentuierten Bauten, dass sie „in nordisch germanischen Formen" gestaltet seien.[34] Diese Diktion erscheint aus heutiger Perspektive eher verwunderlich, und dass nicht allein, weil der Typus der großbürgerlichen Villa schwerlich mit den Behausungsformen der Germanen in Einklang zu bringen ist. Dessen ungeachtet zeigt diese Wortwahl, wie sehr Albrecht Haupt in jenen Jahren von der germanischen Kunst erfasst gewesen ist. So reflexhaft, wie heutzutage Fachwerkstädte von vielen Menschen als „mittelalterlich" wahrgenommen werden, so war der Gebrauch von Fachwerk und Holzkonstruktionen für Albrecht Haupt ein Synonym für „germanische Baukultur". Mit dieser Geisteshaltung stand Albrecht Haupt nicht allein. In Hannover verkörperten Fakultätskollegen wie Karl Mohrmann oder Ferdinand Eichwede in jenen Jahren eine sehr ähnliche Haltung, deren geistige Wurzeln noch aufzuarbeiten sind.

Albrecht Haupt hat die Landhausbauten, die er im ersten Jahrzehnt des 20. Jahrhunderts errichtet hatte, in einem Aufsatz behandelt, der kurz vor dem Ersten Weltkrieg erschienen ist.[35] Er übertitelte diesen Aufsatz mit den Worten: „Ein neuer Wohnhaus- und

Villengrundriss". Interessant daran ist, dass er darin weniger die stilistische Gemeinsamkeit seiner Bauten betonte, sondern vielmehr deren typologische Verwandtschaft hervorhob, insbesondere deren Grundrissdisposition (Abb. 9). Albrecht Haupt verzichtete bei seinen Wohnbauten auf Flure. Stattdessen ordnete er in der Mitte eine zentrale Halle an, die in der Regel queroblong war und die gesamte Tiefe einnahm. Diese Halle war oft von zwei Seiten belichtet und nahm zudem die Treppe auf. Das ist das Verbindende der privaten Wohnarchitektur von Albrecht Haupt.

## Restaurator und Denkmalarchitekt

Die denkmalpflegerische Ertüchtigung und Restaurierung historischer Bauten war ein weiteres wichtiges Tätigkeitsfeld von Albrecht Haupt. Wenn wir das heute als einen eigenen Zweig in seinem Œuvre betrachten, würde sich Haupt über diese kategoriale Unterscheidung vermutlich wundern. Er hätte den Umgang mit historischen Bauten nicht von seiner sonstigen Praxis als Architekt getrennt, sondern als integralen Bestandteil seines Tuns erachtet.

Am Beginn seiner Tätigkeit als Denkmalpfleger standen drei Bauten, die ihn mehr oder minder parallel beschäftigten und die ihm innerhalb weniger Jahre den Ruf eines erfahrenen Denkmalarchitekten eintrugen. Es war ein Sakralbau, ein Schlossbau und ein städtischer Profanbau. Dabei handelt es sich namentlich um die Stadtkirche in Bückeburg, das Schloss Basedow in Mecklenburg und das Leibnizhaus in Hannover. So unterschiedlich diese Bauten auch waren, so teilten sie doch mehr oder minder die Epoche ihrer Entstehung, nämlich der Renaissance beziehungsweise des Zeitraums von 1550 bis 1650.

Zunächst zum Leibnizhaus, das in den Jahren 1890-1893 eine tiefgreifende Restaurierung erfuhr. Bekanntlich war Leibniz nicht der Bauherr des Gebäudes, sondern nur dessen bekanntester Bewohner. Obwohl der Eigenname des Gebäudes vermuten lassen könnte, dass es primär als Gedenkstätte seines berühmten Bewohners hergerichtet worden sei, wurde es unter Albrecht Haupt vor allem als Architektur-Denkmal restauriert. Die Arbeiten erfolgten in der Absicht, dort das Museum des Kunstgewerbevereins unterzubringen und den Besuchern hannoversch-hanseatische Haus- und Wohnkultur zu präsentieren. Unter der Ägide von Haupt wurde aus dem Leibnizhaus weniger die Gedenkstätte eines höfischen Wissenschaftlers, sondern ein bürgerliches Raum- und Kunstgewerbemuseum.

Das Leibnizhaus war im Kern ein spätmittelalterliches Fachwerkhaus und somit älter als dessen berühmte, neuzeitliche Fassade. Diese war das Resultat eines modernisierenden Umbaus, der 1652 abgeschlossen gewesen ist.[36] Nachdem das Haus über Generationen hinweg die unterschiedlichsten baulichen Anpassungen und Veränderungen erfahren hatte, die nicht immer zu seinem Vorteil waren, erwarb 1844 die Krone das Gebäude, um es vor weiterer Verunstaltung zu bewahren. Ein halbes Jahrhundert verging, ehe sich schließlich die öffentliche Hand des Gebäudes annahm. Auf Initiative des Kunstgewerbevereins wurde 1888 „die Herstellung des Hauses als des hervorragendsten Beispiels des althannoverschen Bürgerhauses" geplant.[37] Zu diesem Zwecke wurde eine Baukommission eingerichtet, deren Vorsitz Conrad Wilhelm Hase innehatte. Die Planung selbst ging maßgeblich auf Albrecht Haupt zurück.

Albrecht Haupts Restaurierung zielte darauf, aus dem Gebäude einen Idealtypus der frühen Neuzeit zu kreieren. Dabei stützte er sich nicht nur auf Befundergebnisse, sondern strebte auch danach, seine Vorstellungen von einem stilistisch stimmigen Gesamtensemble zu realisieren. Während die plastisch durchgebildete Fassade kaum verändert wurde, nahm Haupt vor allem im Inneren des Gebäudes große Eingriffe vor. Die zentrale Maßnahme war die Freilegung bzw. Schaffung der großen, zweigeschossigen Diele (Abb. 10). Solche Dielen sind bekanntlich ein Charakteristikum vieler hanseatischer Kaufmannshäuser, wie sie insbesondere in Lübeck überliefert sind. In Hannover hat es zwar auch einzelne Häuser gegeben, die dem lübischen Typus ähnlich waren. Doch so große, tiefe Dielen wie in Lübeck hat es in Hannover kaum gegeben. Die Regel waren kleiner dimensionierte Durchfahrten, an denen sich seitlich eine Treppe anschloss.[38] Die nahezu palastartige Diele, die Haupt im Leibnizhaus schuf, ist weniger eine denkmalpflegerische Freilegung, sondern zu einem Gutteil die Schöpfung ihres Restaurators. Haupt hat damit den Typus des städtischen Dielenhauses in die hannoversche Architektur implementiert.

Das zweite große Projekt unter den frühen Restaurierungsarbeiten von Albrecht Haupt war die Instandsetzung und Umgestaltung des Schlosses Basedow in Mecklenburg. Auslöser war dessen Brand im Jahre 1891, dem große Teile des Ostflügels zum Opfer gefallen sind. Wie der Kontakt zu Albrecht Haupt seinerzeit zustande kam, ist nicht bekannt. Allerdings hielt Haupt seit 1880 Vorlesungen über „Deutsche Renaissance" und galt unter den Architekten zwischen Berlin und Aachen als eine akademische Koryphäe auf diesem Gebiet.

Schloss Basedow war um 1550 von der Familie von Hahn errichtet worden. Es zählt zu den herausragenden Renaissanceschlössern Mecklenburgs. Stilistisch prägend ist der aufwändige Terrakotta-Schmuck, der insbesondere die Giebel, Fenster- und Türrahmungen ziert. Diese Gestaltungspraxis ist, wie bereits erwähnt, eine Eigenheit der Mecklenburgischen Kunst in der zweiten Hälfte des 16. Jahrhunderts. Da sie besonders häufig an Bauten des Herzog Johann Albrecht realisiert wurde, hat die Kunstgeschichte im 19. Jahrhundert dafür den Begriff „Johann-Albrecht-Stil" geprägt.[39]

Abb. 10
Albrecht Haupt, rekonstruierte Diele im Leibnizhaus Hannover, 1895

Abb. 11
Schloss Basedow (Mecklenburg), 1891–1895 restauriert von Albrecht Haupt (Foto 2022)

Wie eng die stilistischen Bezüge des Renaissanceschlosses Basedow während des 16. Jahrhunderts zu den Bauten des Johann-Albrecht-Stils tatsächlich waren, ist aus heutiger Perspektive durchaus unklar.[40] Die Restaurierung von Albrecht Haupt indessen zielte unmissverständlich darauf ab, Schloss Basedow zu einem Hauptwerk des Johann-Albrecht-Stils zu machen. Das wird deutlich, wenn man die heutigen Fassaden mit dem Vorzustand des Schlosses vergleicht. In den 1840er Jahren hatte bereits der Berliner Architekt Friedrich August Stüler den Auftrag erhalten, das Renaissanceschloss zu restaurieren. Mit einem ähnlichen Selbstbewusstsein wie später Albrecht Haupt formte er das Schloss nach seinen Vorstellungen.[41] Stilistisches Leitbild war jedoch nicht die Renaissance, auch nicht der Johann-Albrecht-Stil, sondern die englische Castle Gothic, die in den 1840er Jahren in Preußen und Mecklenburg überaus beliebt und verbreitet war.

Angesichts dessen wird deutlich, wie umfassend ein halbes Jahrhundert später Albrecht Haupt Schloss Basedow geprägt hat. Mochte der Brand 1891 schlimm gewütet haben, so führte Haupts Restaurierung dazu, dass von der Stülerschen Neogotik nichts übrigblieb. Stattdessen entstand ein Terrakotta-Palast, der nur wenig mit dem Zustand des 16. Jahrhunderts gemein haben dürfte, aber zweifellos zu den ambitionierten Schöpfungen Albrecht Haupts gehört (Abb. 11). Erst Haupt hat aus Basedow ein Bauwerk des Johann-Albrecht-Stils gemacht.

Als Udo von Alvensleben, der große Kenner der deutschen Schlösserlandschaft, im August 1929 durch Basedow reiste, notierte er in seinem Tagebuch: „Basedow ist eines der wenigen alten Renaissanceschlösser Mecklenburgs mit Terrakottareliefs. Es muß sehr prächtig gewesen sein, im 19. Jahrhundert wurde es verdorben."[42] Das sind harte Worte. Allerdings lassen sie offen, ob Alvensleben eher Stüler für das Verderbnis verantwortlich machte oder Haupt. Vermutlich sah er jedoch in Haupt den Übeltäter. Aus heutiger Perspektive dürfte das Urteil etwas differenzierter ausfallen. Natürlich ist die stilgetreue Restaurierung von Haupt problematisch, weil sie eine Authentizität suggeriert, die nicht gegeben ist. Und natürlich ist Haupt auch insofern über das Ziel hinausgeschossen, als dass er eine Fülle von Terrakottadekorationen zur Anwendung gebracht hat, die das Schloss im 16. Jahrhundert wohl kaum besessen hat. Es ist eben eine stilgetreue und keine originalgetreue Rekonstruktion. Das provoziert Missverständnisse und Fehldeutungen.

Nahezu zeitgleich mit der Restaurierung des Leibnizhauses und des Schlosses Basedow war Albrecht Haupt mit der Restaurierung der Stadtkirche in Bückeburg betraut. Obschon die Bückeburger Kirche gemeinhin als Stadtkirche bezeichnet wird, nahm sie doch seit jeher auch die Funktion einer Residenzkirche wahr. Das offenkundigste Zeichen dessen ist die Fürstliche Patronatsloge, die unter der Bezeichnung „Goldene Prieche" bekannt ist. Sie wurde um 1895 nach Plänen von Albrecht Haupt umfassend restauriert.[43] Dazu gehört sowohl die dreibogige Substruktion, als auch die komplette Dekoration oberhalb der Fensterstürze. Darüber hinaus gestaltete Albrecht Haupt auch das Kirchengestühl neu. Beides wurde von Albrecht Haupt im Stil der Neorenaissance mit großer Detailakribie entworfen (Abb. 12). Und beide tragen bis heute ganz wesentlich dazu bei, dass der stilistische Gesamteindruck der Bückeburger Stadtkirche ein ungewöhnlich einheitlicher ist.

Wenige Jahre nach Abschluss der Arbeiten an der Stadtkirche in Bückeburg schrieb Albrecht Haupt einen programmatischen Text über die „Herstellung von Kirchen und ihre verschiedenen Richtungen". Dieser Text erschien im ersten Jahrgang der neu gegründeten Zeitschrift „Die Denkmalpflege".[44] Albrecht Haupt vermochte sich damit nicht nur im Kreis der etablierten Fachdisziplin Denkmalpflege Gehör zu verschaffen, sondern sich auch als programmatischer und wissenschaftlicher Denkmalpfleger zu positionieren. Der Text ist in mehrerer Hinsicht bemerkenswert. Einerseits markiert er eine Zäsur in seinem Verhältnis zu seinem Lehrer und Übervater Hase, insbesondere im Hinblick auf dessen konservatorischen Praxis als Konsistorialbaumeister. Andererseits benannte und forderte Haupt Grundsätze und Prinzipien konservatorischen Handelns, wie sie wenig später auch von Dehio, Riegl und anderen postuliert wurden und die bis heute als das Fundament einer wissenschaftlichen Denkmalpflege gelten.

Der Text geht zunächst mit der Generation der Väter und Großväter ins Gericht, wobei Haupt insbesondere die einseitige stilistische Fokussierung auf die Gotik kritisierte: „Die schrecklichste Zeit des ‚Restaurirens' brach an. Alles Aeltere sollte hergestellt werden, und zwar möglichst gothisch."[45] Nach Auffassung von Haupt sei die Zunft der Denkmalpfleger gleichsam ein Kartell aus Neogotikern gewesen: „Das Unglück will es nun auch, dass unsere Kirchenbaumeister, Consistorialbaumeister usw. unbedingt den Kreisen der mittelalterlich geschulten Architekten entnommen werden müssen (…), und diese haben dann im Grunde ihrer Seele für einen anderen Gesichtspunkt überhaupt keinen Platz."[46] In Hannover konnten und mussten diese Worte als Spitze gegen den

Abb. 12
Stadtkirche Bückeburg, Goldene Prieche und Kirchengestühl, 1895 restauriert von Albrecht Haupt (Foto 2022)

über viele Jahrzehnte als Konsistorialbaumeister tätigen Conrad Wilhelm Hase verstanden werden.

Doch Haupt übte nicht nur Kritik an der konservatorischen Praxis von Neogotikern wie Hase. Er benannte auch in ungewöhnlicher Klarheit, an welchem Leitbild sich Denkmalpflege fortan auszurichten habe. Der „neue Begriff der Herstellung der Kunstdenkmäler", lautete in den Worten von Haupt: „Jedes Kunstwerk ist zu erhalten in dem Zustande, wie es geworden ist, wie es sich im Laufe der Zeiten entwickelt und ausgewachsen hat. Nicht die ursprüngliche Absicht und die Gestalt, welche es zuerst besass oder auch besitzen sollte, ist die alleinige Richtschnur bei der Herstellung, sondern es ist gleichmässig Rücksicht zu nehmen auf Änderungen, Erweiterungen, Umbauten, Neudecorationen, Ausstattungen und dergleichen."[47]

Angesichts der von Albrecht Haupt erst wenige Jahre zuvor durchgeführten stilreinen Restaurierung der Bückeburger Stadtkirche überraschen solche Worte. Gleichwohl markieren sie – zumindest auf theoretischer Ebene – eine deutliche Abkehr von dem Dogma der Stileinheit des 19. Jahrhunderts. Und sie sind ein klares Plädoyer für das gewachsene bzw. gewordene Denkmal.

Wenn Albrecht Haupt nur diesen Text publiziert hätte, wäre er vermutlich als einer der führenden Denkmaltheoretiker seiner Epoche in Erinnerung geblieben. Doch es sollte anders kommen. Denn bei nahezu allen konservatorischen Projekten, mit denen er zuvor und auch in den kommenden zwei Jahrzehnten befasst gewesen ist, ist Haupt in der Regel anders vorgegangen, als er es selbst postuliert hatte. Zunächst zu den Kirchen: Vielfach fehlte den Gemeinden das Geld für die großen Projekte, die Haupt in Vorschlag brachte. Daher sind viele Restaurierungsprojekte von Haupt nur in Teilen umgesetzt worden. In einem Fall war es anders. Das Schicksal wollte es, dass das Nachfolgeprojekt der Stadtkirche Bückeburg unter der Schirmherrschaft von Kaiser Wilhelm II. stand und von diesem großzügig bezuschusst wurde. Es war die Stiftskirche in Fischbeck an der Weser.[48]

Für Albrecht Haupt war das insofern ein Novum, als dass er nicht mit einem Denkmal der Renaissance betraut wurde, sondern mit einer romanischen Kirche des frühen 12. Jahrhunderts. Eigentlich sollte die Kirche nur einen neuen Zugang am Westbau erhalten sowie ein neues Gestühl im nördlichen Querhaus. Doch im Ergebnis (und im Zusammenwirken mit dem Maler Hermann Schaper) entstand in den Jahren 1903/1904 eine neoromanisch-neobyzantinische Ausstattung, die in künstlerischer Hinsicht zu den prachtvollsten Kirchenaustattungen des wilhelminischen Deutschland gehört und wohl nur durch Neubauten wie die Kaiser-Wilhelm-Gedächtniskirche in Charlottenburg übertroffen wurde. Das Resultat ist durchaus faszinierend und ein eigenständiges Kunstwerk des frühen 20. Jahrhunderts. Doch mit den konservatorischen Ansprüchen, die Haupt 1899 postuliert hatte, war diese Restaurierung nur schwer in Einklang zu bringen.

Ähnlich weitgreifend wie in Fischbeck beabsichtigte Albrecht Haupt auch die Johanniskirche im holsteinischen Oldenburg zu restaurieren. Auch bei dieser Kirche handelte es sich um eine romanische Basilika des 12. Jahrhunderts. Im Unterschied zu Fischbeck ist es eine Backsteinkirche, zudem hatte sie im Lauf der Zeiten erheblichen Überformungen erfahren. Das Westwerk blieb unvollendet und erhielt im Barock eine epochentypische Haube. Und trotz ihres basilikalen Querschnitts befanden sich alle drei Schiffe unter einem großen Satteldach, so dass das Mittelschiff ohne eigene Belichtung blieb und die Kirche von außen wie eine Hallenkirche erschien.

Gemeinsam mit seinem Bruder Richard legte Albrecht Haupt 1907 einen Restaurierungsvorschlag vor, der nach deren Worten auf die „Vollendung" der Kirche zielte.[49] Dieses ehrgeizige Projekt entstand offenbar noch ganz unter dem Eindruck des kaiserlichen Projektes in Fischbeck. Neben der Freilegung des Obergadens projektierte Haupt ein großes Westwerk mit Zweiturmfassade sowie einem Dachreiter über dem ersten Chorjoch. Darüber hinaus sollte auch die Johanniskirche im Inneren eine neue Bemalung erhalten, die derjenigen in Fischbeck wohl nur wenig nachgestanden wäre. Während jedoch in Fischbeck ungleich größere finanzielle Mittel im Raum standen und zudem der Kaiser als Schirmherr fungierte, war die Situation in Oldenburg eine ungleich bescheidenere. Daher kam es nur zur Freilegung des Obergadens.

Neben den Kirchen bilden die Rathaus- und Amtshausbauten eine zweite Gruppe unter den Restaurierungsprojekten von Albrecht Haupt. Dazu gehört das Rathaus in Krempe, unweit von Glückstadt. Es ist 1570 errichtet worden und hatte 1784 eine gründliche Renovierung erfahren, wie inschriftlich belegt ist. Neben Umbauten im Inneren dürfte zu jener Zeit auch die Giebelfront verändert worden sein. Für den Renaissance-Fachmann Albrecht Haupt war das ein schmerzlicher Zustand. Haupt projektierte einen ausladenden Staffelgiebel mit farblich akzentuiertem plastischem Schmuck. Auch in diesem Fall sollte es Haupt nicht vergönnt sein, seine Idealvorstellungen umzusetzen. Der Giebel blieb nahezu unverändert, lediglich im Bereich von Erdgeschoss und Obergeschoss wurden Haupts Pläne umgesetzt.[50] Die Fenster wurden verbreitet und im Erdgeschoss die Sitznische hergestellt. Im Inneren waren Haupts Maßnahmen ungleich prägender, wie insbesondere der Sitzungssaal zeigt.

Es ist bereits erwähnt worden, dass Albrecht Haupt sich nach 1900 sowohl als Wissenschaftler, als auch als Architekt zunehmend der Fachwerkarchitektur zugewandt hat. Das spiegelt sich auch in seinen denkmalpflegerischen Projekten wider. Dies dokumentiert unter anderem das Torhaus der Schaumburg, die sich im Wesertal unweit von Fischbeck befindet. 1907 hatte Kaiser Wilhelm II. die ruinöse Burg dem Fürsten zu Schaumburg-Lippe zur Silbernen Hochzeit geschenkt. Das war eine durchaus ambivalente Gabe. Einerseits gelangte damit die „Stammburg" des Fürstengeschlechts wieder in den Schoß der Familie. Andererseits war die Burg ziemlich ruinös, so dass ein vollständiger Wiederaufbau ein Vermögen verschlungen hätte. Erste Überlegungen zielten darauf, die Burg als Witwensitz und Jagdschloss herzurichten. Den baulichen Auftakt sollte zunächst das Torhaus bilden.

Albrecht Haupt projektierte eine Architektur, die nicht sehr wehrhaft war, sondern eher an den zeitgenössischen Nutzungsbedürfnissen ausgerichtet gewesen ist. Den massiven Torturm fasste Haupt beiderseits durch Fachwerktrakte ein. In der Ausführung bemühte sich Haupt um die Wiederverwendung historischer Baustoffe, angefangen von historischen Türen, Fenstern und Kaminen bis hin zu ganzen Fachwerkriegeln, die er aus unterschiedlichen Abbruchhäusern in Stadthagen, Sachsenhagen, Osnabrück und andernorts beschaffen ließ.[51] Haupts konservatorische Praxis kann

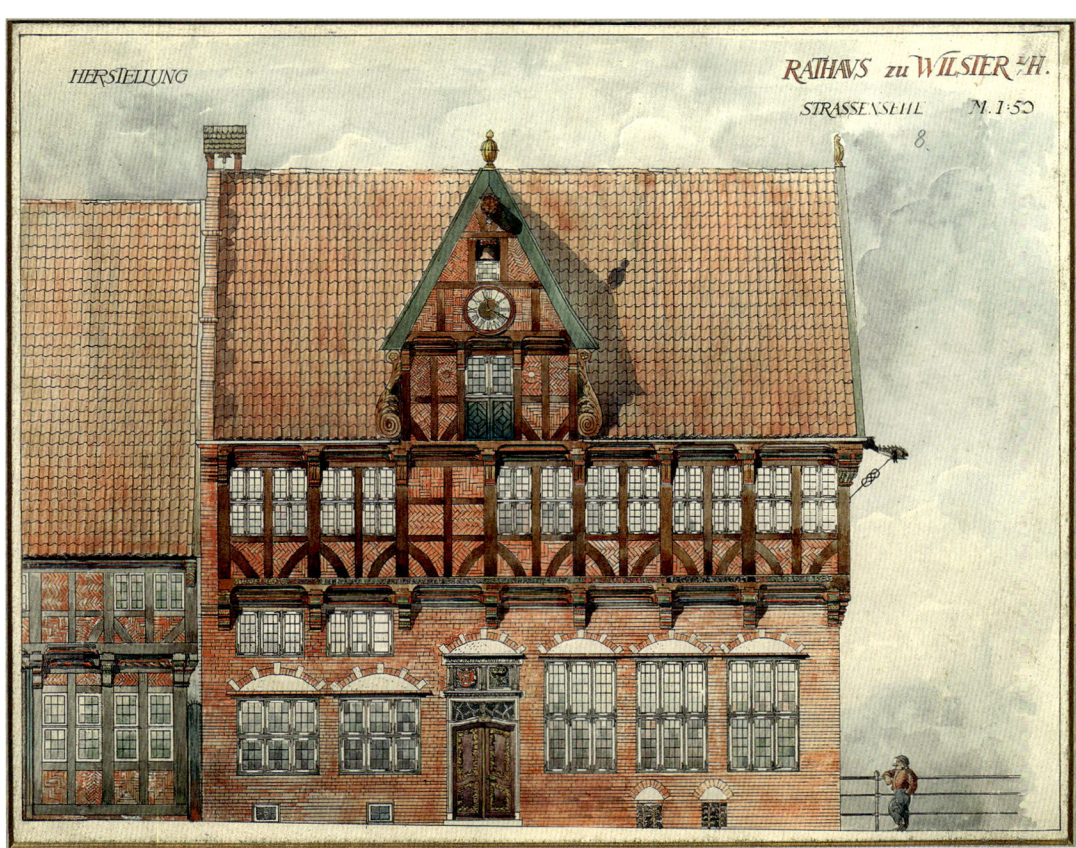

Abb. 13
Albrecht Haupt, Rathaus Wilster (Holstein), Restaurierungsentwurf, 1912

in diesem Fall als ein „Entwerfen mit Spolien" beschrieben werden. Es handelte sich jedoch nicht um prominente Spolien mit Wiedererkennungswert, sondern um anonyme Bauglieder, die zu einem historischen Amalgam vermengt wurden.

Eines der letzten konservatorischen Projekte, das Albrecht Haupt auch in der Umsetzung betreut hat, war das Rathaus in Wilster. Es war 1585 errichtet worden, wie eine Inschrift überliefert.[52] Dieses Projekt zählt zu den wenigen, von dem maßstäbliche Bestands- und Bauphasenpläne aus dem Büro von Haupt überliefert sind, die separat von den Entwurfsplänen angefertigt wurden.[53] Vor dem Umbau durch Haupt besaß das Rathaus ein Doppelportal. Die linke Tür erschloss die Treppe in die oberen Geschosse, die rechte Tür einen Mittelflur, über den die seitlichen Räume des Erdgeschosses erschlossen wurden. Nach Auffassung von Haupt basierte diese Erschließungssituation auf Veränderungen des 18. Jahrhunderts. Haupt ging indessen davon aus, dass sich im Erdgeschoss ursprünglich ein größerer und höherer Saal befunden hat, in dem die Treppe in die oberen Etagen offen eingestellt gewesen ist. Diesen Saal beabsichtigte er wiederherzustellen (Abb. 13). So sollte das Doppelportal entfernt und stattdessen ein Hauptportal errichtet werden. Zudem sollte der Saal im Erdgeschoss eine hohe Dreifenstergruppe erhalten. Diese Maßnahmen wurden auch tatsächlich umgesetzt.

Man kann Albrecht Haupt nicht den Vorwurf machen, dass seine Restaurierungen ästhetisch misslungen gewesen wären. Im Gegenteil, sein künstlerisches Einfühlungsvermögen war außerordentlich groß. Unter der Maßgabe eines stil- und epochengetreuen Entwerfens legte Haupt eine ungewöhnliche Könnerschaft an den Tag. Denkmaltheoretisch blieb er jedoch ganz ein Kind des 19. Jahrhunderts, auch wenn er in seinem Aufsatz von 1899 sich eigentlich von dem Prinzip der Stileinheit distanziert und zum gewachsenen Denkmal bekannt hatte. Doch in seiner eigenen Praxis als Denkmalpfleger war ihm das ästhetisch unversehrte Baukunstwerk stets wichtiger als das Geschichtsdenkmal mit seinen Zeitschichten und Brüchen.

## Reformer der Sepulkralkultur

Abschließend sei jener Teil im Œuvre von Albrecht Haupt thematisiert, der wohl den größten Vergangenheitsbezug besaß – und zugleich sein modernster gewesen ist. Es ist Haupts Beitrag zur Sepulchralkultur. Es ist ein wichtiger Zweig in seinem Schaffen und durchaus auch ein umfangreicher. Albrecht Haupt entwarf zahlreiche Grabstellen und Mausoleen. Darüber hinaus engagierte er sich seit der Jahrhundertwende für die Feuerbestattung und projektierte Urnenhaine und Krematorien. Sein Engagement gipfelte schließlich in dem Projekt „Totenstädte der Zukunft. Nekropole für eine Million", das er 1911 in einem Foliomappenwerk publizierte. Dieses kontinuierliche und sich über Jahrzehnte erstreckende Engagement im Bereich der Sepulchralkultur ist ungewöhnlich. Es hängt sicherlich auch mit Haupts ausgeprägtem Interesse für Geschichte und Erinnerung zusammen. Die Frage, wie sich Historisches und Gewesenes vergegenwärtigen lassen, war ja das Kernthema seines Wirkens.

Am Anfang stand, wie bei anderen Projekten auch, die historisch-theoretische Beschäftigung mit dem Thema. 1895 publizierte Haupt einen Aufsatz über das berühmte Renaissance-Mausoleum für den Fürsten Ernst von Schaumburg in Stadthagen, das bekanntlich zu den herausragenden Fürstenmausoleen der frühen Neuzeit in Norddeutschland gehört.[54] Aus dem kunstgeschichtlichen Interesse sollte alsbald ein künstlerisches Aufgabenfeld erwachsen.

Bereits im selben Jahr realisierte Albrecht Haupt seinen ersten Mausoleumsbau. Im Unterschied zu dem eher italienisch geprägten Mausoleum in Stadthagen, ist das Mausoleum, das Albrecht Haupt für die Familie des Grafen Grote im Schlosspark von Varchentin (Mecklenburg) realisierte, ein Monument im Stil der deutschen Neorenaissance.[55] Errichtet wurde es in Mischbauweise aus Backstein und Werkstein, wobei die plastischen Elemente durchweg in Werkstein realisiert wurden (also nicht im sogenannten Johann-Albrecht-Stil, wo das plastische Dekorum in Terrakotta ausgeführt wurde).

Adelige und fürstliche Familien waren in Haupts ersten Jahren als Sepulchralarchitekt seine wichtigsten Auftraggeber. Für die Mecklenburgische Herzogsfamilie realisierte Haupt zwei Epitaphien, die 1898 im Schweriner Dom Aufstellung fanden. Den Anlass bildete der frühe Tod des Herzogs Friedrich Wilhelm (1871–1897), der im Alter von 26 Jahren bei einem Marineunfall in der Nordsee zu Tode kam. Einhergehend mit dem Entwurf dieses Epitaphs entwarf Haupt auch eines für den drei Jahrhunderte zuvor verstorbenen Herzog Johann Albrecht (1525–1576) – jenes Herzogs, auf den der sogenannte Johann-Albrecht-Stil zurückging, an dessen Stil sich Albrecht Haupt sowohl bei Schloss Wiligrad, als auch bei Schloss Basedow orientiert hatte. Beide Epitaphien fanden in Schwerin in derselben Chorkapelle Aufstellung. Sie sind stilistische Zwillinge. Damit gelang Albrecht Haupt einmal mehr der künstlerische Bogenschluss zwischen der Renaissance und seiner eigenen Gegenwart.

Neben diesen historischen Projekten für adelige und fürstliche Familien schuf Haupt seit der Jahrhundertwende für bürgerliche Auftraggeber stilistisch modernere Bauten. Unter ihnen ist an erster Stelle das Mausoleum Hoyermann in Lohne (bei Hannover) zu erwähnen, das eine Hinwendung zum Jugendstil verkörpert.[56] Hier steht weniger die altehrwürdige Repräsentation des Familiengeschlechts als vielmehr die sentimentale Bindung zwischen den Familienangehörigen im Vordergrund. In ähnlichem Geiste ist auch das Grabmal Isenstein auf dem Friedhof in Hannover-Stöcken entstanden, das stilistisch jedoch zum Neoklassizismus tendiert.

Abgesehen von den individuellen Grabanlagen und Familienmausoleen beschäftigte sich Albrecht Haupt auch mit der Fried-

Abb. 14
Albrecht Haupt, Entwurf für eine Urnenwand im Urnenhain beim Friedhof Hannover-Engesohde, 1904

Abb. 15
Albrecht Haupt, Entwurf für ein Krematorium am Maschpark in Hannover, undatiert (um 1910)

hofskultur im Allgemeinen. Dabei galt sein besonderes Engagement dem Feuerbestattungswesen. Dieses war seinerzeit noch gesetzlich untersagt, denn in Preußen wurde die Feuerbestattung erst 1911 zugelassen. Albrecht Haupt gehörte somit zu den Pionieren dieser Bewegung. Bereits im Herbst 1897 soll Haupt für den im Jahr zuvor in Hannover gegründeten „Feuerbestattungsverein" erste Entwürfe gemacht haben. Haupt gehörte zu den frühen Mitgliedern dieses Vereins, ab 1901 war dann sogar über viele Jahrzehnte dessen Vorsitzender.[57]

In demselben Jahr, in dem er den Vereinsvorsitz übernahm, projektierte Haupt ein Kolumbarium (Urnenhalle) für den kommunalen Friedhof Engesohde. Es hatte die Gestalt eines klassizistischen Mausoleums. Diesem Projekt blieb die Umsetzung verwehrt. Allerdings fand Albrecht Haupt einen Unterstützer in Julius Trip, dem damaligen Gartendirektor der Stadt Hannover. Gemeinsam entwarfen beide 1903 einen ganzen Urnenhain. Statt eines dominanten Einzelbauwerkes basierte die Idee auf einem baumbestandenen Garten, in den an mehreren Stellen unterschiedliche Kleinarchitekturen und Urnenwände positioniert waren. Da eine Realisierung eines solchen Hains auf den kommunalen Friedhöfen gesetzlich nicht möglich war, sollte das Vorhaben als Vereinsprojekt auf einer dem Friedhof Engesohde benachbarten Fläche entstehen. Tatsächlich gelang es dem Feuerbestattungsverein, dieses Projekt innerhalb Jahresfrist zu realisieren.

Im Nachlass von Albrecht Haupt hat sich die Entwurfszeichnung für eine der Urnenwände erhalten (Abb. 14). Dieser Entwurf wurde 1904 ausgeführt und bildet noch immer die nördliche Außenwand des Urnenhains.[58] In den beiden unteren Reihen sind die Urnennischen jeweils mit einer Deckplatte versehen. In der oberen Reihe stehen die Urnen freiplastisch in offenen Nischen. Der Urnenhain war eine Erfolgsgeschichte und deckte einen Bedarf, der vielfach nachgefragt wurde. Schon nach wenigen Jahren waren die Nischen in den Urnenwänden des Hains belegt. Davon zeugen auch die Fotos, die Albrecht Haupt 1911 in einem Aufsatz publizierte.[59] Wer sich heute in dem kleinen Urnenhain aufhält, vermag kaum zu erahnen, welcher Pioniergedanke seinerzeit mit dem Projekt verbunden gewesen ist.

Angesichts der positiven Resonanz auf den Urnenhain verwundert es nicht, dass Albrecht Haupt wenig später auch ein großes Krematorium für Hannover plante. Denn obwohl es gelungen war, Urnenbeisetzungen zu realisieren, konnten die Einäscherungen nicht in Hannover stattfinden. Diese erfolgten in jenen Jahren zumeist in den Freien Hansestädten Hamburg und Bremen, in denen die Feuerbestattung schon früher zugelassen worden war und die wenige Jahre zuvor Krematorien errichtet hatten. Das von Albrecht Haupt für Hannover projektierte Krematorium (Abb. 15) hätte an der Südseite des Maschparks realisiert werden sollen, vis-à-vis dem im Bau befindlichen Neuen Rathaus. Gemeinsam mit dem Provinzialmuseum sowie einem weiteren projektierten Städtischen Museum hätte nach den Plänen von Haupt um den Maschteich ein ganzes Ensemble von prominenten öffentlichen Bauten entstehen sollen.[60] Ob das Krematorium in diesem Reigen von Kulturbauten ein geeignetes Glied gewesen wäre, ist eine Frage, die sich vermutlich schon mancher Zeitgenossen gestellt haben dürfte. Für Albrecht Haupt scheint es indessen außer Zweifel gestanden zu haben, dass ein Krematorium zu den kommunalen Kulturbauten gehört und an der Seite von Museum und Rathaus gut platziert ist.

Haupt entwarf eine monumentale neoklassizistische Architektur, die auf einem Podium thronte und über eine Freitreppe erschlossen werden sollte. Darum herum war eine Gartenanlage im geometrisch-architektonischen Stil vorgesehen. Sie wurde von einer Säulenkolonnade umschlossen, die der gesamten Anlage einen Peristyl-Charakter verlieh. Im Œuvre von Haupt war es eines der klassizistischsten Projekte.

Von diesem Krematoriumsentwurf war es gedanklich nur ein kleiner Schritt zu Haupts kolossalen Projekt einer „Nekropole für eine Million". Publiziert hat er diese Vision für eine „Totenstadt der Zukunft" im Jahr 1911.[61] Es ist das Jahr, in dem in Preußen die Feuerbestattung gesetzlich geregelt worden war. Angesichts des Umfangs des Projektes ist davon auszugehen, dass sich Haupt schon längere Zeit damit befasst haben dürfte. Wie schon das Krematoriumsprojekt nimmt auch dieses Projekt eine Sonderstellung im Hauptschen Œuvre ein. Es ist die kolossalste Planung, die Haupt je projektiert hat. Kein anderes Projekt hatte diese Dimensionen, kein anderes hatte diesen Maßstab.

Aus einem dichten Wald erhebt sich ein elfgeschossiges, pyramidales Hochhaus, das ein römisch-germanisches Zikkurat in der niederdeutschen Tiefebene geworden wäre (Abb. 16). Der quadratische Grundriss des Bauwerkes steht den Substruktionen des Diokletianspalast in Split kaum nach. In den Tiefen der Geschosse befinden sich unzählige Gänge, Treppenaufgänge und Urnennischen. Bekrönt wird das Bauwerk von einem zentralen Kuppelturm.

Diese Nekropole ist das Gegenteil jenes Urnenhains, den Haupt gemeinsam mit Julius Trip entworfen hatte. Dort das gärtnerische Elysium, das Raum für stille Trauer bietet und den weiten Himmel erfahrbar lässt. – Hier ein kolossales Großregal, ein Monument der Gebeine. Albrecht Haupt mag damit etwas Stolzes, Erhabenes ange-

**Abb. 16**
Albrecht Haupt, Entwurf einer Nekropole für eine Millionenstadt, Vogelschau, 1911

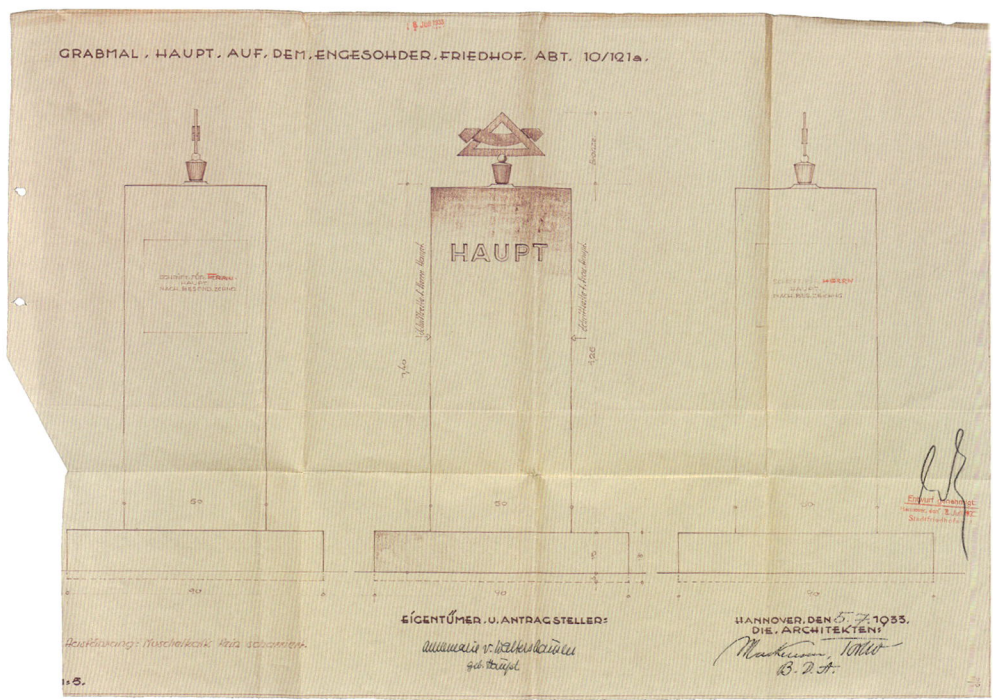

Abb. 17
Wilhelm Mackensen & Fritz Torno,
Entwurf für das Grabmal Haupt auf dem
Friedhof Engesohde, 5. Juli 1933

strebt haben, gleichsam ein Schatzhaus der Vorfahren. Doch für viele Angehörige wäre jeder Besuch wohl ein beschwerlicher gewesen, verbunden mit der Sorge vor den vielen Treppen und den dunklen Gängen, wenn nicht sogar mit der Sorge, sich in diesem Labyrinth zu verlieren.

Das Nekropolenprojekt sollte Albrecht Haupts Vermächtnis als entwerfender Architekt sein. Er hat – soweit ich sehe – danach keine Bauten mehr realisiert. Die Impulse, die Albrecht Haupt dem Feuerbestattungswesen verliehen hat, haben aber durchaus nachgewirkt. Nach dem Ersten Weltkrieg baute die Stadt Hannover ihr Krematorium. Es wurde nicht am Maschteich, sondern auf dem neuen Friedhof Seelhorst realisiert. Als Albrecht Haupt 1932 im Alter von 80 Jahren starb, wurde sein Leichnam in diesem Krematorium eingeäschert. Beigesetzt wurde er jedoch auf dem Friedhof Engesohde. Nicht im Urnenhain, sondern im alten Teil des Friedhofes, in dem Urnenbeisetzungen immer üblicher geworden waren. Den Grabstein entwarfen seine BDA-Kollegen Wilhelm Mackensen & Fritz Torno (Abb. 17). Es war eine schlichte Quaderstele, die an der Frontseite nur die Inschrift „HAUPT" trug.

Die Grabstele ist leider nicht erhalten. Sie wurde vor über 30 Jahren entfernt, als das Grab aufgehoben wurde. Damals war offenbar nicht bekannt, welche Bedeutung Albrecht Haupt für die Friedhofskultur in Hannover und insbesondere für den Friedhof Engesohde gehabt hat. So bildet auf dem Friedhof Engesohde heute nicht sein eigenes Grab sondern der von ihm entworfene Urnenhain das anschaulichste Zeugnis des Wirkens von Albrecht Haupt – und seiner in die Zukunft weisenden Reformideen für die Feuerbestattung.

Auf dem Campus der Hochschule, an der Albrecht Haupt über mehr als vier Jahrzehnte gewirkt hat, befindet sich indessen ein anderes Vermächtnis von Albrecht Haupt. Es ist seine Graphische Sammlung, die er einst der Hochschulbibliothek vermacht hat und die heute in den Räumen der Technischen Informationsbibliothek am Welfengarten aufbewahrt wird. Diese Sammlung hat die Zeitläufte nahezu unbeschadet überdauert. Nachdem sie lange Zeit ein Schattendasein gefristet hat, wird sie nun in diesem Buch erstmals in ihrer Breite und durch einen großen Kreis von Kolleginnen und Kollegen gewürdigt.

## Anmerkungen

1 Zum Gesamtwerk von Albrecht Haupt vgl. die in Vorbereitung befindliche Monographie des Autors. Siehe ferner: Albrecht, Thorsten: Albrecht Haupt, in: Allgemeines Künstlerlexikon, 70 (2011), S. 185f.; Kanold, Paul: Albrecht Haupt, in: Niedersächsische Lebensbilder, Bd. 1, Hildesheim 1939, S. 204–219; Lorenz, Emil: Albrecht Haupt †, in: Baugilde. Zeitschrift des Bundes Deutscher Architekten, 14 (1932), S. 1155–1157; Aengeneyndt, Gerhard: Zum 75. Geburtstag von Albrecht Haupt, in: Geschichte des Hannoverschen Künstler-Vereins 1842–1927, Hannover 1928, S. 133–138 sowie Jansa, Friedrich: Albrecht Haupt, in: ders.: Deutsche Bildende Künstler in Wort und Bild, Leipzig 1912, S. 241.

2 Haupt, Albrecht: Synagogen, in: Baukunde des Architekten, Zweite Auflage, Zweiter Band, Berlin 1899, S. 360–389. Die erste, kürzere Fassung dieses Textes erschien noch unter der Hauptautorschaft von Oppler siehe: Oppler, Edwin, ergänzt von Albrecht Haupt: Synagogen und jüdische Begräbnisplätze, in: Baukunde des Architekten, Zweiter Theil, Berlin 1884, S. 270–285. Vgl. ferner: Gurlitt, Cornelius: Synagogen, in: Handbuch der Architektur, Vierter Teil, 8. Halbband (Kirchen), Stuttgart 1906, S. 126–165.

3 Haupt, Albrecht: Rasse und Baukunst, in: Deutsche Bauhütte, 30 (1926), S. 112 und 124f.

4 Haupt, Albrecht: Spanische Architekturstudien I, in: Deutsche Bauzeitung, 51 (1917), S. 178–180, 185–192 hier S. 178.

5 Zur Gründungsgeschichte des BDA siehe: Fabricius, Eugen (Hg.): Die Urkunden zur Gründung des Bundes Deutscher Architekten B.D.A. im Jahr 1903, Bonn 1953. Gaber, Bernhard: Die Entwicklung des Berufsstandes der freischaffenden Architekten. Dargestellt an der Geschichte des Bundes Deutscher Architekten BDA, Essen 1966.

6 Zur Hase-Schule siehe: Jager, Markus: Hannoversche Schule und/oder Hase-Schule? Akademische Selbstbehauptung in Zeiten preußischer Annexion, in: Conrad Wilhelm Hase (1818–1902). Architekt, Hochschullehrer, Konsistorialbaumeister, Denkmalpfleger, hg. v. M. Jager, Th. Albrecht und J. W. Huntebrinker, Petersberg 2019, S. 15–29. Dort weitere Literatur.

7 Haupt, Albrecht: Edwin Oppler †, in: Deutsche Bauzeitung, 14 (1880), S. 434–437.

8 Henke, Thorsten: Edwin Oppler, in: Bürgerschätze – Sammeln für Hannover. 125 Jahre Museum August Kestner, Hannover 2013, S. 75–79.

9 Aus dem Jahr 1896 ist eine Mitschrift von Ernst Meßwarb überliefert, vgl. TIB, UniHann Haup AJ 4918.

10 Haupt, Albrecht: Baukunst der Renaissance in Frankreich und Deutschland, Berlin-Neubabelsberg 1923 (= Handbuch der Kunstwissenschaft)

11 Universitätsarchiv Leipzig, Phil. Fak. Prom. 5352, Promotionsakte Albrecht Haupt.

12 Haupt, Richard: Die Bau- und Kunstdenkmäler der Provinz Schleswig-Holstein, 3 Bde, Kiel 1886/89.

13 Zum Wirken von Richard Haupt als Provinzialkonservator in Schleswig-Holstein siehe: Scheck, Thomas: Die Anfänge des Denkmalschutzes und der organisierten Denkmalpflege in Schleswig-Holstein, Magisterarbeit Universität Bonn 1989, insbes. S. 13ff. und 35ff.

14 Haupt, Albrecht: Von germanischer Kunst. Vorschläge zu einer Lösung des modernen Kunstproblems, Hannover 1902. Ders.: Von germanischer Baukunst, in: Architektonische Rundschau, 20 (1904), S. 73–77 und 81–84. Ders.: Von germanischer Baukunst. II Ältester Holzbau, in: Architektonische Rundschau, 23 (1907), S. 61–65 und 72–75. Ders.: Das National-Germanische in der Baukunst, in: Deutsche Bauzeitung, 41 (1907), S. 507–511. Ders.: Die Baukunst der Germanen, Leipzig 1909 (2. Aufl. 1923). Ders.: Die altgermanische bildende Kunst, ihr Nachleben in den Jahrhunderten der Herrschaft fremder Kunst und ihre neuerliche Wiederaufdeckung. Altergermanisches in der neueren bildenden Kunst, in: Germanische Wiedererstehung. Ein Werk über die germanischen Grundlagen unserer Gesittung, hg. v. Hermann Nollau, Heidelberg 1926, S. 613–685.

15 Haupt, Albrecht: Peter Flettner. Der erste Meister des Otto-Heinrichsbaus zu Heidelberg, Leipzig 1904, S. 7.

16 Haupt, Albrecht: Zur Frage der Giebellösung des Otto Heinrichs-Baues, in: Deutsche Bauzeitung, 36 (1902), S. 65, 67–68. Haupt, Albrecht: Zur Baugeschichte des Heidelberger Schlosses, Frankfurt am Main 1902 (die Rekonstruktionszeichnung hier n. S. 66).

17 Ebel, Friedrich: Das Wetzlarer Skizzenbuch und die ersten Giebel auf der Hoffront des Otto Heinrichs-Baues in Heidelberg, in: Zentralblatt der Bauverwaltung, 22 (1902), S. 434–436 (und S. 486).

18 Haupt, Albrecht: Das Wetzlarer Skizzenbuch und der Giebel des Heidelberger Otto Heinrichsbaus, in: Kunstchronik, 16 (1904/05), Nr. 11, Sp. 161–165. Ders.: Die Fälschung im Wetzlarer Skizzenbuch, in: Deutsche Bauzeitung, 39 (1905), S. 310–312, 328–331, 547.

19 Haupt, Albrecht: Die äussere Gestalt des Grabmals Theoderichs zu Ravenna und die germanische Kunst, in: Zeitschrift für Geschichte der Architektur, 1 (1907/1908), S. 10–26 und 33–44.

20 Vgl. Durm, Josef: Das Grabmal des Theoderich zu Ravenna, in: Zeitschrift für bildende Kunst, N.F. 17 (1906), S. 245–259.

21 Schulz, Bruno: Die Ergänzung des Theoderich-Grabmals und die Herkunft seiner Formen, in: Zeitschrift für Geschichte der Architektur, 1 (1907/1908), S. 197–214. Siehe ferner die Erwiderung von Albrecht Haupt, in: ebd., S. 215–219.

22 Vgl. Heidenreich, Robert und Johannes, Heinz: Das Grabmal Theoderichs zu Ravenna, hg. v. Deutschen Archäologischen Institut, Wiesbaden 1971.

23 Haupt, Albrecht: Das Grabmal Theoderichs des Großen zu Ravenna, Leipzig 1913 (= Monumenta Germaniae Architectonica 1). Vgl. Schulz, Bruno: Das Grabmal des Theoderich zu Ravenna und seine Stellung in der Architekturgeschichte, Würzburg 1911

24 Hannover, Nienburger Straße 15, errichtet 1886. Die Zuschreibung an Haupt ist durch zwei Werklisten belegt, die zu Lebzeiten Haupts publiziert wurden. Vgl. Jansa 1912, S. 241 sowie Aegeneydt 1928, S. 134 (vgl. Anm. 1).

25 Haupt, Albrecht: Das Luther-Festspielhaus in Hannover, in: Zeitschrift des Architekten- und Ingenieur-Vereines zu Hannover, 34 (1888), Sp. 543–546, Bl. 26.

26 Das Gebäude steht in der Lützowstraße 7 in Hannover und wurde 1889 errichtet. Grundrisse und ein Schnitt sind publiziert in: Haus und Heim, 2 (1914), S. 6.

27 Haupt, Albrecht: Villa Mummy in Wilhelmshöhe, in: Neubauten. Eine Sammlung ausführlicher Baupläne zu Wohn- und Geschäftshäusern, 4 (1898), H. 7, S. 3

28 Ebd.

29 Weissbach, Karl: Wohnhäuser, Stuttgart 1902 (= Handbuch der Architektur, Vierter Teil, 2. Halbband, 1. Heft), S. 384 und folgende Tafelseite.

30 Haupt, Albrecht: Schloss Wiligrad in Mecklenburg, in: Zeitschrift für Architektur und Ingenieurwesen, N.F. 8 (1903), Sp. 1–12, 147–152 sowie Bl. 1–8.

31 Haupt, Albrecht: Backsteinbauten der Renaissance in Norddeutschland, Frankfurt am Main 1899.

32 Wettbewerb Geschäftshaus Wilhelma Magdeburg (1894), Wettbewerb Strielsche Waisenstiftung Hannover (1896), Wettbewerb Deutsche Bank Hannover (1896). Eine Ausführung dieser Projekte war Haupt nicht vergönnt.

33 Vgl.: Der Architekt, 3 (1897), S. 44 und T. 87; Deutsche Bauhütte, 3 (1899), S. 1–2 sowie T. n. S. 16; De Opmerker, 33 (1898), S. 20f.

34 Haupt Albrecht: Ein neuer Wohnhaus- und Villengrundriss, in: Haus und Heim, 2 (1914), S. 3.

35 Haupt, Albrecht: Ein neuer Wohnhaus- und Villengrundriss, in: Haus und Heim, 2 (1914), S. 1–10.

36 Zum Leibnizhaus siehe: Meckseper, Cord: Das Leibnizhaus in Hannover. Die Geschichte eines Denkmals. Mit einem größeren Beitrag zum Bau von 1652 von Ingrid Krüger, Hannover 1983.

37 Haupt, Albrecht: Das Leibnizhaus zu Hannover, in: Deutsche Bauzeitung, 29 (1895), S. 421–423, hier S. 423.

38 Zu den Altstadthäusern Hannovers vgl.: Nöldeke, Arnold: Stadt Hannover (= Die Kunstdenkmäler der Provinz Hannover), Hannover 1932, insbes. S. 407–639.

39 Weingart, Ralf: Der Umbau von Schloss Schwerin und die „Erfindung" des Johann-Albrecht-Stils, in: Erste Schweriner Welterbetagung 2015, Schwerin 2016, S. 67–100.

40 Der Renaissanceumbau von Schloss Basedow wird auf um 1550 datiert (Turmdatierung 1552). Damit wäre er vor dem Fürstenhof in Wismar sowie den Schlössern in Schwerin und Gadebusch entstanden, die gemeinhin als die Hauptbeispiele des Johann-Albrecht-Stils gelten.

41 Eine Ansicht der Stülerschen Fassung siehe u.a.: Börsch-Supan, Eva (mit D. Müller-Stüler): Friedrich August Stüler 1800–1865, München-Berlin 1997, S. 791.

42 Alvensleben, Udo v.: Besuche vor dem Untergang. Adelssitze zwischen Altmark und Masuren, Frankfurt a.M. / Berlin / Wien 1978, S. 244 (Eintrag vom 21. August 1929).

43 Albrecht, Thorsten: Die Bückeburger Stadtkirche, Petersberg 1999, hier S. 84ff. Dort weitere Literaturhinweise.

44 Haupt, Albrecht: Die Herstellung von Kirchen und ihre verschiedenen Richtungen, in: Die Denkmalpflege, 1 (1899), S. 64f. und 70–72.

45 Ebd., S. 64.

46 Ebd., S. 65.

47 Ebd., S. 71–72.

48 Haupt, Albrecht: Die Herstellung der Stiftskirche in Fischbeck a. d. Weser, in: Die Denkmalpflege, 6 (1904), S. 104f.

49 Haupt, Richard (mit Bildern von Dr. Albrecht Haupt): Die Kirche St. Johannis des Täufers zu Oldenburg in Wagrien und ihre Vollendung, Oldenburg 1907. Siehe ferner die auf November 1906 datierten Restaurierungsentwürfe im Nachlass Haupt im Stadtarchiv Hannover, Fach 502.

50 Reimers, Holger: Restaurieren „in Renaissance". Wiederherstellungen von originalen Gebäuden des 16. und 17. Jahrhunderts in Formen der Neorenaissance, in: Renaissance der Renaissance. Ein bürgerlicher Kunststil im 19. Jahrhundert, Aufsätze, München-Berlin, S. 235–254, zu Krempe insbes. S. 239ff. sowie Katalogband ebd, S. 480f. und Farbtafel 28. Siehe ferner: Klar, Kathrin: Die Rathäuser von Krempe und Wilster. Untersuchungen zu ihrer Restaurierung unter Albrecht Haupt 1908–1919, Magisterarbeit Universität Kiel 1991.

51 Albrecht, Thorsten: „Deutsche Renaissance" in Schaumburg-Lippe. Historismusarchitektur in Bückeburg und Stadthagen, in: Renaissance der Renaissance (wie Anm. 50), S. 331–350, hier S. 344.

52 Haupt, Richard: Die Bau- und Kunstdenkmäler der Provinz Schleswig-Holstein, II. Band, Kiel 1888, S. 523f.

53 Vgl. die Pläne im Nachlass Haupt im Stadtarchiv Hannover, Fach 503.

54 Haupt, Albrecht: Das Mausoleum des Fürsten Ernst von Schaumburg zu Stadthagen, in: Zeitschrift für bildende Kunst, 7 (1895), Nr. 1, S. 8–16.

55 Haupt, Albrecht: Gruftkapelle für die gräflich Grote'sche Familie zu Varchentin, in: Zeitschrift für Architektur und Ingenieurwesen, 47 (1901), Sp. 7–14.

56 Haupt, Albrecht: Gruftkapelle bei Domäne Lohne, in: Zeitschrift für Architektur und Ingenieurwesen, 47 (1901), Sp. 155f. und Bl. 5.

57 N.N.: Ehrenmitglied Prof. Dr. Albrecht Haupt †, in Phoenix, 46 (1933), Sp. 16f.

58 Vgl.: Pfeiffer, Anna-Livia: Das Ewige im Flüchtigen. Eine Bau- und Zivilisationsgeschichte der Feuerbestattung in der Moderne, Würzburg 2015, S. 415–419.

59 Haupt, Albrecht: Der Urnenhain zu Hannover, in: Phoenix. Blätter für fakultative Feuerbestattung und verwandte Gebiete, 24 (1911), Sp. 89–95.

60 Vgl. Stadtarchiv Hannover, Nachlass Haupt, Bestand HMH. Die Pläne sind undatiert. Vgl. Pfeiffer 2015 (wie Anm. 58), S. 304–307. Die dort angenommene Datierung „1901" erscheint uns zu früh. Wahrscheinlich ist das Projekt erst im Nachgang des Urnenhains Engesohde entstanden.

61 Haupt, Albrecht: Totenstädte der Zukunft. Eine Nekropole für eine Million. Herausgegeben im Auftrage des Vereins für Feuerbestattung zu Hannover, Leipzig 1911. Vgl. Pfeiffer 2015 (wie Anm. 58), S. 194–203.

## Abbildungsnachweis

Hannover, Technische Informationsbibliothek (TIB): Abb. 1
Haupt, Albrecht: Zur Baugeschichte des Heidelberger Schlosses, Frankfurt am Main 1902: Abb. 2
Zeitschrift für Geschichte der Architektur, 1 (1907/1908): Abb. 3
Olaf Mahlstedt: Abb. 4, 6, 11, 12
Hannover, Stadtarchiv, Nachlass Haupt: Abb. 5, 8, 13, 14, 15
Architektonische Rundschau 17 (1901): Abb. 7
Autor: Abb. 9
Deutsche Bauzeitung, 29 (1895): Abb. 10
Haupt, Albrecht: Totenstädte der Zukunft. Eine Nekropole für eine Million, Leipzig 1911: Abb. 16
Hannover, Friedhofsverwaltung: Abb. 17

# „INNERHALB DES REICHEN BÜCHERBESTANDES"[1]
## Monographien der Sammlung Albrecht Haupt

*Hedda Saemann*

Innerhalb des reichen Bücherbestandes der Bibliothek der Technischen Hochschule nimmt die ‚Sammlung Haupt' […] eine Sonderstellung ein"[2], konstatiert die Architekturhistorikerin Lieselotte Vossnack 1941 zu Beginn ihrer langjährigen Beschäftigung mit der Sammlung Albrecht Haupt. Der Teilbestand *Monographien*, den sie als „kostbarsten Kern der Bibliothek"[3] charakterisiert, umfasst ca. 1.600 Bände zur Architekturtheorie und -geschichte sowie zur Gartenkunst und bildet bis heute eine wertvolle Sondersammlung der Technischen Informationsbibliothek (TIB).

## Umfang, Struktur und Zustand des Teilbestands „Monographien"

Die Sammlung ging in mehreren Chargen in den Besitz der Bibliothek über (vgl. Artikel Paulus). War bei Übergabe der ersten Charge 1901 – neben der Erschließung und der gesonderten Aufstellung[4] – noch die „Verpflichtung, die Sammlung in der Stadt Hannover zu belassen"[5] Auflage gewesen, verteilten sich spätere Chargen auf Hannover und die Universität Göttingen, wobei Haupt die Verteilung der Objekte auf die verschiedenen Standorte aktiv mitbestimmte. Dies zeigt sich an Einzelbeispielen wie dem „Plan de Paris" von Louis Bretez, „den Herr Geheimrat Haupt ausdrücklich und für diesen Zweck [Anm. d. Verfass.: den Verbleib in Hannover] ausgesondert hat, […] da er sowohl vom Kunsthistorischen wie vom städtebaulichen Gesichtspunkt für die hiesige Hochschule besonders wünschenswert erscheint."[6]

Wie die anderen Teilbestände – die *Graphischen Einzelblätter* und die *Architektonischen Reiseskizzen* (vgl. Essays Paulus und Rubach) – setzt sich der Teilbestand *Monographien* vorwiegend aus Bänden zusammen, die aus Italien, Frankreich, Deutschland und den Niederlanden stammen oder diese Länder thematisieren. Deutschsprachige und französische Titel halten sich dabei die Waage und machen ca. 60 % des Bestands aus, während ca. 20 % in Italienisch, 15 % in Latein und 5 % in Englisch, Niederländisch oder anderen Sprachen verfasst sind.[7] Unter den ältesten Werken finden sich „De partibus aedium" von Mario Grapaldi aus dem Jahr 1508 (Haupt 466), Giovanni Giocondos Vitruv-Ausgabe (Venedig 1511, 4 Haupt 1219) sowie Leon Battista Albertis „De re aedificatoria libri X" (Paris 1512, Haupt 2) in zwei Exemplaren (Abb. 1). Zu den jüngsten Titeln zählen u.a. die „Decorationen und Malereien" von Antoine Watteau (Berlin 1889, gr 2 Haupt 1264) oder die „Biografia del Pittore Giuseppe Bramati" Ferdinando Cavalettis (Mailand 1871, 2 Haupt 1504). Der Großteil der Bücher, ca. 80% des Bestands, stammt jedoch aus dem 17. und 18. Jahrhundert und spiegelt damit zugleich die zunehmende Verwissenschaftlichung des Bauwesens in dieser Zeit wider, die mit einer beträchtlichen Steigerung des Publikationsaufkommens einherging.

Unter den Beständen der Sammlung finden sich die wichtigsten Schlüsselwerke ihrer Perioden, die jeweils „die wissenschaftlichen und formalen Grundlagen dieser Kunstzweige"[8] darstellen. Dabei hob Albrecht Haupt selbst die „theoretischen Werke über die Baukunst und ihre Nachbargebiete sowie über das Ornament, durch welche seit Beginn des 16. Jahrhunderts die wissenschaftlichen und formalen Grundlagen dieser Kunstzweige allgemein zugänglich gemacht worden sind"[9], besonders hervor, denn das „Mittelalter hatte dieses Wissen nur in den beteiligten Kreisen durch mündliche Mitteilung verbreitet und fortgebildet, während es die wichtigen Teile als Handwerksgeheimnis weiteren Kreisen vorenthielt. Erst die Buchdruckerei machte das Wissen engerer Kreise zum allgemeinen, öffentlichen Besitze, und erst jetzt konnte sich durch die sorgsame Anhäufung alles Wissenswerten und Nutzbaren in der theoretischen Literatur überhaupt eine wirkliche Technik entwickeln."[10] Für Vossnack lag die Bedeutung der Sammlung hingegen in der Zusammenstellung der Bände, die „(über einen Zeitraum von 400 Jahren nahezu lückenlos) architekturtheoretische Werke Italiens, Frankreichs, Deutschlands, der Niederlande repräsentieren".[11]

Zahlreiche Bände tragen das Exlibris Albrecht Haupts (Abb. 2). Mit Erfindung des Buchdrucks in der ersten Hälfte des 15. Jahrhunderts zunächst als Eignerwappen für die stetig anwachsenden Bestände in privaten Bibliotheken entstanden, verlor das Bücher-

Abb. 1
Historische Monographien der Signaturengruppe „Haupt" für Rückenhöhen bis 25 cm mit dem ältesten Band der Sammlung (rechts) – Mario Grapaldi, „De partibus aedium", Straßburg 1508, TIB Haupt 466

zeichen um 1900 seinen reinen Eigentumscharakter und wurde zunehmend zu einer eigenständigen Kunstform, die z. B. auf Motive aus Mythologie, Literatur oder Berufszweigen zurückgriff. Im Jugendstil, der Blütezeit der Exlibriskunst, avancierte es selbst zu einem beliebten Sammelobjekt. Interessant ist das von Haupt gewählte Motiv seines Exlibris: Es zeigt eine Monographie mit ornamentalem Einband, auf der ein Tintenfass in Form eines Renaissancebrunnens mit schmiedeeisernem Baldachin steht; von einem angespitzten Federkiel tropft Tinte [sic!] auf den Einband und bildet eine kleine Lache unter Haupts Namenszug.

Um ältere (Original-)Ausgaben zu schützen oder inhaltliche Ergänzungen vorzunehmen, wurde die Sammlung bis in die 1980er Jahre „durch gelegentlichen Kauf von Originalwerken oder durch Nachdrucke behutsam ergänzt",[12] wobei jedoch nie eine „umfassende, systematische Erweiterung, etwa durch Veröffentlichungen aus der zweiten Hälfte des 19. Jahrhunderts" vorgesehen war.[13] Die Zukäufe wurden bereits von Paul Trommsdorff (1870-1940) begonnen, der z.T. aus der Übergabecharge von 1923 „Dubletten […], die sich für die Göttinger Bibliothek wohl in nicht geringer Anzahl ergeben haben dürften"[14] erwarb und später unter Beratung durch Haupt selbst weitere Ergänzungen vornahm. In einem Brief anlässlich des 75. Geburtstags von Albrecht Haupt schreibt Trommsdorff ihm am 18.3.1927: „[Die Sammlung] hat doch, wie Sie am besten wissen, noch mancherlei Lücken. Mein Ziel ist, ihr wenigstens in den älteren Architekturwerken möglichst Vollständigkeit und Geschlossenheit zu geben",[15] wofür der Bibliotheksausschuss 1000 Mark zur Verfügung gestellt habe. Trommsdorff versichert Haupt dabei, „Ihr Rat wird uns bei der Erwerbung der fehlenden Stücke besonders wertvoll sein und gern befolgt werden."[16] Auf diese Weise ist die Sammlung, die ursprünglich „1021 Bücher, Hefte und zusammenhängende Blattfolgen"[17] umfasste, im Laufe der Zeit sowohl über antiquarischen Erwerb als auch durch Nachdrucke auf ihren heutigen Umfang angewachsen.[18] Faksimiles finden sich etwa von Johann Wilhelms „Architectura civilis" (Hannover 1977, 4 Haupt 1658, unveränderter Nachdruck der Ausgabe Nürnberg 1668, Originalausgabe: 4 Haupt 1290) oder Christian Gottlob Reuss' „Anweisung zur Zimmermannskunst" (Hannover 1989, 4 Haupt 1989, Reprint der Originalausgabe von 1764 mit einem ausführlichen Kommentar über den Autor und sein Werk von Manfred Gerner, Originalausgabe: 4 Haupt 939). Da Vinics „Codices Madrid" sind ausschließlich als Faksimile vorhanden (Frankfurt 1974, Haupt 1647). Die langjährige Praxis der Zukäufe und Ergänzungen wurde inzwischen eingestellt. Die Sammlung wird heute in keinem ihrer Teilbestände mehr erweitert, sondern stellt einen in sich geschlossenen Bestand dar.

Sowohl die Originalbände als auch die später zugekauften Werke werden heute, separiert vom übrigen Bestand der TIB, in einem klimatisch abgeschlossenen und technisch besonders gesicherten Bereich des Magazins am Hauptstandort Technik/Naturwissenschaften aufbewahrt. Die Monographien sind nach Formaten geordnet und in fünf Gruppen aufgestellt, wobei kleine Formate bis 40 cm stehend, größere ab 40 cm dagegen liegend gelagert werden. Die Signaturen der Formatgruppen orientieren sich grob, jedoch nicht granular, an den Normalformaten für Bücher gemäß der Preußischen Instruktionen für die Katalogisierung: Formate bis 25 cm Rückenhöhe (Sedez und Oktav) tragen die Signatur „Haupt [Nr.]", Bände zwischen 25-40 cm sind entsprechend ihres Formats (4°, Quart) mit den Signaturen

„4 Haupt [Nr.]" gekennzeichnet.[19] Die Signaturengruppe „2 Haupt [Nr.]" enthält die Monographien von 40-45 cm (2°, Folio), gefolgt von „gr 2 Haupt [Nr.]" (gr 2°, Groß-Folio) für Bände über 45 cm. Druckwerke ab 50-55 cm sind der Signaturengruppe „1 Haupt [Nr.]" (1°, Doppelfolio) zugeordnet.

Alle Monographien der Sammlung Haupt sind im Online-Katalog der TIB nachgewiesen und werden an Sonderleseplätzen als Präsenzliteratur für die Benutzung bereitgestellt. Etwa 100 ausgewählte gartenhistorische Titel liegen zusätzlich auf Microfiche vor.[20] Während der laufenden Benutzung fielen jedoch etliche Bände des Teilbestands *Monographien* mit gravierenden Schäden auf, so dass diese nicht mehr regulär bereitgestellt werden konnten. Um auch weiterhin die Nutzung für Fachbesucher und interessierte Laien zu ermöglichen, wurde im Jahr 2011 erstmalig ein Förderantrag auf Mittel zur restauratorischen Bearbeitung ausgewählter Bände gestellt und bewilligt. 2012 erfolgte neben der Restaurierung weiterer Bände eine professionelle Zustandserhebung der Sammlung als Grundlage für die Planung und Umsetzung der notwendigen restauratorischen und konservatorischen Maßnahmen. Die Folgeförderung des niedersächsischen Ministeriums für Wissenschaft und Kultur (MWK) ermöglicht seit 2013 die sukzessive Konservierung und Restaurierung der Monographien, Broschuren wie auch der Graphiken der Sammlung, die in Zusammenarbeit mit verschiedenen freiberuflichen Restaurierungswerkstätten sowie der Hochschule für angewandte Wissenschaft und Kunst Hildesheim/Holzminden/Göttingen (HAWK) erfolgt. Seit 2022 hat die systematische Digitalisierung der Monographien begonnen, um alle Werke zukünftig als *digital collection* über das TIB-Portal zur Verfügung stellen zu können und die Benutzung der Originale im Sinne der Bestandserhaltung weiter zu reduzieren.

## Erschließungsgeschichte seit 1923

Die bibliothekarische Bearbeitung und Erschließung des Teilbestands *Monographien* begann direkt nach der zweiten großen Materialübergabe 1923 unter Trommsdorff, der die Leitung der Bibliothek 1922 übernommen hatte. Anders als die Teilbestände *Architektonische Reiseskizzen* und *Graphische Einzelblätter* (vgl. Essays Paulus und Rubach in diesem Band) verfügen die Monographien daher seit langem über einen guten Erschließungsstand, der sich wiederum in einer konstanten Nutzung der Bände vor Ort wie auch in regelmäßigen Leihanfragen für Ausstellungen widerspiegelt.[21] Die Erstellung eines Katalogs wurde zunächst auf der Grundlage von Haupts eigenem Katalog in Angriff genommen und anfangs durch Trommsdorff selbst bearbeitet, der 1923 an die hannoversche Hochschulgemeinschaft berichtet: „Seit drei Wochen bin ich mit der Katalogisierung der Hauptschen Sammlung beschäftigt, der ich […] weiterhin meine ganze verfügbare Zeit widmen werde. Ich glaube schon jetzt sagen zu können, dass ich die Dauer der Arbeitszeit unterschätzt habe."[22] Neben der Unterstützung durch ein bis zwei Hilfskräfte ist in den Folgejahren auch die Mitwirkung Haupts am Katalog belegt, dem Trommsdorff dafür dankt, dass dieser „Zettel für Zettel durchgesehen und unsere Aufnahme vielfach ergänzt und verbessert"[23] habe. Als die Bearbeitungsmöglichkeiten des Katalogs in Hannover ausgeschöpft waren, erfolgte von Ende November 1929 bis Ende März 1930 die Abordnung der „Bibliothekshilfsarbeiterin"[24] Annemarie Lueder (1901–1965) an die Staatliche Kunstbibliothek in Berlin, die aufgrund ihrer ähnlichen Sammlungsstruktur im Bereich der Monographien von Anfang an beratend hinzugezogen worden war.[25] Lueder gehörte neben Elisabeth Boedeker zu den ersten „zwei Angestellten mit Fachausbildung für den mittleren Bibliotheksdienst", deren Stellen Trommsdorff gleich nach seinem Amtsantritt beantragt hatte.[26] Nachdem im Januar 1930 bereits ein Drittel der Bände bearbeitet war, wandte sich Lueder den schwierigeren Fällen zu, bei denen „ein ganz dünnes Bändchen sehr viel Zeit [erfordert], da wahllos Blätter aus einzelnen Folgen zusammengeklebt, oft auch noch von verschiedenen Künstlern zusammengetan worden sind, deren Bestimmung – meistens fehlen gerade die Titelblätter, oder die Nummern sind ausgekratzt – recht mühsam ist."[27] Außerdem kämen „Folgen vor, die äußerlich einen vollständigen Eindruck machen, bei der Vergleichung stellt sich aber heraus, dass nur einige Blatt der Originalfolge angehören, die

**Abb. 2**
Exlibris Albrecht Haupts mit Namenszug, ornamental gebundener Monographie und Federkiel, aus TIB gr 2 Haupt 165

übrigen aber eher einer Nachstichfolge entnommen sind."[28] Durch den direkten Vergleich der fraglichen Werke aus der Sammlung Albrecht Haupt mit den Werken der Kunstbibliothek vor Ort konnte der Katalog der Monographien dennoch im Herbst 1930 abgeschlossen werden.[29] Die Bearbeitung der Sammlungsobjekte mit Hilfe der Berliner Bestände sollte unter Mitwirkung Lueders auch auf die Erschließung der *Graphischen Einzelblätter* übertragen werden, da diese nach Einschätzung Lueders teilweise in die unter den Monographien erfassten Folgen gehörten.[30]

Neben der Katalogisierung der Bände durch Lueder fand in den 1930er und 1940er Jahren eine intensive Beschäftigung mit den historischen Einbänden der Monographien durch Elisabeth Weber (1903-1948) statt, die 1942 einen „Katalog alter Bucheinbände in der Bibliothek der Technischen Hochschule Hannover"[31] anlegte.[32] Elisabeth Weber trat 1928 – als heute wohl sogenannte „Quereinsteigerin" – in den Bibliotheksdienst ein. Nachdem sie zunächst als kaufmännische Hilfskraft im Verwaltungsbereich tätig war, stand sie später kurz davor „als erste Frau in der Bibliothek der Technischen Hochschule Hannover eine im Haushalt etatisierte Stelle als Bibliotheksrätin und als erste Person überhaupt eine zweite Beamtenstelle des höheren Bibliotheksdienstes neben dem Direktor"[33] zu erhalten. 1941 nahm sie nebenberuflich ein Studium der Architektur- und Kunstgeschichte an der TH Hannover auf[34] und legte 1946 ihre Dissertation über „Studien zum Maßbegriff"[35] an der Universität Göttingen ab; das ursprünglich geplante Thema, Hildesheimer Bucheinbände des 16. Jahrhunderts, scheiterte, da die betreffenden Werke aufgrund kriegsbedingter Schutzmaßnahmen nicht zugänglich waren.[36] Die Einbandforschung hatte Weber bereits vor ihrem Studium beschäftigt. Dies geht u.a. aus einer Notiz des Bibliotheksleiters Otto Leunenschloss (1883–1960) hervor, der berichtet, dass „Fräulein Weber […] sich schon seit längerer Zeit in ihren Freistunden mit der Geschichte des Kunstgewerbes, insbesondere des Bucheinbandes, beschäftigt und dabei auch wertvolle Einbände der Sammlung Haupt, die leider, wie an vielen Bibliotheken Deutschlands in sehr vernachlässigtem Zustande sind, inventarisiert und nach den wissenschaftlichen Grundsätzen des neu gegründeten Ausschusses für Einbandkatalogisierung beschrieben [habe], so dass sich aus ihrer Nebenarbeit auch ein unmittelbarer Gewinn für die Bibliothek ergab."[37] Webers „Katalog alter Bucheinbände" besteht aus einem Konvolut von insgesamt 204 Durchreibungen zu 51 ausgewählten Bucheinbänden der Sammlung Haupt auf Pergamentpapier, die die Struktur der Einbände sichtbar machen (Abb. 3). Die zugehörigen Beschreibungen umfassen 60 maschinengeschriebene Katalogkarten in einer Schachtel und enthalten u.a. Angaben zu Maßen, Kanten, Rücken, Schnitt, Verstärkungen und Vorsatz. Beigelegt sind die „Richtlinien für die einheitliche Katalogisierung der Bucheinbände" der Druckerei der Werk-

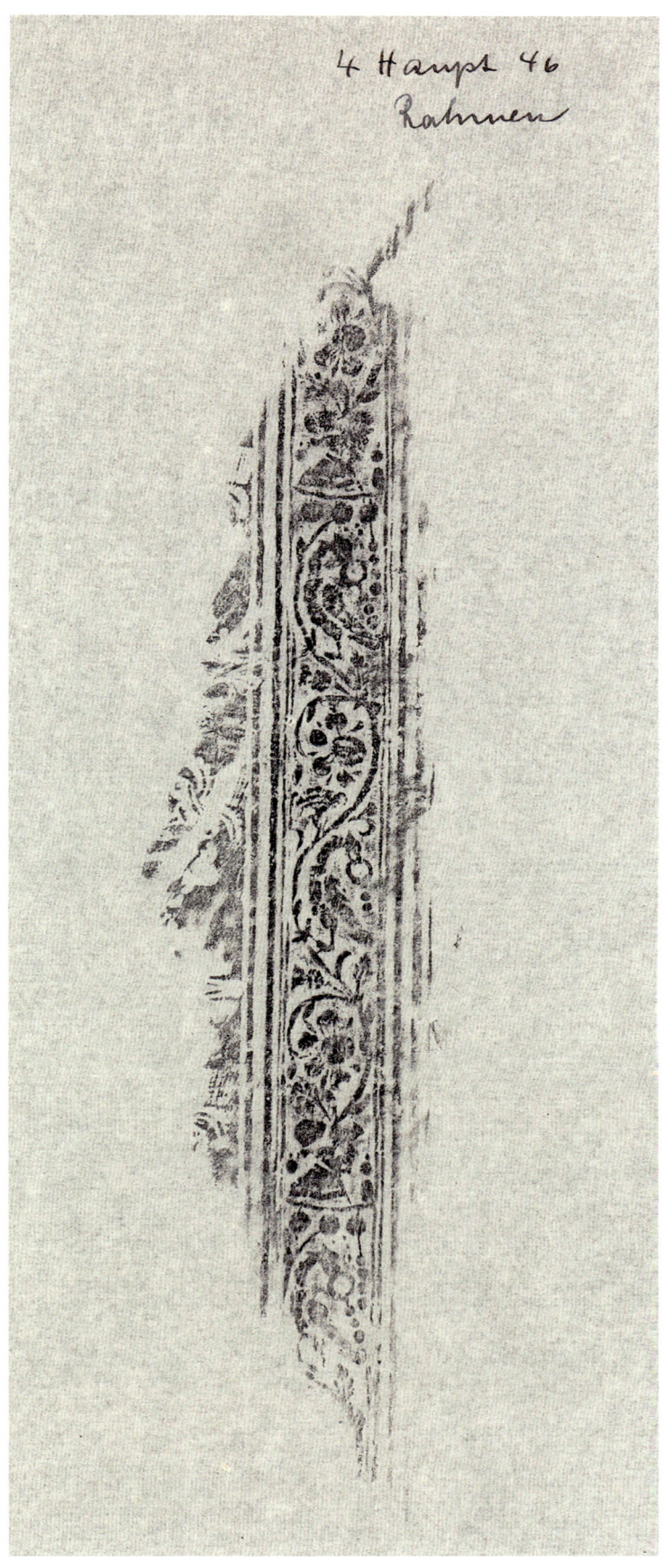

Abb. 3
Petrus Appian, „Inscriptiones sacrosanctae vetustatis non illae quidem Romanae, sed totius fere orbis", Ingolstadt 1534, TIB 4 Haupt 46 – Durchreibung der „Umrahmung: 3 Blindlinien, Rolle aus einer Blume und einem Vogel, je 2mal und einem Porträtkopf einmal" [Weber 1942, Karteikarte zu 4 Haupt 46.]

gemeinschaft (Leipzig 1927), ein Register zum Einbandkatalog mit dem „Versuch einer ungefähren zeitlichen Einordnung"[38] anhand stilistischer Merkmale sowie Notizen betreffend Künstlerregister der Sammlung Haupt und anderer Kupferstichwerke der Bibliothek der TH Hannover. Webers Durchreibungen und beschreibende Ausführungen dokumentieren eine frühe wissenschaftliche und bibliothekarische Beschäftigung mit dem Buchbestand der Sammlung Haupt und bilden einen wichtigen Bestandteil der Sammlungsgeschichte. Seit der Restaurierung 2020/21 werden sie zusammen mit weiteren Sekundärmaterialien im besonders geschützten Sammlungsraum aufbewahrt. Digitalisate von Webers Durchreibungen und Katalogkarten sind über das TIB-Portal im Open Access verfügbar.[39]

Abgesehen von den Einbandforschungen Webers führte die kriegsbedingte Auslagerung der Sammlung ab 1939 – vier Jahre vor den übrigen hannoverschen Bibliotheksbeständen[40] – insgesamt jedoch zu einer Unterbrechung jeglicher weiterer Erschließungsvorhaben. Durch die Evakuierung der seinerzeit ca. 200.000 Bände umfassenden Bibliothek der TH Hannover nach Nörten-Hardenberg und Levershausen konnte nicht nur die Sammlung Albrecht Haupt anders als viele vergleichbare Sammlungen ohne Verluste erhalten werden. Da die Bibliotheken der anderen Technischen Hochschulen in Deutschland „zumeist starke, wenn nicht totale Verluste ihrer Bestände und z. T. auch ihrer Kataloge zu beklagen"[41] hatten, verzeichnete der umfassend erhaltene Bestand der „Bibliothek der Technischen Hochschule Hannover […], die als einzige ununterbrochen vollbenutzungsfähig erhaltene Bibliothek des Bereichs"[42] bereits in den Kriegsjahren steigende Nutzungszahlen und Leihanfragen. In der Nachkriegszeit wurden sie verstärkt von den „von Provinzial- und anderen Behörden genehmigten Industriewerken, sowie von den Dienststellen des Englischen Hauptquartiers außerordentlich stark in Anspruch genommen […] und dabei neben ihrer Hauptaufgabe, der Technischen Hochschule Hannover zu dienen, im Leihverkehr von anderen Hochschulen und Universitäten, deren Bibliotheken zerstört oder für längere Zeit durch Stapelung ihrer Bücherbestände in ihrer Benutzungsfähigkeit behindert sind, aufs stärkste herangezogen"[43] – eine Situation, die letztlich den Ausschlag gab, die Zentrale Fachbibliothek für Technik und Naturwissenschaften in Hannover zu gründen.

Nach der Rückverlegung der Bestände, der Gründung der Technischen Informationsbibliothek (TIB) im neuen System der Zentralen Fachbibliotheken in Deutschland 1959 in räumlicher und organisatorischer Einheit mit der Universitätsbibliothek und dem Bezug des neuen Hauptgebäudes 1965 rückte die Sammlung Albrecht Haupt erst Ende der 1960er Jahre wieder stärker in den Blickpunkt. Im Vordergrund stand nun die Überarbeitung des 1930 beendeten Katalogs der Monographien, der inzwischen als veraltet und ungeeignet „für die Integration in den allgemeinen Alphabetischen Katalog"[44] angesehen wurde. Die Überarbeitung wurde durch die Bibliothekarin Erika Henkes (1934-2016) durchgeführt, die u.a. die Verfassernamen nun weitestmöglich nach Thieme-Becker ansetzte. Der neue Katalog wurde 1970 fertiggestellt und mit einem Vorwort des späteren Bibliotheksdirektors Gerhard Schlitt (*1933) veröffentlicht. Dem alphabetischen Hauptteil ist eine Reihe von Titeln angefügt, die bereits von Haupt fingiert worden waren. Sie umfassen sowohl Sammelmappen mit Einzelblättern[45], darunter z.B. einige Serien von „Guckkastenbilder[n]" (gr 2 Haupt 480 und 481) oder „Gartenpläne" (Handzeichnungen und Kupferstiche aus verschiedenen Folgen, gr 2 Haupt 427 und 2 Haupt 428), als auch die handschriftlichen Kataloge Haupts und weitere Werke, die sich als „Archiv Haupt" mit dem weiteren Umfeld der Sammlung beschäftigen. Ende der 1990er Jahre erfolgte eine erneute Überarbeitung der Titelaufnahmen der gebundenen Bände der Sammlung, nunmehr nach dem neuen für die Katalogisierung bibliothekarischer Bestände geltenden Regelwerk, den „Regeln für die alphabetische Katalogisierung (RAK)", und gemäß der Anforderungen der PICA-Software (Project for Integrated Catalog Automation) für die Integration in den Online-Katalog (OPAC).

## Inhaltliche Schlaglichter und Einbettung in den Altbestand

Die in der Sammlung Haupt vorhandenen Lücken sind also keineswegs auf größere Verluste zurückzuführen, sondern dokumentieren vielmehr die ursprüngliche Lückenhaftigkeit zeitgenössischer Privatsammlungen. Neben bekannten Traktaten, die quasi zum Standardrepertoire vergleichbarer Sammlungen gehören, enthält der Teilbestand *Monographien* dabei auch zahlreiche unbekanntere bzw. weniger verbreitete Werke und ist ähnlich heterogen und durchmischt wie der Teilbestand der *Graphischen Einzelblätter*. Abgesehen von den Bänden und gebundenen Blattfolgen, die die losen Graphikblätter ergänzen oder deren Kontextualisierung und Identifizierung dienen (vgl. Essay Rubach, Abschnitt *Verschränkung mit anderen Teilbeständen*), und den Skizzenmappen – etwa Alexander v. Tritschlers (gr 2 Haupt 1605, gr 2 Haupt 4085), Carl Luckows (gr 2 Haupt 1506–1518, Kat. J03) oder den Zeichnungen nach Vorlagen von Robert Morris (Sign. Haupt 1502) (vgl. Essay Paulus, Abschnitt *Provenienzen, Sammlungswege und Sammlungsgruppen*) – lassen sich in den Monographien der verschiedenen Epochen jeweils deutliche inhaltliche Schwerpunkte erkennen, die Vossnack bereits in ihrem Gutachten von 1941 herausstellt.

Einen thematischen Schwerpunkt in den Werken der Renaissance bilden zunächst Vitruv, die Auseinandersetzung mit seinem Werk sowie mit Fragen der Proportion. Der Teilbestand *Monogra-*

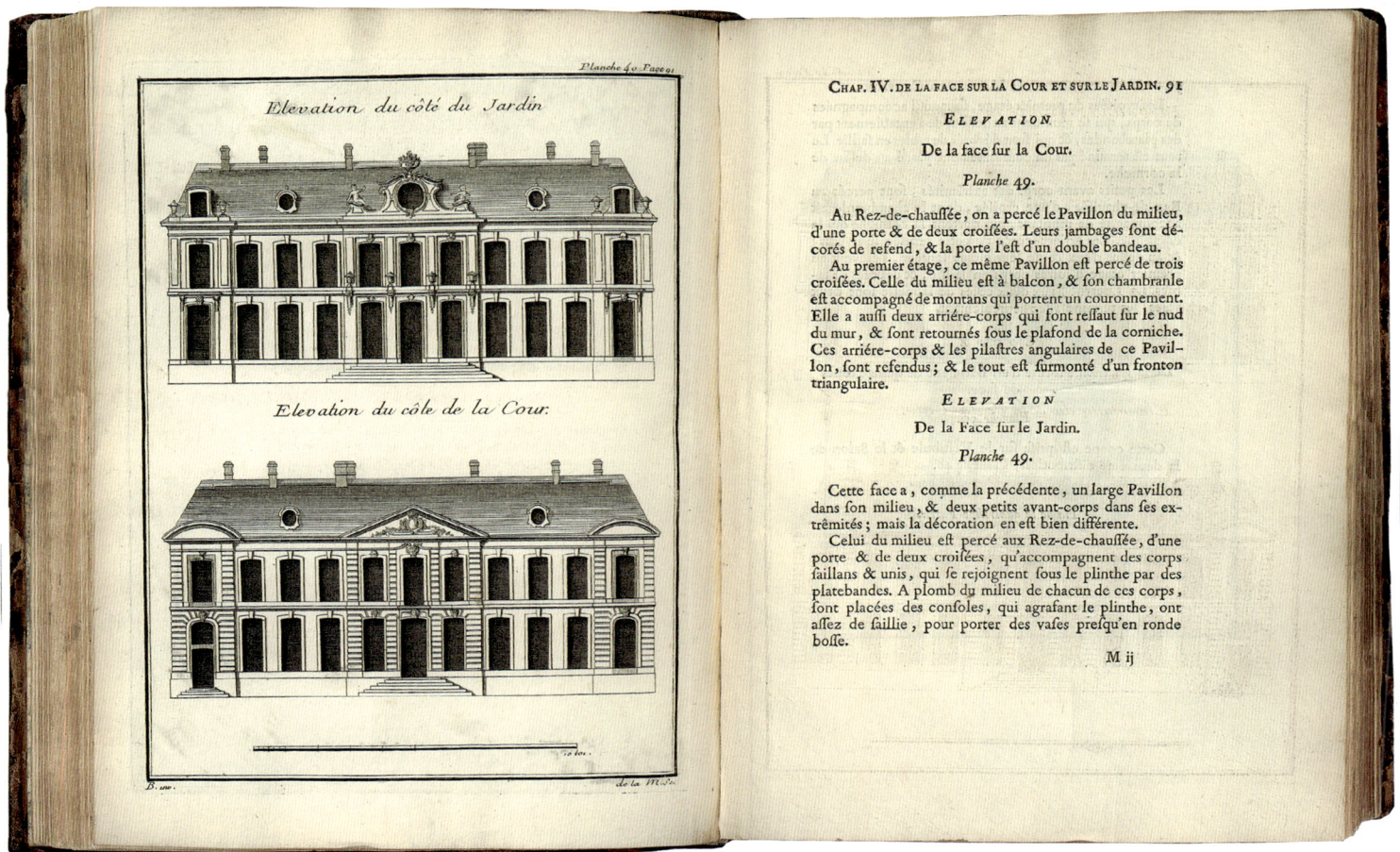

Abb. 4
Charles Étienne Briseux, „L'Art De Bâtir Des Maisons De Campagne Où L'On Traite De Leur Distributi", Paris 1743, TIB 4 Haupt 169 (1) – „unerreicht an Sicherheit und Eleganz der Darstellung […] die den Publikationen beigegebenen Abbildungen, […] die mit zarten Strichlagen arbeitenden Kupferstiche" [Vossnack 1941, S. 3]

*phien* enthält allein 23 Vitruvausgaben (Übersetzungen und/oder kommentierte Editionen), die zwischen 1511 bis 1796 erschienen sind. Daneben hebt Vossnack unter den Werken des 16. Jahrhunderts v.a. die verschiedensten Ausgaben der Lehrbücher von Sebastiano Serlio (25 Bände, ältester Titel "Regole generali di architettura", Venedig 1544, 4 Haupt 1074), Giacomo Barozzi da Vignola (18 Bände, ältester Titel „Regola Delli Cinqve Ordini D'Architettvra", o. O. 1563, 2 Haupt 1187) und Andrea Palladio (17 Bände, ältester Titel "Il quattro libri dell'architettura", Venedig 1570, 2 Haupt 814) mit ihren oft prachtvollen Einbänden hervor, von denen die „Sammlung Haupt […] eine stattliche Reihe"[46] besitze, illustriert v.a. durch „kraftvollen, noch mittelalterlich wirkenden Holzschnitt".[47] In ihrem Einbandkatalog untersucht auch Weber zahlreiche Einbände des 16. Jahrhunderts, v.a. verschiedener Vitruv-Ausgaben (Haupt 1221, Haupt 1223, Haupt 1224). Ihr ältester Untersuchungsgegenstand ist dabei jedoch Petrus Appians „Inscriptiones sacrosanctae vetustatis non illae quidem Romanae, sed totius fere orbis" (Ingolstadt 1534, 4 Haupt 46), der einen Einband in weißem „Schweinsleder m. Blindpressung über Buchenholz, nur zur Hälfte bezogen, vorn sehr schön gemaserter Buchenholzdeckel,

hinten später erneuert, vermutlich Esche"[48] besitzt und zu dem drei Blätter mit Durchreibungen angefertigt wurden (Abb. 3).

Unter den französischen Werken des 17. Jahrhunderts greift Vossnack „aus der Fülle der Hauptschen Sammlung […den …] in vielfacher Auflage erschienene[n] Cours d'architecture des Daviler"[49] (Amsterdam 1699, Haupt 57) heraus sowie die Werke „des Briseux oder Blondels grosses Werk für die französische Baukunst"[50]. Dabei seien „unerreicht an Sicherheit und Eleganz der Darstellung […] die den Publikationen beigegebenen Abbildungen, nun nicht mehr Holzschnitt, sondern, jeder Licht-Schattenwirkung bereitwilliger folgend, die mit zarten Strichlagen arbeitenden Kupferstiche"[51] (Abb. 4). Einbände des 17. Jahrhunderts bilden den Schwerpunkt in Webers Untersuchung, wenngleich Klassiker wie Nicolai Goldmanns „Vollständige Anweisung zu der Civil-Bau-Kunst" (in Ausgabe Leipzig 1708, 2 Haupt 454) vergleichsweise schlichtere Einbände aufweisen – etwa im Falle Goldmanns ein „Pergament über Holz, Golddruck"[52], das einen „Rahmen aus doppelter Linie, zweiter Rahmen aus einfacher Linie mit einem Zierstempel an den Ecken. Mittelstück kleiner rautenförmiger Stempel aus stilisiertem Blattwerk"[53] aufweist.

Im 18. Jahrhundert konstatiert Vossnack eine große Aufweitung der Themen, die das erweiterte Berufsbild des „Architekten" in dieser Zeit widerspiegele. Aus dieser Epoche betont sie v.a. die Werke Karl Friedrich Schinkels mit ihrer „Zeichentechnik, die, ganz durchlichtet, fast mit reinen Linien arbeitet".[54] Von Schinkel enthält die Sammlung v.a. die zusammen mit Ferdinand Berger herausgegebene mehrbändige „Sammlung architectonischer Entwürfe von Schinkel […]" (Berlin 1819-1840, gr 2 Haupt 1029(1-13)) sowie die „Werke der höheren Baukunst" (Potsdam 1840-1843, 1 Haupt 1032) und eine „Sammlung von Möbel-Entwürfen" (Potsdam 1852, gr 2 Haupt 1030). Da die Sammlung von Matthäus Daniel Pöppelmann nur ein Werk – nämlich die „Vorstellung und Beschreibung Des von Sr. Königl. Majestät in Pohlen, und Churfl. Durchl. zu Sachßen, erbauten so genannten Zwinger-Gartens Gebäuden, Oder Der Königl. Orangerie zu Dreßden, In Vier- und Zwantzig Kupffer-Stichen" (Dresden 1729, gr 2 Haupt 885) – besitzt, liegt es nahe zu vermuten, dass dieses der Band ist, den Haupt aus dem Nachlass Edwin Opplers erworben hat, zumal das Exemplar – wie Opplers – nur 23 der genannten 24 Kuperfstiche aufweist.[55] In Webers „Verzeichnis besonders schöner oder interessanter Einbände"[56] ist wiederum Bretez „Plan de Paris" (Paris, um 1740, gr 2 Haupt 165) aufgenommen, den Haupt ausdrücklich für den Verbleib in Hannover vorgesehen hatte (vgl. oben); der „rote[…] Maroquineinband mit Golddruck" sei laut Weber „wahrscheinlich von Padeloup le jeune selbst gebunden, wie ein Vergleich mit einem in der STuUB Frankfurt a. M. vorhandenem signierten Band vermuten lässt. Sicher aber aus seiner Werkstatt"[57] (Abb. 5).

Das 19. Jahrhundert ist nur mit vergleichsweise wenigen Bänden vertreten. Laut Gutachten zum Ankauf der ersten Charge beinhaltete diese ohnehin nur Werke aus der ersten Hälfte des 19. Jahrhunderts „die in der Zeit […] bis gegen 1820 erschienen sind".[58] Darunter fallen allerdings einige interessante und wohl eher unbekannte Werke, wie z.B. Bernhard Christoph Fausts „Zur Sonne sollten alle Häuser der Menschen gerichtet seyn" („Bruchstücke, als Handschrift gedruckt", ca. 1824, Haupt 362), das einige Gedanken der späteren Zeilenbauweise im Geist von Gartenstadtbewegung und Reformarchitektur unter dem Motto „Licht, Luft und Sonne" bereits 1824 vorwegnimmt. Entwickelt in Zusammenarbeit mit dem „Kön. Bayer. Baurath Herrn J. M. C. G. Vorherr zu München"[59] entwirft Faust darin eine Mustersiedlung, die er in Lageplan und perspektivischer Ansicht darstellt (Abb. 6). Zu den fünf von Faust formulierten „Grundsätze[n]" gehört, dass „zur Sonne, rechtwinklich nach der Himmelsgegend des Mittags […] sollten alle Häuser der Menschen mit ihrer vordern Hauptseite, auf welcher die mehrsten Menschen während der längsten Zeit des häuslichen Lebens wohnen und leben, gerichtet seyn".[60] Zudem dürften „Licht und Luft […] der vordern und der hintern, auch den freyen östlichen oder westlichen Seiten der Eck- oder alleinstehenden Häuser durch stehenbleibende Körper, z.B. Häuser, Bäume, nicht genommen werden".[61] Die Häuser sollten dabei „a) gerade und rechtwinklich; b) mehr lang als tief, und c) auf 2 bis 3 Fuß hohem Sockel und über hellen, luftigen Kellern erbaut seyn", und zwar so, dass „so viel Licht und Luft, als möglich und recht ist, […] in das Haus und alle seine Gemächer nicht allein eindringen, sondern dieselben auch frey und ungehindert […] durchstreichen können", und dass „der Zu- und Eintritt des Lichts, besonders des Sonnenlichtes, und das Eindringen und der Durchzug der Luft […] in Verhältnis zu der Wärme oder Kälte […] nach Bedürfnis […] können […] geordnet, gemäßigt und abgehalten"[62] werden. Gleichzeitig setzt Faust eine Begrenzung für die Länge einer Häuserzeile, denn „keine Häuserreihe, auch kein Haus, sollte über fünfhundert (500) Fuß lang seyn. Größere Länge fällt ins Unmäßige, Ungeheure, schadet der Schönheit und der Mannichfaltigkeit, und vergrößert Feuersgefahr."[63] Alle Häuser sollten schließlich „vorn einen Rasenplatz, grüne, lebendige Natur, und […] hinten einen Hof mit Hofgebäuden haben."[64]

Dass die Sammlung Albrecht Haupt immer in Zusammenhang mit den heutigen Altbeständen der TIB, d.h. den Beständen der „Höheren Gewerbeschule" (gegründet 1831) und ihrer Nachfolgeinstitutionen – der „Polytechnische Schule" (ab 1847) und der „Königlich Technischen Hochschule Hannover" (ab 1879) – gesehen wurde,[65] macht bereits das 1901 erstellte erste Gutachten zur Übernahme der Sammlung deutlich. Es unterstreicht deren „besonderen Wert, indem durch ihren Erwerb wesentliche Lücken in der Bibliothek ausgefüllt werden"[66] und betont, „dass sich [in der Sammlung] nur 19 Werke befanden, die die Hochschulbibliothek beim Erwerb der Hauptschen Bücher bereits besaß. Daraus dürfte her-

**Abb. 5**
Louis Bretez, „Plan de Paris", Paris, um 1740, TIB gr 2 Haupt 165 – Maroquineinband mit „Rahmen, punktähnl. Linie, Doppel-Goldl., kleine Rolle m. Ringen u. Ellipsen, breitere Rolle mit abwechselnd Lilie und Fünfblatt (der Kranzrolle in der Anordnung entfernt ähnlich), kl. Ranken; Mittelstück: schraffierte Cartouche m. Segelschiff und Lilien" [Fußnote: Weber 1942. Die Karteikarte enthält zusätzlich die handschriftliche Notiz: „Stil Padeloup, möglicherweise echt".] (Foto: H. Saemann)

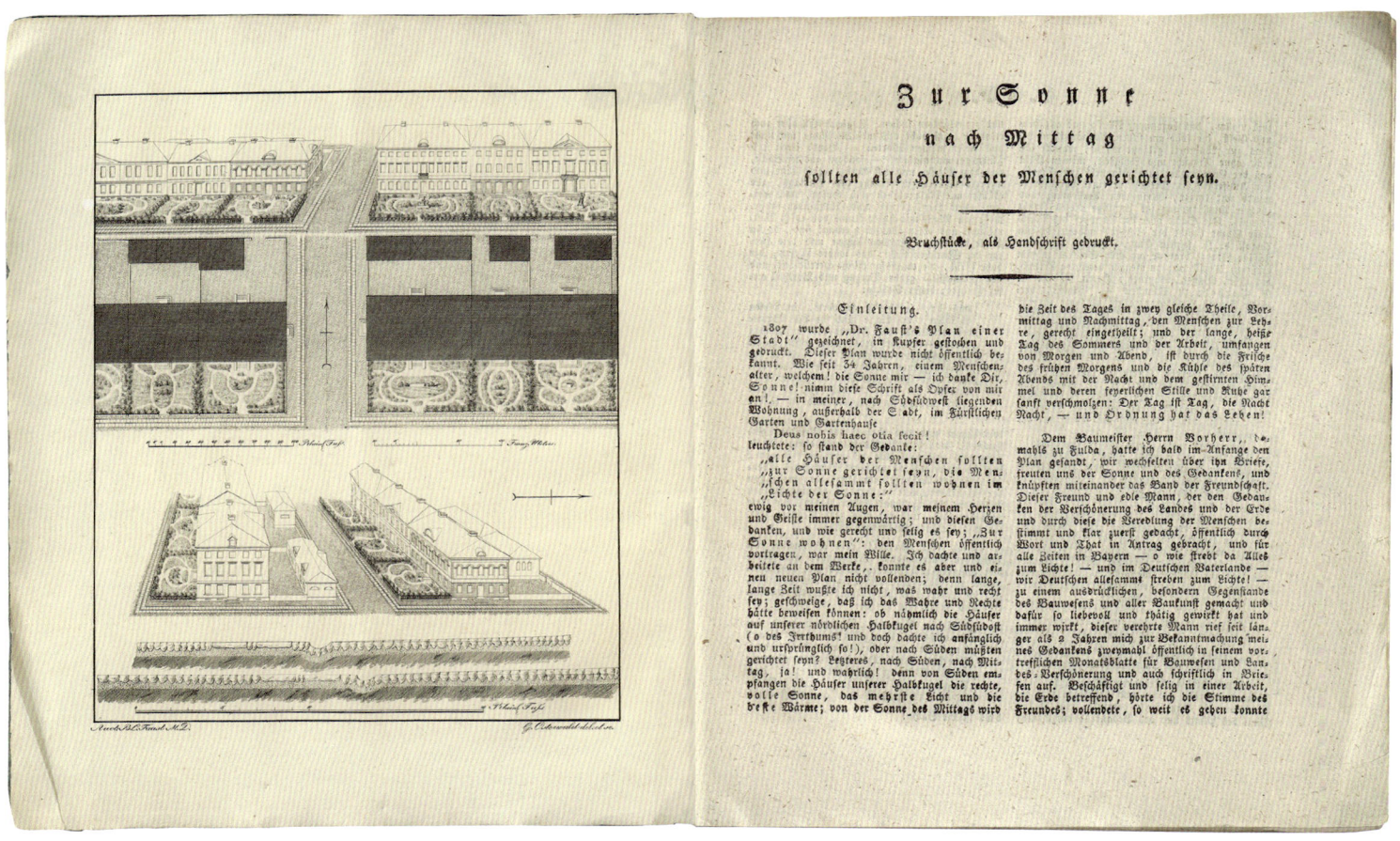

Abb. 6
Bernhard Christoph Faust, „Zur Sonne sollten alle Häuser der Menschen gerichtet seyn", [Bruchstücke, als Handschrift gedruckt], o. O., ca. 1824, TIB Haupt 362 – „alle Häuser der Menschen sollten zur Sonne gerichtet seyn, die Menschen allesamt sollten wohnen im Lichte der Sonne" [Faust 1824, S.1]

vorgehen, eine wie außerordentlich erwünschte Ergänzung unseres Studienmaterials diese Sammlung darstellt."[67] Mit der Bibliothek des Architekten- und Ingenieur-Vereins (gegründet 1851) und den Beständen des hannoverschen Gewerbevereins (gegründet 1834), die v.a. zahlreiche Handwerkerzeitschriften des 19. Jahrhunderts umfassen, wuchsen zwischen 1918 und 1940 die historischen Bestände neben der Sammlung Albrecht Haupt weiter an.[68]

Die Monographien der Sammlung Albrecht Haupt, die wie die anderen Teilbestände der Sammlung auch als Lehrmaterialien dienten, und der Altbestand der Technischen Hochschule sind dabei sicherlich als sich ergänzende Bestände zu sehen; denn auf die regulären Bibliotheksbestände, die „für die Erfüllung der Lehraufgaben […] zunächst nur für die Lehrer der Schule bestimmt [waren], da diese sich aufgrund ihrer geringen Besoldung die häufig kostspieligen Bücher für den Unterricht nicht selbst besorgen konnten und die zugänglichen größeren Bibliotheken die Werke der praktischen Fächer meist nicht führten",[69] konnten Haupt und seine Studierenden natürlich zugreifen. So fielen etwa bei der Beschäftigung mit den Übereckansichten zweier Säulenordnungen von Wilhelm Sprengell (Kat. B02)[70] Lücken im Monographienbestand auf, die zunächst verwundern. Während zum Bereich der darstellenden Geometrie zahlreiche Titel von Ulrich Kerns „Eyn new kunstlichs wolgegründts Visierbuch : gar gwiß vnnd behend auß rechter art der Geometria, Rechnung vnd Circkelmessen" (Straßburg 1531, 4 Haupt 958) bis hin zu Friedrich Weinbrenners Architektonischem Lehrbuch zur „Geometrische[n] Zeichnungslehre, Licht- und Schattenlehre: Mit Kupfern" (Tübingen 1810, 2 Haupt 1279(1)) vorhanden sind und Haupts Interesse an diesem Themenfeld belegen, fehlen „Standardwerke" wie Gaspard Monges „Géométrie descriptive" (Paris 1820). Genau wie Haupts eigene Werke (vgl. Essay Jager) sind sie nicht in der Sammlung Haupt enthalten, sondern im übrigen Bibliotheksbestand – im Fall des Monge im französischen Original von 1820 (DG 4024,4) mit dem Bibliotheksstempel der „Höheren Gewerbeschule" wie auch in der deutschen Übersetzung (Leipzig 1900, ZS 725 x(117)a). Eine Ausgabe von Joseph Arbessers „Constructions-Lehre mit ihren Anwendungen auf Schatten-Construction, Perspectiv und Maschinenzeichnung, als Vorbereitung zu Monge's und Hachette's Werken" (Wien 1824, DG 60) ist mit eingestempeltem Besitzvermerk von Karl Karmarsch erhalten.[71] Die Fragestellung inwieweit Haupt diese übrigen Bibliotheksbestände beim Sammeln möglicherweise berücksichtigt hat und wie die Materialien wiederum in der Lehre eingebunden und rezipiert wurden, bedarf weitergehender Forschung. Nicht zuletzt die erhaltenen Vorlesungs- und Kollegnachschriften von Ferdinand Eichwede, Ernst Meßwarb, Carl Schäfer oder Carl Strube u.a. können hierzu vermutlich zahlreiche Hinweise liefern.[72]

## Anmerkungen

1 Vossnack Bericht 1941, S. 1.
2 Ebd.
3 Ebd.
4 Vgl. John 2006, S. 22.
5 Haupt 1923, S. 51.
6 TIB Slg. A. Haupt, Ordner „Akten betreffend Sammlung Haupt" (1922–1938), o.S.: Schreiben Trommsdorff an Richard Fick, Direktor der Universitäts- bibliothek Göttingen, v. 23.1.1924. Ficks Antwort belegt, dass in Göttingen versucht wurde, ein weiteres Exemplar antiquarisch zu beschaffen; solange allerdings erhob der Universitätsverbund Anspruch auf den Band, da „gerade in der Erwerbung solcher Seltenheiten das ausschlaggebende Moment gelegen habe, das den Universitätsbund zum Ankauf der Haupt'schen Sammlung bestimmt habe. […] Wenn sich das Werk doch noch beschaffen lässt, steht Ihnen das Haupt'sche Exemplar selbstverständlich zur Verfügung." – Schreiben Fick an Trommsdorff v. 5.3.1924; Trommsdorff verweist daraufhin wieder an Haupt und bittet, „dass [der Universitätsbund] hierüber mit Herrn Geheimrat Haupt unmittelbar verhandelt" – Trommsdorff an Fick, 10.3.1924. Das Werk ist heute im hannoverschen Teil der Sammlung vorhanden unter gr 2 Haupt 165.
7 Nach Drubba 1997/2003, 2.24.
8 Haupt 1923, S. 51.
9 Ebd.
10 Ebd.
11 Vossnack Gutachten 1969, S. 2.
12 Schlitt 1970, S. III.
13 Ebd.
14 Trommsdorff an Fick, 9.4.1924, TIB Slg. A. Haupt, Ordner „Akten betreffend Sammlung Haupt" (1922–1938), o.S.
15 Schreiben Trommsdorff v. 18.3.1927, TIB Slg. A. Haupt, Ordner „Akten betreffend Sammlung Haupt" (1922–1938), o.S.
16 Ebd.
17 Haupt 1923, S. 51.
18 Die Zukäufe sind anhand ihrer Signaturen identifizierbar und betreffen alle Bände, die eine Signatur mit laufender Zählung ab „Haupt 16xx" aufweisen. Die von Haupt selbst gesammelten Bände sind über die verschiedenen Formatgruppen hinweg unter den Signaturen „Haupt 1 - 15xx" verzeichnet.
19 Eine Unterscheidung nach Lexikon-Oktav (Lex. 8°), Quart (4°) und Groß-Oktav (gr. 4°), wie die Preußischen Instruktionen sie vorsehen, existiert nicht. Auch in der vorangehenden kleineren Formatgruppe wird nicht zwischen Sedez (16°), Klein-Oktav (kl. 8°), Oktav (8°) und Groß-Oktav (gr. 8°) unterschieden.
20 Vgl. http://www.tib.uni-hannover.de/de/tibub/ueber-uns/spezialsammlungen/sammlung-haupt.html – Die Kollektion wurde zusammengestellt durch Joachim Wolschke-Bulmahn. Die Gartenliteratur bildet eine wichtige thematische Kollektion innerhalb der Sammlung, was sich nicht zuletzt in der wiederholten Heranziehung der Bestände für gartenhistorische Ausstellungen widerspiegelt (vgl. Anm. 21).
21 Hier sind in jüngerer Zeit etwa die Niedersächsische Landesausstellung 2014 „1714: Hannovers Herrscher auf Englands Thron 1714–1834" oder die Sonderausstellung „Herrenhausen und Europa. Ein Gartennetzwerk, Ausstellung im Museum Schloss Herrenhausen, 17. März 2019 bis 12. Januar 2020" zu nennen, die auf der vorangegangenen Jubiläumsausstellung „Herrenhausen 1666–1966. Europäische Gärten bis 1700, Orangerie Herrenhausen, vom 19. Juni bis 28. August 1966" aufbaute und neben den losen Graphiken v.a. Abbildungen aus den Monographien zeigte (vgl. Urban 2019).
22 Schreiben Trommsdorff v. 30.10.1923, TIB Slg. A. Haupt, Ordner „Akten betreffend Sammlung Haupt" (1922–1938), o.S.
23 Schreiben Trommsdorff v. 18.3.1927, „TIB Slg. A. Haupt, Ordner „Akten betreffend Sammlung Haupt" (1922–1938), o.S. Vgl. auch „Auszug aus dem Jahresbericht für das Rechnungsjahr 1923" v. 6.6.1924, TIB Slg. A. Haupt, Ordner „Akten betreffend Sammlung Haupt" (1922–1938), o.S.
24 Trommsdorff an Curt Glaser, Direktor der Staatl. Kunstbibliothek, 21.11.1929, TIB Slg. A. Haupt, Ordner „Akten betreffend Sammlung Haupt" (1922–1938), o.S. Lueders Personalakte findet sich im Archiv der TIB/Universität Hannover, Best.5, Nr. 1978/I-II. Für die hilfreichen Hinweise sei Andreas Lütjen und Lars Niebelung gedankt.
25 Die Korrespondenz zwischen Trommsdorf und Arthur Lotz, der zeitgleich den 1939 erschienen Ornamentstichkatalog der Staatl. Kunstbibliothek in Berlin überarbeitet, ist enthalten in den TIB Slg. A. Haupt, Ordner „Akten betreffend Sammlung Haupt" (1922–1938), o.S.
26 Trommsdorff 1931, S. 349; siehe auch Lütjen 2022, S. 16.
27 Lueder an Trommsdorff, 24.1.1930, TIB Slg. A. Haupt, Ordner „Akten betreffend Sammlung Haupt" (1922–1938), o.S.
28 Lueder an Trommsdorff, 24.1.1930, TIB Slg. A. Haupt, Ordner „Akten betreffend Sammlung Haupt" (1922–1938), o.S.
29 „Die Katalogisierung der Bücher und in Buchform eingestellten Einzelfolgen ist für den Sonderkatalog und für den allgemeinen Katalog der Bibliothek beendet. Von den in Kästen aufgelegten Einzelblättern sind diejenigen für den Sonderkatalog verzettelt, die in das Gebiet des Ornamentstichs fallen." – Abschlussbericht Lueders v. 11.9.1930, TIB Slg. A. Haupt, Ordner „Akten betreffend Sammlung Haupt" (1922–1938), o.S.
30 „Dann habe ich auch schon festgestellt, dass unter den Einzelblättern Sachen sein werden, die in die Folgen hineingehören. So bin ich jetzt zu der Überzeugung gekommen […], dass auch die vorläufig als Einzelblätter geltenden Stücke nur hier erfolgreich und ohne Zeitverschwendung bearbeitet werden können." Lueder an Trommsdorff, 24.1.1930, TIB Slg. A. Haupt, Ordner „Akten betreffend Sammlung Haupt" (1922–1938), o.S.. Die spätere Bearbeiterin Vossnack stimmte Lueders Einschätzung zu und kam in ihrem Gutachten 1969 zu dem Ergebnis, dass die „nächste ‚Verwandte' [der graphischen Abteilung der SAH] die Berliner Ornamentstichsammlung" sei – Vossnack Gutachten 1969, S. 6. Diese Einschätzung wird auch durch die aktuelle Bearbeitung und Erschließung des Teilbestands *Graphische Einzelblätter* bestätigt: Vgl. Essays Paulus und Rubach in diesem Band.
31 Weber 1942, elektronische Reproduktion: https://opac.tib.eu/DB=1/XMLPRS=N/PPN?PPN=1796797170.
32 Webers Forschungsarbeit, die lange aus dem Fokus verschwunden war, wurde kürzlich von Andreas Lütjen (TIB, Leitung Erwerbung und Katalogisierung) im Rahmen seiner Beschäftigung mit den Biographien der ersten (wissenschaftlichen) Bibliothekarinnen in Hannover beleuchtet – vgl. Lütjen 2022.
33 Lütjen 2022, S. 3.
34 Vgl. Lütjen 2022, S. 87 f.
35 Weber, Elisabeth: Studien zum Maßbegriff. Dissertation zur Erlangung des Doktorgrades der Philosophischen Fakultät der Georg-August-Universität zu Göttingen, Typoskript, Göttingen 1946.
36 Lütjen 2022, S. 89.
37 Archiv der TIB/Universitätsarchiv Hannover, Hann. 146 A, Acc.88/81, Nr. 397 (Personalakte), Bl. 66 – zitiert nach Lütjen 2022, S. 87. Unter den der Sammlung Albrecht Haupt lose zugeordneten Architektennachlässen aus dem Umkreis Conrad Wilhelm Hases findet sich eine weitere Sammlung von Durchreibungen aus der Hand Ferdinand Eichwedes: Abreibungen von

38 Weber 1942, Register III.
39 Vgl. Anm. 31.
40 Vgl. dazu Grunwald 1956.
41 Drubba 1997/2003, 1.7.
42 Schreiben von Otto Leunenschloss 1946, Archiv der TIB/Universitätsarchiv Hannover, Akz. 2019/08, Nr. 803 (Akte im Direktionsarchiv) – zitiert nach Lütjen 2022, S. 97 f.
43 Ebd.
44 Schlitt, 1970, S. II. Es sei angemerkt, dass Schlitt 1965 wiederum bei Hoeltje promoviert hatte, der zwischen ab 1928 noch als Assistent Teile der Sammlung Haupts bearbeitet hatte – vgl. Essay Paulus.
45 Zu den betroffenen Sammelmappen siehe Schlitt 1970, S. 215.
46 Vossnack Bericht 1941, S. 2.
47 Ebd.
48 Weber 1942, Karteikarte zu 4 Haupt 46.
49 Vossnack Bericht 1941, S. 2 f.
50 Vossnack Bericht 1941, S. 2 f. Briseux, Charles Étienne: Architecture Moderne Ou L'Art De Bien Bâtir, Paris 1728 (4 Haupt 168); Briseux, Charles Étienne: L'Art De Bâtir Des Maisons De Campagne Où L'On Traite De Leur Distributi, Paris 1743 (4 Haupt 169 (1)-(2)). Von Blondels "Cours D'Architecture" sind verschiedene Ausgaben in der Sammlung enthalten, die älteste erschienen in Paris 1675 (2 Haupt 121).
51 Vossnack Bericht 1941, S. 3.
52 Weber 1942, Karteikarte zu 2 Haupt 454.
53 Weber 1942, Karteikarte zu 2 Haupt 454.
54 Vossnack Bericht 1941, S. 4.
55 Vgl. Essay Paulus, Anm. 30. Hinweise auf den Vorbesitzer Oppler, etwa in Form eines Exlibris o.ä., sind am Band jedoch nicht festzustellen.
56 Weber 1942, Register IV.
57 Ebd.
58 Abschrift eines Schreibens an den Minister der geistl., Unterrichts- und Mediz. Angelegenheiten, „Betrifft Ankauf der Kupferstiche und Büchersammlung des Professors Dr. Haupt, 28. Juli 1900, TIB Slg. A. Haupt, Ordner „Akten betreffend Sammlung Haupt" (1922–1938), o.S.
59 Faust 1824, S. 2; Gustav (Johann Michael Christian) Vorherr (1773–1847).
60 Faust 1824, S. 3.
61 Faust 1824, S. 4.
62 Ebd.
63 Faust 1824, S. 40.
64 Faust 1824, S. 6.
65 Die Bibliothek umfasste im Jahr 1834 ca. 3400 Bände. Bereits 1844 hatte sich der Bestand auf über 6000 Bände vergrößert und wuchs bis 1862 auf ca. 15.000 Bände sowie über 60 laufende Zeitschriften zu technischen, mathematischen und naturwissenschaftlichen Inhalten an. Ende des 19. Jahrhunderts werden Bestandszahlen von ca. 100.000 Bänden genannt. – Drubba 1997/2003, 1.1–1.4.
66 Auszug „Anlagen zum Staatshaushalts-Etat für das Etatsjahr 1901. Bd II. S. 259, TIB Slg. A. Haupt, Ordner „Akten betreffend Sammlung Haupt" (1922–1938), o.S..
67 Schreiben Trommsdorff „Zur Hauptschen Sammlung" v. 6.7.1923, TIB Slg. A. Haupt, Ordner „Akten betreffend Sammlung Haupt" (1922–1938), o.S.
68 Vgl. Drubba 1997/2003, 1.6. Später erfolgten weitere Schenkungen historischer Bestände, u.a. der Naturhistorischen Gesellschaft (gegründet 1797) und der hannoverschen Industrie (z.B. Riedel-de Haën), die heute den TIB-Altbestand ergänzen.
69 Drubba 1997/2003, 1.1.
70 kl D Z 15: 1.
71 Der erste Direktor der hannoverschen Gewerbeschule und späteren Polytechnischen Schule, Karl Karmarsch, leitete über viele Jahre auch die Bibliothek der Hochschule.
72 Beispielhaft seien hier genannt: Ferdinand Eichwede: Darstellende Geometrie : [Kollegnachschrift], Hannover 1897 (Haupt Hs, Eichwede, b 9247); Ferdinand Eichwede: Formenlehre der antiken Baukunst : [Kollegnachschrift], Hannover ca. 1897 (Haupt Hs, Eichwede, b 9253); Ernst Meßwarb: Deutsche Renaissance : [Technische Hochschule, Hannover, WS 1896] / Prof. A. Haupt. Kollegmitschrift von Ernst Meßwarb, Hannover 1896 (UniHann Haup, AJ 4918); Carl Strube: Zeichnen : Geom. Kollegnachschrift, Hannover ca. 1900 (c 2985).

## Abbildungsnachweis

Abb. 1, 5: Foto: H. Saemann
Abb. 2–4, 6: Technische Informationsbibliothek (TIB)

# „DURCH ANSCHAUUNG MIT LEBEN ERFÜLLEN"[1]
## Druckgraphik in der Sammlung Albrecht Haupt

*Birte Rubach*

Druckgraphische Werke finden sich übergreifend in allen drei Teilbeständen der Sammlung des Architekten, Bauhistorikers und Hochschullehrers Albrecht Haupt, d.h. unter den sogenannten Monographien, im Bestand der Reiseskizzen Albrecht Haupts und in der Sammlung der Graphischen Einzelblätter. Sie stellen den größten Anteil der umfangreichen Sammlung dar. Ein quantitativer Überblick liegt bislang nur im Teilbestand der Graphischen Einzelblätter vor, in dem über 5000 Werke versammelt sind, welche derzeit mit den gemeinsam aufbewahrten losen Handzeichnungen (ca. 1000) erschlossen werden.[2]

## Vom Inhalt der Sammlung

Die Sammlung der Graphischen Einzelblätter umfasst Werke der europäischen Druckgraphik vom Ende des 15. Jahrhunderts bis zum Ende des 19. Jahrhunderts. Die Herstellungstechniken sind ebenso breit gefächert wie das Themenspektrum. So finden sich druckgraphische Werke zur Architektur aus dem Bereich der Formenlehre mit Architekturdetails, Grund-und Aufrisse von Sakral- und Profanbauten, Ansichten berühmter Bauwerke, Stadtveduten, aber auch Blätter zur Innenausstattung von Decken- und Wanddekorationen bis hin zu Möbelentwürfen, und nicht zuletzt zahlreiche Werke aus den Bereichen der Gartenkunst und des Bühnenbilds. Einen großen Anteil haben in der Sammlung Graphiken mit Darstellungen zu religiösen, mythologischen und historischen Themen. Ebenso finden sich Landschaften oder Folgen mit allegorischen Motiven und Alltagsszenen vom kleinsten Format bis zu mehrteiligen großformatigen Kupferstichen z.B. nach französischen und italienischen Wand- und Deckenmalereien. Einen starken Schwerpunkt der Sammlung bilden zudem die Ornamentstiche und Vorlagenblätter. Zusammen mit Werken der angewandten Graphik aus der Buchkunst und der Kalligraphie, mit Exlibris oder Geschäftsanzeigen prägen die Ornamentblätter den Charakter der Sammlung deutlich.[3] Hinzu kommt außerdem ein großer Bestand an Werken zur Heraldik, historischer Ereignisse, Porträts und Gedenkblättern.

In ihrem Gutachten von 1969 überschlug Lieselotte Vossnack (1908–1997), Professorin für Bau- und Kunstgeschichte an der Technischen Hochschule Hannover und langjährige Bearbeiterin der Sammlung, den Teilbestand der Graphischen Einzelblätter zahlenmäßig unter anderem in den Kategorien des Länderanteils, der Technik der Ausführung und der (dargestellten) Objekte.[4] Beim Anteil der Länder bildet demnach Deutschland (bzw. der deutschsprachige Raum) mit ca. 2750 Blatt die größte Gruppe, gefolgt von Italien mit ca. 1150, Frankreich mit 900 und die Niederlande mit 750 Werken. England, Skandinavien und Spanien werden zusammengefasst mit nur 150 Blatt angegeben. Weitere Herkunftsorte, vielleicht auch nicht bestimmbare Herkunftsorte, werden unter „restliches Europa" gruppiert und summieren sich auf immerhin 1100 Werke.[5] Die grobe Differenzierung nach Technik nennt ca. 4050 Graphische Darstellungen, 1820 Holzschnitte[6] und 920 Handzeichnungen[7]. In der „Aufschlüsselung nach Objekten" werden der Architektur nur etwa 900 Blatt zugeordnet, während für die Gruppe, die Vossnack mit „Malerei und Graphik" überschreibt und unter der sie Entwürfe, Darstellungen, Wand- und Deckenmalerei, Landschaften und das Œuvre einzelner Künstler subsumiert, 2000 Blatt angegeben werden. Es folgen Ornamentstiche mit 1200 Stück und Blätter der Angewandten Graphik mit 1600, darunter Titelblätter, Signete, Illustrationen, Exlibris, Initialen und kalligraphische Werke. Der Themengruppe der Historischen Dokumentation mit Porträts, Festlichkeiten, Pompes funèbres und Heraldik werden 800 Blatt zugewiesen. Darstellungen von Skulptur (110) und Geographie (100) machen den geringsten Anteil der Sammlung aus.[8] Diese Zahlen sind freilich nur Annäherungswerte, zahlreiche Überschneidungen können vorhanden sein, und bei der inhaltlichen Gruppierung wurde keine Trennung von Handzeichnungen und Druckgraphiken vorgenommen, dennoch geben sie bereits einen Eindruck von der geographischen und thematischen Vielfalt der losen Blattsammlung.

Die Namensliste der Kupferstecher*innen und Radierer*innen, die die Werke in der Sammlung Haupt oder ihre Vorlagen schufen, ist lang und liest sich wie das *Who ist Who* in der Graphik[9] – auch

Abb. 1
Heinrich Aldegrever, Herkules und Antaeus, Kupferstich, 1550, TIB Slg. A. Haupt, kl D GR 92 (2): 9

Abb. 2
Heinrich Aldegrever, Herkules und Antaeus, Kupferstich, 1550, TIB Slg. A. Haupt, kl D GR 92 (3): 1

hieran zeigt sich die Vielfalt des Bestandes. Die Sammeltätigkeit Albrecht Haupts war nicht auf die Komplettierung des Œuvres eines*r Künstlers*in gerichtet, sondern offenbar vom Anspruch geleitet, anhand der Werke Architektur- und Kunstgeschichte zu betreiben und das zeitgenössische Schaffen aus der Tradition herzuleiten.[10] Sei es die Formenlehre, die Entwicklung der Stil- oder Motivgeschichte in der Architektur und der bildenden Kunst oder auch Technikgeschichte: für seine Forschungen, seine praktische Tätigkeit und insbesondere für den Unterricht lieferten ihm die Werke seiner Sammlung die historischen Quellen und anschauliche Argumente.

Auffällig sind vielerorts die Lücken innerhalb der Stich- oder Holzschnittfolgen. Häufig wurden sie nicht zusammenhängend erworben. Zeitgenössische Kopien oder spätere Abdrücke ergänzen so manche Reihe. So finden sich mehrere Zustände derselben Platte oder Kopien des Motivs zueinander gelegt. Auch ein schlechter Erhaltungszustand hielt Haupt nicht vom Erwerb eines Blattes ab. Unter den Stichen des Heinrich Aldegrever (1502–ca.1555/61) haben sich beispielsweise acht Blätter der eigentlich 13-teiligen Folge mit den Arbeiten des Herkules von 1550 erhalten.[11] Fünf dieser acht Kupferstiche weisen einen sehr blassen Abdruck auf, sie sind auf das gleiche Papier gedruckt und nicht beschnitten (Abb. 1). Zu diesen fünf Blättern kommen nun drei hinzu, die allerdings jeweils ein bereits vorhandenes Motiv aufweisen. Alle drei scheinen aus unterschiedlichen Kontexten zu stammen. Trotz teilweise starker Beschneidung bis zum Darstellungsrand bzw. Beschädigung weisen alle drei einen deutlich besseren Druck auf. Eine Passepartoutnotiz stuft das Blatt „Herkules mit Antaeus" (Abb. 2), das im oberen linken Bereich, wo sich Aldegrevers Monogrammtafel befunden hat, beschnitten ist, als Kopie ein. Auch wenn wir der Einschätzung in diesem Fall nicht folgen, kommt es, wie oben erwähnt durchaus vor, dass Haupt den Serien Kopien beilegte, bzw. sie durch solche ergänzte.

Im Fall der Großen Hochzeitstänzer[12], einer ebenfalls von Heinrich Aldegrever gestochenen Folge mit zwölf nummerierten Darstellungen von 1538, ist die Serie in der Sammlung Haupt bis auf Blatt 1 „Der Zeremonienmeisters mit Hund" erhalten. Blatt 2 „Die Fackelträger" weist eine andere Provenienz auf als die übrigen zehn

Werke.¹³ Es ist nicht wie die anderen auf grauen Karton montiert, und der Abdruck stammt von einer stark abgenutzten Platte (Abb. 3). Blatt 9 wiederum, das die einheitliche Präsentation auf grauem Karton aufweist (Abb. 4), stellt einen unbekannten Zustand dar, bei dem die Jahreszahl 1532 auf dem Monogrammtäfelchen oben rechts erscheint. Überarbeitungen an dieser Stelle sprechen für einen späten Zustand der Platte, nicht für einen früheren, wie es die Jahreszahl vermuten lässt. Der graue Karton und die Bleistift-Beschriftung auf dem Verso zeigen, dass nicht Haupt, sondern schon der Vorbesitzer die Folge mit diesem Exemplar ergänzt hatte.

Mit vielfältigem Anschauungsmaterial bietet die Sammlung Haupt alle Möglichkeiten des Studiums der Techniken und der Herstellungsprozesse. Eine der frühesten Varianten der Tiefdrucktechnik lässt sich beispielsweise anhand des in der Sammlung erhaltenen Abzugs der Halberstädter Ablasstafel zeigen,¹⁴ der von der gravierten und gepunzten Messingtafel, die noch heute im Domschatz-Museum in Halberstadt erhalten ist,¹⁵ direkt abgenommen wurde (Abb. 5). Die zur Perfektion getrieben Kunst des daraus entstandenen Kupferstichs manifestiert sich spätestens in Claude Mellans (1598–1688) „Schweißtuch der Veronika" von 1649. Aus einer einzigen spiralförmigen und in Wellen verlaufenden, an- und abschwellenden Linie gravierte der französische Kupferstecher und Maler das nicht von Menschenhand geschaffene Bildnis (Abb. 6).

Abb. 3
Heinrich Aldegrever, Zwei Fackelträger (Die großen Hochzeitstänzer, 2), Kupferstich, 1538, TIB Slg. A. Haupt, kl D GR 91

Abb. 4
Heinrich Aldegrever, Die großen Hochzeitstänzer, 9 und 10, Kupferstiche, 1538, TIB Slg. A. Haupt, kl D GR 91

Abb. 5
Abdruck der Halberstädter Ablasstafel, TIB Slg. A. Haupt, kl D GR. 1: 1

Abb. 6
Claude Mellan, Das Schweißtuch der Veronika, Kupferstich, Radierung, 1659, TIB Slg. A. Haupt, m F M 2 (1)

So wundersam wie – der Legende nach – Jesus auf seinem Weg nach Golgatha im Tuch der Veronika einen Abdruck seines Antlitzes hinterließ, tritt das Tuch mit der Physiognomie des Gottessohnes hier in einer einzigen Linie aus dem Papier hervor.[16]

Das Blatt mit dem Porträt der Gabrielle Carola Patin (geb. 1666) veranschaulicht den mehrstufigen Herstellungsprozess einer Radierung (Abb. 7) von der Hand Susanna Maria von Sandrarts (1658–1716). Es weist das bereits vollendete, gedruckte Bildnis im Zentrum auf, Rahmung und Inschriften hingegen befinden sich noch im Entwurfsstadium. Die in Bleistift ausgeführte Vorzeichnung einer endlosen Linie, die um das Porträtmedaillon in zahllosen Schlingen und Wirbeln geführt wird, rahmt zugleich die Inschriftenfelder, in die schließlich auch der Auftraggeber, Johann Georg Volkamer d. Ä. (1616–1693), seinen Widmungstext mit Feder eingetragen hat. Die verwischten Stellen und Dopplungen der dünnen Buchstabenlinien zeigen das mehrmalige Ansetzen und Korrigieren der Schriftzüge. Dass dieses Blatt einen Zustand unmittelbar vor der finalen Übertragungszeichnung dokumentieren muss, zeigen die erhaltenen Exemplare des gerahmten Porträts, die nur minimale Abweichungen in der Schrift zur Vorzeichnung aufweisen.[17]

Erwähnenswert sind auch die unter dem Begriff „Volkskunst" gruppierten Exemplare von Spickelbildern – im Französischen und Englischen sprechender mit „Estampes habillées" und „Dressed prints" benannt (Abb. 8).[18] Bei diesen Werken werden die dargestellten Gewänder aus Kupferstichen und Radierungen ausgeschnitten und durch echte Stoffe oder andere Materialien ersetzt. Typisch für solche Blätter ist auch die starke Kolorierung der gedruckten Bereiche wie Inkarnat, Architekturmotive, Attribute und Ornamente. Das noch wenig erforschte Phänomen wird einerseits auf den Zeitvertreib der höheren Töchter und Damen in den Salons des 17./18. Jahrhunderts zurückgeführt,[19] andererseits wird dahinter auch eine verkaufssteigernde Maßnahme analog zur Kolorierung der Graphik schon im Auftrag der Verleger vermutet.[20]

Heute liegen die Blätter nach Format – klein (kl), mittel (m), groß (gr) – und nach Ländern – Deutschland (D), Frankreich (F), Italien (I), Niederlande (N), England (E)[21] – geordnet in den Graphikschränken des sog. Blauen Kabinetts. Die meisten Graphiken wurden auf Trägerkartons aufgebracht. Bis zu zehn Träger werden in einer modernen Mappe aufbewahrt. Die konservatorischen Maßnahmen der letzten Jahre ermöglichen nun auch den ungehinderten Zugang zum Material.[22] Da keines der zahlreichen Erschließungsvorhaben, die im Laufe der über hundert Jahre vorgenommen wurden, seit Albrecht Haupt seine Sammlung an die Technische Hochschule veräußert hatte, zu einem erfolgreichen Abschluss gebracht wurde,[23] liegt bis heute keine blattgenaue Inventarisierung vor. Die Mappensignaturen führen nach den Format- und Länderkürzeln meist eine Angabe zur Unterscheidung der Technik – Zeichnung (Z), Graphik (GR), Holzschnitt (H), Handschrift (HS) – gefolgt von einer thematischen Grobzuordnung – Architektur (A), Skulptur (S), Malerei (M). Des Weiteren finden sich auf den einzelnen Mappen inhaltliche Schlagwörter, Angaben zum Jahrhundert der Entstehung und weitere Kürzel zur näheren Bestimmung der Technik sowie Personennamen. So ist das Auffinden eines Blattes in Kenntnis der Mappensignatur möglich, das Stöbern hingegen ist aufgrund der summarischen und manchmal irreführenden inhaltlichen Mappenbeschriftung durchaus mühsamer.

## Verschränkung der heutigen Teilbestände

Wie eingangs erwähnt findet sich Druckgraphik nicht nur im Teilbestand der Graphischen Einzelblätter. Die Abteilung der sog. Monographien birgt einen weiteren noch nicht zu beziffernden Schatz an Graphiken. Sie stellen einen sehr heterogenen Bestand dar, in dem sich neben „echten" Büchern (vgl. Essay Saemann in diesem Band) auch gebundene Graphik findet. Als gebunden Graphik sind zunächst die Konvolute zu bezeichnen, für die Albrecht Haupt Einzelblätter und Folgen (auch lückenhafte) zwischen zwei Deckeln aus Karton nach eigener Auswahl hat binden lassen. Zum anderen finden sich hier Graphikfolgen, die er bereits gebunden erworben hat, die also eine ältere Bindung aufweisen. Diese können homogene, datierbare Ausgaben einer Stichserie beinhalten oder abermals sehr heterogene Sammelsurien sein. Ein belastbarer Überblick über die vorhandene Themen und dem zeitlichen Rahmen sowie beteiligte Personen kann hier nicht gegeben werden, doch ausgehend von einzelnen Beispielen aus dem Bestand der losen Einzelgraphiken wird das Ineinandergreifen der Sammlungsbestände deutlich.

Unter den losen Graphiken finden sich 28 Devisen-Kupfer aus den „Tapisseries du Roy Ou Sont Representez Les Quatre Elemens Et Les Quatre Saisons", die Ende des 17. Jahrhunderts publiziert wurden und in mehreren Ausgaben und Übersetzungen erschienen.[24] Der Augsburger Kupferstecher und Verleger Johann Ulrich Kraus (1655–1719) gab ab 1687 mehrere Nachdrucke der „Tapisseries" in französischer Sprache mit deutscher Übersetzung heraus.[25] Seine Frau Johanna Sibylla Kraus (1650–1717, geb. Küsel) kopierte minutiös die Abbildungen der französischen Ausgabe, die fortan im Gegensinn erschienen. Wie Seeger in ihrem Aufsatz erläutert, wurden die Kupfertafeln für die Neuauflagen von 1690 weiterverwendet, nur unter Hinzufügung einer zusätzlichen in die Kupfertafel gravierten Beschriftung (Abb. 9a). Diese, so Seeger, dürften im Zusammenhang mit einer ebenfalls 1690 entstandenen „Sonderausgabe" stehen,[26] für die die emblematische Struktur des Satzspiegels aufgelöst und Text von Abbildung getrennt und jeweils zwei Kupfer übereinander gedruckt werden konnten: eine Dienstleistung gewissermaßen an jene, deren Interesse nicht auf die Verse gerichtet war, sondern vorrangig den Bilderfindungen galt. Es ist eben jene Ausgabe, die sich im Bestand der Monographien konsultieren lässt (4 Haupt 627; Abb. 9b).[27] Somit war im Vergleich mit den 28 stark beschnittenen Darstellungen der losen Blattsammlung ihre Identifizierung möglich.

Abb. 7
Susanna Maria von Sandrart, Porträt der Gabrielle Carola Patin, Radierung, Bleistift, Feder, 1682, TIB Slg. A. Haupt, kl D GR 63 (2)

Der Vater Johanna Sibyllas, der Augsburger Verleger und Kupferstecher Melchior Küsel (1626–1683) erwarb über 250 Zeichnungen des deutschen Malers und Radierers Johann Wilhelm Baur (1607–1642), die er in Radierungen übertrug und als Serien herausgab. Die umfassendste (bis zu 148 Blatt) war unter dem Haupttitel „Ioannis Guilielmi Baurn Iconographia […] incisae et venales expositae a Melchiore Kysell" in mehreren Auflagen erschienen.[28] Auch die in der Sammlung Haupt erhaltene Federzeichnung Johann Wilhelm Baurs eines Merkurbrunnens in einer italienischen Villa (vgl. Kat. H01) erhielt ein gedrucktes Pendant in der „Iconographia"[29], wobei sie nicht die direkte Vorlage für die Radierung war.[30] Im Teilbestand der Monographien finden sich drei Konvolute, die Radierungen nach Johann Wilhelm Baur aus verschiedenen Ausgaben der „Iconographia" versammeln.[31] Zwei von ihnen enthalten die Radierung des Merkurbrunnens (Abb. 10).[32] Zum einen ist somit ein direkter Vergleich von Zeichnung und Druck in der Sammlung vor Ort möglich. Zum anderen bietet sich hier ein Studium der Platten und der verschiedenen Ausgaben an, denn es liegen unterschiedliche Zustände vor.[33] Während der Band Sign. 4 Haupt 87 eine zwar unvollständige, aber relativ homogene Folge der Blätter der Ausgabe von 1670 enthält – der Merkurbrunnen ist hier auf Taf. 31 noch ohne Bildunterschrift, dafür mit *Invenit*, Privileg und *Fecit* zu finden –, umfasst der Band Sign. 4 Haupt 86 nur 16 Blatt, davon dreizehn Tafeln der Ausgabe von 1671 mit neuer Zählung, ein Titelblatt von 1703 sowie zwei Blätter einer bei Bonnefoit nicht beschriebenen Ausgabe.[34] Das Blatt des Merkurbrunnens ist hier mit der Tafelnummer 2 und der fiktiven Bildunterschrift Küsels „Eine Fontana in dem Lustgarten des Card. Medici" enthalten. Ohne dies hier im Detail ausführen zu können, zeigt sich anhand der Baur/Küsel-Bände die bereits angedeutete Heterogenität der gebundenen Graphik innerhalb des Bestandes der sogenannten Monographien; Querverweise und Übertragungen von Beschriftungen in Bleistift zeugen von ihrer regen Nutzung als Arbeitsmaterial durch Albrecht Haupt (und seine Nachfolger).

Die lose Blattsammlung beherbergt eine größere Anzahl von großformatigen Kupferstichen nach römischen Monumenten, die im 16. Jahrhundert den italienischen Druckgraphikmarkt mit seinen Protagonisten Antonio Salamanca, Antonio Lafreri, den Brüdern Tramezzino, Claudio Duchetti u.a. stark geprägt haben.[35] Die Kupferplatten wurden über die Jahrhunderte hinweg vererbt, verkauft und kopiert. Die Abzüge mit alten und neuen Adressen fanden europaweit eine hohe Verbreitung, häufig in Konvoluten, die – teils mit dem Frontispiz „Speculum Romanae Magnificentiae", teils ohne Titelblatt – eine fast immer unterschiedliche Auswahl an Darstellungen versammelten.[36] In der Sammlung Haupt verteilen sich die Graphiken je nach Format und übergeordnetem Thema (z.B. Antike, Gärten, Grabmäler, Skulptur) auf unterschiedliche Mappen und

Abb. 8
*Estampe habillée*, Kupferstich, koloriert, mit Stoffapplikationen, 18. Jh., TIB Slg. A. Haupt kl D GR 46

ihre Entstehungszeit variiert.[37] Vermutlich stammen nur wenige aus einem ehemals zusammenhängenden Konvolut und wurden auf dem Kunstmarkt einzeln angeboten und durch Haupt erworben. Anders verhält es sich mit einem gebunden Konvolut, das sich unter den Monographien unter der Signatur „gr 2 Haupt 1096" verbirgt. Das als „Sammlung von Kupferstichen aus verschiedenen Werken, von Hendrik van Schoel, 16.-17. Jh." katalogisierte Exemplar ist in alter Bindung erhalten und stammt aus der Bibliothek der Benediktinerabtei in Lamspringe.[38] Auf dem Rücken ist noch blass die Aufschrift „Speculum" zu erkennen. Der Band enthält 35[39] Kupferstiche und Radierungen mit der Adresse des in Rom tätigen Niederländers Hendrik van Schoel (†1622).[40] Dabei handelt es sich ausnahmslos um späte Zustände älterer Platten der oben genannten Verleger, von denen sich, wie erwähnt, andere Exemplare im gleichen Zustand, frühere Zustände oder Vorlagen in der losen Blattsammlung finden.

Der Teilbestand der sog. Monographien bietet als umfassender Handapparat vor allem den praktischen Zugriff auf die Traktatliteratur des 16. bis 19. Jahrhunderts, aber wie die wenigen Beispiele zeigen, ist auch eine Fülle an Material erhalten, das die lose Blattsammlung ergänzt, das zur Kontextualisierung und Identifizierung der losen Werke herangezogen werden kann und das den Vergleich unterschiedlicher Zustände oder die Bestimmung von Vorlage-Kopien-Verhältnissen an den Originalen vor Ort ermöglicht.

**Abb. 9a**
Johanna Sibylla Kraus / Johann Ulrich Kraus, Devise mit Granatapfel, Radierung, 1690, TIB Slg. A. Haupt, kl D GR 15 (2)

## Vom Charakter der Sammlung

Die lose Blattsammlung ist nicht mit den großen Kabinetten zu vergleichen, die aus den herrschaftlichen Kunstkammern und Bibliotheken hervorgegangen sind, und doch ist sie diesen hinsichtlich der zeitlichen, räumlichen und thematischen Abdeckung bemerkenswert ähnlich – nur in kleinerem Umfang eben. Interessanterweise ist die Architektur im engeren Sinne bei den Druckgraphiken, anders als bei den Monographien und Handzeichnungen, nicht als vorherrschendes Sammelprinzip zu erkennen, obwohl Albrecht Haupt in der kurzen Beschreibung seiner Sammlung eben dieses erläutert: „Den Grundstock der Sammlung bilden die theoretischen Werke über die Baukunst und ihre Nachbargebiete sowie über das Ornament."[41] Wenn er weiter unten über die architektonischen Handzeichnungen und ihren praxisbedingten Seltenheitswert schreibt, fügt er hinzu, dass „es (…) auch nicht immer rein baukünstlerische und ornamentale Arbeiten [sind], sondern ihr Gebiet (…) sich über alles [erstreckt], was irgendwie dekorativ und teilweise nur von ferne mit der Baukunst zusammenhängend anzusehen war".[42] Dieser Nachsatz lässt sich in besonderem Maße auch auf den Teilbestand der druckgraphischen Blätter übertragen, denn zahlenmäßig bleiben lose Architekturstiche im engeren Sinne hinter anderen Themen weit zurück. Das Ornament und mithin das Dekorative ist durchaus als Leitmotiv erkennbar. So ist man am ehesten

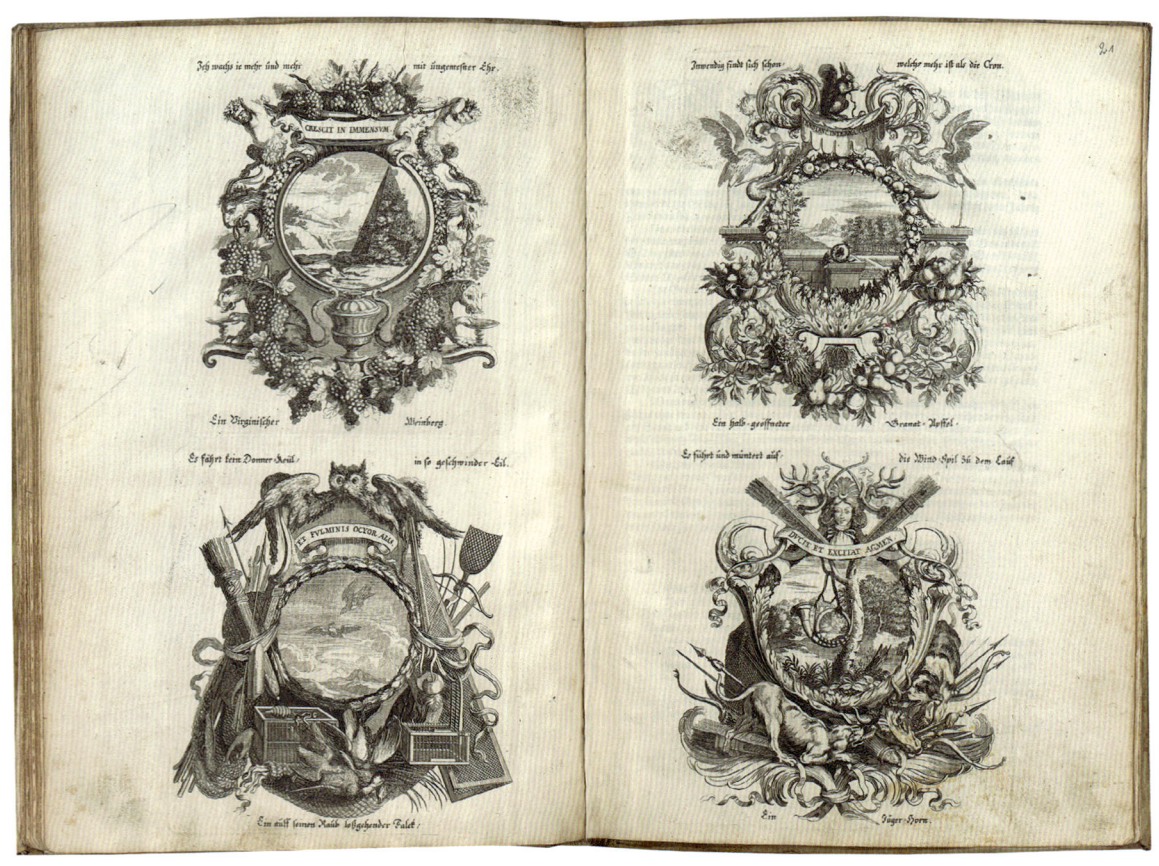

**Abb. 9b**
vier Devisen aus den „Tapisseries du Roy", 1690, TIB 4 Haupt 627, Taf. p. 21 (S. 88/89)

Abb. 10
Melchior Küsel nach Johann Wilhelm Baur, Merkurbrunnen in italienischer Villa, Radierung, aus Küsel, Iconographia, 1670, Taf. 31, TIB 4 Haupt 87

geneigt, den Teilbestand als Ornamentstichsammlung zu bezeichnen: eine Sammlung, die den Reichtum der Formenvarianten auf allen Anwendungsgebieten, ihre Herkunft und Entwicklung lehrbuchmäßig nachvollzieht. In dieser Eigenschaft und in der Verschränkung ihrer Teilbestände ist bzw. war sie der Bibliothek und Ornamentstichsammlung des Deutschen Gewerbe-Museums in Berlin, heute Teil der Kunstbibliothek,[43] wohl am ähnlichsten.[44] Man würde aber eben jenen Werken nicht gerecht werden, die auch „von ferne" weder mit der Baukunst noch mit dem Ornament in Zusammenhang zu bringen sind, wenn man sie unter dem Halbsatz „alles was irgendwie dekorativ ist" subsumierte.[45] Die Sammlung besitzt zweifellos eine individuelle Ausrichtung, die das interdisziplinäre Verständnis von Architektur und ihrer Nachbargebiete widerspiegelt, wie sie Haupt als ausführender Architekt, Restaurator, Denkmalpfleger sowie als Bauhistoriker und Hochschullehrer praktizierte und theoretisierte.[46] Es gilt aber festzuhalten, dass – unabhängig von der Persönlichkeit Haupts, seiner Bestrebungen und wissenschaftlichen Positionen – das zeitliche, geographische und thematische Spektrum der Sammlung ein umfängliches Bild der europäischen Druckgraphik und Kunst entstehen lässt und zudem noch reichlich Unbekanntes auf Entdeckung wartet. Die thematische Breite der Sammlung soll abschließend nochmals hervorgehoben werden, um die Neugier zu wecken mit dem Versprechen, dass sich jeder Blick in die Sammlung lohnt. Eine Fülle an Expertenwissen und historischen Details aus den unvollendet gebliebenen Erschließungsversuchen ist noch heute den Trägern, Passepartouts oder Rückseiten der Blätter abzulesen. Jedes Werk kann als historisches Dokument seiner Entstehungszeit einerseits und als Objekt der Forschungsgeschichte andererseits von Interesse sein. So ist auch der abschließenden Einschätzung Lieselotte Vossnacks in ihrem Gutachten von 1969 nichts hinzuzufügen: „Daß die Vetreter[*innen] der Kunstwissenschaften an allen Abteilungen interessiert sind, versteht sich von selbst."[47]

## Anmerkungen

1   Vossnack Gutachten 1969, S. 1: „Die ‚Sammlung Haupt', […] verdankt ihr Zustandekommen der Sammeltätigkeit eines Architekten und Bauwissenschaftlers, der erkannt hatte, daß – unmittelbarer als andere Methoden – zeitgenössische Schriften und Darstellungen in der Lage sind, Werke der Kunst und Baukunst durch ‚Anschauung' mit Leben zu erfüllen."

2   Die im Teilbestand der Monographien enthaltenen gebundenen Graphiken wurden nach bibliothekarischen Standards erfasst und mit Signaturen versehen (vgl. Essay Saemann in diesem Band, insb. Abschnitt 2, S. 32–34, zur mühseligen Erfassung der gebundenen Einzelblätter und Stichfolgen). Die Graphiken wurden zwar gezählt, aber natürlich nicht bandübergreifend addiert. Somit ist eine quantitative Aussage über diesen Teilbestand noch nicht möglich. Auch die Druckgraphik, die sich innerhalb des Bestands der sog. Reiseskizzen Haupts befindet, wurde noch nicht quantifiziert. Die insgesamt ca. 6000 Blatt umfassende Sammlung enthält vornehmlich eigenhändige Zeichnungen Albrecht Haupts, aber auch Zeichnungen von anderer Hand, fotografische Reproduktionen und Druckgraphiken. Zum GESAH-Projekt und der digitalen Erschließung des Teilbestandes der losen Graphiken, vgl. Vorwort der Herausgeber und Essay Paulus in diesem Band, S. 66.

3   In der Kunstsammlung der Universität Göttingen wird eine ca. 1300 Blatt umfassende Sammlung von Ornamentstichen aufbewahrt (Unverfehrt 1992), die ebenfalls von Haupt zusammengetragen wurde. Offenbar setzte Haupt nach dem Verkauf seiner Kollektion 1901 an die Technische Hochschule seine Sammeltätigkeit fort und bot 1923 die „neuen" Blätter und Bücher abermals zum Verkauf an. Die Technische Hochschule übernahm diesmal nur wenige Werke, der Großteil ging nach Göttingen, vgl. John Diplomarbeit 2006, S. 22–23; Katalog der Ornamentstichsammlung Göttingen [Typoskript, Archiv Haupt 19, AE 6307 (1)] sowie die Essays von Hedda Saemann und Simon Paulus in diesem Band.

4   Vossnack Gutachten 1969, S. 3–4.

5   Die große Zahl erklärt sich vermutlich auch aus den vielen in Holz geschnittenen Initialen und buchkünstlerischen Ornamenten, die keinem individuellen Herkunftsort zugeordnet wurden und hier versammelt sind.

6   Vgl. Anm. 5.

7   Die Handzeichnungen (Architektur und figürlich) lassen sich heute (Sept. 2022) aufgrund des Digitalisierungsprojekts mit 1007 beziffern (bezeichnete Rückseiten wurden separat erfasst).

8   Bei dem vorhandenen Kartenmaterial in der Kategorie „Geographie" handelt es sich allerdings fast ausschließlich um ausgeschnittene Kartuschen.

9   Es existieren handgeschriebene alphabetische Verzeichnisse von Haupt: Kupferstichkatalog Einzelblätter Bd. 1 A–M, Bd. 2 N–Z und Unbekannte (Haupt Archiv 2: 2a, 2b) und eine nicht abgeschlossene Künstlerkartei aus einem vorangegangenen Erschließungsvorhaben, vgl. John Diplomarbeit 2006, S. 21–30. Die folgende Liste, sie wurde von Saemann Konzeption 2014, S. 89–93, Anhang 7.3, anhand der Mappenaufschriften in der Sammlung extrahiert, vermittelt bereits eine Idee des breit angelegten Sammelspektrums: (Cherubino) Alberti, Aldegrever, Amann, Ambrosius, Altdorfer, Altomonte, Baumgarten, Bartoli, Baur, Beham, Bergmüller, Blocklandt, Bloemaert, Bol, Bouchardon, Bömmel, Boissard, Braun u. Hogenberg, Brosamer, Le Brun, Burgkmair, Callot, Campi, Candid, Cantarini, Caravaggio, Carpione, Carracci (Familie), Castiglione, Cervelli, Collart, Coriolano, Cort, Da Cortona, Cranach (H., L.), Cremonini, Della Bella, De Bry, De Laune (Stephanus), Dürer, Van Dyck, Eisen, Jacopo da Empoli, Jamnitzer, Engelbrecht, La Fage, Flaxmann, Floris (Conr., Frans, Jacob), Fontebasso, Fridrich, Galle (Phil., Joh.), Gereard, De Gheyn, Ghisi, Goltzius, Guercino, (Claude) Lorrain, Heemskerk, Holbein (H.), Hollar, Jackson, De Jode (Fam.), Klaiber, Kilian, De Lairesse, Lucas Van Leyden, Van Mander, Mantegna, Maratti, Masucci, Meister B mit dem Würfel, Meister I.B., Merian, Michelangelo, Morazzone, Muehlich, Münter, Novelli, Palma il Giovane, Parmigianino, (Crisp.) De Pas, Pencz, Penni, Piazetta, Piranesi, Podesta, Poussin, Procaccini, De Pusino, Raffael, Raimondi, Rembrandt, Reuttimann, Robetta, Rogg, (Giulio) Romano, Rosa, Roupert, (nach) Rubens, Rugendas (Familie), Ruggieri, Sadeler (Aegid., Raph., Phil., Marc., Joh.), Sanredam, Schedel, Schmidt, Schmidtthammer, Schongauer, Sirani, Solis, Stella, Stimmer, Van Straten, Sustris, Tetelin, Tibaldi, Tiepolo, Tintoretto, Tizian, Vasari, (Agostino) Veneziano, Veronese (u. Kreis), Enea Vico, De Vos, Vouet, De Vries, Wouvermans.

10 Haupt formulierte in einigen Schriften mit konservativer, revisionistischer Haltung seine Kritik am zeitgenössischen Kunstgeschehen. Dem Desinteresse an und der absichtsvollen Abkehr von der Tradition der jüngeren Kunstschaffenden begegnete Haupt mit großer Ablehnung, vgl. Haupt 1899/1900 oder Haupt 1911.

11 TIB Slg. Haupt, kl D GR 92 (2), 8, 9 – kl D GR 93 (1), 1–6, vgl. Bartsch VIII.391.83-95.

12 TIB Slg. Haupt, kl D GR 91, vgl. Bartsch VIII.409. 160–171.

13 Zehn der elf Kupferstiche weisen auf ihrem Verso die sog. Bartsch-Nummer – die Identifizierung der Blätter mit dem Werkverzeichnis – im gleichen Format auf (Bleistift, markantes B mit doppeltem Rücken). Auch Blatt 2 weist die Bartsch-Nummer auf, allerdings in anderem Format und von anderer Hand, sowie eine in Feder ausgeführte Sammlerkennzeichnung (Lugt 2606, Sammlung Würtemberg).

14 TIB Slg. Haupt, kl D GR 1.

15 Halberstadt, Domschatz, Inv.-Nr. 32, Messing, ca. 1300, vgl. Zajic, Roland (Illuminierte Urkunden).

16 TIB, Slg. Haupt, m F M 2(1); vgl. Montaiglon 1856, S. 88–89, Nr. 25.

17 TIB, Slg. Haupt, kl D GR 63 (2).

18 TIB, Slg. Haupt, kl D GR 46, in der Mappe liegen fünf dieser Werke.

19 Alice Dolan 2011.

20 Cugy, Letourmy-Bordier, Selbach 2017.

21 Weitere Kürzel mit nur wenigen Mappen sind für die Länder Spanien (SP), Skandinavien (SK), Russland (R), für Judaica (JU), für Asiatica (AS). Unter Europa (EU), auf immerhin 26 Mappen zu finden, sind v.a. Ausschnitte aus Büchern mit Initialen und Buchschmuck sowie Wappen und Kartuschen aus Landkarten versammelt.

22 Zur Kooperation mit den Studierenden der Hochschule für angewandte Wissenschaft und Kunst (HAWK, Hildesheim/Holzminden/Göttingen) bei der Reinigung der Einzelgraphiken, vgl. Ulrike Hähner und Hedda Saemann im TIB-Blog unter: https://blogs.tib.eu/wp/tib/2017/08/18/elektrostatische-reinigung-erfolgreiche-mengenbehandlung-von-druckgraphiken-und-zeichnungen-der-sammlung-albrecht-haupt/. [letzter Zugriff 10.12.2022]

23 John Diplomarbeit 2006, S. 21–30; Saemann Konzeption 2014, S. 10–11.

24 In den „Tapisseries du Roy" werden zwei Gobelin-Serien – *Die vier Elemente* und *Die vier Jahreszeiten* – aus der königlichen Teppich-Manufaktur Ludwigs IVX. präsentiert. Das Projekt umfasste acht Kartons von Charles Le Brun (1619–1690) mit allegorisch-mythologischen Darstellungen. Jede dieser Darstellungen wurde von vier Eckmedaillons mit Devisen begleitet. Verse von Charles Perrault (1628–1703) u.a. sowie Erläuterungen von André Félibien (1619–1695) erklären die Bedeutung der Bilder und ihre Verbindung zur ruhmreichen und herausragenden Regentschaft des Sonnenkönigs. Veröffentlicht wurden zunächst die Texte, es folgte ein prunkvoll illuminiertes Manuskript für den König, in dem der Künstler Jacques Bailly (1629–1679) jede Devise einzeln inszenierte und mit prächtiger Kartusche versah (Paris, BnF, Français 7819).

Schließlich erschien 1679 eine staatlich autorisierte Druckausgabe (z.B. HAB, Wolfenbüttel, M: Gk 2° 84 (4)) mit Stichen von Sébastien LeClerc (1637–1714) bei Marbre-Cramoisy in Paris, die die Zeichnungen Baillys detailgetreu übernahm und ebenfalls sowohl die Verse als auch die Erläuterungen umfasste.

25 Seeger 2010.

26 Ebd. S. 78–80.

27 Seeger, der zur Zeit ihrer Publikation eine Microfiche-Ausgabe aus der Yale University vorlag, vermutete Exemplare dieser Sonderausgabe eher in Nachlässen oder Sammlungen von Künstlern und Kunsthandwerkern, da sich in den deutschen Bibliotheken keine finden ließen – das Hauptsche Exemplar bestätigt diese Annahme, vgl. ebd. S. 103, Anm. 90.

28 Bonnefoit 1997, S. 187–197.

29 Ebd. S. 188, N 185.

30 Zum Verhältnis von Zeichnung und Radierung vgl. Kat. H01 in diesem Band.

31 TIB 4 Haupt 86, 4 Haupt 87, 4 Haupt 88, 4 Haupt 89.

32 TIB 4 Haupt 87, Taf. 31 (I. Zustand); 4 Haupt 86, Taf. 2 (II./III? Zustand), zur Abb. vgl. Kat. H01.

33 Die Platten wurden an der unteren Kante beschnitten, die Aufschriften getilgt, neue Beschriftungen kamen hinzu und mehrmals erhielten sie eine neue Nummerierung. Bonnefoit beschreibt fünf Ausgaben, darunter auch die Untertitelung und Neunummerierung für die 2. Auflage, sie erwähnt nicht explizit die durchgängige Beschriftung des I. Zustands der Platten mit dem *Invenit* Baurs, dem Privileg und dem *Fecit* Küsels („I. WBaur inv. // Cum Priuilegio S. C. M // Melchior Küsell f."), bildet sie aber ab. Unklar ist, ob es einen Zustand mit Neunummerierung noch vor der Tilgung dieser Aufschriften und Anbringung der Bilduntertitel gab. Die Abbildungen aus Bonnefoit des Exemplars der BNF in Paris lassen dies vermuten, da diese zwar noch die unbeschnittenen Platten mit *Invenit*, Privileg und *Fecit* aufweisen, aber bereits die neue Nummerierung. Vielleicht wurde die neue Nummerierung, aber auch nachträglich auf diesem Exemplar aufgebracht, dies lässt sich anhand der Abbildungen nicht verifizieren.

34 Die Aufschrift des Titelblatts lautet „Allerhand schöne und prächtige Garten- u. Lusthäuser so in Italien ..." [1703], vgl. Bonnefoit 1994, S. 187, (5. Auflage, 6. Teil). Die beiden zuletzt eingebunden Blätter zeigen einen Abdruck der Platten im I. Zustand mit *Invenit*, Privileg und *Fecit* sowie der ersten Zählung, gedruckt wurden sie gemeinsam mit Bildunterschriften im Typendruck. Die Bildunterschriften entsprechen nicht exakt den gravierten der Serie mit neuer Zählung von 1671.

35 Ehrle 1908, S. 11–24; Bury 2001, S. 68–80, passim.

36 Hülsen 1921; Parshall 2006; Rubach 2016, S. 87–106.

37 Die Sichtung ist noch nicht abgeschlossen, eine detaillierte Erschließung steht noch aus. In der Mappe m I GR A 2 beispielsweise finden sich folgende fünf Blätter: Der Claudius-und-Trajanshafen, Hülsen 25b (ed. Michele Tramezzino, Venedig, 1554/58), Das Septizonium, Hülsen 40f (Claudio Duchetti, Giovanni Orlandi, Rom 1602), Der Tempel des Portumnus, Hülsen 10c, Rubach 266 (Béatrizet, [Barlacchi getilgt]/van Schoel, s.a. [nach 1602]), Der Circus Maximus (aus: Onvphrii Panvinii Veronensis De lvdis circensibvs libri II, Tafel 49), Rundtempel (Antonio Salamanca, Rom 1541). Weitere Werke sind in den Mappen kl F A 4, m I GR A 1, 3,4, m I GR A 7, m I GR A 10, m I GR S 1, kl I GR S 1, kl I GR M 3 zu finden.

38 Auf fol. 1 ist in Tinte „Lib. Monast. Lamspring / OSB Cong. Angl." zu lesen.

39 Insgesamt beinhaltet der Band 38 Blätter. Bei den letzten drei am Ende eingebunden Kupferstichen handelt es sich um drei Stiche des eigentlich vierteiligen Werks mit dem Katafalk für König Philipp II., (linke rechte und mittlere Tafel, obere fehlt, II. Zustand, ca. 1621), vgl. Allo 2015, S. 94 (Estampa 2).

40 Pagani 2016; Pagani führt im Verzeichnis der Produktion van Schoels unter der Rubrik „Antiquita" 64 Werke auf, die mit van Schoels Adresse nachweisbar sind, aus den von ihr publizierten Inventaren schließt sie, dass mehr als 89 Platten in seinem Besitz gewesen sein müssen. vgl. ebd. S. 43–45.

41 Haupt 1923, S. 51.

42 Ebd., S. 52.

43 Evers 1994, S. 7–10; Jessen 1894 und 2. erw. Auflage 1939; zur Sammlung Hippolyte Destaillers mit ähnlichem Charakter, vgl. Cilleßen 1994, S. 44–45 und den Essay von Simon Paulus in diesem Band.

44 Haupt 1923, S. 51; Vossnack Gutachten 1969, S. 6.

45 Vossnack Bericht 1982, S. 1.

46 Vgl. Essay Markus Jager in diesem Band.

47 Vossnack Gutachten 1969, S. 5.

## Abbildungsnachweis

Abb. 1–10: Technische Informationsbibliothek (TIB)

# DIE ARCHITEKTURZEICHNUNGEN IN DER SAMMLUNG ALBRECHT HAUPT
## Ein sammlungs- und forschungsgeschichtlicher Einblick

*Simon Paulus*

„*Private Initiative legte den Grund zu der jetzt tausend Blätter zählenden Sammlung. Staatliche Mittel retteten sie während der Inflation vor dem Zerfall. Bibliothekarische Arbeit erschließt sie [für] Wissenschaft und Baupraxis – auf dass die Kette nicht zerreiße!*"

(Lieselotte Vossnack, 1941)

## Haupt als Sammler und Connaisseur

Nicht immer müssen Sammlungen von Architekten gleich einen solchen immensen Kosmos abbilden, wie ihn die berühmte Londoner Sammlung des britischen Architekten Sir John Soane (1753–1837) heute noch eindrucksvoll vor Augen führt.[1] Seine umfangreiche Sammlung von Gemälden, Zeichnungen und Graphiken, antiken Skulpturen und Modellen, Büchern und vielem mehr verschmolz mit den beiden von ihm umgebauten Häusern in der Lincoln's Inn Fields und seinem eigenen Werknachlass zu einem Gesamtkunstwerk, das es letztendlich zu einem einmaligen Ausnahmezeugnis einer Architekten- und Architektursammlung macht. Angesichts der wenigen heute noch geschlossen erhaltenen und aufbewahrten Architektensammlungen ist jedoch jede für sich eine Besonderheit. In dieser Hinsicht kommt auch der Sammlung Albrecht Haupts ein hoher Stellenwert zu. Mit ihrem – von der umfangreichen Bibliothek historischer Architekturtraktate – gesonderten Anteil der losen Druckgraphiken und Handzeichnungen steht sie in der Tradition der Graphiksammlung eines Architekten oder Ingenieurs, wie sie mit der heute in der Württembergischen Landesbibliothek Stuttgart aufbewahrten Sammlung Ferdinand Friedrich Nicolais (1730–1814) oder der Ende des 19. Jahrhunderts in großen Teilen an die Berliner Kunstbibliothek überführten Graphiksammlung Gabriel-Hippolyte Destailleurs (1822–1893) ansatzweise zu vergleichen ist. Alle diese Sammlungen prägte jeweils die individuelle Leidenschaft des Sammlers, aber auch ein didaktischer und künstlerischer Moment, der den Sammler auch in der Ausübung seines Berufs in seiner Zeit verankerte.

Für die Kaufsumme von insgesamt 70.000 Mark, die sich die Stadt Hannover und der Preußische Staat jeweils zur Hälfte teilten, ging im August 1901 Albrecht Haupts Sammlung „alter Architekturwerke, Ornamentstiche und Handzeichnungen" in staatlichen Besitz über und wurde der Bibliothek der Königlichen Technischen Hochschule übergeben. Dort fand sie in extra dafür angefertigten Schubladenkästen und Regalen „in würdiger Weise, gesondert von den übrigen Beständen der Bibliothek" in dem halbkreisförmigen Erker des Lesesaals im Nordflügel des Welfenschlosses einen repräsentativen neuen Aufstellungsort.[2] 1923 umfasste die Sammlung neben dem Bücherbestand (siehe Beitrag von Hedda Saemann) „51 große Mappen und Kästen mit gegen 6000 einzelnen Blättern, Stichen, Radierungen und Holzschnitten und etwa 1200 Blatt Handzeichnungen."[3]

Haupt selbst hat seine Sammlung von Druckgraphiken und Handzeichnungen mehrfach beschrieben oder darauf verwiesen,[4] ohne jedoch bestimmte Zeichnungen näher zu besprechen oder sie in seinen Artikeln und Büchern als Referenzbeispiele einzusetzen. Die Handzeichnungen sah er als „schönste Ergänzung" zu den Druckgraphiken: „Sie zeigen überall die originale Hand und Kunstweise der Erfinder selbst, während die anderen Blätter, die auf dem Wege des Druckes hergestellt, also erst durch die Mitarbeit von Dritten, der Kupferstecher, Holzschneider und anderen Gehilfen entstanden, immerhin nicht mehr die ursprüngliche und wertvolle Urhandschrift des eigentlichen Erfinders zeigen."[5] So konnte von ihm „durch glücklichen Kauf [...] aus alten Sammlungen eine Fülle von wundervollen, teilweise nicht ganz durchgeführten größeren Arbeiten, als auch kleinerer, skizzenhafter, höchst wertvoller eigenhändiger Zeichnungen und Malereien von großen und kleinen Künstlern gewonnen werden."⁶

Abgesehen von den publizierten Berichten Haupts über seine Sammlung sind Äußerungen von ihm aus anderen Quellen nur fragmentarisch auf uns gekommen. Im zwischen 1897 und 1932 dokumentierten Briefwechsel mit seinem früheren Schüler und späteren Freund, dem portugiesischen Architekten Raul Lino (1879–1974) äußert sich Haupt kaum über seine eigene Sammlertätigkeit,⁷ die er auch nach dem Teilverkauf der losen Graphiken und seiner Bibliothek 1901 an die königliche Bibliothek der Hochschule Hannover fortsetzte. Doch wird auch aus weiteren Notizen klar, dass er neben seiner 1901 noch zurückbehaltenen Ornamentstichsammlung über eine beachtliche Sammlung weiterer Blätter verfügte und auch an Käufen oder – nicht zuletzt aus privater Geldknappheit – Verkäufen einzelner Blätter interessiert war.⁸ Enttäuschung über die politische und wirtschaftliche Lage – Haupt war national-konservativ eingestellt – klingt 1923 in einer Bemerkung an Lino durch, wenn er den Verkauf seiner verbliebenen privaten Sammlungsbestände an den Gedanken einer Auswanderung knüpft: „Wahrhaftig – [...] wenn ich bei meinem Alter noch Aussicht dazu hätte, ich würde auch gern von dannen gehen. Wenn ich meine immer noch wertvollen Sammlungen und meine recht kostbare Bibliothek irgendwohin, am liebsten ins Ausland, verkaufen könnte und was ich sonst besitze, zu Gelde machen könnte, so besäße ich vielleicht doch noch so viel, sagen wir 3–4000 Lst (£). – um notdürftig, doch ohne schwere Sorgen meine paar Jahre mit meiner Frau noch verbringen zu können. Aber ich sehe auch dazu keine Aussicht; die Versuche, die ich dazu machte, sind alle mißlungen; es wird mir also kaum viel anders übrig bleiben, als hier weiter zu sitzen, bis einst der letzte Freund anklopft und einen mitnimmt."⁹

Trotz dieser resignierenden Aussage fühlte sich Haupt auch nach dem Verkauf an die Universitätsbibliothek der Sammlung und ihrem Standort sehr verbunden, auch wenn die umfangreiche Ornamentstichsammlung nach seinem Tod 1932 als Geschenk des Universitätsbundes aus seinem Nachlass in die Kunstsammlung der Universität Göttingen überging.¹⁰ Noch zu Lebzeiten vermachte er jedoch 1930 der Bibliothek der TH Hannover seine eigenhändigen architektonischen Reiseskizzen, Bauaufnahmen, Studienzeichnungen und Materialien.¹¹ Ein kleinerer Bestand von Druckgraphiken und Handzeichnungen fand aber auch bereits davor als Geschenkgaben Eingang in die Sammlung an der TH, wie Nachträge in den von Haupt zwischen 1896 und 1899 erstellten Verzeichnissen und weitere Zugangsnummern aus den Jahren 1923 bis 1929 zeigen.¹² Einige der Blätter erwarb Haupt u.a. nachweislich noch bei Auktionen, so beispielsweise zwei Blätter mit Zeichnungen Guilliam du Gardijn (1595/1596–nach1647, Kat. A06) aus dem 1905 versteigerten Handzeichnungsbestand der Sammlung des Kölner Sammlers und Kunsthändlers Heinrich Kaspar Josef Lempertz Sen. (1816–1898);¹³ andere Zeichnungen wiederum dürften über persönliche Kontakte Eingang in seine Sammlung gefunden haben. Denkbar ist dies beispielsweise bei einer Folge von sechs Reiseskizzen des an der TH Hannover lehrenden Malers August Voigt-Fölgers (1837–1918) (Kat. I07), den Haupt sicherlich gut gekannt haben dürfte. Sie wurden 1926 in die Sammlung als Zugänge aufgenommen.¹⁴ Im Fall von zwei dem Münsteraner Militärbaumeister Lambert Friedrich Corfey (1668–1733) zugeschriebenen Blättern lässt sich auch die Trennung eines ursprünglich wohl noch weitestgehend erhaltenen Klebebandes nachweisen, den Haupt zu seinem überwiegenden Teil um das Jahr 1923 an den Niedersächsischen Baumuseumsverein übergeben zu haben scheint.¹⁵ Zusammen mit den Zeichnungen, die – wie beispielsweise zwei von Lieven de Cruyl (1634–vor 1720) signierte Romveduten aus den 1670er Jahren auf Pergament (Kat. A14) – in den Räumen der Bibliothek und des Direktorenzimmers gerahmt aushingen und keine Inventarnummern hatten, dürfte es sich um etwa 60 Blätter handeln, die den losen Handzeichnungsbestand von 1901 noch nachträglich hinzugefügt wurden – zuzüglich weiterer Zeichnungen, die in gebundener Form in die Bibliothek Aufnahme fanden.¹⁶

Haupts Sammlungsinteressen und -intentionen, die sich in den Bestandteilen seiner Sammlung wiederspiegeln, gewinnen vor allem vor dem Hintergrund seines Wirkens außerhalb der Bautätigkeit als Kunstsachverständiger eine zusätzliche Aussagekraft. Im Briefwechsel mit Lino kommen immer wieder Anlässe zur Sprache, die Haupt als gut vernetzten Kunstagenten und Gutachter ausweisen. 1905 bittet er Lino, für ihn auf einer Auktion in Lissabon eine Engelsgruppe aus Ton zu ersteigern.¹⁷ Für die Berliner Museen dürfte er 1906 Reste einer monumentalen portugiesischen Weihnachtskrippe der Zeit um 1700 erworben haben.¹⁸ In diese Zeit fällt auch eine Bitte an Paul Lino, bei einer Auktion in Lissabon teilzunehmen, um bestimmte weitere Stücke für das Kaiser Friedrich Museum (das heutige Bode-Museum) zu ersteigern.¹⁹ Im gleichen Zusammenhang heißt es, das Haupt über die Vermittlung Wilhelm von Bodes (1845–1929) Ankäufe für die General-Direktion der Kgl. Sächsischen Museen unter Woldemar von Seydlitz (1850–1922) tätigte.²⁰ Gewähren diese Briefe auch nur einen kleinen Ausschnitt und auch nur zu seinen Beziehungen und Tätigkeiten speziell im Aufkauf portugiesischer Kunstgegenstände, fällt der Niederschlag dieser in seiner Sammlung – zumindest was die architekturbezogenen Handzeichnungen betrifft – sehr gering aus: Nur einem einzigen Blatt ist sicher seine portugiesische Herkunft nachzuweisen (Kat. D17).²¹ In Hannover selbst war Haupt als Sachverständiger für Kunstgegenstände sehr aktiv. Für das Museum für Kunst und Landesgeschichte sind u.a. Angebote und Ankäufe über Haupt, darunter von Gestühlelementen (vor 1300) aus der Johanniskirche zu Osnabrück 1916 oder einer Holzplastik der Hl. Barbara archivalisch belegbar.²² Weitere Aktivitäten umfassten vor allem den mit der Einrichtung des Leibnizhauses verbundenen Aufbau einer Vorbildersammlung für die Sammlung des Kunstgewerbevereins.

Doch finden sich nur wenige Veröffentlichungen, die seine Expertise auf dem Gebiet der Graphik und hier insbesondere für die Architekturzeichnungen demonstrieren könnten. Lediglich in seinem Artikel zu einer angeblichen Fälschung im „Wetzlarer Skizzenbuch", einem seinerzeit in Privatbesitz befindlichen Skizzenbuchs der Zeit um 1615, das 1915 verbrannte, klingt diese Expertise an.²³ Haupt verlässt sich hier auf einen gewissen Instinkt, eine Art Witterung, die „kaum je täuscht" und die er auch von „Museums-Direktoren wie Bode, Lessing, Brinckmann und anderen" kenne. Selbstbewusst merkt er an: „Und mir wird man ein wenig Zutrauen auf diesem Gebiete auch nicht versagen dürfen. Seit einem Vierteljahrhundert sind architektonische Handzeichnungen der Renaissance eine Spezialität für mich gewesen, und die schöne, mehr als tausend Blätter enthaltene Sammlung unserer Hochschule ist Blatt für Blatt von mir gesammelt."²⁴

In weiteren Veröffentlichungen schlägt sich die Kennerschaft lediglich noch in einem Artikel über ein spanisches Vorlagenbuch („Skizzenbuch des Alonso Berruguete") aus der Mitte des 16. Jahrhunderts mit Figurstudien, Grotesken und Ornamentik nieder, dessen Einsicht er sich von dem Münchner Antiquariat Jaques Rosenthal erbeten hatte.²⁵ Er bestätigte darin die vermutete Urheberschaft des spanischen Künstlers und Architekten Berruguete (1480–1561) und seiner Werkstatt. Sein Artikel fand zwar schnell Eingang in die internationale Fachliteratur,²⁶ der Verbleib des Skizzenbuchs, das Haupt seinerzeit als „bisher bekannte größte Sammlung von Renaissance-Mauresken"²⁷ beurteilte, ließ sich bisher jedoch nicht klären – in seiner Sammlung findet es sich nicht.

In Hannover war Haupts Sammlung in einen kleinen Kosmos bürgerlicher Sammeltätigkeit eingebettet, aus dem sich auch Ihre Bedeutung und ihr Charakter als Spezialsammlung definieren lassen. Hier stand sie in einem besonderen Dialog mit der Sammlung des Architekten Edwin Oppler (1831–1880), in dessen Atelier Haupt ab 1878 bis zu dessen Tod 1880 tätig war. Oppler, der einen besonderen Schwerpunkt seiner Sammlung auf kunstgewerbliche Objekte, Mobiliar und Interieur des 16.–18. Jahrhunderts legte, dürfte auch als einer der Impulsgeber für Haupts Sammelinteresse gewirkt haben. Opplers Sammlung bildete den Kern der musealen Ausstattung im von Haupt wiederhergestellten Leibniz-Haus.²⁸ Mit der Sammlung Opplers dürfte Haupt daher sehr gut vertraut gewesen sein, zumal er die Opplerschen Leihgaben auch teilweise für die von ihm als Vorbildersammlung aufgebaute Sammlung des Kunstgewerbevereins bewertet und zugeordnet hatte.²⁹ Diese wurde 1887 mit der Sammlung Opplers vereinigt und einige Leihgaben an das Kestner-Museum abgegeben. Die Familie zeigte jedoch nach dem Tod der Witwe Opplers 1912 kein Interesse an dem Erhalt der Sammlung und ließ sie im Berliner Auktionshaus Lepke veräußern. Mit Bedauern musste der damalige Direktor des Kestner-Museums Albert Brinckmann (1877–1924) im Vorwort zum Auktionskatalog erklären: „Die Kunstsammlung, deren Schätze der vorliegende Katalog zum ersten und gleichzeitig letzten Male geschlossen vorführt, gehört in die Reihe jener, deren Auflösung eine Lücke bedeutet, nicht allein für die Stadt Hannover, in der sie Jahrzehnte ein vom echten Kenner wohl gewürdigtes Dasein führte. Es ist ein Verlust schlechthin, weil wieder eine Sammlung vom alten Schlage sich in alle Winde zerstreut, die nicht spekulatives Interesse noch eine Modelaune zusammenbrachten."³⁰ Von rund 1660 Katalognummern konnten das Kestner-Museum und das Landesmuseum lediglich einen Bruchteil für den Verbleib in Hannover erwerben, auch ein weiterer, 843 Katalognummern umfassender Teil der Opplerschen Sammlung von Inkunabeln und Büchern sowie Bucheinbänden des 16.– 19. Jahrhunderts – darunter lediglich 14 Architekturtraktate – wurde im gleichen Jahr bei Boerner in Leipzig endgültig aufgelöst. Haupt dürfte aber zumindest aus dem in Leipzig versteigerten Buchbestand einige Werke für seine damals noch in seinem Besitz befindliche Büchersammlung erworben haben.³¹

## Provenienzen, Sammlungswege und Sammlungsgruppen

In Haupts Sammlung finden sich einige Blätter, die er selbst aus weiteren Nachlässen von sammelnden Kollegen erworben hatte. Über die Sammlerstempel lassen sich zumindest drei dieser Persönlichkeiten und ihre Sammlungen festmachen: Zuvorderst zu nennen ist der eingangs erwähnte Pariser Architekt Hippolyte Destailleur (1822–1893), der als Architekt, Restaurator und Sammler gleichermaßen eine große Wertschätzung über die Grenzen Frankreichs hinaus erlangte.³² Destailleurs umfangreicher Sammlungsbestand an Druckgrafiken und Handzeichnungen, der 1879 vom Deutschen Gewerbe-Museum in Berlin erworben wurde, bildete den Grundstock für die heutige bedeutende Sammlung in der Berliner Kunstbibliothek,³³ mit der auch die Haupt'sche Sammlung immer wieder verglichen wurde.³⁴ Die sechs Ornamentradierungen von Heinrich Aldegrever (1502–ca. 1555/61),³⁵ die Haupt in seiner Sammlung besaß, dürften einer jener späteren Versteigerungen entstammen, die in den 1890er Jahren in Paris stattfanden. Bei den weiteren Sammlungen von Berufskollegen handelt es sich um die des Münchner Architekten Fritz Hasselmann (?–1894), dessen Sammlung in mehreren Auktionen beim Kölner Auktionshaus J.M. Heberle (H. Lempertz; 1889, 1892), Gerhard Mössel (1893) und bei Hugo Helbing in München (1894) veräußert wurde,³⁶ sowie des in Hamburg

Abb. 1
Unbekannter Künstler, Kaminentwurf aus einer Serie von Tisch-, Kamin und Portalentwürfen, Italien, um 1770; Feder, Pinsel, farb. getuscht, 30,8 cm x 42,8 cm; TIB Slg. A. Haupt m I Z A 6: 1

tätigen Architekten Ludwig Hermann Philippi (1848–1908), dessen Sammlung bei Auktionen 1884 und 1909 in Berlin bei Rudolph Lepke unter den Hammer kam.[37] Hasselmanns Sammlung, die neben Büchern, Handzeichnungen, Druckgraphiken auch kunstgewerbliche Objekte aus Eisen und antike Artefakte aller Art umfasste, war vor allem wegen ihrer historischen Textilien bedeutend. Haupt erwarb bei der Auktion im Auktionshaus Helbing 1894 einen Giovanni Domenico Tiepolo (1726–1795) zugeschriebenen „Entwurf eines kirchlichen Deckengemäldes, in Öl ausgeführt".[38] Philippis Sammlung ist u.a. besonders wegen einer Reihe von Piranesi-Zeichnungen von Interesse, die dieser wohl als Konvolut von einer seiner Italienreisen mitbrachte und die – heute verstreut – im British Museum London, in Oxford, in der Hamburger Kunsthalle, in der Morgan Library New York und in Berlin aufbewahrt werden.[39] Ob Haupt hierzu ein Angebot abgab, ist aus seiner Sammlungsdokumentation nicht ersichtlich. Er erwarb bei der Auktion 1909 jedoch eine Reihe von Zeichnungen, darunter ein Blatt mit der „Umrahmung eines Spiegels" – eine „Französische Arbeit des 18. Jahrhunderts in Feder und Aquarellfarben um 1780" – sowie eine Folge von sechs Blättern mit italienischen Kamin- und Marmortürrahmungen sowie zehn Blättern mit Tischentwürfen, die vermutlich alle aus einer Hand stammen und um 1780 entstanden sein dürften (Abb. 1).[40]

Neben den Provenienzen aus den Sammlungen der genannten Architekten geben die Sammlerstempel und Vermerke Auskunft zu vielen weiteren Herkunftsorten aus diversen bekannteren Privatsammlungen, die im Zeitraum zwischen etwa 1860 und 1900 auf den Kunstmarkt gelangten. Einer der interessantesten Sammlungswege lässt sich bei den Dürerzeichnungen nachzeichnen, die Haupt bei einem von ihm nicht näher benannten Antiquar in Berlin erworben hatte (Abb. 2).[41] Dürer zeichnete die Entwürfe für Schmuckstücke um 1515 wahrscheinlich als Vorlagen für seinen Bruder Endres (1484–1555), der als Goldschmied in Nürnberg tätig war. Anfang des 17. Jahrhunderts müssen sie sich im Besitz des englischen Sammlers Thomas Howard, dem 14. Earl of Arundel (1586–1646) befunden haben. Dafür spricht, dass der von Howard geförderte Stecher Wenzel Hollar (1607–1677) zwei der drei Entwürfe im Kupferstich publizieren konnte.[42] Hollar wurde von Thomas Howard seit etwa 1633 unterstützt und folgte ihm 1638 nach England. Zumindest zwei der Entwürfe befanden sich ursprünglich nebeneinander auf einem Blatt, das später zerschnitten wurde. Anhand der Schraffuren bei Hollars Darstellung und den Originalen ist diese ursprüngliche Zusammengehörigkeit heute noch rekonstruierbar.[43] Wann das Blatt zerschnitten und die Zeichnungen getrennt wurden, ist unklar. Haupt erwarb sie vor 1900 wohl eher indirekt aus der Sammlung des Karlsruher Sammlers Ernst von Feder (1824–1904),[44] wo sie Teil einer Gruppe von sechs Ornamenten bildeten, von denen ein Blatt auf 1516 datiert war. Aus von Feders Sammlung finden sich noch zwei andere Blätter mit Szenographien von Carlo Galli-Bibiena in der Sammlung Haupts, die aber anscheinend aus einem anderen Aufkauf stammen.[45]

Eine weitere, zunächst Dürer, dann Altdorfer zugeschriebene Skizze in schwarzer Feder, die den Gottesvater mit gekreuzigtem Christus zeigt,[46] trägt den Stempel der 1860 auf dem Pariser Kunstmarkt veräußerten Sammlung Giuseppe Vallardis (1784–1863). Der Vermerk auf dem Verso „Collection König a Vienne" deutet darauf hin, dass sie dort wohl in den Besitz des Wiener Kunstsammlers und Direktors des Österreichischen Kunstvereins Moritz König (1815–1894)[47] gelangte und möglicherweise über dessen Sohn, den Architekten Carl König (1841–1915) – ebenfalls ein leidenschaftlicher Sammler – in die Sammlung Haupts kam. Solche handschriftlichen Vermerke wie die zur Wiener Sammlung Königs sind auch auf weiteren Blättern erhalten geblieben. Sie geben Hinweise auf heute teilweise nicht mehr näher bekannte Sammlungen wie die englische „Allisons Collection",[48] aber auch auf sehr prominente Vorbesitzer: Sechs qualitätsvolle Zeichnungen des böhmischen Künstlers Josef Hager (1726–1781) mit unterschiedlichsten illusionistischen Altararchitekturen, Scheinkuppelentwürfen und Phantasieszenerien (Kat. C06)[49] besitzen einen Herkunftsvermerk aus der bedeutenden Sammlung des böhmischen Grafen Franz Joseph von Sternberg (1763–1830) – ab 1780 Graf von Sternberg-Manderscheid –, der mit seinen gestifteten Kunstwerken einen der Grundbestände der heutigen Prager Nationalgalerie beisteuerte. Nach dessen Tod wurden Teile seiner privaten Sammlungen in Prag 1831 veräußert, wobei vermutlich die Blätter über einen Zwischenbesitzer in die Sammlung Albrecht Haupts gelangten. Bei einem weiteren Blatt aus der Sternbergschen Sammlung ist mit dem Dresdner Verlagsbuchhändler und Sammler Heinrich Friedrich Samuel Haendcke (1824–1895) ein solcher Zwischenbesitzer auch dingfest zu machen.[50] Aus Haendckes Sammlung, die 1896 bei Lempertz und Söhne in Köln versteigert wurde,[51] stammen ein paar wenige weitere Zeichnungen und Drucke,[52] darunter eine Bühnenszenerie mit einer Burganlage von Johann Carl Friedrich Dauthe (1749–1816),[53] der als Architekt und Kupferstecher in Leipzig an der Kunstakademie wirkte und als Leipziger Baudirektor u.a. den Bau des Konzertsaals im alten Gewandhaus und die Umgestaltung der Nicolaikirche leitete.[54] Das Blatt ist mehr wegen seiner Provenienzgeschichte interessant, da es auch den Vermerk trägt, zuvor im Besitz des aus Dresden stammenden markgräflichen Hofmalers in Ansbach, Friedrich Gotthard Naumann (auch Neumann, 1750–1821) gewesen zu sein, der wiederum auch als Lehrer und nach 1792 als Kunsteinkäufer und Gutachter für Friedrich Wilhelm II. tätig war. Neben Haendcke finden sich weitere private Sammler des Bürgertums aus dem Dresdner und Leipziger Raum in der Hauptschen Sammlung. Ein Vermerk nennt beispielsweise den Leipziger Sammler und Maler Adalbert Zinggs (1734–1816), dessen Nachlass 1817 versteigert wurde (Kat. I02).[55] Als weitere Sammlungen und Vorbesitzer sind zu nennen: August Grahl (1791–1868), Carl Julius Kollmann (1820–1875), Freiherr Karl Rolla du Rosey (1784–1862) und möglicherweise auch Wilhelm Gottlieb Becker (1753–1813).[56]

Neben den Sammlern des mitteldeutschen Raums erwarb Haupt auch Zeichnungen aus Nachlässen von Wiener Sammlern, die auch als Künstler tätig waren: Zu erwähnen sind neben dem bereits erwähnten Sammlung König auch der Maler Carl L. Wiesböck (1811–1874),[57] über dessen Sammlung zwei Blätter von Carl Schütz (1745–1800), einem österreichischen Kupferstecher, Zeichner und Theaterarchitekten, in die Hauptsche Sammlung gelangten (Kat. C07).[58] Auf einem Blatt aus der Sammlung Haendckes findet sich zudem der Stempel des ebenfalls in Wien als Maler und Kupferstecher wirkenden Friedrich Gauermann (1807–1862),[59] dessen Kunstsammlung bei Auktionen in Wien 1863 (bei Söscher) und 1879 (bei C. J. Wawra) unter den Hammer kam.

Besondere Aufmerksamkeit muss auch dem großen Bestand italienischer Handzeichnungen gewidmet werden, der nur mit einigen wenigen Herkunftsvermerken und Sammlerstempel in seiner Provenienz nachvollziehbar ist. Der älteste, um 1690 gesetzte Stem-

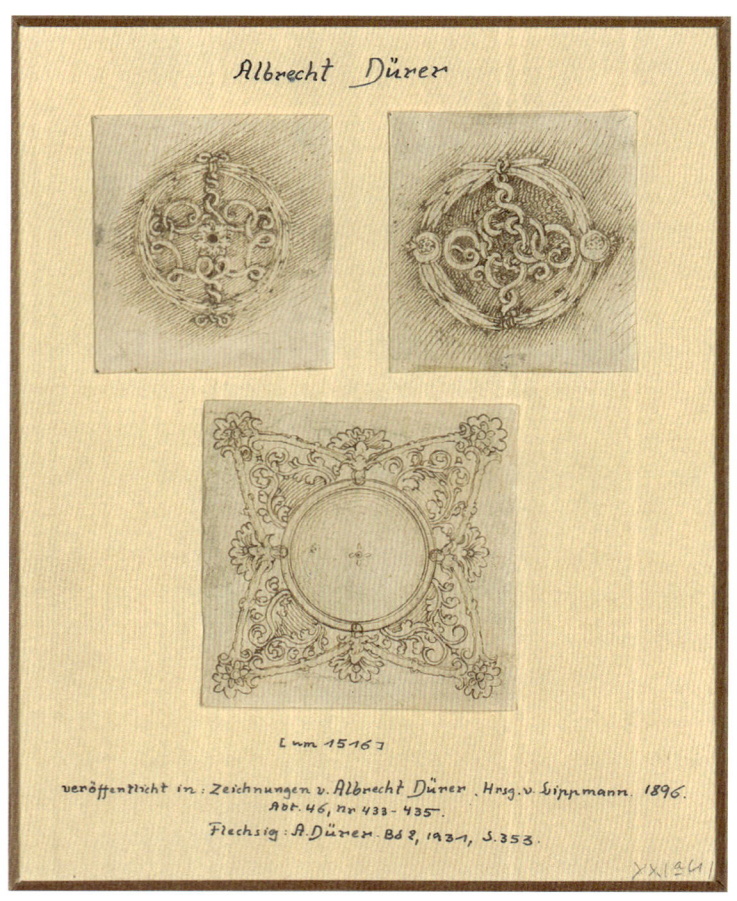

Abb. 2
Albrecht Dürer (1471–1528), drei Entwürfe für Schmuckstücke, Feder auf Pergament, 6,0 cm x 5,5 cm, 6,0 cm x 5,3 cm, 7,0 cm x 7,0 cm; TIB Slg. A. Haupt kl D Z 61: 2a-c

pel mit dem Schriftzug VRBANIA bezeugt die Herkunft einer Folge von vier Druckgraphiken mit allegorischen Darstellungen der Jahreszeiten (kl I GR M 7 (1) u. (2)) aus dem Teilbestand der Sammlung des Bernadino Ubaldini (1625–1687), die dieser der Stadtbibliothek von Urbania (Urbania=Casteldurante) 1667 schenkte.[60] Der Stempel beweist unter anderem, dass einzelne Blätter der Sammlung – vermutlich Doubletten – zur Zeit Haupts auf dem Kunstmarkt auftauchten, obwohl es sich um einen eigentlich geschlossenen Bestand handelte.[61] In einem anderen Zusammenhang fand bereits die Sammlung des Mailänder Kunsthändlers und Verlegers Giuseppe Vallardis (1784–1863) Erwähnung. Aus seiner Sammlung bewahrt die Sammlung Haupts noch ein weiteres Blatt mit Figurenstudien in Feder auf, das Lieselotte Vossnack Jacobo Palma il Giovane (um 1548–1628) zugeordnet hat.[62] Auch aus der bekannten Florentiner Sammlung des livländischen Kunstsammlers Karl Eduard Freiherr von Liphart (1808–1891) erwarb Haupt 1898 einige italienische Zeichnungen:[63] zwei Odoardo Fialetti (1573–1638) zugeschriebene Friesentwürfe mit Seeungeheuern,[64] einen weiteren Entwurf eines Frieses aus dem Umkreis der Brüder Camillo und Carlo Procaccini,[65] sowie zwei architekturillusionistische Wandmalereientwürfe, die – ursprünglich Fernando Galli-Bibiena (1657–1743) zugesprochen – wohl aus dem Umfeld Angelo Michele Colonnas (1604–1687) und Agostino Mitellis (1609–1660) stammen dürften (Abb. 3).[66] Generell ist jedoch festzuhalten, dass Haupt aus den Sammlungen Vallardis und Lipharts auch Blätter deutscher und niederländischer Künstler erstand, darunter beispielsweise zwei Blätter mit römischen Veduten des 17. Jahrhunderts, signiert von Jan Collaert und Jan de Bischop (Kat. A07),[67] oder zwei Entwürfe zu einem Pulverhorn von Christoph Jamnitzer (1563–1618), die Liphart wiederum aus der Sternberg-Sammlung erworben hatte.[68]

Im Verhältnis zu den in ihrer Provenienz anhand von Sammlerstempeln oder Vermerken bestimmbaren Zeichnungen fällt die Zahl der unbestimmbaren Blätter besonders unter den architektonischen Entwurfszeichnungen weitaus höher aus. Auffällig ist aber, dass die italienischen Architekturblätter sich auf Oberitalien konzentrieren, wobei es anscheinend einen Schwerpunkt in und um Mailand gibt. Herauszugreifen sind in diesem Kontext Planzeichnungen von Francesco Maria Richini (1584–1658, Kat. D02 und D03), Carlo Buzzi (auch Butio ‚Milanese', ca. 1585–vor 1658, Kat. D04)[69] und Andrea Biffi (1645–1686, Kat. F01)[70] oder auch Arbeiten des späten 18. und frühen 19. Jahrhunderts aus dem Umfeld der Akademie, so beispielsweise ein Altarentwurf von Leopoldo Pollack (1751–1806),[71] der – ursprünglich entworfen für die Kirche San Sepolcro in Mailand – 1809 in der Parochialkirche von Corbetta realisiert werden konnte (Abb. 4). Gerade aus dem Umfeld oberitalienischer Akademien um 1800 sind auffallend viele Künstler und Architekten mit Arbeiten vertreten, unter ihnen Paolo Bargigli

Abb. 3
Angelo Michele Colonna (1604–1687) oder Agostino Mitelli (1609–1660), Entwurf für eine illusionistische Wandmalerei, um 1650, Feder in braun, grau laviert, 31,6 cm x 22,9 cm; TIB Slg. A. Haupt m I Z A 5: 1

(1760–nach 1815, Abb. 5)[72], Giuseppe Levati (1739–1828, Abb. 6),[73] Giocondo Albertolli (1742–1839)[74] oder Tranquillo Orsi (1771–1845, Kat. C09). Hinzu kommen in ihrer Autorschaft bisher nicht näher bestimmbare Serien oder Gruppen, beispielsweise Deckenentwürfe von Theater- und Musiksälen aus dem Zeitraum zwischen 1780 und 1820 (Kat. G09). Inwieweit dieser Schwerpunkt auch mit dem Erwerb eines Konvoluts aus dem Nachlass des Mailänder Künstlers Giuseppe Bramati (1795–1871) in Zusammenhang stehen könnte, bleibt zu klären.[75]

Die oberitalienischen Architekturzeichnungen zeigen symptomatisch, dass solche Zeichnungen als Sammlungsgegenstand zur Zeit Haupts noch weniger Aufmerksamkeit erhielten als die künstlerischen Handzeichnungen und hier teilweise andere Wege der Beschaffung beschritten werden mussten. Haupt hat diese Blätter auf seinen Reisen in Antiquariaten und Kunstmärkten durch „glücklichen Kauf" erworben oder als nicht weiter bezeichnete Konvolute auf Auktionen ersteigert. Eine Vielzahl von Architekturzeichnungen dürfte er auf diese Weise zusammengetragen haben.

Dass im Hinblick auf seine Spezialgebiete der deutschen und portugiesischen Renaissance im Verhältnis wenig bis gar nichts in der Sammlung der losen Blätter vertreten ist, mag vielleicht verwundern. Blickt man jedoch auf die Gesamtheit aller Teilbestände, darunter insbesondere die Bücher und die in Göttingen aufbewahrten Ornamentstiche, relativiert sich dieser Eindruck. Doch dürften sich gerade im Hinblick auf stilgeschichtliche Interessen seiner Generation zwei weitere Sammelschwerpunkte mehr oder weniger zwangsläufig ergeben haben, da sie zu dieser Zeit – anders als Zeichnungen des 16. und 17. Jahrhunderts – noch günstig auf dem Markt zu haben waren: Zum einen die auffällig hohe Zahl von Entwürfen barocker bis spätbarocker Kunst und Architektur, die sich beispielsweise in einer Reihe von süddeutschen Altar- und Kirchenmobiliarentwürfen der Zeit um 1750 niederschlägt (Kat. F03, F04, Abb. 7); zum anderen die zahlreichen Blätter klassizistischer Entwürfe der Zeit um 1800, von denen besonders viele

Abb. 4
Leopoldo Pollack (1751–1806), Entwurf eines Altarbaldachins für San Sepolcro in Mailand, 1795, Feder, Pinsel, farb. getuscht, 63,3 cm x 40,0 cm; TIB Slg. A. Haupt m I Z A 2: 4

Abb. 5
Paolo Bargigli (1760–nach 1815), Entwurf eines Triumphbogens für Napoleon Bonaparte, um 1805, Feder, Pinsel, farb. getuscht, 47,0 cm x 71,0 cm; TIB Slg. A. Haupt gr I Z A 2: 3

aus dem Umfeld der Karlsruher Architekturschule Friedrich Weinbrenners (1766–1826) entstammen (Kat. B01, B03-B05, B07, H07). Womöglich stehen sie zumindest in Teilen im Zusammenhang mit dem Beginn seiner Sammeltätigkeit während seiner ersten Anstellung am Schloßbauamt in Karlsruhe und in Büdingen zwischen 1876 und 1878, wo Weinbrenner und seine Schule ungebrochen hohe Achtung genoss.[76] Sie spiegeln nicht zuletzt aber auch Interessensschwerpunkte zeitgenössischer Architekturströmungen des späten Historismus im Übergang zur Reformarchitektur, insbesondere auch die Wertschätzung der Architektur „um 1800"[77] und ihrer Protagonisten, die Haupt zwar nicht allzu aktiv als Architekt, sicherlich aber als Theoretiker begleitete. In diesen, auch die eigene Ausbildungstradition betreffenden Kontext sind weitere Bestandsgruppen aus den 1850er Jahren zu verstehen, die Haupt aus Werknachlässen von Berufskollegen in seine Sammlung aufnahm. Hervorzuheben sind besonders zwei zusammengebundene, 79 Blätter umfassende italienische Reiseskizzenhefte des als Architekt und Hochschullehrer am Stuttgarter Polytechnikum wirkenden Alexander von Tritschler (1828–1907),[78] entstanden 1856/57 (Abb. 8),

sowie der 96 lose Blätter umfassende zeichnerische Nachlass des mecklenburgischen Landbaumeisters Carl Luckow (1828–1885) mit Bauaufnahmen und Reiseskizzen zu italienischen Bauten aus seiner frühen Ausbildungszeit um 1848 (Kat J03).[79]

Eine der Provenienzen, die im Hinblick auf diese Schwerpunkte noch besonders hervorgehoben werden muss, ist die Sammlung des Stockholmer Kunstmäzens Christian Hammer (1818–1905). Teile seiner bedeutenden Sammlungen kamen auf mehreren Auktionen in den 1890er Jahren auf den Kunstmarkt.[80] Seine beiden Sammlermarken (Lugt 1237 und 1238) sind auffällig oft in der Hauptschen Sammlung – nicht nur bei den Handzeichnungen – vertreten. So tragen über dreißig Zeichnungen den Sammlerstempel Hammers, einige weitere sind über charakteristische Nummerierungen dieser Sammlung zuzuordnen („4047"). Hinzu kommen über vierzig weitere druckgraphische Blätter mit Hammers Stempel und ein siebzig Blätter umfassendes ‚Portefeuille' des schwedischen Architekten Carl Fredrik Sundvall (1754–1831, Kat. J02). Dabei handelt es sich nicht ausschließlich nur um Blätter schwedischer Herkunft, sondern auch Szenographien aus dem Umfeld der Galli-Bibiena (z.B. Zuschr. Orsi Tranquillo, Kat. C09), der Weinbrenner-Schule (Feer, Kat.H07) oder auch Zeichnungen des 17. und 18. Jahrhunderts niederländischer oder deutscher Autorschaft (Jan Wils, August von Bayer (Kat. C10), Francois Cuvilliés (Kat. C08). Insbesondere aber die Bestände an schwedischen Architekturzeichnungen aus dem Zeitraum zwischen etwa 1770 und 1820, darunter z.B. Entwürfe von Orgelwerken von Sundvall, Olof Samuel Tempelman (1745–1816, Kat. F07), Louis Jean Desprez (1743–1804), Carl Fredrik Adelcrantz (1716–1796) u.a., machen die Sammlung Haupts auch zu einem herausragenden Quellenfundus für die Forschung zur skandinavischen Architekturgeschichte.

## Schwerpunkte, Ordnung und didaktische Ausrichtung

Mit den aus der Sammlungsgeschichte heraus aufzeigbaren Schwerpunkten, herausragenden Einzelblättern und Bestandsgruppen des Hauptschen Zeichnungsbestandes ergibt sich ein sehr facettenreiches Bild unterschiedlichster Inhalte und denkbarer Interessen und Intentionen des Sammlers Haupt. Inhaltlich hatte Lieselotte Vossnack schon 1941 in wenigen Sätzen den Bestand an Handzeichnungen wie folgt umrissen: „Unbestreitbar hat, verglichen mit der Geschlossenheit der Sammlung gedruckter Werke, die Graphik- und Handzeichnungssammlung fragmentarischen Charakter. Die Käufe geschahen in einer Zeit, in der mittelalterliche und Blätter der Renaissance schon in Privat- oder Museumsbesitz sich befanden und das Interesse für Barock und Rokoko noch nicht voll erwacht war. [...] Vielfach italienischen Ursprungs sind figürliche Studien. Das 17. Jahrhundert überwiegt. Dem strengeren 16. Jahrhundert gehören ein paar Blätter an, deren Zeichner im Umkreis grosser Namen zu suchen sind. Ein Dürerblatt mit ornamentalen Entwürfen, von der Forschung verschiedentlich publiziert, eröffnet die Reihe der Ornamentzeichnungen, die über den phantasievoll reichen Aldengrever ins 17. Jahrhundert führt und in kapriziösen Rokokoentwürfen ihren Ausklang findet. Die Architekturzeichnungen, denen das Hauptinteresse des Bauhistorikers galt, beginnen früh mit einer Folge von Werkrissen, wahrscheinlich n[!]ürnberger Provenienz: Grundrisse und Aufrisse einer einschiffigen Kapelle, auf jener schmalen Grenze, wo die Spätgotik in Formen der Renaissance übergeht. Die sehr detaillierten Gewölbschnitte geben wertvolle Aufschlüsse über spätmittelalterliche Wölbtechnik. Skizzen aus dem Bernini-Borromini-Kreis (Italien, 17. Jahrhundert) schließen sich an, rasche, eminent sichere Niederschrift baukünstlerischer Ideen. Das beginnende 18. Jahrhundert ist reich vertreten durch Blätter, perspektivische Studien, Bühnenentwürfe, die der Schule der ebenso begabten wie produktiven Familie der Bibiena entstammen."[81] Sie schließt den Absatz mit dem Hinweis: „Ein glücklicher Zufall spielte Albrecht Haupt einen jener Pläne des Grossen Gartens in Hannover-Herrenhausen in die Hand (mit Ausnahme geringfügiger Veränderungen des beginnenden 18. Jahrhunderts eine Wiederholung jenes Plans von Charbonnier, nach dem der Garten seine jetzige Gestalt erhielt) 1777 datiert, in einem Jahr, in dem man mit der Idee umging, den ganz architektonischen Garten in einen Park englischen Stils umzuwandeln." Der von Vossnack beschriebene Herrenhausen Plan, der auch in einem 1936 von Uvo Hölscher erstellten Verzeichnis und von Haupt selbst als besonders wertvoll eingeschätzt worden war, muss zu den wenigen Verlusten gezählt werden, den die Sammlung im Laufe der Jahre erlitten hat.[82] Seine explizite Nennung zeugt aber auch davon, dass die Sammlung auch im Hinblick auf gartenhistorische Studien sehr wertvolle Bestände umfasst, deren Potenzial von Haupt, Vossnack und der folgenden Generation immer wieder hervorgehoben wurde und wird.[83] Dagegen erwähnen weder Vossnack noch Haupt die schwedischen Zeichnungen, heben aber beide die Szenographien, Theaterprospekte und perspektivi-

**Abb. 6**
Giuseppe Levati (1739-1828), „Volta della Sala dal Conte Silva, in Scinisello", Deckenentwurf für die Villa Villa Ghirlanda Silva in Cinisello Balsamo, 1790er Jahre, Feder, grau laviert, 36,9 cm x 26,9 cm; TIB Slg. A. Haupt kl I Z A 5: 4

Abb. 7
Unbekannter Künstler, Ansichten und Grundrisse für zwei Beichtstühle, Süddeutschland, um 1750, Feder, Pinsel, farb. laviert, 35,4 cm x 51,4 cm; TIB Slg. A. Haupt m D Z 2: 2

schen Studien hervor. Explizit erwähnte Haupt daneben aber auch die „Nürnberger Proberisse", ein Konvolut von 34 Planzeichnungen aus dem Umfeld der Nürnberger Steinmetzbruderschaft (Kat. J01), die er aber fälschlicherweise ins 15. Jahrhundert verortete.[84] Vossnack resümierte in ihrem 1969 erstellten Gutachten über die Inhalte der losen Blattsammlung: „Die Motive, die Albrecht Haupt beim Sammeln bestimmten, waren nicht primär museal, d. h. auf Vollständigkeit gerichtet. Er ist Baugeschichtler und Architekt. Bildung und Geschmack bestimmten seine Sammeltätigkeit vielleicht noch stärker als speziell didaktische Zwecke."[85]

Dieses Verständnis spiegelt sich auch in dem von Haupt eigenhändig erstellten „Katalog über ältere Handzeichnungen",[86] den er 1899 anlegte. Alphabetisch werden darin die Blätter vorrangig nach den Nachnamen der Künstler aufgelistet (Abb. 9). Wo diese Ordnung an ihre Grenzen stieß, fügte er in diese alphabetische Aufreihung Sach- oder Objektgruppen wie „Vase" oder „Theaterdekoration" ein. Hinzu kam eine parallel geführte Reihung nach geographischen Gesichtspunkten wie Orten oder Herkunft der Künstler („Niederländische Meister", „Italienische Meister"...). Jedes Blatt oder Blattserie, bzw. Konvolute wurden möglichst mit Fein- oder Grobdatierung, Kurzbeschreibung, Zeichentechnik und Blattzahl benannt. Ein strukturelles Suchkriterium nach künstlerischen oder architektonischen Handzeichnungen, nach Entwürfen, Skizzen oder Planzeichnungen wurde in dem Katalog nicht berücksichtigt. Auch die Angabe der jeweiligen Mappensignaturen war von Haupt ursprünglich wohl nicht beabsichtigt. Sie wurden in den meisten Fällen nachträglich bei den jeweiligen Blättern mit Mappennummern in römischer Zählung und bei großformatigen Blättern durch ein „F" ohne eine weitere Binnenzählung gekennzeichnet. Ebenfalls nachträglich hat Haupt für die Wertermittlung der Sammlung im Zusammenhang mit dem Verkauf an die Bibliothek die von ihm gezahlten Beträge notiert. Aus seiner Sicht besonders wertvolle Zeichnungen hob er – unabhängig von ihrem damaligen Einkaufswert – mit Unterstreichungen in rotem Buntstift hervor. Haupts Katalog kann heute somit noch hilfreiche Hinweise zu ursprünglichen Mappenzusammensetzungen und Wertstellungen der Blätter geben, gleichzeitig lässt sich an ihm ein Status *ante quem* festhalten, da das Verzeichnis nach 1901 nicht mehr fortgeführt worden zu sein scheint (auch wenn der Nachtrag der Mappensignaturen von Haupt selbst auch im Zeitraum zwischen 1901 und 1928 erfolgt sein könnte). Anders als bei den künstlerischen Handzeichnungen, die oftmals in den gleichen Mappen mit Druckgraphiken gemischt waren, waren ein Großteil der Architekturzeichnungen und Architekturgraphiken getrennt in Mappen zusammengefasst. Erschwert wird die Erstellung einer Konkordanz allerdings durch Blätter, die zwar im Katalog angegeben sind, dort aber ohne Signatur aufgeführt werden. Dabei handelt es sich um Zeichnungen, die in mindestens zwei Mappen wohl zu Präsentations- und Lehrzwecken zusammengefasst waren.

Einen solchen Bestand von 42 Blättern beinhaltete die einzige heute noch im Original erhaltene Mappe mit dem Etikett „Architektonische Handzeichnungen I" (Abb. 10). Sie enthielt vor ihrer

Auflösung um 1970 gemäß den auf ihrer Innenseite sauber aufgelisteten Blattbezeichnungen eine heterogene Mischung von Einzelblättern und Serien aller Art, darunter die beiden bereits genannten römischen Veduten von Jan Collaert und Jan de Bischop (Kat. A07), einen Egidius Quirinus Asam zugeschriebenen Altarentwurf (Kat. F04), Theaterdekorationen der Galli-Bibiena (Kat. C04 und C05), Stuckdeckenentwürfe, die bereits genannten Portal- und Kaminverkleidungen sowie Tischentwürfe italienischer Provenienz aus der Sammlung Philippi (Abb. 1) oder einen Kirchenfassadenentwurf eines „Wiener Architekten, um 1740" (Kat. D14). Aber auch ein Entwurf für eine „Metallkanne" und einen „Schwertgriff", (bei dem es sich eher um ein Waschgefäß und einen Bischofsstab handeln dürfte)[87] ist in dieser Zusammensetzung dabei. Die Mappe präsentiert damit das gesamte Spektrum, mit dem sich ein „Künstlerarchitekt" befassen konnte, gleichzeitig lassen sich alle darstellungstechnischen Methoden von der Skizze über die Orthogonalprojektion der Planzeichnung bis zur komplexen Perspektivkunst einer Theaterszenographie daran aufzeigen. Hinzu kommt der handwerklich-künstlerische Aspekt der Zeichnungen, der sich hier an unterschiedlichsten Methoden von der Graphit- und Federskizze über die monochrome Lavur bis hin zur feinen Tuschezeichnung studieren lässt. Generell ist gerade dieser Aspekt des Materials und der Darstellungstechnik und ihrer Entwicklungen auf dem Gebiet der Architekturzeichnung für die Sammlung hervorzuheben. Sie bietet hier für das Studium alle denkbaren Formen und Techniken der Architekturdarstellung vom 16. bis ins 19. Jahrhundert an.

Aufgrund der rudimentären Ordnungsstruktur Haupts fällt schon eine grobe Orientierung in den Beständen der losen Graphiken schwer. Allein die Gesamtzahl der losen Graphiken und der Anteil der architekturbezogenen Handzeichnungen wurden immer wieder unterschiedlich benannt. Lieselotte Vossnack überschlug 1982 die Gesamtzahl aller losen Graphiken mit „ca. 7000 Einzelblätter und Folgen". Genauere Zahlen nannte sie in einem Bericht aus dem Jahr 1969, wo sie ca. 4.050 Graphische Darstellungen, 1.820 Holzschnitte und 920 Zeichnungen zählt.[88] Angaben aus den Jahren vor Haupts Tod 1932 variieren dagegen zwischen 1.007 und 1.067 Handzeichnungen und kommen auf eine Gesamtzahl von 5.347, bzw. ca. 5.350 Einzelblättern. Abgesehen von der abweichenden Gesamtzahl vor und nach dem Zweiten Weltkrieg, der auf einer stark schwankenden Angabe von Holzschnitten basiert, fällt auch die gegenläufige Diskrepanz bei den Handzeichnungen auf. Lieselotte Vossnacks Vorgänger, Albert Friedrich Heine (1900–1928), gab 1928 grob an, es handele sich um „rund 5000 Blätter, von denen etwa ein Viertel auf Zeichnungen, das Uebrige auf Stiche kommt." Haupt selbst machte es sich in einem Zeitungsartikel 1923 leicht und zählte „weit über tausend Blätter dieser Art".[89] Tatsächlich

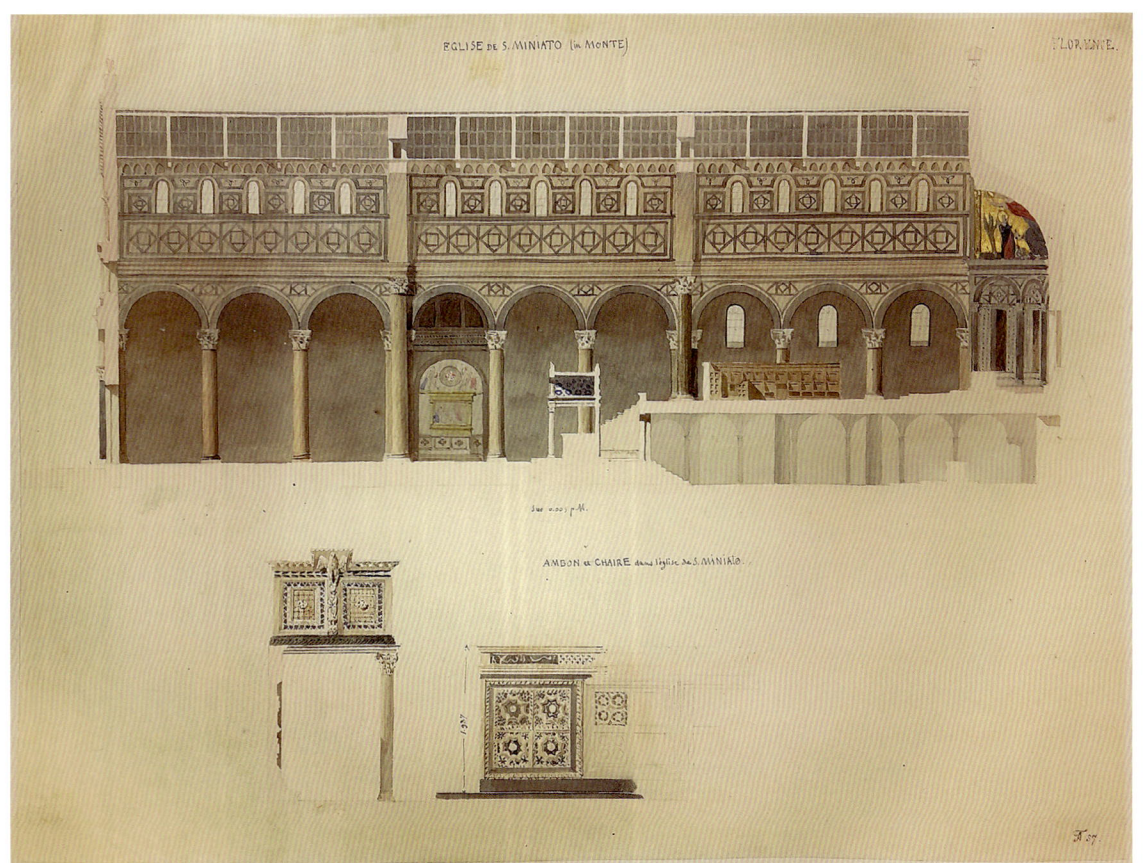

**Abb. 8**
Alexander von Tritschler (1828–1907), Schnitt durch die Kirche San Miniato al Monte in Florenz mit Detailansichten des Predigtstuhls, Zeichnung aus dem Reiseskizzenbuch Tritschlers, Pinsel, farb. getuscht, um 1856, 31,5 cm x 24,2 cm; TIB Slg. A. Haupt gr 2 Haupt 1605/gr 2 a 4085

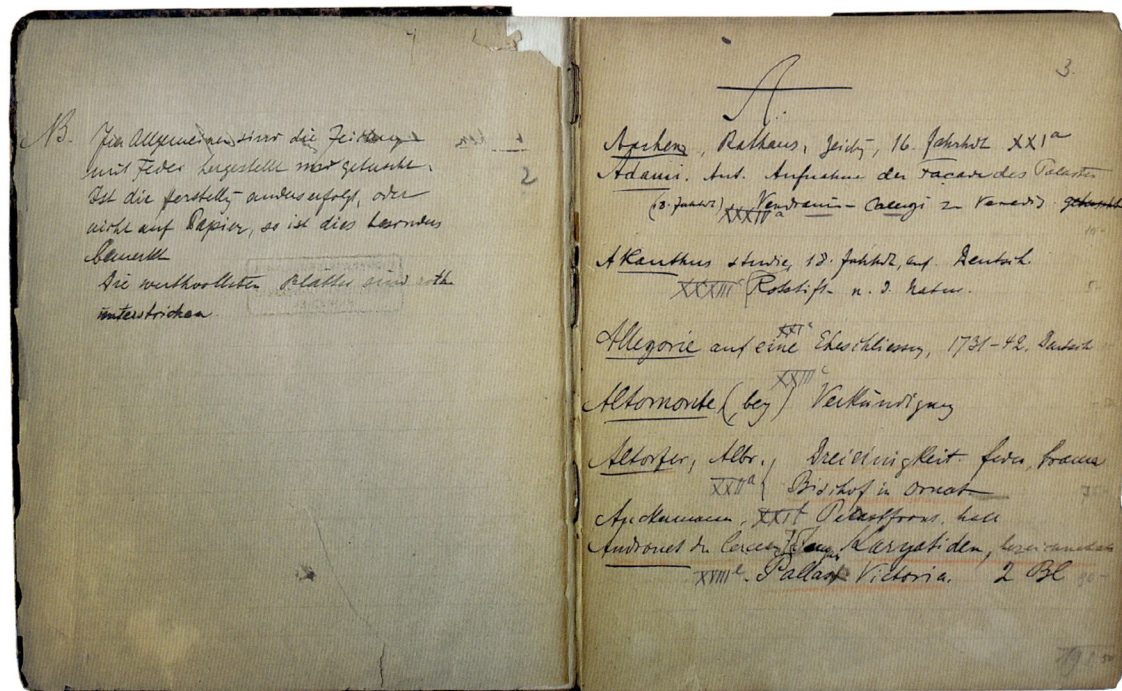

Abb. 9
Seite aus dem von A. Haupt 1899 angelegten „Katalog über ältere Handzeichnungen", TIB Archiv Haupt 2, Altsign. No. 4

zeigt sich besonders hier, dass mit den ab 1928 einsetzenden Erschließungs- und Neuordnungsunternehmungen Teilbestände der Handzeichnungen gewissermaßen ‚unter das Radar' gerieten. Sie fanden teilweise Aufstellung in der Bibliothek (z.B. der Nachlass Luckow) oder entzogen sich den Blicken der Inventarisierer*innen.

Im Gutachten von 1969 erstellte Vossnack erstmals eine quantitative Übersicht über die Blattinhalte nach Ländern, technischer Ausführung und Objekten (siehe auch Artikel von Birte Rubach).[90] Sie ist – mit einigen wenigen geringen Abweichungen – auch heute noch als ein grober Überblick heranziehbar, wobei Vossnack jedoch bei der geographischen oder objektbezogenen inhaltlichen Quantifizierung nicht nach Druckgraphik oder Zeichnung unterschied. Auf der Grundlage der gegenwärtigen digitalen Erschließung stimmt die Zahl der Handzeichnungen mit der 1928 von Heine genannten Zahl von 1.007 überein, wobei bei der digitalen Erfassung jedoch jeweils auch recto- und verso-Seiten berücksichtigt wurden.[91] Hinzuzuzählen sind jedoch jene Konvolute von losen Blättern, die im Hauptschen Katalog noch bei den Handzeichnungen aufgeführt, in späterer Zeit aber Aufstellung in der Bibliothek fanden,[92] so dass die Gesamtzahl der Handzeichnungen in etwa bei 1.100 liegen dürfte. Zieht man davon überschlägig die Zahl derjenigen Zeichnungen ab, die Inhalte der darstellenden Kunst wie Figuren- oder Landschaftsdarstellungen, Ornamentik, Heraldik oder Kalligraphie zeigen, beherbergt der Handzeichnungsbestand etwa 700 Blätter mit architekturbezogenen Inhalten, wie sie im anschließenden Katalog mit exemplarischen Blättern vorgestellt werden.

## Die Erschließung- und Neuordnung der Handzeichnungsbestände ab 1923

Die ersten Bemühungen um eine systematische Erschließung der Handzeichnungen und Graphiken setzten auf Initiative des 1922 als Leiter an die Bibliothek der Technischen Hochschule berufenen Oberbibliotheksrat Paul Trommsdorff (1870–1940) ein. Trommsdorff erkannte den besonderen Wert der Sammlung und wies neben Haupts eigenen publikatorischen Äußerungen bei verschiedenster Gelegenheiten auf den besonderen Bestand hin.[93] Unter seiner Ägide konnte so auch – nachdem er bereits 1923 selbst die Katalogisierung begonnen und sich aufgrund des unterschätzten Arbeitsaufwandes auf den Hauptschen Buchbestand konzentriert hatte – 1928 die Katalogisierung der losen Blätter in Angriff genommen werden. Mit Freude vermeldete er an Haupt am 24. August dieses Jahres die finanzielle Förderung der Katalogisierung durch die Hannoversche Hochschulgemeinschaft mit einem Betrag in Höhe von 1200 RM. „Herr Dr. Heine, Assistent am Kunsthistorischen Institut, hat die Bearbeitung übernommen und ist bestrebt, sie nach Möglichkeit zu fördern. Bei Bearbeitung hat sich ergeben, daß es in nicht wenigen Fällen erwünscht ist, Zweifel über die Datierung oder die Urheberschaft eines Blattes mit Ihnen zu besprechen. Ich wäre Ihnen daher dankbar, wenn Sie gelegentlich hier vorkommen wollten."[94]

Albert Friedrich Heine, der kurz zuvor seine Dissertation über „Asmus Jakob Carstens und die Entwicklung des Figurenbildes" an der Universität Halle abgeschlossen hatte,[95] begann zunächst mit der Katalogisierung der Renaissance-Graphiken. Die Struktur der

Erfassung im „üblichen Verfahren" hat Heine im Herbst 1928 kurz beschrieben: „a) Angabe des Künstlers, bezw. des Kunstkreises; b) … des Inhaltes bezw. Titels c) … der Masze d) … der Technik e) … des Oeuvreverzeichnisses (bei Graphik) f) … der Provenienz (Bei Zeichnungen) g) … besonderer Merkmale"[96] Er ergänzte: „Als Format kann wohl das bisher für die Sammlung Haupt verwandte benutzt werden." Heine zählte 1928 „rund 4300 Kupferstiche und Holzschnitte und ferner 1007 Handzeichnungen, dazu 29 Pergamentschriften, zusammen rund 5350 Blätter"[97] auf und rechnete mit einer Dauer der Katalogisierung von etwa 15 Monaten bei monatlich etwa 50 Stunden Arbeitseinsatz. Zu den Handzeichnungen bemerkte er in einer Mitteilung an Trommsdorff: „Die Bestimmung der Handzeichnungen bedarf eines längeren Studiums, mit dem ich bereits jetzt neben der Graphik her beginne. Nach Katalogisierung der Graphik werden dann auch alle nötigen Vorarbeiten für die Zeichnungen erledigt sein."[98] Es ist davon auszugehen, dass Ergebnisse oder Erkenntnisse jener Arbeit keine Veröffentlichung erfuhren, da Heine bereits im Dezember 1928 verstarb.[99] Nur wenige Tage zuvor hatte er noch an Trommsdorff mitgeteilt, dass seine Arbeiten „namentlich für die Blätter der Renaissance bereits durchgeführt

**Abb. 10**
Mappe „Architektonische Handzeichnungen I", originaler Einband, um 1910
1605/gr 2 a 4085

[seien]. Gleichzeitig ist auch die Bearbeitung der Barockhandzeichnungen begonnen. Gerade diese Abteilung hat für wissenschaftliche, praktische und Liebhaber-Kreise einen besonderen Wert."[100] Nach einigen Monaten Stillstand setzte sein Nachfolger am Kunsthistorischen Institut, Georg Hoeltje (1906–1996), die Arbeit am Katalog fort, wobei er auch die Bearbeitung einer Sondergruppe von historischen Stiftskalendern übernahm, die zu den Schaustücken der Sammlung zählten.[101] Hoeltje, der später nach seiner 1939 erfolgten Emigration nach Brasilien 1954 wieder nach Hannover zurückkehren und hier die Professur für Bau- und Kunstgeschichte übernehmen sollte,[102] dürfte sicherlich als seit 1932 praktizierender Privatdozent für „Kunst des 19. Jahrhunderts" von der Sammlung profitiert haben. Umso befremdlicher ist, dass Hoeltje einen in der Sammlung Haupt befindlichen Ehrenbogenentwurf von Ludwig Friedrich Laves (Kat. E06) nicht in seiner grundlegenden Monographie über Laves aufführte, obwohl er das 1821 errichtete, ephemere Bauwerk zum Einzug König Georgs IV. darin erwähnt und beschreibt.[103]

Heines und Hoeltjes Anteil an der Erschließung und Katalogisierung der Graphiken und im speziellen der Handzeichnungen lässt sich heute nur noch schwer nachvollziehen. Kuratorische Notizen sind ihnen nicht eindeutig zuzuordnen, so dass der Hauptverdienst wohl in dem Zettelkatalog zu sehen ist, der vor der Auslagerung der Sammlung 1939 im Zweiten Weltkrieg abgeschlossen gewesen sein dürfte. Im Zusammenhang mit dieser Auslagerung kam die Kunsthistorikerin Lieselotte Vossnack (1908–1997), die 1936 bei Albert Erich Brinckmann (1881–1958) an der Universität Frankfurt mit einer Arbeit über den Architekten Pierre Michel d'Ixnard promoviert hatte und seit 1937 als wissenschaftliche Hilfskraft am Institut für Baugeschichte bei Uvo Hölscher (1878–1963) tätig war,[104] erstmals mit der Sammlung in Berührung. Hölscher hatte 1936 in einem mehrseitigen Verzeichnis der eigenhändigen Zeichnungen Haupts auch grob einige Architekturzeichnungen der Sammlung erfasst und dürfte daher Vossnack zur Beschäftigung mit dem Bestand angeregt haben.[105] Während der folgenden Jahrzehnte, in denen sie als Assistentin, dann als Dozentin und schließlich als wissenschaftlicher Rätin und Professorin am Lehrstuhl für Bau- und Kunstgeschichte lehrte und forschte, wurde die Neuordnung der losen Druckgraphiken und Handzeichnungen zu ihrer Lebensaufgabe. In einem internen Schreiben schilderte sie 1969 den Zustand der Graphiksammlung wie folgt: „Prof. Haupt hatte sich dem Ordnungsprinzip des 19. Jahrhunderts angeschlossen […] indem er versuchte, nach Stechernamen zu gruppieren. Einige Mappen waren sachlich geordnet; im allgemeinen aber herrschte auch innerhalb dieser Mappen keine Uebersichtlichkeit. Äusserlich war die Sammlung in einem wenig guten Zustand, da vielfache Transporte die Mappen angegriffen hatten und die Blätter mit dicken Staubschichten bedeckt waren."[106] Vossnack traf daher die Entscheidung, „die völlig verschlissenen Mappen durch neue zu ersetzen und in diese die Bestände nach neu ermittelten Zusammenhängen vorläufig einzuordnen."[107] Ihre Neuordnung sah eine hierarchische Zuordnung nach Format, Land, technischer Ausführung und zuletzt zeitlich und sachlicher Gruppierung vor. Soweit sie „ohne wissenschaftlichen Apparat dazu in der Lage war", nahm sie Bestimmungen vor. Die Sammlung wurde so – „in der Differenzierung ihres Inhaltes nicht vollkommen, aber für die Uebergangszeit brauchbar" – auf 567 neue Mappen aufgeteilt. Wie sich zeigte, wurden dabei aber nicht alle alten Mappen ersetzt und mit den neuen Signaturen versehen, zudem wurde keine Konkordanzen erstellt.

Vossnacks Hoffnung, die Sammlung und insbesondere die Handzeichnungen „einem interessierten Publikum durch Ausstellungen, Kataloge und Veröffentlichungen in der Presse nahezubringen" zerschlug sich aufgrund des immensen Arbeitsaufwandes und fehlender Mittel, welche die Umstrukturierung bedeutete. Nachdem ein mehrjährig geförderter Forschungsauftrag 1982 ausgelaufen war, musste sie einräumen, dass von ihr und ihrer Mitarbeiterin Ingeborg Schmitt-Ulrich bisher lediglich die Abteilung „Italien" präziser verzeichnet werden konnte und ein hierfür erstellter Katalog „bedingt benutzbar" war.[108] In den Folgejahren führte sie für die weiteren Abteilungen noch Vorarbeiten weiter, doch blieb der Zustand der „Uebergangszeit" letztendlich über ihren Tod 1997 hinaus bestehen. Umso bedauerlicher ist es, das sich das immense Wissen um die Blätter in der Sammlung heute lediglich anhand weniger kuratorischer Notizen aus ihrer Hand auf den Blättern nachvollziehen lässt. Eine Reihe von „Aufsätzen in Arbeit" zu Themen, für die sie ein „Bearbeitungsrecht" beanspruchte, blieb unveröffentlicht.[109] Auch die wenigen, bedeutenden Erkenntnisse zu einzelnen Blättern, die besonders in der Frühzeit ihrer Arbeit an den Handzeichnungen zur Publikation gelangten, fanden kaum Beachtung in der Forschung. Zu nennen sind hier Aufsätze und Katalogartikel über eine als Zeichnung Gian Lorenzo Berninis identifizierte Vorstudie zu einer Szene aus der Johannis-Predigt (1947), über zwei römische Stadtansichten von Lieven deCruyl (1962) sowie zu einigen Zeichnungen Wilhelm Baurs (1966).[110]

## Die Handzeichnungen im Fokus der Lehre und Forschung

Für Haupt und die genannten Personen am Institut für Bau- und Kunstgeschichte, allen voran Lieselotte Vossnack diente die Sammlung über Jahre hinweg als Lehrsammlung für die Arbeit in Vorlesungen, Übungen und Seminaren an der Architekturabteilung.[111] Haupt betonte ihre Wichtigkeit „auch für den Unterricht der Kunstgeschichte und Geschichte der darstellenden Technik".[112] Nicht zuletzt zeigte Haupt damit auch seine Wertschätzung des Lehrfaches der Kunstgeschichte, das seit 1891 auch mit einer eigenständigen Professur an der Architekturfakultät vertreten war.[113]

Immer wieder wurde auf das breite Spektrum und Potenzial hingewiesen, welches die Sammlung und insbesondere die kaum erschlossenen Handzeichnungen für verschiedene Forschungsfelder bot: Lieselotte Vossnack bemerkte hierzu 1982, dass der Wert und besondere Reiz der Sammlung darin bestünde, „dass sie sich nicht an ein elitäres Publikum wendet, sondern für Architekten, Gartenarchitekten, Bühnenbildner, Designer, aber natürlich auch für Kunsthistoriker und Historiker wertvolles Material anbietet."[114] Haupt hatte sich 1923 zufrieden über die Entwicklung der letzten zwanzig Jahre geäußert, was besonders die Nutzung durch seine Kollegen für die Lehre an der TH betraf: Fand die Sammlung – so Haupt – anfangs „noch recht wenig Beifall und Verständnis", so habe „sich die Anschauung freilich erheblich geändert. Jüngere Kollegen mit freierer Umschau haben begonnen, den einzelnen wertvollen und seltenen Werken Beachtung zu schenken und sie für sich selbst wie für die Anstalt als wichtiges Studienmaterial nützlich zu machen; andere, die dergleichen von früher schon näher kannten, freuten sich, die ihnen vertrauten kostbaren Werke hier wiederzufinden; kunsthistorisch beflissene begannen Entdeckungsreisen in der gewaltigen Stoffanhäufung für ihre Zwecke zu machen, kurz, langsam fing die hier geleistete Arbeit an, sich produktiv auszuwirken."[115]

Trotz der lokalen Akzeptanz, der guten Einbindung in den Kontext der Hochschullehre und der immer wieder unternommenen Bemühungen, die Sammlung weiter publik zu machen, blieb jedoch besonders der Bestand der Handzeichnungen und losen Druckgraphiken in der Wahrnehmung der Fachwelt wenig präsent. Lediglich eine kleine Zahl von Blättern war und ist heute durch Publikationen bekannt. Unter ihnen sind die drei Albrecht Dürer zugeschriebenen Ornamententwürfe auf Pergament (kl D Z 61: 2 a–c, Abb. 2) sicherlich die bekanntesten Stücke der Sammlung. Bereits Friedrich Lippmann (1838–1903) hatte die Blätter als Originalzeichnungen Dürers eingestuft und in seinem 1896 erschienenen Werkverzeichnis aufgeführt.[116] Auch in der internationalen Dürer-Forschung fanden daher die Blätter Beachtung. Der englische Dürer-Spezialist Campbell Dodgson (1867–1948), Leiter des Department of Prints and Drawings am British Museum in London, besah sich die Zeichnungen im Juli 1927.[117] Der Braunschweiger Dürer-Forscher Eduard Flechsig (1864–1944), damaliger Leiter des Herzog Anton Ulrich-Museums, hatte diese Zeichnungen für die Erstellung seines zweibändigen Dürer-Werkkatalogs dagegen zuvor nicht persönlich in Hannover in Augenschein genommen.[118] Nach dem Zweiten Weltkrieg kamen die drei kleinen Ornamententwürfe nochmals bei der Nürnberger Ausstellung „Gold – Silber – Schmuck – Gerät" der Landesgewerbeanstalt Bayern 1971 als Exponate zur Geltung.[119] Hier erweckten sie auch das Interesse der volkskundlichen Forschung, die sich u.a. in einer Dissertation von Ulrike Zischka an der Universität München zur Bedeutung des Knotenmotivs niederschlug.[120] Auch in den neueren Werkverzeichnissen werden sie regelmäßig aufgeführt.[121]

In den Mappen XXIa und XXIIa mit den Dürer zugeschriebenen Blättern hatte Haupt jedoch auch eine Reihe weiterer Zeichnungen eingeordnet. Einer Federzeichnung mit der Darstellung eines Hirschkäfers (heute kl D Z 61: 3) wurde die Autorschaft Dürers bei der Begutachtung 1970 im Rahmen der Vorbereitungen für die o.g. Dürer-Ausstellung wieder aberkannt.[122] Ein weiteres Blatt mit der Darstellung eines Bischofs mit nachträglich aufgesetztem Dürermonogramm (kl D Z 61: 1, Abb. 11), das Haupt als Zeichnung Albrecht Altdorfers in seinem Verzeichnis führte,[123] wurde um 1930 besonders diskutiert: Der Wiener Kunsthistoriker Hans Tietze (1880–1954) hatte es in einem 1929 im Wiener Jahrbuch für Kunstgeschichte erschienenen Aufsatz behandelt und als Zeichnung Michael Pachers (um 1435–1498) identifiziert.[124] „Das Blatt […] befindet sich in der höchst bemerkenswerten, namentlich unter den architektonischen und kunstgewerblichen Zeichnungen reiche Ausbeute versprechenden Sammlung, die aus Prof. Albrechts Haupts Besitz an die Technische Hochschule in Hannover gelangt ist."[125] Dieser Hinweis Tietzes erwies sich in Kunsthistorikerkreisen als Multiplikator. Im Dezember 1929 stattete der Wiener Kunsthistoriker Otto Benesch (1896–1964), damals Kustos an der Albertina, im Rahmen einer Studienreise „zum Zweck einer Arbeit über österreichische Zeichnungen der Spätgotik u. Frührenaissance" der Sammlung einen Besuch ab.[126] Vermutlich ist ihm oder dem an der Harvard-University tätigen Kunsthistoriker Arthur Burkhard (1891–1973) die Abschreibung und Neuzuschreibung an Hans Burgkmair zuzuordnen.[127] Die Bischofsdarstellung mit dem Dürermonogramm entpuppte sich als genauer Entwurf Burgkmairs für die Figur des Hl. Valentin an der Innenseite des linken Flügels des im Germanischen Nationalmuseum Nürnberg aufgestellten Triptychons von 1505.[128] Ebenfalls ausdrücklich durch Tietzes Aufsatz auf die Sammlung aufmerksam gemacht wurde 1933 der zu dieser Zeit als Wissenschaftliche Hilfskraft am Staatlichen Kupferstichkabinett in Dresden tätige Kunsthistoriker Peter Halm (1900–1966).[129] Wie die Dürer-Zeichnungen gehörte auch das Burgkmair-Blatt zu den wenigen Zeichnungen, die als Exponate außerhalb Hannovers zu sehen waren. 1973 ging es u.a. als Leihgabe an das Herzog Anton Ulrich-Museum in Braunschweig.[130]

Zu den externen Bearbeitern des Handzeichnungsbestandes zählte in diesen Jahren auch Friedrich Thöne (1907–1975), damals Volontär an der Württembergischen Staatsgalerie in Stuttgart, der 1936 im Nachzug zu seiner Dissertation über den Schweizer Maler, Zeichner und Holzschneider Tobias Stimmer (1539–1584) auch Einblick in die Hauptsche Sammlung nahm.[131] Thöne, so notiert die damalige für die Sammlung zuständige Bibliothekarin Elisabeth Weber (1903–1948), „hat die deutschen Handzeichnungen der Sammlung Haupt durchgesehen und von einigen Blättern (Hein[t]z) Kleinaufnahmen gemacht. […] In dem Kasten XXVII, Mappe XXVIIa, schreibt er das Blatt „Von einer Landkarte, deutsch" Jos. Murer (1655) zu. Es sei wohl die obere Leiste der Landkarte des Kantons Zürich. […] In der gleichen Mappe sei der Stimmer zugeschriebene Stammbaum vermutlich auch von Murer. […] Herr Dr. Thöne weist besonders hin auf die Handzeichnungen aus dem 18. Jahrhundert von Bergmüller und Holzer, die großen Seltenheitswert besäßen, falls sie echt sind, was im einzelnen selbst bei den signierten Blättern noch genau nachzuprüfen wäre."[132]

Standen bis dahin vor allem künstlerische Handzeichnungen im Fokus der Forschungen, bezog sich 1935 eine Anfrage der Koldewey-Gesellschaft dezidiert auf die Architekturzeichnungen: Als Zuarbeit für einen projektierten „Zentralkatalog der Architekturzeichnungen" erbat man sich Angaben zu den Beständen in der Hochschulbibliothek und ihrer Spezialsammlungen, deren Bitte auch entsprochen wurde.[133] Für den Zentralkatalog waren aus dem Bestand der losen Blätter vor allem die Bauzeichnungen des 16. bis 19. Jahrhunderts, „darunter Blätter der Nürnberger Bauhütte" von Interesse. Zum Abschluss dieses ambitionierten Projekts, mit deren Durchführung Franz Jahn (1899–1945), Assistent am Lehrstuhl für Baugeschichte der TH Berlin, betraut worden war, kam es jedoch nie.[134] Für das 34 Blätter umfassende Konvolut der Nürnberger Proberisse (gr D Z 1, Kat. J01) wurde sehr wahrscheinlich von Lieselotte Vossnack 1941, als die Sammlung bereits ausgelagert war, ein Fotoauftrag angefertigt, dessen Listung noch bis in die 1980er Jahre als unentbehrliches Hilfsmittel für die Konkordanz diente.[135]

Inwieweit die Sammlung Haupt in den ersten beiden Jahrzehnten nach dem Ende des Zweiten Weltkriegs abgesehen von der Arbeit Lieselotte Vossnacks auch von anderen Fachleuten genutzt wurde, ist aufgrund der dürftigen Sammlungsdokumentation für diese Jahre nicht ersichtlich. Während der kriegsbedingten Auslagerung der Bibliotheksbestände in Schloss Hardenberg bei Nörten und in Levershausen war der Zugang zur Sammlung eingeschränkt. Ab 1951 war die Sammlung in Hannover wieder in den wiederhergestellten Bibliotheksräumen im Nordflügel des Welfenschlosses in einem eigenen Raum zugänglich.[136] Die Zahl der Fachleute, die nach dem erneuten Umzug in das Magazin des 1965 fertiggestellten Neubaus der Technischen Informationsbibliothek in der Sammlung die Blätter persönlich eingesehen haben, lässt sich zumindest ansatzweise anhand der Sammlungsdokumentation dieser Jahre nachvollziehen: Für den Zeitraum 1972–1976, in denen Ulrich Ott als zuständiger Bibliothekar für die Sammlung fungierte, ist besonders eine Zuweisung Ingrid Weibezahns zu nennen, der im Rahmen ihrer Forschungen mit dem Bestand der Sammlung Haupt eher nebenher die Identifizierung eines Zeichenbüchleins mit 30 „Architekturzeichnungen aus England" in das Umfeld von Robert Morris (1703–1754) gelang.[137] Im Hinblick auf die italienischen Architekturzeichnungen des 16. Jahrhunderts ist es der amerikanische Kunsthistoriker Philip Ellis Foster (1936–2021), der im Rahmen eines Humboldt-Stipendiums am Zentralinstitut für Kunstgeschichte erstmalig eine Anfrage zu Blättern solcher Art in der Sammlung stellte (1972).[138] Zwei Jahre später (1974) sichtete Carsten Peter Warncke die losen Graphiken für seine Forschungsarbeit über die frühneuzeitliche ornamentale Groteske in Deutschland. In seinem Katalog fanden 82 Druckgraphiken Berücksichtigung, jedoch keine der thematisch relevanten Handzeichnungen.[139]

Als Multiplikatoren erwiesen sich in den Jahren darauf besonders aber Tilman Falk (1935–2020), der ehemalige Direktor der Staatlichen Graphischen Sammlung in München, und der Kurator der Stuttgarter Graphischen Sammlung Heinrich Geissler (1927–1990). Falk hatte sich neben der Burgkmair-Zeichnung, die er in seiner 1968 erschienenen Dissertationsschrift behandelte,[140] nochmals Mitte der 1970er Jahre mit einigen Blättern beschäftigt[141] und Fachkollegen auf einzelne Blätter der Sammlung Aufmerksam gemacht.[142] Auch Heinrich Geissler, wie Falk eine Kapazität auf dem Gebiet der deutschen Zeichnung des 16. bis 18. Jahrhunderts, hatte 1977 die losen Blätter stichprobenartig durchgesehen und sich „erlaubt, auf den Monturen einige Hinweise anzubringen."[143] Ein schönes Beispiel für die Vermittlerrolle Geisslers ist ein Blatt mit einem um 1620 zu datierenden Wanddekorationsentwurf für den Goldenen Saal des Augsburger Rathauses (Kat. G01), das nach seiner Zuweisung 1979 in den 1980er Jahren bei den großen Augsburger Ausstellungen „Welt im Umbruch" (1981) und „Elias Holl und das Augsburger Rathaus" (1985) gezeigt werden konnte.[144] Im zweibändigen Opus Magnum Geisslers zu den deutschen Zeichnern und Zeichnungen der Zeit zwischen 1540 und 1640 fanden die von Geissler in der Sammlung gesichteten oder näher untersuchten Blätter allerdings keine Berücksichtigung.[145]

Als ein weiterer Nutzer der Handzeichnungssammlung in jenen Jahren ist nicht zuletzt auch der am Zentralinstitut für Kunstgeschichte in München tätige Kunsthistoriker Jürgen Zimmer zu nennen, der als einer der wenigen auch eine Architekturzeichnung abfragte.[146] Zimmers Hauptverdienst liegt jedoch darin, dass er einige in der Sammlung Haupts aufbewahrte, teils signierte Figurenstudien Joseph Heintz d. Ä. „wiederentdeckte" und in seiner Werkmonographie publizierte.[147]

Lag also das Forschungsinteresse bei den Letztgenannten in den 1970er Jahren – zumindest was die Handzeichnungen betraf – fast ausschließlich bei den künstlerischen Handzeichnungen, gerieten in den Jahren darauf zunehmend die Architekturzeichnungen in den Fokus: Herausgegriffen seien besonders der Chemiker und

Abb. 11
Hans Burgkmair d. Ä. (1473–1531), Darstellung des Heiligen Valentinus, 1504, Feder in braun, grau laviert, 19,1 cm x 9,1 cm; TIB Slg. A. Haupt kl D Z 61: 1

Experte für Bautechnikgeschichte Werner Müller (1923–2005), der 1981 die Nürnberger Proberisse sichtete und in mehreren seiner Aufsätze auf sie hinwies (Kat. J01),[148] sowie der damals als Assistent zwischen 1982 und 1988 am Institut für Bau- und Kunstgeschichte arbeitende Architekturhistoriker Hans Josef Böker, der die bereits erwähnten zwei Architekturentwürfe von Lambert Friedrich Corfey in der Sammlung ausfindig machen konnte (Kat. D08).

Die unbefriedigende Situation der Erschließung und Strukturierung der losen Zeichnungs- und Druckgraphikbestände und die damit verbundene schlechte Auffindbarkeit einzelner Bestandsgruppen führte dazu, dass der Teilbestand der losen Graphiken im Gegensatz zu den anderen Teilen der Sammlung Haupt dennoch weiterhin in der Fachwelt kaum bekannt blieb. Auch hinsichtlich der künstlerischen Handzeichnungen lässt sich für die 1980er und 1990er Jahre lediglich eine Anfrage des am Städel Museum Frankfurt beheimateten Kunsthistorikers Joachim Jacobi (1956–2020) zur Einsicht von Zeichnungen von Joseph Heintz d. Ä. feststellen.[149]

Um zumindest die gartenhistorisch relevanten Bestände, insbesondere die hierzu zählenden Zeichnungen in ihrer Bedeutung zu würdigen, kam es 1997/98 zur Erarbeitung eines Projektantrags des Instituts für Grünplanung und Gartenarchitektur unter dessen Leiter Joachim Wolschke-Bulmahn gemeinsam mit der damaligen bibliothekarischen Betreuerin der Sammlung Gundela Lemke.[150] Im Vorfeld führte Marcus Köhler eine Sichtung der Zeichnungsbestände durch und erfasste sie in einem Kurzverzeichnis, das erstmals einen genaueren Einblick in die Bestandsinhalte und das hohe Potenzial des Zeichnungsbestandes gewährte.[151] Obwohl es letztendlich nicht zur Durchführung des Projektes kam, konnte über Köhlers Vermittlung neues Forschungsinteresse geweckt werden. Zu nennen ist besonders Hellmut Lorenz, Ordinarius für Kunstgeschichte an der Universität Wien, der in Korrespondenz mit Köhler einige Zeichnungen diskutierte und 2003 auch selbst Einsicht in Teile der Zeichnungsbestände nehmen konnte.[152] Im gleichen Jahr konnten auch Elisabeth Kieven, Bibliotheca Hertziana Rom, gemeinsam mit Bernd Adam Teile der Handzeichnungen in Augenschein nehmen.[153]

Marcus Köhler resümierte 1998: „Von den 400 bis 500 Zeichnungen sind nachweislich sieben publiziert."[154] Er verwies dabei auf die Ausstellungskataloge zu Herrenhausen (1966), Albrecht Dürer (1971), und Johann Conrad Schlaun (1996), in dem u.a. Hans Josef Böker seine Erkenntnisse zu den Corfey-Blättern verarbeitet hatte.[155] Bilanziert man den vorangegangenen Überblick zur forschungsgeschichtlichen Rezeption der Sammlung, liegt die Zahl der in der Literatur erwähnten oder herangezogenen Blätter jedoch höher, dennoch bleibt sie – zumindest zum gegenwärtigen Stand der Recherchen – übersichtlich und hauptsächlich auf die künstlerischen Handzeichnungen beschränkt: Neben den von Köhler benannten Publikationen von Vossnacks „Liebesgarten" und Merkurbrunnen von Wilhelm Baur im Herrenhausen-Katalog (1966),[156] blieben ihre bereits genannten Arbeiten zu den zwei Romveduten von Lieven de Cruyl (1962)[157] und dem Skizzenblatt Gian Lorenzo Berninis (1947) wegen ihrer entlegenen Veröffentlichungsorte unbemerkt. Zusätzlich zu den Dürerzeichnungen, dem Blatt Burgkmairs, den Figurenstudien Joseph Heintz d. Ä. und dem Entwurf für eine Wandmalerei des Augsburger Rathauses wäre noch eine Zeichnung des Aachener Rathauses (Kat. I08)[158] aufzuführen, zudem ein Blatt aus einer Serie von Musterentwürfen von Stuckdeckendekorationen, die dem Augsburger Künstler und Kupferstecher Johann Esajas Nilson zugeschriebenen werden können (Kat. G03).[159] Lediglich in Fußnoten oder Verweisen wurde auf eine vermutlich in Basel entstandene Fassadenmalerei des 16. Jh. im Reallexikon der Deutschen Kunst (Kat. D01)[160], auf einen Entwurf für den Kolomanaltar in der Melker Stiftskirche (Kat. F02)[161] und ein beidseitig bearbeitetes Blatt mit römischen Reiseskizzen eines deutschen Zeichners des 17. Jh. (Kat. A05)[162] verwiesen.

Die Dokumentation der sammlungsbezogenen Korrespondenz zeigt, dass besonders die Buchbestände rege angefragt wurden und gemeinsam mit einer Handvoll von Druckgraphiken auch regelmäßig auf Ausstellungen als Leihgaben zu sehen waren.[163] Von den Handzeichnungen dagegen waren es lediglich die Dürerzeichnungen, die Burgkmair-Zeichnung, zwei Skizzen von Wilhelm Baur, das Augsburger Wandmalereiblatt sowie – als einzige Planzeichnung – ein Blatt aus den sogenannten Nürnberger Proberissen,[164] die als Ausstellungsexponate jemals ihren Weg aus dem Magazin fanden. Doch wurden zumindest in Hannover immer wieder Blätter aus der Sammlung gezeigt. U.a. präsentierte Paul Trommsdorff am vierten Hannoverschen Hochschultag im Juni 1923 neben Druckwerken aus der Hauptschen Bibliothek „prachtvolle Zeichnungen von P. Flötner, Wendel Dieterlein (Straßburg), Furttenbach (Ulm 1620), Valentin Fuhrmann (1599), Jemnitzer, Fischer von Erlach, Dürer und von Straßburger Tischlern, […] Theaterdekorationen der Bibiena, Entwürfe von Schlössern und Kirchen…"[165]

Mit dem in den Jahren 2019–2022 durchgeführten und von der DFG geförderten Projekt „Digitalisierung und fachliche Erschließung der Grafischen Einzelblätter der Sammlung des Architekten Albrecht Haupt (GESAH)" haben sich die Möglichkeiten, über und mit den Sammlungsbeständen zu arbeiten, grundlegend gewandelt. Im Rahmen des von der Technischen Informationsbibliothek und dem Lehrstuhl Baugeschichte der Leibniz Universität initiierten Projektes wurde nicht nur der gesamte Bestand neuerlich gesichtet, sondern auch alle Blätter digitalisiert und in eine frei zugängliche Datenbank überführt, so dass fortan Dritten die Arbeit mit dem Bestand ungleich leichter möglich sein wird, als das bislang der Fall war. Darüber hinaus wurde der Teilbestand Architektur einer vertieften fachlichen Erschließung unterzogen, deren Essenz in diesem Katalogbuch aufbereitet ist. Daran haben, neben dem engeren Projektteam, eine Fülle auswärtiger Expertinnen und Experten mitgewirkt. So intensiv ist bis dato noch nie mit der Sammlung gearbeitet worden. Unser Wissen über die Bestände ist heute ein ganz anderes.

Die fachliche Erschließung des Gesamtbestandes ist mit diesem Projekt mitnichten abschlossen. Sie hat gerade erst begonnen und soll durch das aktuelle Projekt neue Impulse erhalten. Von den über eintausend Handzeichnungen harren daher noch viele ihrer Identifizierung, Kontextualisierung und Würdigung. Mit ihrer Digitalisierung und fachlichen Erschließung stehen sie künftigen Forschungen nun jedoch uneingeschränkt zur Verfügung. Sie werden sich auch in Zukunft noch als wertvolle unikale Zeugnisse und Quellen der europäischen Kulturgeschichte erweisen können.

## Anmerkungen

1 Dazu weiterführend u.a. Knox 2009.
2 Trommsdorf, Paul: Zur Hauptschen Sammlung in der Bibliothek der Technischen Hochschule, in: Hannoverscher Kurier 14. Juli 1923, 75. Jg. Nr. 325 (Morgenausgabe); Vgl auch mschr. Vorentwurf Trommsdorffs vom 6. Juli 1923, TIB Slg. A. Haupt, Ordner „Akten betreffend Sammlung Haupt" (1922–1938), o.S. Ein weiterer Raum für die Bearbeiter der Sammlung wurde eigens im Zuge des Umbaus der Bibliotheksräume 1929 in der neu geschaffenen Obergeschossebene eingerichtet. Hier fanden auch die späteren Zugänge aus Haupts Sammlung Platz.
3 Trommsdorf, Paul: Zur Hauptschen Sammlung in der Bibliothek der Technischen Hochschule, in: Hannoverscher Kurier 14. Juli 1923, 75. Jg. Nr. 325 (Morgenausgabe).
4 Haupt, Albrecht: Architektur- und Ornamentstiche. Sammlung der Technischen Hochschule Hannover, in: Hannoverscher Kurier, Nr. 316 (10. Juli 1923, Morgenausgabe); Haupt, Albrecht: Die Hauptsche Sammlung alter Architektur- und Ornamentstiche und Bücher an der Technischen Hochschule zu Hannover, in: Mitteilung der hannoverschen Hochschulgemeinschaft 5 (1923), S. 51–53. Haupt, Albrecht: Die Fälschung im Wetzlarer Skizzenbuch, in: Deutsche Bauzeitung, 39 Jg., Nr. 51, 1905, S. 310–311, hier S. 310.
5 Haupt 1923, S. 53.
6 Ebd.
7 Schau, Peter: Albrecht Haupt. Briefe an Raúl Lino 1897 bis 1932, [o.O.] [2018], https://edocs.tib.eu/files/e01mr18/1041844263.pdf
8 Bemerkung in einem Schreiben Paul Trommsdorffs an Campbell Dogson vom 2. Juli 1927; TIB Slg. A. Haupt, Ordner „Akten betreffend Sammlung Haupt" (1922–1938), o.S.
9 Schau 2018, S. 208; Brief vom 15. September 1923.
10 Anscheinend war auch eine Schenkung an das Kestner-Museum im Gespräch. Siehe StA H 1.HR.10 Nr. 1894, Laufzeit 1896–1931, „Schenkung der Ornamentstichsammlung des Geheimrats Prof. Haupt an das Kestnermuseum" (alte Archivsignatur 1.AA.2.01 Nr. 2440; A 2440).
11 Hierzu auch Lemke 2019.
12 Nachweislich lassen sich anhand dieser Nummern unter den Handzeichnungen über 20 Blätter feststellen. Im Gegensatz zu Haupts eigenhändig erstellten Verzeichnissen der Kupferstiche und Ornamentstiche, die unter der Signatur TIB Archiv Haupt 2 erhalten sind, wurden im „Katalog über ältere Handzeichnungen" (Haupt Katalog Handzeichnungen 1899) jedoch die Neuzugänge nicht eigens ausgewiesen.
13 kl F Z 4: 1 u. 2. Auktionskatalog Lempertz 1905, S. 14, Nr. 176, u. S. 15, Nr. 179.
14 Mappe kl D Z 2.
15 StA Hannover, 3 VVP 010 Sammlung Niedersächsischer Baumuseumsverein (NBV). Vgl. Böker 1989 und Böker 1990.
16 Zu nennen wären hier beispielsweise die beiden Reiseskizzenhefte Alexander von Tritschlers (1828–1907), entstanden 1856/57 (Sign. gr 2 Haupt 1605, gr 2 Haupt 4085), ein Band mit architektonischen und archäologischen Skizzen (24 Blätter) eines noch nicht identifizierten Künstlers aus der Zeit um 1800 (Sign. 4 Haupt 1614) sowie ein kleinformatiger, Ende des 18. Jahrhunderts entstandener Band mit 30 Architekturzeichnungen (Sign. Haupt 1502) nach Vorlagen von Robert Morris (1703–1754).
17 „Dagegen würde ich Sie sehr bitten, einmal Herrn Max Wiedemann rua da prata 98 aufzusuchen und ihn zu bitten, für mich die schöne Engelgruppe aus Ton, die ich seit Jahren haben möchte, aus d'Arragão's Versteigerung, doch zu kaufen, so billig, wie er sie eben bekommen kann, 1000 – 1200 Mark […] Sie würden mich sehr erfreuen wenn Sie Sache, die jetzt 3 Jahre dauert, zum Abschluss brächten." Schau 2018, Brief Nr. 34 vom 5.02.1905, S. 57.
18 Mail Hiltrud Jehle, Staatliche Museen Berlin (16. Dezember 2003?), Ordner: „Anfragen Slg. Haupt" (1995–2018), o.S.
19 13.11.1905: „Mein lieber Herr Lino, Sie werden inzwischen […] wissen, dass ich Sie um eine frdl Vertretung bei der Auktion Arroyo 26 [Auktion Kunstsammlers J. Arroyo, Lissabon 1905]. D. Mts gebeten habe. Es ist ja eine grosse Zumutung, vielleicht tun Sie es aber doch gern im Interesse unserer Museen. Nun schreibt mir soeben der Direktor des Kaiser Friedrich Museums Berlin, er bitte um nachfolgende Nummern des Katalogs (bei Liborio zu haben) – N° 2 – bis 150 frcs, 14 – 150 fr, 106 – 150 fr, 108 – 100 fr, 111 – 200 frcs, 1287 – 300 frcs, 144 – 300 frcs, 146 – 100 fr, 149 – 200 frcs, 205 – 200 frcs, 265 – 300 frcs, 505 – 150 fr, 543 – 200 frcs, 623 – 300 frcs, 900 – 200 frcs. – […]." Schau, S. 63f, Briefe Nr. 39 u. 40 (1905).
20 11.12.1905: „[…] wie die Auktion Arroyo ausgefallen ist, und ob Sie einiges ersteigert haben. Es war für die General-Direktion der Kgl. Sächsischen Museen, Herr von Seydlitz in Dresden, für die Sie sich bemühten, dafür hatten die Herren in Berlin, Geheimrat Prof. Dr Bode, meine Vermittlung in Anspruch genommen. Nun, wenn Sie etwas kauften, so werden Sie es vielleicht schon direkt mitgeteilt haben." Schau 2018, Brief 40, S. 64.
21 Die Provenienz ist nicht nur über den zeichnerischen Inhalt, sondern auch durch das Wasserzeichen gesichert, das ein portugiesisches Wappen mit Türmen und Lilien in dreifach gerahmten Kreis, darüber Krone mit Reichsapfel zeigt. Es ist grob in die Jahrzehnte zwischen 1760 und 1800 datierbar und dürfte von der holländischen Papiermühle Adriaan Rogge, Zaandam, für den portugiesischen Markt hergestellt worden sein; vgl. Datenbank Bernstein – The Memory of Paper, Ref. Nr. 781, 808, 405.
22 NLA HA Hann. 152 Acc. 2006/013 Nr. 35 und Nr. 70, Nr. 75, sowie NLA HA Hann. 152 Acc. 2006/013 Nr. 20: 1957/58: Archivalie über Auskünfte und Gutachten der Kunstabteilung der Landesgalerie, u.a. mit Vermerken zum Nachlass Albrecht Haupt in der Zeichnungssammlung der TH und im Leibnizhaus (dort auch – vielleicht irrtümlich – unter dem Namen des Bruders Richard Haupt).
23 Haupt 1905, S. 310–311.
24 Haupt 1905, S. 310.
25 Haupt 1903, S. 3–13.
26 U.a. bei Wethey 1966, S. 15. Siehe auch Notes Hispanic, Band 1, Hispanic Society of America, 1941, S. 54; Orueta 1917, S. 198, 344.
27 Haupt 1903, S. 13.
28 Dazu Henke 2013.
29 Henke 2013, S. 77; siehe bspw. den Kommentar zu einer Pietágruppe, die „nach Vermutung Prof. A. Haupts frühe Werke Hans Brüggemanns und vielleicht Teile seines Walsroder Altars" darstellten. Auktionskatalog Oppler 1913, S. 27, Nr. 108a.
30 Auktionskatalog Oppler 1913, S. 1.
31 Ein stichprobenartiger Abgleich ergab zumindest einen solchen Fall: So dürfte die gebundene Stichsammlung zu Pöppelmann, Matthäus Daniel: Vorstellung und Beschreibung Des von Sr. Königl. Majestät in Pohlen, und Churfl. Durchl. zu Sachßen, erbauten so genannten Zwinger-Gartens Gebäuden, Oder Der Königl. Orangerie zu Dreßden, In Vier- und Zwantzig Kupffer-Stichen, Dresden 1729 (TIB gr 2 Haupt 885) identisch mit Opplers Exemplar sein. Vgl. hier Auktionskatalog Oppler 1913, S. 100, Nr. 352.
32 Lugt 740; weiterführend Rabeyrolles-Destailleur 2006.
33 Cilleßen 1994, S. 43–127.
34 Haupt, Albrecht: Architektur- und Ornamentstiche. Sammlung der Technischen Hochschule Hannover, in: Hannoverscher Kurier, Nr. 316 (10. Juli 1923, Morgenausgabe), Sp. 1; sowie Vossnack Bericht 1941, S. 2; Vossnack Gutachten 1969, S. 6.
35 kl D GR 93 (1): 42–46, 48; Altsignatur Mappe IVd.
36 Lugt 1012.
37 Lugt 1335; Rudolf Lepke, Berlin, Auktion 475, 13.5.1884 und Auktionskatalog Philippi/Werner 1909.
38 kl D Z M 12: 6; Auktion vom 31.5.1894, Losnr. 708 (Auktionskatalog Hasselmann 1894a, S. 29).
39 Oxford, Ashmolean Museum, Parker 1044; Hamburger Kunsthalle, Kupferstichkabinett, Inv. Nr. 52308; British Museum, Sign. 1905,1110.63, 64 u. 65; Staatliche Museen zu Berlin, Kunstbibliothek, HdZ. 4470–4473; Morgan Library & Museum, Dept. of Drawings and Prints, OS It. 18.2, Accession Number:1950.9.
40 m. I. Z. A. 6:1–6, Auktionskatalog Philippi/Werner 1909 Nr. 164: „2 Blatt, Marmortüren mit Ornamentfriesen. Fein ausgeführte Aquarelle. Gr. fol.", Nr. 165: „4 Blatt. Reich verzierte Kaminverkleidungen. Ebenso. Gr. qu. fol. […]" Nr. 174. „10 Blatt. Entwürfe zu verzierten Tischen. Federzeichnungen u. Aquarelle. Gr. fol." Das Blatt m F Z 5: 3 mit der Spiegelrahmung ist bisher lediglich über den Sammlerstempel Philippis zu identifizieren und im Auktionskatalog möglicherweise unter den unter Nr. 174 aufgeführten Blättern zu vermuten. Auch weitere Blätter dürfte Haupt auf dieser Auktion erstanden haben.
41 Notiz Haupts auf einer Kurzmitteilung von Campbell Dogsons vom 10. Mai 1927, dazu auch Bemerkung in einem Schreiben Paul Trommsdorffs an Dogson vom 2. Juli 1927, TIB Slg. A. Haupt, Ordner „Akten betreffend Sammlung Haupt" (1922–1938), o.S.
42 Parthey 1853, Nr. 1565 (7);

43 Freundlicher Hinweis von Christof Metzger, Albertina Wien, vom 13.10.2021.
44 Lugt 923.
45 kl I Z A 9: 4 und 5.
46 kl D Z 61: 5, Altsignatur XXIIa.
47 Lugt 1587/1588.
48 m I GR M: 3, Darstellung der Prudentia (Domenichino) in San Andrea Della Valle (Feder, braun laviert, 29,5 cm x 36,5 cm), „from Sir A. Alissons Collection". Vermutlich Sir Archibald Alison (1792–1867), nicht bei Lugt.
49 kl D Z 11: 7, und kl D Z 22 (1): 4 u. 5; kl D Z 35 (1): 1, 2 u. 3.
50 kl I Z M 6: 4, Blatt mit Figurenstudie, P. Veronese zugeschrieben, Kreide, weiß gehöht auf blauem Papier (25,7 cm x 16,7 cm).
51 Auktionskatalog Haendcke 1896.
52 U.a. kl I Z M 9: 4; kl D Z 1: 7; kl D GR 97 (1), ehem. IIId 13, Kupferstich, Elefant 1540; kl D GR 97 (1), ehem. IIId 11, Kupferstich Simon und Thaddaeus; kl D Gr. 3 (2), ehem. IIa, Holzschnitt Der blinde Bettler, 18. Jh.; kl D GR 97 (1), ehem. IIId 12, 2 kleine Kupferstiche Pferdeköpfe, Beham.
53 m D Z 6: 2.
54 Nagler Künstlerlexikon, Bd. 3, S. 422.
55 kl D Z 1: 3, mit Vermerk "aus Zinggs Nachlass", ohne seinen Sammlerstempel (Lugt 3797).
56 Möglicherweise handelt es sich bei einer in Bleistift signierten Initiale „B" auf dem Verso Blatt kl I Z M 7: 5 um seine Signatur (vgl. Lugt 324). Auf der lavierten Federzeichnung in Braun (15,6 cm x 27,6 cm) findet sich auch der Vermerk „De la Collection de Stackelberg", bzw. "Aus der Stackelbergischen Sammlung", was auf einen früheren Besitzer aus der Familie der Grafen von Stackelberg hindeuten könnte, möglicherweise den Künstler und Kunsthistoriker Baron Otto Magnus von Stackelberg (1786–1837).
57 Lugt 2576.
58 kl D Z 5: 4 u. 5.
59 kl I Z A 9: 3; Rückseite mit Ausschnitt aus dem Auktionskatalog: „Francseo Galli. Bibiena, Gefängnishalle mit reicher Architectur. Theaterdecoration. Qu. Fol. Feder und Tusche." (19,9 cm x 26,6 cm). Auktionskatalog Haendcke 1896, Nr. 331.
60 Lugt 5460. Die Blätter der Sammlung wurden mit dem Stempel der Bibliothek erst nach dem Tod des Stifters versehen.
61 Cleri/Paoli 1992.
62 Eintrag Vossnacks auf dem Blatt kl I Z M 6: 5r.
63 Lugt 1687; zumeist findet sich hier auch der Stempel des Enkels Reinhold von Liphart (1864–1940); Lugt 1758. Dieser ließ als Erbe der Sammlung, soweit sie 1876 nicht verkauft worden war, von 1894 bis 1899 im Auktionshaus Boerner in Leipzig Verkäufe tätigen.
64 kl I Z M: 3a u. 3b, Altsignatur XXIIIb; Auktionskatalog Liphart 1898, S. 27, Nr. 330; Haupt Katalog Handzeichnungen 1899, S. 35.
65 kl I Z M 7: 3 (Altsignatur XXIIIb), „Der Papst verleiht einem Krieger das Szepter"; Haupt Katalog Handzeichnungen 1899, S. 75.
66 m I Z A 5: 1 u. 2; freundlicher Hinweis von Martina Frank.
67 m N Z 1: 2 u. 3; Auktionskatalog Liphart 1898, S. 8, Nr. 91; S. 19, Nr. 233.
68 Handschriftliche Vermerke auf m D Z 14: 1 und 2.
69 gr I Z A 1: 2.
70 kl I Z A: 1.
71 m I Z A 2: 4.
72 gr I Z A 2: 2 u. 3.
73 gr I Z A 1: 4; kl I Z A 5: 4.
74 m I Z 1: 4.
75 TIB gr 2 Haupt 1505(1) und (2). Die Mappen umfassen 58 Blätter, z.T. signiert und datiert um 1830–50. – Darin enth.: 1 Bl. sign. „Fratelli Bramati", 1 Bl. sign. „Antonio e Gius. Bramati", 5 Bl. sign. „Antonio Bramati" bzw. „A. Bramati".
76 Schumann 2012.
77 Verwiesen sei hier besonders auf die gleichnamige Publikation von Paul Mebes: Um 1800. Architektur und Handwerk im letzten Jahrhundert ihrer traditionellen Entwicklung, München 1908.
78 TIB gr 2 Haupt 1605, gr 2 Haupt 4085.
79 TIB gr 2 Haupt 1506–1518. Diese Zeichnungen werden im Verzeichnis von 1899 aufgeführt und waren 1901 wohl Bestandteil der an die TH übergebenen losen Handzeichnungen.
80 Auktionen bei H. Lempertz' Söhne in Köln 1892, 1893, 1894 und 1895.
81 Vossnack Bericht 1941, S. 4.
82 Verzeichnis Hölscher 1936, S. 1; Haupt Katalog Handzeichnungen 1899, S. 39. Haupt verzeichnet ihn unter der Kategorie „Garten-Anlagen" als „Abriss des Königlichen Lustgartens zu Herrenhausen. 1777. G.F.K.". Sein Verbleib ließ sich bisher nicht klären.
83 Zuletzt Ausstellungskatalog Herrenhausen (Urban 2018).
84 Haupt 1923, S. 53.
85 Vossnack Gutachten 1969, S. 6.
86 Haupt Katalog Handzeichnungen 1899 (TIB Archiv Haupt 2, Altsign. No 4).
87 Heute m I Z 1: 3.
88 Davon „nach Objekten" gezählt ca. 900 Blätter Architektur, ca. 110 Skulptur, Malerei und Graphik ca. 2000, Ornamentstiche ca. 1200, angewandte Graphik ca. 1660, Geographie ca. 100, Handschriften ca. 50, Historische Dokumentationen ca. 800 Blätter.
89 Zeitungsmeldung im Hannoverschen Kurier, Nr. 316 (10. Juli 1923, Morgenausgabe).
90 Vossnack Gutachten 1969, TIB Archiv Haupt 12 AB 6255.
91 Auf eine genauere Aufschlüsselung zu den einzelnen Bestandsgruppen innerhalb der Klein-, Mittel- und Großformate sowie den Altbeständen muss hier verzichtet werden.
92 Im Wesentlichen handelt es sich hier um die bereits genannten Konvolute aus den Nachlässen Luckow, Bramati und Henneberg.
93 Zeitungsmeldung zum vierten Hannoverschen Hochschultag 15./16. Juni 1923 (Zeitungsausschnitt ohne weitere Angaben, enthalten in TIB Slg. A. Haupt, Ordner „Akten betreffend Sammlung Haupt" (1922–1938), o.S.; Zeitungsmeldung im Hannoverschen Kurier, Nr. 325 (14. Juli 1923, Abendausgabe); Zentralblatt zum Bibliothekswesen, Ausgabe 5, 1930, S. 250; Baugilde 1932, Heft 24 S. 1156.
94 Mschr. Abschrift eines Schreibens an Haupt, 24. August [192]8, TIB Slg. A. Haupt, Ordner „Akten betreffend Sammlung Haupt" (1922–1938), o.S.
95 Erschienen 1928 in Strassburg bei Heitz, Studien zur deutschen Kunstgeschichte 264.
96 Mschr. Schreiben Heines an P. Trommsdorff, undatiert [September 1928], TIB Slg. A. Haupt, Ordner „Akten betreffend Sammlung Haupt" (1922–1938), o.S.
97 Mitteilung Heines an Trommsdorff, 30. November 1928, TIB Slg. A. Haupt, Ordner „Akten betreffend Sammlung Haupt" (1922–1938), o.S.
98 Mschr. Schreiben Heines an P. Trommsdorff, undatiert [August 1928], TIB Slg. A. Haupt, Ordner „Akten betreffend Sammlung Haupt" (1922–1938), o.S.
99 Nachweisbar ist für diese Zeit lediglich eine posthum erschienene Arbeit über die Chalkographische Gesellschaft in Dessau: Heine, Albrecht-Friedrich: Die Chalkographische Gesellschaft in Dessau 1795–1803, Hrsg. von Ludwig Grote, Dessau 1930.
100 Mschr. Entwurf einer Mitteilung vom 14. Dez. 1928, TIB Slg. A. Haupt, Ordner „Akten betreffend Sammlung Haupt" (1922–1938), o.S.
101 Hoeltje wurde am 1. April 1929 als Assistent eingestellt und begann im September mit der Arbeit am Katalog. mschr. Entwurf von Paul Trommsdorff vom 11. Dezember 1929, TIB Slg. A. Haupt, Ordner „Akten betreffend Sammlung Haupt" (1922-1938), o.S.
102 Siehe auch Jager 2021, S. 207.
103 Hoeltje 1964; zum Ehrenportal siehe S. 64, Abb. 67 (Entwurf in Graphit, StA Hannover, Lavesnachlass) [Kat. E06].
104 Catalogus Professorum 2006, Bd. 2; Jager 2021, S. 213.
105 TIB Archiv Haupt 4a (Hölscher Verzeichnis 1936).
106 L. Vossnack, Bericht über die Vorarbeiten zu einem Gutachten über die graphische Abteilung der „Sammlung" Haupt der Bibliothek der Technischen Universität Hannover, Typskript, Dezember 1969 (Vossnack Bericht 1969), o.S.
107 Vossnack Bericht 1969, S. 2.
108 Lieselotte, Vossnack: Katalogisierung und wissenschaftliche Bearbeitung der Abteilung „Italien" der graphischen Bestände der „Sammlung Haupt" (Technische Informationsbibliothek Hannover), Arbeitsbericht Typskript, April 1982 (Vossnack Bericht 1982). Der Katalog war schon in den 1990er Jahren nicht mehr auffindbar.
109 Materialien hierzu ließen sich bislang nicht ausfindig machen. Vgl. Vossnack Bericht 1982, S. 3.
110 Vossnack 1947; Vossnack 1962; Vossnack 1966a/b.
111 „Nach dem Krieg habe ich in Lehre und Forschung Einzelblätter und Folgen behandelt." Vossnack, Bericht 1969 S. 1, sowie Vossnack Gutachten 1969, S. 5!
112 Haupt 1923, S. 53.
113 Vgl. Jager 2021, S. 191–221.
114 Vossnack Bericht 1982, S. 2.
115 Haupt, Albrecht: Zeitungsartikel Hannoverscher Kurier, Nr. 316, 10. Juli 1923.
116 Lippmann 1896, Nr. 433–435.

117 TIB Slg. A. Haupt, Ordner Slg. Haupt 1 (1954-1976), Notiz vom 10. Mai 1927. „Sammlung von Feder, bildeten eine Teil einer Gruppe von sechs Ornamenten, wovon ein Blatt 1516 datiert ist."

118 Das ist aus einem Schreiben Trommsdorffs an Flechsig vom 8. Januar 1932 zu entnehmen; TIB Slg. A. Haupt, Ordner „Akten betreffend Sammlung Haupt" (1922-1938), o.S. Die Zeichnungen bei Flechsig 1931, Bd. 2, Nr. 987-989.

119 Heigl/Bredow 1971, S. 373, Nr. 678 u. 679.

120 Zischka 1977.

121 Strauss 1974, Nr. 1515/60, 1517/27, 1515/28; Anzelewsky/Mielke 1984; Dürer 2000; im aktuell in Bearbeitung befindlichen neuen Dürer-Werkverzeichnis werden die Zeichnungen ebenfalls vertreten sein. Freundl. Auskunft von Christof Metzger, Albertina Wien.

122 TIB Slg. A. Haupt, Ordner Slg. Haupt 1 (1954–1976), Korrespondenz von Juni 1970, o.S.

123 Haupt Katalog Handzeichnungen 1899, S. 3: „Bischof im Ornat".

124 Tietze, Hans: Zeichnungen von Michael Pacher und Hans Multscher, in: Wiener Jahrbuch für Kunstgeschichte, IV (1929), S. 74–81.

125 Tietze 1929, S. 74. Tietze schickte den Artikel als Sonderdruck nach Hannover, woraufhin sich Trommsdorff bei ihm bedankte und um Mitteilung bat „ob Ihre Ansicht [gemeint ist Zuweisung des Blattes an Pacher] Beifall findet", Schreiben vom 17. September 1929, TIB Slg. A. Haupt, Ordner „Akten betreffend Sammlung Haupt" (1922–1938), o.S.

126 Handschriftl. Mitteilung Beneschs vom 9.Dezember 1929; TIB Slg. A. Haupt, Ordner „Akten betreffend Sammlung Haupt" (1922–1938), o.S.; in Beneschs dazu 1936 erschienenen Publikation fanden Zeichnungen aus der Sammlung A. Haupts keine Berücksichtigung. Vgl. Benesch 1936.

127 Burkhard arbeitete in dieser Zeit an einer Arbeit zu Burgkmair, die 1932 erschien, vgl. Burkhard 1932. Das Hannoveraner Blatt erwähnt er jedoch nicht.

128 Bayerische Staatsgemäldesammlungen (als Dauerleihgabe im Germanischen Nationalmuseum Nürnberg), Inv. 707. Aus einer Mitteilung von Konservator Emil Ohlbrich, Dresden, auf einer Postkarte vom 9. Dezember 1933, geht hervor, dass die Zuschreibung wohl schon vor oder um 1931 erfolgt sein musste, da er auf den Katalog der Burgkmair Ausstellung 1931, Nr. 36, verweist. Ohlbrich bittet im Auftrage Arthur Burkhards, Cambrigde, um die genauen Maße des Blattes. Im Bericht über die Sammlung Haupt in der Baugilde 1932, Heft 24, S. 1156, wird Burgkmair erstmals in Verbindung mit der Sammlung genannt. TIB Slg. A. Haupt, Ordner „Akten betreffend Sammlung Haupt" (1922–1938), o.S.

129 Postkarte an Paul Trommsdorff vom 23. Mai 1933, TIB Slg. A. Haupt, Ordner „Akten betreffend Sammlung Haupt" (1922–1938), o.S.

130 TIB Slg. A. Haupt, Ordner Slg. Haupt 1 (1954–1976), o.S. Korrespondenz U. Ott, Schlitt, v. Heusinger.

131 Thöne, Friedrich: Tobias Stimmers Handzeichnungen. Mit einem Überblick über sein Leben und sein gesamtes Schaffen. Freiburg i. Br. 1936.

132 Interne mschr. Mitteilung von E. Weber, Hannover 12.8.1936, TIB Slg. A. Haupt, Ordner „Akten betreffend Sammlung Haupt" (1922–1938), o.S.

133 Schreiben und Fragebogen vom 25. November 1935, gez. Dr. W. Andrae, TIB Slg. A. Haupt, Ordner „Akten betreffend Kataloge" (1922–1938), o.S.

134 Geheimes Staatsarchiv Preußischer Kulturbesitz, VI. HA, Nl Jahn, Franz, Nr. 33. Koldewey-Katalog aller historisch wertvollen Architekturzeichnungen Deutschlands, Bearbeiter: Dr. F. Jahn, 1935.

135 Fotoauftrag Werkrisse, masch., 20. Juli 1941, enthalten als Kopie u.a. in TIB Slg. A. Haupt, Ordner Slg. Haupt 3 (1981–1991), o.S.

136 Vgl. Schlitt 2003, S. 133-148.

137 TIB Haupt 1502; Anschreiben I. Weibezahns mit Identifikation von 30 englischen Zeichnungen, gebunden; 15. Juni 1973. TIB Slg. A. Haupt, Ordner Slg. Haupt 1 (1954-1976), o.S. Die spätere Leiterin des Focke-Museums in Bremen promovierte 1975 mit einer Arbeit über Geschichte und Funktion des Monopteros': Untersuchungen zu einem Gebäudetyp des Spätbarock und des Klassizismus, Bände 1-2, Hildesheim 1975.

138 Es scheint jedoch, dass die Blätter von ihm in späteren Arbeiten unberücksichtigt blieben.

139 Warncke 1979; dort auch Bd. 2, Abb. Nr. 54 u. 345.

140 Falk 1968, S. 37f, 42.

141 TIB Slg. A. Haupt, Ordner Slg. Haupt 1 (1954–1976), darin Korrespondenz u.a. zu Repros von kl D Z 31: 8 (Süddeutscher Meister 1547, Geschichte der Susanna? u.a. mit möglicher Zuschreibung Falks an L. Refinger) und kl D Z 34: 1 (Basler Meister, Urs Graf?, 1525) vom 2. 7. 1975, o.S.

142 TIB Slg. A. Haupt, Ordner: „Anfragen Slg. Haupt" (1995–2018), o.S.: Anfrage Achim Riether (Graphische Sammlung, München, 1. März 2007) zu Zeichnung „Victoria und Pax" von Hans Ulrich Jegli, 1651 (kl D Z 31: 1); Vgl. auch Artikel Christan Klemms zur Fassadenmalerei im RLK, 7 (1978), Sp. 692.

143 Schreiben vom 13. 09.1977, TIB Slg. A. Haupt, Ordner Slg. Haupt 2 (1977–1982), o.S.

144 kl D Z 34: 3; Geissler hatte 1977 das Blatt in einer ersten Einschätzung in Augsburg verortet. Die genauere Zuweisung gelang Susanne Netzer. Vgl. Welt im Umbruch 1980, Kat. Nr. 637, S. 255/256 (Susanne Netzer); Baer/Kruft/Roeck 1985, Kat. Nr. 294, S. 371 (Tilman Falk).

145 Geissler 1979/1980.

146 Handschriftl. Notiz zu Reproanfragen für vier Blätter (BKF, Prag 1590, kl. D. Z. 37; Caravaggio XXIIIb, I. Z. 31; XXXIIIa: 7 Augsburg Nürnberg 17. Jh., m. D. Z. 1; ohne Signatur, ohne Verfasser, Kirchenfassade, Kuppel rot), 27.12.1978. TIB Slg. A. Haupt, Ordner Slg. Haupt 2 (1977–1982), o.S.

147 kl D Z 37: 10 und 11; Zimmer 1988, S. 257, Abb. 141, 142, (Abschreibung kl. D. Z. 37: 9) kl. D. Z. 37:8: S. 114-115, Abb. 43. Zuletzt nochmals behandelt bei Cannone/Gallavotti Cavallero 2021, S. 228, fig. 10 u. 11.

148 Müller 1984a, S. 85, und 1984b, hier S. 95, 97, Kat. Nr. 68, S. 108, Abb. S. 98; Müller 1990. Siehe auch Korrespondenz in TIB Slg. A. Haupt, Ordner Slg. Haupt 3 (1981–1991), o.S.

149 Mappe kl D Z 37; Anfrage vom 17. Dezember 1997, TIB Slg. A. Haupt, Ordner: „Anfragen Slg. Haupt" (1995–2018), o.S.

150 TIB Slg. A. Haupt, Ordner „Slg. Haupt/Graph. Einzelblätter Projekt M. Köhler „Gartenkultur" (1998).

151 Köhler, Marcus: Kurzverzeichnis der Zeichnungen in Sammlung Haupt, Typoskript, Hannover 1997 (Köhler Verzeichnis 1997).

152 TIB Slg. A. Haupt, Ordner: „Anfragen Slg. Haupt" (1995–2018): Schreiben Hellmut Lorenz vom 2. Mai 2003, u.a. wg. Einsicht in die Bestände an Architekturzeichnungen (16./17. Juni); zuvor Schreiben Christoph Franks (Bibl. Hertziana) vom 2. September 2002, der wiederum durch Hinweis über H. Lorenz wg. Zeichnung , bez. „Guiard", Entwurf für ein Grabmal Kaiser Franz Stephans von Habsburg [gr D Z 3: 1], anfragt. Enthält auch weitere Korrespondenz H. Lorenz mit M. Köhler (7. Januar 1998, 29. Januar 1998), darin u.a. Erwähnung des Melker Altarentwurfs [Kl. D. Z. 22 (2): 6], der Schloss-/Palastfassade [m. D. Z. 1: 2, Schloss Sagan] („böhmisch, wohl Carati Umkreis oder Nachfolge, um 1670") und des Monuments für Franz. I. von Guiard.

153 TIB Slg. A. Haupt, Ordner: „Anfragen Slg. Haupt" (1995-2018), o.S.; Sichtung der Sammlung am 28. Januar 2003 „Italien haben sie durchgesehen" (Mail vom 29. Januar 2003 von I. Wenzel an G. Lemke).

154 TIB Slg. A. Haupt, Ordner: „Slg. Haupt/Graph. Einzelblätter Projekt M. Köhler „Gartenkultur"", 1998, o.S.

155 Böker 1989; Böker 1990; Böker 1995.

156 kl D Z 62: 1, Katalog Herrenhausen 1966, Kat. Nr. III/13, S. 60; kl D Z 62: 2 (Liebesgarten), Schütte 1984, Kat. Nr. 207, S. 278 (Vossnack 1984), Abb. S. 276; Katalog Herrenhausen 1966, Kat. Nr. III, 26, S. 66 (L. Vossnack).

157 Neusignatur m N Z 1: 5 u. 6; Vossnack 1962.

158 kl D Z 1: 9; Pick/Laurent 1914, S. 25, Tafel 21; Helg/Linden 2006, S. 63 Abb. 24.

159 kl D Z 14 (1): 1; Rinn-Kupka 2018, S. 33.

160 kl D Z 34: 2; Vgl. RDK, 7 (1988), Sp. 692, Artikel Fassadenmalerei von Christian Klemm 1978 (Sp. 690-742).

161 kl D Z 22(2): 6; Telesko 2014.

162 kl D Z 1: 2; Kaulbach 2007, S. 452 (Nr. 958) von Heinrich Geissler.

163 TIB Slg. A. Haupt, Ordner „Ausstellungen" (1996–2018): Ordner „Anfragen Slg. Haupt" (1995–2018).

164 Gezeigt auf der 1984 in der Herzog August Bibliothek Wolfenbüttel präsentierten Ausstellung „Architekt in Krieg und Frieden"; Schütte 1984, Kat. Nr. 68, S. 108, Abb. S. 98.

165 Zeitungsmeldung zum vierten Hannoverschen Hochschultag 15./ 16. Juni 1923 [Hannoverscher Kurier?], Zeitungsausschnitt ohne weitere Angaben, enthalten in TIB Slg. A. Haupt, Ordner „Akten betreffend Sammlung Haupt" (1922–1938), o. S.

## Abbildungsnachweise

Abb. 1–8, 11: Technische Informationsbibliothek (TIB)
Abb. 9, 10: Foto: S. Paulus

# KATALOG

A  Antiken- und Italienstudien

B  Ausbildung, Studienblätter und Akademiepraxis

C  Szenographien und Bühnenbilder

D  Bauten und Projekte

E  Grabmonumente und Denkmalentwürfe

F  Sakrale Raumausstattungen

G  Profane Raumausstattungen

H  Gartenkunst

I  Topographia und Reisestudien

J  Historische Konvolute

bearbeitet von
*Bernd Adam, Thorsten Albrecht, Sibylle Badstübner-Gröger, Maria Ida Biggi, Uta Coburger, Martina Frank, Ulrike Hanschke, Silke Haps, Sonja Hnilica, Charlotte Hopf, Christine Hübner, Robert Huth, Markus Jager, Elisabeth Kieven, Tobias Knobelsdorf, Ulrich Knufinke, Marcus Köhler, Maike Kozok, Iris Lauterbach, Judith Ley, Simone Meyder, Hans-Dieter Nägelke, Kristoffer Neville, Simon Paulus, Klaus Jan Philipp, Sigrid Puntigam, Christian Quaeitzsch, Martin Raspe, Barbara Rinn-Kupka, Rudolf Risatti, Juliane Roth, Birte Rubach, Hedda Saemann, Georg Schelbert, Else Schlegel, Albert Schmid-Kirsch, Gunnar Schulz-Lehnfeld, Ulrich Maximilian Schumann, Björn Statnik, Timo Strauch, Michael Wenger, Marius Winzeler, Renate Zedinger und Mathias Zisenis*

# A Antiken- und Italienstudien

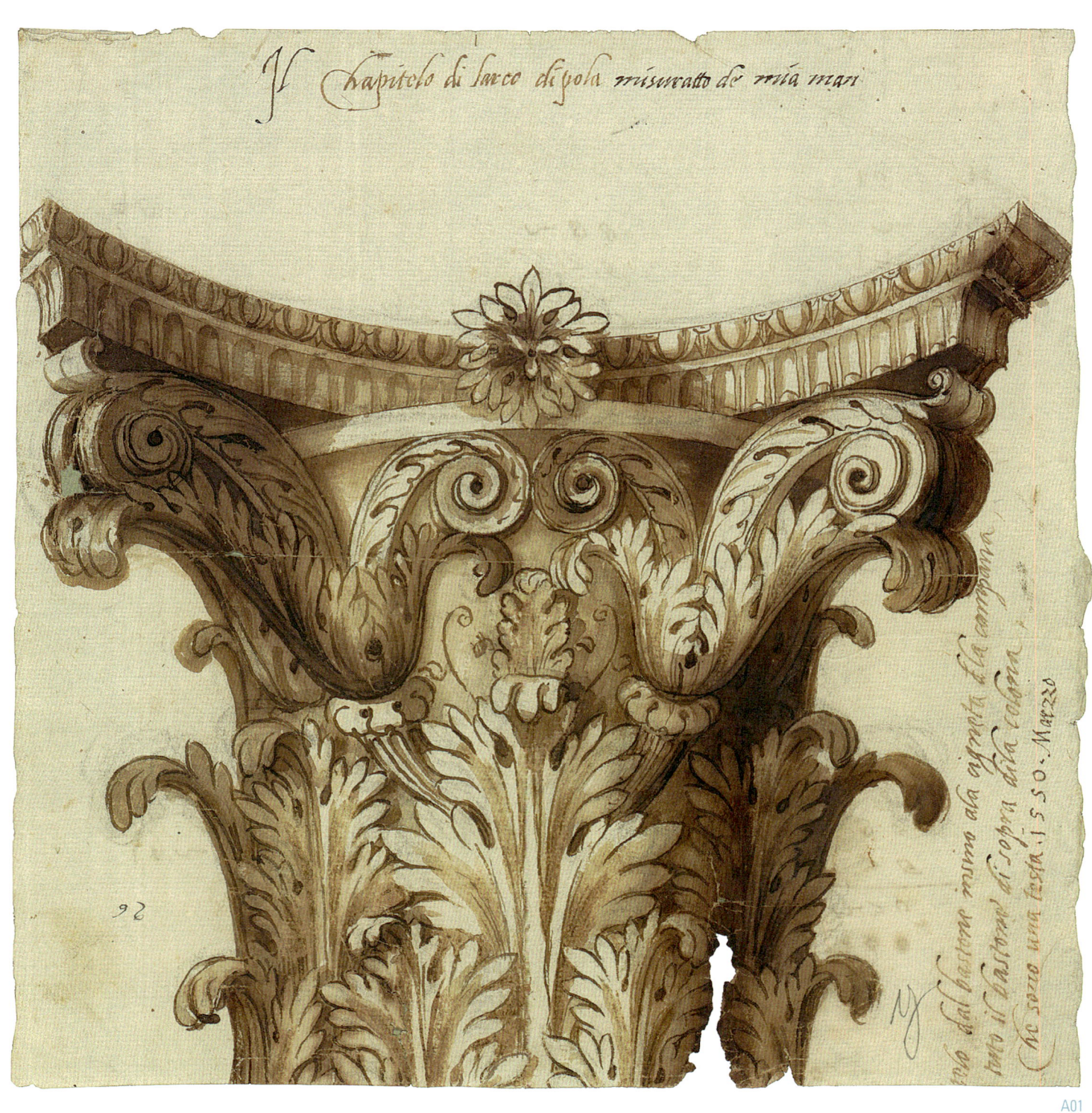

*Weitere Beschriftung auf dem Recto, rechts der Zeichnung, um 90° gedreht, teilweise beschnitten:*
„[...] elo dal bastone insino ala cigneta d[e]la campana
[...] tuto il bastone di sopra dila colona
che sono una testa .1550. Marzzo"

*Beschriftungen auf dem Verso:*
diverse mathematische Berechnungen

A01

# Pula, Sergier-Bogen, Ansicht eines korinthischen Kapitells

„Il chapitelo di larco di pola misuratto de mia man"
1550, datiert „1550. Marzzo"
unbekannter italienischer Zeichner, Mitte des 16. Jh.
22,6 cm x 22,1 cm
Feder und Pinsel in Braun, laviert
kl I Z A 1: 1

Kapitell-und Gebälkdetails vom Sergierbogen in Pula
Sebastiano Serlio (1475–1554)
Kupferstich aus: Serlio 1540b, S. CXXXI[!] (CXXIX)
SuStB Augsburg, 2 Alt 77

Obwohl das Blatt nicht vollständig erhalten ist, vermittelt die fein ausgearbeitete Reinzeichnung der perspektivischen Ansicht eines korinthischen Kapitells das technische Können des Zeichners, der mit differenzierter Lavierung die einzelnen Elemente des Architekturglieds effektvoll in Licht und Schatten setzt. Auf den ersten Blick übersieht man dabei die Korrektur des rechten Abakushorns, das in einer ersten Fassung etwas weiter auskragte. In der Beischrift am oberen Blattrand betont der Zeichner, dass er das Monument selbst vermessen habe. Der entsprechende Satzteil „misuratto de mia man[o]" ist ebenso wie das einleitende „Il" in einer dunkleren Tinte geschrieben als die eigentliche Bezeichnung des Gegenstands „chapitelo di larco di pola", weshalb es sich um nachträgliche Ergänzungen handeln dürfte. Aber die Handschrift scheint einheitlich und nur im Ganzen sitzt der Satz korrekt zentriert auf dem Blatt.

In der Beischrift am rechten Blattrand dürfte es um die Höhe des Kalathos („campana") gegangen sein, die nach der Maßgabe des antiken Theoretikers Vitruv bei korinthischen Kapitellen einem unteren Säulendurchmesser entsprechen soll, worauf das „che sono una testa" hindeuten könnte.

Der Sergier-Bogen in Pula in Istrien ist ein verhältnismäßig gut erhaltenes Bauwerk aus augustäischer Zeit, das sich bereits im 15. Jahrhundert wohl wegen seines Ornamentreichtums und des Motivs der Doppelsäulen in der italienischen Kunst einer gewissen Wertschätzung erfreute.[1] Für die dem Bogen gewidmeten italienischen Antikenzeichnungen der Hochrenaissance lassen sich drei verschiedene Prototypen annehmen: Einer davon ist die Bauaufnahme, die in einer Zeichnung des Meisters C von 1519 aus dem Raffael-Kreis überliefert ist, auf die direkt oder indirekt fünf weitere Kopien zurückzuführen sind.[2] Ein zweiter Prototyp verbindet drei weitere anonyme Kopien miteinander.[3] Der dritte Prototyp stammte wohl aus Norditalien und bildete direkt oder vermittelt durch weitere Kopien die Vorlage für Sebastiano Serlios Ausführungen und Illustrationen des Sergier-Bogens in seinem „Terzo libro" über die römischen Antiken von 1540 (Abb. 2) und für die Zeichnungen Andrea Palladios.[4] Die Datierungen der bekannten Kopien deuten darauf hin, dass alle drei Prototypen aus dem frühen 16. Jahrhundert stammten.

Keine der anderen Darstellungen des korinthischen Kapitells des Bogens erreicht die Präzision des Blattes in der Sammlung Haupt. Das charakteristischste Merkmal, nämlich das kleine Blatt, das anstelle des Stengels der Abakusblüte zwischen dem zentralen Hochblatt und den Helices eingefügt ist und von dem am heutigen Zustand des Baus nur noch Reste sichtbar sind, zeigen weder der Meister C von 1519 noch Palladio. Diese Beobachtung bestätigt ebenso wie das Selbstzeugnis des Zeichners und die relativ späte Datierung der Zeichnung auf 1550 die Annahme, dass es sich um eine von der übrigen Tradierung unabhängige Neuaufnahme des antiken Architekturglieds handelt.

Es ist daher unwahrscheinlich, dass der Zeichner des Hannoveraner Blattes Sebastiano Serlio (1475–1554) ist, wie die alte Zuschreibung es will. Von einem Istrien-Aufenthalt Serlios ist nichts überliefert; dass die Vorlagen seiner Holzschnitte der antiken Monumente von Pula auf den Zeichnungen eines anderen Autors beruhen, teilt er 1540 selbst offen mit.[5] Seit 1541 lebte er bis zu seinem Tod in Frankreich. Bislang ergab die Suche nach einem um 1550 in Pula tätigen italienischen Zeichner keinen geeigneten Kandidaten. *Timo Strauch*

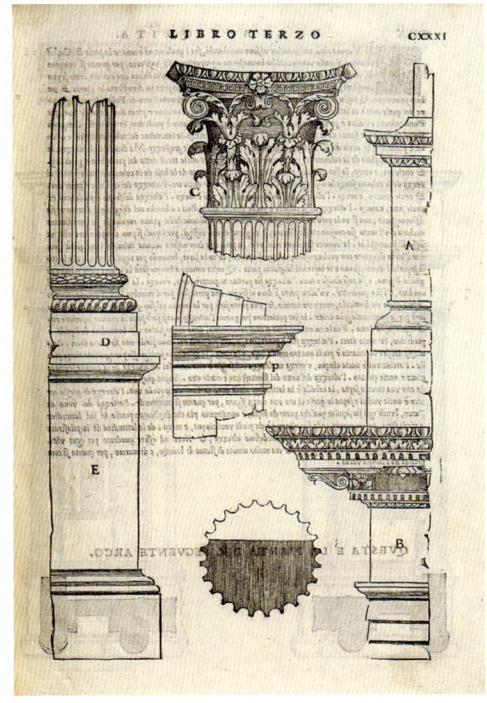

Abb. 2

1   Er diente als Vorbild für das Erdgeschoss des Triumphportals Alfonsos von Aragon am Castel Nuovo in Neapel (ca. 1453–1457; vgl. Frommel 2008, S. 18-19) und Andrea Mantegna adaptiert ihn als Stadttor im Hintergrund des Freskos „L'Incontro" in der Camera degli Sposi im Castello di S. Giorgio in Mantua (ca. 1464–1474; vgl. Roettgen 1997, Taf. 8–9).
2   Wien, Albertina, AZ Antike 18r, 19r, 19v; Kopien von Antonio da Sangallo d. J. (Florenz, GDSU 1875 Ar und v), Giovanni Battista da Sangallo (Florenz, GDSU 508 Ar), Raffaello da Montelupo (Lille, Musée des Beaux-Arts, sog. Michelangelo-Skizzenbuch, Nr. 772), Anonym (Vatikanstadt, BAV, Cod. Ross. 618, fol. 32r) und Oreste Biringucci (Siena, Biblioteca Comunale, S.IV.1, fol. 18r und v). Zum Meister C von 1519 siehe Egger 1903, S. 13, Buddensieg 1962, S. 44, Günther 1988, S. 339–349, Nesselrath 2014, S. 129–133; zur Gruppe von Zeichnungen des Sergier-Bogens siehe Günther 1988, S. 206–213.
3   Anonym (Florenz, GDSU 2058 Av); Anonym (Florenz, ENCF, Cod. II.I.429, fol. 18r); Anonymus Mantuanus A (Kassel, MHK, Graphische Sammlung, Cod. Fol. A45, fol. 25v); vgl. Günther 1988, S. 206–213.
4   Serlio 1540, S. CXXVI–CXIX; Andrea Palladio (London, RIBA, vol. XII, fol. 9r, 10r und v; Verona, Palladio Museum, D. 29r; vgl. Günther 1988, S. 206–213.
5   Serlio 1540, S. LII.

A02
# Korinthisches Kapitell

1824, signiert, datiert „Zandt, vi 7. Jan. 1824"
Karl Ludwig von Zanth (1796–1857)
32,5 cm x 45,3 cm
Feder, Pinsel in Sepia über Graphitstift, laviert
Maßstab (ohne Maßangabe)
m D Z 8: 3

Ansicht und Profile einer Decken- oder Wandgestaltung
signiert „Zandt, vi 6. Jan. 1825"
64,1 cm x 46,1 cm
Feder, Pinsel in Sepia über Graphitstift, laviert
m D Z 8: 4

Die beiden mit „Zandt"[1] signierten Blätter stammen aus dem Zusammenhang der italienischen Studienreise, die der spätere württembergische Hofbaumeister Karl Ludwig von Zanth zusammen mit seinem Mentor und Freund Jakob Ignaz Hittorff (1792–1867) von Paris aus unternehmen durfte.[2] Als Gegenleistung hatte Zanth ihn in allen Belangen der Bauaufnahmen auf dieser Expedition zu unterstützen. Sie mündete in zwei bedeutende Publikationen, die von Hittorff und Zanth in „*cahiers*" über mehrere Jahre herausgegeben wurden: „Architecture moderne de la Sicile […]", 1826-1835, und „Architecture antique de la Sicile […]", 1827, abgebrochen nach dem Heft No. 8. Erstere gab erstmals umfassenden Aufschluss über die nachantike Architektur Siziliens, letztere eröffnete einen neuen Blick auf die Bauwerke der *Magna Graecia* mit ihrer ursprünglichen Vielfarbigkeit.[3] 1830 fasste Hittorff in seinem Aufsatz „De l`architecture polychrome chez les Grecs […]" die auf Sizilien gewonnenen Erkenntnisse zusammen, lieferte den wissenschaftlichen Beleg für die farbige Fassung griechischer Tempelarchitektur und befeuerte damit den Polychromiestreit.[4]

Die Vorbilder für die beiden Arbeiten ließen sich bisher nicht ermitteln. Zanths Datierung des korinthischen Kapitels – „7. Jan. 1824" – beweist aber immerhin, dass er das Blatt noch auf Sizilien und zwar in Selinunt ausgeführt hat.[5] In diesen baukünstlerischen Kontext, der von dorischer Architektur dominiert wird, passt das Kapitell allerdings nicht.[6] Da die Zeichnung zudem alle üblichen Charakteristika einer Skizze vermissen lässt, wird sie auch nicht vor dem Objekt entstanden sein. Vielmehr handelt es sich um eine Darstellung, die maßstäblich und detailliert das vor Ort nur flüchtig Festgehaltene in umfassend korrekter Weise vermitteln soll.

Aus Äußerungen Zanths und Hittorfs wissen wir, dass sie die meiste Zeit, in der sie keine Bauaufnahmen durchführten, ihre hastig ausgeführten Studien bildnerisch ausformulierten – und dies oftmals mit größerer zeitlicher Verzögerung.[7] Es liegt also nahe, das Motiv auf einer der vorangegangenen Reiseetappen zu vermuten.

Im Gegensatz zu anderen dieser durchgestalteten Blätter, auf denen der ruinöse Zustand eines Bauwerks oder eines Details authentisch erfasst wurde, erscheint das Kapitell „ergänzt". Zanth gibt also nicht den realen, sondern einen idealen Zustand wider.[8] Bei diesen „Rekonstruktionen" stand nicht das Vorgefundene im archäologischen Sinn, nicht der archäologische Erkenntniswert an sich im Vordergrund. Sie entsprachen vielmehr einem damals oft und nicht nur in Architektenkreisen anzutreffenden Wunsch nach Vollständigkeit, dem „Wunsch des Zeitalters nach Rekonstruktion".[9]

Das „Dekor-Blatt" schuf Zanth erst in Paris, ein halbes Jahr nach der im Juni 1824 erfolgten Rückkehr aus Italien. Weder diese Ornamentstudie, noch das korinthische Kapitell fanden Eingang in die beiden Sizilien-Publikationen. So gehörten sie ursprünglich sicherlich zu Hittorffs enormer Sammlung von Vorlagen, die er als Anregungen für die eigene Baupraxis verwahrte.[10] Neben der Präzision der Widergabe sprechen hierfür nicht zuletzt auch die Maßstabstreue und die beiden Querschnitte.

*Michael Wenger*

Abb. 2

1   Die Signatur „Zandt" irritiert, da Zanth die übrigen Blätter der Italienreise, die uns bis dato bekannt sind, mit „Zanth" signiert hat: u. a. Wallraf-Richartz-Museum, Köln, Nachlass Hittorff, Z02572-82, Z025869.
2   1820 trat Zanth in das Atelier Hittorffs und Jean François Joseph Lecointes (1783–1858), den „Architectes du Roi pour les Fêtes et Cérémonies", ein. Er arbeitete bis 1831 für sie; Waquet 1987, S. 18–32; Röder/Wenger, 2012, S. 7–9; Wenger 2012b, S. 65–76.
3   Zur Italienreise: Hammer 1968, S. 43–67; Klinkhamels, 1995; Westfehling 1987, S. 33–48; Wenger 2012b, S. 41–64; Kiene 2012; Marconi 2016, S. 13–22; Kiene 2016, S. 23–24, S. 199–326; Marconi/Kiene 2016, S. 45–192.
4   Hammer 1968, S. 64; Niemeyer 1987, S. 49–57; Wenger 2012b, S. 55–59.
5   30. Dezember 1823 bis 25. Januar 1824, Kiene 2016, S. 41.
6   Vgl. Kiene/Marconi 2016, S. 183–198.
7   Kiene 2012, 18, 20–22; Wenger, 2012a, S. 46, 51.
8   Kiene 2012, S. 83.
9   Westfehling 1987, S. 40; vgl. auch Niemeyer 1987, S. 49–57; Marconi 2016, S. 15-17.
10  Hammer 1968, S. 51, 245–247; Klinkhamels 1995, S.7, 9; Kiene 2012, S. 22–23.

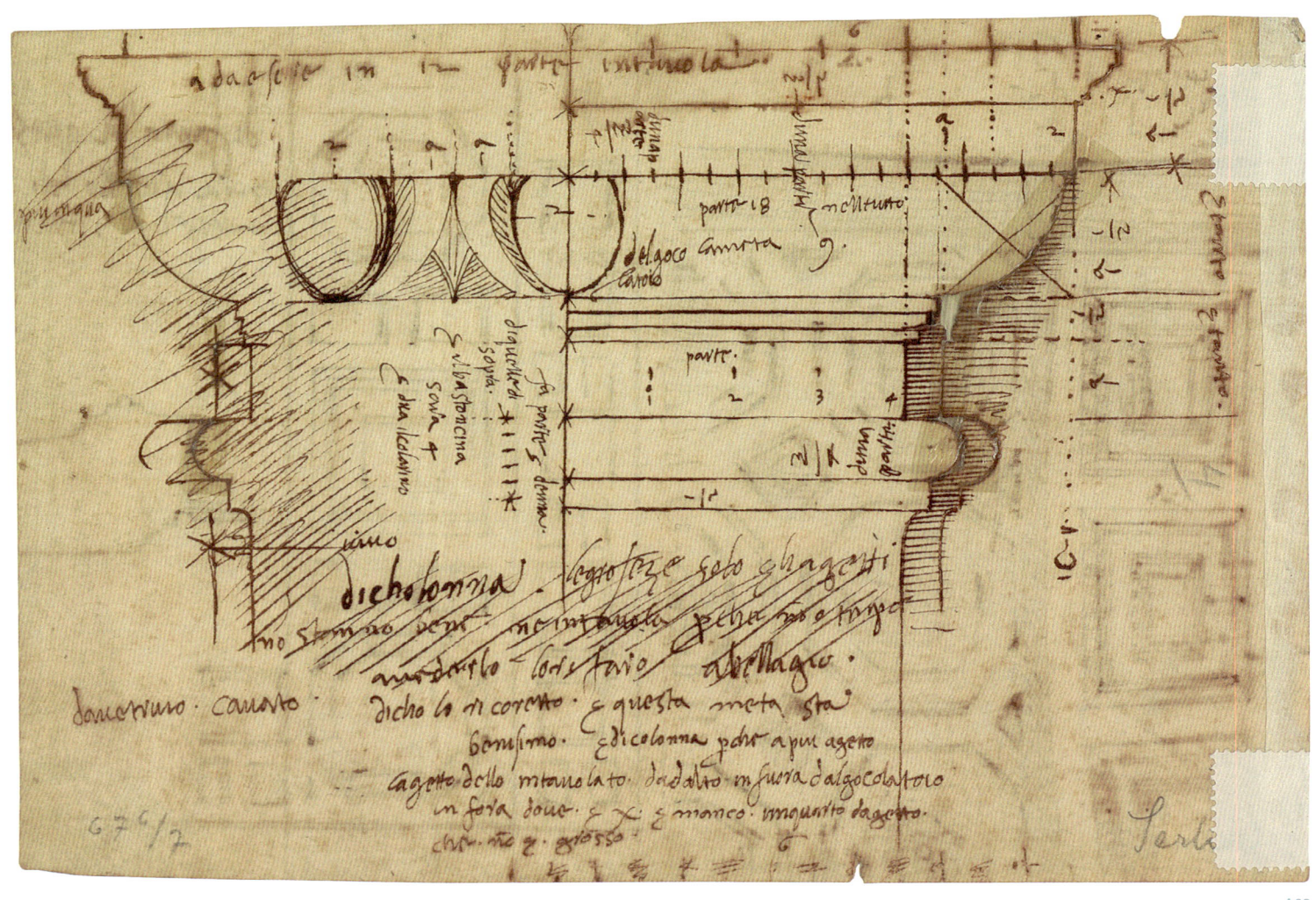

## A03
# Aufriss und Proportionsstudien eines dorischen Kapitells

1. Hälfte des 16. Jahrhunderts
Aristotile de Sangallo (1481–1551), zugeschrieben
14,5 cm x 21,0 cm
Feder in Braun
ohne Maßstab, Nutzungsspuren als Schablone
kl I Z A 1: 2a (v)

Aufriss mit Proportionierung eines dorischen Kapitells
Sebastiano Serlio (1475–1554)
Kupferstich aus: Serlio 1540a, S. XVIIIv
SuStB Augsburg, 2 Alt 77 (Beibd. 1)

Die Zeichnungen auf beiden Seiten des Blattes gehören zwei verschiedenen Sphären des architektonischen Schaffens an, nämlich der Theorie auf dem Verso sowie der Praxis auf dem Recto [siehe Kat.-Nr. A04]. Darüber hinaus dürften sie in verschiedenen Zeitstufen entstanden sein: zunächst die Zeichnungen auf der Vorderseite, die ebenso wie deren Beischriften im Gegensatz zur Rückseite an mehreren Stellen durch eine spätere Verkleinerung des Blattes beschnitten wurden. Die Zeichnung und die Beschriftungen der hier besprochenen Rückseite füllen das verbliebene Format dagegen ohne erkennbare Verluste aus, sodass sie wohl erst nach der Beschneidung, allerdings ebenfalls in zwei Schritten, entstanden sind.

Die Zeichnung auf dem Verso gehört offensichtlich in den Bereich der theoretischen Studien. Zu sehen ist ein dorisches Kapitell in der gegenüber dem griechischen Normaltyp etwas reicheren römischen Form mit einem Schaftring, einem Hals, einem Eierstab auf dem Echinus sowie einem den Abakus bekrönenden Kymation. Die Darstellung ist in zwei Hälften geteilt, die unterschiedlich ausgearbeitet sind; es gibt zahlreiche Markierungen und Beschriftungen mit Zahlen und Text; sowohl Teile der Zeichnung wie auch der Beischriften sind durchgestrichen. Bei den Zahlen handelt es sich nicht um Maßangaben, sondern sie dienen der Analyse der Proportionen, insbesondere – wie die Beschriftung deutlich macht – in Bezug auf die Höhen und die seitliche Ausladung der einzelnen Elemente und – so scheint es weiterhin – im Vergleich zwischen Säulen- und Pilasterkapitell. Offensichtlich war ein erster Anlauf nicht zufriedenstellend („liagetti non stanno bene"), und der Zeichner nahm sich vor, das Ganze zu überarbeiten („lorifaro"). Mit dem zweiten Versuch war er offenbar zufrieden („questa meta sta benissimo"). Die etwas abseits stehende Beischrift „dauetruio cauato" scheint auf den antiken Theoretiker Vitruv zu verweisen, allerdings sind dessen Angaben zu den Proportionen des dorischen Kapitells in „De architectura" IV, 3, 14 viel zu knapp, um als Quelle für die vorliegende Zeichnung gedient zu haben.

Die alte Zuschreibung des Blattes an Sebastiano Serlio (1475–1554) lässt sich nicht halten, auch wenn Serlio in seinem den Säulenordnungen gewidmeten Buch „Regole generali di architettura […]" von 1537, auch als „Libro quarto" bekannt, ebenfalls explizit über Vitruvs Vorgaben zum dorischen Kapitell korrigierend hinausgeht (fol. 19v–20r, Abb. 2). Vor allem die Schrift und einige Eigenschaften der Zeichnungen auf dem Recto weisen vielmehr auf das Œuvre des als Gestalter von Bühnendekorationen, Maler und Baumeister bekannten Bastiano, gen. Aristotile da Sangallo (1481–1551). Unter seinem Namen werden in den Florentiner Uffizien ca. 100 Blatt mit Architekturzeichnungen verzeichnet, weitere Zeichnungen derselben Hand befinden sich in der Staatlichen Graphischen Sammlung in München und im Musée des Beaux-Arts in Lille.[1] In seiner Handschrift taucht regelmäßig das charakteristische Epsilon für ‚è' auf, das auch auf dem vorliegenden Blatt wiederholt vorkommt; ebenso die als Verweiszeichen verwendeten ‚V' und ‚X'.[2]

Zur theoretisch motivierten Analyse des dorischen Kapitells auf dem Verso findet sich im sonstigen mit Aristotile verbundenen Zeichnungsbestand keine unmittelbare Parallele, wenngleich eine Gruppe von Blättern in den Uffizien bemaßte Reinzeichnungen von zahlreichen antiken und wenigen modernen Bau-

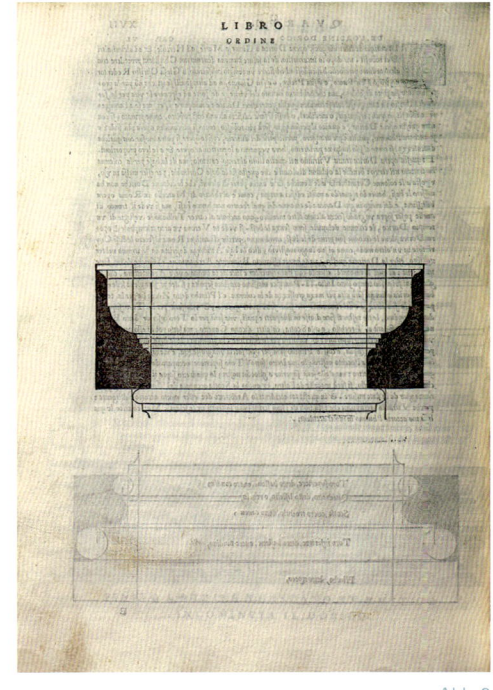

Abb. 2

gliedern katalog- bzw. traktatmäßig aneinander reiht.[3] *Timo Strauch*

---

1 Zu Aristotiles Vita und den Florentiner Zeichnungen siehe Ghisetti Giavarina 1990. Die von Ghisetti Giavarina ebenda vorgenommene Zuschreibung quasi des gesamten Œuvres an den Bildhauer Tommaso Boscoli (1503–1574) konnte sich in der Forschung nicht durchsetzen. Die Münchener Zeichnungen sind katalogisiert in Zeitler 2004, S. 60–67, Nr. 1–12, S. 106–107, Nr. 22, S. 222–224, Nr. 112–113; zu den Zeichnungen im sogenannten Michelangelo-Skizzenbuch in Lille siehe Nesselrath 1997.

2 z.B. auf Florenz, GDSU 4310 Av und 4317 Ar; vgl. Ghisetti Giavarina 1990, Abb. 80, 89.

3 Florenz, GDSU 1739 A–1749 A; vgl. Ghisetti Giavarina 1990, Abb. 17–34.

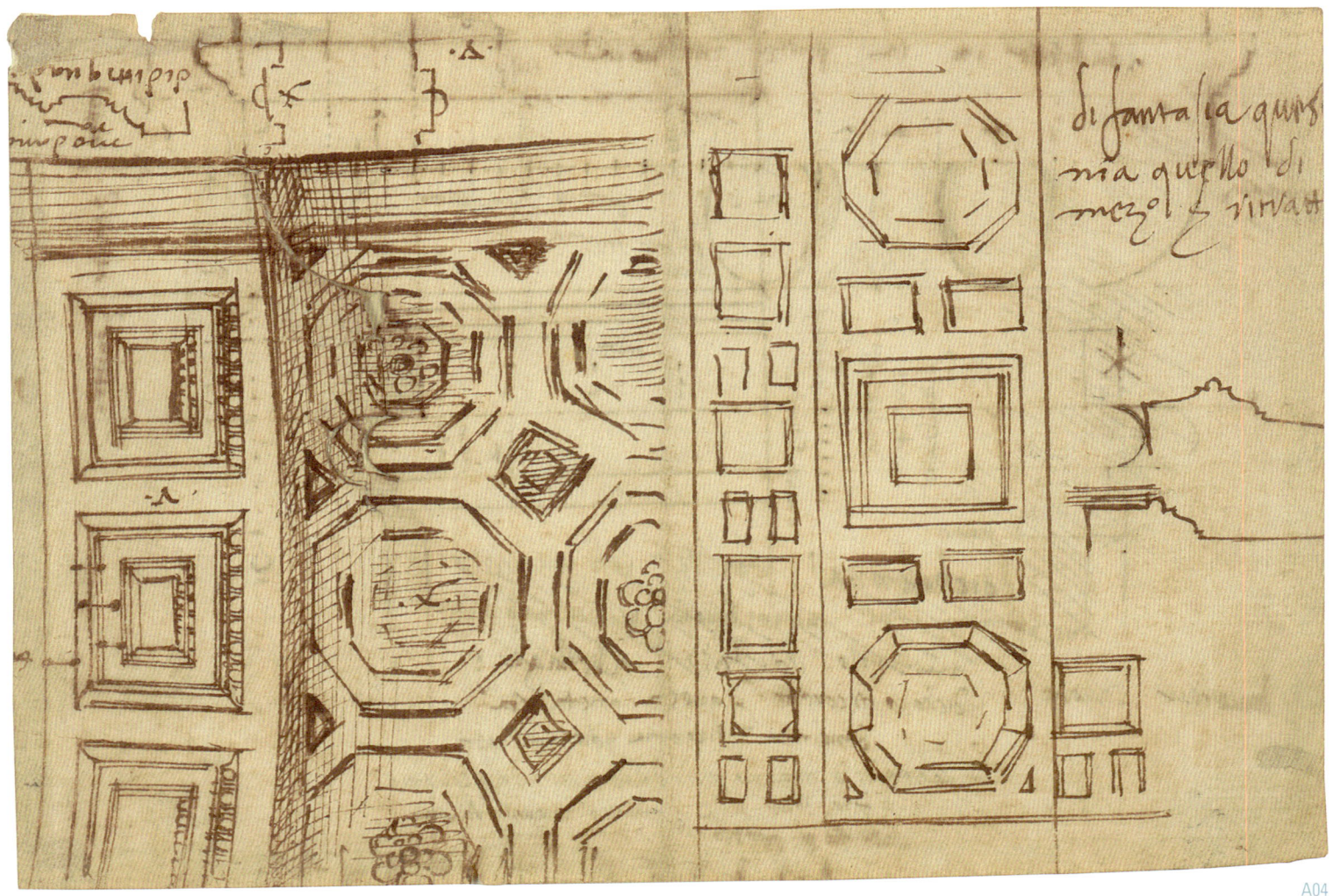

## A04
# Ansichten und Schnitte von kassettierten Decken- und Gewölbegliederungen

1. Hälfte des 16. Jahrhunderts
Aristotile de Sangallo (1481-1551), zugeschrieben
14,5 cm x 21,0 cm
Feder in Braun
ohne Maßstab
kl I Z A 1: 2 (r)

Skizzen zu Gewölbegliederungen und Dekorelementen
1. Hälfte des 16. Jahrhunderts
Aristotile de Sangallo
GDSU 1893 Av (Gabinetto Fotografico delle Gallerie degli Uffizi)

Im Gegensatz zur Darstellung eines dorischen Kapitellprofils [Kat. A03] auf dem Verso besitzen die Skizzen auf der anderen Seite einen stärkeren Praxisbezug. Das Recto ist für sich genommen noch einmal in zwei Hälften aufgeteilt. In der rechten Blatthälfte befindet sich ein schematischer Entwurf der Kassettierung einer Decke oder eines Gewölbes, bestehend aus unterschiedlich großen Quadraten, Rechtecken und Achtecken. Eine unvollständig erhaltene Beischrift, welche mit den Worten „di fantasia" beginnt, ergänzt die skizzenhafte und nicht in allen Details symmetrische Ausführung der Federzeichnung und bestätigt deren Entwurfscharakter. Zwei Schnittdarstellungen, von denen eine die korrigierte Version der anderen zu sein scheint, deuten an, mit welcher Profilierung die Kassetten gestaltet werden könnten. Aus den Zeichnungen selbst geht nicht hervor, auf welchen Teil des Gesamtentwurfs sich die Details beziehen, aber der verbliebene Rest der Beischrift könnte auf das größere mittlere Quadrat verwiesen haben („quello [quadro?] di mezo e ritratt[o in profilo?]").

Die andere Hälfte des Blattes zeigt den Ausschnitt eines kassettierten Gewölbes. Zu sehen sind ein mit einer Reihe annähernd quadratischer Felder versehener Gurtbogen sowie das links daran anschließende Feld eines Tonnengewölbes, welches die klassische Anordnung von großen achteckigen Kassetten mit kleinen quadratischen Kassetten in den Zwickeln aufweist. Auch hier ist die Zeichnung skizzenhaft freihändig ausgeführt, eine ziemlich grobe Schraffierung vermittelt Räumlichkeit, und die Details der Ornamentik sind ökonomisch knapp angedeutet. Wie in der anderen Blatthälfte sind auch hier Beischriften und Detailzeichnungen nur unvollständig erhalten geblieben. Zwei Markierungen in der Hauptzeichnung verweisen auf schematische Querschnitte der Achteckkassetten („X") bzw. der Gurtbogenkassetten („V"). Für letztere gibt es zudem einen zweiten Querschnitt, der die Profilierung einer Kassette detaillierter zeigt, und zwar über beide Vertiefungsstufen hinweg, obwohl vier weitere Markierungen in der Gesamtdarstellung eigentlich vier Teildarstellungen dieses Bereichs erwarten lassen. Womöglich befanden sich diese aber auf den heute fehlenden Teilen des Blattes.

Die Vermutung zur Urheberschaft Aristotile da Sangallos lässt sich über vergleichbare Skizzen aus seiner Hand in den Florentiner Uffizien, in der Staatlichen Graphischen Sammlung in München und im Musée des Beaux-Arts in Lille bestärken.[1] Im selben flüchtigen, bisweilen etwas grobschlächtig wirkenden Zeichenstil mit den kräftigen seitlich ans Motiv gesetzten horizontalen Parallelschraffen zur Schattierung finden sich zudem zahlreiche Wiedergaben von Stuckdekorationen und Kassettendecken und -gewölben, bei denen meist auch Details der Profilierung festgehalten werden.[2] Unmittelbar vergleichbar im Nebeneinander von schematischer Gesamtschau des geometrischen Grundentwurfs und Detaildarstellung von Schnitten und Ornamentik, noch dazu auf einem durch einen Mittelfalz in zwei Hälften gegliederten Blatt, ist GDSU 1893 Av (Abb. 2).[3] Aufgrund der erheblich differierenden Maße handelt es sich aber vermutlich nicht um unmittelbar zusammengehörige Blätter.

Ob es sich bei der Zeichnung des kassettierten Gewölbes um die Aufnahme eines ausgeführten Gewölbes oder um einen Entwurf handelt, kann bislang nicht entschieden werden. Eine Studie eines der antiken Gewölbe mit demselben Kassettenmuster (Konstantinsbasilika, S.

Abb. 2

Urbano alla Caffarella) ist es sicherlich nicht, denn dort fehlen Gurtbögen und auch die Ornamentik im Detail weicht ab; die von Raffael entworfenen Gewölbe in den Durchgangsräumen rings um die Vierung von Neu-St.-Peter scheiden ebenfalls aus, da dort zwischen dem Gurtbogen und den Oktogon-Quadrat-Feldern noch ein Streifen mit rechteckigen Kassetten eingeschoben ist.[4] Mögliche zeitgenössische Vorbilder wären wohl in den Kirchenbauten von Aristotiles Vetter Antonio da Sangallo dem Jüngeren (1484–1546) zu suchen. *Timo Strauch*

1 Siehe dazu Kat. A3, Anm. 1.
2 z.B. auf GDSU 1830 Av; vgl. Ghisetti Giavarina 1990, Abb. 41.
3 Ghisetti Giavarina 1990, Abb. 54a.
4 Vgl. Metternich, Thoenes 1987, S. 162, 194, Abb. 159.

A05

# Rom, Grabmal der Cecilia Metella mit Burg der Gaëtani

1637, datiert u.l. „den 6 tag December 1637. Rom"
Unbekannter dt. Künstler (17. Jahrhundert)
ca. 22 cm x 27,5 cm
Feder
kl D Z 1: 2a

Verso: Blick vom Tiber auf die Kirche San Giovanni dei Fiorentini in Rom
um 1637/1638
Unbekannter dt. Künstler, Feder
kl D Z 1: 2b

Als 1787 der Maler Johann Heinrich Wilhelm Tischbein (1751–1829) bei der Komposition seines bekannten Ölgemäldes „Goethe in der Campagna" das Grabmal der Cecilia Metella an der Via Appia Antica als zentrales Motiv für den Hintergrund auswählte, hatten bereits etliche Künstler an diesem in der ersten Hälfte des 1. Jahrhunderts v. Chr. errichteten antik-römischen Grabmonument ihre intensiven Studien betrieben.[1] Unter den Dokumentationen durch Reisende aus dem deutschsprachigen Raum gehört das hier vorgestellte Blatt zu den ältesten bekanntesten Beispielen.[2] Der nicht näher bestimmbare Zeichner hat das Entstehungsdatum der Skizze am unteren Blattrand notiert: „den 6 tag December 1637. Rom". Das Grabmal galt besonders wegen des guten Erhaltungszustandes und der sauberen Ausführung des Frieses als beliebtes Studienobjekt.[3] Auch der Zeichner dieses Blattes hielt das Profil und ein Detail des Frieses als Skizzen am rechten Bildrand fest. Nur unzureichend gelang ihm jedoch die räumliche Darstellung des zylindrischen Baukörpers.

Im Gegensatz zur beliebteren Ansicht von der West- und Nordseite des Bauwerks mit der zu Beginn des 14. Jahrhunderts angebauten Burganlage der Gaëtani, suchte sich der Zeichner einen Standort, von dem er den Bau von der Ostseite aus erfassen konnte. Offensichtlich reizte ihn der bildkompositorische Aufbau, der sich aus dem stufenweisen Aufstieg der Mauern der Burganlage hin zum Baukörper des Mausoleums und dem abfallenden Hang an dieser Stelle ergab.

Neben antiker zeigte der Zeichner aber auch Interesse an zeitgenössischer Architektur: Auf der anderen Seite des Blattes hielt er – in einer der wohl frühesten bekannten Darstellungen – die Kirche San Giovanni dei Fiorentini in Rom fest. Dieser Kirchenbau war, 1520 nach Plänen Antonio da Sangallo d. J. (1484–1546) begonnen, wegen mehrfacher Unterbrechungen erst 1614 unter Carlo Maderno (1556–1629) im Außenbau (bis auf die Fassade) vollendet worden.[4] Der Blick streift die Nordostseite der Kirche vom anderen Tiberufer aus, wodurch besonders die Choranlage und ihre mächtige Substruktion in Szene gesetzt werden. Der Zeichner, der sich im Vordergrund vielleicht selbst abgebildet hat, sitzt etwas oberhalb der Anlegestelle, von der man dort mit der ebenfalls abgebildeten Fähre übersetzen konnte.[5]

Abb. 2

Nicht zuletzt durch das Format ist das Blatt als ursprünglicher Bestandteil eines Reiseskizzenbuchs zu identifizieren. Auf die Entstehung im Rahmen eines Reiseaufenthalts könnte auch die Datierung in die Wintermonate, der üblichen Reisezeit für Italienreisen dieser Art, hinweisen. Schwierig ist dagegen die Identifizierung des Zeichners. Im Hinblick auf Italienreisen deutschsprachiger Künstler im dritten Jahrzehnt des 17. Jahrhunderts – inmitten des Dreißigjährigen Krieges – ist die Quellenlage dürftig, auch wenn in diesem Jahrzehnt mit Martin Zeiller und Hieronymus Welsch gleich zwei bedeutende Protagonisten der deutschsprachigen Italienrezeption unterwegs waren. Den Umständen dieser kriegerischen Jahre geschuldet, käme am ehesten ein Künstler oder Baumeister aus dem Tiroler oder Bayerischen Raum infrage.[6]

*Simon Paulus*

1  Rausa 1997, S. 43–51. Zur Rezeptionsgeschichte des Bauwerks siehe Gerding 2002 und Montanari 2009. Zu erwähnen sind der von Antonio Lafreri im Speculum Romanae Magnificentiae publizierte Stich (1551) und die 1756 erstmals veröffentlichte Stichserie Giovanni Battista Piranesis in den Antichità romane (T. 3, tav. Tav. XLIX-LIV).
2  Stellvertretend genannt seien die beiden gut zwanzig Jahre älteren Skizzen im Skizzenbuch HAB Cod. Guelf. 136 Extrav., Bl. 68 u. 97; Thöne 1960, S. 28, Abb. 25.
3  Schudt 1959, S. 278; Rausa 1997, S. 43–51.
4  Zum Entstehungskontext des Bauwerks siehe einführend Cicconi 2015.
5  Vgl. auch die Situation im um 1625 entstandenen Romplan Giovanni Battista Maggis. Im Plan von Antonio Tempesta (ab 1593), der Maggi als Vorlage diente, ist der Chor der Kirche erst im Bau begriffen.
6  vielleicht Elias Gumpp oder Christoph Gumpp der Jüngere, Constantin Pader oder Johann Philipp Preuß. Heinrich Geissler meinte eine in den Beständen der Staatsgalerie befindliche Zeichnung mit der Aufschrift „Grotta ferata 1639 d 7 october" dem gleichen Zeichner zuordnen zu können. Das Blatt unterscheidet sich jedoch im Zeichenduktus, so dass ein unmittelbarer Zusammenhang nicht hergestellt werden kann. Vgl. Staatsgalerie Stuttgart, Inv. Nr. C 206; TIB Slg. A. Haupt, Ordner 2 (1977–1982), Mitteilung vom 13.09.1977, sowie Kaulbach 2007, S. 452 (Nr. 958).

## A06
# Ruinen der Domus Augustana, Palatin

um 1625
Guilliam du Gardijn (ca 1595/96–nach 1647), spätere Bez. u. „C. du Jardin" (Graphit)
27,0 cm x 41,6 cm
Graphit, Pinsel, laviert
kl F Z 4: 1v

Recto: Blick auf den Ponte Milvio
um 1625
signiert u. „C. du Jardyn. i. gl."(Feder)
Graphit, laviert
kl F Z 4: 1r

Das beidseitig bearbeitete Blatt zeigt auf dem Verso einen Blick auf die Südflanke des Palatin mit den Resten der Kaiserpaläste – insbesondere der Domus Severiana an der Südostecke – wie er sich auf dem Weg von der Porta San Sebastiano in Richtung Circus Maximus und Forum Boarium darbot. Von diesem Standpunkt aus wirkten die Ruinen besonders eindrucksvoll, was auch andere, oft niederländische Künstler zu einer ähnlichen Perspektive bewog – zunächst stärker topographisch etwa Cornelis Poelenburg (1594/5–1667),[1] später eher genrehaft, mit Viehstaffage, etwa Willem Romeyn (ca. 1624–nach 1693)[2] Auch Giovanni Battista Piranesi (1720–1778) griff die Perspektive auf.

Durch den niedrig gesetzten Augpunkt erscheint die Szenerie gleichzeitig natürlich und beeindruckend. Die amorphe Größe des Palatins und des Circus Maximus sind hier in der Verkürzung zusammengedrängt und durch das von Südwesten entgegenkommende Licht in ihrer plastischen Wirkung gesteigert. Die von Pflanzen überwucherten Bautenfragmente, die am linken Bildrand angeschnitten sind, gehören zu einer Gruppe von Häusern und mittelalterlichen Befestigungen, die sich am östlichen Ende des Circus Maximus befanden. Mit ihrer lichtabgewandten Seite und ihrem Schattenwurf bilden sie in der Komposition ein Repoussoir und lenken den Blick in die Tiefe des Bildraums.

Auf dem Recto findet sich eine weitere Ansicht eines römischen Motivs (Abb. 2). Es zeigt die Milvische Brücke, die letzte Tiberüberquerung einige Kilometer nördlich der Stadt Rom. Durch die Wahl eines Standorts abseits und unterhalb des Straßenverlaufs ist auch der seitliche Blick auf die geschichtsträchtige Brücke möglich, an der Kaiser Konstantin seinen historischen Sieg gegen Maxentius errungen hat und die nahezu alle Reisenden als ersten oder letzten Gruß der Stadt kannten. Ein niedriger Blickpunkt und die Wahl der verschatteten östlichen Seite, durch deren Bögen gleichwohl Licht dringt, steigern die Bildkomposition. Das derart konzipierte Bildmotiv findet sich ähnlich mehrfach bei anderen nordalpinen Künstlern,[3] teils mit noch deutlicher ausgeprägter Lichtregie und war nicht zuletzt auch in einer gegen 1650 als Radierung publizierten Ansicht Jan Boths (nach 1610–1652) stärker verbreitet. Bei letzterer ist das flache Ufer im Vordergrund genrehaft mit Booten, Ladung und Personen gefüllt, während derartige Elemente auf der vorliegenden Zeichnung nur im Hintergrund angedeutet sind.[4]

In der Sammlung Haupt befindet sich noch ein weiteres Blatt, das die gleiche Provenienz aus Kölner Sammlung Lempertz Sen. aufweist und auf der Basis des Zeichenstils und der Beschriftung als direkt zugehörig anzusehen ist[5]. Es zeigt auf dem Recto zwei italienische Flusslandschaften und auf dem Verso den Blick auf einen von Ruinen flankierten Weg, möglicherweise einen Abschnitt der *Via Appia Antica*.

Aufgrund der Signaturen wurden die beiden Blätter bislang für ein Werk Karel Dujardin gehalten, sind aber, wie neuere Studien zu Zeichnungen im Amsterdamer Rijksmuseum zeigen, dem nicht verwandten Guilliam du Gardijn (Köln um 1595/96 – Amsterdam, nach 1647) zuzuschreiben.[6] Neben motivischen zeichnerischen Merkmalen besteht die Übereinstimmung insbesondere in der Signatur (bei der das C als G zu lesen ist) sowie dem Umstand,

Abb. 2

dass sich Preisangaben auf den Zeichnungen befinden.[7] Möglicherweise entstammen beide Blätter der Sammlung Haupt, ebenso wie die Blätter aus dem Rijksmuseum aus dem gleichen Skizzenbuch, das eventuell als Musterbuch für Gemäldeausführungen fungierte.[8] Es erscheint naheliegend, dass du Gardijn seine Zeichnungen mit römischen Motiven vor Ort anfertigte, kann jedoch mangels direkter Nachrichten und der prinzipiell gegebenen Möglichkeit der Kompilation aus anderen Quellen bislang nicht bewiesen werden. *Georg Schelbert*

---

1. Berlin, Kupferstichkabinett SMB, Inv. KdZ 12353.
2. Museo di Roma, coll. Pecci-Blunt n. 877; Garms 1995, Kat. H19.
3. Vgl. z.B. Herman von Swanevelt (Devonshire Collection, Chatsworth House, inv. 1150) und Nachfolger Claude Lorrains (Jan Both?) (British Museum, Oo,6.33).
4. Hollstein o.J.. Bd. 3; Bartsch 1920, V.208.5.
5. Slg. A. Haupt, kl F Z 4: 2.
6. Rijksmuseum Amsterdam RP-T-1895-A-3089(R), Schapelhouman/Schatborn 1998, Kat.111-113. Ich danke Birte Fubach für den Hinweis auf die Amsterdamer Blätter und die Neuzuschreibung.
7. Slg A. Haupt kl. F Z 4: 1 recto: „1 gl." (Gulden), verso: „30 st." (Stuivers); kl F Z 4: 2 recto "1 gl." (unter beiden Zeichnungen), verso „1 gl. 10st.
8. Hierauf deuten Übereinstimmungen der Format hin (kl F Z 4: 1 wäre dann eine halbiertes Blatt). Die Deutung der Preisangaben bei Schapelhouman/Schatborn 1998.

86 | KATALOG

## A07
# Blick auf die Porta del Popolo in Rom

1646, signiert u. datiert u.r. "a Roma L. porta popolo door / Jaen Collaert 1646"
Johannes Col(l)aert (1621/22–ca. 1678)
22,0 cm x 35,3 cm
Graphitstift, laviert
m N Z 1: 2

**Blick auf das Forum Romanum,** um 1650
Jan de Bisschop (Episcopus) (1628–1671), zugeschrieben
28,6 cm x 40,2 cm, Graphitstift, laviert
m N Z 1: 3

Das Blatt zeigt den frontalen Blick auf die Innenseite der *Porta del Popolo* in Rom. Dieses antike Stadttor, das seit dem Mittelalter nur noch eine von ursprünglich zwei Durchfahrten besaß und stark verfallen war, wurde im mittleren 16. Jahrhundert im Auftrag von Papst Pius IV. durch Nanni di Bacio Bigio an der Außenseite erneuert, während die Stadtseite zunächst weiterhin im ruinösen Zustand verblieb, den die Zeichnung noch zeigt. Wenige Jahre nach Anfertigung der Zeichnung, 1655, überformte Gianlorenzo Bernini im Auftrag von Papst Alexander VII. auch die Innenseite anlässlich des Einzugs der zum Katholizismus konvertierten Königin Christina von Schweden. 1812 schuf Giuseppe Valadier die regelmäßige ovale Platzanlage, die bis heute erhalten ist.[1]

Die *Porta del Popolo* und das Areal vor dem Augustinerkloster S. Maria del Popolo bildeten den nördlichen Eingang in die Ewige Stadt, an den sich direkt das Fremden- und Künstlerviertel anschloss. Es überrascht daher nicht, dass viele Darstellungen des Platzes von auswärtigen Künstlern stammen.[2] Bemerkenswert ist, dass die Zeichnung die oft in Schrägsicht dargestellte Bautengruppe[3] von Stadttor, anschließender Kirche und Klostermauer streng frontal zeigt. Der Zeichner wählte dafür einen Standpunkt, bei dem der unter Sixtus V. errichtete Obelisk gerade außerhalb des Blickfelds in seinem Rücken lag. Kaum von der Gliederung des Tores unterscheidbar ist die schlanke, mit Pilastern versehene Fassade der Kirche. Einzig die in der rechten Bildhälfte schräg verlaufende Klostermauer gibt die Tiefe des Platzes an. Die detailliert gezeichnete und beschriftete Sonnenuhr am Obergaden der Kirche zeigt das bis zum Ende des 18. Jahrhunderts vorherrschende italienische System („ora italiana"), bei dem 24 Stunden bis zum Sonnenuntergang gezählt wurden. Demnach ist der Zeitpunkt der Anfertigung der Zeichnung etwa zur 20. Stunde, also vier Stunden vor Sonnenuntergang, anzusetzen. Die Zuschreibung an Johannes Colaert,[4] stützt sich auf die alte, aber offenbar von anderer Hand angefügte Beschriftung.

Etwa gleichzeitig mit Colaerts Zeichnung entstand eine weitere in der Sammlung Haupt befindliche Romansicht eines niederländischen Künstlers. Der Bildausschnitt erfasst in der linken Bildhälfte den zwischen Stützmauern eingetieften Eingang der *Via Sacra* mit dem Fragment des antiken Brunnens, der „meta sudans" im Vordergrund. Im Hintergrund öffnet sich der Titusbogen zum Forum Romanum. Die Mitte und die rechte Hälfte des Bildes werden von der Ruine des Doppeltempels der Venus und der Roma und dem dahinter liegenden Kloster S. Francesca Romana gefüllt. Hinter dem Ruinenkomplex ragt der mittelalterliche Turm der Klosterkirche auf, während die Kirche selbst von Nebengebäuden verdeckt ist, die sich bis zum Titusbogen erstrecken.[5] In der Ferne ist über diesen der Turm des Kapitols sichtbar. Wie ein Gegengewicht zu sämtlichen anderen Bildelementen erscheint am rechten Rand der Zeichnung die verschattete Flanke der äußeren Ummantelung des Kolosseums, die an dieser Stelle malerisch abgebrochen war.

Die Zuschreibung an den Amsterdamer Zeichner und Druckgraphiker Jan de Bisschop stützt sich neben stilistischen Gründen auch auf die auf dem Verso befindliche Skizze einer mit einem angezogenen Bein sitzenden männlichen Figur. Der Künstler, für den noch kein kritisches

Abb. 2

Werkverzeichnis erstellt wurde, fertigte zahlreiche Zeichnungen und Druckgraphiken nach antiken Skulpturen an, wobei er offenbar zumeist nach Bildvorlagen arbeitete.[6] Ob er sich tatsächlich jemals in Rom aufhielt, ist umstritten.[7] Da auch bei weiteren ihm zugeschriebenen Veduten vermutet wird, dass sie nicht vor Ort entstanden sind,[8] wäre dies auch für die vorliegende Zeichnung denkbar. *Georg Schelbert*

1  Zur Geschichte des Platzes Ashby/Pierce 1924.
2  Vgl. Ansichten u.a. von Marten van Heemskerk, Bartholomeus Breenbergh und Israel Silvestre.
3  Ähnliches Blatt von Breenbergh, fast als reine Pinselzeichnung (Museum der bildenden Künste Leipzig, Leipzig, inv./cat.nr N.I. 8404), schrägerer Blick, mit Obelisk im Bild.
4  Römer, Uta: ‚Colaert, Johannes (1620)', in: AKL, 20 (1998), S. 199; Burke 1976.
5  Ebenso nicht sichtbar ist die 1614–1615 von Carlo Lambardi errichtete, dem Forum Romanum zugewandte frühbarocke Fassade, auch wenn die sich gegen den Himmel abhebenden Kamine des Nebengebäudes nahezu wie deren Giebelfiguren erscheinen.
6  van Gelder 1971, S. 209. Zur Biographie auch Valerius, Gudrun: ‚Bisschop, Jan de', in: AKL, 11 (1995), S. 228.
7  Colenbrander 1985, S. 107–108.
8  Einschließl. einer größeren Panoramaansicht der Stadt (The Morgan Library acc. nr. 1968.6:1-2).Gegen die Vor-Ort-Entstehung jedoch Colenbrander 1985, S. 107.

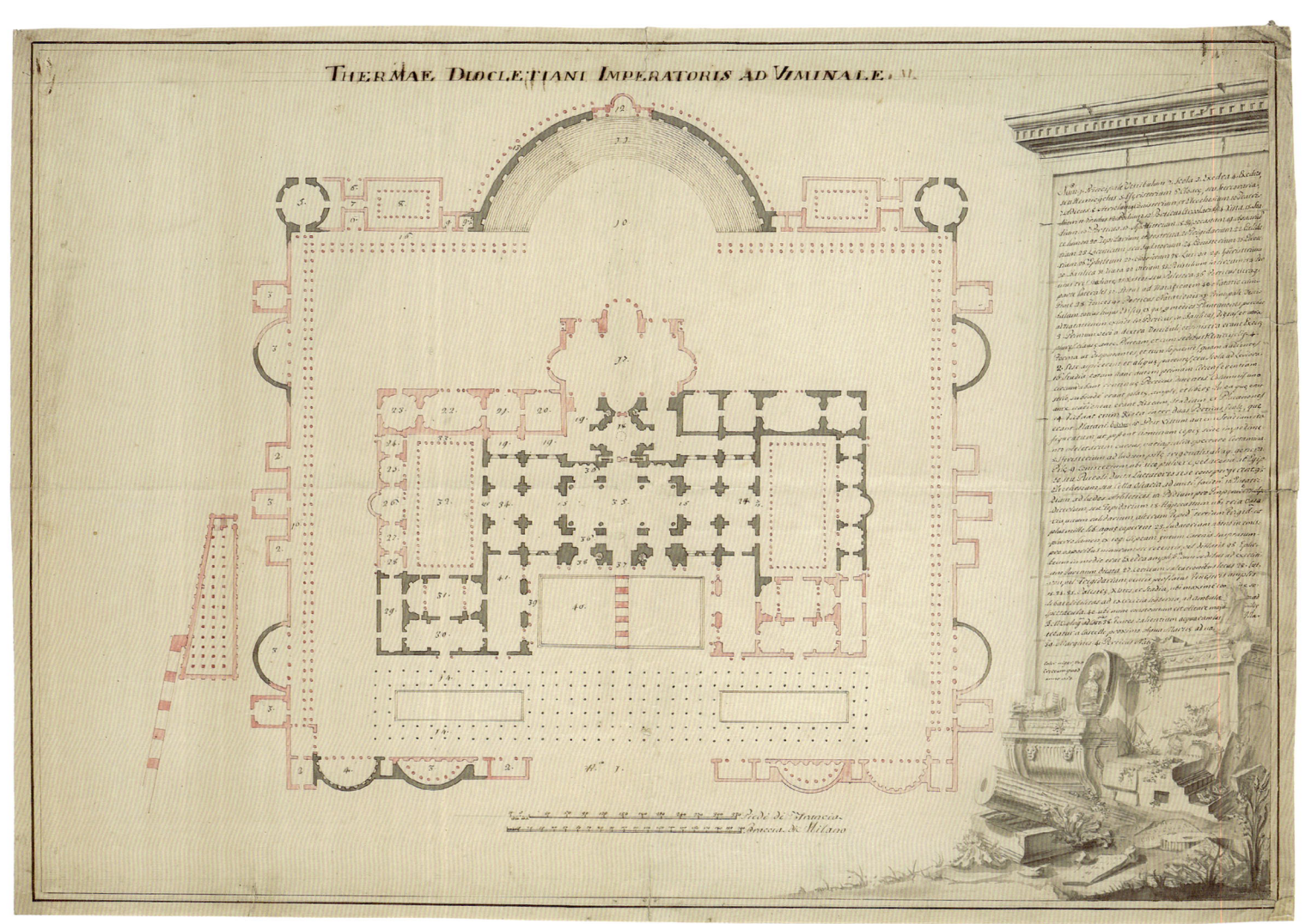

## A08
# Grundriss der Diokletiansthermen in Rom

„THERMAE DIOCLETIANI IMPERATORIS AD VIMINALE[M]"
1763
Unbekannter Zeichner (Rom, 18. Jh.)
69 cm x 50 cm
Feder, Pinsel, Graphitstift, grau und rosa laviert
Maßstäbe: „Piedi di Francia", „Braccia di Milano"
gr I Z A 2: 5

Das Blatt im doppelten Folioformat zeigt in der Mitte den rekonstruierten Grundriss der größten antiken Thermenanlage in Rom, die 298 n. Chr. durch Kaiser Maximian begonnen, unter Diokletian fortgeführt und 306 unter Constantius Chlorus fertiggestellt wurden. Wie der Titel der Zeichnung vermerkt, liegt die von einem rechteckigen Hof (376 x 361 m) umschlossene Anlage auf dem Viminal-Hügel; sie bedeckte ein ganzes Stadtviertel innerhalb der aurelianischen Stadtmauer. Nach der Zerstörung der Aquädukte durch die Goten im Jahre 537 verfiel der Prachtbau. Die riesenhaften Säle dienten zum Teil als Stapelhäuser für Getreide, das zentrale Frigidarium wurde im 16. Jahrhundert vom römischen Adel als Reithalle genutzt. Unter Papst Pius IV. Medici wandelte Michelangelo die Räume in der Hauptachse in die Basilika Santa Maria degli Angeli um, nachdem zuvor dort schon Altäre zu Ehren der Gottesmutter und der Erzengel errichtet worden waren. Von 1750 an gestaltete Luigi Vanvitelli (1700-1773) die Kirche drastisch um. Das Karthäuserkloster, das 1561 in die östlichen Teile der Anlage einzog, beherbergt heute das Museo Nazionale Romano. Der ehemals geschlossene Halbkreis der Exedra im Südwesten, heute ein verkehrsreicher Platz, wird von der nach 1860 angelegten Via Nazionale durchbrochen. Sie verbindet die Thermen mit dem Stadtzentrum am Fuß des Kapitols.[1]

Am rechten Rand erscheint auf einer gemalten Inschriftentafel die Legende zu den im Plan eingetragenen Nummern, allerdings nicht fingiert eingemeißelt, sondern in kursiver Kanzleischrift. Zu Füßen der Tafel sind, umgeben von Akanthuspflanzen, einige antike Fragmente versammelt: Ein Sarkophag, auf dem eine umgestürzte Urne und der marmorne Clipeus eines römischen Feldherrn stehen, Gebälk- und Säulenfragmente, eine Sphinx, sowie der zerbrochene Grabstein eines Offiziers, auf dem „D[is]. M[anibus]. / [trib. m] IL. X. C [ohors] V. Q[uinti] F[ilius] / PRO M[emoria]A" zu lesen ist. Vermutlich enthält diese bruchstückhafte Inschrift keinen versteckten Hinweis auf Künstler oder Auftraggeber, sondern spielt auf die römischen Legionen an, deren Ziegeleien das Baumaterial lieferten. Die auf Latein abgefasste Legende ist zweigeteilt; in den ersten zwölf Zeilen werden die einzelnen Räumlichkeiten der Nummernfolge nach benannt, im zweiten Teil folgen nähere Erläuterungen zu einzelnen Nummern. Die Benennungen folgen Andrea Bacci (1524–1600), dessen „Sieben Bücher über die Thermen" zum ersten Male 1571 erschienen.[2]

Auch der Grundriss folgt weitgehend dem Holzschnitt bei Bacci, korrigiert allerdings einzelne Fehler. Wie die – seltsamerweise unvollständige – Beischrift erläutert, sind die noch aufrecht stehenden Räume schwarz, die rekonstruierten Partien safran- bzw. krokusfarbig („croceus") laviert. Während Bacci den Bau von Westen her beschreibt, beginnend mit der halbkreisförmigen Exedra („theatridium"), die man vom Stadtzentrum her über die ringförmige Außenportikus erreicht, rekonstruiert unser Plan den Haupteingang im Nordosten (unten). Besucher betreten das Hauptgebäude über eine Brücke durch das Schwimmbecken, das als „natatio cum ponte" bezeichnet ist. Merkwürdig ist bei dieser Interpretation, dass sich der Umkleideraum („apodyterium", 17) am Ende der Raumfolge befindet. Der Hauptsaal, der heute das Kirchenschiff bildet, wird als „xistus" (Sporthalle) bezeichnet. Die Exedra weist eine Mittelloge auf, die sich auf keinem anderen Plan findet.

Die Datierung könnte darauf hindeuten, dass das Blatt mit den „olearia" (Speichertanks für Olivenöl) in Verbindung steht, die ab 1763 unter Clemens XIII. Rezzonico in die nordwestlichen Säle eingebaut wurden. Ein Architekt, der seinen Zeichnungen gerne grau aquarellierte Pinselzeichnungen hinzufügte, war Girolamo Toma (ca. 1738–1795); er arbeitete zur fraglichen Zeit vermutlich unter Vanvitelli.[3] Der Adressat des Blattes, vielleicht ein französischer Geistlicher, ist unbekannt. *Martin Raspe*

1 Zum Bau allgemein Raspe 2007.
2 Bacci 1571, S. 443. Im siebten Buch des Traktats erläutert der Arzt und Universalgelehrte den Aufbau einer römischen Thermenanlage anhand der Diokletiansthermen.
3 Kieven 1991, S. 89–114; Kieven 2010, S. 115–116, Anm. 10.

A09

## A09
# Gewölbedekoration aus der Domus Transitoria in Rom

„Disegno della Volta dei Bagni di Livia nel Palazzo dei Cesari agli Orti Farnesiani"
1750/80
Unbekannter Zeichner, Rom (Agostino Brunias?), 18. Jahrhundert
43,0 cm x 95,5 cm
Graphitzeichnung, mit Wasser- und Goldfarbe koloriert
m I Z M 4: 2

Gewölbedekoration aus der Domus Transitoria in Rom
1769
Giuseppe Manocchi (1726/1731–1782)
Feder, Pinsel, farb. koloriert
Windsor, Royal Collections, RL 11599

Die Zeichnung einer Gewölbedekoration wurde nach dem Vorbild eines der Nebenräume eines antiken Nymphäums auf dem Palatin in Rom angefertigt. Die prunkvolle, mit einem Triklinium und einem Brunnen aus kostbarem Buntmarmor ausgestattete Anlage befindet sich unter der späteren *Domus Flavia*, dem Kaiserpalast der flavischen Dynastie. Die Ruinen wurden 1721 in den Gärten der Familie Farnese entdeckt, ausgegraben und dabei stark beschädigt. Damals wurden die Strukturen mit Badesälen identifiziert, die man dem Haus der Livia, der Gemahlin des Kaisers Augustus, zuordnete. Neueren Forschungen zufolge handelt es sich jedoch um einen Teil der *Domus Transitoria* des Nero, die das Haus des Augustus und der Livia mit den Parkanlagen rund um das heutige Kolosseum verbinden sollte. Dieser Palast wurde beim Brand Roms im Juli des Jahres 64 n. Chr. beschädigt und später durch die *Domus Aurea* erweitert bzw. ersetzt.[1]

Die Zeichnung zeigt eine längsgestreckte Dekoration im sog. vierten pompejanischen Stil in Freskotechnik auf weißem Untergrund, die mit Goldauflagen und kleinen Stuckakzenten eine exquisite Wirkung hervorruft. Zwei querstehende, segmentbogig ausgebuchtete Rechteckfelder an den beiden Kopfenden umrahmen ein längsgerichtetes Mittelfeld. Alle drei Felder enthalten eine friesartige Reihe von kleinen, mythologischen Figuren auf einem schmalen Bodenstreifen, die miteinander interagieren, so dass kleine erzählende Szenen entstehen. Auf einen derartigen „theatralischen" Kontext scheinen auch die beiden gerafften Vorhänge in den Bögen über den seitlichen Feldern zu verweisen.

In der Mitte erkennt man Apoll mit der Kythara, umrahmt von zwei Musen und einem nackten Jüngling; ein kniender Mann scheint dem Gott der Musik eine Preisamphore darzubieten. Im linken Feld nimmt eine junge Frau einen goldenen Kranz entgegen, im rechten Feld ist eine Opferszene dargestellt.

Abb. 2

Besondere Aufmerksamkeit verdient die kostbar ornamentierte Rahmung, die aus einem hellblauen Streifen mit weißen Figuren besteht; tanzende Menschen mit Bändern, große Vasen und Pferde bzw. Esel sind zu sehen, wovon in den erhaltenen Gewölben kaum noch etwas zu erkennen ist. Dieser Rahmenstreifen, wird seinerseits sekundiert von goldenen Eierstäben; innen begleitet ihn ein Rankenfries mit Greifenköpfen und Eroten, außen eine alternierende Ranke mit Palmetten und Blumen. Zwei weitere blau-weiße Paneele mit illusionistisch aufgeklappten Flügeln flankieren das Mittelfeld. Die Eck- und Mittelpunkte der blauen Streifen sind mit vergoldeten Blüten besetzt, die Gemmen enthalten, deren weiße Figuren auf rotem Grund hervorleuchten. Die filigrane Linienführung und die klassische, zurückhaltende Farbigkeit erinnert an die charakteristische Ästhetik des englischen Wedgwood-Porzellans. Die Gestaltung des neronischen Palastes könnte den Geschmack des europäischen Frühklassizismus und des Empire entscheidend mitgeprägt haben.

Die Dekorationen der besagten Räumlichkeiten wurden des Öfteren gezeichnet, vermutlich sogar seriell für interessierte Touristen hergestellt. Das Sir John Soane's Museum in London bewahrt ein Blatt, das unserem Exemplar sehr nahesteht und das Agostino Brunias (ca.1730–1796) zugeschrieben wird.[2] Lediglich die rechte seitliche Szene ist durch eine Kopie der „Aldobrandinischen Hochzeit" ersetzt. Das spricht dafür, dass die Originalausstattung des Saals schon damals nur noch schwach lesbar war.

Eine weitere Zeichnung im Soane-Museum aus der Sammlung des Architekten James Adam (1732–1794), die das Gewölbe des Gegenstücks zu diesem Raum wiedergibt, wird dem römischen Künstler Giuseppe Manocchi (1726/ca.1731–1782) zugeschrieben.[3] Ein weiteres Exemplar Manocchis wird im Buckingham Palace aufbewahrt.[4] Die Sankt Petersburger Eremitage besitzt ein Aquarell der gleichen Dekoration von Charles-Louis Clérisseau (1722–1820).[5] *Martin Raspe*

1  Borghini/D'Alessio/Scoccianti 2019.
2  London, Sir John Soane's Museum, P 163: http://collections.soane.org/object-p163
3  London, Sir John Soane's Museum, Adam vol. 26/53: http://collections.soane.org/OBJECT1604
4  Royal Collection Trust, RCIN 911599: https://www.rct.uk/collection/911599/ceiling-design
5  Sankt Petersburg, Eremitage, Box E: „Chambre de livie au palais des empereurs à Rome"; Katalog Clérisseau 1995, S. 100.

A10

## A 10
# Phantastische Ansicht des Forum Boarium in Rom mit Triumphbogen

nach 1789, signniert u.l. "Arnolfo Spagnolini fecit Roma 1789"
Unbekannt, nach Arnolfo Spagnolini (1764–nach 1829)
24,9 cm x 38,0 cm
Abklatsch einer Graphitzeichnung mit Überarbeitungen
kl I Z A 6: 4

Ansicht des Forum Boarium in Rom
datiert u. "Rom, 18 13/5 34"
Deutscher Künstler des 19. Jahrhunderts
20,8 cm x 48,1 cm, Graphit, farbig laviert
m D Z 5: 7

Die Tempel in der Nähe des ehemaligen römischen Viehmarkts, dem *Forum Boarium*, blieben zu einem großen Teil erhalten, weil sie im Mittalter in Kirchen und andere Gebäude umgewidmet waren. Der Rundtempel des Hercules Victor, volkstümlich als „Vestatempel" interpretiert, trug als Kirche die Namen des hl. Stephanus und der Maria del Sole, während der Tempel des Portunnus, der lange Zeit für den Tempel der Fortuna Virilis gehalten wurde, der Santa Maria Egiziaca geweiht war.[1] Beide Bauten erregten bereits im frühen 16. Jh. das Interesse der Architekten, Antiquare und Künstler, da sie – anders als die Tempel des benachbarten *Forum Holitorium* – weitgehend von außen sichtbar waren.

Die Zeichnung, die laut Inschrift von Arnolfo Spagnolini 1789 angefertigt wurde, gibt allerdings nicht den zu dieser Zeit sichtbaren Zustand wieder. Die Stellung der beiden Tempel entspricht zwar dem Blick, der sich in Richtung Norden ergibt, allerdings in seitenverkehrter Ansicht. In Abweichung von der Realität ist jedoch im Hintergrund ein dreiachsiger Triumphbogen, möglicherweise der Konstantinsbogen, gezeigt. Tatsächlich würde sich an dieser Stelle die *Casa dei Crescenzi*, ein unter Verwendung zahlreicher antiker Spolien im 11. Jahrhundert errichtetes Patrizierhaus, befinden. Vermutlich führte eine klassizistisch-idealisierende Intention dazu, das heterogene Bauwerk durch den Triumphbogen zu ersetzen und die drei Monumente weitgehend von der Umgebungsbebauung zu befreien, auch wenn spätere Anbauten[2] präzise wiedergegeben wurden. Durch die Freistellung der Bauten und die Hinzufügung des Triumphbogens entstand ein architektonisches Capriccio. Jedoch ist die die Spiegelung des Motivs dabei weniger Teil der capriccohaften Verfremdung, sondern könnte darauf hinweisen, dass es sich nicht um die Originalzeichnung, sondern um einen Abklatsch handelt, der noch einmal nachgearbeitet wurde – eine häufige Praxis, die die große Nachfrage an Veduten und Antikenzeichnungen belegt.[3] Für diese Annahme würde die insgesamt stark berieben wirkende Oberfläche sprechen. Die Inschrift wäre dann wohl nicht auf das Blatt selbst, sondern auf die zugrundeliegende Vorlage zu beziehen, die somit dem aus Turin stammenden und später in Rom tätigen Mathematiker, Architekten und Vedutenmaler Arnolfo Spagnolini zuzuweisen wäre. Sein zeichnerisches Werk ist bislang kaum bekannt.[4]

Gegenüber der Ansicht von Spagnolini sind bei einem vier Jahrzehnte später entstandenen Blatt aus der Sammlung Haupt Veränderungen an den Bauten ablesbar. In den Jahren der französischen Herrschaft (1809/14) wurden die Tempel des *Forum Boarium* ihrer kirchlichen Funktion enthoben und von Giuseppe Valadier freigelegt und restauriert. So stehen nun die Säulen des Rundtempels frei. Im Hintergrund der zentralen Blickachse ist die *Casa dei Crescenzi* dargestellt. Offenbar wurde die Zeichnung zunächst in einem kleineren Format angelegt und dann auf beiden Seiten durch Anstückung von Papier erweitert. Dabei wurde nicht nur der von Carlo Bizzaccheri 1717 errichtete Tritonbrunnen auf der rechten Seite einbezogen, sondern dieser – gegen die tatsächlichen Verhältnisse – auf der linken Seite noch einmal wiederholt. Obwohl diese zweite Darstellung nur in

Abb. 2

Bleistift angelegt ist, zeigt die Lavierung des Himmels an, dass sie Bestandteil der Gesamtkomposition ist. Die Zweckbestimmung der Darstellung bleibt unklar. Für eine räumliche Umsetzung, beispielsweise als Bühnenbild, könnte die Längenangabe mit Beschriftung sprechen, die sich auf die Höhe des Vestatempels bezieht.[5] Das offenbar erst in einem zweiten Schritt angelegte starke Breitformat und die dekorative, rahmende Funktion des doppelten Brunnenmotivs könnten auch auf einen Entwurf für ein Wandbild oder für einen (Theater-) Vorhang hindeuten. Die zu unbekanntem Zeitpunkt erfolgte Zuschreibung an Carl Wilhelm Götzloff (1799–1866) ist aus stilistischen und biographischen Gründen nicht wahrscheinlich (vgl. A11). *Georg Schelbert*

---

1 Coarelli 2001, S. 378–383.
2 wie z.B. die Stele mit Marienbild vor dem Rundbau.
3 Dazu Ketelsen 2014.
4 Bei einer Vedute in dem von Domenico Pronti in Rom 1795 herausgegebenen Stichwerk Nuova raccolta di 100 vedutine antiche della città di Roma e sue vicinanze ist er als Zeichner genannt.
5 Ich danke Martin Raspe für Hilfe bei der Entzifferung der Inschrift und Überlegungen zur Bestimmung der Zeichnung. Unterhalb des Längenmaßes am unteren Bildrand, kaum entzifferbar, evtl: „Breite zu der gegebenen Höhe des Vestatempels gelb".

94 | KATALOG

A11
# Blick vom Palatin auf die Stadt Rom

1831, datiert „Rom, 18 2/8 31"
Unbekannter deutscher Künstler des 19. Jahrhunderts
29,1 cm x 59,0 cm
Graphitzeichnung, farbig laviert.
m D Z 5: 1

**Blick vom Palatin auf die Caracallathermen**
um 1830
16,0 cm x 56,7 cm
Graphitzeichnung, farbig laviert
m D Z 5: 2

Der Zeichner stand auf dem Palatin-Hügel. Sein Blick geht von einem Standpunkt zwischen dem Südabschluss des Stadions des Domitians auf der rechten Seite und einzelnen Ruinenfragmenten der sog. *Domus Severiana* auf der linken Seite wie durch ein Tal hindurch auf das römische Stadtzentrum bis zum Vatikan mit der Peterskuppel in Hintergrund. Im Einzelnen sind in dem sich öffnenden Ausblick links noch die Kirche S. Maria in Cosmedin mit ihrem hohen romanischen Turm, der runde Hercules Victor-Tempel des Forum Boarium [vgl. A10] und dahinter der Tiber mit den Brücken *Ponte Cestio* und *Ponte Sisto* zu erkennen. In der Mitte des Bildes sind über dem Dach von S. Anastasia im Vordergrund die Kuppel von S. Trininita dei Pellegrini und – dominant am Horizont – die Peterskuppel sichtbar. Auf der rechten Seite des Stadtpanoramas erscheinen die Kuppeln von S. Carlo ai Catinari und S. Andrea della Valle als dunkle Silhouetten. Rechts der hoch aufragenden Mauerreste des Domitiansstadions sind im Hintergrund Gebäude der *Villa Farnese* zu erkennen, die im 16. Jahrhundert in die Ruinen Kaiserpaläste hineingebaut wurde.

Gleichwohl steht nicht die Darstellung der antiken oder neuzeitlichen Bebauung im im Zentrum des Interesses, sondern ein stimmungsvolles Landschaftsbild im Sinne der Romantik. Das Blatt besticht dabei, ebenso wie das im Folgenden noch vorzustellende Pendant durch die zarte Kolorierung, die hier die leicht dunstige Abendstimmung unterstreicht.

Die zu einem unbekannten Zeitpunkt auf der Rückseite des Blattes notierte Zuschreibung an Carl Wilhelm Götzloff (1799–1866) ist, wenngleich hellfarbige Lichtstimmungen auch in seinem Werk zu finden sind, aus stilistischen Gründen fraglich. Zudem entsprechen die Handschrift und Schreibweise des Datums nicht den Merkmalen anderer Zeichnungen und schließlich lässt sich auch der Zeitpunkt der Entstehung nicht ohne Weiteres mit Götzloffs Itinerar vereinbaren, da dieser im betreffenden Zeitraum längst in Neapel lebte.[1] Es ist also mit einem vorläufig nicht identifizierten deutschen Künstler, vielleicht aus Götzloffs früherem Umkreis zu rechnen.[2]

Auf einem weiteren, vom selben Künstler stammenden Blatt ist der Blick wohl vom gleichen Standort über die *Via Appia* und *Via di Porta Latina* hinweg nach Südosten in die Weite der sprichwörtlich kargen römischen Campagna gerichtet. In der Bildmitte sind die an der *Via Appia* gegenüberliegenden Klöster von S. Sisto und S. Nereo e Achilleo sowie S. Cesareo deutlich zu erkennen. Im Hintergrund links wird die an der *Porta Latina* liegende Kirche S. Giovanni durch ihren hohen Turm markiert. Bestimmt wird das Bild durch die silhouettenhaften, grau gefärbten – gegenüber der Wirklichkeit überhöhten – Ketten der Albaner Berge, denen der Zeichner mit den rötlich gefärbten Ruinen der Caracallathermen im Mittelgrund der rechten Bildhälfte ein Gegengewicht gesetzt hat. *Georg Schelbert*

Abb. 2

1  Vgl. Beispiele bei Lentes 1996, S. 30–39. Für eine Einschätzung bezüglich der Zuschreibung an Götzloff danke ich Peter Prange, München.
2  Von der gleichen Hand stammen wohl auch die Blätter m D Z 5: 4, 6 und 7 [Kat. A10, Abb. 2].

## A12

# Längsschnitt durch den Petersdom in der Planung Michelangelos

„ORTHOGRAPHIA della Parte Interiore della CHIESA / di S. Pietro in Vaticano nella Città di Roma."
Mitte/Ende 17. Jh.
Unbekannter Zeichner (Italien, 17. Jh.)
98 cm x 69 cm
Feder, blassrosa Lavierung über Vorzeichnung in Graphit
Maßstäbe: „Scala di Canne venti Romane", „Scala di trabucchi sessanta quattro cor[r]ispondent[i] alle Canne 20. Romane"
WZ: Wappen (drei Leoparden) mit Krone
gr I Z A 1: 3

Längsschnitt durch den Petersdom in der Planung Michelangelos
Etienne DuPérac (um 1520/1535?–1604)
Kupferstich aus „Speculum Romanae Magnificertiae" (1569)
N. Y., Metropolitan Museum of Art, 41.72(3.26)

Die stattliche Zeichnung ist eine vergrößerte Kopie nach dem bekannten Kupferstich von Étienne DuPérac (um 1520/1535?–1604) aus dem Jahre 1569.[1] Dieser gehört zu einer Serie von drei Orthogonalprojektionen (Grundriss, Aufriss von Süden, Längsschnitt) und gibt den Entwurf Michelangelos für die Fertigstellung des gigantischen Bauvorhabens von Neu Sankt Peter in Rom wieder, das bei seinem Tod 1564 noch Gültigkeit hatte.[2] Vorgesehen war ein Zentralbau in Form eines griechischen Kreuzes, dessen monumentale Vierungskuppel von einem Umgang und vier kleineren Nebenkuppeln begleitet werden sollte. Der Bau sollte kein Langhaus erhalten; zum Vorplatz hin sollte eine klassische Tempelfront mit zwei Reihen freistehender Säulen die Fassade bilden.

Michelangelo wich stark von Bramantes ursprünglichem Entwurf und den später hinzugekommenen Erweiterungen Antonios da Sangallo ab. Er beseitigte die äußeren Umgänge der drei Apsiden und die beiden vorgesehenen Glockentürme; den reduzierten Kernbau umgab er mit einer gefalteten, kolossalen Pilastergliederung. Apsiden und Kuppeltambour wurden nach seinen Plänen errichtet; die Kuppel vollendete Giacomo della Porta 1590 mit leichten Veränderungen. Anstelle von Michelangelos Tempelfront errichtete Carlo Maderno bis 1619 das heutige Langhaus und die Fassade.[3]

Ob das auf den Stichen evozierte Architekturmodell dreidimensional existiert hat, oder ob die Darstellung nur auf Planzeichnungen beruhte, ist nicht überliefert. Einzelheiten, wie die Form der Nebenkuppeln und die Instrumentierung der Fassade, stammen wahrscheinlich von Michelangelos Nachfolger Vignola.[4] Die Zeichnung gibt keinen Hinweis darauf, dass sie den Entwurf Michelangelos zeigt, der Bau aber anders ausgeführt wurde.

Während der Stich DuPéracs auf ein Papier im Folioformat (ca. 33 x 47 cm) gedruckt ist, verwendete der Schöpfer unserer Zeichnung vier aneinander geklebte Folio-Blätter entsprechender Größe aus starkem Zeichenpapier. Der Zeichner benutzte – wie der Kupferstich – die in Rom gebräuchliche Maßeinheit „canna di architetto" (ca. 2,23 m) und verdoppelte beim Kopieren die Abmessungen. Die Länge der Skala entspricht ungefähr dem Kuppeldurchmesser (41,5 m).

Die zweite, ungefähr gleich lange Maßstabskala ist in „trabucchi" (Klafter) angegeben. Der trabucco wurde vor allem im Piemont und der Lombardei verwendet; er variiert zwischen 2,6 m (Mailand) und 3,1 m (Turin). Dem Zeichner muss hier ein Irrtum unterlaufen sein, denn mit 64 Einheiten würde die Skala eine in Wirklichkeit vier- bis fünfmal längere Strecke bezeichnen. Ob eine (unbekannte) Maßeinheit von ca. 60 cm gemeint ist, und wie der Fehler zustande kam, ist nicht offensichtlich. Vielleicht arbeitete der Künstler für einen reisenden Auftraggeber; er selber war offensichtlich nicht mit dem fremden Maß vertraut.

Er legte seine Zeichnung zuerst vollständig in Graphit (Bleistift) an und zeichnete anschließend mit der Feder darüber. Alle Querschnittsflächen sind rosa laviert, allerdings ungleichmäßig; die Schattierungen sind nicht mit dem Pinsel, sondern mit verriebenem Graphitstift modelliert. Die Federzeichnung ist nicht voll-

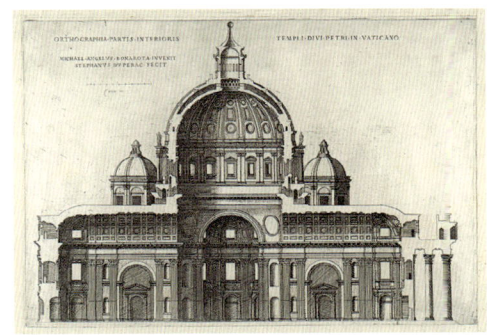

Abb. 2

ständig durchgeführt; bei den Kassetten und Rahmungen der Gewölbe fehlt sie großenteils. Dafür sind hier und da zusätzliche Details angebracht, wie Statuen in den Nischen und verspielte Palmetten an der Kuppellaterne. Besonders schön zeigt sich der ornamentale Sinn des Zeichners in der ganz ungewöhnlichen, prächtig überdimensionierten, doppellinigen Inschrift, die mit phantasievollen Anschwüngen und Arabesken bereichert ist. Die Zeichentechnik hat nicht die Präzision und Feinheit, wie sie im 18. Jahrhundert üblich wird; sie ist mit Carlo Rainaldi und Guarino Guarini vergleichbar. Auch die spröde Buchstabenform der Maßstabsbeschriftungen deutet auf das 17. Jahrhundert.
*Martin Raspe*

1  Rubach 2016, S. 356-359, Kat. 366-368.
2  Raspe 2014.
3  Thoenes 2015.
4  Thoenes 1968.

A13
# Spiralsäule des Altarziboriums von St. Peter in Rom

um 1630
Umkreis des Gianlorenzo Bernini (1598–1680)
36,8 cm x 16,7 cm
Feder, Pinsel, braun laviert
kl I Z M: 1

Ansicht der Spiralsäule
um 1625
Francesco Borromini (1599–1667), zugeschrieben
Feder, Pinsel, Graphit/Kreide, laviert
Windsor Royal Collections, RCIN 905635

Die Zeichnung stellt in Untersicht das obere Drittel einer der Bronzesäulen des von Gianlorenzo Bernini entworfenen Altarbaldachins von St. Peter in Rom dar.[1] Die angedeuteten Engelsputten, Lorbeerzweige und Bienen sind heraldische Symbole Papst Urbans VIII. Barberini (reg. 1623–1644), der dieses Monument in Auftrag gab. Deutlich ist zudem ein Kranz von Akanthusblättern und das Kompositkapitell zu erkennen.[2]

Gleich zu Beginn seines Pontifikats griff Urban VIII. die unfertige Gestaltung des Hochaltars über dem Apostelgrab (Confessio) auf und beauftragte Bernini mit den Planungen. 1625 muss er eine Lösung vorgelegt haben, der man folgte, wobei man ihm den architektonisch und technisch versierteren Francesco Borromini (1599–1667) zur Seite stellte. Für die bronzenen Säulen zeichnete Borromini eine Ausführungsskizze, die heute in der königlichen Sammlung in Windsor Castle verwahrt wird (Abb. 2).[3] Diese von Thelen in das Jahr 1625 datierte Zeichnung stellt eine Säule in unverzerrter Seitenansicht dar. Auf einer mit Feder und Blei ausgeführten Grundzeichnung wurde die Säule nachgezeichnet, später die Schatten nachlaviert.

Obwohl die Ausschnitte ähnlich sind, weisen die Zeichnungen in Windsor und Hannover deutliche Unterschiede auf: Wurde Borrominis Blatt, etwa doppelt so groß wie das in der Sammlung Haupt, sehr fein ausgearbeitet, so fasst die hannoversche Zeichnung das Sujet eher malerisch auf, indem über einer Federzeichnung mit Hilfe von Schattenflächen eine starke Räumlichkeit evoziert wird. Eine Zuschreibung an Borromini oder Bernini scheidet aus stilistischen Gründen aus.[4] Da die Zeichnung nicht die Präzision eines architektonischen Entwurfes aufweist, könnte das Studienblatt von einem interessierten und kenntnisreichen Maler oder Dekorateur verfertigt worden sein.

Die Herstellung der Bronzesäulen führte zu Diskussionen, ließ doch der Papst den antiken, bronzenen Dachstuhl über der Vorhalle des Pantheons auch deswegen einschmelzen. Zudem war bei Ausführung noch nicht bekannt, wie die Bekrönung aussehen sollte. Insofern kam es auch zu zwei Bauabschnitten: Die Enthüllung der Säulen fand zunächst am Fest Peter-und-Paul 1627, die Gesamtweihe mit dem ergänzten Aufbau jedoch auf den Tag genau fünf Jahre später statt. Obschon als Solitär ausgebildet, steht der Altar mit dem Ziborium in einem ikonographischen wie funktionalem Zusammenhang mit den Vierungspfeilern und den darin aufbewahrten Passionsreliquien, der Kathedra Petri, der Confessio und nicht zuletzt auch des Grabmals Urbans VIII., der sich damit seiner Herrschaft ein Denkmal setzte.[5]

Die 11 Meter hohen Säulen, die alle unterschiedlich gestaltet sind, bestehen aus fünf Einzelteilen: Basis, drei Schaftstücke, Kapitell. Die starke perspektivische Verkürzung, die auf dem Blatt deutlich wird, aber auch der noch fehlende Aufbau weisen darauf hin, dass die Zeichnung wahrscheinlich zwischen 1627 und 1632 entstanden ist. Da man zudem den Unterbau der Säulen einrechnen muss, die Abbildung aber eine relative Nahsicht suggeriert, wurde sie möglicherweise sogar auf einem höher liegenden Baugerüst angefertigt, das zum Aufbau aufgestellt werden musste.

Die Tatsache, dass das neue Werk in einer geschickten Weise, wie Lavin schreibt, „the architectonic ciborium, the processional baldachin, and the hanging canopy" verbindet[6], ließen das Monument schnell eine Berühmtheit erlangen. Der Deutschitaliener Johann Friedrich Greutter (ca. 1590–1662) fertigte zudem zum Abschluss des Projektes 1633 einen repräsentativen Kupferstich des Altares an. Ferner findet es sich in Fioravante Martinellis Stadtführer

Abb. 2

„Roma ricercata nel suo sito" (1693) genauso wie in Juan Andrea Riccis „Trattato breve di Perspettiva" (1659–1663).[7] *Marcus Köhler*

1 Heilmeyer/Schraudolph/Wiewelhove 1992, S. 18–19.
2 Schütze 2006b, S. 260–262.
3 Thelen 1967a, S. 85–86 (RCIN 905635, 49.6 cm x 21.5 cm). Dazu Detailzeichnungen (Thelen, C 68-73, 72f. d.i. RCIN 905636, 905637).
4 Vgl. Connors 1993.
5 Schütze 1994, insbes. S. 226-237.
6 Lavin 1984, S. 413.
7 In Fioravantes in Rom gedruckte Reisebeschreibung findet sich ein Kupferstich (unpaginiertes Werk), der Benediktiner Ricci hingegen stellte das Werk ins Zentrum seiner Raum-Diskussionen.

### A14
# Petersplatz mit Peterskirche und Vatikan

"PROSPECTUS ANTERIOR BASILICAE D. PETRI IN VATICANO; ET PALATII PONTIFICII ROMAE"
um 1675, signiert und datiert (stark abgerieben) l.u.: "....L... CRVYL, ..74[?]"
Lieven Cruyl (1634–vor 1720)
21,2 cm x 32,5 cm.
Feder auf Pergament, Tusche u. Bister laviert
m N Z 1: 4

Blick auf den Quirinalsplatz mit Quirinalspalast
wohl 1674, signiert u. datiert l.u. "... INVS .. CRVYL, ..74"
21,0 cm x 32,7 cm
Feder auf Pergament, Tusche u. Bister laviert
m N Z 1: 5

Der aus Gent stammende Lievin Cruyl hielt sich etwa zehn Jahre in Rom auf und stieg in dieser Zeit zu einem der führenden und vor allem wirkungsreichsten Zeichner von Ansichten der Ewigen Stadt auf. Er war der bevorzugte Vedutist des Druckers Giovanni Battista de Rossi, der in heftiger Konkurrenz zu seinem Vetter Domenico de Rossi und dessen Zeichner und Stecher Giovanni Battista Falda (1643–1678) stand. Cruyls teils unter Zuhilfenahme optischer Geräte erstellte Veduten waren zwar räumlich anspruchsvoller als diejenigen Faldas, hatten aber zunächst weniger Erfolg.[1] Die Wirkung seiner Werke entfaltete sich erst später, als sie für weitere Publikationsprojekte nachgenutzt wurden.[2] Für einige Auftraggeber fertigte Cruyl auch gezeichnete Serien an und verwendete dabei wohl aus Gründen der Haltbarkeit teils Pergament. Derartige Werke haben sich in Florenz (Villa Poggio Imperiale)[3] und in Rom (Palazzo Braschi)[4] erhalten. Auch die beiden erstmals von Lieselotte Vossnack beschriebenen Ansichten aus der Sammlung Haupt,[5] deren ursprünglicher Besitzer nicht bekannt ist, sind auf Pergament gezeichnet. Mit der Serie im Palazzo Braschi haben sie die Schriftkartuschen gemeinsam, allerdings – auch aufgrund des geringeren Formats – mit anderer Beschriftung. Anders als bei früheren, großformatigen Ansichten, die wohl bei de Rossi hätten gedruckt werden sollen und die sich durch extrem weitwinkelige und auf mehrere Fluchtpunkte zielende Perspektivkonstruktionen auszeichnen,[6] wählte Cruyl bei den Pergamentzeichnungen gefälligere Blickwinkel.

Die Darstellung des Petersplatzes gehört zu den klassischen Motiven der Romansichten. Insbesondere nach der Errichtung der Kuppel durch Michelangelo und Giacomo della Porta im letzten Drittel des 16. Jahrhunderts und der Kolonnade durch Gianlorenzo Bernini in der Mitte des 17. Jahrhunderts besaß das Ensemble zugleich große Wiedererkennbarkeit, stellte durch seine Dimensionen aber auch eine Herausforderung für jede Wiedergabe dar. Cruyls Zeichnung zeigt den Petersplatz von einem erhöhten Blickpunkt aus und gewinnt dadurch einen Überblick über die ovale und rechteckige Platzgestalt. Die Ansicht ist dadurch dynamisiert, dass der Kirchenbau mit seiner Kuppel als Zielpunkt des Platzes in die linke Blatthälfte gerückt ist. Zugleich wird dadurch auf der rechten Bildhälfte der Blick über den Arm der Kolonnade hinweg auf den Komplex des vatikanischen Palastes – mit Sixtinischer Kapelle, den Loggien des Raffael und dem Palast Sixtus' V. – bis hin zur fernen Exedra am Ende des Belvederehofes freigegeben. Die Belebung der Szenerie mit Personen und Pferden hat nicht zuletzt die Funktion, die Größe des Platzes zu unterstreichen.

Auch der Platz und Palast auf dem Quirinalshügel, volkstümlich *Monte Cavallo* genannt nach den beiden Rossebändigern, die später durch Obelisk und Brunnen ergänzt wurden, gehört zu den klassischen Motiven der Vedutendarstellungen im 17. Jahrhundert. Auf unserem Blatt (Abb. 2) ist auf der rechten Seite der Quirinalspalast zu sehen, der etwa ein halbes Jahrhundert zuvor im Auftrag von Papst Paul V. unter Erweiterung einer vormaligen Villa des Kardinals d'Este als Sommerdomizil der Päpste entstand. Sie lag dem Vatikan, der päpstlichen Hauptresidenz – hier an der Kuppel der Peterskirche erkennbar, die etwa im Fluchtpunkt der sich in die Tiefe erstreckenden Gebäudeteile des Quirinalskomplexes über den Horizont hinaus-

Abb. 2

ragt – genau gegenüber. Unter den von Cruyl geschaffenen Ansichten des Quirinalsplatzes, die alle einen Blick entlang der *Via Pia* (heute *Via venti settembre*) in Richtung *Porta Pia* zeigen,[7] ist der hier gewählte Blick auf die Stadt die Ausnahme, erscheint aber ähnlich später in vielfacher Wiederholung bei dem bekannten niederländischen Vedutenmaler Gaspar van Wittel (1652/53–1736),[8] der sich auch bei anderen Motiven auf Cruyl stützte. *Georg Schelbert*

1. Connors 2012, S. 221–222.
2. Z.B. J.G. Graevius, Thesaurus Antiquitatum Romanarum, Utrecht u. Leiden 1697.
3. Langdijk 1961; Jatta 1992, Kat. 29–46.
4. Jatta 1992, Kat. 48–58.
5. Vossnack 1962.
6. Insbesondere die früher in der Wiener Albertina befindliche und nun zwischen dem Cleveland Museum of Art und dem Rijksmuseum Amsterdam aufgeteilte Serie, Jatta 1992, Kat. 69–86.
7. Vgl. Blickschemata bei Jatta 1992, S. 16. Eine Ausnahme stellt die große Zeichnung (seitenverkehrt, da Druckvorlage) in Cleveland dar, die beide Blickrichtungen zeigt (Jatta 1992, Kat. 72).
8. Z.B. Galleria Nazionale d'Arte Antica) – Palazzo Barberini inv. 1407, Garms 1995, Kat. 58.

## A15
# Skizze des Turmes von Sant'Ivo alla Sapienza in Rom

nach 1655
Umkreis des Francesco Borromini (1599–1667)
22,8 cm x 10,0 cm
Feder, Bister auf dünnem Papier
kl I Z A 4: 4

Sant'Ivo alla Sapienza
1659/60
Domenico Barrière (ca. 1622–1678)
Radierung
aus: Giannini 1720

In einer lockeren Federzeichnung stellt das Blatt den eigenwilligen Turmaufbau der Universitätskirche Sant'Ivo in Rom dar, die zwischen 1643 und 1660 nach den Entwürfen Francesco Borrominis auf einem sechseckigen Grundriss errichtet wurde.[1]

Obschon sein Biograph Filippo Baldinucci davon berichtet, dass Borromini nach seinem Tod alle seine Zeichnungen verbrannt sehen wollte,[2] haben sich dennoch etliche Zeichnungen zur Universitätskirche erhalten, unter denen sich eine in Graphit ausgeführte Skizze des Turmes mit Erläuterungen (Albertina Wien, Inv. Nr. AZ Rom 510), sowie eine weitere mit einer Ansicht (Kunstbibliothek Berlin SPK HZ 1025) befindet. Letztere wird mit dem aus Frankreich stammenden römischen Kupferstecher Domenico Barrière (ca. 1622–1678) in Zusammenhang gebracht, der 1659/60 auch einen Stich der Kirchenfassade anfertigte (Abb. 2). Zusammen mit anderen Vorlagen wurde der Stich 1720 von Sebastiano Giannini in seinem Werk „Opera del Caval. Francesco Borromini" (1720) publiziert.

Die vorliegende Skizze steht mit diesen Zeichnungen in Zusammenhang, da auch sie den gleichen Ausschnitt der Kirchenkuppel wiedergibt. Deutlich sind die schnell, aber mit sicherer Hand hingeworfenen Grundprinzipien des Baus erfasst, ebenso sieht man eine der Ecklösungen mit den heraldischen Bergen des Chigi-Papstes Alexander VII. (reg. 1655–1667), unter dem der Turm vollendet wurde. Im Gegensatz zu den gesicherten Zeichnungen Borrominis wird hier als Material allerdings nicht das charakteristische Grafit verwendet, sondern Bister, die gleiche Tintenfarbe, mit der auch ein lateinischer Text auf der Rückseite des Blattes geschrieben wurde. Das Textfragment hat einen juristischen Inhalt, so dass es zwischen Vorder- und Rückseite scheinbar keine erkennbare Korrespondenz gibt, sondern es sich bei dem Blatt um einen „Schmierzettel" handeln könnte.

Ab Ende des Jahres 1651 bis 1653 setzen Diskussionen ein, den seit Jahren unfertigen Dachabschluss der Kirche mit einem Turm zu versehen. Neben komplizierten statischen Überlegungen spielten die architektonische Form und Gestaltung dabei eine große Rolle. Joseph Connors konnte belegen, dass die Juristen, die neben den Medizinern die zweite Fakultät der Universität bildeten, regen Anteil daran nahmen. In wenigen Jahren hatte man dort unter päpstlichem Schutz ein richtungsweisendes Studium geschaffen, das mit einem juristischen Abschluss, der „laurea" beendet wurde. Um sich von anderen, teils privat vergebenen Doktoraten abzugrenzen, sollte diese ‚Krönung des Universitätsstudiums' auch symbolisch die Spitze der Universitätskirche darstellen.[3] Torsten Tjarks fasst zusammen: „Das als Treppe gestaltete Dach sowie der steile Laternenaufsatz in Form eines spiralig gewundenen Kronreifs versinnbildlichen den Aufstieg des Wissenden bis zur höchsten Stufe nahe der Göttlichen Weisheit, symbolisiert durch das Kreuz."[4]

Die Zeichnung ist also vor diesem Hintergrund zu verstehen und entstand möglicherweise auch an der Universität. Die Zuschreibung ist indessen schwierig, da die Skizze recht unspezifisch ist. Möglicherweise kommt ein Mitarbeiter Borrominis, etwa Francesco Righi (ca. 1621–1663) in Frage, der am Baugeschehen teilnahm und auch Zeichnungen und Kopien anfertigte (Albertina, Inv. Nr. AZ Rom 506a, 507, 508, 511).

Das Bauwerk erregte schon zu Lebzeiten Borrominis eine besondere Wertschätzung, wie

Abb. 2

Zeichnungen von Erik Jönson Dahlberg, Lievin Cruyl oder Gilles-Marie Oppenord zeigen.[5] In vereinfachter Form wurde es 1752 von Lauritz Thura in der Kopenhagener Erlöserkirche (Vor Frelsers Kirke) aufgegriffen. Zur Bekanntheit der Kirche trug auch der Stich in Giovanni Giacomo Rossis „Insignium Romae Templorum Prospectus" (1684) bei. *Marcus Köhler*

---

1 Bösel/Frommel 2000; Connors 1996; Smyth-Pinney 2000.
2 Morrissey 2006, S. 36.
3 Connors 1996, S. 678–680.
4 Zit. n. Barock im Vatikan 2006, S. 492
5 Connors 1996, S. 676f.

## A16
# Ansicht und Grundriss der Uferfassade des Palazzo Vendramin-Calergi in Venedig

„Faciata del Palazo del Grimani Caler[g]i S. Marcola"
um 1735
Antonio Adami (18. Jh.), signiert u.l. „Antonio Adami"
48,3 cm x 36,5 cm
Feder und Pinsel über Graphitstift, laviert
Maßstab (ohne Maßangabe)
m I Z A 4: 1

Ansicht des Galerieganges im Palazzo Spada in Rom, um 1740
Antonio Adami, zugeschrieben
55,1 cm x 40,8 cm
Feder und Pinsel in Schwarz über Graphitstift, laviert
Maßstab „Scalla di Piedi inglesi"
m I Z A 4: 2

Zwei Blätter mit maßstäblichen Architekturzeichnungen aus der Hand des italienischen Zeichners Antonio Adami geben einen besonderen Einblick in die englische Italienrezeption des 18. Jahrhunderts. Adami hat das eine Blatt, eine Ansicht und ein Grundriss der Uferfassade des Palazzo Vendramin-Calergi (bis zum Besitzerwechsel 1739 „Grimani-Calergi") in Venedig eigenhändig signiert. Das zweite Blatt zeigt die Ansicht der von Francesco Borromini um 1635 als *trompe-l'œil* entworfenen Galerie im Palazzo Spada in Rom (Abb. 2). Es lässt sich anhand des Duktus und der Schriftcharakteristik ebenfalls Adami zuordnen.

Über Adamis Person und sein Wirken ist bisher wenig bekannt, selbst seine Herkunft aus Venedig ist unsicher.[1] Seine Zeichnungen, zumeist Orthogonalprojektionen von antiken und neuzeitlichen Bauten in Rom und im Veneto finden sich heute überwiegend in englischen Sammlungsbeständen und wurden dort vielfach irrtümlich dem venezianischen Künstler und Kupferstecher Antonio Visentini (1688–1782) zugeschrieben.[2] Adami war sehr wahrscheinlich maßgeblich als Schüler bzw. Mitarbeiter Visentinis an dessen Aufträgen für den in Venedig als Konsul tätigen englischen Mäzen Joseph Smith (1674/82?–1770) beteiligt. So steht die Ansicht des Palazzo Vendramin-Calergi unzweifelhaft mit der von Smith veranlassten Sammlung der *Admiranda Urbis Venetae* in Verbindung, einer dreibändigen Dokumentation von Zeichnungen venezianischer Architektur, die Visentini anleitete.[3] Auch die andere Zeichnung lässt sich in den Kontext eines ähnlichen Sammlungsauftrags, der *Admiranda Artis Architecturae Varia* einordnen, der römische und antike Bauten beinhaltete.[4] Die Ansichten wurden u.a. von Adami dabei mehrfach angefertigt.[5]

Bis heute zählt die nach dem Entwurf von Mauro Codussi (um 1440–1504) 1509 fertiggestellte Fassade des Palazzos Vendramin-Calergi am Ufer des Canal Grande im Sestiere Cannaregio zu den bekanntesten in Venedig und wurde besonders im 18. Jahrhundert als Beispiel mustergültiger Fassadenarchitektur der Renaissance hoch geschätzt. Adamis nüchterne, weitgehend monochrome Darstellungstechnik mit Feder und Pinsel entsprach dem Wunsch, die architektonische Qualität der abgebildeten Bauten auf eine rationale aber gleichwohl künstlerische Art zu dokumentieren. In ihr spiegelt sich eine antibarocke Haltung, die sich auch besonders durch die in England zu dieser Zeit ausgeprägte Vorliebe für die Architektur Andrea Palladios zeigte. Wie Visentini wusste auch Adami, sich dieser englischen Mode anzupassen. Seine Zeichnungen sind vielfach für das englische Klientel im Maßstab „di Piedi inglesi" ausgeführt. Zudem fertigte Adami auch Ansichten von englischen Bauten, deren Vorlagen er aus dem „Vitruvius Britannicus" übernahm.[6] Ein im Katalog der 1799 aufgelösten Sammlung des Kaufmanns Charles Rogers (1711–1784) aufgeführtes Konvolut von „Forty-four elegant designs in architecture, consisting of elevatios, plans, sections, &c. Of the most celebrated buildings in Rome, [...] by *Antonio Adami*"[7] sowie weitere, in anderen europäischen Sammlungen verstreut aufbewahrte Blätter aus seiner Hand zeugen davon,[8] dass sich Adami offenbar dank Visentinis und Smiths Unterstützung einen respektablen Ruf als Architekturzeichner erwerben konnte. *Simon Paulus*

Abb. 2

1. Vgl. Favilla/Rugolo 2015, S. 120, 140–147; Modesti 2012, S. 202, hier Anm. 51 u. 52.
2. U.a. in der British Library, im Royal Institute of British Architects, in der Royal Collection/Royal Library Windsor, dem Victoria & Albert Museum, dem Canadian Centre for Architecture sowie den Harvard College Libraries. Vgl. hierzu auch die teilweise ungenauen Zuschreibungen bei Vivian 1989; McAndrew 1974; Modesti 2012, S. 195–196, 199.
3. Modesti 2012, S. 193–194. Die urspr. 475 Blätter umfassende Sammlung wird heute in der British Library aufbewahrt (BL, 71.i.III).
4. Sie wurde 1762 aus Smiths Nachlass von George III. erworben und befindet sich heute in der Royal Collection/Royal Library in Windsor (RCINs 910506-567). Vgl. dort auch 24 weitere Visentini zugeschriebene Blätter, die aber zumeist Adamis Handschrift tragen.
5. Vgl. z.B. die identische, unsignierte Ansicht des Palazzo Vendramin-Calergi in der Sammlung des V&A Museums London (Prints & Drawings Study Room, I. E, A,105).
6. Modesti 2012, S. 198.
7. Rogers Catalogue 1799, S. 81, Nr. 771.
8. Z. B. HAUM Braunschweig, Z Bd. 19: Bl. 1, sowie Z. 1723–1725 (3 Bl.). Vgl. Heusinger 1997, S. 83–84; Paulus 2021, S. 22.

# B Ausbildung, Studienblätter und Akademiepraxis

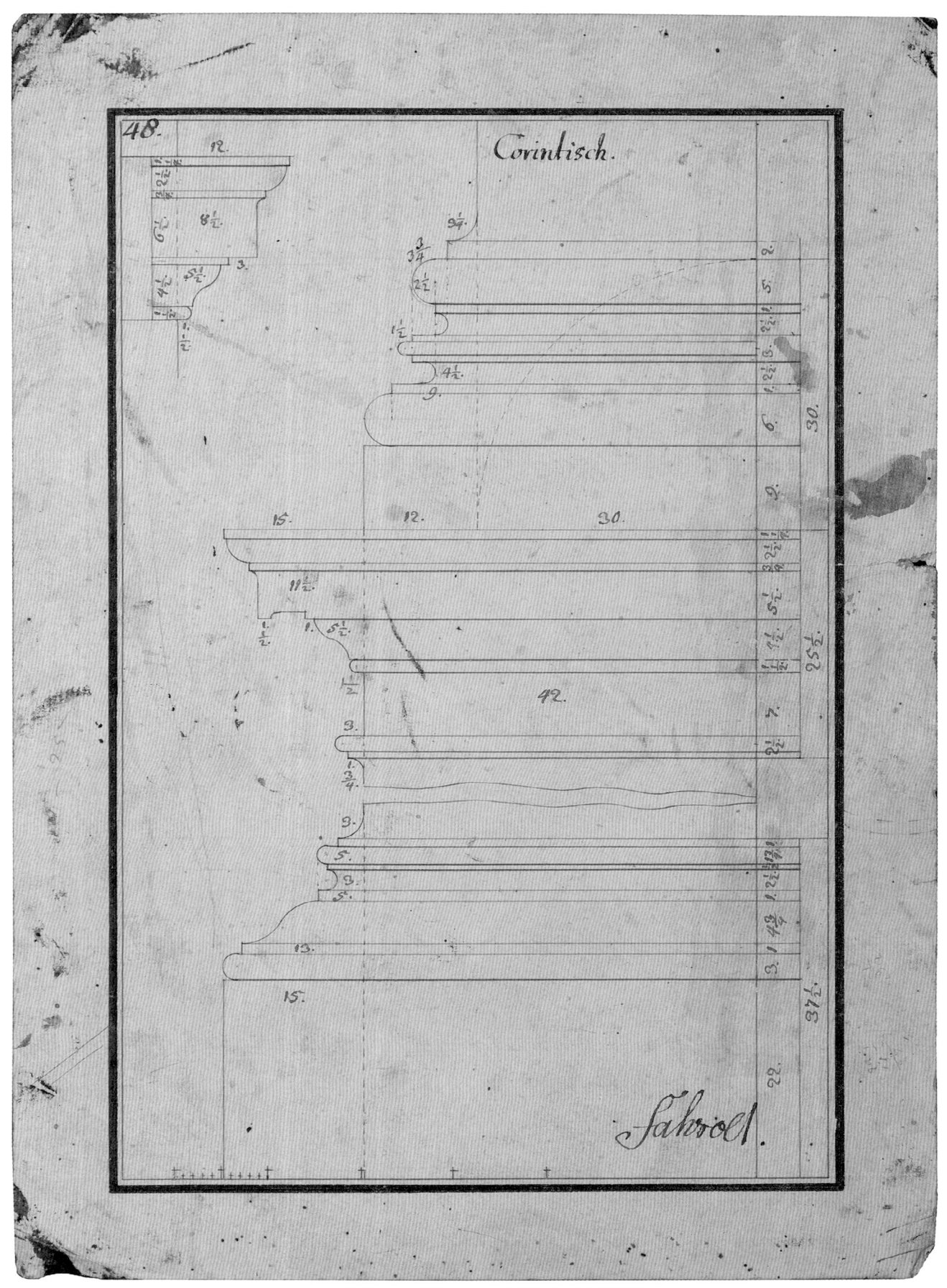

B01

# „Corinthisch". Vier Profile zur Korinthischen Ordnung

2. Hälfte 18. Jahrhundert
Christian Heinrich Fahsolt (1728–1807), signiert u.r. „Fahsolt"
31,0 cm x 22,0 cm
Feder
Maßangaben
Verso: Bleistiftskizzen und Zahlen (Berechnungen), Ansichtsskizze eines Zentralbaus
XXIVc (1): 7

„Toscanisch". Ansicht einer Säule mit Bogenstellung
2. Hälfte 18. Jahrhundert, signiert u.r. „Fahsolt"
67,9 cm x 32,9 cm
Feder, Pinsel, grau laviert
XXIVc (1): 8

Die Lehre von den Säulenordnungen als Grundlage eines rational gebundenen Entwerfens war seit der Renaissance – als Vitruvs antike Architekturtheorie neu rezipiert, interpretiert und fortentwickelt wurde – ein wesentlicher Inhalt der Ausbildung im Bauwesen.[1] Der Unterricht in der Entwurfspraxis übertrug das theoretische in ein anwendbares Wissen: Proportionieren und Detaillieren der Säulen mit all ihren Elementen – als Ausgangspunkt der gegliederten Architektur – war nicht nur intellektuelle Übung, sondern vor allem auch zeichnendes Handwerk. Von Grund auf Erlernen mussten dies nicht nur angehende Baumeister, sondern auch jene Handwerksgesellen (Steinmetze, Stuckateure, Maler, Tischler…), die entsprechende Entwürfe eins zu eins umsetzten. Nach den aus Vitruvs Beschreibungen und aus Studien an antiken (und manchmal neuzeitlichen) Gebäuden gewonnenen „Regeln" entstandene Vorlagen wurden mit Zirkel und Lineal minutiös nachkonstruiert, zugleich übte man das Zeichnen mit Bleistift, Feder und manchmal lavierter Schattierung als Darstellungstechnik.

Die mit „Fahsolt" signierten Blätter der Sammlung Haupt dürften in der zweiten Hälfte des 18. Jahrhunderts im Zuge einer solchen Ausbildung entstanden sein. Die genaue Zuordnung bedürfte weitergehender Forschung, doch ist ein Zusammenhang mit der Handwerksschule in Karlsruhe wahrscheinlich, an der Christian Heinrich Fahsolt unterrichtete.[2] Ob der gelernte Zimmermann und Brunnenbauer sie in seiner eigenen Lehrzeit gefertigt hat, sie als Vorlage im Unterricht verwendete oder er die Arbeiten eines Schülers abzeichnete, ist unklar. Sie könnten auch von einem seiner Nachkommen stammen; wenigstens einer der Söhne Fahsolts erlernte ebenfalls das Zimmerhandwerk.

Das Blatt „Corinthisch." kann als typisches Studienblatt betrachtet werden: Offenbar stammt es aus einer Mappe (oben links nummeriert mit „48."), die den gesamten Lehrinhalt der zeichnerischen Entwurfslehre umfasst haben dürfte. Der Schüler konnte sein selbst gezeichnetes Wissen „getrost nach Hause tragen" und wiederum als Vorlage verwenden.

In Fahsolts Unterricht erwarb zum Beispiel der vierzehnjährige Friedrich Weinbrenner (1766–1826) seine Grundkenntnisse.[3] Seine frühen Ausbildungsschritte sind typisch für viele Bauleute im 18. und 19. Jahrhundert: Eine praktische Ausbildung im Handwerk stand am Beginn, sie wurde vom Unterricht an Handwerksschulen erweitert – spätere Architekten saßen dort neben zukünftigen Handwerkern. Bei Weinbrenner schlossen sich Reisen und wechselnde Arbeitsorte an, bis er 1801 in Karlsruhe zum Baudirektor ernannt wurde und als Baumeister und Architekturlehrer, der dann selbst Vorlagenblätter an seine Schüler herausgab, eine lange anhaltende Wirkung erzielen konnte.[4]

Privat geführte Schulen wie die Handwerksschule, an der Fahsolt lehrte, gingen im Zuge der zunehmenden Professionalisierung und Differenzierung der Ausbildung im Bauwesen im 19. Jahrhundert oft in öffentlichen Institutionen auf.[5] Nicht wenige der in der ersten Hälfte und in der Mitte des Jahrhunderts eröffneten Baugewerkschulen, aus denen später Fachhochschulen oder Technische Universitäten entstehen sollten, gingen auf entsprechende Schulen zurück.[6] Doch auch das heutige Berufsschulwesen hat seine Wurzeln in solchen Einrichtungen.

Während im 18. Jahrhundert, als das hier vorgestellte Blatt entstand, die Systematik der Säulenordnungen als grundlegend für die Ent-

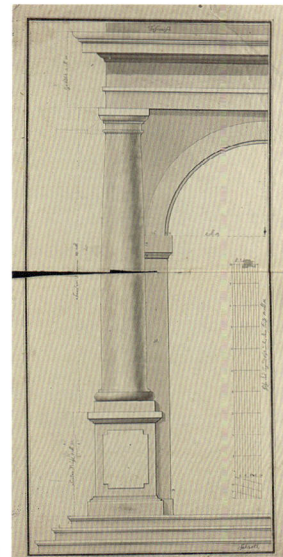

Abb. 2

wurfslehre insgesamt gelten konnte, verlor sie diese übergeordnete Rolle im Laufe des 19. Jahrhunderts: Ein Pluralismus historischer Einkleidungen setzte sich durch. Die „Stilkunde" des Historismus wurde jedoch weiter mit dem Nachzeichnen von Vorlagen – nun verschiedenster Stile – gelehrt.[7] Erst das 20. Jahrhundert verabschiedete das entlang eines Kanons historischer Vorbilder vorgehende Ausbildungskonzept, und mittlerweile ist „korinthisch" ein Begriff, der in der Architekturausbildung allenfalls in den Prüfungen zur Baugeschichte abgefragt wird, im Handwerk spielt er gar keine Rolle mehr. *Ulrich Knufinke*

1 Vgl. Johannes 2009.
2 zu Fahsolt siehe Hirsch 1932, Bd. 2, S. 279–281.
3 Vgl. Kleinmanns 2015, S. 21.
4 Vgl. hierzu Schumann 2010.
5 Vgl. allgemein: Philipp/Renz 2012.
6 Vgl. exemplarisch anhand der Baugewerkschule Nienburg: Knufinke 2010.
7 Vgl. allgemein Ebert/Froschauer 2019.

B02
# Übereckansichten zweier Säulenordnungen mit Schnitten durch die Säulenkompartimente

1831, signiert und datiert u.l. „W. Sprengell 17/1 31"
Wilhelm Sprengell († vor 1872),
22,8 × 48,3 cm
Feder und Pinsel, laviert
Maßstäbe „Model"/ „Partes"
kl D Z 15: 2

CAD-Nachkonstruktion der gewundenen Säule
Umzeichnung A. Schmid-Kirsch, 2021

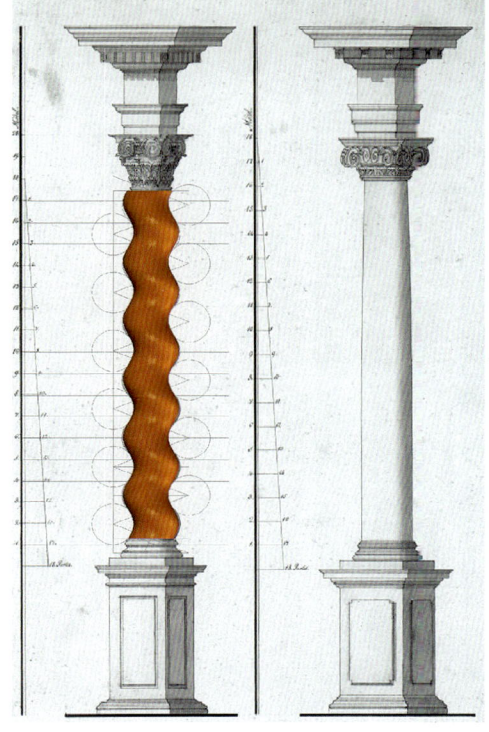

Abb. 2

Dargestellt sind in Grund- und Aufriss zwei über Eck gestellte Säulen gleicher Höhe auf hohem Podest mit aufgesetztem hohem Kapitellaufsatz. Im Grundriss sind mehrere charakteristische Horizontalschnitte der halben Säule als Untersichten übereinander angeordnet. Der Aufriss gewinnt durch den Einsatz von Eigenschatten stark an räumlichem Ausdruck. Durch graues Lavieren der rechten Seite und der Unterseiten der gewundenen Säule entsteht der Eindruck eines Lichteinfalls von links oben und dadurch eine hohe Plastizität. Die Zeichnung ist sehr präzise und zeigt in Anordnung, Ausführung und Einsatz graphischer Mittel hohe Könnerschaft.

Die beiden Säulen unterscheiden sich in der Ausbildung der Kapitelle und vor allem in ihrem Schaft. Die linke Säule ist im Grundriss mit „Romanische Säule", die rechte mit „Teutonicasche Säule" beschriftet. Die Rechte Säule hat einen leicht gebauchten Schaft (Entasis) während die linke eine gewundene Säule (nach Schmidt) darstellt.[1] Da Einstichlöcher eines offensichtlich verwendeten Zirkels erkennbar sind, lässt sich die Konstruktion der gewundenen Säule nachvollziehen. Es handelt sich geometrisch um die Verschraubung eines Kreises, also eine Kreisschraubfläche.[2] Hier liegt eine gerade Kreisschraubfläche vor.[3] Der oberste Schraubgang ist leicht verjüngt. Der Abstand der Zirkeleinstiche entspricht der Ganghöhe der Schraubung. Die Schraubachse kann vertikal angenommen werden. Aus dem Abstand zweier Umrisspunkte gleicher Höhe lässt sich der Durchmesser des erzeugenden Kreises gewinnen. Die gezeichnete Aufrisskontur setzt sich offensichtlich nur aus tangential aneinander gefügten Kreisbögen zusammen. Diese Darstellung folgt vorhandenen historischen Beispielen wie z. B. in J. F. Blondels „Cours d'Architecture" 1771–1777.[4]

Im Falle einer geraden Kreisschraubfläche ist die Aufrisskontur nach Strubecker eine Sinuslinie.[5] In der Umzeichnung kann man leichte Abweichungen der gezeichneten Kontur mittels Kreisbögen von der konstruierten Sinusline sehen (Abb. 2). Sprengells von Hand gezeichnete Säule kommt der mit dem Programm *Rhinoceros* nachkonstruierten gewundenen Säule verblüffend nahe. Die von Gaspard Monge an der Ecole Polytechnique in Paris begründete „Geometrie descriptive" war zu dieser Zeit noch nicht bis zu Schraublinien und Schraubflächen ausgearbeitet.[6]

Zur Person des Zeichners Wilhelm Sprengell, von dem noch zwei weitere Blätter in der Sammlung vorhanden sind,[7] konnte noch keine zweifelsfreie Identifizierung vorgenommen werden. Das vorliegende Blatt sowie die anderen Blätter des Autors sind um den Jahreswechsel 1830/1831 entstanden. Das war kurz vor Eröffnung der Höheren Gewerbeschule in Hannover am 2. Mai 1831.[8] Unter den Schülern der Polytechnischen Schule Hannovers gibt es jedoch H. Fr. Wilhelm L. Sprengell (1849–1933), der sein Studium zum Studienjahr 1866/67 begann.[9] Dessen Vater, ebenfalls ein Ingenieur (Mühlenbaumeister und Maschinenfabrikant), trug gleichermaßen den Namen Wilhelm Sprengell (gest. vor 1872).[10] Es ist nicht auszuschließen, dass die Säulenzeichnungen von Sprengell senior stammen und über dessen Sohn – ein Zeitgenosse Albrecht Haupts – an diesen gelangt sind. Offen bleibt die Frage, an welcher Ausbildungsinstitution die Schülerzeichnungen entstanden sind.

*Albert Schmid-Kirsch*

1 Schmidt 1978, S. 4.
2 Nach der Lage des verschraubten Kreises zur Schraublinie bzw. zu deren Achse unterscheidet Brauner drei Typen: 1 die gerade Kreisschraubfläche (horizontaler Kreis mit Mittelpunkt auf der Schraublinie), 2 die axiale Kreisschraubfläche (ein Kreis in der Ebene der Schraubachse) oder 3 die Schraubrohrfläche (ein Kreis in einer Normalebene zur Schraublinie mit Mittelpunkt auf der Schraublinie). Brauner 1986, S. 323.
3 Schmidt 1978, Abb. 1.
4 Vgl. ebd., Abb. 93.
5 Strubecker 1967, S. 319.
6 Monge 1820.
7 Vgl. TIB Slg. A. Haupt, XXIVc (1): 4 und 5. Die Blätter sind datiert auf 23. Dezember 1830 sowie auf 5. Januar 1831.
8 Auffarth/Pietsch 2003, S. 67.
9 Mundhenke 1988, S. 156.
10 Ebd., S. 190.

B03

# Ansicht des Lusthauses im Garten des Markgräflichen Palais in Karlsruhe

nach 1801
Künstler unbek. (Schüler des Friedrich Weinbrenner)
30,0 cm x 45,4 cm
Feder, laviert (grau, blau) auf Karton
o.l. „No 41."
kl D Z 12: 5

**Lusthaus des Markgräflichen Palais**
um 1910
historische Photographie und Grundriss
aus: Valdenaire 1919

Es handelt sich um eine Studienarbeit aus Friedrich Weinbrenners „Baubureau", die eine große Übereinstimmung mit dem ausgeführten Gebäude aufweist (Abb. 2).[1] Das 1801 errichtete Bauwerk ist eines der bekanntesten Weinbrenners, obwohl es bereits 1902 abgetragen wurde und einem der großen Projekte im Ausbau der Stadt Karlsruhe ab 1797 untergeordnet war; denn es lag in der Gartenanlage des Markgräflichen Palais', das der badische Baudirektor für die Familie der zweiten Frau des Markgrafen, Reichsgräfin Luise Karoline von Hochberg 1805–1814 realisierte und von dem heute noch die Außenwand am Karlsruher Rondellplatz mit der konkaven Säulenportikus existiert.

An der geschlossenen, nur durch die Tür durchbrochenen Form bestätigt sich, dass es sich hier um kein selbständiges Gebäude handelte, sondern ein Garten- oder Lusthaus, dessen Nutzen in sich selbst lag, im Genuss dieser besonderen, dem Alltag enthobenen Situation. 1804 baute Weinbrenner für dieselbe gräfliche Familie Hochberg ein Lusthaus bei Rotenfels im Murgtal, dessen Inneres durch zwei offene Säulenfronten nach beiden Seiten mit der Landschaft korrespondierte.[2]

In Karlsruhe aber erschloss sich die Sensation erst im Innern: Die Tür führte direkt in den Saal, eine hohe und aufwändig mit Ornamenten, Farbflächen, gemalten Draperien und Skulpturen dekorierte, von einer Kuppel abgeschlossene Rotunde.[3] Jeweils zwei Nebenräume lagen in den beiden, leicht abgesetzten Seitenteilen. Auf der südlichen Rückseite präsentierte sich das Lusthaus geschlossen. Nur eine Tür gestattete den Austritt auf einen Balkon, der auf der Gartenmauer aufsaß, und damit eine erhöhte Perspektive über die an der Stadt vorbeiführende Kriegsstraße hinweg. Noch spektakulärere Ausblicke bot eine quadratische Aussichtsplattform auf dem zentralen Kubus, auf die eine Wendeltreppe in einem Zwickel des Kuppelsaals hinaufführte. Deshalb wurde das Lusthaus auch als „Belvedere" bezeichnet. Ähnliche Aussichtsplattformen plante Weinbrenner auf weiteren Gebäuden, wie dem Markgräflichen Palais, dem Sommerhaus der Markgräfin Amalie, 1801–1803, und dem Palais der Markgräfin Christiane Louise, 1817–1819. Die zahlreichen in die Stadt eingebetteten Gärten und der Bezug über die Stadtgrenzen hinaus in die Landschaft waren ein wesentlicher Bestandteil von seiner Vision für die badische Residenz.[4]

Das Gebäude gilt als Beispiel für den Einfluss Andrea Palladios auf das Werk Weinbrenners, der nie einen von dessen Bauten gesehen hatte, wohl aber seine „Quattro libri dell'architettura" (1570) kannte und eine Ausgabe hiervon in seiner Bibliothek verwahrte. Doch erklärt diese Referenz nicht die Präzision eines optischen Instrumentes, mit der das Gebäude von seinem Architekten für diesen konkreten Ort konzipiert und in die Schnittstelle zwischen Stadt- und Kulturlandschaft eingepasst wurde.
*Ulrich Maximilian Schumann*

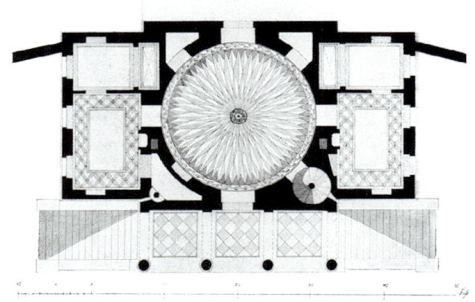

Abb. 2

1 Das Blatt stellt sein Motiv auf weitgehend identische Weise dar wie eine Zeichnung des Schülers Josef Ignaz Berger: Stadtarchiv Karlsruhe, XV 1802 (Rückansicht: XV 1805).
2 Schumann 2021.
3 Südwestdeutsches Archiv für Architektur und Ingenieurbau Karlsruhe, Arnold 5 (Schnitt); Grundrisse z. B. auf Generallandesarchiv Karlsruhe, G Karlsruhe 38 (Erd- und Obergeschoss).
4 Hanschke 2019; Schumann 2019, S. 169–178.

B Ausbildung, Studienblätter und Akademiepraxis | 113

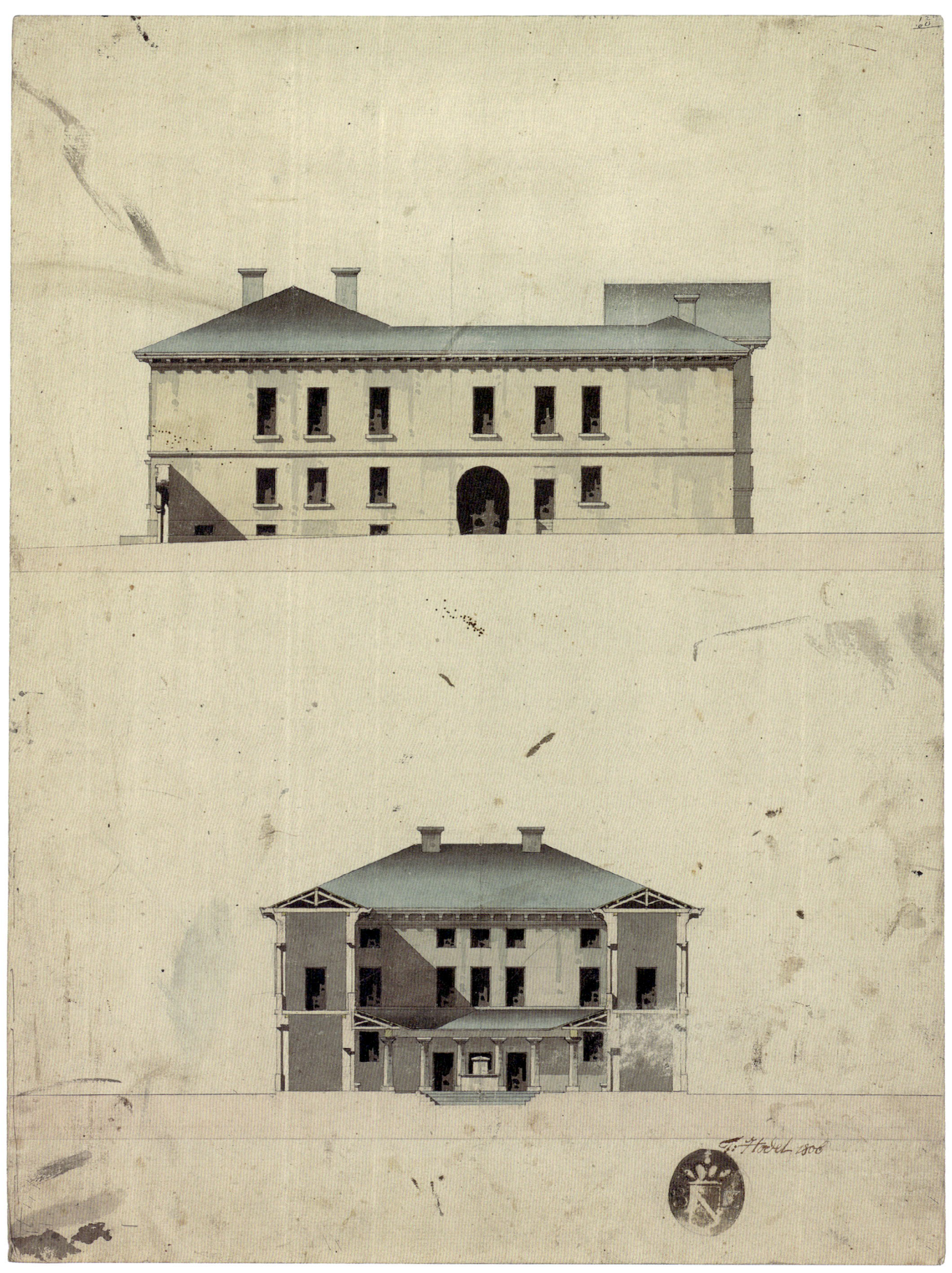

## B04
## Ansicht und Schnitt eines zweigeschossigen Gebäudes mit Atriumhof

1806
F. Hodel, signiert u.r.: „F: Hodel 1806"
45,9 cm x 33,3 cm
Graphitstift, Feder und Pinsel auf Karton, farbig laviert
kl D Z 12:1

Der Zeichner dieses Blattes gehört unter den weit mehr als 100 Schülern Friedrich Weinbrenners zu den am wenigsten bekannten. Nicht einmal sein Vorname ließ sich bis jetzt eruieren; „Friedrich" erscheint wahrscheinlich, zumal Hodel das abgekürzte „F" und den Stil seiner Unterschrift derjenigen seines Lehrers auffallend anglich. Die Fähigkeiten als Architekt, die er sich in Weinbrenners Unterricht erwarb, bezeugt bis heute das funktional und ästhetisch anspruchsvolle Anwesen, das er 1809 für einen Weinhändler an der Kaiserstraße in Lahr errichtete, die Villa Langsdorff.

Schon bei der hier vorliegenden Schülerarbeit dürfte er nicht nur Zeichner, sondern auch Entwerfer gewesen sein. Denn eine direkte Vorlage des Lehrers findet sich darin nicht wieder. Doch weil dieser seine Schüler ohnehin weniger zum Kopieren als zum selbständigen Durchdenken und Abwandeln seiner Entwürfe anhielt,[1] lässt sich in dem zweigeschossigen Atriumhaus eine Paraphrase auf Weinbrenners Projekt zu dem „Haus eines Malers" vom September 1799 erkennen.[2]

Die grundlegende Parallele zwischen diesem Entwurf und Hodels Atriumhaus liegt in der Gruppierung ungleicher Bauteile um einen Hof: ein höherer mit Satteldach und ein gegenüberliegender mit Walmdach, verbunden durch schmale Trakte. Hieraus ergeben sich weitere Übereinstimmungen wie die Trennung der beiden Ebenen in ein Sockelgeschoss und ein hohes *piano nobile*, die Auflösung einer übergreifenden Gliederung in einzelne Gruppen von Öffnungen und die Bildung von Außenhöfen durch Mauern.

In seinem Entwurf verarbeitete der nun in Straßburg ansässige Weinbrenner zwei Jahre nach seiner Rückkehr vom fünfjährigen Aufenthalt in Italien seine Lehren aus den dort erlebten Kunst-, Bau- und Lebensformen auf emblematische Weise. Mehr als in Details wirkten diese im Vorbild der zeitlosen Wohnhäuser der einfachen Bevölkerung fort, in denen noch immer die Proportionen und Konturen der antiken Tempel weiterlebten; diese Synthese bestimmte von nun an die Architektur Weinbrenners und der meisten seiner Schüler, selbst für herrschaftliche Aufträge.[3]

Ihr folgte auch Hodel in seinem Entwurf und arbeitete den Italienbezug noch stärker heraus, indem er den Innenhof durch ein umlaufendes Pultdach auf dorischen Säulen und ein Wasserbecken wie ein Atrium nach römisch-antikem Vorbild gestaltete. Zudem fügte er einen Brunnen ein, der auf eine andere Nutzung als das Haus eines Malers hindeuten könnte. Dieselbe Verbindung aus Atrium, Wasserbecken und Brunnen hatte Weinbrenner noch in Italien in den Entwurf zu einem Schlachthof umgesetzt.[4]

In Weinbrenners Lehre bedeutete jede Bauaufgabe zuallererst die Verwandlung von „Bedürfnisräumen" in einen „Formenraum".[5] Dieser Prozess, den er in seinem „Architektonischen Lehrbuch" systematisch vorführt, spiegelt sich in der Studienarbeit Hodels wider, der die Balance zwischen der Geschlossenheit des Baukörpers und der Eigenständigkeit seiner Teile überzeugend herstellt. Um dies zu erreichen, konkret etwa die passende Dachlandschaft hierfür zu planen, bedurfte es einer konstruktiven Sauberkeit, die insbesondere der Schnitt durch das Atriumhaus zeigt und die einen weiteren wesentlichen Lehrinhalt der Weinbrenner-Schule darstellte.[6]

*Ulrich Maximilian Schumann*

1 Schumann 2012, S. 125.
2 StA Karlsruhe, XV Nr. 1261 (Seitenansicht) und 1262 (Schnitt); University of Pennsylvania, Architectural Archives, A 7, Nr. 82.1 und A 8, Nr. 82.1; Südwestdeutsches Archiv für Architektur und Ingenieurbau Karlsruhe, Geier 1, S. 63.
3 Erstmals in: Schumann 2005.
4 saai Karlsruhe, IfB Weinbrenner 34 (Frontansicht); StA Karlsruhe, XV 1352 (Innenhofansicht); Schumann 2008, S. 38/89.
5 Weinbrenner 2015, S. 228.
6 Schumann 2012, S. 120–126; zur Konstruktion komplexer Dachformen: Weinbrenner 2015, S. 394–400.

B05

B05

# Blick in den Innenhof eines Zeughauses
## (nach Friedrich Weinbrenner)

1809
M. Büchler, signiert u.r.: „Gezeichnet v. M: Büchler in Karlsruhe Dec: 9"
55,0 cm x 76,0 cm
Feder und Pinsel, farbig getuscht
gr D Z 2: 1

Entwurf zu einem Zeughaus
1795
Friedrich Weinbrenner (1766–1826)
Feder und Pinsel, getuscht
Staatliche Kunsthalle Karlsruhe, PK I 483-9

Über den Zeichner ist kaum mehr bekannt, als dass er als Schüler das „Baubureau" Friedrich Weinbrenners besuchte, das dieser seit 1800 in seinem Haus in Karlsruhe unterhielt. Das Zeichnen spielte darin eine große Rolle, was auch dessen „Architektonisches Lehrbuch" widerspiegelt, das mit dem ersten Band „Geometrische Zeichnungslehre, Licht- und Schattenlehre" und dem zweiten Band „Perspectivische Zeichnungslehre" beginnt.[1] Diese sollten die soliden Grundlagen dafür schaffen, um die Anforderungen so präzise wie möglich in Form und Raum zu übersetzen, was im dritten Band ausgebreitet wird und hier erstmals den Kern einer Architekturlehre und -theorie bildete.[2]

Das Motiv reicht bis in Weinbrenners eigenen Studienaufenthalt in Rom von 1792 bis 1797 zurück, den er auch dazu nutzte, verschiedene Bautypen für eine ideale Stadt zu entwerfen.[3] Einige hiervon konnten auf die laufenden Planungen in seiner Heimatstadt Karlsruhe, der badischen Residenz, bezogen werden, etwa ein Rathaus und ein Stadttor.[4] Andere Projekte zeichneten sich durch derart monumental übersteigerte und breit lagernde Dimensionen aus, dass sie den Vergleich mit den gigantischen Projekten eines Etienne-Louis Boullée (1725–1799) herausforderten und einen Bezug zur badischen Residenz gar nicht erst glaubhaft aufkommen ließen. Dazu gehörten zum Beispiel ein Hospital, eine Kunstakademie, eine Bibliothek, ein Ballhaus, eine Reithalle und eben ein Zeughaus, das zur Aufnahme von Waffen und Munition bestimmt war. Der Entwurf hierzu war 1795 entstanden, und am 9. Juli 1796 erwähnt er ihn eigens in einem Brief an den befreundeten Schweizer Architekten Hans Caspar Escher (1775–1859).[5]

Es haben sich hiervon mehrere Pläne sowie Schülerkopien erhalten. Von Weinbrenners eigenhändiger und vermaßter Ansicht des Komplexes lässt sich ermitteln, dass sich die – kürzere – Eingangsseite über 525 badische Fuß erstrecken sollte, mithin 157,5 Meter.[6] Ein Tor mit zwei Kolossalstatuen – vermutlich Minerva und Mars – vor jeweils einem entsprechend großen Tropaion führt durch die zweigeschossige, weitgehend fensterlose Randbebauung in den äußeren Hof und von dort in das doppelt so hohe, aber gleichfalls zweigeschossige Hauptgebäude, das an dieser kürzeren Seite 81 Meter gemessen hätte.

Der Blick in dessen Innenhof gehörte zu den beliebten Zeichenaufgaben in der Schule Weinbrenners, wohl vor allem wegen des dramatischen Raumeindrucks ebenso wie der Verschneidungen von Mauer- und Dachlinien und auch der Licht- und Schattenwirkung. Eine besondere Herausforderung an die perspektivische Konstruktion stellten die sich scheinbar endlos wiederholenden Elemente dar, wie die Fugen des massiven Mauerwerks und des „opus reticulatum" nach römischem Vorbild und die Reihen der Kanonenkugeln. Die erhaltenen Schülervarianten zeichnen sich durch große Sicherheit in Konstruktion und Detaillierung und zugleich individuelle Variationen aus, so auch diejenige Büchlers. Im Vergleich mit Weinbrenners Original (Abb. 2)[7] hat sich die Geometrie leicht verschoben, was aus dem von Büchler gewählten Fluchtpunkt herrührt. Auch hat er die Staffagefiguren ausgetauscht und in ihrer Kleidung der Zeitmode angepasst, und er ließ

Abb. 2

die sitzende Minerva mit Speer und Schild weiter in den Raum ausgreifen, während ihr Sockel eine steilere Proportion angenommen hat. All dies sind individuelle Variationen; in seiner Wirkung steht dieses Blatt dem „Original" nicht nach. *Ulrich Maximilian Schumann*

1 Weinbrenner 2015 (1810/11, 1819–24), S. 19–199.
2 Erstmals in: Schumann 2005; ausführlich in: Schumann 2010.
3 Schumann 2008.
4 Staatliche Kunsthalle Karlsruhe, Kupferstichkabinett, VIII 2811-1 (Rathaus, Eingangshalle), 5159-34 (Rathaus, Ansicht und Profil), P. K. I 483-8 (Stadttor).
5 Weinbrenner 2017, S. 276f.
6 StA Karlsruhe, 8/PBS XV 1421.
7 Staatliche Kunsthalle Karlsruhe, Kupferstichkabinett, P. K. I 483/9, 65,4 cm x 100,6 cm.

B06
# Kleine Michaeliskirche in Hamburg, Ansicht

1819
J. L. Milde (1. Hälfte 19. Jh.)
36,2 cm x 46,4 cm
Feder, Pinsel, farbig laviert
m D Z 4 (2): 3

Turmansicht und Querschnitt der Kleinen Michaeliskirche
1819, J. L. Milde
35,5 cm x 51,6 cm
m D Z 4 (2): 4

Ein zusammengehöriges Konvolut bilden zwölf klassizistische Architekturzeichnungen vorwiegend Hamburger Bauten, von denen fünf von J. L. Milde signiert sind. Vier der Blätter entstammen laut Beschriftung einem Zeitraum von 1816 bis 1819. Da der Unterzeichnende in der Folgezeit nicht mehr als Planautor oder Architekt greifbar ist, scheint die Vermutung gerechtfertigt, dass die Zeichnungen im Zusammenhang mit einer Ausbildung entstanden sind, die letztlich nicht in berufliche Tätigkeit mündete.[1] Denkbar ist, dass J. L. Milde nach Hamburg kam, um die seit 1800 bestehende Bauschule der Patriotischen Gesellschaft zu besuchen, die unter Leitung von Christian Friedrich Lange (1768–1833) Unterricht in Bauzeichnen und Geometrie anbot.[2] Bei mehreren der dargestellten Objekte handelt es sich angesichts der Beschriftung zweifelsfrei um Bestandsaufnahmen bestehender Gebäude, darunter ein bürgerliches Wohnhaus am Hopfenmarkt Nr. 6 sowie Pläne von Bauten auf dem Grundstück Pferdemarkt Nr. 10. Die „Facade einer Wache befindlich in Bremen" ist das einzige außerhalb Hamburgs zu verortende Blatt.

Als Entwürfe anzusprechen sind dagegen zwei signierte Zeichnungen aus dem Oktober 1819, die ein kompaktes kubisches Landhaus mit imposantem Säulenportikus zeigen, sowie Ansichten und Querschnitt eines Sakralbaus mit der in Blei ausgeführten Beschriftung „kleine Michaeliskirche". Als Grundrissvariationen dürften hier zwei Pläne einer ähnlich gestalteten Kirche mit abweichender Tür- und Fensterverteilung zuzuordnen sein.

Nachdem 1750 die Große Michaeliskirche als Hauptkirche der Hamburger Neustadt durch Blitzschlag eingeäschert wurde und deren Wiederaufbau ins Stocken geriet, erfolgte als Interimslösung ab 1754 ein Neubau der Kleinen Michaeliskirche nach Plänen von Joachim Hinrich Nicolassen († 1775).[3] An diesem nicht auf Dauer ausgerichteten Bau zeigten sich bereits ab 1764 deutliche Setzungen und 1806 erwies sich eine grundlegende Instandsetzung des Dachwerks als notwendig.[4]

Während der Napoleonischen Kriege wurde die Kirche ab 1807 den Besatzungstruppen und ab März 1811 zwangsweise allen katholischen Einwohnern zur Verfügung gestellt.[5] Auch nach Abzug der Franzosen im Mai 1814 verblieb sie in Nutzung der katholischen Gemeinde, doch erhielt diese erst 1825 das Eigentum übertragen.[6] Zu der Zeit, als sich Milde in Hamburg aufhielt, war eine Rückgabe an die evangelische Gemeinde also noch denkbar und der Entwurf eines Neubaus als Ersatz für die bereits seit Jahrzehnten schadhafte Kirche somit eine realistische Aufgabe.

Milde gestaltet seinen mit einem Kanzelaltar versehenen und damit für evangelische Gottesdienste vorgesehenen Entwurf auf rechteckigem Grundriss mit schiffsbreitem Drei-Sechstel-Chorschuss als lagerhaften Putzbau, an dessen Längsseiten zwei Reihen von Rechteckfenstern ein mittiges Portal rahmen. Für einen Sakralbau ungewöhnlich sind die liegenden Formate der oberen Fensterreihe, die zur Beleuchtung der Emporenebene dient. Die aufgrund der Breite des Kirchenraums beachtliche Höhe des Walmdachs wird durch eine hohe Attika gemildert. An der dem Chor gegenüberliegenden Schmalseite ist ein dreistufiger Turm vorgelagert, der mit seinem oberen Laternengeschoss in Form einer achtsäuligen Rotunde wie ein reduziertes Zitat des 1778 von Ernst George

Abb. 2

Sonnin (1713–1794) fertiggestelltem Turms der großen Michaeliskirche wirkt. Da sich die Verbindung von Turm und Schiff recht additiv darstellt und es dem gesamten Projekt an Ausgewogenheit der Dimensionen fehlt, dürfte der Entwurf, wie anfangs vermutet, einem in Ausbildung befindlichen Bauschaffenden zuzuordnen sein. *Bernd Adam*

---

1   Verwandtschaftliche Beziehungen zu dem aus Hamburg stammenden und in Lübeck als Maler und Restaurator tätigen Carl Julius Milde (1803–1875) ließen sich nicht nachweisen, vgl. Grosskopf-Knaack 1988, S. 7. Im Staatsarchiv der Freien und Hansestadt Hamburg findet sich lediglich eine Akte von 1816 zum Erwerb des Bürgerrechts durch einen Friedrich Wilhelm Milde (331-2 1816 Nr. 0193).
2   Vgl. Berger 2003, S. 52.
3   Faulwasser 1901, S. 42–48; Pabel 1986, S. 39–41; Heckmann 1990, S. 162-165.
4   Faulwasser 1901, S. 49f.; Heckmann 1990, S. 170.
5   Faulwasser 1901, S. 50; Pabel 1986, S. 44.
6   Faulwasser 1901, S. 51; Pabel 1986, S. 46.

B07
# Darstellung von verschiedenen Gesimsprofilen

Blatt 3 aus einer Folge von sechs Blättern mit Rosetten- und Friesverzierungen
um 1810
Unbekannter Zeichner, Umkreis Friedrich Weinbrenner, Anfang 19. Jh.
45,5 cm x 32,4 cm
Feder, Pinsel, Graphitstift, laviert, auf Karton
XXIVc (2): 3

Entwürfe verschiedener Dekorrosetten, Blatt 2
um 1810
48,4 cm x 30,0 cm
Feder, Pinsel, Graphitstift, laviert
XXIVc (2): 2

Die bislang innerhalb der Sammlung Albrechts Haupts als „sechs Ansichten von Profilen von Gesimsbändern, um 1800"[1] erfassten Baudekorentwürfe geben einen besonderen Einblick in das Bauwesen der Zeit um 1810. Sie zeigen auf drei Blättern Varianten von Rosettenabschlüssen und auf zwei weiteren Blättern Varianten von Friesverzierungen. Die Varianten sind jeweils in Aufsicht und im Querschnitt wiedergegeben, so dass eine Ausführung in Holz, Stein oder Stuck erleichtert wird. Auf zwei Blattrückseiten sind Vorentwürfe zu erkennen, sie zeigen unvollendete Rosettenformen und eine nur skizzierte Friesform. Rosetten auf Quadratformen finden in der Bauornamentik vor allem um 1815 Einsatz. Sie sind vor 1800 kaum zu denken. Der Einsatz von Akroterien – wie hier zu beobachten – spricht trotz Verwendung auch älterer Motivformen, wie seitlichen Schleifenausbildungen, aus Sicht der Verfasserin für eine zeitliche Einordnung zwischen 1805 und spätestens 1850.[2]

Es bestand bereits die Vermutung der Einordnung in die sogenannte „Weinbrenner-Schule" unter dem Karlsruher Architekten Friedrich Weinbrenner (1766-1826), die unter anderem angesichts der „fleischigen" Ausführung der Rosettenvarianten durchaus zu teilen war;[3] auch der auf einem der Blätter mit Friesverzierungen erkennbare Stempel ist ebenfalls auf anderen Entwürfen aus dem Umfeld Weinbrenners zu finden.[4] Der Bezug wird zusätzlich dadurch verfestigt, dass Weinbrenner mehrere, ähnlich gestaltete Zeichnungen Giovanni Battista Piranesis (1720-1778) besaß, in denen dieser oder seine Werkstatt unter anderem Rosettenmotive mit Querschnitten von römischen Bauwerken abbildeten.[5] Sie könnten eine Vorlage für die hier vorliegenden Blätter gebildet haben. Georg Kabierske konnte zudem nachweisen, dass Weinbrenner Motive aus Piranesis Werken für Entwürfe eigener Baudekore einsetzte.[6] Eine historische Fotoabbildung des Frieses von 1813 im Speisezimmer des Karlsruher Schlosses zeigt auffallend ähnliche einzelne Rosetten und ähnliche Friesmotive, die in Stuck ausgeführt waren.[7] Ein Zusammenhang wäre daher durchaus denkbar.

Die hier vorliegenden Blätter geben Entwürfe wieder, die in ihrem Ursprung für den Baubereich gedacht waren. Ihre hohe Ausführungsqualität ist auffallend. Es könnte sich – muss aber nicht – um Entwürfe für Stuckarbeiten handeln, vielleicht sogar um Entwürfe für Bauten Weinbrenners in Karlsruhe. In jedem Fall handelt es sich um Vorlagen, nach denen dank der Querschnittwiedergaben z.B. Formen für (Guss-)Stuckarbeiten gearbeitet, Stein behauen oder Hölzer beschnitzt werden konnten. Die Vorentwürfe auf den Rückseiten sprechen gegen ein reines Abpausen von Vorlagen, wie es anderer Orten beobachtet wurde.[8]

Eine Nutzung als allgemeine Vorlagen (Akademielehrmaterial) für die Weiterbildung der entsprechenden Bau- und Kunsthandwerker wäre ebenfalls denkbar. *Barbara Rinn-Kupka*

Abb. 2

1   XXIVc (2): 1-6: Blatt 1: 45,9 cm x 31,4 cm; Blatt 4: 50,3 cm x 35,0 cm; Blatt 5: 48,7 cm x 29,5 cm; Blatt 6: 46,5 cm x 28,2 cm (bez. „No. 6").
2   Rinn-Kupka 2018, S. 190-192.
3   Freundlicher Hinweis auf die Zuschreibung an das Umfeld Weinbrenners von Simon Paulus 2021. Die in Frankreich oder Belgien in dieser Zeit entstehenden Baudekor-Entwürfe weisen meist feingliedrigere Elemente auf, während die niederländischen wie britischen zeitähnlichen Beispiele stärker vom sogenannten „Adam-Styl" dominiert sind, der ebenfalls in der Ausführung abweicht.
4   Freundlicher Hinweis von Simon Paulus 2021. Bei dem oval gefassten Stempel handelt es sich um ein bekröntes Wappenschild mit Querbalken (Großherzogtum Baden?). Das verwendete Papier mit dem Wasserzeichen der niederländischen Papiermühle „HONIG" war in Europa über einen langen Zeitraum weit verbreitet und kann daher hier kaum einen Herkunftsnachweis liefern.
5   Kabierske 2015, S. 78–79 und Abb. 6. Beschriftungen an den Zeichnungen durch Piranesi selbst nennen teilweise Baumeister (unter anderem Michelangelo) und „Fundort". Den Hinweis auf diese wichtige Veröffentlichung verdanke ich ebenfalls Simon Paulus.
6   Kabierske 2015, S. 78–83.
7   Kabierske 2015, S. 81, Abb. 9. Von dieser Dekoration sind kleine Fragmentbruchstücke in der Sammlung des KIT erhalten geblieben, die die Autorin vor 2015 in Augenschein nehmen konnte.
8   Kabierske konnte in anderen Sammlungen Bestände von Abpausungen von Zeichnungen Piranesis ermitteln; Kabierske 2015, S. 79.

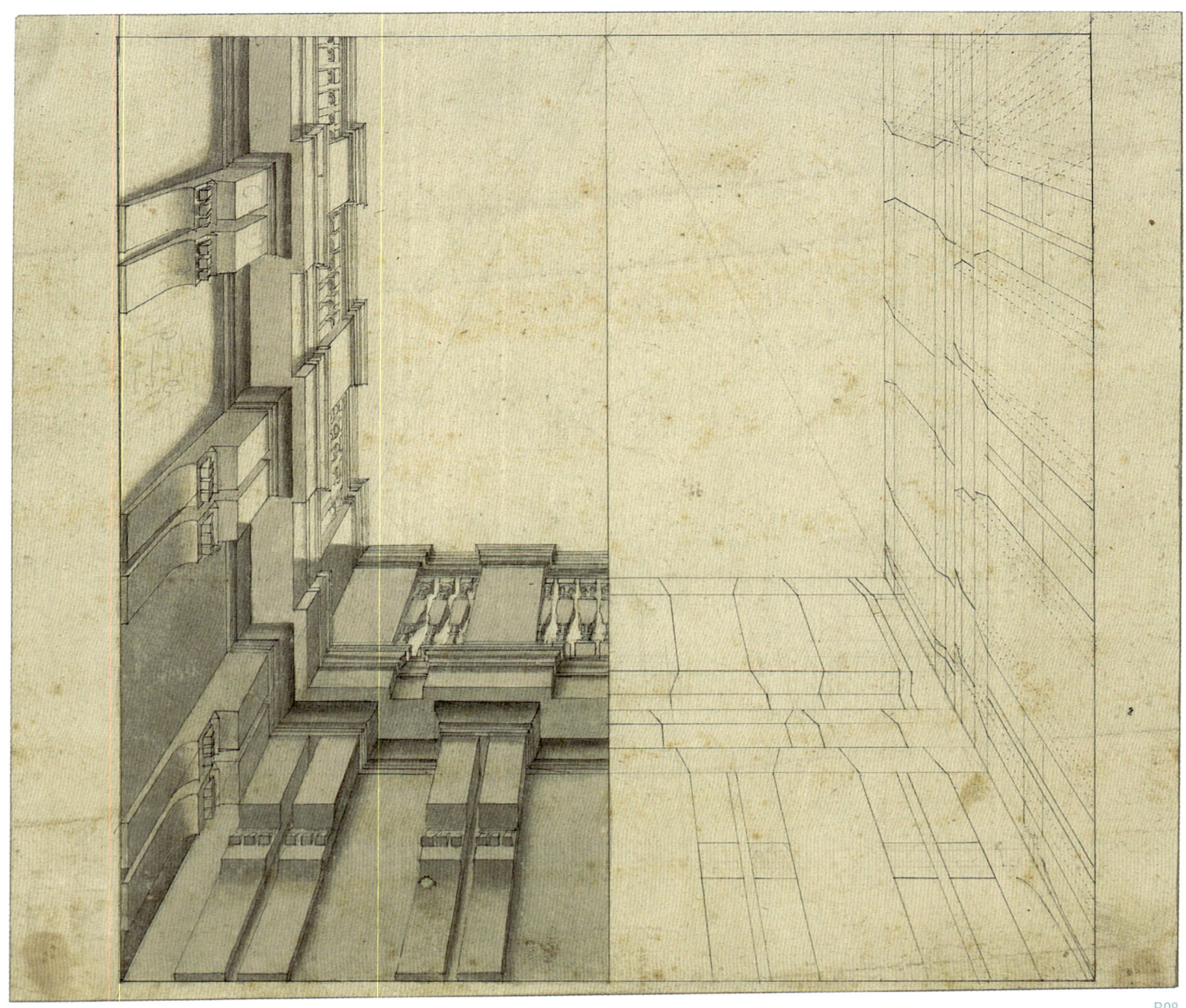

B08

# Zentralperspektivischer Entwurf, Untersicht aus einem Hof (nach Andrea Pozzo)

um 1805
Domenico Quaglio (1786–1837), Bez. auf Träger: „Domenico Quaglio. 1786–1837."
17,3 cm x 19,9 cm
Feder, Graphitstift, zur Hälfte grau laviert
kl I Z A 3: 6

Horizontalis projectionis architecturæ [...]
Andrea Pozzo (1642–1709)
Kupferstich aus: Pozzo 1702, Bd. 1, Fig. 88
2 Haupt 895(1)

Die Domencio Quaglio zugeschriebene Architekturzeichnung zeigt *sotto in su* den präzise ausgeführten, extrem verkürzten Blick aus dem Zentrum eines rechteckigen, von einer Balustrade umfassten Innenhofs in den Himmel.[1] Diese Art der perspektivischen Täuschung findet sich gewöhnlich in Quadraturmalereien barocker Schloss- und Kirchenbauten. Der Zeichner des Blattes hat die zugrunde liegende Konstruktion freigelegt: während links die architektonischen Glieder sorgfältig laviert sind, ist die Darstellung in der rechten Hälfte auf die Grundlinien der Raumhülle reduziert. Es handelt sich hierbei nicht um eine genuin eigenständige Erfindung des später als Architekturmaler berühmt gewordenen Quaglio, sondern um die Teilkopie einer Tafel, die sich im ersten Band von Andrea Pozzos Architekturtraktat *Perspectiva Pictorum Et Architectorum* findet (Abb. 2).[2] Figura 88 zeigt dort die für eine rechteckige Decke in einem höheren Raum vorgeschlagene Perspektivkonstruktion. Quaglio beschränkt sich auf die Wiedergabe der Quadranten, in denen der erste und der finale Schritt der Konstruktion visualisiert werden. Die bei Pozzo in den Feldern zwischen den Wandvorlagen angelegten Ornamente sind nur flüchtig mit Bleistift skizziert.

Die Zeichnung entstand vermutlich im Rahmen der Ausbildung, die Domenico Quaglio zunächst bei seinem Vater Joseph (1747–1828) erhielt, der als Theatermaler das Dekorationswesen am Münchener Hof- und Residenztheater leitete.[3] Die aus dem norditalienischen Laino im Val d'Intelvi stammende Künstlerfamilie Quaglio war vom 17. bis in das frühe 20. Jahrhundert aktiv, anfangs in der Wand- und Deckenmalerei, später vor allem auf dem Gebiet der Theater- und Architekturmalerei.

Für die Theatermalerei, die Entwurf und Ausführung von Bühnendekorationen umfasst, war die Beherrschung der Perspektivkonstruktion wichtigste Grundlage. Die Quaglio waren, ähnlich wie die Galli Bibiena, für ihre Kenntnisse in dieser Disziplin berühmt.[4] Das Wissen wurde in der Regel durch mündliche und praktische Unterweisung an die nächste Generation tradiert. Als einziges Familienmitglied hat Johann Maria von Quaglio (1770–1812) seine Kenntnisse schriftlich in einer *Praktische[n] Anleitung zur Perspektiv mit Anwendung auf die Baukunst* niedergelegt (1811/1823).[5] Im Vorwort des Bandes adressiert er die „Anfänger in den zeichnenden Künste", denen er eine leicht verständliche Anleitung zur Hand geben will. Das weit verbreitete Werk Andrea Pozzos sei nämlich „[...] so umständlich, und mühsam, daß der Anfänger lieber auf die Erlernung der Perspektiv gänzlich Verzicht leistet, als daß er sich einem Geschäfte unterziehen sollte, das in der Anwendung mit so vielen Mühseligkeiten verbunden wäre."[6]

Dass innerhalb der Familie Quaglio in der Ausbildung durchaus das Traktat Pozzos zum Einsatz kam, belegt das vorliegende Blatt. Da in der 1709 in Augsburg publizierten deutschen Fassung die entsprechende Tafel spiegelbildlich angelegt ist, kann angenommen werden, dass eine frühe lateinisch-italienischen Ausgabe Verwendung fand.[7] Das Traktat könnte sich schon seit mehreren Generationen in der Familie befunden haben, denn Giulio Quaglio (1668–1751), einer der Ahnherren, war 1703–1706 für die Ausmalung der von Pozzo entworfenen Kathedrale von Ljubljana verantwortlich und soll den Architekten persönlich gekannt haben.[8]

*Christine Hübner*

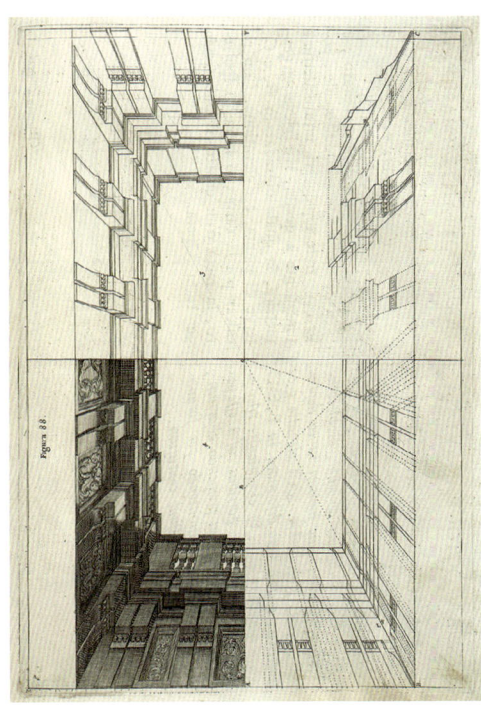

Abb. 2

1. Zu Domenico Quaglio grundlegend Trost 1973. Die beiden Domenico Quaglio zugeschriebenen Zeichnungen der Sammlung Haupt (Sign. kl I Z A 3: 6; m I Z A 4: 4) sind nicht im Werkverzeichnis aufgeführt.
2. Vgl. Kerber 1971, S. 267–270 (Verzeichnis der Ausgaben). Bd. 1 der ersten Auflage der Perspectiva [...] erscheint 1693 bei Komarek in Rom, Bd. 2 ebd. 1700.
3. Vgl. Trost 1973, S. 13f.
4. Über das Renommee des Namens „Quaglio" im Bereich der Perspektive vgl. Hübner 2016, S. 120f.
5. Quaglio 1811, zweite Ausgabe 1823. Vgl. Hübner 2016, S. 137f.
6. Quaglio 1811, Vorrede [n.p.].
7. Pozzo 1709. Zur Verbreitung der lateinisch-italienischen Originalausgabe bei süddeutschen Künstlern vgl. Leuschner 2019.
8. Vgl. Bergamini 2012, S. 16f. Zum tradierten materiellen Wissen der Familie Quaglio vgl. Hübner 2016, S. 137–144.

B09

# Schaublatt mit Perspektiv- und Schattenstudie zu einer Phantasiearchitektur

„[N]EC. SUPERFICIETENUS. [SUAM] FUNDAT. VERITATEM KimCim"
um 1820
Unbekannter Zeichner, Oberitalien (Anfang 19. Jh.)
70 cm x 46 cm
Feder, Pinsel, laviert
gr I Z A 2: 4

Mit der in Latein verfassten, prominent auf dem Fries eines Säulenportikus lesbaren Aussage „die Wahrheit gründet nicht auf Oberflächlichkeiten" wird dem Betrachter des großformatigen, gekonnt und minutiös gezeichneten Schaublatts eine Tiefgründigkeit suggeriert, mit dem dieses Blatt innerhalb der Sammlung Haupts einen Sonderstatus erhält. Alles in der kryptischen Darstellung bleibt wie die Inschrift nur im Ausschnitt sichtbar: Der obere Teil des Tempelportikus korinthischer Ordnung und rechts daneben ein gewölbter Torbogen mit kassettierter Tonnenwölbung sind erkennbar. Die Komposition der gezeigten Elemente erschwert dem Betrachter die Vorstellung der gesamten Architektur des Bauwerks. Diese scheint auch gar nicht intendiert zu sein. Vielmehr möchte der Zeichner sein Können demonstrieren, in einer eher einfach konstruierten Fluchtpunktperspektive mit Schattenwurf und Farbabstufungen die Verkröpfungen und Verschneidungen von Baukörpern und Details in ihrer räumlichen Tiefe möglichst realistisch und plastisch darzustellen.

Haupt hatte das Blatt ursprünglich in einer Mappe eingeordnet, die einen sehr heterogenen Bestand an Blättern oberitalienischer Herkunft beinhaltete: Neben Zeichnungen Antonio Adamis (Kat. A16) oder Leopoldo Pollacks (Abb. 4, S. 56) fanden sich hier auch qualitätsvolle Beispiele italienischer *Quadratura*-Entwürfe des 17. und 18. Jahrhunderts (Abb. 3, S. 96). Innerhalb dieser Reihe bildet das Blatt, das Haupt als „Schulzeichnung" in seinem Katalog verzeichnete,[1] mit seinem akademischen Habitus eher eine Ausnahme. Doch im Hinblick auf die didaktische Programmatik erweist es sich als musterhaftes Studienblatt zur Perspektiv- und Schattenwurflehre, deren Entwicklung sich an den Blättern dieser Mappe sehr anschaulich nachvollziehen lässt.

Der Sammlungskontext erlaubt auch einige genauere Aussagen zur Herkunft und Entstehungszeit: Es dürfte im ersten oder zweiten Jahrzehnt des 19. Jahrhunderts als Wettbewerbsbeitrag im Umfeld einer der oberitalienischen Kunstakademien entstanden sein und spiegelt eine Ausbildungstradition in der Kunst der *Prospettiva*, die dort fußend auf Meistern der Szenographie und *Quadratura* wie Ferdinando Galli Bibiena (1656–1743) von Lehrern wie Antonio Basoli (1774–1848) und Francesco Cocchi (1788–1865) in Bologna, Tranquillo Orsi (1771–1845) in Venedig, Carlo Amati (1776–1852), Giuseppe Levati (1739–1828) und Francesco Durelli (1792–1851) in Mailand oder Paolo Toschi (1788–1854) in Parma fortgesetzt wurde. Unter ihnen haben sich besonders Amati und Cocchi auch mit theoretischen Werken zur Schatten- oder Perspektivkonstruktion ausgezeichnet.[2]

Bedauerlicherweise lässt sich die am unteren rechten Blattrand eingetragene Signatur, vermutlich der Name des Zeichners, nicht mehr lesen.[3] So muss die Urheberschaft vorerst ungeklärt bleiben, auch wenn sich die Herkunft des Zitats aus der von Atanasius Kircher 1667 ins Lateinische übersetzten Inschrift des „nestorianischen Monuments", einem Bericht des Mönchs Kim Cim über die frühe Christianisierung in China durch den syrischen Missionar Alopen im 7. Jahrhundert n. Chr., ermitteln lässt.[4] Vielleicht lässt sich über den Umweg der Rezeptionsgeschichte dieses Monuments in Italien der Zeichner genauer präzisieren und die verborgene Wahrheit hinter dem Blatt an die Oberfläche bringen. *Simon Paulus*

1 Altsignatur XXXIVa, später Fb 24; Vgl. Haupt Katalog Handzeichnungen 1899, S.71: „Perspektiv. Architektur sehr gross, ca 1820, Schulzeichng."
2 Amati 1802, Cocchi 1841. Hervorzuheben ist auch Fernando Galli Bibienas Traktat zur Perspektivkunst (Galli Bibiera 1725). Im Zeitraum zwischen etwa 1750 und 1850 sind gut ein Dutzend weitere Lehrwerke von oberitalienischen Künstlern und Mathematikern aus dem Umfeld der Akademien zu nennen, die sich der Perspektivlehre widmen: Neben Cosimo Rossi-Melocchis (1758–1820) Publikation zur Schattenkonstruktion (Rossi-Melocchi 1805) seien an dieser Stelle noch genannt: Costa 1747, Zanotti 1766, Torelli 1788, Bordoni 1816, Landriani 1830 und Caffi 1835.
3 Auch ein Eintrag in Bleistift/Grafitstift auf dem Verso ist nicht mehr lesbar.
4 Andere Schreibarten sind King Tsin oder Kim Cym. Das 781 aufgestellte „nestorianische/syrische Monument" wurde 1625 im Ort Xi'an entdeckt. Durch Athanasius Kircher erfolgte die erste Übersetzung ins Lateinische. Das Zitat lautet im vollständigen Zusammenhang: „Doctrina eius non est multorum verborum, nec superficietenus suam fundat Veritatem". Kircher 1667, S. 31.

# C Szenographien und Bühnenbilder

## C01
## Zentralperspektivische Darstellung eines Brunnenhofes

1644, signiert u.l. „P. Neef p.[inxit]? 1644"
Pieter Neefs d. Ä. (ca. 1578–1656/1661)
20,3 cm x 28,0 cm
Feder, Pinsel, laviert
kl D Z 6: 3

In der „Grossen Schouburgh der niederländischen Maler und Malerinnen" (Amsterdam 1718–19) findet sich ein kurzer Eintrag Arnold Houbrakens (1660–1719) zum Antwerpener Maler Pieter Neefs d. Ä. Dieser habe Perspektiven von fürstlichen Palästen und Galerien, insbesondere aber Innenansichten von Kirchen mit ihrem Interieur gemalt. Houbraken, selbst ein bekannter Künstler, schloss seinen kurzen Eintrag mit der Bemerkung: „Een arbeidsame verkiezing, die ik liever wil zien dan zelf maken."[1]

Mit der akribischen Darstellung von zumeist gotischen Kircheninnenräumen hatte Pieter Neefs, ein Mitglied der Antwerpener St. Lukas Gilde, für sich eine Marktlücke in der niederländischen Architekturmalerei erschlossen, die sein gleichnamiger Sohn weiter bediente.[2] Ihre Gemälde sind heute in vielen namhaften Gemäldesammlungen weltweit vertreten, originale Zeichnungen aus ihrer Hand lassen sich dagegen kaum nachweisen. Als umso bemerkenswerter ist daher das sehr wahrscheinlich von Pieter Neefs d. Ä. stammende Blatt einzuschätzen.

Mit lockerer Hand gezeichnet und laviert, öffnet sich dem Betrachter der zentralperspektivisch entworfene Raum eines Brunnenhofs, dessen komplexe Architektur aus ein- und ausschwingenden Arkadenjochen gebildet wird. In den Sichtachsen der Bögen setzt sich diese Architektur ins vermeintlich Unendliche fort. Rustika- und Knospenelemente an Säulen, Gebälk und Bögen, aber auch der figurale Schmuck mit Tritonen und Fischen erinnern an die Grottenarchitekturen der italienischen Spätrenaissance und weisen das Blatt als manieristischem Entwurf für eine Fantasieszenerie aus – möglicherweise einen Schauplatz für eine antik-mythologische Szene eines Bühnenwerks.

Haupt hat die Zeichnung 1898 aus dem Nachlass des Kunstsammlers Karl Eduard von Liphart (1808–1891) in Leipzig erworben.[3] Im Auktionskatalog wird sie als „Palasthalle mit Springbrunnen. Entwurf für eine Theaterdekoration" benannt.[4] Haupt übernahm diese Genreeinordnung und meinte bei dem Blatt zudem eine Nähe zum „Stil des Ricchini" zu erkennen.[5] Mit der architektonischen Sprache des Mailänder Architekten Francesco Maria Ric(c)hini (auch Ric(c)hino) [Vgl. Kat. D02 u. D03],[6] ist Neefs Szenographie jedoch nur entfernt in Einklang zu bringen. Vielmehr kann das von der Forschung bei Neefs bisher besonders für die Perspektiv- und Raumkomposition formulierte Nachwirken von Hans Vredeman de Vries (1527–1609) auch auf die fantasievolle Kombination der Formen und Einzelelemente bezogen werden.[7] Hinzu kommt vielleicht eine ähnliche Reflektion italienischer Architektur, wie sie sich auch bei Peter Paul Rubens äußert.[8] Gleichzeitig nimmt der Entwurf mit seiner fantasievoll-virtuosen Beherrschung der Perspektive schon die szenographischen Meisterwerke der Galli Bibiena Familie vorweg. Damit liegt mit der Zeichnung das vielleicht einzige bekannte Beispiel für Neefs Schaffen im perspektivischen Entwurf von Palästen und Galerien vor, wie Houbraken sie erwähnt hatte.

Bei der Bewertung als „fleissige Federzeichnung" im Auktionskatalog von 1898 fühlt man sich an die eingangs erwähnte Bemerkung Houbrakens erinnert. Etwas feiner hat zu Haupts Zeit Joseph Eduard Wessely (1826–1895) über Neefs künstlerisches Vermögen geurteilt: „In der Auffassung und Ausführung solcher Bilder bewies er die vollständigste Kenntniß der Lineal- und Luftperspective. In der Vertheilung des Lichtes und Schattens war er unübertrefflich, und selbst im tiefsten Schatten noch durchsichtig."[9] *Simon Paulus*

1 Eine mühevolle Aufgabe, die ich lieber sehen als selbst machen will. Houbraken 1718, S. 221. „PIETER NEEFS. Deze schilderde Vorstelyke Paleizen, en Galeryen in Perspectief, maar inzonderheid gezigten van Tempels, en Kerken inwendig te zien [...]." Ähnlich auch bei Weyermans 1729, S. 9.
2 Dazu Fusenig 2005. Zur Biographie siehe auch Härting, Ulrike: ‚Neeffs, Peeter der Ältere', in: AKL, 92 (2016), S. 102f.
3 Das Blatt besitzt sowohl den Sammlerstempel von Lipharts (Lugt 1687) als auch den seines Enkels Freiherr Reinhold von Liphart (Lugt 1758), der die Sammlung 1876 erbte und zwischen 1894 und 1899 veräußerte.
4 Auktionskatalog Liphart 1898, S. 57, Nr. 666.
5 Haupt Katalog Handzeichnungen 1899, S. 67 : „Neef P. 1644 Theaterdekoration im Stil des Ricchini"
6 Zu Richini (auch Ri(c)chino) siehe Gritti, Jessica: RICHINO, Francesco Maria di, in: Dizionario Biografico degli Italiani - Volume 87 (2016) https://www.treccani.it/enciclopedia/francesco-maria-richino_%28Dizionario-Biografico%29/ (abgerufen am 27.09.2021)
7 Vgl. Fusenig 2005, Fusenig/Vermet 2002, S. 169, sowie Dubourg Glatigny 2002.
8 Vgl. Beneden/Uppenkamp 2011.
9 Wessely 1886, S. 364.

## C02
# Blick auf einen Kuppelbau mit Vorplatz und Obelisken

Anfang 18. Jahrhundert
Ferdinando Galli Bibiena (1657-1743) oder Antonio Galli Bibiena (1700?–1774), zugeschrieben
15,2 cm x 9,9 cm
Feder in Braun
kl I Z A 8: 2, 2a

Entwurf für eine Prunkarchitektur im Halbrund mit Quadrierung
A. 18. Jh., F. oder A. Galli Bibiena, zugeschrieben
14,0 cm x 14,3 cm, Graphitstift, Feder in braun
kl I Z A 8: 1, 1a

Kleinformatige Skizzen sind von mehreren Mitgliedern der Familie Galli Bibiena bekannt. Vereinzelt sind diese oft nur wenige Quadratzentimeter großen Entwurfszeichnungen auch im Album Sarti, im Wiener Werkskizzenbuch und im Sketchbook der Houghton Library enthalten, allerdings existieren auch zusammenhängende Sammlungen dieser Art, die auch wichtige Anhaltspunkte für Fragen der Zuschreibung bieten. Auf Ferdinando Galli Bibiena gehen in Klebebänden in der Staatlichen Graphischen Sammlung in München aufbewahrte Skizzen zurück, die von dessen ältestem Sohn Alessandro (1686–1748) zusammengetragen worden waren.[1] Auf Ferdinando verweist auch ein Band mit neunzehn Skizzen aus dem Besitz des Kunsthistorikers Carlo Volpe aus Bologna.[2] Zahlreiche Skizzen Alessandros sind in den Münchner Klebebänden enthalten, während das Deutsche Theatermuseum in München ein Album aus Alessandros Zeit in Innsbruck aufbewahrt.[3] Antonio Galli Bibiena zugeschrieben ist das Oenslager Album in The Morgan Library in New York.[4]

Auch die acht in der Sammlung Haupt aufbewahrten Skizzenblätter dieser Art bieten ein reiches Repertoire an der Winkelperspektive folgenden Raumkompositionen.[5] Mit schneller schwunghafter paralleler Linienführung sind nicht nur die architektonischen raumdefinierenden Elemente sondern auch Ornamente und Skulpturen bestimmt, so dass die Skizzen bereits eine klare Vorstellung von den endgültigen Lösungen vermitteln. Bestimmend sind überlängte Proportionen und starke Untersicht der Architekturen, ebenso wie die gelegentliche Beigabe von Grundrissen.[6] Diese verdeutlicht die von Ferdinando Galli Bibiena propagierte Überzeugung, dass zweidimensionale Architekturen von Theaterkulissen reale und damit plausible Architekturen sind und wie diese entworfen werden müssen. Perspektive und optische Gesetze werden erst am Ende des Entwurfsprozesses eingesetzt.

Auch stilistisch weisen die Skizzen auf Ferdinando Galli Bibiena.[7] Die parallele Linienführung findet man zwar auch bei Alessandro, allerdings kennzeichnen seine Zeichnungen schärfere und klar definierte Umrisse und sie wirken insgesamt starrer.[8] Für einen Vergleich mit den hier gezeigten Beispielen bietet sich etwa eine Ferdinando zugeschriebene Skizze eines Saals in der Staatlichen Graphischen Sammlung in München an.[9] Der Platz mit Kuppelkirche, Obelisken und seitlichen Architekturen auf Skizze kl I Z A 8: 2 ist motivisch eng mit Zeichnungen Ferdinandos im Archivio di Stato in Parma und im Cooper Hewitt Museum in New York, sowie einem Leinwandbild mit Szenen aus dem Leben Davids verwandt.[10] Dennoch muss die Frage der Zuschreibung offen bleiben. Antonios Skizzen im Album der Morgan Library zeigen zwar keine überzeugende Verwandtschaft zu den hier vorgestellten Blättern, das Metropolitan Museum besitzt aber eine Antonio zugeordnete Zeichnung, die ihnen sowohl in der Linienführung als auch in der Wiedergabe der Figuren sehr nahe ist.[11]

*Martina Frank*

Abb. 2

1 Die Zeichnungen stammen aus dem Nachlass des 1748 in Mannheim verstorbenen Alessandro Galli Bibiena und wurden ab 1759 von Karl Theodor von der Pfalz in Bänden organisiert.
2 Es wird derzeit (2022) am Kunstmarkt angeboten. Galleria Salamon in Mailand: https://www.master-drawings.com/drawings_details.php?u=1&codice=257 (30.06.2022).
3 Muraro/Povoledo 1970, S. 73–74; Krückmann 1998, S. 26, Kat. 270 von Babette Ball-Krückmann; Bentini/Lenzi 2000, S. 271, Kat. 41 von Deanna Lenzi. Zu Alessandro siehe: Glanz 1991. Digitalisat des Skizzenbuchs: https://www.bavarikon.de/search/object?facet=Aggregation.dataProvider.org.orgName_str%3ADeutsches+Theatermuseum&facet=providedCHO.type.term.classCHO_str%3AZeichnung&lang=de&facet=creator.name_str%3ABibi%C3%A8na%2C+Alessandro.
4 Inv. 1982.75:97. Digitalisat: https://www.themorgan.org/drawings/item/187625. Siehe auch Muraro/Povoledo 1970, S. 84–85, Kat. 108.
5 Einsortiert unter kl I Z A 8: 1,1a; 2, 2a; 3, 3a; 4, 4a; 5, 5a; 6, 6a; 7, 7a und 8.
6 Z.B. auf den Blättern kl I Z A 8: 5a und kl I Z A 8: 7a.
7 Mit Ferdinando vereinbar ist auch die Beschriftung auf Blatt 8:3 „Cortile che può servire per Piaze".
8 Ball-Krückmann 2002, S. 105–106.
9 Bentini/Lenzi 2000, S. 248, Kat. 20 von Deanna Lenzi.
10 Siehe dazu: Bentini/Lenzi 2000, S. 242–243, Kat. 15 von Alessandra Frabetti und S. 417, Kat. 129 von Deanna Lenzi.
11 Die Skizze ist allerdings auch Francesco und Ferdinando Galli Bibiena zugeschrieben worden. Siehe Myers 1975, S. 13–14.

## C03
# Entwurf für ein heiliges Theater

um 1740
Giuseppe Galli Bibiena (1696–1757)
43,6 cm x 31,3 cm
Feder
m I Z A 5: 5

Theatrum Sacrum
Giuseppe Galli Bibiena und Andreas Pfeffel (Stecher)
Kupferstich aus: Galli Bibiena 1740, Teil I, Tafel 8
gr 2 Haupt 110

Blättert man in den Skizzenbüchern der Galli Bibiena im Wiener Theatermuseum und in der Houghton Library in Harvard, die mit Ferdinando, Giuseppe und Antonio sowie deren Werkstatt in Wien in Verbindung gebracht werden, so trifft man neben Bühnenbildentwürfen besonders auf Landschaften mit antiken Ruinen, ideale Stadtveduten und heilige Theater.[1]

Neben Bühnenbildern, Ideale Stadtveduten oder „piazze all'antica" und Trauergerüsten sind heilige Theatern die vierte Kategorie, die Giuseppe Galli Bibiena in sein 1740 in Augsburg bei Andreas Pfeffel erschienenes Stichwerk „Architetture e prospettive" aufgenommen hat. Dem im Erscheinungsjahr verstorbenen Kaiser Karl VI. gewidmet, ist der Band Ausdruck der höfischen Theater- und Festkultur und feiert die Residenzstadt Wien als neues Rom. Für die hier vorgestellte Zeichnung eines Teatrum sacrum konnte der entsprechende Kupferstich identifiziert werden. Das von Andreas Pfeffel gestochene Blatt 8 im ersten Teil von Giuseppe Galli Bibienas „Architetture e prospettive" (Augusta 1740) zeigt die mit Figuren belebte Komposition, die mit wenigen abweichenden Details der Skizze entspricht (Abb. 2). Bei dieser handelt es sich also möglicherweise um eine eigenhändige Vorzeichnung Giuseppes.[2] Die von der Wiener Werkstatt der Galli Bibiena entworfenen heiligen Theater waren ephemere Kulissenbühnen mit Passionsszenen, die in der Karwoche in zahlreichen vom Kaiserhof besuchten Kirchen Aufstellung fanden.

Die in Giuseppes „Architetture e prospettive" präsentierten idealen Stadtlandschaften verbinden antike Monumente mit moderner Baukunst, vereinzelt sind auch mittelalterliche Architekturen eingefügt.[3] Auch hier hat die Drucklegung maßgeblich zur Verbreitung des Genres beigetragen und einige der in der Sammlung Haupt aufbewahrten Zeichnungen sind davon ein Ausdruck. Ein 1741 datiertes Blatt eines deutschen Künstlers (m I Z A 5: 8)[4] variiert beispielsweise Elemente der Stiche 6 und 10 des ersten Teils von „Architetture e prospettive", weitaus größere Übereinstimmungen bestehen allerdings zum „Piaza di Roma" bezeichneten Blatt 147r des Wiener Werkskizzenbuchs und zu einer aquarellierten Zeichnung im Szépművészeti Múzeum in Budapest, bei der die Übereinstimmungen auch die Figurenstaffage einschließen.[5]

Die Skizzen für Ruinenlandschaften wurden entweder zu selbstständigen Graphiken ausgearbeitet oder dienten als Vorlage für Wandmalereien. In den Skizzenbüchern sind die Zeichnungen sehr oft mit dem Begleittext „prospettive a fresco" versehen, womit eindeutig auf deren Bestimmung verwiesen ist. Illusionistische Ausblicke auf antike Landschaften waren oft für die Dekoration von Innenhöfen konzipiert, eine aus Bologna stammende Tradition, die auch nördlich der Alpen Verbreitung gefunden hat. Auch in der Sammlung Haupt findet sich ein qualitätsvolles Blatt dieses Genres (m I Z A 3: 5),[6] das den bibienesken Kompositionen nahe steht; seine Ausführung geht vermutlich auf einen der Werkstatt nahestehenden süddeutschen Künstler zurück.[7] *Martina Frank*

Abb. 2

1   Zum Wiener Werkskizzenbuch siehe Hadamovsky 1962; Krapf 1998, S. 129 f. (Kat. 23–27 von Georg Wilhelm Rizzi).; Bentini/Lenzi 2000, S. 280–284 (Kat. Nr. 53a-e von Martina Frank). Zum Skizzenbuch in der Houghton Library (Harvard University, Houghton Library, Sketchbook, ms. Typ 412) vgl. Frank 2017 (mit älterer Literatur).
2   Vergleichbare Vorzeichnungen befinden sich im Bibiena Sketchbook der Houghton Library. Vgl. Frank 2017; Frank 2016, S. 149–150.
3   Zum Kapitel der Idealen Stadtveduten Giuseppe Galli Bibienas siehe Scotti Tosini 1998; Frank 2020.
4   m I Z A 5: 8; Ideale Stadtvedute, „Gemacht ihm Jahr 1741" (33,1 cm x 48,2 cm, Feder, Pinsel).
5   Bentini/Lenzi 2000, S. 285 (Kat. 53e von Alessandra Cantelli) mit Zuschreibung an Giuseppe Galli Bibiena. Auf der Homepage des Museums ist das Budapester Blatt Carlo Sicinio Galli Bibiena, dem Sohn Francescos, zugeordnet; siehe: https://www.mfab.hu/artworks/stage-design-a-roman-piazza/.
6   m I Z A 3: 5; Antike Ruinenarchitektur mit Küstenstadt, Mitte 18. Jahrhundert, Süddeutscher Künstler, Umkreis Galli Bibiena (34,5 cm x 50,3 cm, Pinsel, farbig getuscht).
7   Es bietet sich z.B. ein Vergleich mit den Blättern 222v und 223r des Sketchbook der Houghton Library an.

## C04
## Perspektivische Ansicht einer offenen Halle

„Portico Schena 4.a"
um 1744-45
Antonio Galli Bibiena (1697-1774)
29,2 cm x 44,5 cm
Feder
m I Z A 5: 6

Perspektivische Ansicht in eine offene Halle
ca. 1744/45
Antonio Galli Bibiena
Feder und Pinsel, laviert
Budapest Szépmuvészeti Muzeum, Inv. 2587

Wie die Beschriftung bezeugt, bezieht sich die offenbar unvollendet gebliebene Zeichnung auf den vierten Kulissenwechsel einer nicht bezeichneten Opernaufführung. Das Blatt zeigt zu beiden Seiten im Vordergrund eine Sequenz gekoppelter Säulen auf deren stark vorkragenden Gebälkstücken ornamentale Voluten zu flachen Bögen überleiten, die den nicht dargestellten *arco scenico* ankündigen. Dahinter öffnet sich eine kassettierte tonnengewölbte Halle mit mächtigen Arkaden zu einem nicht definierten Außenraum. Die Federzeichnung steht in engem Zusammenhang mit einem Antonio Galli Bibiena, Sohn Ferdinandos und jüngerer Bruder Giuseppes, zugeschriebenen aquarellierten Blatt im Szépmuvészeti Muzeum in Budapest (Abb. 2).[1] Im Gegensatz zu unserem Blatt ist die Budapester Graphik feiner ausgearbeitet und variiert den Bildausschnitt. Die rahmenden Säulenstellungen sind nur angedeutet, während die flachen in die Tiefe führenden Bögen ganz fehlen und damit die diagonal angelegte Halle nahe an den Betrachter gerückt ist. Der Ausblick gilt einem reich gegliederten und ornamentierten Palasthof. Trotz dieser Unterschiede, und hier können auch noch die durch Rustizierung gesetzten plastischen Akzente der Säulen Erwähnung finden, kann doch kein Zweifel an der Zusammengehörigkeit dieser Zeichnungen bestehen. Identisch ist nicht nur die Gesamtkomposition sondern die Übereinstimmungen betreffen auch die architektonischen und ornamentalen Details sowie die Skulpturen und deren Ikonographie. Das Blatt in Budapest stellt die architektonische Erfindung, die Bogenhalle, in den Vordergrund und kann als eigenständige Graphik gewertet werden. Bei unserem Blatt geht es hingegen auch um das Bühnengeschehen und um die Darstellung der Ebene auf der sich die Akteure bewegen können.[2]

Für das Budapester Blatt ist eine Datierung um 1744-45 vorgeschlagen worden. Die Provenienz der Zeichnung verweist auf die Familie Esterhazy, was nicht verwundert, denn Antonio stand von 1737 bis 1745 im Dienst des Erzbischofs von Eztergom Imre Esterhazy (1725–1745).[3] Diese Periode zeichnet eine progressive Abkehr von der spätbarocken Formensprache und eine Hinwendung zu vorklassizistischen Elementen aus, wobei klar definierte und begrenzte Räume an die Stelle von komplexen Einblicken in Raumfluchten treten. Eng verwandt mit den besprochenen Blättern sind Zeichnungen in der Eremitage in Sankt Petersburg und in der Wiener Albertina.[4] Von einer malerischen Umsetzung dieser erneuerten Winkelperspektive zeugen fünf Leinwandbilder im Szépmüvészeti Múzeum, die Antonio in Zusammenarbeit mit dem Figurenmaler Franz Anton Palko (1717–1766) geschaffen hat.[5] Seine Vorliebe für die auch unser Blatt kennzeichnenden klar strukturierten kassettierten Wölbungen mit breiten Gurten hat Antonio während seiner Tätigkeit im damaligen Ungarn auch in mehreren Freskenausstattungen unter Beweis gestellt.[6] Es handelt sich dabei um die Weiterbildung einer Lösung, mit der er schon 1729 in der Chorkuppel der Wiener Peterskirche experimentiert hatte.[7] *Martina Frank*

Abb. 2

1   Inv. 2587; Vgl. Garas 1971, S. 70–71; Czére 1989, Kat. 77; Bentini/Lenzi 2000, S. 297, Kat. 67 con Andrea Czére.
2   Zur Entwicklung des auf Ferdinando Galli Bibiena zurückgehenden Kompositionsschema vgl. Ball-Krückmann 2019, S. 516–518. Mit diesem Schema war Antonio bestens vertraut, denn nach Deanna Lenzi hat er die Figuren für das am Anfang der Serie stehende Leinwandbild des Vaters gemalt. Vgl. Lenzi 1992, S. 94–95.
3   Galavics 1984.
4   Siehe zur Zeichnung in der Hermitage (Inv.OP-29738) Koršunova 1974, Nr. 65. Zur Zuschreibung an Antonio des Blattes in der Albertina (Inv. 2556) vgl. Lenzi in Matteucci 1980, S. 184.
5   Garas 1971. Zu Palko vgl. Preiss 1999.
6   Erwähnt seien etwa die Kuppeln der Marienkapelle im ehemaligen Dom von Trnava und in der Trinitarierkirche in Bratislava, sowie die Fresken der erzbischöflichen Kapelle in Bratislava. Vgl. Bentini/Lenzi 2000, S. 297, Kat. 67 von Andrea Czére.
7   Knall-Brskovsky 1984, S. 227.

## C05
## Blick in einen Burghof

um 1750
Carlo Galli Bibiena (1721–1787), signiert „Architeto Carlo Bibiena inventor. fece"
31,3 cm x 39,0 cm
Feder, Pinsel, farbig laviert
bezeichnet „Originale"
kl I Z A 9: 4

### Prunksaal
Carlo Galli Bibiena (?)
31,7 cm x 44,5 cm
Feder, Graphitstift
m I Z A 5: 7

Zwei mit „Architeto Carlo Bibiena inventor. fece" signierte Zeichnungen dokumentieren die Bühnenbilder einer Opernaufführung,[1] oder deren Entwürfe bzw. Präsentationsblätter, und sind vermutlich Teile einer ursprünglich umfangreicheren Gruppe. Carlo Galli Bibiena, der in Wien geborene Sohn von Giuseppe (1696–1757), war nach Lehrjahren in Bologna ab 1746 am markgräflichen Hof in Bayreuth tätig, an dem ihn der Vater eingeführt hatte. Von 1748 bis 1756 zeigte er sich dort für sämtliche Opernaufführungen verantwortlich.[2] Seine spätere Tätigkeit führte ihn nach Preußen und Italien und, laut Crespi, in zahlreiche weitere europäische Länder.[3] Variiert sind in den beiden Zeichnungen beliebte Themen der barocken Typendekoration, ein mittelalterlicher Burghof mit strengem abweisendem Charakter und eine prunkvolle nach oben geöffnete Säulenhalle. In beiden Blättern greift Carlo Galli Bibiena auf die Winkelperspektive, die *scena per angolo*, und damit auf das Markenzeichen der Dynastie der Galli Bibiena zurück. Im Vergleich zu den Lösungen seines Großvaters Ferdinando, der die *scena per angolo* theorisiert und ihre Anwendung in seiner 1711 erschienenen „L'architettura civile" erläutert hat,[4] ist die Quer- und Übereckstellung der Architekturen weniger ausgeprägt. Das Heranrücken der seitlichen Architekturelemente an den Betrachter und damit die Verringerung des Abstands zwischen Zuschauer und Bühnengeschehen sind Merkmale, die auch in anderen Werken Carlo Galli Bibienas nachzuweisen sind. Dem Typus Kerker oder Burghof gehören auch weitere Blätter aus der Sammlung Haupt an.[5] Sie verbindet mit der signierten Zeichnung Carlos die Mischung der den Gesamteindruck bestimmenden gotischen Formensprache mit klassizierenden, der Renaissance entlehnten Elementen wie Pilastergliederung, Ädikula oder Wandbrunnen.

Zum unverzichtbaren Repertoire der Typendekoration zählt auch der Prunksaal, der im Allgemeinen als Zentralraum mit radial ausstrahlenden Seitenarmen definiert ist. Giuseppe Galli Bibiena hat dafür 1722 mit dem Festessen anlässlich der Hochzeit des bayerischen Kurprinzen Karl Albrecht mit der Tochter Karl VI Maria Amalia ein vielbeachtetes Denkmal geschaffen.[6] Ein Blatt der Hauptschen Sammlung (Abb. 2), das vielleicht ebenfalls mit Carlo in Verbindung gebracht werden kann, zeigt solch eine *sala magnifica*. Von dem überkuppelten Hauptraum, der die gesamte Breite des Bildausschnitts einnimmt, blickt man zentralperspektivisch in eine in die Tiefe führende Abfolge weiterer Kuppelräume, seitlich öffnen sich durch stark überlängte Bogenöffnungen Einblicke in die Seitenarme. Architektonische und dekorative Elemente sind mit Feder ausgearbeitet, nur schwach mit Graphitstift angedeutet ist hingegen der skulpturale Schmuck, dessen Ausführung wohl einem auf Figuren spezialisierten Künstler anvertraut werden sollte. Auf einem ebenfalls unvollendet gebliebenen Blatt[7] kann Ähnliches beobachtet werden. Auch hier ist die plastische Ausgestaltung, die Kapitelle, Konsolen und Baluster umfasst, nur mit Graphitstift angedeutet, einzelne Teile wie die Ornamentierung der linken Bogenlaibung und der prachtvolle Vorhang geben einen Eindruck von der erstrebten Gesamtwirkung. Das in das Umfeld Giuseppe Galli Bibienas einzuordnende Blatt variiert den Typus des Saals mit einem Ausblick auf die Baustelle einer Stadt. Pate für diese Lösung stand

Abb. 2

vermutlich Giuseppes Bühnenbild zum ersten Akt der „Didone abbandonata" von Hasse und Metastasio von 1752.[8] *Martina Frank*

1. Hier nicht gezeigt: kl I Z A 9: 5: Säulenhalle mit Reiterdenkmal, um 1750, signiert u.r. „Architeto Carlo Bibiena inventor. fece" 25,4 cm x 35,5 cm, Feder, Pinsel, farbig laviert.
2. Ball-Krückmann 2009 und 2019, mit älterer Literatur.
3. Crespi 1769, S. 94–96.
4. Galli Bibiena 1711.
5. kl I Z A 9: 2: Blick in eine Arkadenarchitektur mit gotisierenden Gewölben (16,1 cm x 20,7 cm, Feder) sowie kl I Z A 9: 3: Gefängnishalle (19,9 cm x 26,6 cm, Feder, laviert).
6. Galli Bibiena 1740, Teil IV/6; die Kupferstiche in Teil II/9 und III/9 zeigen zweigeschossige Varianten des zentralen Saales.
7. m I Z A 5: 10: Blick von einem Saal auf eine Stadt (34,8 cm x 46,0 cm, Feder, Graphitstift).
8. München, Deutsches Theatermuseum, Inv. Nr. IV 4838. Siehe Küster 2003, S. 164, Kat. 110 von Babette Ball-Krückmann.

C06
# Perspektivische Darstellung einer Fantasiearchitektur mit Fontäne

um 1760/70
Josef Hager (1726–1781), bez. im Bild „Josef Hager Architect"
32,6 cm x 24,8 cm
Feder und Pinsel, laviert
kl D Z 35 (1): 1

Perspektivische Ansicht eines Kirchenportals
um 1760
Josef Hager, bez. verso: „Joh. Hager. Architekt. fec."
35,1 cm x 21,1 cm
kl D Z 11: 7

Insgesamt sechs Blätter von Josef Hager stellen das größte bekannte Konvolut an Zeichnungen dieses böhmischen Architekturmalers dar, von dem bislang nur zwei Blätter in der Graphischen Sammlung der Prager Nationalgalerie bekannt waren (Entwürfe für einen Gartenhof und ein Heiliges Grab).[1] Die Hannoveraner Werke stammen aus einer der bedeutendsten graphischen Sammlungen, die im frühen 19. Jahrhundert in Prag bestanden, der des Grafen Franz Joseph von Sternberg-Manderscheid (1767–1830). Sie wurde nach dessen Tod 1831 bzw. 1836–1842 publiziert und in Dresden versteigert.[2] Verwendetes Papier und der skizzenhafte Charakter der Zeichnungen verweisen darauf, dass es sich dabei um Arbeitsblätter des Künstlers handelt.

Der aus Nordböhmen stammende Josef Hager hatte sich schon in seiner Ausbildung auf Architekturmalerei konzentriert und seine Werke später meist als „Architect" signiert.[3] Er ging zunächst beim Maler Johann Karl Kovař in Prag in die Lehre, bevor er dann in Wien Schüler des Szenografen Antonio d´Agostini war und Werke von Giuseppe Galli Bibiena studierte. Als Spezialist für Illusionsmalerei in Kirchen, Klöstern, Schlössern und Palästen in Böhmen und Mähren schuf Hager dann ein umfangreiches Werk.[4] Zudem machte er sich als Theatermaler in Prag und Dresden einen Namen.[5]

Besonders hervorgehoben wurden schon im 18. Jahrhundert Hagers Gartenprospekte: illusionistische Malereien, die als Point de Vues Gartenmauern und blinde Fassaden in zahlreichen Schlossanlagen des böhmischen Adels schmückten. Um den Entwurf eines solchen Prospektes dürfte es sich beim Blatt mit perspektivischer Darstellung einer Fantasiearchitektur mit Fontäne handeln. Nicht ausgeschlossen werden kann allerdings auch ein Bühnenbildentwurf – die Genres gingen fließend ineinander über.

Für die Benediktiner in Břevnov bei Prag sowie in Braunau/Broumov,[6] aber auch für andere Orden und kirchliche Auftraggeber realisierte Hager zahlreiche der in Böhmen besonders beliebten illusionistischen Portalumrahmungen (Abb. 2), illusionistischen Altäre und Heiliggrabinszenierungen,[7] die teilweise mit architektonischen Elementen (etwa Säulen) sowie plastischen Figuren und Gemälden kombiniert wurden und deren Entwürfe in Varianten mehrfach umgesetzt worden sind.[8] Dass er die Werke Andrea Pozzos genau studiert hatte, belegte er mit etlichen Scheinkuppeln unterschiedlicher Größe, wobei er im Fall der Begräbniskapelle St. Anna in Bergreichenstein/Kašperské Hory im Böhmerwald nicht davor zurückschreckte, einen winzigen Kirchenraum mit seiner Illusionsmalerei optisch gewissermaßen zu sprengen.[9]

1779 hatte Josef Hager den prestigeträchtigen Auftrag, zum 50jährigen Jubiläum der Heiligsprechung des böhmischen Landespatrons Johannes von Nepomuk eine aufwändige Festdekoration für den Prager St. Veitsdom zu schaffen, einschließlich einer monumentalen Verkleidung des Hochaltars.[10] Teil dieser Dekoration waren illusionistische Darstellungen wichtiger Szenen aus dem Leben des Heiligen, in deren Kontext wohl die Hannoveraner Zeichnung gehörte, die Johannes von Nepomuk vor König Wenzel IV. zeigt. Als charakteristisches Detail fügte Hager in den illusionistischen Rahmen eine Kartusche mit dem Symbol des Heiligen ein – seiner Zunge, die von fünf Sternen umgeben ist. *Marius Winzeler*

Abb. 2

1   Prag, Národní galerie, Sbírka grafiky a kresby, Inv.-Nr. K 23741, K 25663; Blažiček/Hejdová/Preiss 1977, Nr. 271; Sekyrka 1997, Nr, 3.12, 3.13 (Pavel Preiss).
2   Frenzel 1831, 1836–1842.
3   Zu Hagers Leben und Werk siehe Kuchynka 1923; Lokšová 2014.
4   Sein weit verstreutes Schaffen ist bislang nicht umfassend bearbeitet, eine vorläufige Übersicht bei Lokšová 2014.
5   Hilmera 1965; Preiss 1992.
6   Mádl/Šeferisová Loudová 2016, S. 96.
7   kl D Z 22 (1): 5: Perspektivische Ansicht einer Altararchitektur mit Figuren der hll. Johannes d. T. und Ev. sowie einer Dreifaltigkeitsgruppe, um 1760, 44,5 cm x 23,1 cm, Feder und Pinsel, grau laviert.
    kl D Z 22 (1): 4: Entwurf für eine illusionistische Heiliggrab-Architektur mit Engeln und den Arma Christi, um 1760, 44,5 cm x 32,9 cm, Graphitstift, Feder und Pinsel, grau laviert.
8   So stellt beispielsweise Hagers Hochaltar der Wallfahrtskirche Maria Trost in Klösterle an der Eger/Klášterec nad Ohří (um 1760, erneuert 1823) eine Variante des Hannoveraner Entwurfes für einen illusionistischen Altar mit den Figuren der hll. Johannes d. T. und Ev. (Plan c) dar. Der auf der Zeichnung genannte Wolfgang Rossi konnte bislang nicht identifiziert werden.
9   kl D Z 35 (1): 3: Perspektivischer Kuppelentwurf mit Darstellung des Tempelganges Mariens Entwurf für das Deckenbild der Kapelle St. Anna in Bergreichenstein/Kašperské Hory, 1757, 19,9 cm x 19,8 cm Feder und Pinsel, laviert, signiert „Jos: Hager Pict: et Arch: Pragae 1757".
10  Kleisner 1999.

## C07
# Blick in eine offene Halle mit Treppen und Gittern (Kerker)

1774, Aufschrift im Bild „Prigione MDCCLXX IV"
Carl Schütz (1745–1800)
26,7 × 40,9 cm
Feder, Pinsel, Tusche
kl D Z 5: 4

Blick auf ein Forum mit Ehrensäule und Prunkbauten
letztes Viertel 18. Jh., Carl Schütz
15,7 × 20,7 cm, Feder, Pinsel, grau laviert
kl D Z 5: 3

Das in grau lavierte Blatt zeigt eine imposante Souterrainhalle als Teil einer steinernen Burg in der Winkelperspektive. Die nach links offenen Rundbögen unter den massiven Tonnengewölben lassen auf einen Wachturm, der sich im höher gelegenen Innenhof befindet, blicken. Von der Ebene des Hofes unerreichbar, ist neben dem Turm auch eine hochgezogene Zugbrücke zu sehen, die den festungsartigen Charakter der gesamten Anlage verstärkt. Der Himmel ist trüb, doch Lichtstrahlen fallen schräg bis auf den Boden ein und erhellen den düsteren und durch zahlreiche Treppen und Durchgänge verwinkelten Raum. Die an einer Halbsäule unter der vorderen Treppe festgemachte, eiserne Kette, weist deutlich darauf hin, dass es sich um einen Kerker handelt – ein beliebtes und häufiges Sujet für Theaterdekorationen spätestens seit der zweiten Hälfte des 17. Jahrhunderts.[1] An manchen Passagen und Öffnungen sind Gitter angebracht, während am zentralen Pfeiler eine Gedenktafel Sujet und Datierung der Zeichnung anführt: „Prigione MDCCLXX IV". Eine Stuckatur mit dem sogenannten Bindenschild an der rechten Seite des Bildes, die durch einen Spitzbogen hervorscheint, lässt einen Zusammenhang mit Wien vermuten.

Die Zeichnung erinnert an die Kerker-Dekorationen aus dem Kreis der Galli Bibiena, die in der ersten Hälfte des 18. Jahrhunderts die wesentlichen, stilistischen Merkmale dieser Typologie von Bühnenbild festlegten und wiederholt nachgeahmt wurden.[2] Lassen Sujet und Ikonografie auf Anhieb an diese Künstlerdynastie denken,[3] verweisen der leichtfertige Duktus der Feder in der Ausschmückung von Details und die monochrome Tönung der Lavierung doch bald auf eine spätere Hand. Sie ist an den Wiener Zeichner und Kupferstecher Carl Schütz (1745–1800) zugeschrieben, der 1774 achtundzwanzig Jahre alt war und kurz darauf zu einem herausragenden Vedutisten[4] wurde.

Wie bei den meisten Bühnenbildentwürfen aus dieser Zeit, ist die Komposition, im Falle einer Realisierung im Theater, nicht als ‚einzelner Hintergrundprospekt', sondern als dreidimensionale Zusammensetzung mehrerer Flachelemente (Kulissen, Soffitten, Prospekte) zu deuten, die – unter Einwirkung einer stimmungsvollen Grundbeleuchtung[5] – eine starke perspektivische Wirkung entfalteten.

Besonders Kerker wurden gerne in die *Prospettiva per angolo* gesetzt, weil diese Darstellungsform die Illusion eines gewaltigen Raumes erzeugen kann. Ihre Prinzipien wurden erstmals 1711 von Ferdinando Galli Bibiena im Traktat *L'archittettura civile*[6] behandelt – ein Werk, das Generationen von angehenden Architekten und Bühnenbildnern beeinflussen sollte, darunter sicherlich auch Carl Schütz, der sich ab 1764 an der Wiener Akademie dem Studium druckgrafischer Künste widmete und später bei Johann Ferdinand Hetzendorf von Hohenberg (1732–1816) Architektur studierte.[7]

Da es sich bei dieser Art von Kerkern um eine ‚Typendekoration' handelt – also ein Bühnenbild, das für verschiedene Theaterstücke benutzt werden konnte – und bis auf die Datierung weder textliche noch ikonografische Hinweise festzustellen sind, lässt sich keine spezifische Inszenierung für Wiener Theaterhäuser ermitteln.[8] Theoretisch könnte diese Zeichnung eine Übung nach dem Beispiel der Galli Bibiena sein, die aufgrund ihrer Qualität auch als Präsentationsvorlage dienen konnte.

Ähnlich verhält es sich mit dem zweiten, hier präsentierten Blatt von Schütz: Ein Forum im klassizistischen Stil, der typologisch an einen Stich von Giuseppe Galli Bibiena gemahnt.[9] Interessant ist die Kombination der zwei vorderen, durch den Abstand gut erkennbaren Kulissen, die zentralperspektivisch angelegte Fassaden mit korinthischen Säulen darstellen, mit den anderen Elementen *per angolo* im Mittel- und Hintergrund. *Rudi Risatti*

Abb. 2

1. Vgl. als frühes Beispiel Lodovico Ottavio Burnacinis (1636–1707) Kerker mit Enthauptungsszene (Wien, Theatermuseum, Inv.-Nr. HZ Min29 25).
2. Vgl. Frank 2016, S. 158.
3. Nicht umsonst wurde das vom österreichischen Restaurator Carl Wiesböck (1811–1874) gesammelte Blatt vormals einem „F. A. [?] Galli Bibiena" zugeschrieben; darauf weisen nicht eigenhändige, später ausradierte Beschriftungen auf der Rückseite des Blattes hin.
4. Schütz ist nicht für Theaterdekorationen bekannt, sondern für seine Veduten der Stadt Wien. Aber er betätigte sich auch Illustrator von Theaterproduktionen, wie seine Stichserie zu Die Bergknappen (Paul Weidemann, Uraufführung 1778) belegt (vgl. Wien, Theatermuseum, Inv.-Nrn. GS GSM 10896-9).
5. U.a. wurden „düstere Orte wie Keller und Gefängnisse" zumeist „mit schwingenden Lampen und Laternen" beleuchtet (vgl. Zechmeister 1971, S. 389).
6. Galli Bibiena, 1711, passim.
7. An der Wiener Akademie dienten Galli Bibiena-Werke oft den Studierenden als Vorlage. Streitigkeiten hinsichtlich der Autorschaft von Ideen und Zeichnungen waren nicht selten. Spätere Stiche von Schütz (Wien, Theatermuseum, Inv.-Nrn. GS GBK 9258-9), einen Kerker und einen Katafalk darstellend, mit der Aufschrift „Negotius Academie Caes. Francisceae excud. Aug. Vind. Cum Grat. Er Privil. Caes. Maj. nec facere nec vendre copies" [„weder zum Anfertigen noch zum Verkaufen von Kopien"], scheinen auf diese Umstände einzugehen.
8. In den 1770er Jahren bildeten Burg- und Kärntnertortheater als Hoftheater eine künstlerische und organisatorische Einheit (vgl. Risatti 2019, S. 331; Hadamowsky 1966, S. X); Der Theatermaler Alessio Cantini zeichnete für die Gestaltung der Bühne verantwortlich, es wurden nur selten neue Dekorationen produziert (vgl. Zechmeister 1971, S. 385-393). Bis ca. 1776 waren Burg- und Kärntnertortheater die einzigen großen öffentlichen Bühnen Wiens, die eine solche komplexe Kerkerdekoration ermöglicht hätten. Dadurch kann ausgeschlossen werden, dass der Entwurf von Schütz in jenen Jahren hätte realisiert werden können.
9. Galli Bibiena 1740, Teil III, Nr. 6.

## C08
## Phantasiearchitektur im römischen Stil

um 1770
François Cuvilliés d. J. (1731–1777), signiert u.r. „Cuvillie"
42,0 cm x 60,0 cm
Feder und Pinsel über Graphitstift, schwarz und grau laviert
m F Z 1: 2

Bologna, Architekturprospekt
Umkreis Ferdinando Galli Bibiena (1656–1743)
aus: Küster 2002, Kat. Nr. 136

Die monumentale Szenerie einer majestätischen doppelgeschossigen Hallenarchitektur ist aufgebaut in der Art der von Ferdinando Galli Bibiena (1656-1743) für Bühnenbilder entwickelten *scena per angolo*, einer speziellen Übereckprojektion mit zwei seitlichen Fluchtpunkten.[1] Damit wird eine große räumliche Tiefe erzeugt, verstärkt noch durch die Durchblicke in angrenzende, nicht genauer definierbare Räume. Der Aufbau und die enormen Dimensionen der antikisierenden Architektur mit korinthischen Säulen erinnern an römische Thermenbauten. Besonders hervorgehoben erscheinen die beiden monumentalen Reiterfiguren auf hohem Sockel, die den rechten Tiefenzug versperren und damit quasi Raum schaffen für die Figurenstaffage im Vordergrund mit ihrer ausgeprägten Gestik, die Elemente eines antiken Dramas evoziert.

Die sorgfältige gesetzte Lavierung, die zwischen nahezu schwarzen Tönen im linken Vordergrund und hellem Braun in der Tiefe changiert, akzentuiert in ihrem Spiel von Licht und Schatten die Szenerie und imaginiert einen Lichteinfall von links oben. Die bildhafte Rahmung sowie das Liniennetz der Quadratur legen den Schluss nahe, dass die Skizze als Vorlage für die Übertragung in ein anderes Medium dienen sollte; zu denken wäre beispielsweise an ein Bühnenprospekt oder einen Druck in einem Vorlagenbuch. Auf der Rückseite befindet sich eine Graphitskizze, die mit wenigen Strichen eine weitere antike Monumentalarchitektur entwirft, wobei im Vordergrund Grabmäler angedeutet sind. Die Signatur auf der Vorderseite unten rechts: „Cuvillie" entspricht im Wesentlichen dem von François Cuvilliés d.J. in seinen Zeichnungen verwendeten Schriftzug, ist aber unvollständig und flüchtiger ausgeführt.

Der von seinem Vater und an der Academie Royale in Paris von Blondel dem Jüngeren ausgebildete Cuvilliés d.J. war ab 1757 am kurbayrischen Hof in München angestellt. Dort arbeitete er als Mitarbeiter seines Vaters und wurde nach dessen Tod 1768 zweiter Oberhofbaumeister. Seit 1755 fungierte er als Mitherausgeber der Stichwerke seines Vaters und ergänzte sie nach dessen Tod mit eigenen und fremden Entwürfen. Ab 1770 verfolgte er das Vorhaben der Herausgabe einer „Ecole de l'Architecture Bavaroise", eines großen Lehrbuchs, das jedoch nie vollendet wurde.[2]

Eigenhändige Zeichnungen befinden sich vor allem in München, wo drei Skizzenbücher von seiner Hand aufbewahrt werden.[3] Sie stehen in engem Zusammenhang mit den Stichwerken und enthalten teilweise beschriftete oder auch kommentierte Skizzen zu unterschiedlichen Themen, wobei ein deutlicher Schwerpunkt auf Grabmalentwürfen liegt. Sie sind in der Regel nicht bildmäßig ausgeführt und haben Studiencharakter. Dies unterscheidet sie von der vorliegenden Architekturszenerie, die bildmäßig komponiert und sorgfältig gerahmt ist, auch wenn das antikisierende Formenrepertoire durchaus vergleichbar ist. Nur ein Blatt in den Skizzenbüchern scheint tatsächlich einen Bühnenentwurf zu betreffen, ist aber gänzlich anders aufgebaut und somit nur begrenzt vergleichbar.[4] Generell ist diesen Skizzen mit den diesbezüglichen Kommentaren aber ein belehrendes Moment zu eigen, das einen Zusammenhang mit dem geplanten Lehrbuch vermuten lässt.

Wie Cuvilliés selbst berichtete, hatte er nach dem Tode des Vaters 1768 damit begonnen, mehrere Schüler in der Architektur zu unterrichten[5]. Diese setzte er dann auch als Mitarbeiter bei den Stichpublikationen ein. Es liegt deshalb nahe, dass die Zeichnung im Zusammenhang mit dem Unterricht bzw. dem in Entwicklung befindlichen Lehrbuch entstand. Hierfür spricht die geradezu exemplarische Umsetzung der perspektivischen Übereckprojektion in der Art Galli Bibienas, wie sie sehr ähnlich z.B. auch in einem Architekturprospekt mit einer Begebenheit aus der Familiengeschichte der Malvezzi de Medici in Bologna vorgeführt wird (Abb. 2).[6] Das Blatt wäre demnach zwischen 1768 und 1777 zu datieren. *Ulrike Hanschke*

Abb. 2

---

1 Vgl. die Darstellung dieser Methode in Ferdinando Galli Bibienas „Direzione A' Giovani Studenti nel Disegno del'Architettura Civile", 1783, Taf. 49. Siehe Heilmann/Nanobashvili/Pfisterer/Teutenberg 2015 Kat.17 + Taf. 17, S. 208f.
2 Schnell 1961.
3 Ein Skizzenbuch befindet sich im Stadtarchiv (StAM, Sign. HV Zimelie 179), das zweite im Bayerischen Nationalmuseum (Sign. 8825) und ein drittes in der Staatlichen Graphischen Sammlung (Inv. Nr. 32641- a Z). Siehe Gossel 2002.
4 Gossel 2002, Abb. 3.
5 Schnell 1961, S. 116ff.
6 Ferdinando Galli Bibiena (Umkreis), Architekturprospekt mit einer Begebenheit aus der Familiengeschichte der Malvezzi de Medici, siehe Küster 2003, Kat. Nr. 136.

C09

C09
# Übereckblick in einen Arkadenhof und eine Galerie, Entwurfsskizze

um 1800
Tranquillo Orsi (1771–1844), zugeschrieben
7,5 cm x 7,5 cm
Pinsel, Bister
kl I Z A 10: 15

Bühnenbild mit Blick in eine Bogenhalle
um 1800, Tranquillo Orsi
Graphitstift, Pinsel, laviert
Paris, Bibliothèque-musée de l'Opéra, Sign. Res 944, 1148

Unter den szenographischen Zeichnungen und Skizzen in der Sammlung Haupt findet sich auch eine Reihe von zumeist kleinformatigen Skizzen, die bisher u.a. dem in den ersten Jahrzehnten des 19. Jahrhunderts in Norditalien tätigen Bühnenbildner und Theaterarchitekten Tranquillo Orsi zugeschrieben wurden.[1] Unter ihnen lässt sich nur eine sicher mit ihm in Zusammenhang bringen, da die Zeichentechnik den bekannten Zeichnungen dieses Künstlers sehr ähnlich ist: Die Darstellung erscheint nicht perfekt, sondern besitzt eine leichte Unschärfe.

Tranquillo Orsi wurde in Mantua geboren und erhielt seine Ausbildung in Mailand im Atelier des *Teatro alla Scala*, an dem die berühmten Maler und Szenographen der Scala-Schule des italienischen Klassizismus wie Paolo Landriani (1757–1839), Gaspare Galliari (1760–1818/ 1823), Alessandro Sanquirico (1777–1849), Giovanni Perego (1776–1817) und Giovanni Pedroni (1762–1842) wirkten. Als Assistent Pedronis arbeitete Orsi zunächst an den Theatern von Mantua, Triest und Brescia. Später, um 1819, zog er nach Venedig, wo er produktiv mit Giuseppe Borsato (1770–1849), dem Bühnenbildner des *Gran Teatro la Fenice*, zusammenarbeitete und die Logen und Decken verschiedener Theater der Stadt und der Region Venetien dekorierte. Berühmt ist Orsis Deckengemälde für das rekonstruierte *Teatro la Fenice* von 1837.[2] Während seiner langen Karriere hatte Orsi großen Erfolg beim Publikum und bewies, dass er über ausgezeichnete malerische und perspektivische Fähigkeiten sowie eine sehr sichere Hand verfügte, wie die zahlreichen Skizzen zeigen, die noch in kleinen Alben im *Museo Correr* in Venedig und der *Bibliothèque-musée de l'Opéra* in Paris erhalten sind.[3]

Die Hannoveraner Zeichnung aus Albrecht Haupts Sammlung zeigt ein architektonisches Thema, das in Orsis Szenographien sehr häufig vorkommt und als Atrium, Galerie, Innenhof oder Palastvorhalle definiert werden könnte. Viele seiner Bühnenbilder stellen ähnliche architektonische Sujets und Umgebungen dar, in denen Orsi eine große Fähigkeit zur perspektivischen Organisation und bildlichen Illusion eines Bühnenprospektes oder einem stärker ausdifferenzierten Szenenbild zum Ausdruck bringt. Wie aus den Dokumenten des Archivs des *Teatro la Fenice* hervorgeht, war Orsi, nachdem er die Liste der szenischen Verwandlungen des Librettisten erhalten hatte, für die Gestaltung und Ausführung des Bühnenbilds verantwortlich; er verfolgte dann die praktische Umsetzung, indem er das in der Skizze entworfene Bild für die Ausführung in die nötigen Formate übertrug, den Prospekt, die Kulissen, Souffiten, Trennwände und andere Elemente malte und anfertigen ließ, die den Raum in der Tiefe staffeln und dem Bühnenbild die Dreidimensionalität verleihen. In diesem Fall nutzt das perspektivische System mit mehreren Fluchtpunkten die Idee einer architektonischen Verdichtung im Vordergrund mit zwei seitlichen perspektivischen Fluchten, um die aus Bögen, Säulen, einem Korridor mit vielen Türen und einer Kassettendecke bestehende Struktur zu artikulieren. Die Verwendung von stark kontrastierenden, gemalten Lichteffekten erzeugt ein großartiges Gefühl von Räumlichkeit, das zur dreidimensionalen Wirkung der ganzen Szenerie zusätzlich beiträgt.

*Ida Maria Biggi*

Abb. 2

1 Sie befinden sich heute in der Mappe kl I Z A 10 (14 Skizzen) und werden von der Bearbeiterin ganz allgemein der Schule von Bibiena zugeordnet, da sie im Strich und im Thema noch dem 18. Jahrhundert zuzurechnen sind und vermutlich mit weiteren Skizzen in die Sammlung in Zusammenhang stehen. Vgl. Haupt Katalog Handzeichnungen 1899, S. 11: „Bibiena, Ferd., Art desselben, 20 Bl."). Eine weitere, von Haupt Orsi zugeschriebene Zeichnung (Sign. m I Z A 4: 3, Altsignatur XXXIVb; Haupt Katalog Handzeichnungen 1899, S. 68) unterscheidet sich ebenfalls stark von denen Orsis und entspricht mit ihrer scholastischen Zeichentechnik eher einer Schatten- und Perspektivübung des 19. Jahrhunderts.
2 Aquarellierte Federzeichnung im British Museum in London (Inv. 27283). Siehe auch die Zeichnung von Orsi für die Decke des Teatro San Samuele in Venedig (Museo Correr, Venedig, Inv. 8000/3).
3 Bei den Zeichnungen Orsis im Museo Correr in Venedig handelt es sich um drei kleinformatige Notizbücher (Sign. Cl. III. 5999-6000-6001), sowie eine große Aquarellzeichnung (Sign. Cl. III. 1189). Das in der Bibliothèque-musée de l'Opéra in Paris aufbewahrte kleinformatige Skizzenbuch mit szenografischen Zeichnungen (Sign. Res 944) ähnelt denjenigen im Museo Correr.

## C10
## Blick durch eine Bogenhalle auf einen Rundtempel

um 1825
August von Bayer (1803-1875), zugeschrieben
16,7 cm x 23,1 cm
Pinsel und Feder, grau getuscht
kl D Z 5: 8

Blick in eine Katakombenhalle
um 1825
August von Bayer, zugeschrieben
18,3 cm x 25,8 cm
kl D Z 5: 6

Der *Blick durch eine Bogenhalle [...]* zeichnet sich durch klare und kontrastreiche Licht- und Schattenführung aus. Der Betrachter befindet sich in einer Halle mit kassettiertem Gewölbe. Dieses wird von gekuppelten Säulen getragen, die dem massiven Mauerwerk vorgelagert sind. Die Ordnung entspricht entfernt der Toskanischen. Durch die aus der Mittelachse gerückte Bogenöffnung ist eine antikisierende Platzanlage mit einem an das Pantheon erinnernden Tempel zu erkennen. Der Platz wird durch eine mit Skulpturen bekrönte Kolonnade umfangen. Das gleißende Sonnenlicht fällt flach von links durch den Bogen und erhellt den Boden der Halle schlaglichtartig, während das Gewölbe und die dem Betrachter zugewandten Stirnseiten der Stützen im Schatten liegen und nur durch die dunklen Federstriche der Zeichnung differenziert werden.

Haupt erwarb das vorliegende Blatt in den 1890er Jahren zusammen mit Arbeiten der Galli Bibiena und ihres Umfelds aus dem Verkauf der Sammlung Christian Hammer, Stockholm.[1] Es ist nicht auszuschließen, dass es sich dabei ebenfalls um einen Entwurf für die Bühne handeln könnte. Die kompositorische Nähe zu zeitgleichen Dekorationsentwürfen von Anton de Pian (1784–1851), Alessandro Sanquirico (1777–1849), Hermann Neefe (1790–1854) oder Josef Platzer (1751–1806) sind nicht von der Hand zu weisen. Dies wird auch in der Zeichnung des düsteren *Katakombengewölbes* deutlich (Abb.2), bei dem es sich um den Entwurf einer Kerkerdekoration des frühen 19. Jahrhunderts handeln könnte.

Die Arbeiten sind im Hauptschen Handzeichnungskatalog als „Theaterdekoration" und „Hallenperspektive" unter dem Eintrag „Beyer, A. v. [Bleistiftergänzung], Carlsruhe" aufgeführt.[2] Vermutlich ist damit der in der Schweiz gebürtige Maler, Zeichner und Architekten August von Bayer gemeint, der nach einer ersten architektonischen Ausbildung in Zürich sich in den frühen 1820er Jahren an Friedrich Weinbrenners Bauschule in Karlsruhe und in Paris weiterbilden ließ, anschließend aber in München vor allem als Architekturmaler tätig war. Im Jahr 1839 siedelte er nach Baden-Baden über und widmete sich der Denkmalpflege, ab 1853 war er als Landeskonservator für die Kunstdenkmäler im Großherzogtum Badens tätig, zuletzt wirkte er als Vorstand der Altertumshalle in Karlsruhe.[3]

Bayers Werk als Architekturmaler ist durch bildmäßig ausgeführte Zeichnungen überliefert, die mittelalterliche Architekturen, Kircheninterieurs, Kreuzgänge und Klosterszenen zeigen. Die romantisch geprägten Kompositionen, die in München entstanden, legen großen Wert auf die Ausarbeitung einer malerischen Licht- und Schattenwirkung und stehen zeitgleich entstandenen Arbeiten von Simon und Domenico Quaglio nahe.[4]

Die Zuschreibung der Blätter in der Sammlung Haupt beruht bislang weitestgehend auf den historischen Eintragungen im Handzeichnungskatalog. Der Vergleich mit gesicherten bildmäßigen Kompositionen anderer Sammlungen führt zu kurz, handelt es sich bei den vorliegenden Blättern doch um Zeichnungen ganz anderen Charakters, um monochrom lavierte Federstudien, in denen der Zeichner für Studienzwecke die Wirkung von Licht und Schatten erprobt hat.

Geht man von August von Bayer als Autor der Studien aus, so sind diese am ehesten in seine Zeit an Friedrich Weinbrenners Bauschule in Karlsruhe zu verorten, die bereits in frühen biographischen Artikeln erwähnt aber nur schwer greif- oder nachweisbar ist.[5] Weinbrenners *Architektonisches Lehrbuch* und überlieferte Arbeiten seiner Eleven zeigen, welchen hohen

Abb. 2

Stellenwert das perspektivische Zeichnen von Architekturen und Innenräumen, aber auch die korrekte Konstruktion von Licht und Schatten in der Ausbildung besaßen. Düstere, von Piranesi und französischer Revolutionsarchitektur beeinflusste Kompositionen erfreuten sich dabei großer Beliebtheit.[6] *Christine Hübner*

1 Vgl. den Stempel verso (Lugt 1237).
2 Haupt Katalog Handzeichnungen 1899, S. 11.
3 Vgl. Dreher 1993.
4 Vgl. die Arbeiten in der Sammlung Hausmann, Galtenbröcker 2005, S. 46–50.
5 Schülerschaft bei Weinbrenner erstmals erwähnt in Naglers Künstler-Lexicon, Bd. 1 (1835), S. 333. Für von Bayer gibt es keine Eintragungen im saai – Archiv für Architektur und Ingenieurbau am KIT, Karlsruhe.
6 Weinbrenner 1810–1819; vgl. Everke 2015, S. 166f.

C11
# Bühnenentwurf für die Oper „Fernando Cortez"

„– indien – Fernand Cortez Opéra" [oben]
„Décoration Exécuter aux tuillerie, par monsieur isabet pêre" [unten]
1809
Jean Baptiste Isabey (1767–1855)
23,1 cm x 30,5 cm
Feder und Pinsel, farbig getuscht
kl F Z 1: 3

Obwohl Isabeys Schaffen recht weit gefasst ist, errang er vor allem als Miniaturmaler der bekannten Häupter seiner Zeit Berühmtheit.[1] Bereits als Schüler Jacques-Louis Davids (1748–1825) ab 1786 portraitierte er Vertreter des Ancien Regime, stand jedoch unter Napoleon, für den er 1799 die Krönungsfeierlichkeiten arrangierte, auf dem Höhepunkt seines Schaffens. Seit dieser Zeit wurde er mit der Ausführung allerlei Festlichkeiten beauftragt und erhielt 1804 den Titel „peintre dessinateur de cabinet de S. M. L'Empereur, des cérémonies et de relations extérieures". Als Folge dieser Aufgaben wurde er 1807 zum Chefdekorateur der kaiserlichen Opernhäuser berufen und, wenig später, auch als offizieller Hofmaler – ein Titel, den er 1822 durch Ludwig XVIII. wiedererlangte.

Als am 28. November 1809 Gaspare Spontinis Usurpatoren-Oper „Fernand Cortez, ou la conquète du Mexique" im Théâtre National de la rue de la Loi aufgeführt wurde,[2] entwarf Isabey das Bühnenbild, wobei wahrscheinlich die Dekorateure Bouillier und Moench die Ausführenden waren. Damalige Zuschauer konnten „Fernand Cortez" vor dem Hintergrund der napoleonischen Spanienpolitik verstehen. Die Gelegenheit, zwei gegensätzliche Kulturen auftreten zu lassen, bot den Beteiligten die Möglichkeit, fantasievolle Kontraste zu schaffen. So fällt im Unterschied zu den Entwürfen, die Karl Friedrich Schinkel für die Aufführung der gleichen Oper 1818 in Berlin schuf,[3] die starke Farbigkeit auf. Diese bemerkte auch ein Kritiker, der die Uraufführung mit den Worten beschrieb: „une action grand, tragique, intéressant, qui permette l'emploi de brillans accessoires, le concours de l'art du decoratuer".[4] Obwohl Isabey noch ganz dem im Barock entwickelten symmetrischen Bühnenaufbau folgt, zeigt sich doch in der Wahl atztekischer Motivik der Wille, etwas typisch „Indianisches" auf die Bühne zu bringen.[5]

Das vorliegende Blatt stellt „das Innere des Tempels" dar mit der kolossalen Götterstatue in der Mitte. Es ist eine Szene aus dem dritten Aufzug.[6] In diesem Akt sollen der Spanier Alvaro und Amazilly, die Geliebte des Cortez, aus Rachsucht geopfert werden. Schließlich werden sie von den Spaniern befreit, Amazily und Cortez können heiraten.

Die künstlerische Dekoration des Stücks „Fernand Cortez" stellt im Schaffen Isabeys keine Ausnahme dar, da er zwischen 1808 und 1813 mehr als zwei Dutzend Theaterstücke und Opern ausstattete, wobei ihm das Bühnenbild für Rodolphe Kreutzers Oper „Les amours d'Antione et Cléoparte" ebenfalls Gelegenheit bot, exotische Szenen zu entwerfen.[7] Zu Ausführungsarbeiten wurden häufig weitere bekannte Künstler herangezogen. So weiß man beispielsweise, dass für „Fernand Cortez" Ignazio Eugenio Degotti, sein Schwiegersohn Pierre-Luc-Charles Cicéri sowie der Kostümbildner Francois Guillaume Ménageot tätig waren.[8]

Um die Wirkung seiner Entwürfe zu testen, verfügte Isabey über eine kleine Modellbühne. Als er 1815 zwischenzeitlich aus dem Dienst entlassen wurde, musste er alle seine Entwürfe der Intendanz überlassen. Tatsächlich behielt er aber noch zahlreiche Zeichnungen zu Hause, weshalb sich nur wenige Bühnenentwürfe in öffentlichen Sammlungen befinden.[9] Anders als die Entwürfe, die heute in der Bibliothèque-musée de l'Opéra (BNF) in Paris aufbewahrt werden, stellt das Blatt in der Sammlung Haupt ein Unikat dar, scheint es doch als einziges heute noch bekanntes Exemplar aus dem privaten Besitz Isabeys zu stammen. *Marcus Köhler*

1 Lécosse 2018a.
2 Die Inschrift „Décoration Exécuter aux tuillerie" suggeriert zwar eine Aufführung im Théâtre des Tuileries, doch muss man später umdisponiert haben, denn dort wurden am 14. November 1809 Gaetano Andreozzis „La Vergine del Sole" und anschließend, am 30. November, Cherubinis „Fimmalione" (Pygmalion) aufgeführt. Veranstalter der Uraufführung von „Fernand Cortez" war die Académie impériale de musique.
3 Vgl. Bankmann 1982.
4 N.N. (Theaterkritiken), in: Mercure de France, 2. Dezember 1809, S. 299.
5 Beudert 2006, S. 63.
6 Castelli 1816, S. 15.
7 Auclair 2011, S. 5–10.
8 Wild 1987, S. 362. Zudem werden Mathis und Desroches genannt. Bei Join-Diéterle 1988 ist nur Degotti als Bühnendekorateur bekannt.
9 Lécosse 2018b, S. 277.

# D Bauten und Projekte

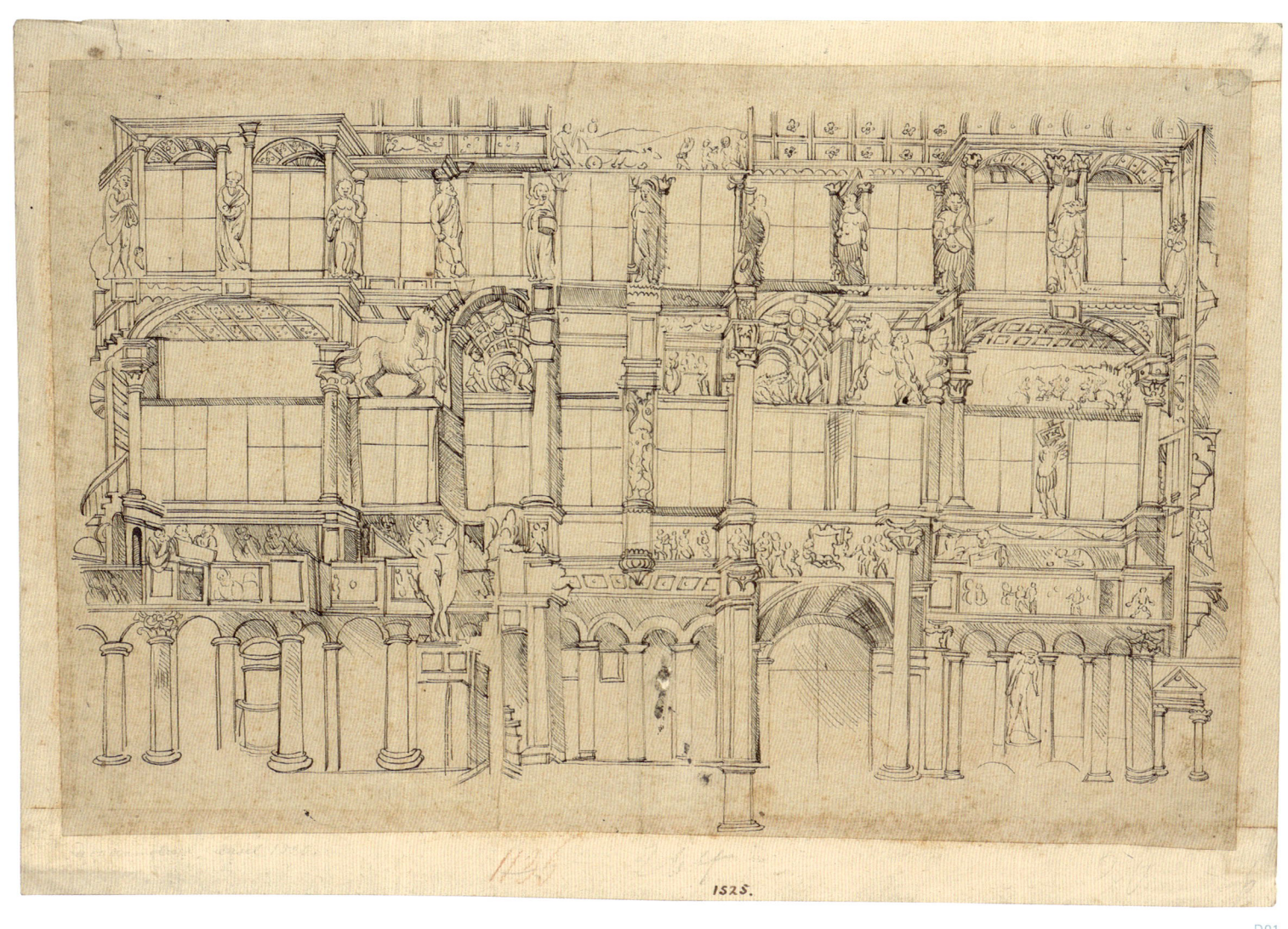

## D01
# Darstellung einer architekturillusionistischen Fassadenmalerei

1525, datiert „1525"
Urs Graf d. Ä. (um 1485–1528), zugeschrieben
22,7 cm x 34,3 cm
Feder
kl D Z 34: 1

Entwurf für das Haus „Zum Tanz" in Basel
um 1525–30
Kopie nach Hans Holbein d. J.
Feder in Schwarz, aquarelliert
Kunstmuseum Basel, Inv. 1955.144.2

Bei der auf den ersten Blick etwas unstrukturiert wirkenden Federskizze einer Fassadenmalerei handelt es sich um eine der ältesten datierten Zeichnungen im Bestand der Hauptschen Sammlung. Der Zeichner des Blattes hat vermutlich das Entstehungsjahr 1525 kaum erkennbar auf einer Tafel eingetragen, die eine Figur im rechten äußersten Fensterpfosten des ersten Obergeschosses hält.[1] Obwohl das Blatt in der kunstgeschichtlichen Forschung durchaus bekannt ist und zu den ältesten erhaltenen Entwürfen einer Fassadenmalerei nördlich der Alpen zählen kann, blieb die Bewertung des Blattes auffällig zurückhaltend.[2] So ist auch aus den sammlungsgeschichtlichen Zusammenhang nicht mehr genau bestimmbar, von wem die Zuordnung zum Basler Künstler Urs Graf d. Ä. stammt.[3] Haupt selbst stufte das Blatt als Werk eines unbekannten Basler Meisters in der „Art des Holbein" ein und rechnete es zu den wertvollsten Blättern seiner Zeichnungssammlung.[4] Christian Klemm führte es als anonyme „Kopie" im *RDK* auf.[5] Der skizzenhafte Charakter der Zeichnung lässt offen, ob hier eine bestehende Fassadenmalerei kopiert wurde oder eine Entwurfsskizze zu einem nicht überlieferten Projekt vorliegt.

In seiner architektonischen, symmetrisch aufgebauten Grundstruktur folgt der Entwurf oberitalienischen Vorbildern des frühen 16. Jahrhunderts;[6] die tiefe Räumlichkeit und die Freude am vexierhaften Einsatz der Perspektive sind jedoch ohne das Vorbild der in den frühen 1520er Jahren entstandenen Entwürfe Hans Holbein d. J. (1497/98–1543) für das „Haus zum Tanz" in Basel nicht erklärbar – wenn auch der räumliche Illusionismus der dargestellten Architektur nicht ganz so übersteigert und gekonnt dargestellt ist (Abb. 2).[7] Es ist jedoch naheliegend, einen Künstler aus dem lokalen Umfeld Holbeins für den Entwurf anzunehmen, da der Einsatz der Figuren hier teils ebenso fantasievoll und räumlich illusionierend ist – beispielhaft zu sehen an den seitlichen Wendeltreppen oder den Figuren in einer Galerie in der linken Zone oberhalb des Erdgeschosses. Hierbei deutet die Darstellungsweise der skizzierten Figuren auf Urs Graf hin, der besonders durch seine derb-sinnlichen und hintergründigen Szenerien bekannt wurde.[8] Da Graf wenig Affinität zur Architektur, vor allem nicht in ihren italienisch-antiken Formen hatte,[9] würde dies erklären, warum den architektonischen Details in dieser Hinsicht wenig Aufmerksamkeit und Könnerschaft gewidmet wurde.

Eine genaue Zuordnung zu einem konkreten Gebäude ist bisher nicht gelungen. Auffallend ist die Breite der Fassade des stattlichen dreigeschossigen Bürgerhauses, die über zehn – vermutlich zum Teil nur gemalte – Fensterachsen verfügte. Klärung könnte die Entschlüsselung des humanistisch geprägten Bildprogramms bringen, das in der oberen Reihe allegorische Figuren in antikischem Habit sowie Szenerien zeigt, die Monatsarbeiten wie das Pflügen und Säen darstellen.[10] Auffallend ist auch das nackte Figurenpaar, das sich als Motiv für versteckte Anspielungen anbietet, wie sie für Grafs Werk bezeichnend sind. Ein wiederkehrendes Motiv ist das Pferd, das vielleicht auf einen Hausnamen hindeuten kann. Im direkten Umfeld der bekannten Wohnorte Grafs in Basel gab es zwei Häuser, die den Namen „Hus zum Roß" trugen (Fischmarkt 1 und Stadthausgasse 5).[11] Graf wohnte am Fischmarkt und erwarb 1520 unweit davon das „Haus zur goldenen Rose" (Stadthausgasse 18),[12] in unmittelbarer Nachbarschaft zum „Haus zum Tanz".[13]

*Simon Paulus*

Abb. 2

1 Das Wasserzeichen stützt die datierung: Lilie, frei, mit Staubblättern (Vgl. WZIS, DE4620-PO-127900, Bologna, 1530).
2 Nicht aufgeführt bei Becker 1994. RDK, Bd.7, 1988, Sp. 692, Artikel Fassadenmalerei von Christian Klemm 1978 (Sp. 690-742), Sp. 691.
3 Möglicherweise stammt sie von Tilman Falk, der Teilbestände der Hauptschen Sammlung in den 1970er Jahren sichtete und vermutlich auch die Aufnahme in den Katalog des Projekts zur Fassadenmalerei in Deutschland am Bonner Institut für Kunstgeschichte bei Gunter Schweikhart veranlasste.
4 Haupt Katalog Handzeichnungen 1899, S. 32.
5 RDK 1988, Sp. 691.
6 Vgl. z. B. in der Slg. A. Haupt, kl I Z 3: 6: Entwurf für eine Fassadenmalerei, Florenz um 1550 unbekannter Künstler des 16. Jh., 24,5 cm x 39,8 cm, Feder und Pinsel in Braun.
7 Becker 1994, S. 24–27, 66–73; Klemm 1972. Zur Kategorisierung siehe dort Sp. 714. Auch Bezüge zu Holbeins älterem Entwurf für das Hertensteinhaus in Luzern sind herstellbar. Vgl. Hermann/Hesse 1993.
8 Zu Graf siehe Müller 2001. Ähnlichkeiten im Einsatz der Schraffur und der Linienführung bestehen beispw. zur Skizze „Dirne mit Zweihänder" (1515), Kunstsammlung Basel, Kupferstichkabinett U.X. 64, Müller 2001, S. 148 (Zeichnung 061).
9 Dieses Urteil wurde schon in der Kunstgeschichtsschreibung des 19. Jh. gefällt. Vgl. His 1873, S. 262.
10 Zur Rezeption dieser Motive in der Frühen Neuzeit siehe Meetz 2003.
11 Meyer 1975, S. 88, 126.
12 Vgl. His 1873, S. 261; Müller 2001, S. 128, 222.
13 Das Haus zum (vorderen) Tanz (Eisengasse 20) und Fischmarkt 1 liegen im gleichen Hausquartier. Vgl. Meyer 1975, S. 51.

## D02
# Entwurf eines Aufrisses für das Hauptportal des Mailänder Domes

um 1630–40
Francesco Maria Ricchini (1584–1658) oder Werkstatt, zugeschrieben
Inschrift auf dem rechten Säulensockel: „Ricchino F."
61,3 cm x 45,4 cm
Feder in Braun, hellbraun laviert
Maßstab (ohne Maßangabe- 8 ½ Einheiten auf der Grundlinie der Zeichnung), Maßkotierungen
m I Z A 1: 9r

**Verso: Gehälftete Skizze des Portals**
Francesco Maria Ricchini zugeschrieben
Feder in Braun; Maßkotierungen
m I Z A 1: 9v

Die Reinzeichnung des Entwurf eines von zwei Säulen einer großen Ordnung gerahmten Portals mit einem von Voluten getragenen, verkröpften Segmentgiebel weist große Ähnlichkeit mit Entwürfen Francesco Maria Ricchinis für das Hauptportal des Mailänder Doms auf. Vergleichbar wären hier vor allem seine Fassadenentwürfe in der Mailänder Biblioteca Trivulziana, Raccolta Bianchini, Band II, 32, 34 a und 35, die Kummer um 1635 datierte.[1] Charakteristisch ist das Herunterziehen des Geisons, um dem Tympanonfeld mehr Raum zu verschaffen; ein Motiv, das schon in den Entwürfen Pellegrino Tibaldis vom Ende des 16. Jahrhunderts vorkam. Die Voluten sind in zwei Versionen angegeben: auf der linken Seite in der üblichen Form mit abhängendem Löwenkopf und Fruchtgehängen; auf der rechten Seite kürzer, mit einer Tuchdraperie versehen und nur mit einem Löwenkopf darunter. Die flache Projektion der Voluten auf die Rückwand der Mittelachse kommt allerdings nicht in den anderen Entwürfen Ricchinis vor, wohl aber in einem Entwurf des Malers Giuseppe Battista Crespi, genannt Il Cerano (1573–1632), der 1629 die Leitung der Dombauhütte inne hatte. Sein Entwurf für das Hauptportal zeigt eine identische Verkröpfung des Segmentbogens sowie Übereinstimmung in der Form der Voluten mit Löwenköpfen; zudem ist hier die Projektion der Voluten auf die Rückwand vorhanden.[2]

Die Inschrift „Ricchino F[ecit]" ist allerdings keine eigenhändige Signatur, aber sie stellt eine frühe Zuschreibung dar, die eventuell aus dem Umfeld der Mailänder Dombauhütte stammt;[3] denn Crespis Entwurf trägt an der gleichen Stelle und offenbar von derselben Hand die Beschriftung „Cerran fecit".[4] Damit dürfte es sich um eine zeitgenössische Zuschreibung des Blattes an Ricchini handeln.

Ricchini erhielt eine erste Ausbildung bei seinem Vater, dem Militärarchitekten Bernardo Ricchini, der auch eine private Akademie für Militär- und Zivilarchitektur betrieb. Danach wurde er Schüler des bedeutenden Mailänder Architekten und Barnabitenpaters Lorenzo Binago (1554–1629). Durch Vermittlung des Kardinals Federico Borromeo erhielt er 1600 die Möglichkeit eines dreijährigen Romaufenthaltes, wo er in Kontakt mit Giacomo Della Porta und Carlo Maderno kam. Nach seiner Rückkehr begann er in Mailand und der Lombardei seine lange und große Karriere, die eine Reihe von bedeutenden Bauten im Profan- wie im Sakralbereich umfasst. 1631 wurde er bis 1638 Dombaumeister. Die ungelöste Frage der Fassadengestaltung des gotischen Domes war ein zentrales Thema der Mailänder Architektur seit dem 16. Jahrhundert.[5]

Die Arbeitsskizze auf der Rückseite des Blattes (Abb. 2) wiederholt den Entwurf mit kleinen Varianten. Die Maßkotierungen beziehen sich auf Teile, die „già fatti", also bereits in Arbeit, seien. Das Portal wurde in ähnlicher, aber veränderter und ornamentalerer Form von den Steinmetzen Gian Giacomo Bono und Andrea Castelli nach Ricchinis Entwurf ausgeführt.[6] *Elisabeth Kieven*

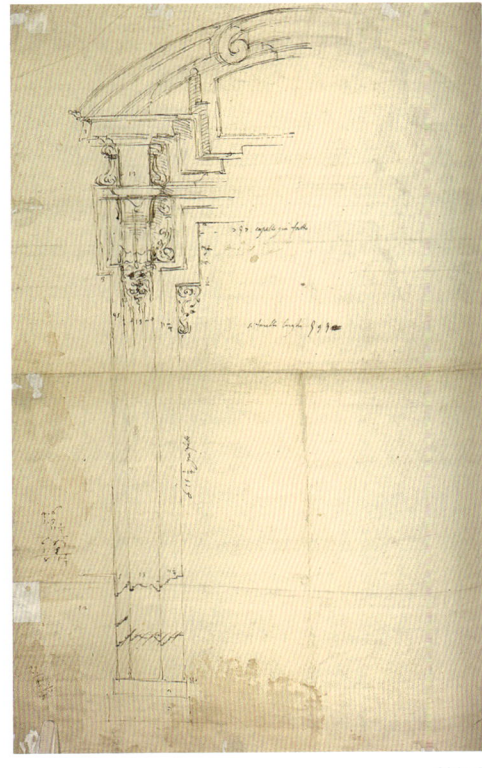

Abb. 2

1. Kummer 1974, Bd. 2, S. 100–102; Abb. 144, 146–147, Bd. 3. Kummers Zuschreibung beruht auf dem Vergleich mit Ricchinis Kupferstich des Domfassadenprojekts (Bd. 3, Abb. 145)
2. Mailand, Biblioteca Ambrosiana, Cod. F 251, Inf., n.111, im Katalog um 1628 datiert (Scotti 1973, Cat. 207, S. 49–50; Abb. 182, S.140).
3. Zu Ricchinis eigenhändigen Signaturen s. Patetta 1992 und 1994.
4. Scotti 1973, S. 49.
5. Zur Debatte siehe Repishti/Schofield 2004.
6. Zuccari-De Castro 1992, S. 65, Tav. XX.

## D03
# Entwurf der Fassade für das Santuario della Divina Maternità di Concesa in Trezzo d'Adda, Lombardei

Beschriftet am oberen linken Blattrand in Feder: „di Concesa"
um 1635
Francesco Maria Ricchini (1584–1658) oder Werkstatt, zugeschrieben
signiert u.r., teilweise beschädigt: „Ricchino fec."
35,1 cm x 24,6 cm
Feder und Pinsel, laviert in Braun über Graphit
verso: Maßkotierungen
kl I Z A 3: 4

Santuario della Divina Maternità di Concesa in Trezzo d'Adda
Foto: Markus Mark

Die beschädigte Reinzeichnung zeigt eine für die Zeit typische Ädikulafassade mit ionischer Pilasterordnung und einem blanken Wappenschild im Tympanon des abschließenden Dreiecksgiebels. In der Ausführung wurde das Portal prominenter gestaltet, mit einer Säulenrahmung versehen und füllt nun das untere Wandfeld aus; die Inschrifttafel über dem Portal musste dafür weichen. Der schlichte Entwurf kommt in vielen Varianten in der Umgebung Mailands vor und dokumentiert die rege Bautätigkeit der Gegenreformationszeit.[1]

Das Sanktuarium wurde zwischen November 1635–1641 auf Veranlassung des Mailänder Erzbischofs Kardinal Cesare Monti (1593–1650) errichtet und dem 1568 durch Teresa von Avila und Johannes vom Kreuz gegründeten Orden der unbeschuhten Karmeliten übergeben.[2] Monti hatte die Wallfahrtskirche zu seiner Grablege bestimmt, wurde aber im Mailänder Dom beigesetzt.[3] Der Erzbischof übertrug den Bau Carlo Buzzi (1607/08–1658), aber auch Ricchini wurde als Konsulent für den an einem steil zum Fluss abfallenden Hang liegenden Bau hinzugezogen.[4] Die Beschriftung am unteren Bildrand mit dem Namen Ricchinis ist zwar alt, fällt aber in die von Patetta bezeichnete Gruppe der „apogryphen" Signaturen des Architekten.[5] Eine ähnliche Unterschrift identifizierte Kummer als Hand eines Schreibers um 1635.[6] Eine Zuschreibung dieses Blattes an Ricchini oder einen Mitarbeiter seiner Werkstatt ist trotz der spärlichen Dokumentenlage aber möglich, zumal der Entwurf gewisse Ähnlichkeiten mit dem zentralen Fassadenteil von Ricchinis Projekt für die Mailänder Kirche San Pietro con la Rete von 1623 aufweist.[7] Allerdings besitzt das Blatt im Vergleich mit dem gleichfalls Ricchini zugeschriebenen Entwurf des Mailänder Domportals [Kat. D02] eine geringere graphische Qualität. Auf der Rückseite scheint die Zeichnung durch; auf der linken Seite sind mit Feder Maßkotierungen vom Gebälk bis zum Sockel des Pilasters eingetragen.
*Elisabeth Kieven*

Abb. 2

1 Siehe dazu Grassi 1969, documentazione ionografica aggiunta, Abb. 619–656.
2 https://www.pianuradascoprire.com/destinations/il-santuario-della-divina-maternita-di-concesa-trezzo/(28.06.2022); Grassi 1969, documentazione iconografica aggiunta Abb. 624.
3 Cazzani 1996, S. 236–238; Giannini 2012,
4 https://www.pianuradascoprire.com/destinations/il-santuario-della-divina-maternita-di-concesa-trezzo/(28.06 2022).
5 Patetta 1992, S. 62.
6 Kummer 1974, Bd. 2, p. 101.
7 Grassi 1969, S. 307, Abb. 373; Kummer 1974, Bd. 2. S. 267–268.

## D04
## Aufriss und Grundriss einer Kirchenfassade mit Glockenturm, Norditalien

um 1630–40
Carlo Buzzi (Butio) (1607/08–1658), signiert u.r. „Carlo Butio Arch[itetto?]"
46,0 cm x 71,0 cm
Feder in Braun, in Dunkelgrau laviert auf braun getöntem, dünnen Papier
Maßkotierungen
gr I Z A 1: 2

Carlo Buzzi, latinisiert auch Butio genannt,[2] wurde 1638 als Nachfolger Francesco Maria Ricchinis (1584–1658) Dombaumeister des Mailänder Doms und entwarf mehrere Vorschläge, auch in gotisierender Form, für die Fassade des Domes. Einen Entwurf mit zwei Glockentürmen publizierte er 1651 in dem Band „Il Duomo di Milano".[3]

Buzzi wird der Entwurf des Glockenturms der Mailänder Kirche Santo Stefano in Brolo zugeschrieben, für den offenbar ein Wettbewerb ausgeschrieben war.[4] Die seit dem 5. Jahrhundert bestehende Kirche wurde unter Erzbischof Kardinal Borromeo ab Ende des 16. Jahrhunderts bis 1637 erneuert. Die mittelalterliche Fassade wurde vor 1620 abgerissen und die neue war im Bau, als 1642 der Glockenturm einstürzte.[5] Die in diesem Blatt angegebene Lösung der in der unteren Zone fünfachsigen Fassade mit dem rechts anschließenden, etwas vorgezogenen Glockenturm, entspricht der räumlichen Situation von Santo Stefano; allerdings weist die heutige Fassade keinen Portikus auf, stimmt aber im oberen Frontbereich wieder mit der Zeichnung überein. Der Glockenturm wurde erst nach 1674 durch Girolamo Quadrio fertiggestellt und stimmt nicht in allen Details mit dem der Zeichnung überein. Analog zum Glockenturm erscheint auf der linken Seite, wo sich der eingestürzte Glockenturm befunden hatte,[6] ein ebenfalls vor die Front der Kirche vortretendes, kapellenartiges und von einer kleinen Kuppel überwölbtes eingeschossiges Bauteil – eventuell ein Indiz für einen vorhandenen Rest des Turmes.

Auffällig ist im Grundriss die Verwendung von Schraffuren für die Angabe der Mauern des Portikus und im Aufriss zur Schattengebung bei den Portalen; eine Zeichentechnik, die nicht häufig vorkommt und eher an ein Arbeitsblatt denken lässt. Dafür sprechen auch die relativ grob ausgeführten Details. Da die Fassade der Kirche beim Einsturz des Glockenturms noch nicht fertig war, könnte dies auch ein Vorschlag zur Umgestaltung der Front gewesen sein. Mit Sicherheit lässt sich das Blatt jedoch nicht für den Bau von Santo Stefano bestimmen, aber eine Möglichkeit könnte es sein.

*Elisabeth Kieven*

1  Ältere Quellen geben sein Geburtsdatum um 1585 an, Ceppellini mit 1608 (Ceppellini, Giovanna: ‚Carlo Buzzi (˙608)', in: AKL Online (2009)). Zu Buzzi s. Scotti Tosini 2003 S. 457–458; Scotto Tosini gibt als Geburtsdatum 1607 an (Scotti Tosini 2003, S. 457).
2  Nicht zu verwechseln mit dem Maler Carlo Buzzi, Sohn von Lelio Buzzi (siehe dazu Coppa 1989). Zum Architekten Carlo Buzzi s. Grassi 1969, S. 87–91
3  Buzzi, Carlo: Il Duomo di Milano, Mailand 1651.
4  Grassi 1969, S. 84, Abb. 117; S. 91; Fiorio 22006, S. 286.
5  Fiorio 22006, S. 284–286.
6  Scotti Tosini 2003, S. 458.

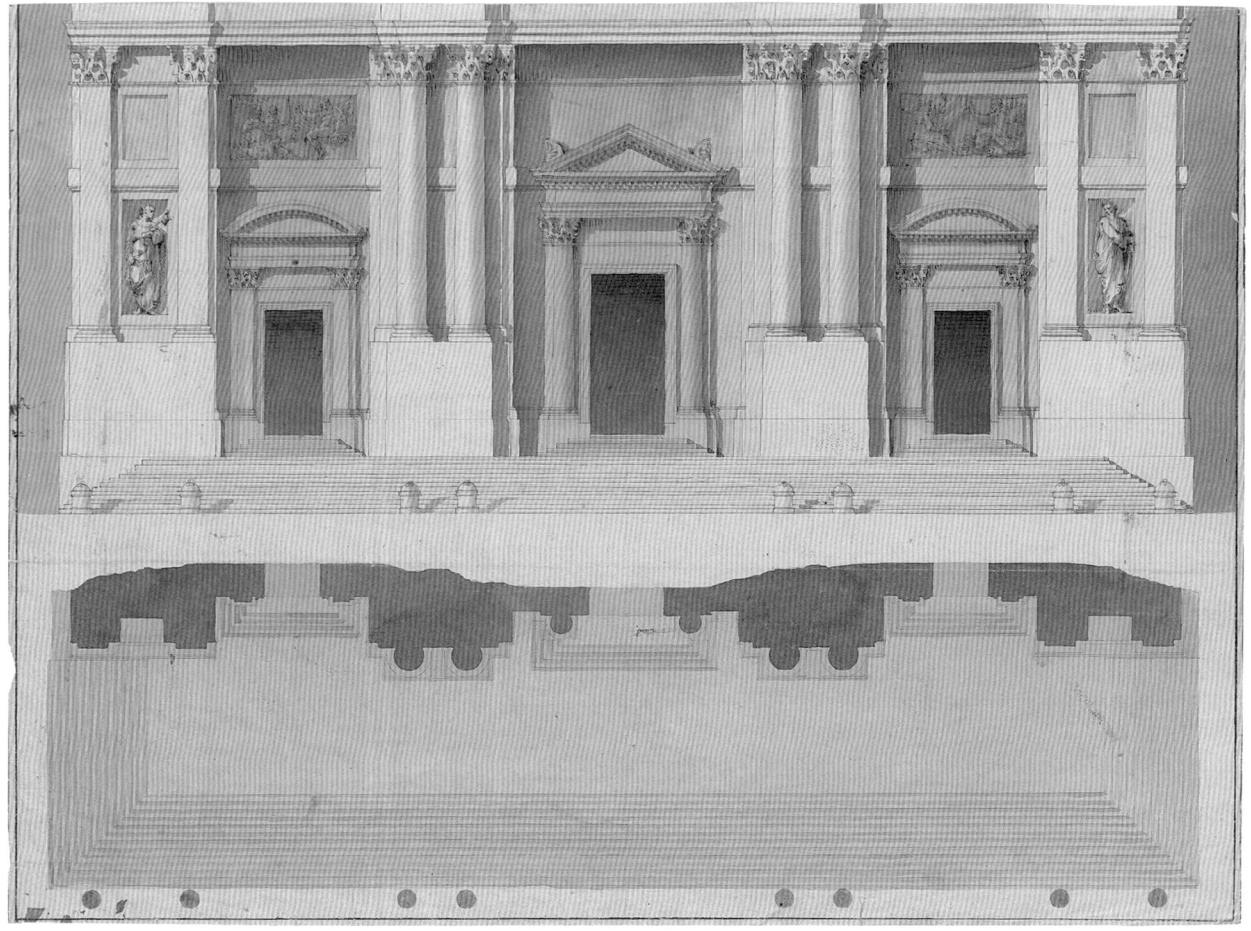

## D05
# Aufriss der oberen Fassadenzone sowie Aufriss und Grundriss der unteren Fassadenzone einer Kirchenfassade

2. Hälfte 18. Jahrhundert
Unbekannter Architekt, Kirchenstaat
32,3 cm x 44,2 cm, 34,3 cm x 44,6 cm
Feder in Braun über Graphitvorzeichnung, laviert
m I Z A 1: 2, m I Z A 1: 1

Längsschnitt durch eine Kuppelkirche
2. Hälfte 18. Jahrhundert
36,5 cm x 51,4 cm
Feder in Grau, farbig laviert
m I Z A 1: 3

Das ursprüngliche Blatt, auf dem die Fassade vollständig abgebildet war, ist an der Knickfalte in zwei Teile auseinandergebrochen, schon bevor Haupt die Zeichnungen erwarb. Die sorgfältige Präsentationszeichnung, die keinen Maßstab aufweist, folgt im Aufbau der Fassade dem im 16. und 17. Jahrhundert in Rom entwickelten Schema einer zweigeschossigen Front, die im unteren Teil drei Achsen aufweist und mit einem mittleren Auszug im Obergeschoß abschließt. Pilaster und Säulen einer korinthischen Ordnung auf hohen Piedestalen gliedern paarweise die untere Zone; sie rhythmisieren die Fassade, indem sie von den Seiten zur Mitte vortreten, von der Pilastergliederung am Rand zu Dreiviertelsäulen übergehen, die das Hauptportal flankieren. Im oberen Teil setzt sich das Schema über dem Gebälk in verkürzter Form mit einer Pilastergliederung und einem abschließenden Dreiecksgiebel fort. Die drei Portale sind als Ädikulen gestaltet, die Nebenportale mit Segmentgiebeln, das höhere Hauptportal mit einem Dreiecksgiebel, über dem im oberen Geschoß ein Fenster mit Segmentgiebel und einem blanken päpstlichen Wappenschild folgt.

Schmuckelemente sind die Statuen der Heiligen Petrus und Paulus in den Nischen am Fassadenrand, zwei Reliefs über den Nebenportalen und ein Relief im Tympanon des Giebels, der mit einem Kreuz und zwei Flammentöpfen abschließt. Über den seitlichen Pilastern und ihrem Gebälk des Untergeschosses erscheinen Engelspaare, die einen Leuchter halten. Es handelt sich um eine nach allen Regeln der akademischen Ausbildung in Rom und im Kirchenstaat durchkomponierte Fassadengestaltung, die ein ausgewogenes Erscheinungsbild ergibt und fast zeitlos wirkt. Haupt hat sie zu recht ins 18. Jahrhundert datiert.[1] Allerdings dürfte es sich um einen Entwurf aus der zweiten Hälfte des Jahrhunderts handeln,[2] denn der Giebel des Hauptportals zeigt an beiden Seiten klassische Akroteraufsätze – ein Schmuckelement, das in der etruskischen und griechischen Architektur vorkommt und im Lauf der zweiten Hälfte des 18. Jahrhunderts wieder als Schmuckelement aufkommt.

Es könnte sein, dass es sich bei diesem Blatt nicht unbedingt um ein konkretes Projekt handelt, sondern um eine Akademiearbeit. Das rechte Pilasterkapitell weist Durchstichpunkte auf, wurde also offenbar kopiert.

Laut seinem Verzeichnis ordnete Haupt ein weiteres Blatt mit einem Längsschnitt (Abb. 2) dem Fassadenprojekt zu, doch dies ist nicht eindeutig, zumal links der Abschluss des Kirchenschiffs und der Schnitt durch die Fassade fehlen. Auch die Länge ist nicht feststellbar. Das Langhaus umfasst zumindest drei Joche, auf die das überkuppelte Querhaus mit Laterne, ein Vorchorjoch und die Apsis mit einem Chorumgang folgen. Der offenbar einschiffige Raum mit Kapellenanbauten wird von Wandpfeilerarkaden gegliedert, über denen ein Tonnengewölbe mit Gurten und Stichkappen ansetzt. Auffällig ist die einheitliche Gestaltung der Altäre in den Seitenkapellen, während die Angabe des Hochaltars fehlt. Haupts Zuschreibung als „italienisch 18. Jahrhundert" ist auch hier zutreffend. Die ornamentalen Details – wie das kantige Auslaufen der Fensterrahmen im Obergaden, die betonte Kassettierung der Gurtbänder und der flache Abschluss der Altäre verweisen den Entwurf in die zweite Hälfte des 18. Jahrhunderts und in das Bologneser

Abb. 2

Umfeld, wie Vergleiche mit entsprechenden Altarentwürfen von Angelo Venturoli (1749–1821)[3] oder des Wettbewerbs der Bologneser Accademia Clementina von 1789 zeigen.[4] Die Lavierung folgt den klassischen Vorgaben für Material: Rosa für Mauerwerk und Gelb für Holzteile, hier der Dachstuhl.

*Elisabeth Kieven*

---

1. Haupt Katalog Handzeichnungen 1899, S. 56.
2. Vgl auch das Wasserzeichen: J. Koop, Straßburger Lilie mit Krone. Die holländische Firma Jan Kool war von 1728-1300 tätig. Das Papier wurde zumeist am Oberrhein hergestelt und durch holländische Firmen vertrieben, daher galt es als holländisches Papier (Churchill 1990, S. 15, S. CCCXVI, Nr. 421).
3. Matteucci-Lenzi 1977, S. 273, Abb. 341.
4. Giumanini 2000, S. 172, Abb. 242.

D06

# Entwurf für die Fassade des Westflügels des Schlosses Sagan/Żagań

um 1670
Umfeld des Antonio Porta (1631/32–1702), signiert u. r.: „B + S:"
Feder in Schwarz, Pinsel, grau und rot laviert
31,6 cm x 54,3 cm
m D Z 1: 2

Der Aufriss zeigt über einem Souterrain eine zweigeschossige 13achsige Fassade mit breiter Mittelachse, die das zentrale Portal und darüber eine Figurennische aufnimmt. Beide Geschosse werden von einer Kolossalordnung mit toskanischen Pilastern gegliedert. Die Rechteckfenster mit verkröpften Umrahmungen weisen im Erdgeschoss schlichte Feldersockel auf, im Obergeschoss zusätzlich Konsolen. Die Portalachse ist durch eine zweiläufige Freitreppe betont, während das Portal selbst als Segmentbogenarchitektur ausgebildet sowie mit Putti und einem großen Schild geschmückt ist. Darauf ist das Wappen des Herzogtums Sagan – ein Adler mit Mondsichel auf der Brust – dargestellt. In der Figurennische erscheint ein stehender Engel, das zweite heraldische Symbol für Sagan.

Gliederung und Proportion der Fassade entsprechen der (hier ohne Substruktion auf Gartenniveau dargestellten) Front des 1679 vollendeten Westflügels des Schlosses im westschlesischen Sagan, die im Detail allerdings anders ausgeführt wurde, nämlich mit rustizierten Pilastern sowie Fensterumrahmungen mit Maskarons und Ornamenten. Auch das Portal zeigt sich in einfacherer Ausführung, während auf die Figurennische ganz verzichtet wurde. Da die Baugeschichte dieses für Schlesien und Ostmitteleuropa bedeutenden Baus des Frühbarock nur in groben Zügen geklärt ist, stellt die Zeichnung ein wichtiges Zeugnis einer bislang kaum bekannten Planungsphase dar.[1]

Nachdem 1627 Albrecht von Waldstein (Wallenstein) von Ferdinand II. das Herzogtum Sagan erhalten hatte, begann er 1629/31 mit dem Bau eines Schlosses anstelle einer mittelalterlichen Burg. Nach der Ermordung Waldsteins 1634 blieb die Anlage unvollendet und wurde 1645 weitgehend zerstört. 1646 wurde Wenzel Eusebius von Lobkowicz mit dem Herzogtum belehnt. Vom Breslauer Maurermeister Georg Springer ließ er Entwürfe für ein neues Schloss anfertigen, die er jedoch wegen der traditionellen Renaissanceformen verwarf. Der als Amateurarchitekt und Kunstmäzen bekannte Bauherr beauftragte schließlich den seit 1668 in seinen Diensten stehenden, zuvor in Wien tätigen Tessiner Baumeister Antonio Porta (1631/32–1702) mit der Planung und Realisierung einer großzügigen Dreiflügelanlage mit niedrigem Verbindungsflügel. Parallel zur Planung des Saganer Schlosses führte Porta die böhmische Lobkowicz-Residenz in Raudnitz/Roudnice nad Labem aus.[2] Als 1674 Wenzel Eusebius in Ungnade fiel, stockte der Bau. Nach seinem Tod 1677 erbte sein Sohn Ferdinand August das Schloss und ließ es (unter Portas Leitung) vollenden: bis 1678/79 den Westflügel und 1693 schließlich den Ostflügel.

Die Zeichnung aus der Sammlung Haupt dürfte mit der Planung unter Wenzel Eusebius von Lobkowicz zusammenhängen: Mit ihren Kolossalpilastern und der charakteristischen Feldergliederung gleicht die Front zeitgenössischen Wiener Bauten aus dem Umkreis von Filiberto Luchese (1606–1666), die einen beträchtlichen Einfluss auf das mitteleuropäische Bauschaffen der 1670er Jahre ausgeübt hatten: das Saalgebäude des Schlosses Deutschkreuz (um 1660) und das ehemalige Gartenpalais Trautson im Augarten (vor 1663) sowie das Wenzelsberger Gartenhaus auf der Wieden (vor 1664) und das Gartenhaus Praemer (um 1670).[3]

Trotz Signatur lässt sich der Autor des Saganer Fassadenentwurfs nicht eindeutig benennen; von Antonio Portas Hand stammt er nicht, wie die für ihn belegten Blätter zeigen.[4] Der/die Zeichner „B + S" dürfte(n) aber nach Stil und Ausführung des Blattes unter den Bauleuten aus Portas Umfeld zu suchen sein, zu denen unter anderem Domenico Simonet(t)i,[5] Giovanni Soldati[6] oder auch die Tessiner Baumeisterfamilie Spineta/Spinetti gehörten.[7] *Marius Winzeler*

---

1  Zur Baugeschichte des Schlosses Sagan vgl. Patzak 1930; Dehio Schlesien 2005, S. 1201 1203; Wrabec 2007, S. 293f; Macek 2012, S. 235–237.
2  Brunner-Melters 2002; Krummholz 2021, S. 254f.
3  Fidler 2015, S. 185–189, 257–259; Krummholz 2012, S. 256, 260–262; Macek 2012, S. 231–233.
4  Macek 2021, S. 235f.
5  Vlček 2004, S. 599.
6  Vlček 2004, S. 607.
7  Vlček 2004, S. 618; Smoliński 2008, S. 707.

## D07
# Ansichten und Schnitt(ansichten) für den Umbau der Benediktinerabtei Michelfeld, unrealisierte Planung

um 1685
Georg Dientzenhofer (1643–1689), zugeschrieben
58,3 cm x 46,0 cm
Feder, Pinsel, farbig laviert
Maßstab (ohne Maßangabe)
m D Z 1: 6

Auf den ersten Blick fällt die Orientierung über die auf dem Blatt dicht zusammengestellten Fassadenansichten und Schnittansichten zu einem bisher nur grob nach Süddeutschland verorteten Klosterkomplex nicht leicht. Der Zeichner hat die Fläche des dünnen braunen Zeichenpapiers bestmöglich ausgenutzt, um alle für das Verständnis der Planung notwendigen Ansichten und Schnitte darauf unterzubringen. Das dafür vorauszusetzende Blatt mit den Grundrissen fehlt, so dass die Kubatur und Anlage des Komplexes über die Ansichten nachvollzogen werden muss. Im Abgleich dieser rekonstruierten Anlage mit größeren Umbauprojekten, die eine kaum überschaubare Zahl von Klöstern in den Jahrzehnten um 1700 betrafen, kristallisiert sich dabei ein Kloster heraus: Michelfeld in der Oberpfalz.

Die 1119 gegründete Benediktinerabtei befand sich nach dem 30jährigen Krieg in einem desolaten Zustand. Das zwischenzeitlich aufgehobene Kloster wurde 1669 dem Benediktinerorden zurückgegeben, der daraufhin ab 1684 den Neu- und Umbau des Konvents und der Klosterkirche veranlasste. Mit der Planung und dem Bau der Kirche wurde nachweislich 1690 mit dem kurz zuvor von Prag nach Amberg übersiedelten Baumeister Wolfgang Dientzenhofer (1648-1706) ein Mitglied der bekannten Baumeisterfamilie beauftragt, der in der Folge eine ganze Reihe von vergleichbaren Umbauplanungen für benachbarte Klöster in Weißenohe (ab 1690), Speinshart (ab 1692), Schönthal (ab 1695), Schwarzhofen (ab 1696) und wahrscheinlich auch in Ensdorf (ab 1694) übernahm.[1] In Michelfeld und Speinshart ist die Mitarbeit seines jüngeren Bruders Leonhard Dientzenhofer (1660–1707) belegt.[2] Für die Arbeiten vor Ort sind der Polier Thomas Funck und ab 1695 der Klostermaurermeister Christoph Grantauer namentlich überliefert. An der Ausgestaltung des Innenraums unter Abt Wolfgang Rinswerger (reg. 1706–1721) waren Cosmas Damian und Egid Quirin Asam beteiligt. Für die Einordnung des Plans in den nicht dokumentierten Planungsprozess ist jedoch der Zeitraum zwischen dem Baubeginn 1684 und dem Beginn der Tätigkeit Wolfgang Dientzenhofers von besonderem Interesse. Es liegt nahe, dass Wolfgang hier – wie in anderen Fällen dokumentiert[3] – einen Auftrag seines 1689 verstorbenen Bruders Georg Dientzenhofer (1643– 1689) übernommen hatte. Da zu diesem Zeitpunkt weite Teile der Bauten bereits fertig waren und wohl auch der Kirchengrundriss angelegt war, muss der Plan in die erste Planungsphase um 1685 gehören.

Das entscheidende Indiz, das den Plan als ein Projekt für Michelfeld ausweist, ist – neben der Gesamtkonzeption mit der eintürmigen Anlage über dem Zugang zur Kirche – die Integration eines älteren Bauteils im Binnenbereich mit spitzbogigen Fensteröffnungen. Fassade und Schnitt decken sich mit der Struktur eines kapellenartigen, zwei- und dreigeschossigen Gebäudeteils auf der Ostseite des Klosters, dessen Neuerrichtung als Marienkapelle und Bibliothek unter dem Abt Friedrich Trautenberger 1507 überliefert ist.[4] Eine weitere Besonderheit ist die in Längs- und Querschnitt dargestellte Klosterkirche. Die Zonierung lässt auch hier noch einen älteren mittelalterlichen Bau mit Langhaus, langem Mönchschor und Apsis vermuten, der vom Planer stark überformt wurde. Die ungewöhnliche Planung erinnert im Schnitt an Johann Dientzenhofers Anlage der Klosterkirche in Banz (ab 1710), ist in ihrer Invention aber nicht so komplex aufgebaut. Vielmehr handelt es sich um eine Abwandlung des Wandpfeilerempörensaal-Schemas,[5] dessen aus Kolossalpilastern gebildete Stützenfolge hier durch eine zentrale Schmaltra-

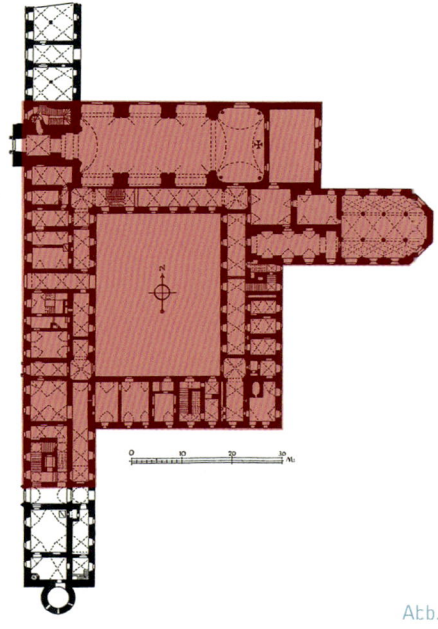

Michelfeld, Grundriss der realisierten Klosteranlage
mit markiertem Bereich der Planung
nach Hager 1909

Abb. 2

vée rhythmisiert wird und über einem gestreckten oktogonalen Grundriss den Raum zentriert. Die Ausbildung eines überkuppelten Chorquadrats zwischen Chor und Halle erinnert an Projekte Carlo Luragos (1615–1684). Oberitalienisch inspiriert ist auch das den Turm prägende Fenstermotiv einer *Serliana*.[6] So präsentiert sich hier insgesamt eine Planung, die dem Prinzip des Entwerfens in Varianten folgte.[7] Wolfgang übernahm diese Planung jedoch nicht und entschied sich letztendlich für eine einfachere Variante.

*Simon Paulus*

1 Brucker/Vilimkova 1989, S. 17–20. Vgl. Seitz 1977, der Ensdorf abspricht, S. 180, und Franz 1985, S. 45.
2 Brucker/Vilimkova 1989, S. 18, 27.
3 Brucker/Vilimkova 1989, S. 17.
4 Hager 1909, S. 76.
5 Schütz 2000, S. 42–43 (u.a. Michelfeld). Zur Entwicklung siehe auch Franz 1985.
6 Vgl. Treppenhausbau von St. Florian (ab 1706) von Carlo Antonio Carlone/Jakob Prandtauer.
7 Zum Entwerfen in Varianten, ablesbar im „Dientzenhofer Skizzenbuch", siehe Sterbova 2016.

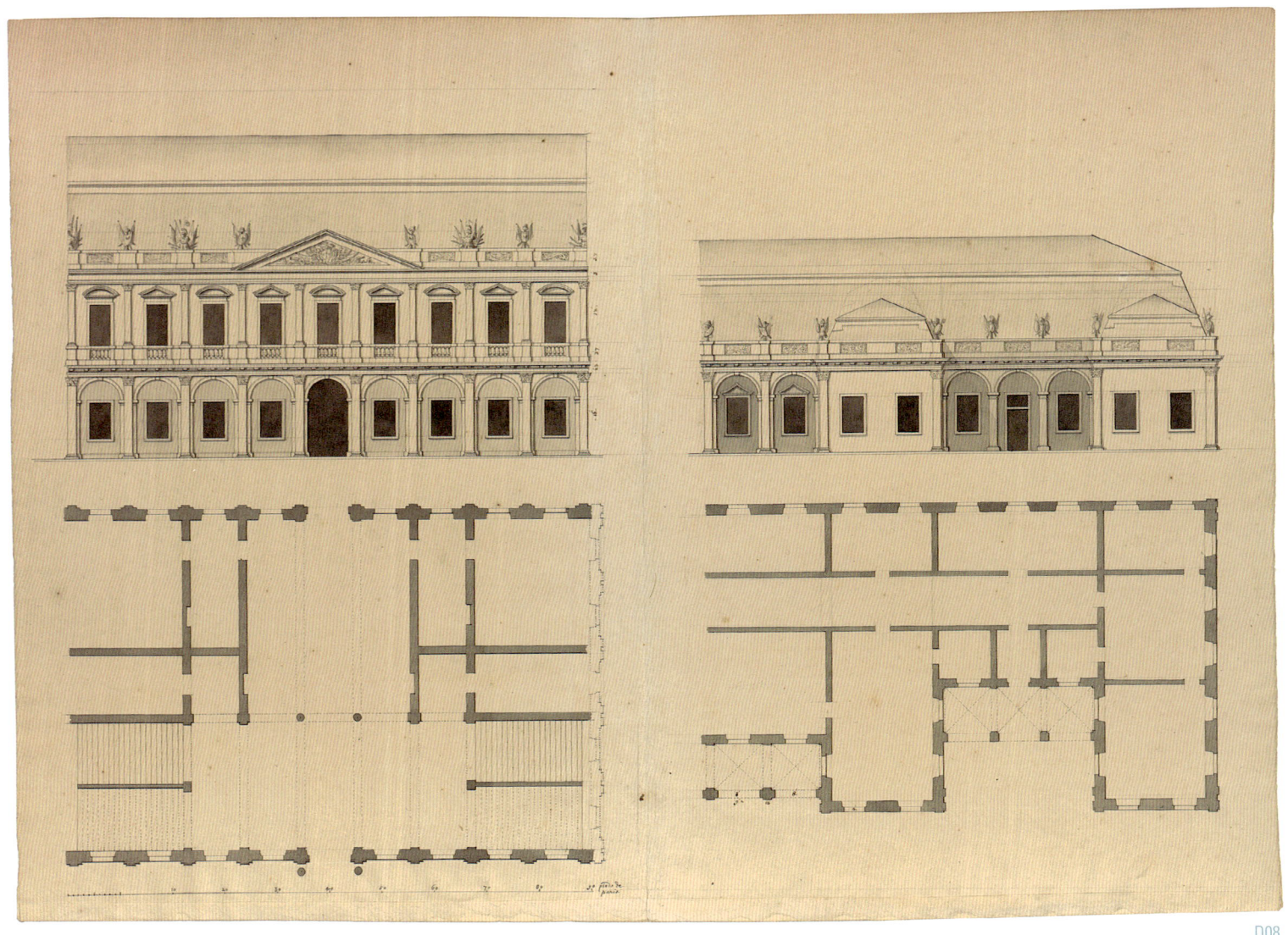

## D08
# Zwei Grundrisse und Ansichten zu einem herrschaftlichen Gebäude

um 1700
Lambert Friedrich Corfey (1668-1733), zugeschrieben
43,4 cm x 59,0 cm
Feder, grau laviert
Maßstab „Pieds de Paris."
zusätzlich Maße im Blatt eingetragen (Feder braun)
m F Z 3: 4

Ansicht eines siebenachsigen Lettners mit Galerie
datiert u.r. „Ao. 1707."
30,4 cm x 53,2 cm
Graphitstift, Feder, Pinsel, farb. laviert
m D Z 3: 6

Mitte der 1980er Jahre stieß Johann Josef Böker im Stadtarchiv Hannover auf eine Sammlung von Architekturzeichnungen der Zeit um 1700, die ursprünglich in einem Klebeband zusammengestellt worden waren.[1] Sie stammten aus dem Besitz des Niedersächsischen Baumuseumsverein und waren diesem anlässlich seiner Gründung 1919 von Albrecht Haupt übergeben worden. Böker konnte einige Zeichnungen dem Münsteraner Militärbaumeister Lambert Friedrich Corfey zuordnen und wies nach, dass zwei in der Sammlung Haupts befindliche Blätter ebenfalls ursprünglich aus dem gleichen Klebeband stammten und ebenfalls Corfey zuschreibbar waren.[2]

Bei den beiden Blättern handelt es sich einerseits um einen 1707 datierten Entwurf für einen Lettner, der sehr wahrscheinlich für den Münsteraner Dom projektiert wurde (Abb. 2).[3] Das andere, hier im Mittelpunkt stehende Blatt mit Ansichten und Grundrissen zu einem Corps de Logis und einem Seitenflügel einer herrschaftlichen Dreiflügelanlage, brachte Böker mit einer bis dato unbekannten Planung Corfeys für das Schloss Nordkirchen in Verbindung. Obwohl die beiden Blätter nicht signiert sind, wird die Urheberschaft Corfeys inzwischen allgemein anerkannt.[4] Bezweifelt wird jedoch der Zusammenhang mit den Planungen für Nordkirchen.[5]

Vielmehr ist das Blatt als Musterentwurf anzusprechen, der sich an französische Vorbilder anlehnt ohne dabei ein konkretes Bauwerk als Vorlage zu kopieren. Ein Entstehungszusammenhang mit Corfeys Frankreichaufenthalt im Rahmen seiner Studienreise 1698–1700 liegt nahe.[6] Dafür spricht nicht nur der angegebene Maßstab „Pieds de Paris" sondern auch das Wasserzeichen, das die Herstellung des Papiers eher in das letzte Jahrzehnt vor oder um 1700 datieren lässt als danach.[7] Die Intention als Musterentwurf wird durch den Schematismus der Grundrisse und einige zeichnerische Details deutlich: Das Fassadenschema und der auf einem Grundraster angelegte Grundriss des Corps des Logis sind nur soweit wiedergegeben, wie es für das Verständnis der Außen- und Binnenorganisation notwendig ist. Vorrangig geht es um die Information zur Abfolge von Vestibül, Entrée und Gartensaal sowie zur Erschließung des Obergeschosses durch eine zweiarmig angelegte, jeweils zweiläufige Treppenanlage. Der Abschluss und Aufbau der seitlichen Fassaden wird im Grundriss gestrichelt dargestellt. Die Anlage der eingeschossigen Flügelbauten, in denen sich die Blendarkaden-Gliederung des Corps de Logis mit offenen Arkaden fortsetzt, wird durch Avant-Corps charakterisiert, die jeweils die Zugänge zu den Flügeln flankieren. Vorzeichnungen in Graphit zeigen, dass zunächst eine Variante mit steilen hohen Dachformen über den Avant-Corps angedacht war, die dann verworfen wurde.

Dass Corfey bei der Fertigung des Entwurfs an einen konkreten Adressaten dachte, könnte der Grund für die im Entwurf eingesetzten Symbole und heraldischen Motive sein. Die Trophäen seitlich des Giebels zeigen sowohl Schilde mit Halbmond und darüber Turbane als auch Schilde mit Lilienwappen und Helmen. Der potentielle Bauherr wird daher unter dem fürstlichen Adel einzuordnen sein, der in den damaligen doppelten Abwehrkampf der österreichischen Habsburger gegen Osmanen und Franzosen verwickelt gewesen sein muss.[8]

*Simon Paulus*

Abb. 2

1. Böker 1989; StA H, ehemals Plansammlung Fach 86. Darin u.a. Planungen für die Schlösser Rheder (Bl. 116–117, 1714), Rödinghausen (Bl. 118, nach 1713), Stapel (Bl. 120–121, ab 1708, davon Bl. 120 von G. Laurenz Pistorius) und Ahaus (Bl. 93–95). Bei der von Böker der Münsteraner Dominikanerkirche zugeschriebenen Fassadenansicht (Bl. 132) handelt es sich um die Karmeliterkirche in Regensburg (erbaut 1660–73).
2. Böker 1989; Böker 1990; Böker 1995.
3. m D Z 3: 6; Böker 1990, S. 89–91.
4. Für die fruchtbare Diskussion des Blattes danke ich Hendrik Ziegler und Gerd Dethlefs.
5. Sie werden in der jüngeren Literatur zur Anlage nicht mehr aufgeführt. Vgl. Mummendorf/Dethlefs 2012.
6. Paulus 2011, S. 38–44; Lahrkamp 1977.
7. 2 Wasserzeichen: Lilie, darunter Wappen mit diagonalem Band (Straßburg), ab 1680 bei niederländischen Papierhändlern gebräuchlich. Gegenzeichen: JEAN VILLEDARY (Jean II Villedary (ca. 1620–nach 1700), tätig in Angoulême ab 1669). Die volle Nennung von Nach- und Vornamen ist ungewöhnlich und könnte auf eine Herstellung vor 1688 hindeuten. Nach 1700 ist nur noch der Schriftzug J VILLEDARY üblich.
8. Das Wappen mit Fürstenkrone zeigt ein Kreuz, wie es sowohl für Kurköln als auch für das Fürstentum Savoyen in Gebrauch war. Ein Zusammenhang mit Prinz Eugen von Savoyen ist denkbar, da Corfeys Laufbahn parallel zum Aufstieg Eugens an den gleichen Kriegsschauplätzen verlief und man sich vermutlich auch persönlich kannte.

## D09
# Halbe Fassadenansicht zu einem Neubauentwurf für das Dresdner Zeughaus

um 1714
Unbekannter Zeichner nach Johann Friedrich Karcher (1650–1726)
33,3 cm x 49,0 cm
Feder, Pinsel, farbig laviert
Maßstab (ohne Maßangabe)
kl D Z 11: 2

Entwurf zum Neubau des Dresdner Zeughauses
Erdgeschossgrundriss und Ansicht des Pulverturms
um 1714
Johann Friedrich Karcher
Feder, Pinsel, laviert
Dresden SLUB, Mscr.Dresd.L.4, Bl. 29

Unter den unzähligen Bauvorhaben, mit denen sich der sächsische Kurfürst Friedrich August I., seit 1697 als August II. zudem König von Polen, während seiner Herrschaft beschäftigte, befinden sich auch Planungen zum Um- bzw. Neubau des Dresdner Zeughauses. Der umfangreiche, von der Bürgerstadt weitgehend abgeschottete Komplex aus dem 16. Jahrhundert im Nordosten der Dresdner Innenstadt sollte um 1714 einer radikalen Neugestaltung unterworfen und mittels einer Straßenachse parallel zur Elbe mit dem ebenfalls zu modernisierenden Residenzschloss im Westen in Verbindung gesetzt werden. Neben der Ausbildung als Vierflügelanlage in Konkurrenz zum Berliner Zeughaus erwog der Herrscher auch die Errichtung eines dreiflügeligen Gebäudes als Einfassung des um 1565 errichteten Pulverturms, der in modernisierter und aufgestockter Form und mit einer geplanten Höhe von über 50 m als *Point de vue* der neuen Prachtstraße konzipiert war. Außer einem detaillierten Erdgeschossgrundriss, kombiniert mit einem Aufriss des Pulverturms, waren bisher keine weiteren zugehörigen Zeichnungen bekannt (Abb. 2);[1] als Autor des Entwurfs gilt der damalige Oberlandbaumeister Johann Friedrich Karcher (1650–1726).[2] Mit großer Wahrscheinlichkeit handelt es sich beim Blatt der Sammlung Haupt um den Aufriss einer halben Seitenfassade des Karcherschen Projekts. Hierfür sprechen die Eigenheiten der Gebäudedisposition ebenso wie die übereinstimmenden Maße.[3] Die dargestellte Heraldik mit den gekreuzten Schwertern des Erzmarschallamts, Rautenkranz und polnischer Königskrone erweist den sächsischen Entstehungskontext, der martialische Fassadendekor die militärische Funktion des Gebäudes. Auch in stilistischer Hinsicht ist die Autorschaft Karchers wahrscheinlich, wenn das Blatt offenbar auch nur eine spätere Kopie darstellt.[4]

Die hypothetische Rekonstruktion der Hauptansicht belegt die Fähigkeit des Architekten, die in ihrem Volumen enorm differierenden Baukörper durch die Verwendung fester Höhenbezüge zusammenzufassen. Gleichzeitig wird der Eindruck eines Zentralbaus mit dominierendem Vertikalakzent erweckt, die architektonische *idée fixe* Augusts des Starken.[5] Der auffällige Kontrast zwischen der straffen Gliederung der Zeughausfassaden und dem kleinteiliger und gleichzeitig altertümlicher wirkenden Pulverturm darf wohl als bewusste Anspielung auf dessen Alter interpretiert werden. Ähnliche gestalterische Historizismen sind auch bei den gleichzeitigen Umbauprojekten für das Residenzschloss zu beobachten.[6] War dort die Bezugnahme auf den Begründer des Albertinischen Kurfürstentums, Herzog Moritz (Kurf. seit 1547), bestimmend, ist im Falle des Pulverturms dessen Bruder und Nachfolger Kurfürst August als Festiger der neugewonnenen Macht und Bauherr des Zeughauses die historische Referenz. Der Verweis auf seine bedeutenden Vorfahren hätte im Spannungsfeld der beiden wichtigsten Gebäude der Staatsrepräsentation eine eindrucksvolle Legitimation der Herrschaft Augusts des Starken bedeutet.

Der Entschluss zum Verzicht auf die Erweiterung des Residenzschlosses vom Januar 1718 bedeutete auch die Aufgabe der geplanten Axialbeziehung zum Zeughausareal. In den entsprechenden späteren Umbauplanungen aus der Mitte der 1720er Jahre spielt sie keine Rolle mehr. *Tobias Knobelsdorf*

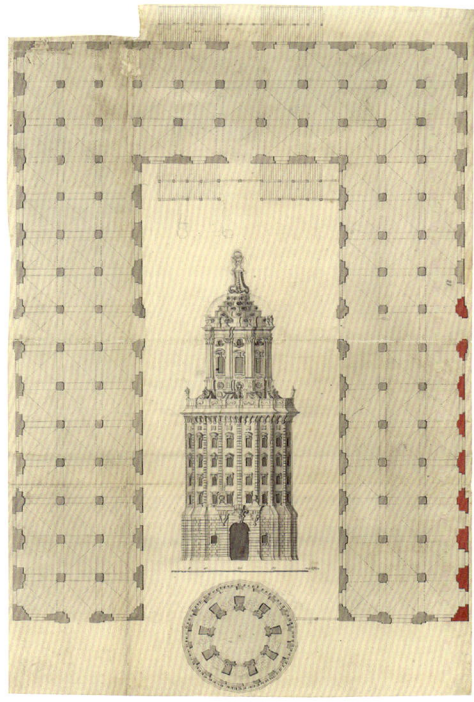

Abb. 2

1 SLUB Dresden, Mscr.Dresd.L.4, Bl. 29. Zu den Zeughausprojekten Augusts des Starken Knobelsdorf 2021a; bisher v.a. Franz 1953, S. 25–28; Hentschel 1969, S. 12f., 59–61; Franz 1988, S. 165–175.
2 Frdl. Hinweis von Herrn Stephan Reinert M.A., Saarbrücken, dessen Dissertation zu Leben und Werk Karchers (TU Dresden) kurz vor dem Abschluss steht.
3 Der Maßstab des Blattes ist unbezeichnet; bei Zugrundelegung der Dresdner Elle beträgt die Abweichung in Falle der Gebäudelänge von etwa 176 Ellen (Grundriss) nur vier Ellen.
4 Eine Identifizierung des Zeichners ist nicht möglich; die Basis für die aus der Bleistiftbezeichnung und A. Haupts Eintrag in seinem Verzeichnis sprechende spätere Zuschreibung an [Bernhard Christoph] Anckermann ist unbekannt. Vgl. Haupt Katalog Handzeichnungen 1899, S. 3.
5 Hentschel 1969.
6 Laudel 1990, S. 303; Magirius 1989, S. 30–40, bes. S. 31 f.; Magirius 1990, Ders., Historische Monumente im Augusteischen Dresden, in: Milde 1990 (wie Anm. 2), S. 207–219, bes. S. 209–211.

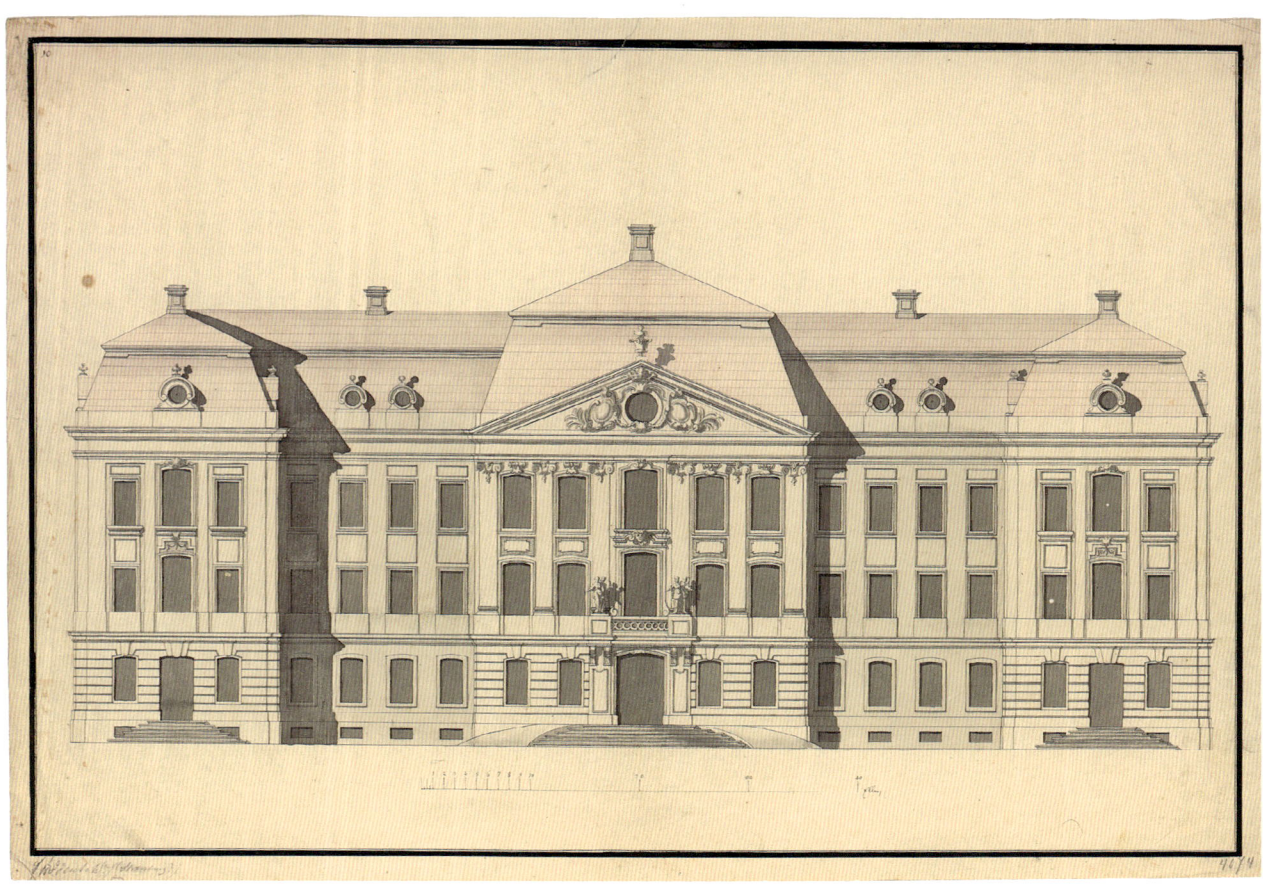
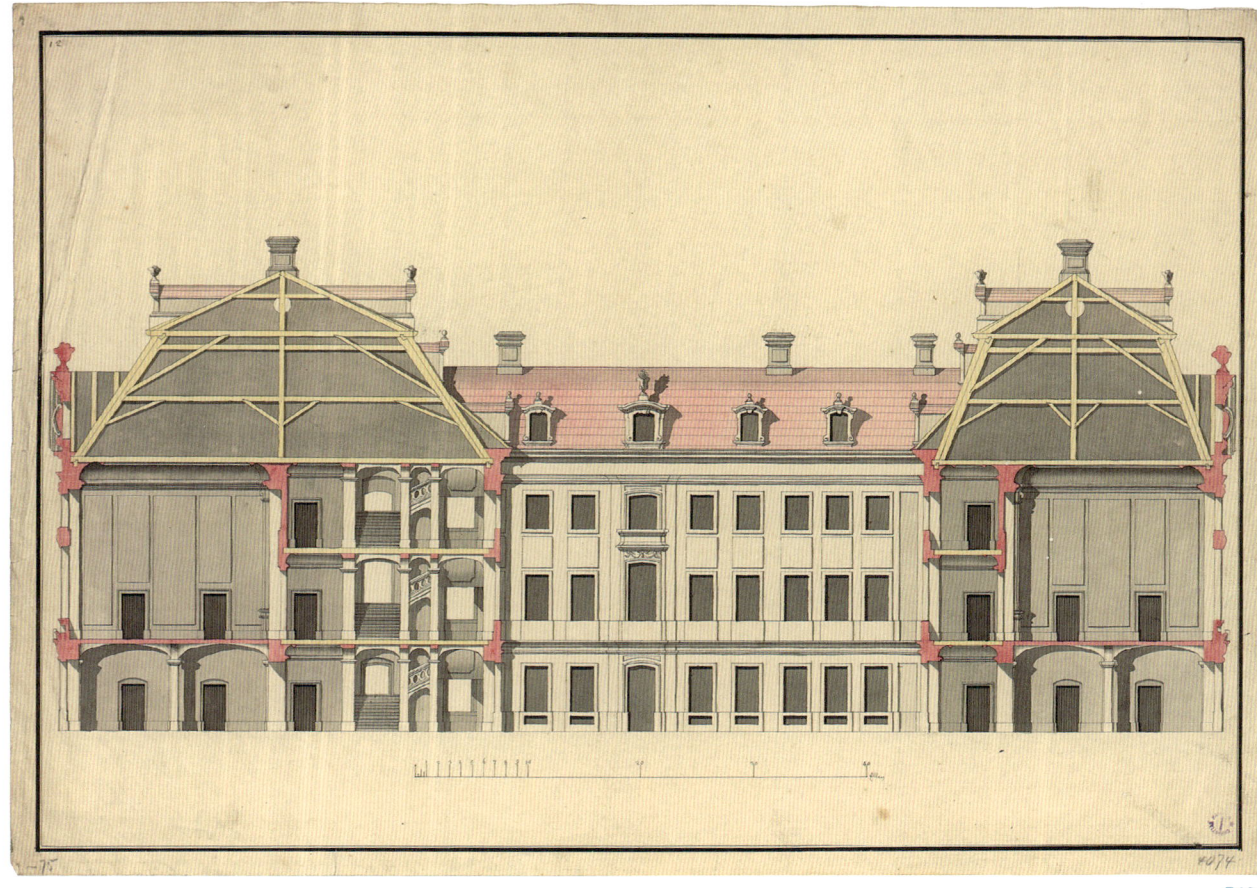

D10

### D10
# Ansicht einer Palaisfassade und Längsschnitt durch ein vierflügliges Palais

um 1725/30
Johann Rudolph Fäsch (1680–1749), zugeschrieben
44,0 cm x 62,8 cm, 44,2 cm x 62,5 cm
Feder, Pinsel, farbig laviert (rosa, gelb, grau)
Maßstab: 40 Ellen
m F Z 2: 3, m F Z 2: 2

„Palais vor einen grossen Herrn"
aus: Fäsch 1722

Johann Rudolph Fäsch stammte aus Basel und ist seit 1712 zunächst als Ingenieurkapitän in Dresden nachweisbar, wo er bis 1742 bis zum Obristen aufstieg. Person und Werk Fäschs waren noch nicht Gegenstand genauerer Untersuchungen, ein Manko, das auf zahlreiche Militärarchitekten des 18. Jahrhunderts insbesondere in Sachsen übertragen werden kann.[1] So werden zwar seit dem Ende des 18. Jahrhundert einzelne militärische Bauwerke in Dresden mit seinem Namen in Verbindung gebracht, doch konnte der Neubau der Dresdner Hauptwache 1715/16, der bisher als architektonisches Hauptwerk des Schweizers galt, zuletzt als Bau Johann Christoph Naumanns (1664–1742) nachgewiesen werden.[2] Gewisse Bedeutung erlangte Fäsch als bevorzugter Architekt des sächsischen Kabinettsministers und Generalfeldmarschalls Jakob Heinrich von Flemming (1667–1728) bei dessen privaten Bauvorhaben, so dem ab 1715 errichteten Palais in der Dresdner Neustadt, dem späteren „Holländischen" und Vorgängerbau des heutigen Japanischen Palais, und dem Umbau des Stadtpalais des Ministers 1717. Kurz darauf wurde er jedoch durch Oberlandbaumeister Matthäus Daniel Pöppelmann (1662–1736) in der Gunst Flemmings abgelöst und scheint sich in der Folge hauptsächlich auf die Lehre am Dresdner Kadettenkorps und seine publizistische Tätigkeit konzentriert zu haben. Hauptertrag letzterer ist das in fünf Teilen erschienene Sammelwerk „Anderer Versuch seiner Architectonischen Wercke" (Nürnberg 1722 bis 1729). Auch in ihm findet der Betrachter jedoch keine realisierten Bauwerke Fäschs. Die vorgestellten Entwürfe wirken wie ein Kompendium einer mehr allgemein „Dresdnischen" Baukunst vor ihrem Umschwung zum Frühklassizismus französischer Prägung in der Mitte der 1720er Jahre mit zahlreichen Anspielungen an Bauten und Projekte anderer Architekten.[3]

Dies trifft auch für das „Palais vor einen grossen Herrn" zu, dem Fäsch vier Darstellungen im ersten Band des „Anderen Versuchs" (Nürnberg 1722) widmete (Abb. 2).[4] Auf H-förmigem Grundriss mit stark hervortretendem Mittelrisalit konzipiert, sind dessen Fassaden ganz in den Formen eines eher unspezifischen Dresdner Spätbarock gehalten. Das Hannoveraner Blatt stellt gleichsam die „Übersetzung" des Kupferstichs in die beruhigte Formensprache des neuen Lisenenstils dar, der die sächsische Baukunst ab dem zweiten Jahrhundertviertel unangefochten dominierte.[5] Die entsprechende Stilstufe zeigt der Längsschnitt eines vierflügligen, offenbar freistehenden Palais. Zwar besitzt dieses kein direktes Vorbild in den Stichwerken Fäschs, doch bestehen enge Beziehungen sowohl zum Entwurf eines Kommandantenhauses aus dem zweiten Teil des „Anderen Versuchs" (Nürnberg 1723) wie auch zum Stadtpalais Flemmings, dessen Umbau Fäsch wenige Jahre zuvor geleitet hatte.

Aufgrund fehlender Vergleichsbeispiele kann der Zeichner der beiden Blätter zwar nicht zweifelsfrei identifiziert werden, und auch ihr Zweck bleibt unbekannt. Ihre Zusammengehörigkeit ist jedoch durch den Zeichenduktus, die stilistische Haltung, das Blattformat und die Nummerierung in der jeweils oberen linken Blattecke erwiesen. Da die Maße gegen ihre Funktion als Vorlagen für den Kupferstich sprechen – denkbar wären andernfalls eine aktualisierte Neuauflage oder eine Fortsetzung des „Anderen Versuchs" –, so könnte es sich um

Abb. 2

Zeugnisse der Lehrtätigkeit Fäschs im Dresdner Kadettenkorps handeln, sei es als Lehrblätter oder als Schülerarbeiten. Unabhängig von dieser Frage handelt es sich um beeindruckende Belege für den Stilwandel in der sächsischen Architektur um 1725. *Tobias Knobelsdorf*

---

1  Die wenigen zusammenfassenden Darstellungen zu Fäsch (v.a. Heckmann 1996, S. 209–215; Heckmann 2003) stellen im Hinblick auf die für Fäsch in Anspruch genommenen Bauten lediglich eine Zusammenstellung der vorangegangenen Literatur dar, die ihrerseits weitgehend auf den kurzen Angaben bei Hasche 1784, S. 160, basieren. Eine umfassende Auswertung der Primärquellen im Hinblick auf die Person Fäschs erfolgte hingegen bislang noch nicht.
2  Knobelsdorf 2020.
3  Vgl. die entsprechenden Einschätzungen bei Pfeiffer 1940, Bd. 1, S. 31f. und Bd. 2, S. 14, Anm. 70; Heckmann 1996, S. 211 f.; Hertzig 2001, S. 240 f.; Knobelsdorf 2020, S. 92–95.
4  Taf. 15-18.
5  Franz 1953; Hentschel / May 1973; Franz 1992.

D11

# Eingangsportal der Wallfahrtsstätte St. Maria de Victoria auf dem Weißen Berg in Prag

um 1729
Christian Luna (um 1671–1729), signiert verso u. r.: „Luna."
25,1 cm x 33,6 cm
Feder und Pinsel, farbig laviert, teilweise in Gouache,
auf Leinwand kaschiert
kl D Z 11: 10

Das Eingangsportal der Wallfahrtsstätte
St. Maria de Victoria auf dem Weißen Berg
Foto: Royt 2020

Abb. 2

Das Schaublatt zeigt das 1729/30 vollendete Portal der Wallfahrtsstätte St. Maria de Victoria (Maria vom Sieg) auf dem Weißen Berg (Bílá Hora) am Stadtrand von Prag.[1] Die im oberen Medaillon wiedergegebene Inschrift verweist auf die Geschichte des Ortes: „Durch / deine Stärcke / Ware der Sieg der / Kayserlichen Waffen / Allhier Anno 1620. / Allzeit O Jungfrau / Wirdigste Mutter / JESU / St. MARIA de / VICTORIA". Unweit der Wallfahrtskirche hatte im November 1620 die berühmte Schlacht am Weißen Berg stattgefunden, in der das kaiserliche Heer die Truppen der böhmischen Stände vernichtend schlug und damit eine folgenreiche konfessionelle und politische Neuordnung Böhmens auslöste. Der Sieg wurde der Muttergottes zugeschrieben, denn in der Schlacht hatte ein Karmeliterprediger ein kleines Tafelbild mit Darstellung der Anbetung des Kindes mitgetragen. Dieses Tafelbild wurde 1622 nach Rom überführt (in die seither S. Maria de Victoria genannte Kirche auf dem Quirinal).[2] In der Nähe des Schlachtfeldes wurden zunächst 1622/23 eine bescheidene Kapelle und unweit davon 1628 ein Servitenkloster errichtet (letzteres bereits 1673 wieder aufgelassen).

Nach 1700 kam es zu einem Aufschwung des Ortes, als sich Prager Bürger als „Kirchväter" und Bruderschaft zur Etablierung eines Wallfahrtsortes zusammenfanden, welchen der Kleinseitner Maler Christian Luna vorstand. Unter Lunas Initiative und nach seiner Konzeption – wie eine großformatige Gesamtansicht von 1723 festhielt, die ihn als „inventor" benennt – entstand ab 1710 eine typisch böhmische Pilgerstätte mit einem weiten Prozessionsumgang (Ambit), der die Wallfahrtskirche fasst, in der eine von Luna gemalte Kopie des 1620 „siegreichen Bildes" das Hauptziel der Pilger war. Die Vollendung des Komplexes zog sich lange hin, worauf auch die Inschrift im Portaltympanon auf dem Hannoveraner Blatt deutet: „Gegenwerthig. Kirchenbau ist von A: 1704 bis 1730 / durch das allmosen und beitrag viller guttheter / in diesen stand gebracht worden."

Auch die hier gezeigte Eingangsfassade entstand in Etappen. Gemäß der Datierung am Sturz wurde der eigentliche Eingang bereits 1713 errichtet. Die Fassadenarchitektur mit dem Motiv der drei Portale und dem reichen Giebel über dem mittleren ist im Bogen der Supraporte unzweifelhaft auf 1729 datiert. Damals entstand wohl auch die Hannoveraner Zeichnung, die in der Supraporte ein anderes Motiv zeigt, als es 1730 – nach Lunas Tod am 29. August 1729 – von einem unbekannten Stuckateur ausgeführt worden ist: Der in der Zeichnung betonte kaiserliche Adler rückte in der Ausführung zugunsten des böhmischen Löwens zurück, wobei 1918 schließlich der Adler aus politischen Gründen vollständig abgeschlagen wurde, während der Löwe erhalten blieb.

Von der Kunst- und Architekturgeschichte wurde mehrfach Johann Blasius Santini-Aichel (1677–1723) als Entwerfer der originellen Wallfahrtsanlage diskutiert.[3] Stilistisch lässt sich die Portalarchitektur auch mit der bewegten Formensprache Kilian Ignatz Dientzenhofers (1689–1751) vergleichen, der mit Luna bekannt war. Die Quellen und Inschriften belegen jedoch eindeutig, dass Christian Luna der künstlerische Urheber war.[4] Im ausgeführten Rahmen des bekrönenden Medaillons – heute nur noch mit einem (nachträglichen) Marienmonogramm versehen –, ist am Bau deutlich zu lesen „Luna invenit".

Sonstige eigene Werke Lunas sind nur wenige überliefert, doch zeugt sein Wohnhaus „Zur steinernen Säule" mit den Allegorien von Sonne (Sol) und Mond (Luna) von seinem konzeptionell-architektonischem Anspruch.[5] Falls die Nennung Lunas auf der Hannoveraner Zeichnung als Signatur zu lesen ist, wofür die malerische Ausführung des Blattes mit dem Tür öffnenden Herrn (ein Selbstbildnis des Autors?) durchaus spricht, läge die bisher einzige erhaltene Zeichnung seiner Hand vor.

*Marius Winzeler*

---

1 Seit 2007 ist die Anlage Sitz der Benediktinerinnengemeinschaft „Venio". Zur Geschichte des Ortes vgl. Podlaha 1911, S. 21–28; Vlček/Mezihoráková 2017; Royt 2020; Křečková 2020.
2 Das Originalbild ist dort 1833 verbrannt.
3 Horyna 1998, S. 256–261.
4 Vlček/Mezihoráková 2017; Křečková/Zich 2020.
5 Das Haus befindet sich am Úvoz 24 (Katasternummer 160/IV), der Prager Hradschinstadt/Hradčany zugehörig; vgl. Křečková 2020, S. 130.

174 | KATALOG

## D12
# Ansicht der Villa Pompei Carlotti in Illasi

„Palazzo della Famiglia del Conte Alberto Pompei á Illasi. Disegno del C[ont]e Alessandro celebre Architetto"
um 1730
Alessandro Pompei (1705–1772)
20,0 cm x 41,7 cm
Feder, Pinsel laviert
m I Z A 2: 3

Projektierter Grundriss der Villa Thieni in Cicogna (ab 1556)
Andrea Palladio,
aus "I Quattro Libri Dell'Architettura" (Venedig 1570), II. Buch, Cap. XV, 62.

Die Ansicht einer Villa mit flankierenden Kolonnaden, die jeweils mit Kopfbauten enden, vermittelt anschaulich das Weiterwirken palladianischer Architekturformen und Prinzipien im Veneto. Der vermutlich nachträglich ergänzten Beschriftung ist zu entnehmen, dass es sich um die Villa des Conte Alberto Pompei in Illasi handelt, gezeichnet von einem Nachfahren, dem „berühmten" Architekten Alessandro Pompei. Der Bauherr Conte Alberto Pompei ist als Veroneser Adeliger um 1610 in der Medici-Korrespondenz archivalisch nachgewiesen und trat auch als Autor zweier Abhandlungen 1625 und 1627 hervor.[1]

Der als Architekt dilettierende Conte Alessandro Pompei wurde in Verona geboren und studierte Malerei bei Antonio Balestra (1666–1740).[2] Er war an der Gestaltung der Villa Pindemonte a Vo in Isola della Scala und des Palazzo Giuliari a Settimo di Gallese in Sessino beteiligt. Im Jahr 1747 entwarf er das Oratorio delle Tre Vie (*Chiesa della Rotonda*) in Sanguinetto. In Verona finden sich mit der Dogana di San Fermo (ab 1745–46), dem Portikus und der Hofeinfassung der Accademia Filarmonica *(Museo Lapidario Maffeiano*, 1745) und der Fassade von San Paolo in Campo Marzio (1763) weitere Werke aus seiner Hand. In Bergamo lieferte er den Entwurf für die Bibliothek der Franziskaner und das *Ateneo* (1757). Pompei zählt zu den Vertretern des Palladianismus und genoss hohe Anerkennung. Einige Jahre lang leitete er auch die Akademie für Malerei in Verona. Der ebenfalls aus Verona stammende Architekt Adriano Cristofali (1717–1788), ein weiterer bedeutender Vertreter des Palladianismus in Italien, gilt als sein Schüler.[3] Bedeutung erlangte Pompei vor allem durch das Lehrbuch „Cinque Ordini dell' Architettura Civile di Michele Sanmicheli" (1735),[4] eine vergleichende Zusammenstellung der Säulenordnungen Sanmichelis, die er denen Vitruvs, Albertis, Palladios, Scamozzis, Serlios und Barozzi da Vignolas gegenüberstellte. Ein Exemplar des Lehrwerks findet sich auch in Haupts Bibliothek.[5]

Alessandro Pompei erweiterte ab 1731 die Villa seiner Familie in Illasi (heute Villa Pompei Carlotti).[6] Für das Jahr 1691 ist der Abschluss einer Erweiterung des um 1600 unter Alberto Pompei begonnenen Kernbaus der Villa Pompei Carlotti inschriftlich dokumentiert, die vermutlich unter Leitung Vincenzo Pellesina (1637–1696) durchgeführt wurde, der ab 1682 mit Aufträgen für die Familie in Illasi betraut war.[7] Bei dem heutigen Bau handelt es sich um einen 1731 begonnenen Umbau nach den Plänen Pompeis, dessen Außenbau 1737 abgeschlossen war.[8] Der Entwurf Pompeis gibt einen wohl nie existierenden Zustand wider und dürfte in die Zeit um 1730 zu datieren sein.[9] Wahrscheinlich handelt es sich um eine Projektvariante aus der Planungszeit. Pompei orientiert sich dabei auch an Vorbildern von Villenbauten Palladios: Die Säulengänge im Viertelkreis, die anhand der Verkürzungen der Interkolumnien in der Ansicht rekonstruierbar sind, finden sich bei Villenentwürfen Palladios für Leonardo Mocenico (ca. 1564), der Villa Badoer (ab 1556) oder auch den unvollendeten Villen Trissino in Meledo di Sarego (vor 1570) und Thieni in Cicogna (ab 1556, Abb. 2).[10] Bei der Anlage der zweigeschossigen Seitenrisalite wich Pompei jedoch von den palladianischen Vorbildern ab. Bei dem eigentlichen Hauptbau dürfte es sich vielleicht noch um den erweiterten Zustand Pellesinas handeln. Andere Villen der palladianischen Tradition im Veneto, wie die Villa Cordinelle Lombardi in Montecchio Maggiore (ab 1735) oder

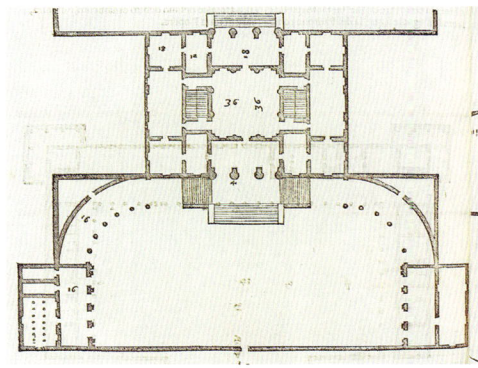

Abb. 2

die Villa Marcello in Levada di Piombino Dese (Umbau um 1730) stehen in ihrer Gestalt und Gliederung dem Bau auf Pompeis Zeichnung nahe. *Simon Paulus*

1 Pompei, Alberto: Archisophia della quiete e del moto in tre libri diuisa, Verona 1627; Pompei, Alberto: Essame dell'honore cavalleresco ridotto alla conditione de'tempi presenti, Venedig 1625, 2. Auflage 1635.
2 Zu Pompei siehe u.a. Granuzzo 2015, Semenzato 1961, Zannandreis 1891, Milizia 1797, S. 114.
3 Milizia 1797, S. 114.
4 Pompei 1735.
5 TIB, Sign. 4 Haupt 890.
6 Die alteingesessene Adelsfamilie der Pompei besaß hier noch einen weiteren Villenbau, der von einer anderen Linie bewohnt wurde. Zur Familie siehe Vecchiato 1986.
7 Brugnoli/Sandrini 1988, S. 229–242.
8 Laut einer Inschrift am Architrav des Pronaos (MDCCXXXVII). Ferrari 2003, S. 200.
9 Das auf dem Blatt befindliche Wasserzeichen „OLA DA" (zweikonturig) wäre dahingehend noch abzugleichen.
10 Palladio 1570, II. Buch, Cap. XIV, S. 48; XV, S. 60 u. 62; XVII, S. 78 (66[!]).

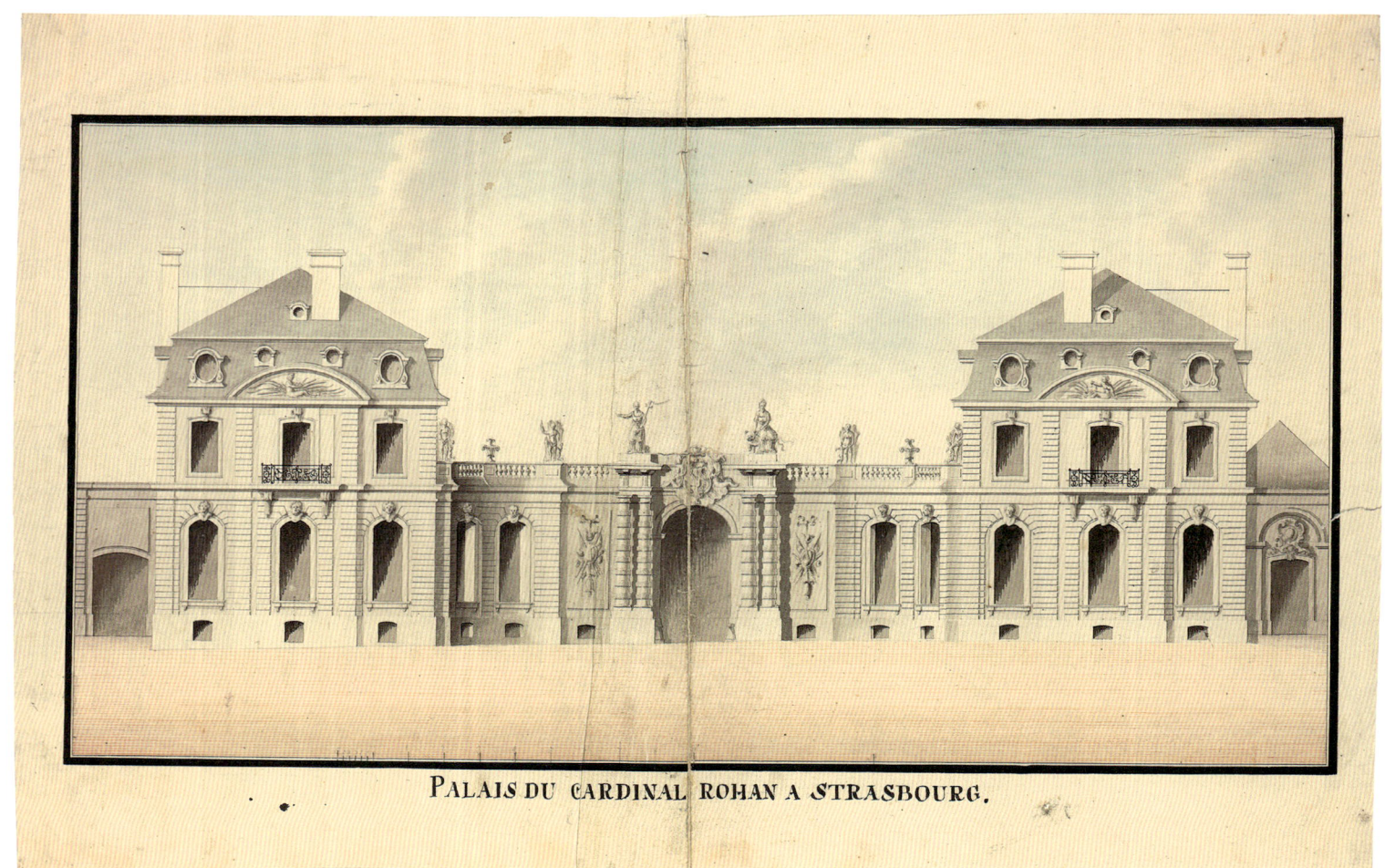

PALAIS DU CARDINAL ROHAN A STRASBOURG.

D13
# Ansicht des Palais Rohan in Straßburg

„PALAIS DU CARDINAL ROHAN A STRASBOURG"
1730er Jahre
Joseph Massol (1706-1771), zugeschrieben
42,0 cm x 64,0 cm
Graphitstift, Feder, Pinsel, farb. laviert
m F Z 2: 1

Das Blatt zeigt die Fassade des Torbaus des 1732 bis 1742 errichteten Stadtpalais in Straßburg. Es entstand im Auftrag von Kardinal Armand-Gaston de Rohan-Soubise nach Entwürfen von Robert de Cotte (1656–1735).[1] Ausführender Architekt war Joseph Massol.[2] Das Palais Rohan wurde direkt am Fluss Ill auf der Südseite der Kathedrale von Straßburg unter Einbeziehung des Grundstücks der ehemaligen erzbischöflichen Residenz errichtet. Mit Kardinal de Rohan-Soubise war 1704 ein überaus einflussreicher Pariser Hochadeliger und Schützling des französischen Königs an die Spitze der größten territorialen Macht des Unterelsass, dem Straßburger Bistum, gelangt.

Joseph Massol war 1731 im Auftrag Robert de Cottes (und damit in Diensten des Pariser königlichen Baubüros) als ausführender Architekt nach Straßburg gekommen. Er war zunächst Architekt des Königs und des Cardinal de Rohan, ab 1738 war er dann direkt beim Fürstbischof und Domkapitel von Straßburg angestellt. Sein Chef, Robert de Cotte, war der erste Hofarchitekt und leitete das königliche Baubüro. Robert de Cotte stellte meist den ersten Kontakt mit den Auftraggebern her. Die Ausführung der Zeichnungen, auch der Präsentationsrisse, lag in den Händen des Baubüros, spätestens seit 1708 bei den ausführenden Architekten in den Provinzen. Sie hatten insbesondere die Aufgabe, die Vorentwürfe auf die Gegebenheiten vor Ort anzupassen. Beim Palais Rohan waren neben Massol einige weitere Architekten und Künstler für das königliche Baubüro tätig.[3]

Auf dem Blatt ist der Torbau mit Flügelbauten der Straßenfassade des Palais Rohan zu sehen. Es handelt sich um ein so genannten *Hôtel-entre-cour-et-jardin*, in diesem Fall, *Hôtel entre-cour-et-terrasse*. Die eingeschossige, konkav geschwungene Mittelzone wird durch die zweigeschossigen Flügelbauten mit Mansarddach gerahmt. Die hohe zeichnerische Qualität der aquarellierten Zeichnung weist eindeutig auf Mitarbeiter des königlichen Baubüros, da diese dort entsprechend ausgebildet und geschult wurden. Die Darstellungsart mit Feder und farbiger Aquarellierung von Dächern und Hintergrund entspricht diesem Qualitätsanspruch und ist vergleichbar bei anderen Zeichnungen von Joseph Massol.[4] Auch zeigt die Zeichnung eindeutig den letzten Planungsstand kurz vor Ausführung, und ist damit in die Entwurfsphase von Joseph Massol 1731 bis 1742 einzuordnen. Unmittelbar verglichen werden kann die Zeichnung mit einem Blatt im Cabinet des Estampes in Straßburg „Façade d'entrée du Palais Épiscopal de Strasbourg commencé en MDCCXXXII - Massol",[5] wohl zwischen 1732 und 1737 entstanden. In dieser Zeichnung ist der aktuelle bauliche Zustand des Gebäudes in Ansätzen wiedergegeben. So sind die Kamine in Backstein dargestellt; Anzahl und Anordnung der Kamine ist realistischer gezeichnet. Im Blatt der Sammlung Haupt entsprechen die Gauben der Flügelbauten der tatsächlichen Ausführung, die Kamine sind verputzt. Gemeinsam ist beiden Zeichnungen, dass eine Kartusche über der Zufahrt zu Ehrenhof vorhanden ist.

Bei dem Blatt handelt es sich vermutlich um eine Präsentationszeichnung. Eine Zuschreibung an Massol ist sehr wahrscheinlich, in jedem Fall jedoch ein in Paris ausgebildeter und in die Provinz entsandter Zeichner oder Architekt. Mit dem Titel des Blattes wird hervorgehoben, dass es sich um das Straßburger Palais des Kardinal Rohan handelt. Damit diente es zur Repräsentation seiner Machtstellung in der Provinz. *Simone Meyder*

1 Zur Baugeschichte des Palais Rohan und der Bautätigkeit von Armand-Gaston de Rohan-Soubise: Ludmann 1979, S. 61–83, 409–426 sowie Meyder 2010, S. 27–28, 62–65.
2 Vgl. Meyder 2010, S. 62–132, S. 163–169. Neumann 1994, S. 197. Ludmann 1979, S. 414-418.
3 Vgl. Ludmann 1979, S. 31-60. Zur Arbeitsweise des königlichen Baubüros: u.a. Meyder 2010, S. 36–41. Fossier 1997, S. 558–559.
4 Vgl. hierzu Meyder 2010, S. 172–190, Abb. 50–57, S. 307–312, Tafel 14–16 und 22–24.
5 Ludmann 1979, S. 80, Fig. 20. Martin/Walter 2012, S. 58 Abbildung oben.

178 | KATALOG

D14
# Projekt für eine Garnisonskirche, Fassadenansicht

nach 1736
Unbekannter Zeichner des 18. Jahrhunderts
70,2 cm x 41,0 cm
Graphitstift, Feder, Kreide, Pinsel, grau laviert
Im Blatt Maßangaben (Graphitstift) und Berechnungen
m F Z 2: 4

Diese Fassadenansicht eines unbekannten Kirchenprojekts weist einige Merkmale auf, die Hinweise auf seine Funktion und Datierung geben: Die oberhalb der Balustrade erkennbare martialische Symbolik mit Trophäen, Trommeln und Kanonen legt die Nutzung in einem militärischen Kontext nahe, etwa als Garnisonskirche oder für ein Militärhospital. Über dem Portal brachte der Zeichner als nachträglich aufkaschiertes Blatt das gemeinsame Wappen der Häuser Habsburg und Lothringen an, das nach der Heirat der späteren Kaiserin Maria Theresia mit Franz von Lothringen im Jahr 1736 verwendet wurde. Das darunter liegende Wappen zeigt das Bindenschild von Österreich. Tatzenkreuze auf der Laterne und auf dem Tambour könnten auf den 1757 gegründeten Militär-Maria-Theresien-Orden verweisen, was auf einen Entstehungszeitraum in den späteren 1750er Jahren hindeutet. Es dürfte sich daher um einen in der Mitte des 18. Jahrhunderts entstandenen Entwurf für eine große Militärkirche in den habsburgischen Ländern handeln.

Aus der Ansicht ist zu schließen, dass der Bau als Zentralbau über einem Griechischen Kreuz angelegt ist. Der fehlende Abschluss der linken Seite lässt an dieser Stelle den Anschluss eines Gebäudes vermuten. Die dargestellte Eingangsfassade besitzt einen leicht vorspringenden Tempelportikus mit zwei gekuppelten Säulenpaaren. Die Säulen werden von jeweils zwei übereinander liegenden Nischen flankiert, deren obere mit Urnen und die unteren mit in Graphit skizzierten Heiligenfiguren besetzt sind. Die in der Seitenansicht dargestellte Fassade des rechten Kreuzarms – vielleicht der Chorarm – weist eine andere Gliederung ohne hervortretenden Portikus auf. In umgekehrter Ausrichtung wurde dieser Plan von Jacques Lemercier in der Kirche der Sorbonne in Paris (1635-48) verwendet.[1] Die hier dargestellte Fassade spiegelt jedoch nicht diese Lösung wider, sondern greift eher auf römische Kirchen aus der Zeit um 1600 zurück, allen voran den Petersdom. Obwohl es erhebliche Unterschiede gibt, haben sie den schmalen Tempelportikus mit Kolossalsäulen gemeinsam, der von einem mit einer Balustrade gekrönten, hohen Attikageschoss überragt wird. Ebenso zeigen beide Fassaden Säulen-, bzw. Pilasterrahmungen für das Portal und die flankierenden Nischen und Fensteröffnungen. Die auf einem hohen Tambour aufsitzende Kuppel ist eine schlichte Halbkugel, die bis auf die Laterne keine Gliederung aufweist und an die auf byzantinische und osmanische Wurzeln zurückgehenden Kuppeln venezianischer Kirchen erinnert.[2] Generell vorbildhaft für den Bau von hochrangigen Kirchen für Soldaten ist die Anlage des *Hôtel des Invalides* in Paris (1670–1706). Für den entstehungszeitlichen Rahmen ist auch die große Garnisonskirche in Potsdam erwähnenswert, die 1730-35 errichtet wurde. Trotz der Unterschiedlichkeit der Entwürfe haben sie den reichhaltigen Einsatz der Emblematik mit Trophäen gemeinsam, die als Relief an der Fassade oder als Portalrahmungen, als Skulpturen auf der Kuppel (Paris) oder in den Turmgeschossen (Potsdam) eingesetzt wurden.[3]

Denkbar wäre ein Projekt für eine Kirche dieser Größenordnung – wenn es für den Bau vorgesehen war – nur in einer größeren Stadt. Naheliegend ist entstehungszeitlich ein Zusammenhang mit der großen Heeresreform, die nach dem Ersten Schlesischen Krieg (1742) eingeleitet wurde und sich besonders in der Gründung der Militärakademie in Wiener Neustadt 1751 manifestierte.[4] Jedoch sind aus dieser Zeit – abgesehen von der Stiftskirche „Zum Heiligen Kreuz" in Wien, errichtet ab 1739 nach Plänen Joseph Emanuel Fischer von Erlachs für die militärische Ingenieurschule (ab 1749 Savoyische Adelige Akademie, ab 1776 Theresianische Akademie) – keine Neubauten, sondern nur Umnutzungen bekannt.[5] Womöglich handelt es sich bei dem Blatt daher eher um eine Übung, ein Ausbildungsprojekt, das im Atelier eines Architekten in Wien oder in den habsburgischen Ländern entstand. Die relativ unausgegorene Kombination von Formen und die ungeschliffene, an manchen Stellen unbeholfene Zeichnung lassen eine Schülerarbeit vermuten.
*Kristoffer Neville [Übersetzung Simon Paulus]*

1 Veröffentlicht bei Marot um 1670/1727.
2 Siehe z.B. Varianten dieses Typs auf niedrigen Tambouren bei den Kirchen Andrea Palladios.
3 Bamberg 2018.
4 Sie ist in der dortigen Burg untergebracht. Ein Zusammenhang mit einer Neuplanung für diese Anlage ist denkbar.
5 In Wien wurde die Jesuitenkirche Am Hof nach der Aufhebung des Ordens 1773 als Garnisonskirche genutzt. Die ehemalige Jesuitenkirche in Olmütz (Mähren) wurde 1785 ebenfalls zu einer Garnisonskirche umfunktioniert.

## D15
# Ansicht eines Kirchturmabschlusses

1746, signiert u.r. „C F Renner fec: et inven: Anno 1746. d. 14. 8br:"
Christian Friedrich Renner (†1777)
30,2 cm x 15,1 cm
Feder, Pinsel, farbig laviert
Maßstab: 40 Schuh
kl D Z 11: 4

St. Nikolai in Lübbenau
Ansicht von Nordwesten
Foto: A. Savin 2016

Abb. 2

Leben und Werk des Dresdner Maurermeisters Christian Friedrich Renner liegen weitgehend im Dunkeln.[1] Erstmals greifbar wird er mit seinem erfolgreichen Gesuch vom 18. Januar 1755 um den Titel eines Kondukteurs am kurfürstlichen Ziviloberbauamt.[2] In diesem beschreibt er sich als „hiesiges Landes-Kind", das sich „der Baukunst, so wohl durch Zeichnung als Maurer-Arbeit, von Jugend auf beflißen" und sich „auch dieserwegen geraume Zeit außer Landes befunden" habe. Am 18. Oktober 1762 erhielt Renner die Expektanz auf die Nachfolge des Maurermeisters an den Neustädter Festungswerken in Dresden, Landbauschreiber Adam Moritz Hauswald, und wurde zugleich zu dessen Stellvertreter in Landbausachen ernannt.[3] Nach Hauswalds Tod (nach 1757) wurde die Neustädter Stelle jedoch nicht neu besetzt, sondern mit derjenigen der linkselbischen Festung zusammengelegt und durch Hofmaurermeister Christian Bormann bis 1783 über Renners Tod hinaus gemeinsam verwaltet.[4] Nach Haymann war Johann August Giesel (1751–1822), einer der profiliertesten Vertreter des Klassizismus in Sachsen, ein Schüler Renners.[5] Auch zu Renners Werk besitzen wir nur unzureichende Kenntnisse. Archivalisch gesichert ist seine Beteiligung am Wiederaufbau von insgesamt 20 während des Siebenjährigen Krieges zerstörten Dresdner Bürgerhäusern zwischen 1760 und 1765.[6] Seit April 1771 leitete er die Bauarbeiten am Garten und Palais von Johann George Chevalier de Saxe (1704–1774) in der Dresdner Vorstadt, den dieser seit 1764 nach dem Entwurf des Hofbaumeisters Friedrich August Krubsacius (1718–1789) hatte anlegen lassen.[7] Renners bekanntestes Werk ist der Turmabschluss der Lübbenauer Nikolaikirche, der jedoch offenbar erst 1778 nach seinem Tod ausgeführt wurde (Abb. 2).[8]

Eine enge Verwandtschaft mit dem Lübbenauer Turm weist der Entwurf der Sammlung Haupt auf, der von Renner signiert und auf den 14. Oktober 1746 datiert ist und damit sein bislang frühestes bekanntes Werk darstellt. Ähnlichkeiten zeigen sich etwa in dem geschweiften Übergang vom quadratischen Unterbau zum ungleichmäßig oktogonalen Aufsatz sowie der schlanken Proportionierung der gestelzten Haube und der Zwiebel, aber auch in der charakteristischen Mischung altertümlicher und moderner Gestaltungselemente. So sind etwa die Schallöffnungen in Lübbenau und die Dachgaupen auf dem Hannoveraner Blatt in der Formensprache der Zeit um 1700 gehalten und weichen damit von der ansonsten vorherrschenden Gestaltung in den Formen des sächsischen Rokokoklassizismus deutlich ab. Auch die seit Beginn des 18. Jahrhunderts im kursächsischen Bauwesen nicht mehr gebräuchliche Bezeichnung des Maßstabs mit „Schuh" darf als Hinweis auf ein gewisses Verharren in überkommenden Traditionen interpretiert werden.[9]

Die Funktion des Blattes ist unbekannt; ein Zusammenhang mit einem konkreten Bauprojekt lässt sich nicht ohne Weiteres herstellen. 1746 begann zwar der Wiederaufbau der zwei Jahre zuvor abgebrannten Großenhainer Marienkirche,[10] doch gehörte Renner noch im April 1748 nicht zu den Dresdner Maurermeistern und war damit nicht zur eigenverantwortlichen Übernahme von Aufträgen berechtigt.[11] Wahrscheinlicher ist darum die Entstehung im Rahmen der Ausbildung; die Anfertigung von Rissen und Anschlägen war unabdingbare Voraussetzung zur Erlangung des Meisterrechts.

*Tobias Knobelsdorf*

1 Die Auswertung der einschlägigen Akten des StAD insbes. des ehem. Ratsarchivs sowie der Dresdner Maurerinnung, steht noch aus.
2 SächsHStAD, 10036, Finanzarchiv, Loc. 32832 Rep. LII Gen. 1204a, fol. 9.
3 SächsHStAD, 11254, Gouvernement Dresden, Nr. 704, fol. 14 f.; Nr. 48, fol. 31.
4 Renners genaues Todesdatum ist nicht bekannt, kann jedoch auf den Zeitraum zwischen dem 11. November und dem 17. Dezember 1777 eingegrenzt werden. SächsHStAD, 11321, Generalkriegsgericht, Nr. 12222, fol. 51 f., 101.
5 Haymann 1809, S. 407. Das Schülerverhältnis dürfte lediglich eine handwerkliche Ausbildung umfasst haben, da Giesel seine Ausbildung an der Dresdner Kunstakademie und in Paris fortsetzte.
6 StAD, 2.1, Ratsarchiv, A.XXIII.66, fol. 40.
7 SächsHStAD, 11321, Nr. 12222. Zu Leben und Werk Krubsacius' siehe zuletzt Knobelsdorf 2021b.
8 Dehio 1987, S. 257; Heckmann 1996, S. 15. Der eigentliche Kirchbau war 1738-1741 durch Gottfried Findeisen errichtet worden.
9 Terminologisch entspricht diese dem „Fuß" und damit einer halben Elle.
10 Für einen nicht unbedeutenden Bau sprechen die Maße: Seitenlänge des Turmschaftes = 26 Schuh = 7,36 m, Höhe des Aufsatzes = 106 Schuh = 30 m. Ob diese jedoch mit der Abmessungen des mittelalterlichen Turmschaftes der Großenhainer Kirche in Einklang stehen, lässt sich mangels vergleichbaren Planmaterials nicht entscheiden.
11 SächsHStAD, 10079, Landesreg., Loc. 13980/9, fol. 24 f, Dokument v. 17. April 1748 mit gesiegelten Unterschriften aller Dresdner Maurermeister.

D16

# Längs- und Querschnitt der Kleinen (Reformierten) Kirche in Karlsruhe

um 1771
Wilhelm Jeremias Müller (1725–1801)
69,0 cm x 73,0 cm
Feder und Pinsel in Schwarz, blassrot, gelb laviert
gr D Z 2: 2

Auf dem Blatt sind drei lavierte Federzeichnungen einer Saalkirche zu sehen. Das ist zum einen ein Längsschnitt durch Turm und Kirchenschiff, wobei hier auf die Darstellung der Dachkonstruktion des Schiffes verzichtet wurde. Weiterhin gibt es einen Querschnitt durch das Kirchenschiff mit Innenansicht des Chores und Dachkonstruktion sowie eine Detailaufsicht vom Turmdach. Die Zeichnungen gehören sicherlich zu einer Reihe weiterer, die Grundrisse und Ansichten der Kirche zeigen, welche sich jedoch nicht in der Sammlung Haupt befinden.

Besonders detailreich ist das vierjochige Kirchenschiff gezeichnet, an dem sich ein dreigeschossiger, eingezogener Anbau anschließt. Darin ist die Sakristei untergebracht, darüber der Zugang zur Kanzel sowie eine durch drei Fenster belichtete Empore. Der Querschnitt zeigt die Altarwand. Über dem Altar befindet sich die Kanzel mit einem konvex geschwungenen Kanzelkorb und einem Schalldeckel. Der gesamte Wandabschnitt wird von einer Balustrade abgeschlossen, hinter der sich ein kleiner, durch einen Bogen vom Kirchenschiff abgetrennter Emporenraum befindet. Der Querschnitt lässt Rückschlüsse zu, wie das Dachwerk aussehen sollte. Geplant war ein liegender Stuhl mit Kehlbalkenlage und ein Hängewerk für die Decke.

Die Zeichnung stammt von Wilhelm Jeremias Müller, der seit 1752 im badischen Hofbauamt in Karlsruhe als „dessineur" angestellt und zunächst Mitarbeiter von Friedrich v. Kesslau war, dem führenden Baumeister des Markgrafen Karl Friedrich (1728–1811).[1] 1771 trat Müller dessen Nachfolge an und übernahm die Leitung der öffentlichen Bauangelegenheiten des Landes. Vor der Ära Friedrich Weinbrenners prägte Müller das Antlitz der badischen Residenzstadt. Neben stadtplanerischen Entwürfen führte er mehrere Bauten in Karlsruhe aus. So entstanden u.a. 1772 das Durlacher Tor, 1779 das Jagdzeughaus, 1787 das Bürgerspital an der Spitalstrasse und 1793–1803 das Archiv am Zirkel.[2] Darüber hinaus baute er bis in Mitte der 1770er Jahre mehrere evangelische Kirchen neu oder um.[3]

Seine bedeutendste Kirche war die sog. Kleine Kirche, die anstelle eines hölzernen Vorgängerbaus für die reformierte Kirchengemeinde realisiert wurde.[4] Bereits 1761 hatte Müller den Auftrag erhalten, Pläne zu erstellen. Es sollte aber noch ein Jahrzehnt dauern, ehe das Projekt konkretisiert wurde.[5] Die Zeichnung stammt wahrscheinlich aus dieser Zeit. Da die Gemeinde die Baukosten nicht aufbringen konnte, unterstützte der Markgraf diese und überließ ihr das Bau- und Gerüstholz sowie den für die Fassade bestimmten Grötzinger roten Sandstein. Verbunden war die Schenkung mit der Forderung, dass die Ausführung des Kirchenbaues nach Müllers Plänen erfolgen müsse. Die Grundsteinlegung erfolgte 1773, die Bauarbeiten dauerten bis 1776.

Die Verwendung eines Altares mit darüber angeordneter Kanzel würde man eher in einer lutherischen Kirche vermuten, wie das auch in der barocken Karlsruher Stadtkirche der Fall war.[6] Die Reformierten bevorzugten einen freistehenden Altartisch zur Feier des Abendmahls. Damit hatte sich der lutherische Förderer und Landesherr, der Markgraf von Baden, gegenüber den Reformierten durchgesetzt. Diesen Einfluss dokumentiert nicht zuletzt auch der Kurhut auf der Spitze des Turmdaches, eine weitere Referenz an den Landesherrn.

Bis 1821 wurde die Kleine Kirche durch die reformierte Gemeinde genutzt, dann wurde sie mit der lutherischen Gemeinde vereinigt. Später diente sie zeitweise als Garnisonskirche. Nach den Beschädigungen im 2. Weltkrieg wurde die Kirche zwischen 1946 und 1949 wiederaufgebaut und dient bis heute der evangelischen Gemeinde für Gottesdienste.

*Thorsten Albrecht*

---

1 Zu Müller s. Bialek 1955, S. 1–8; Zollner 1976, S. 130–132; Förster 2014.
2 Valdenaire, S. 19; Ehrenberg 1909, S. 28.
3 So z.B. die kleine evangelische Kirche in Gresgen 1761, die Dorfkirche in Weiler 1770 (Kirchenschiff), in Wittlingen 1772–1774 und in Brötzingen 1774 (Kirchenschiff), s. Bialek 1955, S. 32–34.
4 Ehrenberg 1909, S. 52. Zollner 1976, S. 133f. (Abb.); Bialek 1955, S. 58–61.
5 Vgl. Bialek 1955, S. 58f.
6 Ehrenberg 1909, S. 52; Mai 1969, S. 54; Meissner 1987, S. 22–28.

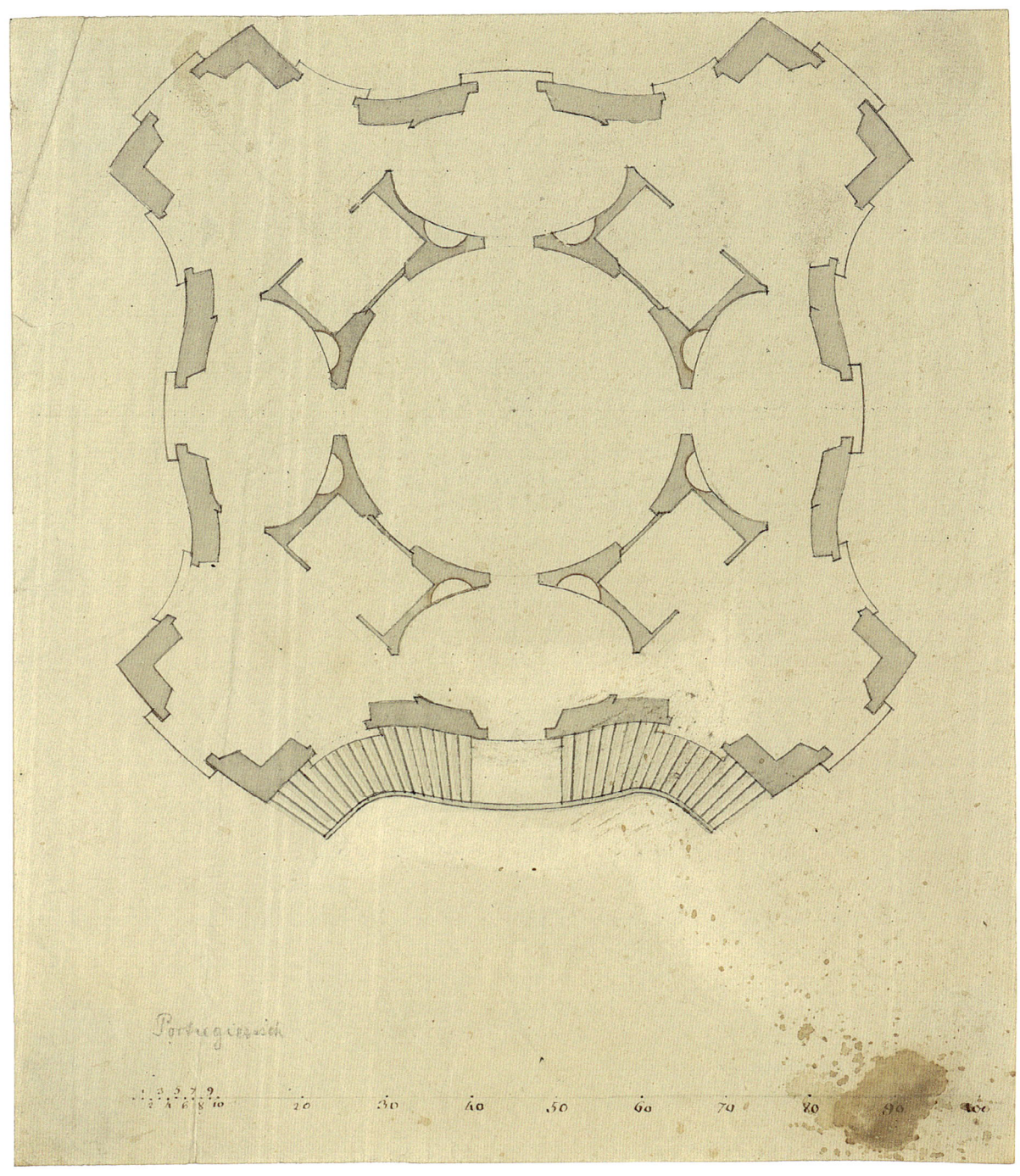

D17
# Grundriss eines Zentralbaus

(Kommandantenhaus des „Fort de Lippe" bei Elvas / Portugal)
undatiert (um 1765/1770)
Guillaume Louis Antoine de Valleré (1727-1796), zugeschrieben
26,5 cm x 22,5 cm
Feder und Pinsel, laviert
kl I Z A 4: 7

Fort de Lippe
Luftbild 2018
(IGT)

Albrecht Haupt zählt zu den deutschen Pionieren der portugiesischen Architekturgeschichtsschreibung. Dennoch gibt es – neben Haupts eigenen Reiseskizzen – in seiner Sammlung nur dieses eine Blatt mit Portugal-Bezug. Der Plan zeigt den Grundriss des Kommandantenhauses der portugiesischen Festung bei Elvas, ein ungewöhnliches Beispiel deutsch-portugiesischer Architekturbeziehungen im 18. Jahrhundert. Die Festung trug ursprünglich den Namen „Fort de Lippe", benannt nach ihrem spiritus rector, dem Grafen Wilhelm zu Schaumburg-Lippe (1724–1777).[1] Er hatte seit 1761 den Oberbefehl über die britisch-portugiesischen Truppen inne und im Jahr darauf den Invasionsversuch der spanischen Armee erfolgreich abgewehrt (und damit die Unabhängigkeit Portugals gesichert). Anschließend veranlasste er den Bau der Festung bei Elvas unweit der spanischen Grenze. Nahezu zeitgleich ließ er im Steinhuder Meer bei Hannover die Festung Wilhelmstein errichten.[2]

Das Fort de Lippe war seinerzeit eine der größten portugiesischen Grenzfestungen (Abb. 2). Im Zentrum der Gesamtanlage erhebt sich das Kommandantenhaus, dessen Belétage das Blatt zeigt. Erschlossen wird die Etage über eine Freitreppe vor der Südostfassade. Im Kern des Gebäudes befindet sich ein runder, überkuppelter Oberlichtsaal. Die äußere Raumschicht besteht aus je vier ovalen Räumen an den Langseiten und vier Räumen in den Ecken, die ihrerseits zur Gebäudemitte hin über einen alkovenartigen Anraum verfügen. In dieser fließenden Verschränkung der Räume bildet der Grundriss eine interessante Paraphrase jener zentralbauartigen Lust- und Jagdhäuser des Barock, die an vielen europäischen Höfen mehrere Generationen von Architekten beschäftigt haben.

Das Äußere des Kommandatenhauses von Elvas ist dem desjenigen vom Wilhelmstein nicht unähnlich, die Grundrisse unterscheiden sich aber grundlegend.[3] Die künstlerische Urheberschaft des portugiesischen Kommandantenhauses ist bislang nicht eindeutig geklärt. Als „Schöpfer" der gesamten Festung gilt seit jeher Graf Wilhelm von Schaumburg-Lippe, wobei die Ausführung anfangs in den Händen seines Ingenieurs Jean d'Etienne (1725–1798) lag.[4] In den ersten Plänen der 1763 begonnenen Festung war das Kommandantenhaus allerdings noch nicht enthalten. Im Jahr darauf nahm Graf Wilhelm seinen Ingenieur mit nach Deutschland und übertrug ihm die weitere Ausführung der Festung Wilhelmstein. 1765–1767 erfolgte dort der Bau der zentralen Sternschanze mit dem bekrönenden Kommandantenhaus (das 1774 die Aufstockung mit dem Observatorium erhielt).[5]

Die Fortführung der Arbeiten der Festung bei Elvas lag ab 1764 in der Verantwortung des Oberstleutnants Guillaume Louis Antoine de Valleré.[6] Er hatte seine Ausbildung an der Pariser „Ecole des Cadets" und an der „Ecole des Ponts et Chaussées" erhalten, seit 1753 stand er in portugiesischen Diensten. Die äußeren Tore der Festung waren 1766 fertiggestellt, der vollständige Ausbau war freilich erst 1792 abgeschlossen. Die Festung kann daher nicht allein als Werk des Grafen Wilhelm, sondern auch als Lebenswerk von de Valleré gelten.

An Stelle des Fort de Lippe hatte sich einst die Wallfahrtskapelle „de Nossa Senhora da Graça" befunden. Zum Entsetzen der portugiesi-

Abb. 2

schen Arbeiter hatte Graf Wilhelm diese Kapelle für den Bau der Festung sprengen lassen.[7] Das wirkte sich auf den weiteren Fortgang der Bauarbeiten nicht gut aus, weil die Arbeiter eine Strafe Gottes fürchteten. Hatte der portugiesische König Joseph I. die Festung einst zu Ehren von Wilhelm in Fort de Lippe benennen lassen, so erfolgte unter seiner Tochter und Thronfolgerin Maria I. die Umbenennung in „Forte de Nossa Senhora da Graça".[8] Vermutlich ist in diesem Zuge auch die Kapelle im unteren Geschoss des Kommandantenhauses realisiert worden.

*Markus Jager*

1  Banaschik-Ehl 1974, insbes. S. 128–132; Guerra 2008; Lavadinho 1929.
2  Ochwadt 2008.
3  Die Belétage des Wilhelmstein hat in seiner Mitte keinen Oberlichtsaal, sondern einen Kaminschacht, der die anliegenden Haupträume zentral versorgt.
4  Zu d'Etienne siehe: Bonorden 1993.
5  Ochwadt 2008, S. 2 und 5.
6  Banaschik-Ehl 1974, S. 232, Anm. 241.
7  Banaschik-Ehl 1974, S. 129 sowie Anm. 216.
8  Banaschik-Ehl 1974, S. 229 / Anm. 216.

## D18
## Ansicht und Teilgrundriss einer Brücke

um 1770
François Cuvilliés d. J. (1731–1777), zugeschrieben
23,0 cm x 31,0 cm
Feder und Pinsel, laviert
kl D Z 11: 3

Ansicht und Grundriss einer Brücke
um 1770
François Cuvilliés d. J., zugeschrieben
19,6 cm x 22,8 cm, Graphitstift, Feder
kl D Z 11: 5

Dargestellt ist eine dreibogige Brücke mit gedecktem Arkadengang, dessen Pfeilerachsen durch Balkone, Dreiecksgiebel und Kuppeln hervorgehoben sind. Unter der Ansicht sind der Grundriss eines Pfeilers sowie ein Teilgrundriss des Arkadengangs zu sehen. Bei der zweiten Brückenzeichnung sind die Pfeiler deutlich breiter und massiver, die architektonische Ausgestaltung entsprechend opulenter (Abb. 2). Das Augenmerk des Zeichners gilt in beiden Fällen weniger dem Verkehrsbauwerk oder den Herausforderungen des Ingenieurbaus (Gründung, Spannweite etc.), sondern der architektonischen Komposition. Die Bauaufgabe Brücke wird vor allem als zu gestaltender Erlebnis- und Transitionsraum thematisiert.

François Cuvilliés d. J., dem die Zeichnungen zugeschrieben wurden, ist als Baumeister von Brücken nicht besonders hervorgetreten. In seinem unvollendet gebliebenen Traktat „Ecole de l'architecture Bavaroise" (1769/1776) nehmen Brücken aber einen erstaunlich großen Raum ein. Über 30 Tafeln sind Brücken gewidmet, darunter sowohl historische Beispiele als auch zeitgenössische Projekte.[1] Das überrascht insofern, als dass es sich bei dem Werk eigentlich um ein Säulenordnungstraktat handelt. Die beiden in der Sammlung Haupt befindlichen Brückenzeichnungen sind zwar nicht identisch mit einer in der „Ecole de l'architecture Bavaroise" dargestellten, aber sie sind diesen sehr ähnlich und gehören gleichermaßen zum Typus der „Pons triumphalis", einer Gattung, der Cuvilliés besonderes Interesse schenkte.

Die beiden Brückenprojekte gehören weder zu den mit Häusern oder Verkaufsläden überbauten Brücken wie dem Ponte Vecchio in Florenz oder der Rialtobrücke in Venedig, noch zu jenen Brücken, die frei von Aufbauten sind, wie sie der Pont neuf in Paris als neuzeitlichen Typus etabliert hatte. Brücken mit aufwändig dekorierten Arkadengängen wurden im 18. Jahrhundert weniger im städtischen Kontext projektiert, sondern vor allem in Gärten und Parks realisiert, allen voran in englischen Landschaftsgärten, namentlich Wilton (1737), Stowe (um 1739) und Prior Park (1755) oder Zarskoje Selo (1774).[2] Es waren zumeist freie Paraphrasen von Palladios Rialto-Projekt, adaptiert auf ländliche Parksituationen, in denen wenig Verkehrsfrequenz herrschte, zumeist auch keine große Spannweiten gewährleistet werden mussten, aber architektonische Akzente erwünscht waren.

Ob die beiden Cuvilliés d. J. zugeschriebenen Brückenzeichnungen ebenfalls in einem Gartenkontext zu sehen sind, erscheint eher fraglich. Im Hannoverschen Exemplar von Cuvilliés „Ecole de l'Architecture Bavaroise" stehen am Ende aller Brückenprojekte eine Ansicht und eine perspektivische Darstellung der damals neu errichteten Münchner Brücke über die Innere Isar vor dem Roten Turm (später Ludwigsbrücke). Nach längerem Projektvorlauf war sie 1767–1770 nach den Plänen des städtischen Baumeisters I. A. Gunetzrhainer errichtet worden.[3] Sie war seinerzeit die erste Steinbrücke der Stadt und ein Prestigeprojekt. Gegenüber dem von Cuvilliés in seinem Traktat entfaltetem Panorama berühmter Stadtbrücken (Rom, Prag, Venedig) sowie den dort abgebildeten Idealprojekten für Monumentalbrücken fällt die neue Isar-Brücke künstlerisch indessen zurück. Es drängt sich der Eindruck auf, dass der Hofbaumeister Cuvilliés die Münchener auf das stadtbaukünstlerische Potenzial des Brückenprojektes hinweisen wollte und sich mit Entwürfen in die Diskussion einbrachte. Möglicherweise sind die beiden Zeichnungen als Alternativvorschläge für die Brücke über die Innere Isar zu sehen.

*Markus Jager*

Abb. 2

1 Cuvilliés 1769/1776, T. 284–315 (Münchner Exemplar), vgl. Schnell 1961, S. 17. Das Hannoversche Exemplar der „Ecole de l'Architecture Bavaroise", enthält nur 21 Tafeln zu Brücken (ohne Paginierung oder Tafelnumerierung).
2 Getka-Kenig 2016.
3 Rädlinger 2008, S. 50–57.

# D19
# Entwurf eines Eckrisalits (für die Kgl. Bibliothek Berlin)

um 1776
Carl von Gontard (1731–1791), zugeschrieben
34,7cm x 12,4cm
Feder in Sepia, laviert
kl F Z 1: 1

Auf Grund des Fassadenaufbaus drängt sich die Vermutung auf, dass es sich um eine alternative Planung für die Eckrisalite (hier der rechte Eckrisalit) der Königlichen Bibliothek in Berlin handeln könnte. Die Zeichnung zeigt im Sockel eine genutete Rustika mit schmaler Portalöffnung, die von einem Kartuschenfeld bekrönt ist. Die seitlichen, verkröpften Bereiche des Sockels sind mit Inschrifttafeln versehen. Über der Sockelzone besitzt die Mittelachse zwei übereinander befindliche Fensteröffnungen, die von korinthischen Kolossalsäulen flankiert werden. Seitlich befinden sich weitere freistehende korinthische Säulenpaare, deren Gebälkzonen analog zum Sockel verkröpft sind. Auf der linken Seite steht zwischen dem Säulenpaar eine Skulptur. Das Gebälk schließt mit einer Attika ab, die mittig als Balustrade ausgebildet ist, an den Seiten als Postament für zwei Skulpturengruppen. Über der Attika erhebt sich der Unterbau für einen Obelisken. In der Mitte dieses Unterbaus ist ein Feld mit einem Medaillon oder einer Uhr skizziert.

Die Berliner Bibliothek wurde 1774–1784 am Forum Fridericianum (Opernplatz) im Auftrag Friedrichs II. errichtet. Ihre Fassade ist eine Kopie des barocken Entwurfes für den Michaelertrakt der Wiener Hofburg. Dieser Entwurf stammte von J. E. Fischer von Erlach, war seinerzeit aber nur in Stichen überliefert und in Wien noch nicht realisiert. Fassadenkopien nach Stichvorlagen waren unter Friedrich II. eine häufige Praxis, insbesondere im Potsdamer Baugeschehen. Dort hatte Carl von Gontard mehrere Immediatbauten zumeist nach italienisch-palladianischen Vorbildern zu realisieren. In Berlin wurden solche Architekturzitate weniger direkt praktiziert. Das Bibliotheksgebäude ist eine Ausnahme, die vor dem besonderen politischen Hintergrund der preußisch-österreichischen Konkurrenz zu sehen ist.

Die Realisierung und Bauleitung lag in den Händen von Georg Friedrich Boumann (d.J., 1737–1812). Als Urheber der Pläne gilt indessen Georg Christian Unger (1743–1799), den schon Friedrich Nicolai 1786 in seiner „Beschreibung der Königlichen Residenzstädte Berlin und Potsdam" als Planverfasser genannt hat.[1] Martin Engel hat jedoch darauf hingewiesen, dass Nicolai 1779 ursprünglich Carl von Gontard als Urheber benannt hatte und erst in den späteren Ausgaben seiner Berlin-Chronik das Gebäude Unger zugeschrieben hat.[2] Durch Recherchen von Laurenz Demps ist ferner bekannt, dass es hinsichtlich der Risalitgestaltung im September 1776 eine Kontroverse gegeben hat;[3] möglicherweise ist das vorliegende Blatt in diesem Kontext entstanden. Im Unterschied zum Wiener Fassadenvorbild sieht die vorgeschlagene Variante einen dominanten vertikalen Akzent in Form des Obelisken vor. Auch atmet die Sockelzone mit den seitlichen Schrifttafeln und dem geraden Türsturz einen ungleich klassizistischeren Geist als die Wiener Komposition. Auf Gontard, der schon bei seinen Entwürfen für die Communs in Potsdam Obeliskbekrönungen vorgeschlagen hatte,[4] könnte auch das vorliegende Blatt zurückgehen. Wäre das Projekt ausgeführt worden, hätte das Berliner Bibliotheksgebäude insgesamt einen etwas klassizistischeren Charakter erhalten und wäre nur noch auf den zweiten Blick als Kopie des Wiener Entwurfes zu erkennen gewesen.

Die Königliche Bibliothek auf dem Opernplatz in Berlin
Ansicht und Grundriss
um 1776, Feder, Pinsel, laviert
Landesarchiv Berlin

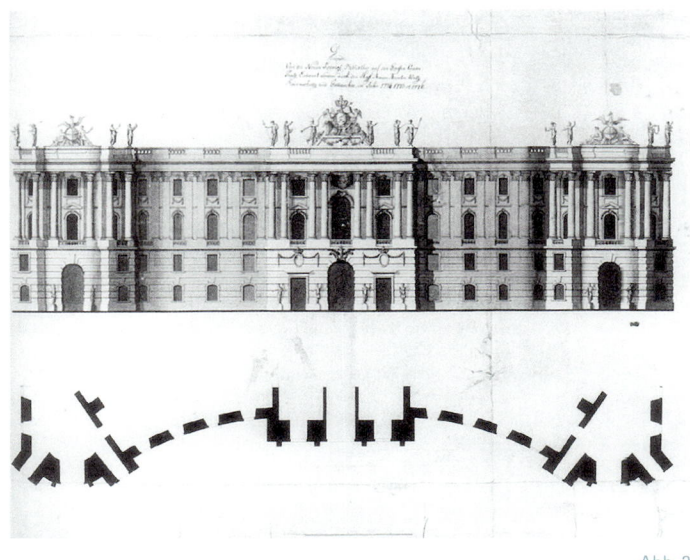

Abb. 2

Auf Weisung Friedrichs II. wurde im September 1776 entschieden, dass an den Risaliten des Bibliotheksgebäudes keine Änderungen vorgenommen werden sollten. Der König wollte keine klassizistische Abwandlung der barocken Fassade und entschied sich für das direkte Architekturzitat nach Fischer von Erlach.

*Sibylle Badstübner-Gröger*

1. Nicolai 1786, S. 171. Vgl. Engel 2001, S. 184. Richter 2017, S. 60. Richter 2020, S. 55f.
2. Engel 2001, S. 187, Anm. 508. Vgl. Nicolai 1779, S. 142 (Gontard).
3. Demps 2012, S. 21. Zit. in Richter 2017, S. 61 Anm. 171.
4. Drescher/Badstübner-Gröger 1991, S. 41, Abb. 36 (Entwurf zu einer kolonnadenartigen Architektur, kolorierte Federzeichnung von C. v. Gontard, SPSG, Plankammer); ebd., S. 138–139, 141 (Aufrissentwurf zu Communs und Kolonnade beim Neuen Palais, um 1765/66, kolorierte Federzeichnung von C. v. Gontard, SPSG Plankammer Nr. 228).

# D20
## Projekt für eine Akademie, Ansicht

2. Hälfte des 18. Jahrhunderts
Unbekannter Zeichner, Umfeld Carl Fredrik Adelcrantz (1716–1796)
34,4 cm x 51,0 cm
Feder, Pinsel, grau und rosa laviert
Zwei Maßstäbe (ohne Maßangaben)
m SK Z 1: 5

**Fassade der Adolf Fredrik Kirche in Stockholm**
ca. 1767 oder später
Unbek. Zeichner, Kopie nach C. F. Adelcrantz
37,4 cm x 53,5 cm
Feder, Graphitstift, Pinsel, gelbgrau laviert
m SK Z 1: 8

Dieser Aufriss für ein neunjochiges Gebäude scheint für eine Akademie oder eine Bildungseinrichtung bestimmt zu sein. Besonders das Figurenprogramm stützt diese Interpretation. Im Tympanon des von vier ionischen Säulen getragenen Frontispiz sind drei Figuren erkennbar, von denen sich zwei mit Geometrie und Geografie oder Astronomie beschäftigen. Vier weitere Figuren, die nicht so leicht zu identifizieren sind, befinden sich im Fries über der Tür. Obwohl die Ikonographie unklar ist, scheinen diese nicht das traditionelle *Trivium* und *Quadrivium* der sieben freien Künste darzustellen.[1] (Geometrie und Astronomie, die möglicherweise in einem Himmelsglobus dargestellt sind, gehören eher zu den vier Künsten des Quadriviums als zu der Dreiergruppe, und die Musik, die normalerweise leicht zu identifizieren ist, scheint ganz zu fehlen). Auch stellen sie nicht die mechanischen Künste dar. Zwei weitere weibliche Figuren in Nischen, die die Tür einrahmen, haben keine Attribute und können nicht identifiziert werden. Das Gebäude wird von einer Flachkuppel gekrönt, die auf einem Tambour ruht. Obwohl sie im achtzehnten Jahrhundert immer häufiger an Profanbauten verwendet wurden, waren Kuppeln traditionell für kirchliche Gebäude vorgesehen. Der Einsatz einer Kuppel mag in diesem Fall dazu dienen, die Akademie von anderen öffentlichen Profanbauten zu unterscheiden. Die paarweise angeordneten Obelisken, die mitunter auch am Eingang von Palastbauten zu finden sind, könnten eine ähnliche Unterscheidungsfunktion haben. Obelisken übten eine große historische Faszination aus und wurden oft mit verlorenem Wissen und geheimen Kenntnissen in Verbindung gebracht, obwohl diese Assoziation im Laufe des achtzehnten Jahrhunderts verblasst zu sein scheint.[2] Das gesamte Bauwerk steht auf einem erhöhten Sockel, von dem aus zwölf Stufen zum Portal führen. Da es keinen passenden Grundriss gibt, lässt sich wenig über die innere Funktion des Gebäudes sagen.

Die Zeichnung weist am unteren Rand des Blattes zwei verschiedene Maßstäbe auf. Es sind keine Maßeinheiten angegeben, aber das Vorhandensein beider Maßstäbe könnte darauf hindeuten, dass die Zeichnung von einem Architekten angefertigt und an einen anderen Ort geschickt wurde, oder dass sie von einem Studenten im Rahmen eines Auslandsstudiums angefertigt wurde. Die Arbeit eines Studenten würde einige Unsicherheiten in den Details erklären, zum Beispiel die Rundbogenöffnungen im Tambour.

Ein zweites Blatt aus der selben Hand, ein Aufriss für die Ostfassade der Adolf-Fredrik-Kirche in Stockholm (Abb. 2), konnte als exakte Replik eines Blattes aus einem Plansatz des Architekten Carl Fredrik Adelcrantz (1716–1796) im schwedischen Riksarkivet identifiziert werden.[3] Adelcrantz war sowohl Superintendent der Künste (ab 1757), verantwortlich für die königliche Kunstproduktion in Schweden, als auch Präsident der Königlichen Akademie der Künste (ab 1767). In beiden Funktionen hatte er enormen Einfluss. Das Blatt lässt jedoch die für Adelcrantz' autographe Zeichnungen typische Präzision vermissen und stammt wahrscheinlich von einem Kopisten im Büro des Superintendenten. Adelcrantz und seine Mitarbeiter haben das Gebäude in verschiedenen Farben laviert, aber hier ist es weniger klar und wirkungsvoll als auf anderen Blättern.

Die Zeichnung ist eher eine Fassadenstudie als ein vollständiger Aufriss. Das Walmdach ist nur grob skizziert, und es wird keine Anstrengung unternommen, um zu zeigen, wie das Dach gestaltet ist, um den komplexen strukturellen Vorsprung in der Mitte der Fassade oder den zentralen Turm der Kirche aufzunehmen. Die Gestaltung des Daches und des Turms war noch nicht entschieden, als die Mauern 1768-1769 hochgezogen wurden und die Kirche zunächst ein provisorisches Dach erhielt. In den Jahren 1773–1774 wurde die Gestaltung des Aufbaus wesentlich verändert. Die kleinen Dachvorsprünge über den Pilastern in dieser Zeichnung sind in dem überarbeiteten Projekt verschwunden, was darauf hindeutet, dass es sich um das frühere Planungsstadium handelt.

*Kristoffer Neville*

Abb. 2

1 Kristeller 1990, S. 163–227.
2 Curran/Grafton/Long/Weiss 2009, S. 141–227.
3 Hinweis von Simon Paulus, vgl. Fogelmarck 1957, S. 147–160, 389–392; Bedoire 2018, S. 59–62.

## D21
# Entwurf für eine othaitische Hütte sowie für ein Landhaus

um 1800

Frantz Jakisch (*um 1770), Friedrich Gilly (1772–1800)

signiert (von fremder Hand?) u. l.: „Gilly inv."; u. r.: „Jakisch del."

7,6 cm x 10,3 cm; 11,6 cm x 21,2 cm

Pinsel, grau laviert; Graphitstift, Feder, Pinsel, grau laviert

kl D Z 13: 1; kl D Z 13: 2

Landhäuser und Gartenarchitekturen waren beliebte Themen in der Architektur um 1800. Auch Friedrich Gilly, eher bekannt durch seinen monumentalen Entwurf für ein Denkmal Friedrich II. von 1796, entwarf zahlreiche Landhäuser und Kleinarchitekturen für Landschaftsgärten. Ob die beiden auf ein Blatt gezeichneten Entwürfe tatsächlich auf ihn als Erfinder zurückgehen, kann nur vermutet werden. Im Falle der reetgedeckten, aus roh belassenen Baustämmen konstruierten Rundhütte mit spitzbogig schließendem Vorbau, deren Details eigentümliche gotische Formen zeigen, kann auf das von Gilly für Schloss Paretz geplante Lusthaus über der Eisgrube verwiesen werden, das Martin Friedrich Rabe auf einem Hügel im Park von Paretz 1801 leicht verändert erbaute.[1]

Für das im unteren Bereich des Blattes dargestellte Landhaus gibt es ein Pendant in der Sammlung Peter Joseph Krahe im Städtischen Museum in Braunschweig.[2] Wie bei anderen Blättern dieser Sammlung ist die Autorschaft nicht gesichert und die Entwürfe erscheinen „nicht ganz ausgereift".[3] Die Zeichnung ist auf „März 1802" datiert, kann also nicht von Friedrich Gilly stammen. Barocke Elemente wie die Seitenrisalite und das flache Mansarddach, die in Kontrast zu den eher modernen Details stehen, irritieren und machen eine Zuschreibung schwierig. Vergleichbare Details finden sich im Repertoire von Friedrich Gilly: Erwähnt seien die kolossalen Rundbogen des Mittelrisalits und der Seitenflügel, die eingestellten dorischen Säulen, die Feuerschalen auf der Freitreppe, die inszenierte Einbettung des Hauses in die Natur und die im weiten Rund geführten Zugangswege. Auch die laibungslos aus der Wand geschnittenen Fenster und die von kräftigen Konsolen getragenen Fensterbänke wecken Assoziationen an Entwürfe Gillys. Tatsächlich befand sich in den nach 1945 verschollenen Foliobänden mit Zeichnungen Gillys eine kleine Zeichnung (7,7 x 10,5 cm) zu einem vergleichbaren Landhaus, die nicht als eigenhändig gilt, jedoch von Alste Onken 1935 in Zusammenhang mit der vorliegenden Zeichnung gestellt worden ist.[4]

Zu vermuten wäre, dass der Zeichner der beiden Blätter der Schlüssel für eine Zuordnung des Landhausentwurfs ist. Wahrscheinlich handelt es sich um den Maurergesellen Frantz Jakisch aus Hamslau in Schlesien, der sich 1792/93 und 1793/94 als Schüler an der Architektonischen Lehranstalt in Berlin weiterbildete.[5] Offensichtlich blieb er weiterhin in Berlin, da er auf den Berliner Akademieausstellungen 1795 und 1797 Zeichnungen ausstellte.[6] 1799 ist er noch immer in Berlin, was aus einer Notiz von Johann Gottfried Grohmann (1763–1805), dem Herausgeber des berühmten *Ideenmagazin[s] für Liebhaber von Gärten...*(1796–1806) hervorgeht.[7] Jakisch hatte gelegentlich für das *Ideenmagazin* Entwürfe geliefert; darunter 1798 auch ein Entwurf zu einem Landhaus, der sehr eng an der kubischen Formensprache und den Details Friedrich Gillys orientiert ist.[8] Zum Wettbewerb um ein Luther-Denkmal im Jahre 1806 wird Jakisch in Zusammenhang mit dem Entwurf einer Pyramide mit vorgestelltem dorischen Portikus, der an einen frühen Entwurf Gillys erinnert, als Zeichner erwähnt.[9] Jakisch war also mit dem Stil Gillys durchaus vertraut und hatte dessen Ideen aufgegriffen und weiterentwickelt. Denkbar wäre also, dass Jakisch Zeichnungen Gillys vorlagen, die er für eine Publikation in Grohmanns *Ideenmagazin* für den Druck vorbereitete. Dazu würde das Datum 1802 auf dem Braunschweiger Blatt ebenso passen, wie die Anordnung der beiden Zeichnungen und die Größe des vorliegenden Blattes, die mit anderen Originalzeichnungen zum *Ideenmagazin* korreliert.[10] Offensichtlich hatte sich Grohmann jedoch gegen eine Aufnahme des Blattes von Jakisch ins *Ideenmagazin* entschieden. *Klaus Jan Philipp*

---

1 Reelfs 1984, Kat Nr. 48, S. 124/126; Abb. S. 125;
2 Lammert 1981, S. 146–158 zur Sammlung Krahe, zu Blatt 148, S. 150f., Abb. 102
3 Lammert 1981, S. 151.
4 Onken 1981, S. 81 mit Anm. 308, S. 118, B 81.
5 Salge 2021, S. 378; sein Alter wird in den Schüler-Listen der Lehranstalt 1792/93 mit 23 Jahren angegeben.
6 Börsch-Supan 1971, Bd. I, 1795, Nr. 256 und 1797, Nr. 130, 131.
7 Grohmann 1796–1806, Heft 22, Text zu Tab. IX.
8 Philipp 1997, S. 108, Abb. 80; Grohmann Heft 11 Tab. III;, Heft 10, VI.; Heft 22, IX.
9 Philipp 1997, S. 168f., Abb. 186–188; Onken 1981, S. 31, Tf. 143 a und b; B 314 und 310
10 In den Kunstsammlungen der Veste Coburg befinden sich 100 Zeichnungen zum Ideenmagazin.

## D22
# Haus der Museumsgesellschaft in Karlsruhe, Schnittansicht durch den Hauptsaal

„Quer Durchschnitt durch den Hauptsaal"
1813
Friedrich Weinbrenner, signiert „Wb"
32,8 cm x 44,6 cm
Feder, Pinsel, gelb, rosa, grau laviert auf Karton
Bleistiftskizzen (Dachkonstruktion, Säulenkapitell)
Maßstab „Fuss"
kl D Z 12: 8

Haus der Museumsgesellschaft in Karlsruhe, Ansicht
„Vordere Facade von der in die Lange Straße und in die Rittergasse gehenden Seite"
1813
Friedrich Weinbrenner (1766–1826), signiert „Wb"
45,3 cm x 29,9 cm
kl D Z 12: 7

Zu den zahlreichen realisierten und stadtprägenden Großbauten Friedrich Weinbrenners in Karlsruhe gehörte auch das im Dezember 1814 eingeweihte „Museum", das 1918 einem Großbrand zum Opfer fiel.[1] Das von Weinbrenner ab 1813 geplante Gebäude diente jedoch weniger als Ausstellungsbau oder Magazin, sondern war Versammlungs- und Veranstaltungsort der 1784 als Lesegesellschaft gegründeten Vereinigung der „Museumsgesellschaft" (bzw. „Museum", ab 1808), deren Mitglieder fast ausschließlich den Kreisen der Karlsruher Oberschicht des Bürgertums und der Aristokratie entstammten.[2] Die Räume mit ihrer hochwertigen Ausstattung, allen voran der zentrale Saal, boten Platz für Konzerte, Bälle und Gesellschaftsabende und bildeten das gesamte 19. Jahrhundert über ein Zentrum des gesellschaftlichen und kulturellen Lebens in der Stadt.

Charakteristisch für das Bauwerk war seine Eckrotunde, die die beiden Gebäudeflügel entlang der Ritterstraße (bis 1820 Rittergasse) und der Kaiserstraße (bis 1849 Lange Straße) miteinander verband. Weinbrenner wandte diese Ecklösung hier erstmals an. In verschiedenen Varianten kam sie in der Folge bei Bürgerhausprojekten, aber auch weiteren öffentlichen Bauten wie dem Landstandsgebäude (ab 1820)[3] noch mehrfach zum Einsatz und entwickelte sich zu einem markanten Motiv seiner Schule.[4]

Der vermutlich 1813 von Weinbrenner erstellte Plansatz zum Projekt für das Haus der Museumsgesellschaft umfasste wahrscheinlich insgesamt acht Blätter, die heute auf unterschiedliche Archive verteilt sind. Neben den beiden hier vorgestellten Blättern aus der Sammlung Haupts befindet sich ein Plan mit der Ansicht der „Facade gegen die Lange Straße" im Stadtarchiv Karlsruhe.[5] Der größere Teil des Plansatzes mit drei Grundrissen und zwei weiteren Schnitten, wird heute in den Architectural Archives der Universität Pennsylvania aufbewahrt.[6] Alle Blätter sind in der Zeichentechnik einheitlich und besitzen Weinbrenners charakteristisches Signaturkürzel „Wb". Sie sind in römischer Zählung durchnummeriert und mit einem Maßstab in „Fuss" versehen. Mit Ausnahme der beiden Hannoveraner Blätter findet sich auf allen anderen Blättern zusätzlich ein Bürostempel Weinbrenners, was darauf hindeutet, dass der Plansatz vermutlich schon zu Weinbrenners Lebzeiten oder kurz nach seinem Ableben getrennt wurde. Auf die Verwendung der Blätter im Planungs- und Bauprozess deuten bei dem in der Sammlung aufbewahrten Querschnitt noch ergänzende Maßangaben sowie Bleistiftskizzen zur Dachkonstruktion und einem Säulenkapitell hin.

Obwohl Haupt die Autorschaft der beiden Zeichnungen kannte und auch entsprechend im Verzeichnis vermerkt hatte, wurde die Zuordnung zum Projekt des Hauses der Museumsgesellschaft nicht von ihm notiert. Das Gebäude muss Haupt aber aus seiner Karlsruher Studienzeit und seiner Zeit am badischen Schlossbauamt (1876–1878) vertraut gewesen sein. In der bereits zu Haupts Lebzeiten ausgeprägten Forschung zu Weinbrenner blieben die Hauptschen Bestände von Originalzeichnungen – Haupt verzeichnet insgesamt 8 Blätter[7] – sowie Zeichnungen seiner Schüler jedoch unbekannt. *Simon Paulus*

Abb. 2

1   Zur Baugeschichte siehe Gruber-Ballehr 1981, S. 37–46.
2   Asche 1998, S. 219–220; Pretsch 1994, S. 187–138; Gruber-Ballehr 1981, S. 35–37.
3   Im Hinblick auf die Planung und Einschätzung der Kosten für das Landständehaus bezog sich Weinbrenner mehrmals auf sein Projekt für die Museumsgesellschaft. Vgl. Weinbrenner 1830, S. 9 u. 10.
4   Auch die Architekten des zwischen 1922 und 1924 errichteten Nachfolgebaus, Arthur Pfeifer und Hans Grossmann, griffen dieses Motiv als Reverenz an das abgebrannte Vorgängergebäude und seinen Architekten auf. Schumann 2010, S. 61.
5   StAK 8/PBS XV 1254 ("Tab. IV.", 32,7 x 45,8 cm). U.a. abgebildet bei Schirmer 1977, Abb. 86, S. 113; Valdenaire 1926, S. 182, Abb. 166 und Katalog Weinbrenner 2015, Abb. 7.14.
6   Grundrisse, aaup.309.7-cat.2003.20.90, 91 („Tab II") und 92; cat.2003.20.93 „Quer Durchschnitt der Einfarth mit der Hintern Hoffacade" („Tab VI."), cat.2003.20.94 „Länge Durchschnitt durch den Hauptsaal" („Tab. VII."); abgebildet in Katalog Weinbrenner 2015, Abb. 7.15–7.18. (The Architectural Archives, University of Pennsylvania by the gift of G. Holmes Perkins). Nicht bei Brownlee 1986!
7   Neben den beiden Blättern sind dies der Entwurf einer Hängelampe (siehe Kat.-Nr. G06, m D Z 11: 3), ein Wanddekorentwurf (kl D Z 12: 6) sowie vier Blätter mit Entwürfen kleinerer Gebäude (kl D Z 12: 2, 3, 5 u. 9).

# E Grabmonumente und Denkmalentwürfe

## E01
# Ansicht eines mehrgeschossigen Papstgrabmals

um 1550
Unbekannter Zeichner, Umfeld Giorgio Vasari, 16. Jh.
26,5 cm x 13,5 cm
Feder, Pinsel, laviert
Wasserzeichen: Engel mit Zweig und bekrönendem Stern (um 1550)
kl I Z A 2: 6

Rekonstruktion der Entwurfsschritte
Graphik: G. Schulz-Lehnfeld, 2022

Schon aufgrund der von Albrecht Haupt vorgenommenen Zuschreibung an „Vasari (?)" scheint die genauere Analyse des Blattes lohnend.[1] Die lavierte Federzeichnung zeigt vor einer durchfensterten Wand mit Thermenfenster eine von einem Obelisken gekrönte pyramidal angelegte Grabmal-Architektur mit Elementen einer zweigeschossigen Säulengliederung (unten korinthisierende Ordnung - ohne Basis!), Skulpturenausstattung und dekorativen Wappenschilden. Sowohl die Anlage des Grabmals mit ihrer Kombination stehender und sitzender Figuren im Bezug zum liegenden Verstorbenen, die zentrale Anordnung der Marienstatue hinter dem Aufgebahrten als auch Details einzelner Elemente lassen die Nähe zu Michelangelos Grabmal für Julius II. in San Pietro in Vincoli vermuten.[2]

Die Entstehung der Zeichnung kann in mehreren Schritten nachvollzogen werden: In der ersten Formulierung des Grabmalentwurfes ist die gesamte Architektur in einen rechteckigen Rahmen eingeschrieben. Die seitlich neben dem Bogen zu erkennenden Pentimente deuten den Verlauf der ersten Rahmung an. Der obere Abschluss wurde entfernt, bevor ein verländerndes Papier für einen zweiten höheren Entwurf angesetzt wurde. In der unteren Blatthälfte ist die Zeichnung zunächst streng symmetrisch in acht Bahnen angelegt, d.h. außen mit dem Zirkelschlag begrenzt, die Halben (Einstichloch), Viertel und Achtel mit Risslinien eingeteilt.[3] Für die Anlage des ersten Entwurfs der Grabmalarchitektur wurden mit einer Reißfeder Hilfslinien auf das Papier ‚gerissen'. Sie markieren die Symmetrieachse im Mittelfeld und im linken Seitenfeld. Weitere Nebenachsen, wie die Standachsen der seitlichen Säulen, der Säule links des Mittelfeldes und der linken Säule des linken Säulenpaares, bilden die Grundzüge dieses Entwurfes.[4] Im Gegenlicht sind auf den seitlichen Postamenten im Obergeschoss – anstelle der flankierenden Figuren – Obelisken zu erkennen, die diesen Entwurf auszeichneten. Die Erdgeschossdekoration, der aufgebahrte Tote und die Maria mit Kind waren ebenfalls Entwurfselemente dieser Entstehungsphase. Den oberen Abschluss bildete ein Giebeldreieck auf dem die Giebelfiguren saßen. Dieser Giebel greift mit der Ausladung der Sima die Achsen der Seitenfelder bzw. die Standachsen der Obelisken auf und war durch ein Postament – vermutlich für eine bekrönenden Wappenkartusche[5] – unterbrochen.

In einem zweiten Entwurfsschritt wurden die seitlichen Obelisken überklebt und durch Monumentalfiguren ersetzt, die größer als die Marienfigur gezeichnet sind. Das Giebeldreieck wurde ausgeschnitten und mit neuem Papier hinterlegt. Um den zentralen Obelisken aufsetzen zu können, musste der ursprüngliche Entwurf überhöht, der erste Rahmen verlassen und das Blatt verlängert werden. Das Blatt wurde dafür zunächst beschnitten und ein rückseitig bereits bezeichnetes Blatt angesetzt. Als letzter Schritt dieser Entstehungsphase wurde der Postamentblock des oberen Gliederungsgeschosses verbreitert. Der so entstandene Entwurf wurde im letzten Schritt in eine Architektur integriert, die aus dem halbkreisförmigen oberen Abschluss des ‚Hintergrundes' entwickelt ist.[6] Im Gegensatz zur Grabmalarchitektur ist die Hintergrundgestaltung perspektivisch mit ‚Tiefe' gezeichnet.

Die regelhafte Anlage des ersten Entwurfes und die sorgfältige Zeichen- und Entwurfstechnik lassen vermuten, dass der Autor des ersten Entwurfes eine große Affinität zur Architektur hatte – Architekt war. Das Wasserzeichen bestätigt die Datierung des Blattes in die Mitte des 16. Jh. In der Überarbeitung des zweiten Entwurfs zeigt sich, dass der Zeichner seine Überlegungen eher auf die figurative Wirkung der Gesamtanlage mit den Figuren als auf die Ausformulierung architektonischer Details des Gliederungsapparates konzentriert. Die vermutete Autorschaft für diesen Entwurf im Umfeld Giorgio Vasaris (1511–1574) ist daher gut nachvollziehbar – der Zeichenduktus der Figuren erinnert an Federico Zuccari (1539/ 1543–1609).[7]

*Gunnar Schulz-Lehnfeld*

Abb. 2

1   Haupt Katalog Handzeichnungen 1899, S. 97. Der Zeichnungsträger wurde von der gleichen Hand mit „Nachahmer d. Michelangelo" beschriftet.
2   Zum Juliusgrabmal zuletzt Bredekamp 2021, S. 177–190 und S. 573–594.
3   Die 1., 3., 5. und 7. Linie markieren die Achsen der Säulen, die 2. und 6. die der Wappen und der Figuren/Obelisken.
4   Mit dem Sockel, dem ersten und zweiten Gliederungsgeschoss mit der oberen Postamentzone sind wesentliche Ordnungselemente gesetzt. Alle Elemente sind als Vielfaches des unteren Säulendurchmessers als Modul beschreibbar
5   Für das bekrönende Wappen finden sich keine Pentimente; der Vergleich mit zeitgenössischen Beispielen, die Gesten und Haltung der Giebelfiguren legen diese Vermutung nahe.
6   U.a. greift die mittlere Bahn des Thermenfensters die Auskragung der Geisonplatte der Obergeschossgliederung (ohne Giebeldreieck!) auf.
7   Teza 2017.

E02
# Entwurf eines Kenotaph für Kaiser Franz I. Stephan

nach 1770 (wohl um 1774/75)
Laurent Guiard (1723–1788), signiert: „L.GVIARD"
97,0 cm x 62,0 cm
Feder und Pinsel, farbig getuscht
gr D Z 3: 1

Entwurf für das Grabmal der Herzogin Luise Dorothea von Sachsen-Gotha
1770
Laurent Guiard
aus: Frank/Mathis/Poulet 2002

Der Entwurf des französischen Bildhauers Laurent Guiard[1] zeigt einen Kenotaph für den am 18. August 1765 in Innsbruck verstorbenen Herrscher Franz I. Stephan von Lothringen (1708–1765), Kaiser des Heiligen Römischen Reiches Deutscher Nation. Die in jeder Hinsicht ungenaue Inschrift „FRA[N]COIS PREMIER E[M]PREUR SUC[C]EDE A JOSEPH.II" könnte von einem wenig sachkundigen Mitarbeiter ausgeführt worden sein, denn es war Joseph II. der Kaiser Franz I. nachfolgte, was Laurent Guiard bewusst war: er stellte den sterbenden Kaiser im Augenblick der Machtübergabe an den vor ihm knienden Sohn dar.

Laurent Guiard ging bei dem Architekten und Bildhauer Jean-Baptiste Bouchardon (1667–1742) in die Lehre, der ihn um 1748 an seinen Sohn Edme Bouchardon (1698–1762), Professor an der Pariser Academie Royale de Peinture et de Sculpture empfahl. Guiard gewann hier 1750 den 1. Preis in der Sparte Bildhauerei, womit ein Stipendium an der Akademie in Rom verbunden war, das er 1755 antrat. Der Aufenthalt in Rom und eine Reise nach Neapel verstärkten seine Begeisterung für antike Skulptur. Da er in Paris nicht wieder Fuß fassen konnte, bemühte sich Guiard um eine Stellung in ausländischen Diensten. Ab 1770 wurde er „Primo scultore di S. A.", des Herzogs Ferdinand von Bourbon-Parma (1751–1802), einem Enkel des französischen Königs Ludwig XV. Damit verband sich ein sicheres Einkommen.[2] Aus dieser Zeit haben sich vor allem Zeichnungen erhalten, so auch dieses Blatt. Es dürfte im Auftrag der Herzogin angefertigt worden sein, war Marie Amélie (1746–1804) doch die Tochter des Kaiserpaares Franz Stephan von Lothringen und der Habsburgerin Maria Theresia; sie war 1769 mit dem um fünf Jahre jüngeren Ferdinand von Bourbon-Parma verheiratet worden, eine für beide unglückliche Verbindung.

Der Entwurf ähnelt in seiner Grundkomposition Guiards nicht realisiertem Projekt für das Grabmal der Herzogin Luise Dorothea von Sachsen-Gotha von 1770 (Abb. 2).[3] In einer gewölbten, antiken Vorbildern nachempfundenen hohen Nische sitzt der sterbende Kaiser Franz I. Stephan. Hinter ihm, kaum wahrnehmbar, Flügel und Trompete des ihn in die Ewigkeit geleitenden Cherubims. Links hinter dem Kaiser ist die gekrönte Maria Theresia (1717–1780) zu sehen, der als Herrscherin über die habsburgischen Länder in dieser Szene nur eine Nebenrolle zugedacht ist. Mit der linken Hand umfaßt sie den geliebten Mann, mit der rechten reicht sie den Lorbeerkranz an den Sohn weiter. Es ist jedoch der sterbende Kaiser, der mit der rechten Hand das symbolische Zepter des Heiligen Römischen Reiches Deutscher Nation an den Nachfolger Joseph II. weitergibt, während ihm Helm, Schild und Schwert aus der linken Hand entgleiten. In der Trauergruppe ist hinter Joseph II. die tief gebeugte Germania zu sehen, während die rechts am Boden kauernde Figur wohl das Herzogtum Lothringen symbolisieren sollte.

An eine Realisierung des Grabdenkmals war seitens der Herzogin Marie Amelie wohl nicht gedacht, es dürfte sich dabei um ein Geschenk der Habsburgerin an den Bruder gehandelt haben: Der kunstsinnige Erzherzog Max (1756–1801) besuchte 1774/75 die an italienischen Höfen lebenden Geschwister, aber auch Rom und die Ausgrabungen um Neapel. Vielleicht sollte ihm diese Darstellung die Erinnerung an die harmonische Kindheit, an die zu Lebzeiten des Vaters bürgerlich-familiäre Atmo-

Abb. 2

sphäre am Wiener Hof bewahren. Der Tod des Kaisers[4] hatte sowohl das politische Spektrum als auch das Zusammenleben in der Hofburg verändert. *Renate Zedinger*

1  Roserot 1901; Weigelt, Curt H.: ‚Guiard, Laurent', in: Thieme/Becker, 15 (1922), S. 263–264, S. 263f.; Maral, Alexandre: ‚Guiard, Laurent', in: AKL, 65 (2009), S. 123–126.
2  Parma, Archivio di Stato, Ruoli dei Provvigionati, vol. 41, pp. 443 (jährliche Zahlungen an Laurent Guiard ab 1772‹. Ferner zahlreiche Hinweise in den Beständen Carteggio Borbonico Interno, Carteggio Borbonico Estero – Germania und Casa e Corte Borbonica.
3  Vgl. Frank/Mathis/Poulet 2002, insbes. S. 216 (Abb.) und S. 477.
4  Zwar konnte der Kaiser dem Sohn die Nachfolge im Reich durch dessen 1764 erfolgte Krönung in Frankfurt sichern, aber trotz Ernennung Josephs zum Mitregenten behielt sich Maria Theresia habsburgische Angelegenheiten bis zu ihrem Tod vor – die Konflikte waren unausweichlich.

E03

# Das Grab des Feldmarschalls Laudon in Hadersdorf bei Wien

um 1791
Carl Philipp Schallhas (1767–1797)
32,6 cm x 46,3 cm
lavierte Tuschezeichnung
m D Z 12: 9

„Laudons Grabmahl"
um 1791
C. Ph. Schallhas
kolorierte Radierung
ÖNB, Kartensammlung

Das Grab des Feldmarschalls Gideon Ernst Freiherr von Laudon (1716–1790) ist ein ungewöhnliches Feldherrengrab und ein frühes Beispiel für die Rezeption des Rousseau-Grabes in der Umgebung von Wien.[1] Es entspricht eher einem Philosophengrab, das in eine sentimentale Naturkulisse eingebettet ist.

In der Sammlung Haupt befindet sich die lavierte Tuscheskizze dieser Grabstätte. Sie stammt von C. Ph. Schallhas, einem jungen Talent der Wiener Akademie.[2] Es ist die Vorskizze einer Darstellung, die in kleinerem Format (15 x 21 cm) als Druckgrafik Vervielfältigung fand. Schallhas selbst hat sie als Radierung in seine Serie „Landschaften nach der Natur" aufgenommen (Abb. 2);[3] der Stecher Anton Herzinger hat diese Serie auch als Kupferstich ediert.[4]

Laudon hatte Hadersdorf 1776 erworben und Schloss und Park sukzessive umgestaltet. Aus dem barocken Park wurde ein Landschaftsgarten. Dabei ließ Laudon auch die umgebende Landschaft des Tals einbeziehen. Schon in den 1780er Jahren wurde Hadersdorf von Zeitgenossen bewundernd beschrieben.[5]

In einem weiter vom Schloss entfernt gelegenen Teil des Landschaftsraums, jenseits der Straße, ließ Laudon das sogenannte türkische Gärtchen anlegen. Aus Belgrad, das er 1789 von den Türken zurückerobert hatte, hatte der Feldmarschall einige sogenannte „Türkensteine", darunter auch ein Sarkophag, in seinen Garten bringen lassen. Diese wurden dort als Spolien und Vergänglichkeitssymbole in malerischer Anordnung als Stimmungsensemble aufgestellt.[6] Im Unterschied zum gestalteten Landschaftsgarten sollte der Bereich des türkischen Gartens ein Stück freigewachsene, „verwilderte" Natur symbolisieren.

Unweit davon befindet sich auch das Grab Laudons. Nach Aussage des Schriftstellers Johann Pezzl soll Laudon den Ort noch „selbst ausgewählt und vorbereitet" haben.[7] Pezzl beschrieb das realisierte Ensemble 1807 mit den Worten: „Das ganze Gärtchen ist ein bloßer Rasenplatz, mit Pappeln, Cypressen und Thränenweiden besetzt. In der Mitte steht das Grabmahl".[8]

Das Grabmonument, das bereits 1791 vollendet gewesen ist, hatte Laudons Witwe bei dem Bildhauer Franz Anton Zauner in Auftrag gegeben. Spiritus rector des Projektes war aber wohl der Maler und Vizedirektor der Wiener Akademie, H. F. Füger, dessen (verlorene) Kreidezeichnung die Ausgangsidee skizziert hatte.[9] Das Grabmonument ist ein klassizistischer Sarkophag, der auf einem Unterbau aus drei Stufen ruht. An den Seiten des Sarkophages befinden sich Relieftondi mit mythologischen Figuren, eingefasst von Emblemen mit Rüstungen und Waffen. An den beiden Langseiten sind zudem zwei Tafeln mit lateinischen Inschriften angebracht.[10] Sie würdigen die militärischen Verdienste des Verstorbenen und weisen die Widmung der Witwe auf. Auf den Stufen sitzt ein geharnischter, trauernder Krieger als einzige freiplastische Figur.

Wie das Blatt von Schallhas zeigt, war das Grabmal zwar in die Natur eingebettet, aber zugleich mit einer Mauer eingefriedet. Sie war, wenn man den Staffagefiguren der Druckgrafik Glauben schenken mag, mannshoch und markierte einen umgrenzten Bezirk innerhalb der „wilden" Natur. Diese Einfriedung ist später verschwunden. Stattdessen erhielt das Grabmonument bis 1835 ein Lanzengitter. In diesem Zustand befindet sich das Grabdenkmal noch immer. Die gartenkünstlerische Gestaltung des Grabbezirkes ging sukzessive verloren. Heute steht das Denkmal im Niemandsland neben der Straße, ohne rechte Zuwegung und reichlich zugewachsen. Die natürliche „Wildnis" hat sich des Ortes bemächtigt. *Markus Jager*

Abb. 2

1 Hajós 1989, S. 92.
2 Aurenhammer 1961.
3 Schallhas hatte die Akademie-Leitung im Juli 1791 um Erlaubnis gebeten, „beliebte Gegenden in Ober- und Nieder-Österreich aufnehmen zu dürfen" (zit. n. Aurenhammer 1961, S. 16, Anm. 7.) Diese dürften die Grundlage für seine Serie „Landschaften nach der Natur" gebildet haben, zu der auch das Blatt „Loudons Grabmahl" gehört, vgl. ÖNB Kartensammlung.
4 Naglers Künstler Lexikon, 1845, Bd. 15, S. 143.
5 Hajós 1989, S. 170.
6 Ebd. sowie Capra 1968, S. 311f.
7 Pezzl 1807, S. 122.
8 Ebd.
9 Burg 1915, S. 84f., 143 und 169f., hier insbes. S. 84 und 170.
10 Der vollständige lateinische Text u.a. bei Hajós 1989, S. 172.

## E04
# Entwurf für ein Schiller-Denkmal, situiert in einer Ideallandschaft

Kopie nach Johann Gottfried Klinsky, Jacob Wilhelm Mechau und Christian Haldenwang (1807)
Unbekannter Zeichner, 1. Hälfte 19. Jh.
67,0 cm x 48,0 cm
Pinsel, Aquarell in Sepia
gr D Z 3: 4

**Entwurf für ein Schiller-Denkmal,** 1807
Christian Haldenwang (1770–1831)
nach J. W. Mechau und J. G. Klinsky
Aquatinta
SKD Kupferstich-Kabinett, A 54/12 264

Der unbekannte Zeichner kopierte eine im frühen 19. Jahrhundert sehr bekannte großformatige Aquatinta mit der Darstellung eines Schiller-Denkmals in einer idealisierten Landschaft.[1] Diese Aquatinta war ein Gemeinschaftswerk des Architekten Johann Gottfried Klinsky (1765–1828), des Landschaftsmalers Jacob Wilhelm Mechau (1745–1808) und des Kupferstechers Christian Haldenwang (1770–1831). Sie erhielten den Auftrag für Zeichnung und Druck vom Dresdner Verleger und Kunsthändler Heinrich Rittner (1765–1835), der die Idee hatte, „Gelehrtendenkmäler" jeweils als „ein architektonisches Monument in einer Landschaft von einem bestimmten ästhetischen und poetischen Charakter, in Beziehung auf den Helden des Blattes"[2] zu konzipieren. Klinsky hatte sich seit den 1790er Jahren einen Namen als Erfinder von Gartenarchitektur gemacht und 1799 eine Publikation unter dem Titel *Versuch über die Harmonie der Gebäude zu den Landschaften* herausgebracht.[3] Mechaus idealistische Landschaftsdarstellungen mit oft üppigem Baumschlag sind als selbständige Leistungen der Frühromantik zu qualifizieren und waren um 1800 sehr gefragt.[4] Dem unbekannten Zeichner gelingt es sehr gut, die Qualitäten der Aquatinta wiederzugeben; lediglich an wenigen Stellen – Dekorum des Denkmals, Spiegelung der Säulen im Bach, Vereinfachung der Vegetation – nimmt er sich kleine Freiheiten.

Aufgabe der Künstler war es, aus Landschaft und Architektur eine „poetische" Einheit herzustellen. Dabei ist sowohl Landschaft wie Architektur erfunden und zwar so, dass sie zusammen ein für den jeweiligen Gelehrten charakteristisches Ganzes ergeben sollten. Die Landschaft auf dem Schiller-Blatt könnte an das Neckartal bei Stuttgart oder eine andere Mittelgebirgsgegend erinnern. Der zeitgenössischen Kritik erschien die Landschaft „ganz romantisch, d.h. das Erhabene ist mit dem Lieblichen so darin verbunden, daß doch beides im Wechsel bemerkbar bleibt."[5] Diese Charakterisierung erweiterte der Weimarer Gelehrte Karl August Böttiger (1760–1835) auch auf die Architektur des Denkmals. Es besteht aus einer quadratischen Grundplatte, in deren Mitte ein Portikus mit vier untersetzt proportionierten dorischen Säulen sowohl den Eingang in die Gruft markiert, als auch durch ihren flächig gestalteten Dreiecksgiebel die Front des ganzen Denkmals bildet. Beidseitig des Portikus führen Freitreppen auf die nächste Ebene, die über Eck zwei weitere Freitreppen zur oberen Ebene erschließen. Auf dieser Ebene finden sich je zwei Altarpostamente an den vier Ecken und ein konischer, nach oben offener Turm. Dieses eigentümliche Motiv ist die Krönung der ganzen Anlage. Vor dem Turm sitzt auf einem Thron eine verschleierte Figur, die – so Böttiger – die trauernde Germania darstellen soll, als Allegorie auf das um Schiller trauernde Deutschland. Das uneingeschränkte Lob und die tiefschürfende Deutung des Blattes durch Böttiger fand einen Gegenpart in Carl Ludwig Fernow (1763–1808), der an dem Monument „das Treffende des Ausdrucks" und die „Evidenz" jeder Anspielung, jeder Allegorie und jedes Symbols vermisste.[6]

Die Bedeutung der „Gelehrtendenkmale" liegt neben ihrer Vereinigung von Architektur und Landschaft in ihrer politischen Aussage zur Situation Deutschlands im Jahr 1806. In dem Moment, in dem Deutschland als Nation nicht (mehr) existierte, besann man sich auf die Gelehrten und Dichter, die über das Medium der gemeinsamen deutschen Sprache einen „Nationalcharakter" begründen und erhalten könnten.[7] Die papiernen Denkmäler sollte jeder Patriot „in seinem Museum (heiße es Studierzimmer, Bibliothek, Kunstwerkstätte oder Arbeits-

Abb. 2

Stube)" sammeln, „sie mit Vergnügen bewundern, und das Auge nie ohne dankbare Rührung davon wenden."[8] Dies trifft auch für die vorliegende Kopie zu. *Klaus Jan Philipp*

1 Grundlegend: Philipp 1997, S. 173–178. Die gegenüber dem Druck (60,6 x 75,4 cm) seitenverkehrte und etwas größere Handzeichnung (52,4 x 72,2 cm) von Mechau und Klinsky befindet sich in der Albertina Wien (Benedik 2017, S. 136–137).
2 Fernow 1807a, S. 230.
3 Klinsky 1799.
4 Fröhlich 2008.
5 Böttiger 1807, Sp. 763f.
6 Fernow 1807b, S. 499.
7 Fernow 1807a, S. 229f.
8 Morgenblatt für gebildete Stände, 1, 1807, Nr. 137, S. 547.

## E05
# Zeichnung einer Gedenktafel zu Ehren des Generals George Washington

„Teekening van een Monument ter eere van den Generaal Washington"
März 1800
Bartholomeus Wilhelmus Henricus Ziesenis (1768–1820), signiert: „Ziesenis architect. inv. et del: Maart 1800"
52,5 cm x 41,1 cm
Feder und Pinsel in Schwarz über Graphitstift, schwarz, beige und blau laviert
Maßstab „20 Voeten Amsterd. Maaten"
m N Z 2: 3

Zwei Vorentwürfe zur Ausführungszeichnung
März 1800
B. W. H. Ziesenis
43,3 cm x 31,0 cm / 43,2 cm x 31,2 cm
Feder, Graphitstift, grau laviert
m N Z 2: 1 und m N Z 2: 2

Die Zeichnung zeigt den Ausführungsentwurf für eine allegorische Gedenktafel zu Ehren des am 14. Dezember 1799 verstorbenen amerikanischen Generals und ersten Präsidenten der Vereinigten Staaten von Amerika George Washington. Sie wurde auf Wunsch der Kunst- und Wissenschaftsgesellschaft „Felix Meritis" und deren Abteilung Musik von dem Amsterdamer Architekten B. W. H. Ziesenis im März 1800 angefertigt.[1] Nach der Zeichnung von Ziesenis übertrug der Kunstmaler Jacobus Johannes Lauwers (1753–1800) das Bild auf eine Holztafel, welche zur Washington-Gedenkfeier am 21. März 1800 im Orchestersaal des Gebäudes der Gesellschaft Felix Meritis in Amsterdam aufgerichtet wurde.[2]

Aus der maßstäblichen Zeichnung geht hervor, dass die Gedenktafel etwa sechs Meter hoch und vier Meter breit werden und vor einer mit Pilastern gegliederten Fensterreihe auf der Westseite des Saales oberhalb des Orchesters angebracht werden sollte.[3] Dargestellt ist, im Hintergrund umhüllt von einem den Mantel des Todes symbolisierenden Baldachin, die Büste Washingtons auf einem Sarkophag vor einer obeliskenartigen Grabstele. Lebensgroß davor stehen in Frauengestalt rechts die Gesellschaft *Felix Meritis*, welche die Büste mit einem Lorbeerkranz bekrönt, und links die Menschheit, welche Washingtons Tod beweint, der durch eine umgedrehte Fackel in der Hand eines Putto angedeutet ist.[4] Die Symbolik der Frauenfiguren ist in der darunter befindlichen Inschrift wiedergegeben.[5]

In der Sammlung Haupt sind auch die beiden Vorentwürfe von Ziesenis überliefert. Für die Ausführungszeichnung entwickelte Ziesenis die beiden Vorentwürfe weiter, indem er von

Abb. 2

Abb. 3

Entwurf Nr. 1 (Abb. 2) den bauchigen Sarkophag, die Gestalt des Postaments und einen geflügelten Totenkopf übernahm und von Entwurf Nr. 2 (Abb. 3) die Figurengruppe mit der Büste auf dem Sarg und den größeren Baldachin. Der Gesamteindruck wurde durch das Hinzufügen der Grabstele und eine schlichtere Gestaltung des Baldachins künstlerisch aufgewertet. Durch die Anpassung architektonischer Elemente des Gedenkbildes, wie die Lage von Sims und Sockel des Postaments, das obere Ende der Stele und die seitlichen Halterungen des Baldachins, an die Gegebenheiten des Wandaufbaus verschmelzen Gedenktafel und Saalwand zu einer Einheit.

Aus dem Titel der Zeichnung sowie seiner Darstellung in der Büste wird deutlich, dass George Washington mit der Gedenktafel nicht als Präsident der Vereinigten Staaten von Amerika geehrt wurde, sondern für seine Verdienste als kommandierender General im amerikanischen Unabhängigkeitskrieg gegen Großbritannien. Dies mag darauf begründet sein, dass die Niederlande in der Zeit von 1794 bis 1806 als Batavische Republik bestanden und republikanisches Gedankengut in jener Zeit besonders ausgeprägt war. *Mathias Zisenis*

---

1 Nach identischer Beischrift, Signatur und Datierung der beiden Entwurfszeichnungen. Zum Werk des Architekten siehe Zisenis 2019, S. 79–140, hier. S. 88.
2 N.N.: "Bataafsche Republiek", in: Nieuwe Algemene Konst- en Letter-Bode, 13 (1800), S. 122–124 (Nr. 329 vom 18. April 1800).
3 Ebd., S. 122; Linienbezeichnung 'vloer van het Orquester' (d.h. Orchesterboden) unten rechts auf der Zeichnung.
4 Ebd., S. 122.
5 Ebd., S. 123.

### E06
# Ansicht und Grundriss eines Triumphbogens für Georg IV. in Hannover

1821
Georg Ludwig Friedrich Laves (1788–1864), signiert u.r.
31,5 cm x 19,8 cm
Feder, Pinsel, laviert, kaschiert auf Karton
kl D Z 13: 3

Vorentwurf des Ehrenbogens für Georg IV
1821
G. L. F. Laves
Graphitstift
StA H, Nachlass Laves, Nr. 190_2379

Die vom Königlichen Hofbaurat Laves signierte Zeichnung eines Triumphbogens ist eines von wenigen Blättern in der Sammlung Haupt mit einem direkten Bezug zu Hannover. Als Teil von Festarchitekturen und Dekorationen, welche anlässlich des Besuchs des in London residierenden König Georg IV. in Hannover im Oktober 1821 errichtet worden waren, gibt das Blatt Einblick in die Gestaltung eines wichtigen historischen Ereignisses der Stadt. Den Triumphbogen ließ das Empfangskomitee der Alt- und Neustadt Hannover am Steintor errichten. Er markierte den Punkt, an welchem der König – sich vom Schloss Herrenhausen zu Pferd nähernd – die Stadt betrat. Der von den Zeitgenossen als „wahres Meisterwerk plastischer Kunst" bezeichnete Bogen war fast 18m hoch und 14m breit und verfügte über eine Öffnung von knapp 6m Breite.[1] Entgegen der ursprünglichen Idee eines Massivbaus aus Stein wurde er in Holz errichtet und mit bemaltem Leintuch bekleidet;[2] der Abbruch erfolgte im März 1822.[3]

Der Triumphbogen bestand aus einem massiv wirkenden Kernbau, dem an jeder Hauptansichtsseite zwei freistehende korinthische Säulen und zwei Eckpilaster vorgeblendet waren, welche ein umlaufendes Gebälk trugen. Die den Torbogen flankierenden Säulen bildeten mit dem vorspringenden Gebälk ein Portal, welches zusätzlich überhöht und sowohl auf der Land-, als auch auf der Stadtseite mit allegorischen Darstellungen versehen war.[4] Diese als Grisaillen ausgeführten Darstellungen stammten vom Hofmaler Johann Heinrich Ramberg und zeigten landseitig die Alt- und Neustadt Hannovers als „blühend-jugendliche" Frauen mit ihren jeweiligen Stadtwappen, welche sich „schwesterlich" die Hände reichten. Ein seitlich stehendes Mädchen mit einem Korb voller Gerstenähren und Hopfen verwies auf die lange Brautradition Hannovers. Ein Knabe auf der anderen Seite verwies mit Waage, Elle und Leinwandrolle auf die Leinwebertradition der Stadt. Unterhalb der Grisaille, im Bereich des Gebälks, war eine lateinische Inschrift angeordnet.[5]

Die stadtseitige Darstellung, die die vorliegende Laves-Zeichnung wiedergibt und welche gewissermaßen zur Verabschiedung des Königs diente, zeigte einen Phöbus im vierspännigen Sonnenwagen, seitlich davon Allegorien des Ruhms und der Wohltätigkeit und in der Gebälkzone erneut eine lateinische Inschrift.[6] Die äußeren oberen Ecken des Triumphbogens zierten die Kronen der Königreiche Hannover (links) und Großbritannien (rechts), den oberen Abschluss des Triumphbogens bildete der achteckige Stern des Guelphenordens – welchen der König bei seinem Besuch in Hannover auch selbst angelegt hatte.[7]

Im Laves-Nachlass überlieferte Entwurfsskizzen lassen auf die Entwurfsgenese schließen:[8] Eine frühe Skizze zeigt den Triumphbogen mit allen Details in Grundriss und Aufriss (Abb. 2) und dokumentiert, dass Laves ursprünglich jeweils zwei freistehende Säulenpaare projektiert hatte, die vor dem massiven Baukörper des Bogens stehen sollten. In der rechten oberen Ecke des Blattes findet sich eine winzige Skizze des gleichen Triumphbogens, jedoch mit je zwei, nur die Öffnung flankierenden Einzelsäulen und je zwei Pilastern an den Bauwerksecken. Das Blatt in der Sammlung Haupt ist eine Reinzeichnung dieser kleinen Skizze.
*Charlotte Hopf*

Abb. 2

1 Dittmer 1822, S. 122. Für die Abmessungen vgl. Hoeltje 1964, S. 67.
2 Hoeltje 1964, S. 67.
3 Dittmer 1822, S. 125.
4 Zur genauen Beschreibung des Triumphbogens vgl. Dittmer 1822, S. 123ff.
5 Diese lautete: „Georg dem Vierten, dem lange Ersehnten, gewidmet von Hannovers Bürgern!", Übersetzung nach Dittmer 1822, S. 124.
6 Diese lautete: „Wo Dein Antlitz dem Volke erglänzt, schwindet beglückter der Tag und schöner strahlt das Gestirn!" Übersetzung nach Dittmer 1822, S. 124.
7 Vgl. Dittmer, S. 129.
8 Vgl. Skizzen eines Triumphbogens in Ansicht und Grundriss (StA H, Nachlass Laves, Nr. 190_2116 und 190_2379).

# F  Sakrale Raumausstattungen

## F01
## Entwurf eines Sakramentaltars

Norditalien um 1610
Gian Andrea Biffi (um 1580/81–1630/31), zugeschrieben,
signiert u.l. (zum Teil abgeschnitten) „[An]drea Biffi Fecce"[!]
48,0 cm x 32,9 cm
Feder in Braun, laviert in Grau
Maßstab „Scala de' Brazza nr.o 4 Milanesi"
kl I Z A: 1

### Skizze eines Sakramenttabernakels
Norditalien 2. Hälfte 16. Jahrhundert
Unbekannter Zeichner
21,0 cm x 13,0 cm
Feder in Grau über Graphit
kl I Z A 2: 4

Bei dem Autor des Entwurfs einer hohen Sakramentsaltararchitektur dürfte es sich wohl nicht um den Mailänder Architekten Andrea Biffi (1645–1686) handeln, sondern um seinen Großvater, den Bildhauer Gian Andrea Biffi, der seit 1593 unter seinem Lehrer Francesco Brambilla d.J. (ca. 1530?–1599) an der Mailänder Dombauhütte arbeitete; 1626 wurde er dort Leiter der Bildhauerwerkstatt. Seit 1621 war er an der Accademia Ambrosiana zuständig für die Skulpturenabteilung.[2] Auch wenn nicht bekannt ist, ob und wo der vorliegende Entwurf ausgeführt wurde, so war Gian Andrea Biffi doch an der Gestaltung des monumentalen Sakramentsaltars von Pavia beteiligt. Um 1603 lieferte er dafür die Modelle für die bronzenen Cherubime und die bekrönende Christusfigur.[3]

Durch das Konzil von Trient und die Gegenreformation, an der der Mailänder Erzbischof Kardinal Federico Borromeo maßgeblich beteiligt war, wurde der Präsenz der Eucharistie in der Liturgie eine neue, dominierende Rolle zugewiesen.[4] Die Forderung, die Eucharistie auf dem Altar aufzubewahren und nicht mehr in separat stehenden Sakramentshäusern, führte zur Entwicklung prächtiger Tabernakelbauten mit reicher malerischer und skulpturaler Ausstattung. Dieser Entwurf zeigt über einer Altarmensa mit einem kleinen Tabernakel einen zweistöckigen, reich skulptierten Tempiettoaufbau über polyformem Grundriss, der mit einer Balustrade und einer darüber aufragenden Kuppel mit der Statue des auferstandenen Christus abschließt. In der mittleren Achse des unteren Stockwerks über dem Tabernakel steht in einer von Cherubimköpfen gerahmten Nische die Statue des Christus als Schmerzensmann, aus dessen Seitenwunde ein Blutstrahl in einen Kelch fließt. Im gesprengten Giebel der Nische ist die Taube des Heiligen Geistes zu sehen. In den Seitennischen sind Statuen von Bischöfen erkennbar, evtl. Kirchenlehrern. Cherubimköpfe und musizierende Engel umrunden das obere Stockwerk und eine Statue des Heiligen Johannes des Täufers in der Mitte. Die Balustrade ist mit Feuervasen besetzt. Die schweren Stuckverzierungen von Altar und Kuppel sowie die noch manieristische Gestaltung der Figuren deuten auf eine Entstehung des Entwurfs zu Anfang des 17. Jahrhunderts hin.

Wesentlich bescheidener gibt sich ein weiterer Entwurf eines Sakramenthäuschens aus der Sammlung, in dem ebenfalls die Idee des Tempietto aufgegriffen wird (Abb. 2). Er dürfte gleichfalls nach Norditalien zu verorten sein.[5] Das Blatt zeigt einen überkuppelten Zentralbau über oktogonalem Grundriss mit jeweils einem Ädikulamotiv in den Hauptachsen. An der Vorderseite ist ein Kelch in einer Nische angegeben. Große Voluten umrahmen den Kuppeltambour. Wahrscheinlich sollte dieser Entwurf in Holz ausgeführt werden. Die etwas schwere Ornamentik deutet auf eine Entstehung in der zweiten Hälfte des 16. Jahrhunderts hin.

*Elisabeth Kieven*

Abb. 2

1  Brazzo ist Mailänder Dialekt für braccio. Der braccio di Milano beträgt 0,594 m.
2  Bossaglia 1968; Partsch 2009.
3  Guinomet 2017, S. 161.
4  Hierzu ausführlich Guinomet 2017.
5  Weitere Klärung könnte das bisher nicht identifizierte Wasserzeichen (Herz mit Initialen PCE, darunter spiegelverkehrt AD) bringen, das typologisch eher dem mitteleuropäischen Raum, vielleicht der Schweiz, Frankreich oder Savoyen zuzuordnen wäre.

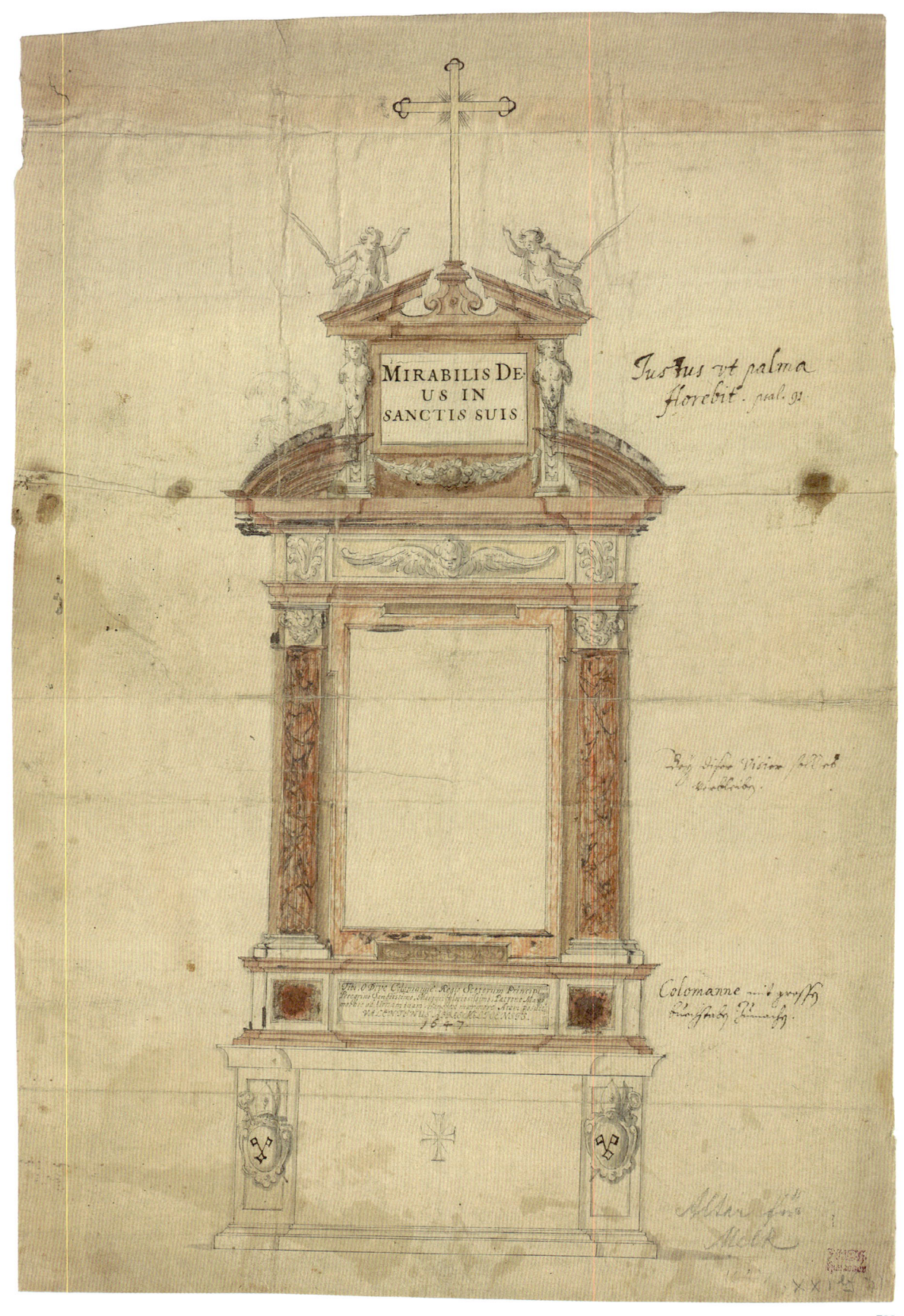

## F02
# Ansicht eines Altarentwurfs für das Stift Melk (Kolomanaltar)

Klapp-Plan mit zwei Varianten, kaschiert auf Leinwand
1647
Unbekanner süddeutscher Künstler, 17. Jahrhundert
Feder, Pinsel, farb. laviert
49,5 cm x 33,1 cm
kl D Z 22 (2): 6

Klappvariante des Plans
ausgeklappte Version

Einen unmittelbaren Einblick in planungsgeschichtliche Zusammenhänge und die Interaktion von Künstler und Auftraggeber gewährt ein Klappplan mit der Ansicht eines Altars für die Stiftskirche des Benediktinerklosters Melk an der Donau. Der Altarentwurf eines nicht näher identifizierbaren Zeichners mit zwei Alternativen zum oberen Abschluss des Giebels bezieht sich auf den Vorgängerbau der bekannten hochbarocken, ab 1701 neu errichteten Klosterkirche.

Da die ältere Inneneinrichtung im Zuge des Neubaus größtenteils abgetragen wurde und kaum dokumentiert ist, gehört die Zeichnung zu den wenigen Quellen zum Interieur der alten Kirche.[1] Darüber hinaus ist sie von besonderen Wert, da sie konkrete Anweisungen und Korrekturwünsche enthält, die vermutlich vom Auftraggeber selbst, dem zwischen 1637 und 1676 amtierenden Abt des Klosters Valentin Embalner stammen. Embalner war einer der Protagonisten der sogenannten „Zweiten Melker Reform", in der besonders der Heilige Koloman als Stiftspatron und Lokalheiliger wieder eine besondere Bedeutung erlangte. Unter Embalners Leitung wurde die gotische Klosterkirche barockisiert und mit neuen Altären ausgestattet.[2] Der Altar stand – den älteren Beschreibungen nach – wohl oberhalb bzw. an der im Spätmittelalter mit einer durch eine aufwendige Arkaden- und Baldachinarchitektur markierten Tumba des Märtyrers,[3] welcher der Legende nach aus Irland stammte und bei einer Pilgereise nach Jerusalem 1017 bei Stockerau hingerichtet worden war.

Embalner stiftete 1647 neben dem Altar auch das dazugehörige, von Georg Bachmann (1613–1656) geschaffene Altarbild. Das Kupfergemälde mit der Darstellung der *Translatio* des Hl. Koloman (der Überführung seiner Gebeine nach Melk) befindet sich heute in der Wintersakristei der Melker Klosterkirche. Es weicht in den Maßen leicht vom Plan ab und besitzt eine Architekturrahmung, die der ausgeklappten Entwurfsvariante ähnelt (Abb. 2), jedoch nicht identisch ist.[4] Den Eintragungen im Plan nach zu schließen wurde vermutlich die eingeklappte Variante realisiert.

Im geklappten Planabschnitt ergänzte Embalner handschriftlich zum Psalmvers „MIRABILIS DEUS IN SANCTIS SUIS" (Psalm 67, Vers 36) im oberen Schriftfeld als einen alternativen Vers „Justus vt palma florebit . psal. 91". Dieser sollte auch zum exegetischen Leitvers des späteren, 1725/26 fertiggestellten neuen Koloman-Altars im Querhaus der heutigen Klosterkirche werden.[5] Kleine Korrekturen und Ergänzungen finden sich u.a. am oberen Kreuz, das an die Form des „Melker Kreuzes", einer bedeutende Reliquie des Klosters angeglichen wurde. Die Inschrift im Sockel „Tibi. O. Dive Colomanne. Regio Scotorum Principi Peregrino Sanctissimo, Martyri Gloriosissimo. Patrono Maximo. Hic ad Urnam tuam. Hanc ex marmore Aram posuit, VALENTINUS ABBAS MELICENSJS" ergänzte Embalner um die Jahreszahl 1647 und kommentierte rechts daneben: „Colomanne mit grossen buchstaben zumachen". Rechts neben der Zone, die das Bild der Translatio umrahmen sollte, merkte er an: „Bey dieser Vision soll es verbleiben". Laut den historischen Beschreibungen des Altars wurde die Inschrift jedoch in der ausgeführten Version noch um den Satz „Tu locum hunc, et vicinos Austriae agros ab omni periculo semper immunes redde. Anno Domini MDCXLVII"[6] erweitert. *Simon Paulus*

Abb. 2

1   Dazu Ellegast 1983 und Ellegast 1989. Abt Burghard Ellegast erwähnt zwei erhaltene originale Blätter zum Kolomaraltar (1647) und Leopoldsaltar (1650), ohne ihren Aufbewahrungsort näher zu benennen (Ellegast 1989, S. 437). Sehr wahrscheinlich sind damit die Altarblätter von Bachmann gemeint, da im Stiftsarchiv sonst keine weiteren Planarchivalien zu diesem Jahren verzeichnet sind (freundl. Auskunft von Dominika Kalteis, 11. und 18.08.2021. Der Klappplan ist im Stiftarchiv Melk in Fotoreproduktion hinterlegt: Signaturen 88, Plansammlung 801a und 801b).
2   Ellegast 1983, S. 124-131.
3   Ellegast 1983, S. 126, 130 und Plan S. 127.
4   Inwiefern Teile des Altars eine Wiederverwendung fanden, wäre noch zu klären.
5   Dazu besonders Telesko 2014. Telesko geht auf das hier vorgestellte Blatt nur kurz ein, ohne es in seiner emblematischen und epigraphischen Wirkungsgeschichte weiter zu erläutern (Telesko 2014, S. 396, 76).
6   Stiftsbibliothek Melk, Michael Mair: Historia. Cod. 1462, fol. 10v; Ellegast 1983, S. 128.

## F03
# Ansicht und Grundriss des Hochaltars der Stiftskirche Herzogenburg

verso: „Herzogen burg Hochaltar"
um 1745
Franz Munggenast (1724–1748), zugeschrieben
41,0 cm x 89,0 cm
Graphitstift, Feder, Pinsel, grau und braun laviert
2 Maßstäbe: „Altar Maß[s]tab" in Schuh und "glafter", „Tabernacel" in Zoll
gr D Z 4: 4

In seinem „Katalog über ältere Handzeichnungen" vermerkte Albrecht Haupt zu einem großformatigen Blatt „ca. 1750 grosser Altar mit Grundriss süddeutsch".[1] Übersehen wurde bisher, dass ein älterer Vermerk in Kurrentschrift auf der Rückseite des auf einen Trägerkarton fixierten Blattes die Zeichnung als Entwurf für den Hochaltar der Stiftskirche in Herzogenburg (Niederösterreich) präzise verortete. Es erlaubt damit einen neuen Einblick in die Planungsgeschichte der Stiftskirche und ihrer Ausstattung.[2]

Mit den Planungen für die „Renovatio" des Klosterkomplexes der Augustiner-Chorherren in Herzogenburg wurde 1714 zunächst unter Jakob Prandtauer (1660–1726) begonnen. Nach dessen Tod führte Joseph Munggenast (1680–1741) die Erneuerung der Klostergebäude durch; den Umbau der mittelalterlichen Klosterkirche konnte er jedoch nicht mehr realisieren. Die Planung übernahm sein Sohn Franz Munggenast (1724–1748), der die Entwürfe des Vaters an einigen Stellen wesentlich veränderte. Die nach dem frühen Tod Franz Munggenasts unterbrochenen Arbeiten an Turm und Hochaltar brachte schließlich der jüngere Bruder Matthias (1729–1798) zum Abschluss (ab 1765 bis 1770). Die architektonischen Elemente führte der Salzburger Steinmetz Jakob Mösl (1706–1787), die Bildhauerarbeiten Johann Joseph Resler (auch Rößler) (1702–1772) aus, das Altargemälde schuf Daniel Gran (1694–1757).

Die Serie der Entwürfe mit mehreren Planungsstadien von Joseph und Franz Munggenast für das Stift hat sich weitestgehend in den Stiftsarchiven von Herzogenburg und Seitenstetten erhalten.[3] Die Konzeption des realisierten Hochaltars als aus der Folge der Wandpilaster heraus entwickelter Viersäulen-Prospekt war dabei in allen Planungsphasen in den Grundzügen bereits angelegt. Umso merkwürdiger erscheint es, dass der einzige bisher bekannte, Matthias Munggenast zugeschriebene Entwurf von ca. 1765 von diesem Konzept deutlich abweicht.[4] Der Hannoveraner Entwurf dagegen steht der Anlage mit den flankierenden Freisäulenpaaren, die mit Graphitstift in die 1745 datierte Grundrissvariante der Kirchenplanung (Plan VI) skizziert wurde, näher.[5] Da von Franz Munggenast für weitere Altäre der Stiftskirche Entwürfe erhalten sind,[6] ist es gut möglich, dass von ihm bei seinem Tod auch zum Hochaltar bereits detailliertere Planungen vorlagen, auf die Matthias zurückgreifen konnte.

Anschaulich unterschied der Zeichner im Grundriss durch die Farbe der Lavierung und Punktierung die unterschiedliche Materialität von bestehendem Mauerwerk und den Elementen der Altarkonstruktion. Auch in der Ansicht sind die Kompartimente der Figurenausstattung und des Altarbilds durch die andere Farbigkeit der Tusche deutlich von dem architektonischen Gerüst abgesetzt. Die Figuren wurden auf die mit Graphitstift gefertigte Vorzeichnung der Architekturrahmung zunächst mit Graphitstift und dann mit Pinsel gezeichnet, bevor dann die Nachbearbeitung der Architekturelemente erfolgte. Der Unterschied zum ausgeführten Altar von 1770 ist – abgesehen von der feineren, abweichenden Ausarbeitung der plastischen und skulpturalen Elemente[7] – besonders im Aufbau der Szenerie des Altarblatts augenfällig, der mit Grans Bild nicht übereinstimmt: Grans Bild war spätestens 1746 fertiggestellt;[8] das im Plan dargestellte Bild fungierte wohl eher als Platzhalter, was die Entstehungszeit 1745 ebenfalls unterstreichen würde. *Simon Paulus*

1 Haupt Katalog Handzeichnungen 1899, S. 4. Unter der Rubrik „Ausstattungen, innere von Kirchen".
2 Dazu Güthlein 1973; S. 25–110, sowie Engelberg 2013
3 Dazu Güthlein 2017. StA Hzbg, H.P. Mappe 04 (u.a. Turm, Matthias Steinl); H.P. Mappe 05 (J. Munggenast); H.P. Mappe 06 (F. Munggenast); H.P. Mappe 11 Grundrissentwurf zum Hochaltar, 2. Hälfte 18. Jh. (H.P.-30); Grund- und Aufriss des Hochaltars (M. Munggenast), um 1765, 73 x 52 cm, grau lav. Federzeichnung (H.P.-40); Entwurf für Tabernakelaufsatz (H.P.-333).
4 StA Hzbg, H.P. Mappe 11, Plan 42; Güthlein 1973, S. 33, Kronbichler 1987, S. 9. u. Abb. 2; Karl 1991, S. 75.
5 Er gleicht konzeptionell sogar dem Entwurf J. Munggenasts für die Stiftskirche Altenburg.
6 StA Hzbg, H.P. Mappe 11. H.P.-38 Augustinusaltar.
7 Zum Figurenprogramm siehe Schütz 1990, S. 326. Zur Ausführung kam eine engere Kassettierung des Bildrahmens. Die Frieszone des Hauptgebälks wurde schlichter gestaltet, das obere Gebälk wiederum reicher.
8 StA Hzbg H.4.1.-F.616a/4, Rechnung und Quittung für das Hochaltarblatt. Hingewiesen sei auch auf den 1747/48 von Resler gefertigten Hausaltar, der eine kleinmaßstäbliche Kopie des Altargemäldes enthält. Siehe auch Schütz 1990, S. 325.

## F04
## „Hoher Rokoko Altar" mit Engeln und Kommunion-Darstellung

um 1760/70
bezeichnet „Egidius Quirinus Asam XVIII. Jahrh."
Unbekannter süddeutscher Künstler (18. Jahrhundert)
46,5 cm x 28,5 cm
Feder mit Tusche laviert
m D Z 13: 9

Entwurf für einen Querhausaltar für die Klosterkirche Zwiefalten
um 1750
Johann Michael Feichtmayr (1696–1772)
Feder, Pinsel, grau und graublau laviert
Metropolitan Museum of Art N.Y., Acc. No. 2008.202.

Egid Quirin Asam (1692–1750) zählt zu den prominentesten bayerischen Stuck- und Ausstattungskünstlern des 18. Jahrhunderts, dessen umfangreiches Schaffen von 1715 bis 1750 reichte. Angesichts dessen verwundert die geringe überlieferte Anzahl seiner gesicherten Entwürfe und Zeichnungen – noch nicht einmal zehn Stück.[1] Ein neuer, auf der Bühne der Asamforschung erscheinender Altarentwurf wie das hier zu besprechende Blatt hätte folglich den Effekt eines *deus ex machina* auf einer Barockbühne!

Blickt man auf Asams Werk, so sieht man unterschiedliche prägende Einflüsse. Die affektreichen Werke italienischer Inszenierungskünstler wie Gianlorenzo Bernini (1598–1680) oder Andrea Pozzo (1642–1709) bestimmten seine Altaranlagen vor allem zu Beginn. Die gewundene Säule setzte Asam für fast alle gebauten wie gezeichneten Hochaltäre als Auszeichnung ein, als römische Reminiszenz oder Verweis auf die salomonischen Säulen „Jachin" und „Boas". Blickt man in zeitgenössische Kirchweihpredigten mit ihren Überhöhungen des Kirchenraums als „Neues Jerusalem", fügen sich diese Verweise nahtlos ein. Auf der anderen Seite integrierte Asam zunehmend die französische Ornamentmode des Régence mit Bandelwerk und *mosaïque* in seine Ausstattungen.

Ab den 1730er Jahren kreierte Asam phantasievolle Schöpfungen für Kapitelle und Altäre, die singulär im 18. Jahrhundert stehen. Er ersetzte die struktiven Elemente und tradierten Architekturornamente zunehmend durch symbolische Ornamente: das Architekturornament wurde zum Bedeutungsträger. Zeitgleich erblühte in Frankreich eine neue Ornamentmode, der *style rocaille*. Schon Mitte der 1730er Jahre etablierten Ausstattungskünstler wie François Cuvilliés (1695–1768) oder Augsburger Ornamentgrafiker die neue Ornamentik, die sich rasant in Süddeutschland ausbreitete – im Gegensatz zu Frankreich auch in Sakralräumen. Egid Quirin Asam hingegen hat die Rocaille nie in sein Repertoire aufgenommen und ersetzte die nun unmoderne Régence-Ornamentik lieber durch zarte Ranken oder symbolische Motive mit religiösem Gehalt. Es scheint, als hätte er die Rocaille wie der Teufel das Weihwasser gemieden.[2]

Der vorliegende, Egid Quirin Asam zugeschriebene Altarentwurf kann im Hinblick auf die kurz skizzierten Charakteristika seiner Altarwerke schwerlich ihm zugerechnet werden. Ein stilistischer wie formaler Vergleich mit den gesicherten Zeichnungen – Entwurf für eine Rundkapelle (1725–1730)[3], Hochaltarentwurf zum Grab Christi in Deggendorf (1736)[4] sowie Hochaltarentwurf für die Wallfahrtskirche Maria Dorfen (um 1741)[5] – bestätigt diese Einschätzung. Asams Duktus wurde als „zwar zierlich-fein, aber nicht so geleckt-sauber"[6] beschrieben – auch hier differiert es. Zudem legte Asam sämtliche Entwürfe als exakte Aufrisse an: Sockel, Kapitelle, Gebälk und Aufsatz der Altarentwürfe verfügen zwar über Rücklagen und eine Tiefenstaffelung, sind aber ohne perspektivische Verkürzung gezeichnet.

Stattdessen könnte ein schweifender Blick Richtung Feichtmayr-Umkreis lohnend werden.[7] Als mögliche Inspiration für den Künstler seien zwei Johann Michael Feichtmayr (1696–1772) zugeschriebene Entwürfe für Querhausaltäre ausgewählt, für die ehemalige Klosterkirche Münster-Schwarzach[8] und die Klosterkirche Zwiefalten (Abb. 2)[9]. Eine vollplastische Figurengruppe in Gegenlichtsituation findet sich im Hochaltar Taufe Christi der Landsberger Johanniskirche, um 1755 nach Entwürfen Dominikus Zimmermanns (1685–1766) geschaffen.

Abb. 2

Aus dem Rahmen zu fallen scheinen die seitlichen isolierten Postamente mit Putten des nun vorerst als von einem „unbekannten süddeutschen Meister" zu bezeichnenden und Mitte des 18. Jahrhunderts zu datierenden Entwurfs – hier kippt die Perspektive. *Uta Coburger*

1 Vgl. Dischinger 1990.
2 Coburger 2011.
3 Staatliche Graphische Sammlung München, Inv. Nr. 40951. Vgl. Kamm 1988.
4 Bayerisches Hauptstaatsarchiv, PlSlg 19447. Vgl. Dischinger 1988.
5 Staatliche Graphische Sammlung München, Inv. Nr. 32093. Vgl. Nestler 1994.
6 Baumeister 1951, S. 217.
7 Schnell/Schedler 1988, S. 70–111 als Überblick zur Künstlerfamilie Feichtmayr samt deren abweichenden Schreibweisen (Feuchtmayr, Feichtmeier usw.).
8 Neues Stadtmuseum Landsberg am Lech, Inv. Nr. 196.
9 Metropolitan Museum of Art New York, Acc. No. 2008.202.

220 | KATALOG

## F05
## Ansicht einer Heiligenfigur (Hl. Augustinus) zwischen Säulen

um 1764
Franz Ignaz Günther (1725–1775), zugeschrieben
25,0 cm x 17,5 cm
Feder, Pinsel, grau laviert
kl D Z 21: 7

Ausschnitt des Hochaltars von Freising-Neustift
Franz Ignaz Günther, 1765–66
Foto: B. Statnik

Zu den Retabel-Schöpfungen von Franz Ignaz Günther in der Freisinger Neustift-Kirche – zwei Seitenaltäre und der Hochaltar – sind keinerlei Archivalien überliefert.[1] Nur die Aufbauten selbst, das Monogramm FIG und die Datierung 1764 am Josefsaltars sowie plastische Vorstudien aus Ton (sog. *Bozzetti*) zu drei der vier großen Heiligenfiguren am Hochaltar, von denen zwei das Datum 1765 tragen, bezeugen Günthers Tätigkeit für Freising-Neustift und grenzen die Entstehungszeit des Werkkomplexes ein. Einblicke in den künstlerischen Planungsprozess fehlen jedoch gänzlich, da selbst die Bozzetti die Heiligen fast genauso wiedergeben, wie sie schließlich auch ausgeführt wurden.[2] Der Neustifter Hauptaltar präsentiert sich so als typisches Hochaltar-Werk Günthers: eine hohe Säulen-Architektur, bei der die gegeneinander versetzt angeordneten Stützen ein Altarblatt rahmen und eine Skulpturengruppe der Trinität tragen. Lebensgroße Heiligenfiguren zwischen den Säulen sowie auf seitlichen Podesten bereichern den Aufbau. Im Grunde variierte Günther hier sein Hochaltar-Konzept von Rott am Inn, bei dem jedoch Dokumente belegen, dass die seitlich auf Podesten stehenden Heiligen ursprünglich vom dortigen Abt gar nicht gewollt waren. Nur weil Günther auf seinen künstlerischen Ideen insistierte, waren ihm diese nachträglich in Auftrag gegeben und zusätzlich vergütet worden.[3]

Eine Zeichnung der Sammlung Haupt, die Günther zugeordnet ist und auch ganz eindeutig dessen Stileigenheiten aufweist, kann nun jedoch mit dem Neustifter Hochaltar-Projekt in Verbindung gebracht werden. Das Blatt präsentiert – oben und unten beschnitten – eine mit dem Lineal exakt gezogene Säulen-Architektur, deren Stützen sich auf einem rechts vortretenden Postament erheben. Fein abgestufte Lavierungen verdeutlichen die Plastizität des ausschnitthaft wiedergegebenen Altaraufbaus. Zwischen den Versprung der Säulen ist die Figur eines bischöflichen Heiligen eingestellt. In S-förmigem Schwung seines Körpers hat er ein Bein leicht ausgestellt – ein Standmotiv, das Günther von seinem zeitweiligen Lehrer Paul Egell (1691-1752) entlieh – und auf zwei Büchern abgesetzt, die durch Aufschriften als Werke der Häretiker Pelagius und Arianus zu erkennen sind. Gegen diese hatte einst der Kirchenvater Augustinus angeschrieben; und auch die Kartusche unterhalb des Heiligen bestätigt diese Identifizierung. Zudem verweist Augustinus mit seinem rechten Arm auf ein hinter ihm schwebendes, von Strahlen umgebenes Auge Gottes und wendet sich dabei einem links unter ihm sitzenden Engel zu, der einen Löffel hält. Dieser Putto spielt auf eine Legende des Heiligen an.[4]

Beim Hochaltar der Freisinger Neustift-Kirche erscheint Augustinus links neben der Retabel-Architektur (Abb. 2). Über ihm, zwischen den Säulen, steht hingegen Petrus. Ganz vergleichbar zu der Figurenfindung in der Zeichnung hat der Kirchenvater auch dort sein linkes Bein auf zwei Folianten abgelegt. Den Oberkörper dreht er hier aber nach rechts oben, dem Altaraufbau zu. Die Gestaltung des Unterkörpers wie auch andere Details, wie die aufschwingende Tütenfalte des Chorrocks, beweisen jedoch hinlänglich, dass die Zeichnung eine Vorstudie für die Freisinger Heiligenfigur darstellt. Demnach gibt das Blatt eine frühere Planung des Neustifter Hochaltars wieder, in der Augustinus innerhalb des Retabels, zwischen den Säulen, stehen sollte. Erst in einem nachfolgenden Planungsschritt wurde der Heilige seitlich der Altararchitektur auf einem Podest platziert und zwischen den Säulen Petrus zugefügt. Ob Günther auch hier – wie in Rott – sei-

Abb. 2

ne künstlerischen Vorstellungen vom Aufbau eines Hochaltar-Retabels gegenüber dem Auftraggeber durchsetzte, könnten allerdings nur Quellenfunde bestätigen. *Björn Statnik*

1  Volk 1991, S. 255.
2  Statnik 2019, S. 227ff.
3  Statnik 2019, S. 190ff.
4  Als sich Augustinus einst am Strand des Mittelmeeres den Kopf über die Trinität zerbrach, traf er auf ein Kind – ein Engelchen – das mit einem Löffel Wasser aus dem Meer schöpfte und erklärte, das Meer leeren zu wollen. Auf die Bemerkung des Heiligen, dass dies mit einem Löffel unmöglich sei, erklärte der Engel dem hochgebildeten Theologen, dass es wahrscheinlicher sei, das Meer mit einem Löffel zu leeren, als dass er mit dem menschlichen Verstand das Mysterium der Dreifaltigkeit begreife. Acta Sanctorum, August, Bd. VI., Antwerpen 1743, S. 357f.

## F06
## Ansicht einer Kanzel (Nr. 3) aus einer Serie von Kanzelentwürfen

„Chaires de Predicateur"
wohl 1790er Jahre
Franz Schlappack (2. Hälfte 18. Jahrhundert), signiert u.r. „Frantz Schlappack fecit."
33,3 cm x 21,6 cm
Feder und Pinsel in Schwarz, laviert
kl D Z 16: 5

Grundriss und Ansicht einer Kanzel (Nr. 4)
Franz Schlappack
33,3 cm x 21,9 cm
Feder und Pinsel in Schwarz, laviert
kl D Z 16: 9

Die Sammlung Haupt bewahrt zwei Serien mit je vier Varianten von frühklassizistischen Kanzelentwürfen auf, die mit der Signatur „Frantz Schlappack fecit" unterzeichnet sind.[1] Die erste Serie zeigt Frontalansichten von Predigtstühlen. Die zweite Serie umfasst neben Ansichten auch Grundrisse, in denen die treppenartigen Kanzelaufgänge eingezeichnet sind. Die Kanzeln bestehen aus mehreren Teilen: Einem besonders gestalteten Unterbau, der auch als Stütze ausgeführt sein kann, dem Kanzelkorb mit einer Treppe sowie häufig auch eine besonders gestaltete Rückwand, die die Verbindung zum Schalldeckel herstellt. Der überstehende Schalldeckel wird von Pilastern oder Konsolen gehalten.

Die Funktion der Zeichnungen ist unklar. Auf Grund der vielen Varianten liegen wahrscheinlich keine konkreten Entwürfe für eine Kirche einer bestimmten Konfession vor. Entweder handelt es sich um Kopien von anderen Vorlagen oder um eigene Studien zum Thema Kanzel. Möglicherweise waren sie als Vorzeichnungen für ein gedrucktes Vorlagenwerk gedacht. Daraufhin deuten die Nummerierungen und Signierungen, aber auch die französischen Titel hin. Vorlagenwerke zu barocken Kanzeln, Kanzelaltären oder Kirchenausstattungen gab es vereinzelt von Architekten wie Johann Jacob Schübler (1689–1741) oder Georg Peter Schillinger (1698–1774), die jedoch aus stilistischen Gründen nicht als Vorbilder in Frage kommen.[2]

Kanzeln gehören zur Grundausstattung protestantischer Kirchen.[3] Von dort wird das Wort Gottes verkündet und die Predigt abgehalten. In der Regel befanden sie sich am Übergang zwischen Chor und Kirchenschiff oder an einer der Längsseiten im Kirchenschiff, zumeist auf der Epistelseite (Südseite). Im 18. Jahrhundert dominierten in den protestantischen Kirchen jedoch Kanzelaltäre, wodurch man den Ort der Verkündigung und dem der Abendmahlsfeier auf ein Zentrum konzentrierte. Daher kann es sein, dass Schlappack hier Predigtstühle für katholische Kirchen entworfen hat. In katholischen Kirchen kam der Kanzel eine nicht so große Bedeutung zu.[4] Nach dem Trienter Konzil, insbesondere seit dem 17. Jahrhundert, findet man aber auch dort regelmäßig Kanzeln, von der der Priester kurze Predigten hielt, die in der Regel an einer der Längsseiten des Kirchenschiffs eingebaut wurden.

Über den Zeichner Franz Schlappack ist wenig bekannt. Er ist wohl ein Enkel seines gleichnamigen Großvaters, der vor 1762 verstorben war.[5] Dieser war vor der Jahrhundertmitte aus Liebenthal/Lubomierz in Schlesien in die Oberlausitz nach Ostritz eingewandert. Seine beiden Söhne waren, wie er selber, als Staffierer und Marmorierer am Ausbau des Klosters Marienthal beschäftigt. Einer davon, Johann Schlappsack, nannte seinen Sohn ebenfalls Franz. Zusammen mit diesem staffierte er 1805/06 den Kanzelaltar in der ev. Kirche Wittgendorf bei Zittau aus.[6]

Wann die Blätter entstanden sein könnten, ist nicht einfach zu beantworten. Auf jeden Fall waren sie in stilistischer Hinsicht moderner als es in der eher konservativen Umgebung von Kloster Marienthal üblich war.[7] Dort wurde noch gegen Ende des 18. Jahrhunderts ein Mischstil zwischen Rokoko und frühem Klassizismus gepflegt. Möglicherweise war Franz Schlappack stilistisch von dem – wohl etwa gleichaltrigen – Maler Franz Gareis (1775–1803) beeinflusst, dessen Familie im engen Kontakt mit den Schlappacks stand.[8]

*Thorsten Albrecht*

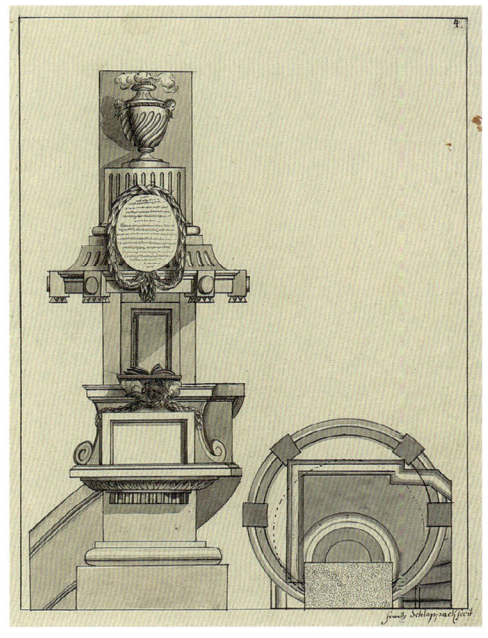

Abb. 2

1. Serie 1: kl D Z 16: 2, 3, 5 u. 8; Serie 2: kl D Z 16: 4, 6, 7 u. 9. Darüber hinaus befindet sich in der Mappe noch ein weiterer, nicht signierter Kanzelentwurf gleichen Formats, der „F. Schlappack" zugeschrieben wurde (kl D Z 16: 1). Stilistisch und typologisch dürfte er früher als die Serien entstanden sein.
2. Dazu s. Mai 1969, S. 84, 275.
3. Zu Kanzeln allgemein s. Poscharsky 1963, S. 64–71.
4. Katholische Kanzeln: Lexikon für kirchliches Kunstgut 2010, Kanzel, S. 108f.
5. Die Familiengeschichte der Schlappacks ist noch nicht erforscht. Alle Angaben basieren auf Informationen von Marius Winzeler vom März 2021, dem an dieser Stelle herzlich gedankt sei. Winzeler 2015, S. 134f., 147, 149 151f.
6. Zu den Kanzelaltären in der Lausitz s. Mai 1969, S. 45–47. In Kunnersdorf bei Zittau entstand 1792 ein klassizistischer Kanzelaltar. In der kath. Kirche Mariä Himmelfahrt in Ostritz war die Familie Schlappack an der Vergoldung des Hauptaltares 1786 beteiligt, s. Winzeler 2019, S. 12.
7. Dazu Winzeler 2015, S. 152.
8. Winzeler 2015, S. 151f.

## F07
# Ansicht eines Orgelprospekts

„Dessein till Orgelwärck uti Roxlósa Kyrcka. i Östergöthland"
1783, datiert u.r. „d. Oct. 1783"
Olof Samuel Tempelman (1745–1816), signiert u.r. „Tempelman"
43,8 cm x 32,9 cm
Feder, Pinsel, farbig laviert
Maßstab „al[nar]"
m SK Z 2: 5

Galerie mit Orgelprospekt für den Dom in Porvoo
datiert u.r. „den 3. Julii 1792"
Johan Christian Serén (Ende 18. Jh.-nach 1331) /
Carl Fredrik Adelcrantz (1745–1816),
49,9 cm x 34,8 cm
Maßstab „al[nar]"
m SK Z 2: 3

Unter den zahlreichen in der Sammlung vertretenden Darstellungen von Orgelprospekten nehmen Entwürfe schwedischer Provenienz mit insgesamt elf Blättern den größten Teil ein. Sie datieren aus den Jahrzehnten um 1800, in denen unter Gustav III. und Gustav IV. Adolf an vielen Orten des Königreichs eine Neuausstattung der Kircheninnenräume in Angriff genommen wurde. Auf den Plänen finden sich die Signaturen unterschiedlicher, namhafter schwedischer Architekten dieser Zeit, darunter Carl Fredrik Adelcrantz (1716–1796), Louis Jean Desprez (1743–1804), Johan Christian Serén (tätig zwischen ca. 1792 und 1831), Carl Fredrik Sundvall (1754–1831) und Olof Samuel Tempelman (1745–1816).[1]

Exemplarisch ist hier der von Tempelman signierte Entwurf für ein kleineres Orgelwerk für die Kirche in Rogslösa in Östergötland herausgegriffen. Datiert ist der Plan auf Oktober 1783. Tempelman entwarf für die Westempore der aus dem 13. Jh. stammenden Kirche einen freistehenden, zweizonigen Prospekt für ein achtteiliges Orgelwerk, der in seinen dekorativen Details im französisch beeinflussten „gustavianischen Stil" gehalten ist. Der Entwurf wurde 1784 von dem Orgelbauer Lars Strömblad (1743–1807) realisiert.[2] Unter Verwendung des heute noch erhaltenen hölzernen Prospekts wurde die Orgel 1925–1926 durch die Göteborger Firma Olof Hammarberg durch eine neue Orgel mit freistehendem Spieltisch ersetzt.

Tempelman gilt als einer der einflussreichsten klassizistischen Architekten in Schweden.[3] Sein Entwurf stammt noch aus der ersten Tätigkeitsphase, die sich unmittelbar an ausgedehnte Studienreisen nach Italien, Frankreich und Deutschland anschloss. In seinem umfangreichen OEuvre, in dem sich zahlreiche, über das ganze Königreich verstreute Projekte für Orgelprospekte finden lassen, ist das in der Sammlung Haupt befindliche Projekt für Rogslösa bisher nicht erfasst.[4] Es zeigt jedoch im Aufbau auffallende Ähnlichkeiten zu einem früheren Prospektentwurf für die Kirche in Kärna von 1777,[5] sodass hier Tempelmans Vorgehensweise deutlich wird, bei ähnlichen baulichen und instrumententechnischen Vorgaben musterhafte Gliederungsstrukturen zu variieren, besonders im Detail aber individuelle Lösungen zu kreieren. In beiden Fällen nutzte er für die untere Orgelfusszone ein Triumphbogenmotiv, variierte aber jeweils die Pilasterstellungen. Die obere Zone des eigentlichen Prospekts zeichnet der gleiche siebenachsige Aufbau mit zwei im Halbrund vortretenden Pfeifenkästen und einer die Mittelachse betonenden ovalen Öffnung aus.

Im Gegensatz zu Tempelmans feingliedrigeren Orgelprospekten aus den frühen 1780er Jahren lässt sich die weitere Entwicklung in der schwedischen Architektur hin zu klareren und massigeren Architekturformen besonders schön an den Prospekten aus der Hand Johan Christian Seréns ablesen, dem allein fünf Blätter in der Sammlung zuweisbar sind.[6] Zwei dieser Blätter – mit der jeweils unauffällig in der Zeichnung platzierten Signatur Seréns – zeigen Entwürfe für die Domkirche in Borgå (heute Porvoo/Finnland) und stammen aus den ersten Jahren seiner Wirkungszeit 1792/93. Serén fertigte beide Entwürfe als Mitarbeiter von C. F. Adelcrantz an, der eines der Blätter mit dem Datum 3. Juli 1792 unterzeichnet hat (Abb. 2). Auf dem Blatt ist auch die am 19. März 1793 erteilte Approbation durch den Herzog Carl zu finden, der die Vormundschaft für den zu dieser Zeit noch minderjährigen König Gustav IV. Adolf hatte. Zur Ausführung dieses Entwurfs kam es

Abb. 2

jedoch erst 1799. Der von dem Orgelbauer Olof Swan realisierte Prospekt ist noch erhalten.[7]

*Simon Paulus*

1  Zwei Blätter wurden den Großformaten zugeordnet (Altsignaturen Fb 20 und Fb 17, heute gr SK Z 1), die neun übrigen befinden sich in der Mappe m SK Z 2.
2  Carlsson/Johansson 1990. Ein dazu 1783 von Strömblad signierter Plan befindet sich im Riksarkivet (depå: Marieberg, SE/RA/1135/IV/4/8/#/4/AAAA:00207); ein weiterer unsignierter Plan, „Dessein till orgelvärck uti Roxlösa kyrcka, i Östergöthland" hat sich im Landsarkivet Vadstena erhalten (SE/VALA/00308/R III/021548; Freundlicher Hinwe s von Fredrik Bedoire).
3  Zu Tempelman siehe Berg Villner 1997.
4  Siehe Werkverzeichnis bei Berg Villner 1997, hier besonders S. 225–228.
5  Berg Villner 1997, Abb. S. 196.
6  Eigenhändig signierte Blätter: m SK Z 2: 2, 3, u. 8; Zuweisungen: m SK Z 2: 4 u. 6.
7  Martikainen 1997, S. 223.

## F08
# Prospekt der Römer-Orgel im Wiener Stephansdom

1790, datiert im Ziffernblatt
Johann Wimola (1754–1800) oder Werkstatt
65,0 cm x 100,0 cm
Feder, Pinsel, farb. getuscht
Maßstab „Masstab von i Klafter nach Oesterreicher Mass"
gr D Z 4: 2

Blick auf die Riesenorgel im Wiener Stephansdom
vor 1906
Foto: Privatarchiv, Wien

Mit dem großformatigen Blatt eines barocken Orgelprospektes öffnet sich ein unmittelbarer Einblick in die wechselvolle Geschichte der sogenannten „Riesenorgel" im Wiener Stephansdom.[1] Für die Empore über dem Riesenportal wurde 1711 ein Wettbewerb für einen Orgelneubau ausgeschrieben, den der Wiener Hoforgelbauer Ferdinand Römer (1656–1723) für sich entscheiden konnte. Der Prospekt der Römerorgel folgte in seiner Architektur dem Prinzip des barocken süddeutschen Ornamentprospekts, in dem die Teilwerke nicht mehr nach funktional-technischen Gesichtspunkten, sondern auf „Gegensätzlichkeit und plastische Differenzierung hin"[2] angelegt sind. Das 1720 fertiggestellte Instrument (32 Register auf zwei Manualen und Pedal) wurde im Lauf seines Bestehens mehrfach umgebaut und erweitert. Bedeutend war besonders der 1886 erfolgte Umbau durch den Orgelbauer Friedrich Walcker, der in das Gehäuse der Römerorgel ein neues Instrument mit 90 Registern einfügte. Das Walckersche Orgelwerk und der barocke Prospekt wurden im April 1945 beim Großbrand des Stephansdoms vollständig zerstört. Der heutige Prospekt, ein Werk des Orgelbauers Johann Marcellinus Kauffmann von 1960, folgt noch in seiner Kubatur dem barocken Vorbild. Das Orgelwerk Kauffmanns wurde 2020 durch ein neues Instrument ersetzt.

In der gängigen Literatur findet sich der Hinweis, dass das Instrument Römers 1797 von Ignaz Kober (1756–1813) unter Verwendung des Rückpositivs, dem kleinen zentralen Orgelkasten auf der Emporenbrüstung, auf 41 Register erweitert worden war.[3] Dieses Datum deckt sich jedoch nicht mit dem vorliegenden Plan, der aufgrund der Jahreszahl im Ziffernblatt der Uhr auf 1790 datiert ist und bereits den umgebauten Zustand des Rückpositivs zeigt. Der Plan bestätigt vielmehr die neueren Forschungserkenntnisse Helena Kramářovás, die die Erweiterung des Instruments bereits für den Zeitraum zwischen 1789 und 1792 durch den aus Brünn gebürtigen Orgelbauer Johann Wimola d. J. (auch Jan Výmola) nachweisen konnte.[4]

Wimola war 1789 vom Magistrat beauftragt worden, die Orgel oberhalb der Sakristei zu erneuern, ersuchte jedoch darum, diese lieber in die „Fassung oberhalb der Uhr",[5] also den Kasten des Rückpositivs der großen Orgel, zu versetzen. Wimolas Vorschlag wurde beigegeben und im Sommer 1789 mit der „Übersetzung der Orgel ober der Sakristey auf den Haupt-Chor"[6] begonnen.

Laut Akte befanden sich bei dem Gesuch Wimolas als Anhang drei verschiedene Pläne für den Umbau, von denen jedoch keiner mehr beigelegt war. Es ist daher gut denkbar, dass der vorliegende Plan aus diesem Vorgang stammt und von Wimola selbst oder einem seiner Mitarbeiter, vielleicht Joseph Dohnal (1759–1829), gefertigt wurde. Dafür spricht, dass der Plan die Disposition der Orgelpfeifen maßstäblich wiedergibt, der Prospekt selbst aber weniger genau dargestellt wurde.[7] Dass es sich bei dem Plan um ein repräsentatives Schaublatt mit einer Entwurfsvariante handelt, zeigt auch der Umstand, dass die im Plan dargestellten vier Säulen weder im Prospekt Römers noch danach existierten.[8] Das 1853 entstandene, bekannte Ölgemälde mit der Innenansicht des Stephansdomes nach Westen von David Roberts (heute Birmingham Museum and Art Gallery) zeigt dagegen noch die Uhr, die im Zuge der Renovierung der Westempore unter Friedrich von Schmidt (1825–1891) in den 1880er Jahren entfernt wurde.

*Simon Paulus*

Abb. 2

1 Dazu zuletzt Reymaier 2020.
2 Könner 1992, S. 19–20.
3 Haselböck 1988, S. 90; Lade 1990, S. 218–219; Ebenbauer 2005, S. 48.
4 Kramá ová 2019, S. 131.
5 Domarchiv St. Stephan (AT-DAWST), Kirchenmeisteramt von St. Stephan (KMA), Erledigungen 1786–1792, Kart 7a/2, Fol. 625, zitiert nach Kramářová 2019, S. 131.
6 AT-DAWST, KMA, Erledigungen 1786–1792, Kart. 7a/2, Fol. 625, zitiert nach Kramá ová 2019, S. 131.
7 Ich danke Konstantin Reymaier für den freundlichen Hinweis.
8 Auskunft von Konstantin Reymaier.

F Sakrale Raumausstattungen

# G Profane Raumausstattungen

## G01
# Teilaufriß einer gemalten Wandgliederung für den Goldenen Saal des Augsburger Rathauses

um 1620
Umkreis Johann Matthias Kager (1575–1634)
27,6 cm x 37,5 cm
Feder in Grau, Pinsel, laviert, weiß gehöht
kl D Z 34: 3

Blick auf die Westseite des Goldenen Saals
im Augsburger Rathaus
Foto: Archiv IGT

Abb. 2

Das Blatt, das Albrecht Haupt noch allgemein als süddeutsche „Façadenmalerei" des 17. Jahrhunderts einstufte,[1] konnte 1979 von der Kunsthistorikerin Susanne Netzer der Werkstatt des Augsburger Stadtmalers Johann Matthias Kager (1575–1634) zugeschrieben werden.[2] Netzer identifizierte die Zeichnung als Vorentwurf für einen Teilbereich der Innenwandgestaltung des großen Saals („Goldener Saal") im 1615 unter der Leitung von Elias Holl (1573–1646) begonnenen neuen Augsburger Rathauses. Während in der letztendlich realisierten Malerei die architektonische Gliederung der Nischen mit Muschelrahmen und der Fensterumfassungen mit gesprengten Giebeln und Kartuschen von dem Entwurf übernommen wurde, kamen die Figuren der römischen Kaiser und der Putti sowie der figürlichen Szenen nur teilweise zur Ausführung. Aufgrund des Duktus und der weniger hohen Qualität der Zeichnung dürfte Kager, der ab 1620 die Oberleitung für die künstlerische Ausgestaltung des Rathauses innehatte, nach Netzers Erkenntnissen jedoch nicht selbst der Zeichner gewesen sein. Sicher ist aufgrund des Entstehungszusammenhangs, dass der Entwurf aber unter seiner Anleitung von einem Mitarbeiter seiner Werkstatt gezeichnet wurde.

Seit seiner Zuordnung gehört das „mehr dokumentarisch als künstlerisch wichtige Blatt"[3] zu den bekannteren Handzeichnungen der Hauptschen Sammlung und wurde besonders in den 1980er Jahren bei den großen Augsburger Ausstellungen „Welt im Umbruch" (1981) und „Elias Holl und das Augsburger Rathaus" (1985) gezeigt.[4] Es gewährt einen tieferen Einblick in den Entstehungsprozess des reichhaltigen Bildprogramms für das Rathaus, das in enger Abstimmung zwischen Kager und dem Münchner Jesuiten Matthäus Rader (1561–1634) sowie weiteren Künstlern, darunter dem Münchner Hofkünstler Peter Candid (1548–1628) entworfen und ausgeführt wurde.[5]

Kager selbst stammte ebenfalls aus München und hatte 1604 die Malergerechtigkeit in Augsburg erlangt. Im Bestand der Sammlung Haupt befinden sich noch weitere Blätter, die diese enge Verbindung zwischen Augsburg und der Residenzstadt München im Genre der großflächigen Wand- bzw. Fassadenmalerei für die Jahrzehnte um 1600 bezeugen.[6] Genannt sei ein Fassadenentwurf mit Szenen aus dem Leben Petri, der im Aufbau der Scheinarchitektur und der Integration der Bildszenen sowie auch in manchen Details der dekorativen Motive an Georg Behams (auch Pecham (1568–1604)) 1594 ausgeführte Fassadenmalerei des sog. „Pfeiffelmannhauses"[7] in Augsburg erinnert und daher vermutlich in einer direkten Nachfolge stehen dürfte.[8] *Simon Paulus*

---

1 Haupt Katalog Handzeichnungen 1899, S. 32.
2 Vgl. Katalogtext von Susanne Netzer in: Welt im Umbruch 1980, Bd. II, Kat. Nr. 637, S. 255/256. Wie aus einer in der Sammlungsdokumentation erhaltenen Korrespondenz hervorgeht, hatte der Oberkustos der Stuttgarter Staatsgalerie Heinrich Geissler für das Blatt Mitte der 1970er Jahre bereits die Herkunft aus Augsburg vermutet. Zu Kager siehe auch Netzer 1980.
3 So Tilman Falk in: Baer/Kruft/Roeck 1985, S. 371 (Kat. Nr. 294).
4 Welt im Umbruch 1980, Kat. Nr. 637, S. 255; Baer/Kruft/Roeck 1985, Kat. Nr. 294, S. 371.
5 Dazu u.a. Michalski 1985. Siehe auch Briefwechsel Kagers mit Rader, abgedruckt in Baer/Kruft/Roeck 1985, S. 382–384.
6 Siehe dazu der ältere Überblick bei Baur-Heinhold 1952, S. 23–47; sowie Geissler, Heinrich: Zeichnungen und Zeichner 1550–1620, in: Welt im Umbruch 1980, S. 47-50. Zusammenfassend zu Augsburg siehe auch bei Hascher 1996, S. 68-81, 122–124.
7 Philippine Welser Str. 13; *pro forma* unter Ägide des örtlichen Malers Zimprecht Bauser von Beham für den Augsburger Kaufmann Martin Pfeiffelmann ausgeführt. Dazu Hascher 1996, S. 455ff.
8 kl D Z 34: 4: (23,0 cm x 36,0 cm, Feder, Pinsel, Graphit/Kreide). Die für Augsburg untypischen biblischen Szenerien und die klerikalen Verweise (Mönch, Bischof und Kardinal) deuten eher auf einen Entwurf für ein Gebäude in München hin. Heinrich Geissler stufte das Blatt in einer Mitteilung vom 13. September 1977 ebenfalls als „sicher Münchnerisch" ein „Vielleicht Thomas Hoffmann"[?]. (Sammlungsdokumentation Ordner Slg. Haupt 1 (1907, ca. 1969–1976). Vgl. Geissler 1979/80, Bd. 1, Kapitel D und F, hier S. 162, 170–173, 256–259.

## G02
# Skizzen zu Altanen und Raumstudien

Verso: Vorstudie zur Johannespredigt, Kopfstudien
1660er Jahre
Gianlorenzo Bernini (1598–1680), zugeschrieben
14,9 cm x 19,8 cm
Feder in Braun
kl I Z A 4: 5a

Skizzen von Kartuschen und Stuckornamentik
Verso: Skizzen mit Figurenstudien
1660er Jahre
Gianlorenzo Bernini, zugeschrieben
13,9 cm x 20,2 cm
kl I Z A 4: 6, 6a

Die Kunsthistorikerin Lieselotte Vossnack veröffentlichte 1948 einen Artikel, in dem sie in überzeugender Weise den Nachweis führte, dass es sich bei dem beidseitig mit Skizzen in Feder versehenen Blatt aus der Hauptschen Sammlung um originale Skizzen Gianlorenzo Berninis handeln könnte.[1] Sie konzentrierte sich auf die Darstellungen auf der Verso-Seite und identifizierte sie als frühe Vorskizzen Berninis für die „Johannespredigt", das Titelkupfer des 1664 publizierten 2. Bandes der Predigten Giovanni Paolo Olivas.[2] Vossnacks Erkenntnis fand jedoch keinen Eingang in die Forschungen zu Berninis Werk, weder im Hinblick auf den Entstehungsprozess der Johannespredigt,[3] noch im Gesamtzusammenhang seiner überlieferten Zeichnungen.[4] Auch eine weitere Beschäftigung mit dem Blatt und einem zweiten aus derselben Hand blieb bisher aus.[5]

Vossnack hatte bezüglich der Vorderseite lediglich in einer Fussnote erwähnt, dass die Raumstudien in der unteren Blattzone im Zusammenhang mit Berninis Projekt der Scala Regia stehen könnten, genauer mit einem zwischen der Vorhalle von St. Peter und dem Ripiano reale eingeschobenen Raum, der für das Projekt in einen schmalen Rechteckraum mit flacher Holzdecke umgebaut wurde.[6] Die schwebende weibliche Figur identifizierte sie als Fama.[7] Auf die beiden, das Blatt dominierenden perspektivischen Skizzen zu einer Altanarchitektur mit Tordurchfahrt und eines Fensters ging sie jedoch nicht ein. Aufgrund der Einordnung der Skizze zur Johannespredigt in die Abfolge der bekannten Vorskizzen vermutete Vossnack die Entstehungszeit der Skizzen „um und nach 1660".

Bei den Architekturskizzen handelt es sich weniger um Vorstudien für Architekturdetails zu einem Bildwerk, vielmehr lassen sich bei den beiden das Blatt dominierenden Varianten zu Altanen mit ihrer Säulengebälkarchitektur in toskanisch-dorischer Ordnung Bezüge zum ausgeführten Altan an der Westfassade des Palazzo Barberini alle Quattro Fontane erkennen. Auch fühlt man sich bei der Skizze des Fensterentwurfs mit seinen diagonal abgewinkelten Fensterpfosten an die Borromini zugeschriebenen Fensterrahmungen im Attikageschoss der Fassade erinnert. In Anbetracht der Annahme, dass die Skizzen auf der Verso- und Rectoseite etwa zeitgleich entstanden sind, scheidet ein direkter Bezug zum in den späten 1620er Jahren begonnenen Planungsprozess des Palazzo Barberini allerdings aus.[8] Auch die Raumstudien unterhalb der Altane lassen sich nicht damit in Verbindung bringen. Vielmehr dürfte es sich eher um Studien handeln, die im Zusammenhang mit dem Palazzo Chigi am Piazza SS. Apostolii entstanden sein dürften. Bernini war mit dem Umbau des Palazzos im Auftrag des Kardinals Flavio Chigi ab 1662 beschäftigt und könnte sich mit den Skizzen frühere Lösungen in Erinnerung gerufen haben.[9]

Ungeachtet der noch genauer zu klärenden Frage der Zuordnung geben die Skizzen einen anschaulichen Einblick in die Entwurfsweise Berninis, der sich der Lösung einer Aufgabe seine Ideen zunächst in einer Folge von räumlichen Skizzen nebeneinander setzte ohne in den Varianten durch Überzeichnen grössere Korrekturen vorzunehmen.[10] Besonders schön zeigt sich dies auch bei dem Blatt kl I Z A 4: 6 (Abb. 2), auf dem Bernini mit schnellem Strich mehrere Varianten für Kartuschen in einem Deckengesims skizzierte. *Simon Paulus*

Abb. 2

1 Vossnack 1948.
2 Olivas 1664.
3 Zu den gegenwärtig bekannten Entwürfen für die Johannespredigt siehe bspw. Morello 2014, S. 291, Schmidt/Schütze/Stoschek 2014, Katalog Nr. 145, 149–155.
4 Zu den Identifizierungsschwierigkeiten bei Berninis Architekturzeichnungen und -skizzen siehe Kieven 1993, S. 87. Vgl. auch Schmidt/Schütze/Stoschek 2014.
5 Sammlungsgeschichtlich scheinen auch die Blätter kl I Z A 4: 1, 2 und 4 dem gleichen Konvolut zu entstammen. U.a. zeigen sie eine ähnliche, durchgehende arabische Nummerierung in Feder (43–47) und teilweise eine ältere, römische in Rötel („C.C.", „C.II."). kl I Z 4: 1 zeigt die Skizze der Fassade von Santa Barbara alla Regola, 1680 nach Plänen von Giuseppe Passeri entworfen. kl I Z A 4: 4 zeigt die Skizze des Turms von San Ivo von Borromini. Eine sammlungsgeschichtliche Verbindung zur Accademia di San Luca wäre denkbar.
6 Vossnack 1948, S. 62, Fussnote 4
7 Vergleich auch die Entwürfe für Famen über der Scala Regia im Leipziger Klebeband, Schmidt/Schütze/Stoschek 2014, S. 320, fol. 7–13.
8 Vgl. Waddy 1990, S. 174–271, besonders S. 227–242.
9 Waddy 1990, S. 315–320.
10 Vgl. z.B. auch Kieven 1993, S. 90–91.

## G03
## Entwurf für eine Stuckdeckendekoration, Blatt 5

Aus einer Serien von fünf Blättern mit Stuckdeckenentwürfen
späte 1730er Jahre
Johann Esaias Nilson (1721–1788), zugeschrieben
36,7 cm x 23,8 cm;
Feder und Graphitstift, teilweise laviert
kl D Z 14(2): 5

Zwei Entwürfe für Stuckdeckendekorationen
späte 1730er Jahre
Johann Esaias Nilson, zugeschrieben
ca. 19,5 cm x 19,5 cm;
Feder und Graphitstift, teilweise laviert
kl D Z 14(2): 3 u. 2

Die vorliegende Serie aus fünf Blättern zeigt Entwürfe für barocke Stuckdecken. Wie für solche Entwürfe üblich, werden jeweils Varianten für eine Ausführung wiedergegeben.[1] Hier ist es auf vier Blättern eine aufwändigere, kombiniert mit einer deutlich schlichteren Abwandlung in der Gestaltung. Das fünfte Blatt zeigt zwei ähnlich stark verzierte Deckenausschnitte (Abb. 1). Die Entwürfe entsprechen den nach Bedeutung auch in ihrer Größe gestaffelten Räumen eines gehobenen Wohnbaus der Zeit. Alle Deckenspiegel bleiben frei, ohne dass auf hier mögliche malerische Ergänzungen – die allerdings nur bei Wahl der aufwändigeren Variante üblich wären – hingewiesen wird. Das Blatt mit der aufwändigsten Variante (Blatt 3, Abb. 2) ist auf der Vorderseite am unteren Rand mit „Nilson" in Graphitstift signiert.[2] Dieses und ein weiteres (Blatt 1) wären so in Haupträumen denkbar, beide tragen auf der Rückseite in Bleistift die Bezeichnung: „Deckenornamente / Nilson del[ineat]." Blatt 2 (Abb. 3) und 4 entsprechen Raumverzierungen, wie sie für kleinere Kabinette oder Treppenhäuser angemessen wären, Blatt 5 hingegen passt zu Fluren oder Nebenräumen.

Blätter dieser Art wurden geschaffen, um sie potentiellen Kunden zur Auswahl vorzulegen. Da sie bei einer Einigung häufig als Teil des Vertrages beim Auftraggeber blieben, gehörte ihre Vervielfältigung zu den Winterarbeiten von Stuckateurswerkstätten. Bemerkenswert ist, dass die abgebildeten Decken ein um 1720 modernes Dekor wiedergeben. In der Zeit um 1740, die bislang als früheste Entstehungszeit angenommen wurde, waren diese nur mit wenigen Bandelwerkmotiven versehenen Dekorationen bereits unmodern.

Eine Erklärung liefert die Zuschreibung an den Augsburger Maler, Grafiker und Verleger Johann Esaias Nilson. Seine Biografin Gun-Dagmar Helke vermutete bereits, dass dieser vor

Abb. 2

Abb. 3

Beginn seiner Karriere als Maler und Kupferstecher die ab 1710 in Augsburg wiederbegründete Akademie besuchte.[3] Der Beleg kann nun geliefert werden, denn im Katalog zur 1834 in München erfolgten Versteigerung des Nachlasses seines Sohnes Christoph Andreas Nilson (1760–1833) werden unter der Rubrik „Handzeichnungen und Kupferstiche" unter Position 35 ein Konvolut gelistet, das „45 Blätter, auf der Augsburger Stadt=Akademie nach der Natur gezeichnete Akte von J. E. Nilson" beinhaltet, sowie unter der nächsten Position „5 Blätter desgleichen von J. E. Nilson, in größerem Format" genannt.[4] Fakt ist, dass die Augsburger Kunstakademie nicht nur Maler, (Kupfer-)Stecher und Frescanten ausbildete, sondern auch Stuckateure.[5] Nimmt man an, dass der vielseitig interessierte Nilson sich in seiner Ausbildungszeit, die nach damaligen Gepflogenheiten durchaus schon im Alter von 10–14 Jahren beginnen konnte, zeitweilig im Bereich der Stuckateursausbildung ausprobierte, erklärt sich das für ihn ungewöhnliche Sujet. Damit wäre auch die angesprochene Diskrepanz zwischen Ausführungszeit und Motivdatierung erklärbar, da es bei der Stuckateursausbildung hinsichtlich der späteren Berufspraxis bedeutsam war, vorgelegte Entwürfe auch kopieren oder variieren zu können. Die von der Forschung bislang relativ unbeachtet gebliebene Serie[6] könnte damit eines der wenigen erhaltenen Objekt-Zeugnisse einer solchen Ausbildung in diesem besonderen Akademiezweig sein. Sie sind aus Sicht der Verfasserin als Schülerwerk des späteren Akademiedirektors zu werten. *Barbara Rinn-Kupka*

1 Vgl. Rinn-Kupka 2018, S. 31–32 und 70–73.
2 Blatt 1 ist mit „961." und Blatt 3 an gleicher Stelle mit „186."(in Graphitstift) beziffert. Auf den Blättern findet sich das Wasserzeichen der seit dem späten 17. Jh. tätigen niederländischen Papiermacherdynastie Villedary („J VILLEDARY" bzw. die Gegenmarke Lilie im Wappenschild mit Krone), deren Papier im gesamten 18. Jh. weit verbreitet war, so dass es keine genauere Datierung zulässt.
3 Helke 2005, S.49.
4 Birett 1834, S. 61–62. Es erscheint der Verfasserin unwahrscheinlich, dass er als leitender Direktor vor Ort 45 Aktzeichnungen anfertigte, daher kann dieser umfangreiche Werkposten hier als Beweis einer Schülertätigkeit in der Akademie dienen. Vermutlich wurde daher auch bewusst der Passus „inv[enit]" vermieden.
5 Rinn-Kupka 2018, S. 65; vgl. auch Helke 2005, S. 58ff. Bei Helke wird, wie [leider] bei vielen Autoren der Gegenwart, Stuck als Akademiethema unterschlagen.
6 Ein Blatt veröffentlicht bei Rinn-Kupka 2018, S. 33; dort allerdings ohne Kenntnis der anderen Serienteile entsprechend der auf diesem Blatt abgebildeten Formen fehldatiert in die Zeit um 1710.

G04

## G04
## Ansicht eines Ofens mit Stele

um 1780
Unbekannter Künstler des 18. Jahrhunderts
34,7 cm x 22,0 cm
Feder, Pinsel, laviert
Maßstab „Zoll", „fus"
kl D Z 52: 1

Ansicht eines Ofen mit Urne
um 1780
Unbekannter Künstler des 18. Jahrhunderts
30,9 cm x 21,6 cm
Feder, Pinsel, laviert/getuscht
kl D Z 52: 5

Das Blatt gehört zu einer kleinen Gruppe von acht Interieurentwürfen mit Öfen, Uhren und Lampen in der Sammlung Albrecht Haupts. Die lavierte Federzeichnung zeigt die Ansicht eines bogenförmig gestalteten Ofens mit überdimensionalem, kugelförmigem Vasenaufsatz vor einer Nische. Es handelt sich wahrscheinlich um einen Hinterlader.[1] Er öffnet sich mittig und gibt einen Durchblick auf eine Stele mit antik anmutender Büste im Hintergrund frei. Der Maßstab ist in „Zoll" und „fus" angegeben. Die Aufschriften auf der linken Blattseite und auf der Stele lauten: „auf der Zimmerhöhe von 18 an 20 Fuß gerechnet, H (?) […]: in einem Prachtsaal."; die Beschriftung auf der Stele im Hintergrund: „stehet hinten in der Nische grade auf der Mitte." Oben rechts auf der Nischenrahmung steht die Ziffer „3". Aufgrund der Beschriftung und der genauen Maßangaben ist die Zeichnung als Werkzeichnung[2] für die Bauausführung eines konkreten Objektes und durch die Bezeichnung „Prachtsaal" im höfischen Bereich einzuordnen und sollte wohl auf der Baustelle eingesetzt werden. Die Zahl „3" verweist auf eine Serie in einem Entwurfsvorgang.

Die mittelmäßige künstlerische Qualität der Ausführung, zu sehen an den Proportionen, der perspektivischen Darstellung und dem Duktus, zeugen von einem nicht sehr versierten Künstler, wahrscheinlich einem Handwerker, der seine Anregung vermutlich einem Vorlagenbuch entnommen hat. Im 18. Jahrhundert gewinnt die Druckgraphik in Tafelwerken und Vorlagenbüchern für die Ausbildung der Künstler und Handwerker grundsätzlich an Bedeutung,[3] wie es zum Beispiel die französischen Werke von Jacques-Francoises Blondel (1705–1774) oder Jean Charles Delafosse (1734–1789)[4] und die Druckzentren in Süddeutschland wie Augsburg und Nürnberg belegen. Die Gestalt des Ofens und seine reiche klassizistische Ornamentik erlauben eine Datierung um 1780.

In der Sammlung Haupt finden sich noch weitere Blatter mit Öfen und Urnen auf Postamenten, die stilistisch demselben Zeichner zugeordnet werden können.[5] Diese Öfen in Säulenform könnten als Alternativentwürfe gedacht sein. Einige tragen ebenfalls auf der rechten oberen Seitenecke die Ziffer „3" (Abb. 2).

Öfen und Beleuchtungskörper sind spezielle Teile der Raumausstattung, die ursprünglich von einem aus der Gestaltungstradition des höfischen Bauwesens kommenden Architekten entworfen wurden. Als Beispiel kann den mecklenburgischen Hof betreffend der Architekt Johann Joachim Busch mit seinem Ouevre für Schloß Ludwigslust genannt werden, den die große Bandbreite seines Tätigkeitsfeldes auszeichnet. Ursprünglich als Hofbildhauer ausgebildet, avancierte er dann, autodidaktisch und durch Hofkünstler geschult, zum Architekten. Er entwarf sowohl die hochwertigen Marketerieböden als auch die Kamine und Öfen[6] für Schloß Ludwigslust, die dann von der Tischler- und Töpferwerkstatt und Ofensetzern ausgeführt wurden.

Das auffallend mittelmäßige Niveau dieser Blätter in der Sammlung Albrecht Haupts lenkt den Blick auf ein interessantes Problemfeld und rechtfertigt ihre Darstellung und Diskussion im Rahmen der Präsentation der erstklassigen Blätter des Bestandes dieses Bandes. Zeigen sie doch das Zusammenwirken zwischen Architekt und Handwerker, der Hochkunst und Alltagskunst, den handwerklichen Bereich. Sie werfen die Frage nach dem Eigenanteil und der Qualität der Handwerker und dem Verhältnis bzw. dem Zusammenspiel zwischen entwerfendem Architekten und Handwerkern auf.

Abb. 2

Solche Werkzeichnungen wurden meist nicht als erhaltungswürdig erachtet und vernichtet. Auch in der Kunstgeschichte setzte sich dies fort und man schenkte ihnen neben den erstklassigen Werken keine Beachtung, obwohl sie doch den Alltag und die breite Masse der Produktion prägten und die Normalität spiegelten. Insofern besitzen sie zu Recht auch ihren Platz in der Sammlung Haupt als Lehrsammlung.
*Sigrid Puntigam*

1 Lehmanns 1749, Tab. III u. IV.
2 Kieven 1993, S. 14.
3 Seeger 2020, Bd. I, S. 198–207.
4 Dazu besonders Wilke 2016.
5 Man vergleiche in der Sammlung A. Haupt: kl D Z 52: 3, 5, 6; sowie kl D Z 23(1): 6 u. 7(?).
6 Puntigam 2020, Bd. 2, S. 138f., Kat.-Nr. 98.

## G05
# Entwurf eines Hängeleuchters

um 1780
J. Christoph Wachter (2. Hälfte 18. Jh.), signiert u.r. „J. Christoph Wachter, Sculpteur"
49,5 cm x 33,3 cm
Graphitstift, Graphit
m D Z 11: 8

Wandkonsole mit Leuchter in Vasenform
um 1780
Unbek. dt. Künstler des 18. Jh., signiert „N"
23,7 cm x 14,4 cm, Feder, Pinsel, laviert
kl D Z 52: 8

Die akkurate Zeichnung gehört zu einer Gruppe von Blättern mit Beleuchtungskörpern in der Sammlung Haupt (vgl. Kat. G06 und Abb. 2).[1] Sie zeigt einen zweiarmigen Hängeleuchter. Das Blatt ist aufgrund der sorgfältigen Ausführung und der mehrfachen Umrahmung als Präsentationsblatt einzustufen.

Der Leuchter hängt an einer Stange mit einem Ring. Konisch nach unten schwingt sich ein kannelierter Schaft aus. An diesem ist ein Kranz befestigt, aus dem zwei aus Akanthusrankenblättern herauswachsende Kerzenarme mit Tüllen und Tropftellern angebracht sind. Der kreisrunde *Cul-de-lampe* und der sich verjüngende *Bas-de-lustre* in Form einer Rosette sind aufwendig mit verschiedenen Blattornamenten verziert.

Aufgrund der klassizistischen Stilelemente und der Ornamentik ist der Leuchter um 1780 zu datieren. Sein Material kann nicht genau bestimmt werden, es könnte sowohl Holz aber auch Metall angenommen werden.

Die rechts unten angebrachte Signatur: „J. Christoph Wachter, Sculpteur", verrät den Künstler und seine Profession. Hinweise auf einen im süddeutschen Raum wirkenden Bildhauer gleichen Namens gibt ein Eintrag in *Naglers Künstler-Lexikon* (1853).[2] Dieser dürfte daher sehr wahrscheinlich mit dem Zeichner identisch sein. Der Auftraggeber und der Kontext, in dem dieser Beleuchtungskörper gehängt werden sollte, kann nur vermutet werden. Der Beruf des „Sculpteurs" verweist wahrscheinlich auf den höfischen Bereich. Bildhauer fertigten im Rahmen ihres Tätigkeitsfeldes ebenfalls Bilderrahmen, Leuchter, etc. an. Die präzise Licht- und Schattensetzung und hochwertige Ausführung der Zeichnung spricht für den profunden Ausbildungshintergrund, den Wachter als „Sculpteur" hatte.

Beleuchtungskörper bilden einen speziellen besonders kostbaren, repräsentationsmächtigen und aufgrund ihrer Funktion wichtigen, lange Zeit jedoch von der Wissenschaft vernachlässigten und unterschätzten Teil der Raumausstattung.[3]

Es ist zu vermuten, dass der vorliegende Entwurf einem Vorlagebuch entnommen wurde.

Es beginnt in der 2. Hälfte des 18. Jahrhunderts eine Spezialisierung mit eigenständigen Entwicklungen. Immer häufiger wird qua Vorlagenbuch oder Zeitschrift – wie zum Beispiel dem *Journal des Luxus und der Mode* – das Modell aufgenommen und umgesetzt. Hochkunst trifft auf Handwerk und Gebrauchskunst. Diese Entwicklung markiert den Übergang ins Kunstgewerbe und den Übergang von der akademischen Kunstpraxis zur angewandten Kunst mit technischen und praktischen Aufgaben. In diesem Kontext sind auch weitere Blätter in der Sammlung Haupt wie der gekonnt gestaltete Entwurf eines Wandleuchters zu betrachten, der eine klassizistische Konsole mit einem dreiarmigen Wandleuchter in Vasenform mit üppigem Laubwerk an einer Wandvorlage präsentiert. Ein architektonisch gebundenes Ausstattungsstück, das in einem ähnlichen Zusammenhang wie das Hauptblatt zu sehen ist und ebenfalls für ein hochwertiges Interieur gedacht ist. *Sigrid Puntigam*

Abb. 2

1   Vgl. hierzu die Blätter der Mappe kl D Z 52 oder m D Z 11: 4 und 5.
2   Vgl. Nagler 1851, S. 35: „Wachter, Christoph, Bildhauer zu Ellingen, lieferte in der zweiten Hälfte des 18. Jahrhunderts schöne Arbeiten. Es finden sich Grabmonumente von ihm, wie jenes des Bischofs Strasoli [Raymund Anton Graf von Strasoldo (1757-1781)] im Dom zu Eichstädt. Dann fertigte er auch Basreliefs mit mythologischen Darstellungen in Alabaster. Starb um 1790." Werke von ihm ließen sich u.a. für Pfaffenhofen an der Ilm (Sandsteinsäule mit Sandsteinfigur der Maria Immaculata, wohl um 1790, Aufstellung 1833) und in Jengen (Ostallgäu, Pfarrkirche St. Martin, Kanzel, fertiggestellt 1791) recherchieren. Freundlicher Hinweis von Simon Paulus.
3   Klappenbach 2001, S. 12-17 und Klappenbach 2019.

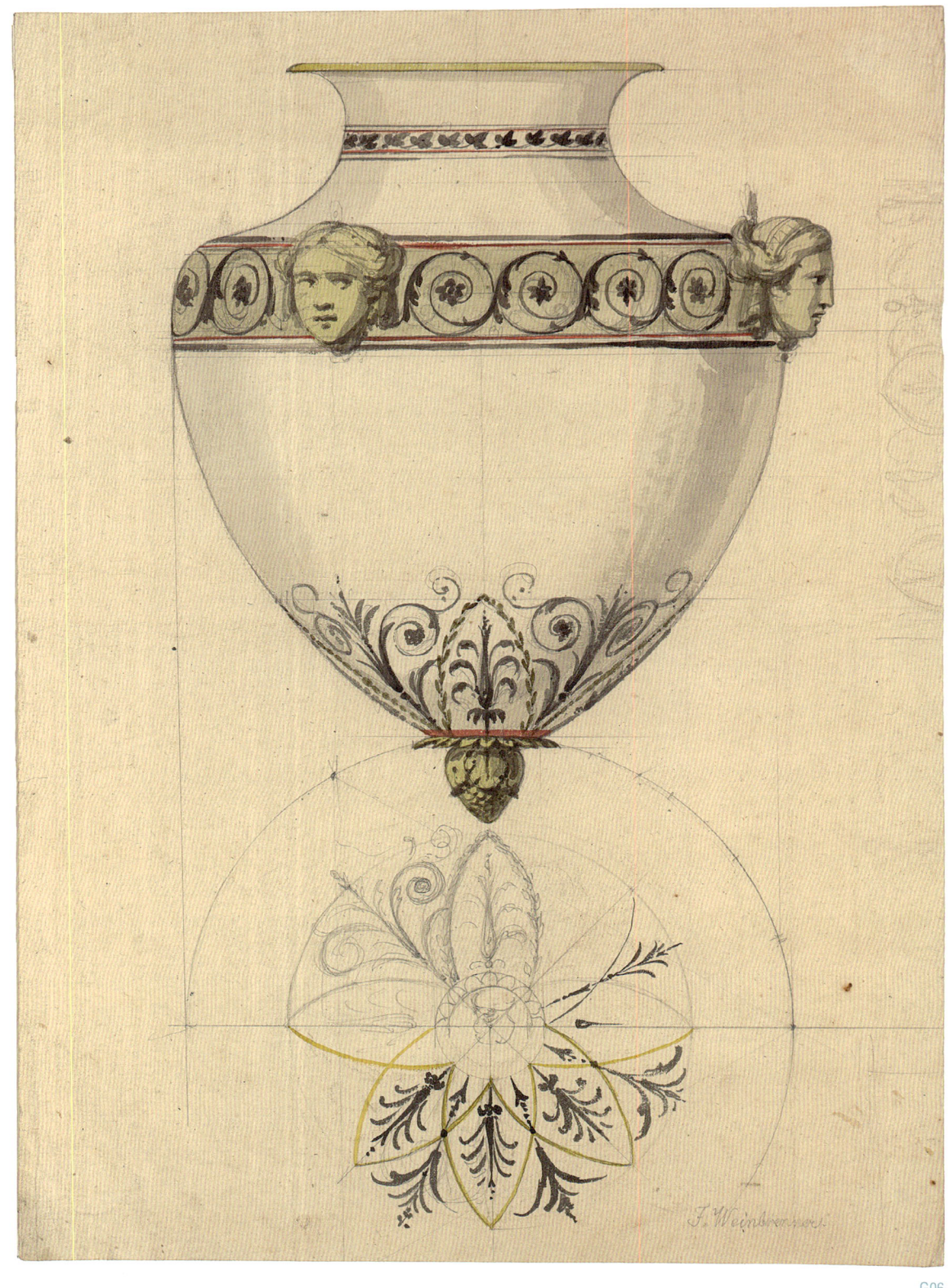

## G06
# Ansicht und Untersicht einer Leuchte in Form einer Hängeampel

um 1792
Friedrich Weinbrenner (1766–1826)
51,0 cm x 36,0 cm
Graphitstift, Feder, Pinsel, farbig laviert
m D Z 11: 4

Der vor allem als Baudirektor des Landes Baden (1801–1826) und einflussreicher Architekturlehrer bekannte Architekt entwarf auf diesem Blatt ein Gefäß. Doch nicht allein deshalb ist dieses Blatt eine Rarität, die besondere Aufmerksamkeit verdient. Mit seinem eingezogenen Hals, den hohen Schultern und dem fußlosen Körper erinnert das Gefäß an eine Amphore, die in einen Standring gestellt würde. In genauerer Analyse und Kenntnis zeitgenössischer Vergleichsbeispiele erweist es sich als etwas anderes: eine Hängeampel, die zur Beleuchtung von Räumen dienen sollte.

Bekannt sind Objekte in dieser Manier und ähnlichen Formen im Besonderen aus dem Berlin der 1790er Jahre und konkret der Bronzemanufaktur Werner & Mieth, die solche für herrschaftliche Räume und nach Entwürfen bekannter Architekten ausführte.[1] Demnach ist dieses Blatt am plausibelsten auf Weinbrenners Aufenthalt in Berlin von 1791 auf 1792 zu datieren, als er die dortige Akademie besuchte und sich mit vielen Kollegen bekannt machte, besonders eng mit Hans Christian Genelli (1763–1823),[2] der zu jener Zeit unter anderem Entwürfe für die Königliche Porzellanmanufaktur anfertigte.

Denkt man sich Weinbrenners Entwurf innerhalb der damaligen Produktion bei Werner & Mieth, wäre der Gefäßkörper in weißem Beinglas auszuführen, das seinen Namen von der beigemengten Knochenasche erhielt. Die opake Hülle ließe das Licht von – vermutlich drei – Kerzen diffus nach außen scheinen, deren Halterungen durch den Pinienzapfen mit doppeltem Blattkranz unten fixiert würden. Die Leuchte wäre an Ketten an der Decke aufzuhängen; diese sind bei genauem Hinsehen als schwache Striche zu erkennen, so wie auch die Ösen angedeutet sind, mit denen sie an der Hängeampel befestigt werden sollten. Diese hätten sich direkt an den, insgesamt drei, Frauenköpfen befunden, die aus Metall, vermutlich Bronze, gegossen und im Innern durch eine Montur miteinander verbunden zu denken sind.

Ein Entwurf für ein solches Objekt aus der Hand Friedrich Weinbrenners ist bislang nicht bekannt, wohl aber eine Teekanne.[3] Eine große Rolle spielten Gefäße in Friedrich Weinbrenners Lehre. In seinem „Architektonischen Lehrbuch" bilden sie den Einstieg und das Rückgrat für seine Formenlehre, in der er die Entwicklung von einfachen zu komplexen Körpern entlang ihrer Nutzungen veranschaulicht, konkret in den aufeinanderfolgenden Kapiteln „Über den Formenraum besonders von unseren Trinkgefäßen" und „Betrachtung verschiedener antiker Gefässe in Hinsicht ihrer Schönheit".[4]

Eine wesentliche Inspiration zu seiner Theorie allgemein und im Besonderen zur Analogie zwischen Gefäßen und Gebäuden als Raumschöpfungen hatte er ebenfalls in Berlin erfahren, in den Akademievorlesungen über Ästhetik von Karl Philipp Moritz (1756–1793). Darin hatte dieser die Gestaltung verschiedener Objekte auf die Sichtbarmachung ihrer verschiedenen, teilweise widerstreitenden Funktionen hin gedeutet, beispielsweise die Kurven der klassischen „Vase" als Oszillationen zwischen dem „bewahrenden" Einschließen und dem „darreichenden" Öffnen.[5] Wie sich die Wand des Gefäßes „zurückbiegt", „einschnürt", „sich erweitert" und „auseinander tritt", ist demnach nicht willkürlich, sondern eng mit seiner Funktion verbunden; und so sind es auch diese für das Verständnis wichtigen Zonen, die Weinbrenner an seinem Entwurf zu einer Hängeampel durch die Ornamentbänder präzise betont.

*Ulrich Maximilian Schumann*

---

1 Herzlichen Dank an Frank C. Möller, Hamburg, für den Austausch.
2 Schumann 2008, S. 13 und 16; Schumann 2010, S. 22.
3 University of Pennsylvania, Architectural Archives, 234.1; Schumann 2010, S. 175–178.
4 Weinbrenner 2015, S. 210–225; Schumann 2010, S. 178–183.
5 Moritz 1793, S. 39f.

## G07

# Entwurf für die Wandabwicklung eines Salons für den Grafen von der Leyen

„Idée de la decoration d'un Sallon projectté pour son Exellence Monsieur le Comte regnant Dela Leyen"
1792, datiert und signiert „Maience le 29 feb: 1792 I.fO: Mangin"
François Ignace Mangin (1742–1809)
42,5 cm x 63,4 cm
Feder, Pinsel, farb. getuscht
Maßstab „Echelle de pieds."
m F Z 4: 1

Grundriss und Bodenaufsicht des Saales
„Plans de terre et parquet d'un Sallon projectté pour son Exellence Monsieur le Comte regnant Dela Leyen"
dat. u. sign. „Maience le 29 feb: 1792 I.fO: Mangin"
42,8 cm x 63,5 cm
m F Z 4: 3

In der Sammlung Haupt finden sich einige 1792 in Mainz entstandene Blätter von der Hand des aus Lothringen stammenden Architekten François Ignace Mangin (1742–1809). Insgesamt sind fünf zusammengehörige Blätter mit Wandgestaltungs- und Parkettentwürfen für einen Salon in zwei Varianten erhalten, die ursprünglich sehr wahrscheinlich zu einer Serie von mindestens acht Blättern gehörten.[1] Alle Blätter sind auf den 29. Februar 1792 datiert und von Mangin eigenhändig beschriftet und unterzeichnet.

Aus der Beschriftung geht hervor, dass es sich um Entwürfe für den „Comte regnant Dela Leyen", also den regierenden Grafen von der Leyen handelte. Damit dürfte sehr wahrscheinlich jedoch nicht der Mainzer Dompropst Graf Damian Friedrich von der Leyen (1738–1817) gemeint sein, mit dem Mangin in enger Verbindung stand, sondern sein Neffe Philipp Franz von der Leyen (1766–1829), der 1791 die Reichsgrafschaft übernommen hatte. Von dessen Onkel, den im Jahr 1781 gewählten Dompropst, war Mangin mit den Neubauplanungen für die dortige Dompropstei beauftragt worden. Mit dem 1786 fertiggestellten, als Dreiflügelanlage mit Ehrenhof konzipierten Gebäude hatte Mangin für von der Leyen eine repräsentative und architektonisch qualitätsvolle Stadtresidenz geschaffen, die jedoch nur wenige Jahre existierte.[2]

Mit den Planungen für die Dompropstei sind die in der Sammlung Haupt erhaltenen Entwürfe Mangins schon allein wegen des späten Entstehungszeitraums nur schwer in Übereinstimmung zu bringen.[3] Als weitere bauliche Entwurfsaufgaben, mit denen Mangin in dieser Zeit betraut war,[4] sind lediglich Planungen für sein eigenes Haus an der Mainzer Rheinallee,[5] das „Schlösschen im Gartenfeld"[6] sowie die Neuerrichtung des Nordflügels des Schlosses in Rotenburg (ab 1790) für den Landgrafen Karl Emanuel von Hessen-Rotenburg an der Fulda bekannt.[7] Naheliegend scheint, dass Mangin über den Dompropst an seinen Neffen Philipp Franz vermittelt wurde und für eine seiner Besitzungen die Entwürfe anfertigte. Denkbar sind Umbauplanungen für das Schloss Blieskastel, wo die Familie bis 1792 ihren Hauptsitz hatte, oder aber für eines der „Niederwürzbacher Schlösser" (Philippsburg, Schwesterthal, *Bon voisin*, *Mon plaisir*, Annahof und *Bagatelle*).[8] Mit Sicherheit kam es jedoch durch den Ausbruch des Ersten Koalitionskrieges im April 1792 nicht mehr zur Weiterführung des Projektes.

Ungeachtet der Zuordnungsproblematik attestieren die Zeichnungen die hohe künstlerische Qualität, die den in Paris ausgebildeten Architekten Mangin als einen der hochrangigsten Vertreter des französischen Klassizismus auszeichnet. Mangin konnte besonders in den Kurfürstentümern Trier und Mainz eine Reihe von Bauten und Projekten realisieren, unter denen neben der Mainzer Dompropstei besonders das Schloss Monaise bei Trier (1779–1783), die Innenausstattung des Koblenzer Schlosses (bis 1787) und der Umbau des Jagdschlosses Niederwald mit seinen Gartenbauten (1787–1791) hervorzuheben sind.

*Simon Paulus*

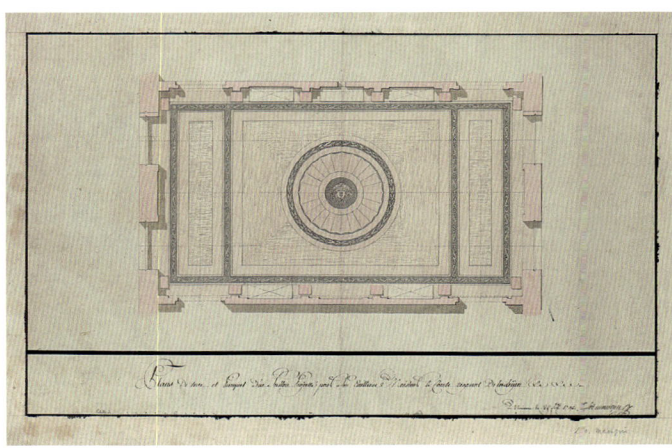

Abb. 2

1. Die Pläne sind von 4 bis 8 durchnummeriert.
2. Dazu Arens 1955 und Dittscheid/Schneider 1981, S. 133–140. Durch die Bombardierung während der Belagerung der Stadt Mainz durch preußische und österreichische Koalitionstruppen wurde die Dompropstei am 29. Juni 1793 stark beschädigt und letztendlich 1808 abgetragen.
3. Die Pläne lassen sich auch nicht im Grundriss des Gebäudes verorten. Vergleich dazu die Grundrisse und Schnitte aus dem Fürstlich Oettingen-Wallersteinschen Archiv Harburg bei Arens 1955, Tafel 7–10, 15–18.
4. Vgl. Dittscheid/Schneider 1981, S. 162.
5. Stadtarchiv Mainz, Best. 22. Bauwesen, Sign. 22/792/II/108. Dorst 1917, S. 95–97.
6. Zugeschrieben bereits von Dorst 1917, S. 112–114.
7. HStAM Bestand 17 e Nr. Rotenburg 192 (ref. Schlosskirche 1789) und Nr. P III 00582 (Umbauentwürfe Schloss Rotenburg 1790). Freundlicher Hinweis von Ulrike Hanschke.
8. „herrschaftlichen Schlößer und Wohnungen" besaß Philipp Franz von der Leyen darüber hinaus noch in Koblenz, Burweiler, Sassig, Adendorff und Gondorf. Vgl. gedrucktes „Pro-Memoria des Reichsgrafen Philipp von der Leyen an die Reichsversammlung als Nachtrag mit Belegen zu seinem bereits im Jahr 1795 übergebenen Pro Memoria in Betreff des großen Verlustes, der ihm durch die feindliche Occupation seiner zum Reiche gehörigen Besitzungen sowohl, als auch auf sonstige Art zugeht." Wiesenheid 1798; Bayerische Staatsbibliothek München, 2 J.publ.g. 484,35 m.

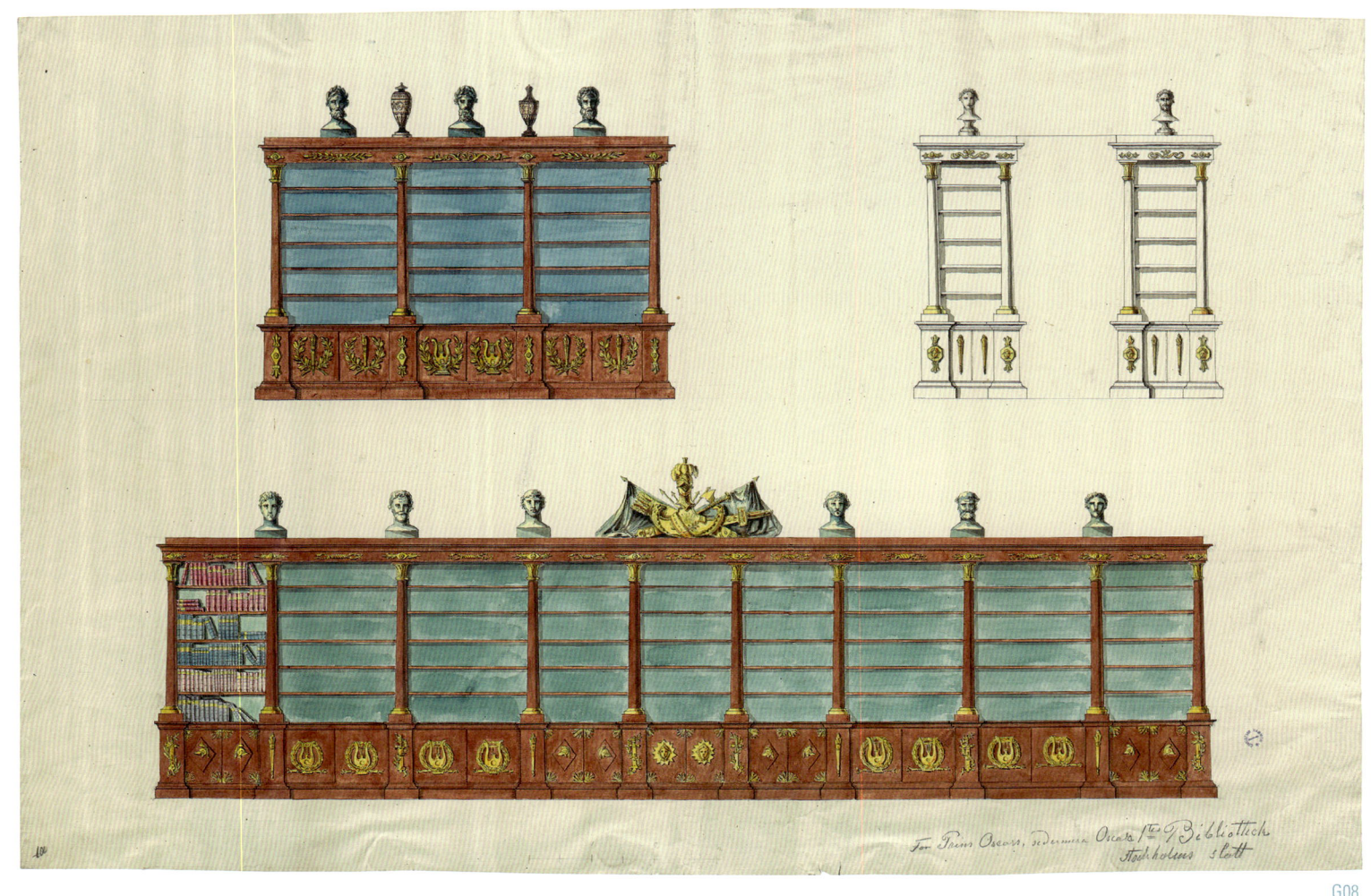

G08
# Verschiedene Ansichten von Bibliotheksregalen für das Stockholmer Residenzschloss

1820er Jahre
Johann Heinrich Dumrath (1793/94–1866) oder Nils Christian Salton (1783/84–1829), zugeschrieben
87,0 cm x 57,5 cm
Feder, Pinsel, farbig getuscht
Maßstab in Graphitstift (ohne Maßangaben)
Stempel Slg. Christian Hammer, Stockholm (Lugt 1237)
gr Sk Z 1: 3

Das großformatige Blatt mit verschiedenen Ansichten von Bücherschränken gewährt einen unmittelbaren Einblick in die wechselhafte Geschichte der Umbauten und Neueinrichtungen im königlichen Schloss in Stockholm am Beginn des 19. Jahrhunderts. Anhand des nachträglich in Graphitstift eingetragenen Vermerks „For Prins Oscars, sedermera [später] Oscare I[tes] Bibliottiek Stockholms slott", ist der Entwurf zeitlich spätestens vor der Thronbesteigung von Oskar I. 1844 einzuordnen. Mit gebürtigem Namen François Joseph Oscar gehörte der Prinz der Bernadotte-Dynastie an, die im schwedischen Königshaus mit der Adoption seines Vaters Jean Baptiste Bernadotte – ab 1818 König Karl XIV. Johann – durch den König Karl XIII. 1810 die Linie der Holstein-Gottorp abgelöst hatte.

Die generell stark von Frankreich beeinflusste schwedische Möbel- und Interieurkunst erhielt insbesondere durch die Neugestaltung der Appartements für die die Bernadottes in der Stockholmer Residenz neue Impulse.[1] Prinz Oskar bewohnte hier die Räumlichkeiten im zweiten Geschoss des Ostflügels. Die in den 1790er Jahren für Prinz Carl durch Luis Masreliez (1748–1810) eingerichteten Appartements erfuhren mit dem Einzug von Oskars Frau Joséphine 1823 eine Erneuerung im „Empire-Stil". In diesem Zusammenhang wurden auch zwei dort befindliche ältere Bibliotheksräume im Mezzaningeschoss zusammen mit einem ehemaligen Antichambre zu einer Privat-Bibliothek umgestaltet. Sehr wahrscheinlich ist das Blatt diesem Umbau zuzuordnen, wobei es vermutlich nicht zur Ausführung der Möbelstücke kam, da sie sich nicht im Mobiliar des Schlosses erhalten haben.[2] Unwahrscheinlich ist, dass die Entwürfe im Zusammenhang mit Planungen für die öffentliche königliche Bibliothek, der heutigen „Bernadotte-Bibliothek" im Nordostflügel stehen. Der Raum wurde von Carl Johan Cronstedt (1709–1779) entworfen und 1796 fertiggestellt. Die Regale sind hier wandfest eingefügt.[3]

Die Stilistik der Schrankentwürfe lässt ihre Entstehungszeit zunächst grob zwischen 1810 und 1830 eingrenzen: Kennzeichnend für die Möbelkunst dieser Jahre ist die monumentale, kubische Erscheinung und der Kontrast von dunkelgebeiztem Holz oder dunklen Holzsorten wie Mahagoni mit vergoldeten, ornamentalen Holzdekorationen oder Messingbeschlägen (Ormolu-Beschläge). Beim vorliegenden Entwurf sind es neben den ägyptisierenden Palmettenkapitellen vor allem zahlreiche, der römischen Antike entlehnte vergoldete Dekorelemente wie Helme, Kurzschwerter, Lyren und Zepter, ergänzt um marmorne – möglicherweise aus der Skulpturensammlung Gustav III. entnommene – Büsten von Imperatoren und Philosophen. Sehr wahrscheinlich war dieses Dekor auch auf die Themenfelder der Buchinhalte abgestimmt.

Besonders zwei Möbeltischler sind im Zusammenhang mit den Neuausstattungen dieser Jahre als mögliche Urheber in Erwägung zu ziehen:[4] Zum einen der aus Stralsund stammende Tischler Johan(n) Heinrich Dumrath, der 1821 als Tischlermeister in Stockholm zugelassen wurde und ab 1826 als Hoftischler Aufträge für die Bernadotte-Familie ausführte.[5] Neben der Ausstattung des „Gotischen Zimmers" im Appartement Oskars 1828 fertigte Dunrath im selben Jahr auch die Bücherschränke für Carl XIV. Johanns Privatbibliothek in Schloss Rosendal.[6] Zum anderen zu nennen ist Nils Christian Salton, ein dänischstämmiger Möbeltischler, der 1810 zunächst in Karlskrona, als Meister dann 1812 in Karlshamm und 1817 in Stockholm aufgenommen wurde. Er schuf vorrangig die Neuausstattung des Appartements Josephines ab 1823.[7] *Simon Paulus*

1 Groth 1990, S. 36.
2 Für die Auskunft sei Kerstin Hagsgård, Kuratorin der *Royal Collections*, gedankt.
3 Teilweise stammt die Innenausstattung noch aus einer älteren, unvollendeten Bibliotheksplanung von Carl Hårleman (1700–1753). Bis zu ihrem Umzug 1877 in die Räumlichkeiten im Humlegården befand sich hier die königliche Nationalbibliothek. Der Raum beherbergt seit 1907 die Büchersammlungen der Familie Bernadotte. Vgl. Alm/Ramsay Herthelius 2007.
4 Ein weiterer bedeutender Möbeltischler dieser Jahre, Lorenz Wilhelm Lundelius (1787–1859), schuf überwiegend Ausstattung für das Schloss Rosendal. Vgl. Groth 1990, S. 219.
5 Groth 1990, S. 36; 1828 übernahm er die Werkstatt seines Schwiegervaters Georg Christoffer Rackwitz (1730–1844), der auch als Instrumentenbauer tätig war. Vgl. Helenius-Öberg, Eva: Georg Christoffer Rackwitz, in: Svenskt biografiskt lexikon, Band 29 (1995–1997), S. 609.
6 Groth 1990, S. 36 u. 200f.
7 Groth 1990, S. 36 u. 220.

246 | KATALOG

## G09
## Deckenspiegel eines Theatersaals mit Uhr

um 1820
Giuseppe Borsato (1770–1840), zugeschrieben
45,5 cm x 34,5 cm
Feder, Pinsel, farb. laviert
Maßstab „Matrice"
m I Z M 6: 2

Deckenspiegel eines Theatersaals mit zentralem Deckenbild
um 1780
unbekannter italienischer Künstler (Ende 18. Jh.)
60,2 cm x 41,3 cm
m I Z M 6: 3

Das hier gezeigte Blatt gehört zu einer Serie von drei verschiedenen Planfondentwürfen für Theatersäle unterschiedlicher Zeitstellung und Autorenschaft, die in der Sammlung Haupts aufbewahrt werden. Vermutlich stehen auch die Deckenentwürfe für zwei *Salone di musica*, sowie weitere Blätter mit diesen sammlungsgeschichtlich in Beziehung.[1] Ein älterer kuratorischer Vermerk weist das Blatt einem italienischen Künstler um 1820 zu. Der italienische Kontext erklärt sich nicht zuletzt auch aus der einzigen auf dem Blatt enthaltenen Beschriftung des Maßstabes mit „Matrice", was als Schablonenmaß unmittelbar darauf hindeutet, dass das Blatt für eine konkrete Ausführung bestimmt war.

Es einem bestimmten Ort oder Auftraggeber zuzuweisen, worauf vielleicht die Allegorik der sitzenden bekrönten Figuren (Juno mit Szepter und Pfau, Minerva mit Schild und Speer) über dem Proszenium Hinweise geben können, ist bisher nicht geglückt. Mit den für den Zeitraum zwischen 1770 und 1820 prägenden Theaterbauprojekten Giuseppe Piermarinis (1734–1808) oder Gian Antonio Selvas (1751–1819) lässt es sich nicht auf Anhieb in Einklang bringen.[2] Jedoch sind zumindest aufgrund des von geübter und leichter Hand stammenden Duktus und der Stilistik der Zeichnung und ihrer Motivik Parallelen zum Werk des Venezianischen Künstlers Giuseppe Borsato (1770–1840) ziehbar, der mit Selva, u.a. im Zusammenhang mit Kulissen- und Theaterdeckenentwürfen für das Teatro La Fenice in Venedig, zusammenarbeitete und auch für weitere Theater Plafondentwürfe schuf.[3] Von Borsato könnten auch die genannten Deckenentwürfe für die Salonräume aus dem gleichen Konvolut stammen.[4] Innerhalb des umfangreichen bisher bekannten Werk Borsatos sind die Projekte jedoch nicht zuweisbar.[5]

Mit dem Plafond des in seinen Ausmaßen etwas größeren Teatro La Fenice stimmt – neben der über der Deckenzone des Proszeniums angebrachten Uhr – die aus dem Kreis konstruierte hufeisenförmige Grundrissform überein,[6] die sich im Verlauf der letzten beiden Jahrzehnte des 18. Jahrhunderts als bevorzugtes Anlageschema für das Auditorium des Rang- oder Logentheaters etabliert hatte. Die Blätter geben hier verschiedene Varianten wieder, wobei das älteste wohl in die Zeit um 1780 datierbar ist (Abb. 2).[7] Die Form des zur Bühne hin etwas gestreckteren Plafonds erinnert hier an den der Mailänder Scala (1776–1778), ist jedoch kleiner. Wie auch bei dem Blatt einer nur halb ausgeführten Alternative (m I Z M 6: 4) dürfte es sich aufgrund heraldischer Hinweise (leeres Wappenfeld mit Markgrafenkrone) jeweils um einen aristokratischen Auftraggeber gehandelt haben. Erwähnenswert ist die meisterhafte Beherrschung der scheinperspektivischen Konstruktion, die dem Betrachter eine vollplastisch stuckierte, räumlich gestaffelte Decke suggerieren sollte. Mit den Blättern eröffnet sich damit ein besonderer Einblick in die Geschichte des Theaterbaus um 1800, in der Projekte und die zeitgenössische theoretische Auseinandersetzung in Italien wesentliche Impulse setzten.[8] Es ist daher leicht nachvollziehbar, dass neben den gedruckten Ausgaben solcher Projekte auch originale Entwürfe und Zeichnungen schnell über private Sammler in Umlauf kamen und so in den Besitz Haupts gelangten.[9] *Simon Paulus*

Abb. 2

1. m I Z M 4: 2 (Bagni di Livia); m I Z M 6: 1 (Carlton House).
2. Dazu Del Bianco 2015, Balistreri 2014 und Ricci 2008.
3. Borsato 1831, Biggi 1995, S. 23; De Feo 2016, S. 3, 30.
4. m I Z M 6: 6 und 7.
5. De Feo 2016, S. 188f (II.31), 191 (II.33), S. 220 (II.58), S. 286, 307, 318, 321, 323f, 326.
6. Jedoch ist die Logenteilung anders, die Proszeniumszone nicht kurviert und ohne die für La Fenice charakteristischen Gewölbezwickel ausgearbeitet. In seiner Größe dürfte der Plafond etwa vergleichbar mit dem des Teatro della Canobiana in Mailand oder des Teatro Manzoni in Pistoia sein. Die Logenanzahl und -aufteilung entspricht der des Teatro d'Argentina in Rom.
7. Das ab 1750 verwendete Wasserzeichen der niederländischen Fabrikanten D & C BLAUW verweist mit seinem Gegenzeichen (Lilie im Wappenschild mit Krone, darunter Zahl „4" als Marke und „WR") auf die Jahrzehnte vor 1800. Vgl. Puntigam 2020, Bd. 2, Nr. 362 (1791), S. 411–413.
8. Genannt seien die theoretischen Beiträge von Milizia 1771 und Milizia 1794, Lamberti 1787 und Riccati 1790; sowie auch außerhalb Italiens Patté 1782 und Saunders 1790. Zur Diskussion um die Geometrie des Theatersaals siehe weiterführend Marchegiani 2005.
9. Z.B. weitere Verbindungen mit einem Giocondo Guiseppe Albertolli (1742–1825) zugeschrieben Reliefentwurf (m I Z M I: 4), den Blättern von Leopoldo Pollack (1751–1806) und Paolo Bargigli (1760–nach 1815) oder dem von Haupt erworbenen Teilnachlass des Mailänder Künstlers Giuseppe Bramati (1795–1871) denkbar.

G10
# Ansicht, Detailansicht und -schnitt einer Wandgestaltung

undatiert
Friedrich Weinbrenner (1766–1826), zugeschrieben
17,1 cm x 10,5 cm
Graphitstift, Feder und Pinsel, farbig getuscht
kl D Z 12: 4

Von den zahlreichen Innenräumen, die Friedrich Weinbrenner als gefragter Architekt und langjähriger Baudirektor des Landes Baden dort wie auch darüber hinaus geschaffen hatte, hat sich kaum einer im Originalzustand erhalten, und selbst Entwürfe hierzu oder auch Photographien davon sind nur selten überliefert. So hat sich die Erkenntnis noch immer nicht durchgesetzt, wie aufwändig und farbig seine Räume gestaltet waren und dass sie damit in einem starken Kontrast zu den in gebrochenen Weißtönen gehaltenen Fassaden standen.

Deshalb sind Blätter wie dieses umso wertvoller, auch wenn die Zuordnung zu einem bestimmten Bauwerk (bislang) nicht möglich ist. Doch lässt sich plausibel annehmen, dass es sich hier nicht um eine in seinem Unterricht angefertigte Schülerarbeit handelt, sondern um ein Original Weinbrenners, das einen konkreten Auftrag begleitete. Kombinationen aus Ansicht und Schnitt desselben Dekorationselementes finden sich zahlreich aus den Händen von Schülern, jedoch stets im gleichen, nie unterschiedlichen Maßstab, wie er es auch im „Architektonischen Lehrbuch" darstellte.[1]

Hier ist das Verhältnis der beiden Seiten komplizierter und erklärungsbedürftig. Links zeigt das Blatt die Ansicht eines Wandfeldes, just an der Schnittstelle zwischen einer terrakottafarben gestrichenen Putzfläche und einem Spiegel, der auf dem Gesims eines Zimmerkamins aufsteht. Das trennende, vertikale Mäanderband wiederholt sich oben, nun jedoch horizontal, um zum Wandabschluss überzuleiten, der aus einem breiten Band von feinen und vermutlich stuckierten Akanthusranken und einem abschließenden Eierstabfries besteht. Die Ranken und Rosetten des Bandes kehren in plastischerer Form in der Spiegelrahmung wieder. Es sind jedoch die dazwischen liegenden, länglichen Felder, die im rechten Blattdrittel im Detail dargestellt werden, um die vergoldeten Profile in Schnitt und Ansicht zugleich genau zeigen zu können. Dies deutet auf einen ausführenden Handwerker als Adressaten hin, was der Vermerk auf der Rückseite zu bestätigen scheint: „der blaue Meander ist doppelt verschlungen ich konnte ihn aber so klein nicht machen".

Von seinem Italienaufenthalt der Jahre 1792 bis 1797 hatte Weinbrenner Skizzenbücher voller Ornamente mitgebracht, die er von antiken Vorbildern abgezeichnet hatte.[2] Einige von diesen publizierte er in seinem „Architektonischen Lehrbuch".[3] Dass ihm seine Aufträge zahlreiche Gelegenheiten boten, diese und ähnliche Ornamente in Wandgestaltungen anzuwenden, leuchtet unmittelbar ein, ist aber erst aus Objekten wie diesem anschaulich zu rekonstruieren. *Ulrich Maximilian Schumann*

1   Z. B. Weinbrenner 2015, S. 252; vgl. Sammlung Haupt XXIVc (XXIVc (2)
2   Staatliche Kunsthalle Karlsruhe, Kupferstichkabinett, 5159–31/32/33; Schumann 2008, S. 66–73
3   Weinbrenner 2015, S. 249–255

## G11
# Festsaal im Palais Hatzfeld, Breslau

„Jetzige Decoration des Festsaales im hiesigen Kgl. Regierungsgebäude" [oben]
„Aufgenommen Breslau den 20ten August 1861 von C. Hesse" [unten]
1861
Carl Hesse (1827–1895)
72,0 cm x 64,0 cm
Feder und Pinsel, zur Hälfte farbig getuscht
gr D Z 2: 3

**Festsaal im Palais Hatzfeld**
Foto um 1900
Archiv IGT

Langhans, Persius, Busse, Strack, Knoblauch – unter den klingenden Namen preußischer Architekten des 19. Jahrhunderts sind einige, deren bekannten Trägern eher weniger bekannt gebliebene Söhne nachgefolgt sind. Einer von ihnen war Carl Hesse. Sein Vater Ludwig Ferdinand (1795–1876) zählte als Hofarchitekt dreier preußischer Könige zu jenem engen Kreis, der gemeinsam mit Karl Friedrich Schinkel Berlin und Potsdam nachhaltig prägen konnte.[1] Carl versuchte aus diesem großen Schatten heraustreten, indem er eine Karriere in den preußischen Provinzen suchte.

Seine erste Station als Landbaumeister war ab 1860 Breslau und eine seiner ersten Aufgaben dort eine Bestandsaufnahme des Regierungsgebäudes für die Provinz Schlesien.[2] In der Sammlung Haupt hat sich davon eine großformatige, später auf einen dunklen Träger kaschierte Federzeichnung erhalten. Sie zeigt zwei Achsen eines eineinhalbgeschossigen Saales, dessen Architekt sich offensichtlich um eine sehr ausgewogene Komposition horizontaler und vertikaler Elemente, zwischen Fläche und Ornament bemüht hatte. Doppelpilaster unterfangen zwischen Rundbogenfeldern ein sehr hohes Gebälk, über dem sich die Attika zu geduckten Fenstern öffnet und oben von einem wiederum hohen Fries abgeschlossen wird. Die Dekoration ist reich und mag nicht recht zu einem Verwaltungsgebäude passen. Die korinthischen Kapitelle, Eierstäbe und der zarte Akanthusfries der Gliederung sind vergoldet, die Wandfelder mit Festons und die Bögen mit Pfauen besetzt, zwischen den Fenstern schweben tanzende Genien. Es ist ein Festsaal, in dem gefeiert, musiziert, gespielt werden sollte – daran lassen die Weinblätter, Masken und Instrumente im Attikafries keinen Zweifel. Es ist der Festsaal nicht eines Regierungsbäudes, sondern des 1765–1774 nach Entwürfen Isidore Canevales (1730–1786) durch Carl Gotthard Langhans (1733–1808) ausgeführten Palais Hatzfeld unweit des Breslauer Dominikanerklosters.

Die komplizierte Vor- und Planungsgeschichte des Palais[3] muss Hesse nicht gekannt haben und erst recht nicht die späteren Heroisierungen Langhans' als frühklassizistischen Sendboten im ehemals österreichischen Schlesien. Für ihn ging es lediglich um die nüchterne Dokumentation dessen, wie er diesen Bau fast sechzig Jahre nach seiner Umnutzung zum Regierungsgebäude (1802) vorgefunden hat – oder vielleicht auch nur dieses einen Raumes. Denn welchen Anlass oder Zweck die Zeichnung hatte, ist unbekannt. Aber das Blatt ist bemaßt und in allen Details mit großer Sorgfalt angelegt – es ist ein Arbeits- und kein Schaublatt. Wenn nur eine Hälfte farbig gefasst ist, so nicht, weil es unvollendet ist, sondern weil Farbe und Schattierung dort, wo sie angelegt sind, *pars pro toto* stehen und dort, wo nicht, umso klarer die Struktur zur Geltung kommt. Das legt den Kontext einer Baumaßnahme nahe, die Hesse mit seiner Zeichnung so vorbereitet hat, wie er es an der Berliner Bauakademie gelernt hatte: gründlich und ökonomisch zugleich. Und ganz in diesem Sinne preußischer Verwaltungstugenden führte ihn sein weiterer Weg bis in das Amt eines Bau- und Regierungsrates, mit dem er in Königsberg seine Karriere beschloss.

Als Sitz der Regierung für Schlesien wurde das Palais Hatzfeld 1886 durch einen Neubau anderer Stelle ersetzt und selbst zum Dienstsitz des schlesischen Oberpräsidenten umgenutzt. Im Zweiten Weltkrieg weitgehend zerstört und heute bis auf Teile des Portals abgetragen, wird

Abb. 2

seit 2002 um seine Rekonstruktion gestritten[4] – so mag es sein, dass Hesses Zeichnung noch einmal Verwendung findet.

*Hans-Dieter Nägelke*

1  Zu Ludwig Ferdinand Hesse zuletzt: Kitschke 2007.
2  Zu Carl Johann Paul Hesse s. Börsch-Supan 1977, S. 582f. und Kieling 1986, S. 43.
3  Zur Autorschaft Lorenz 1996 und Kos 1995. Zum barocken Vorgängerbau: Wenzel 2017.
4  https://www.architekturaibiznes.pl/palac-hatzfelcow-wroclaw,4915.html, abgerufen am 25.6.2021.

H Gartenkunst

## H01
## Merkurbrunnen in italienischer Villa

um 1635
Johann Wilhelm Baur (1607–1642), zugeschrieben
16,8 cm x 20,7 cm
Feder und Pinsel, schwarz, laviert
kl D Z 62:4

Eine Fontana in dem Lustgarten des Card. Medici
ca. 1670
Melchior Küsel (1626–1683) nach J. W. Baur
Radierung
4 Haupt 87, Taf. 2

Abb. 2

Der aus Straßburg stammende Maler und Radierer Johann Wilhelm Baur schulte sich während seines Italienaufenthalts (ca. 1630–1637) ausgiebig an Werken und Manier der italienischen und internationalen Künstlerkollegen. Seine Kenntnisse der italienischen Topographie und Kunst verarbeitete er in – häufig idealen – Architektur- und Stadtveduten, die er erfolgreich in Miniaturmalerei ausführte, die aber auch in seinem umfangreichen graphischen Werk ihren Niederschlag fanden.[1]

Haupt verzeichnet in seinem Katalog der Handzeichnungen drei Einträge von Baur, die sich auf vier Zeichnungen beziehen, darunter die beiden hier vorgestellten Federzeichnungen (s.a. Kat. H02).[2] Beide Blätter hatte Vossnack bereits 1966 im Katalog „Herrenhausen 1666–1699" kurz beschrieben,[3] allerdings wurden sie nicht abgebildet und blieben in der folgenden Forschung zu Baur unberücksichtigt.[4]

Mittig aufs Blatt gesetzt ist die Figur des geflügelten Götterboten Merkur, der mit seiner ausschreitenden und emporstrebenden Haltung die berühmte Skulptur Giambolognas (1529–1608) evoziert. Der Brunnen ist auf einem Podest platziert, das beidseitig über Stufen zu erreichen ist. Durch eine Balustrade blickt man auf das Treiben im Garten dahinter. Ein mit abgetreppten und zurückweichenden Anbauten versehenes Casino bildet den Abschluss der Szenerie.

„Eine Fontana in dem Lustgarten des Card. de Medici" – so betitelte der Kupferstecher und Verleger Melchior Küsel (1626–1683) die Radierung, die eine nahezu identische Komposition im Gegensinn zeigt, und die in der ab 1670 in Augsburg herausgegebenen „Joannis Guilielmi Baurn Iconographia…" erschienen ist (Abb. 2).[5] Sowohl das Motiv Baurs als auch seine spätere vermeintliche Identifikation durch Küsel sind dem Erfinderreichtum ihrer jeweiligen Schöpfer zuzuschreiben.[6]

Die Zeichnung in Hannover war aber nicht die Vorlage für den Druck: In zwei Klebebänden, die in Vaduz aufbewahrt werden, finden sich die Handzeichnungen Baurs, die Küsel als Vorlage für die Radierungen dienten.[7] Auch eine Zeichnung des Merkurbrunnens ist dort erhalten.[8]

Die Blätter in Vaduz und Hannover haben ein identisches Format und unterscheiden sich in nur wenigen Details, wie im Bereich des Helms und in der Wendung des Kopfes von Merkur. Während im vorliegenden Blatt Merkurs Profil gezeigt wird und ein Helm nicht zu erkennen ist, sodass die Flügel wie Ohren anmuten, ist sein Kopf in der Version in Vaduz fast nur noch von hinten zu sehen, die Flügel sind wie Federn gestaltet und als Helmbekrönung zu erkennen. Der Reiter rechts hinter der Balustrade (in der Radierung links) ist nur auf der Zeichnung in Vaduz zu sehen. Auch in der Ausführung unterscheiden sich die Blätter: Während das Hannoveraner Blatt feste durchgezogene Federstriche, wenig Schraffuren, dafür teils dunkle Lavierungen aufweist, wurde das Blatt in Vaduz mit dünnerer Feder, unter häufigerem Neuansetzen und mit schwachen Lavierungen ausgeführt. Die genannten Unterschiede in den Details finden ihre Entsprechung in der Radierung, womit das Blatt in Vaduz als Vorlage gedient haben muss.

*Birte Rubach*

---

1 Vgl. Werkverzeichnis in Bonnefoit 1997, zur Italienreise vgl. S. 39–95; Busiri Vici 1957.
2 Haupt Katalog Handzeichnungen 1899, S. 8; Inv. kl D Z E2: 1 und 2.
3 Vossnack 1966, S. 60, Kat.-Nr. III/13.
4 Bonnefoit 1997 führt die Blätter auch nicht unter den „Abzuschreibenden Werken", vgl. S. 204–210.
5 Ioannis Guilielmi Baurn Iconographia […] incisae et verales expositae a Melchiore Kysell. Das Werk erschien in mehreren Auflagen (1670-1703), mit veränderter Reihenfolge und Anzahl der Radierungen, vgl. Bonnefoit 1997, S. 187 und Essay Rubach, Anm. 31–33.
6 In der Villa Medici in Rom zierte der *Fliegende Merkur* (Bargello, Florenz) den Brunnen vor der Gartenfassade. Baur kombinierte häufiger reale Gebäude und Werke in seinen idealisierten Veduten, vgl. Bonnefoit 1997, S. 80. Bonnefoit betont, dass die von Küsel hinzugefügten Angaben größtenteils fiktiv seien, vgl. ebd. S. 187.
7 Tietze-Conrat 1918; Bonnefoit 1997, S. 16, 136–146, Nr Z 108-Z 299.
8 Vaduz, Sammlung des Reg. Fürsten von Liechtenstein, Inv. Nr. 117, fol. 37; Tietze-Conrat 1918, S. 31, Abb. 6; Bonnefoit 1997, Nr. Z 143.

256 | KATALOG

## H02
# Der „Liebesgarten"

ca. 1630–40  
Johann Wilhelm Baur (1607–1642), zugeschrieben  
19,4 cm x 15,4 cm  
Feder und Pinsel, schwarz, laviert  
kl D Z 62: 3  
auf dem Verso: Skizze zweier Wildschweine  
„Melchior Küßel – vel Wilh. Baur" (Aufschrift in Bleistift späteren Datums)

Allegorische Darstellung eines anthropomorphen Turms  
Theodoor Galle  
Kupferstich aus: David 1601, Taf. 66

In der Sammlung Haupt wird eine weitere Johann Wilhelm Baur zugeschriebene Zeichnung (vgl. oben Kat. H01) aufbewahrt,[1] die durch ihr bemerkenswertes Motiv heraussticht: Mit weit aufgerissenem Mund starrt ein bärtiges Gesicht aus dunklen Augenhöhlen aus dem Bild heraus. Es ist kein Mensch, der sich uns präsentiert, sondern eine bizarre Mischung aus Architektur und menschlichem Porträt.

Auf einer kreisrunden Insel, die durch eine flache von Blendarkaden rhythmisierte Mauer eingefasst ist, erhebt sich ein aus Ziegeln erbauter und von Pflanzen überwucherter Turm. Bekrönt wird er von einem zweigeschossigen Rundtempel, der sich über einem hölzernen Umgang erhebt. Über der dem Eingang vorgelagerten Ädikula erstreckt sich ein Pfeiler, der zwei Bögen aufnimmt. An der Wand darunter öffnen sich zwei Oculi ins Innere des Turms. Rechts davon, auf gleicher Höhe schließt das Dach eines Erkers ab.

Wie bei einem Vexierbild wechselt die Dominanz des vorherrschenden Aspekts im Auge des Betrachters: die Oculi als aufgerissene Augen und das Portal als Mund sind am eindrücklichsten, es folgen die Inselmauer als Radkragen, der Ädikulagiebel als Schnurrbart, der Pfeiler (mit Basis) als Nase, der Tempel als Hut, der Umgang als Krempe etc.

Umgeben ist die Insel von einer skizzenhaft angedeuteten Landschaft, deren umschließendes Wasser sich nur anhand der von rechts nahenden Gondel erahnen lässt. Auf der Insel lustwandeln kleine Grüppchen, Paare lagern im Gras oder umschlingen sich in inniger Umarmung.

Während Haupt die Zeichnung nüchtern als „Runder Thurm in Garten mit festl. Menschen" inventarisiert hatte,[2] betitelte Vossnack das Blatt 1966 mit „Liebesgarten"[3]. Beide Benennungen haben ihre Berechtigung, vernachlässigen aber ein bedeutendes Detail: Unbemerkt von der Frau im linken Fenster (Auge), klettert der Tod über eine Leiter in das rechte Fenster.

Die anthropomorphe Architektur in Baurs Zeichnung speist sich aus der Verspieltheit und Überspitzung der Formensprache, mit der er und seine Kollegen sich seinerzeit in Italien umgeben sahen, wie etwa der Höllenschlund in Vicino Orsinis (1523–1585) Heiligem Wald von Bomarzo, die Portal- und Fensterrahmungen der Gartenfassade des Palazzo Zuccari (beg. 1593)[4] in Rom oder auch die Porträts eines Arcimboldo (1526–1593). Ideengeber für die Komposition dürfte aber ein Kupferstich Theodoor Galles (1571–1633) gewesen sein, der im 1601 erschienen Erbauungsbuch „Veridicus Christianus" des Jan David unter anderem die moralisierende Einlassung „Adspectus incauti dispendium" [Der Anblick ist der Schaden des Unvorsichtigen] illustrierte (Abb. 2).[5] Die Verse unter der Darstellung erläutern die Bedeutung von Überschrift und Bild: wer seine Augen nicht behütet und seine Blicke unbekümmert umher schweifen lässt, der öffnet die Fenster (zur Seele) und durch sie wird der Tod ihn heimsuchen.[6] Als „heitere Selbstkritik einer Zeit die wir ‚Manierismus' nennen" von Vossnack zusammengefasst,[7] versteckt sich darin auch eine morbide Anspielung auf die Folgen von so viel Unbekümmertheit. *Birte Rubach*

Abb. 2

1. Haupt Kat. Handzeichnungen 1899, S. 8.
2. Ebd.
3. Vossnack 1966, S. 66, Kat.-Nr. III/26; zum Liebesgarten vgl. Niedermeier 1995, S. 71–112.
4. Bredekamp 1991, S. 158–159; Bonnefoit 1995, S. 80.
5. David, Jan: Veridicus Christianus, Plantin ed., Antwerpen 1601, Taf. 66. Mein Dank gilt Simon Paulus, der im Auktionshaus Jean Luc Baroni, London, auf eine Arcimboldo zugeschriebene Zeichnung gestoßen ist, vgl. http://www.artnet.com/artists/giuseppe-arcimboldo/an-allegory-of-death-a-oSSmQQ1mfMpDLqccapWltQ2 [letzter Zugriff 27.06.2022], die ebenfalls dieses Motiv aufweist. Erst hierdurch wurde ich auf die Bilderfindung Galles aufmerksam. Die Zeichnung auf dem Kunstmarkt zeigt eine Frau in der Fensteröffnung, eine Turmanlage und eine Hecke, sie steht dem Blatt Baurs somit näher als die Galles. Sollte sich die Zuschreibung an Arcimboldo bestätigen, wären beide als Vorlagen denkbar und lägen auch zeitlich nah beieinander.
6. Sors 2015, S. 75–76. Zu den erläuternden Texten mit Bezug zu den Verweisbuchstaben vgl. ebd. S. 59–83, S. 175 ff.
7. Vossnack 1966, S. 66, Kat.-Nr. III/26.

H03
# Studienblatt eines Gartens mit Architekturstaffagen

Ende 17. / Anfang 18. Jahrhundert
süddeutscher Künstler, unsigniert
Feder und Pinsel, laviert
22,1 cm x 45,9 cm
m D A 12: 1

Der Zeichner eröffnet durch drei große Rundbögen den Blick in einen Gartenraum. Bekrönt wird diese Arkaden-Architektur von Schweifgiebeln und Aufsätzen wie Vasen, Kugeln und einem mittig platzierten Obelisken. Kleine Stalaktiten erinnern an eine Grottenarchitektur. Hinter der Arkade erstreckt sich ein aus vier Feldern bestehendes quadratisches Broderie-Parterre, das zu beiden Seiten eine Fortführung erfährt. Im Mittelgrund erheben sich drei freistehende mit Voluten verzierte Tore: zwei kleinere und ein großes, in dessen gesprengten Dreiecksgiebel eine Büste aufgestellt ist. Der sich anschließende hintere Gartenraum wird durch angedeutete, mächtige Heckenwände begrenzt, die den Blick über einen Springbrunnen auf die sich am Horizont abzeichnenden Berge lenken. Es könnte sich also um den Blick aus einem Schlossinnenhof auf eine architektonische Gartenanlage handeln, wie man sie sich in der norditalienischen Tiefebene mit Blick auf die Alpen vorstellen kann.

Wie die mit Bleistift später hinzugesetzte Aufschrift („Süddeutsch ca. 1620") andeutet, ähneln die architektonischen Zierelemente und Torbögen einer Formensprache des Manierismus. Zudem erinnert die Zeichnung an die von Hans Vredeman de Vries (1527–1609) in seinem Lehrbuch „Perspective" von 1604/05 veröffentlichten Kupferstiche architektonischer Einzelelemente und Bauformen.

Die Lustgärten der deutschen Renaissance bestehen jedoch – abgesehen von Ausnahmen wie z. B. dem Neugebäude bei Wien – aus einzelnen, additiv zusammengesetzten Räumen, die häufig keinen Bezug zur Schlossarchitektur aufweisen. Heckengänge (Berceaux) und Zäune grenzen diese Bereiche voneinander ab. Komplexere, achsensymmetrische Ensembles – wie sie die Zeichnung suggeriert – tauchen erst im Verlauf der zweiten Hälfte des 17. Jahrhunderts auf. Gleiches gilt für die hohen Heckenwände.

Auffällig sind auch die angedeuteten Broderieparterres, die erst durch Publikationen wie Jacques Boyceaus „Traité du Jardinage" (1638) oder André Mollets „Le Jardin de Plaisir" (1651) in Deutschland nach dem Dreißigjährigen Krieg Einzug hielten.[1] Diese modernen, am Hof Ludwigs XIII. von Frankreich entwickelten Zierbeete verdrängten allmählich die beliebten aber veralteten Knotenparterres, wie man sie beispielsweise noch in Georg Andreas Böcklers „Architectura Curiosa Nova" von 1664 findet.

Die Darstellung von flachen, aus wenigen Zentimeter hohen Buchsbaumeinfassungen gebildeten Ornamenten ist jedoch, auch wenn man nur über die hier auf zwei Fluchtpunkte fokussierte Zentralperspektive verfügt, eine Herausforderung, umso mehr, wenn man sie durch einen logischen Schattenwurf lebendiger erscheinen lassen will. Einzig die Andeutung, dass die durch die beiden Seitenportale im Mittelgrund verlängerten Wege keine logische Fortsetzung erfahren und hinter dem Brunnen ein durch die Riesenhecke nicht angedeuteter Geländesprung erwartet werden muss, deuten darauf hin, dass hier keine Meisterzeichnung vorliegt, sondern ein gekonnt angefertigtes Studienblatt, das zudem einen fiktiven, italianisierenden Gartenraum zeigt. Möglicherweise ist es im Umfeld eines Unterrichts verfertigt worden.

Die Vermittlung von zeichnerischen und entwerferischen Grundlagen erfolgte im Barock in Ateliers und Werkstätten, im Militär, auf Ritterakademien und in Hofgärtnerfamilien. Gärtner wie Matthias Diesel (München), Franz Anton Danreiter (Salzburg), Johann Prokop Meyer (Würzburg) veröffentlichten sogar anspruchsvolle Stichserien, deren Darstellungen weitaus komplexer als das vorliegende Blatt sind, da sie konkrete Objekte darstellten.[2] Wichtig waren den Künstlern die Darstellung möglichst komplexer, gartenkünstlerischer und architektonischer Situationen, wie man sie auch schon in Giovanni Battista Faldas (1643–1678) Kupferstichen vorfindet. *Marcus Köhler*

---

1 Vgl. Lindahl/Nisbeth 2007; Hansmann 2009; Wimmer 2007 und 2014.
2 Vgl. Zeichnungen in: Puntigam 2020, Katalogband, S. 439f. sowie Lauterbach 2010 und 2012.

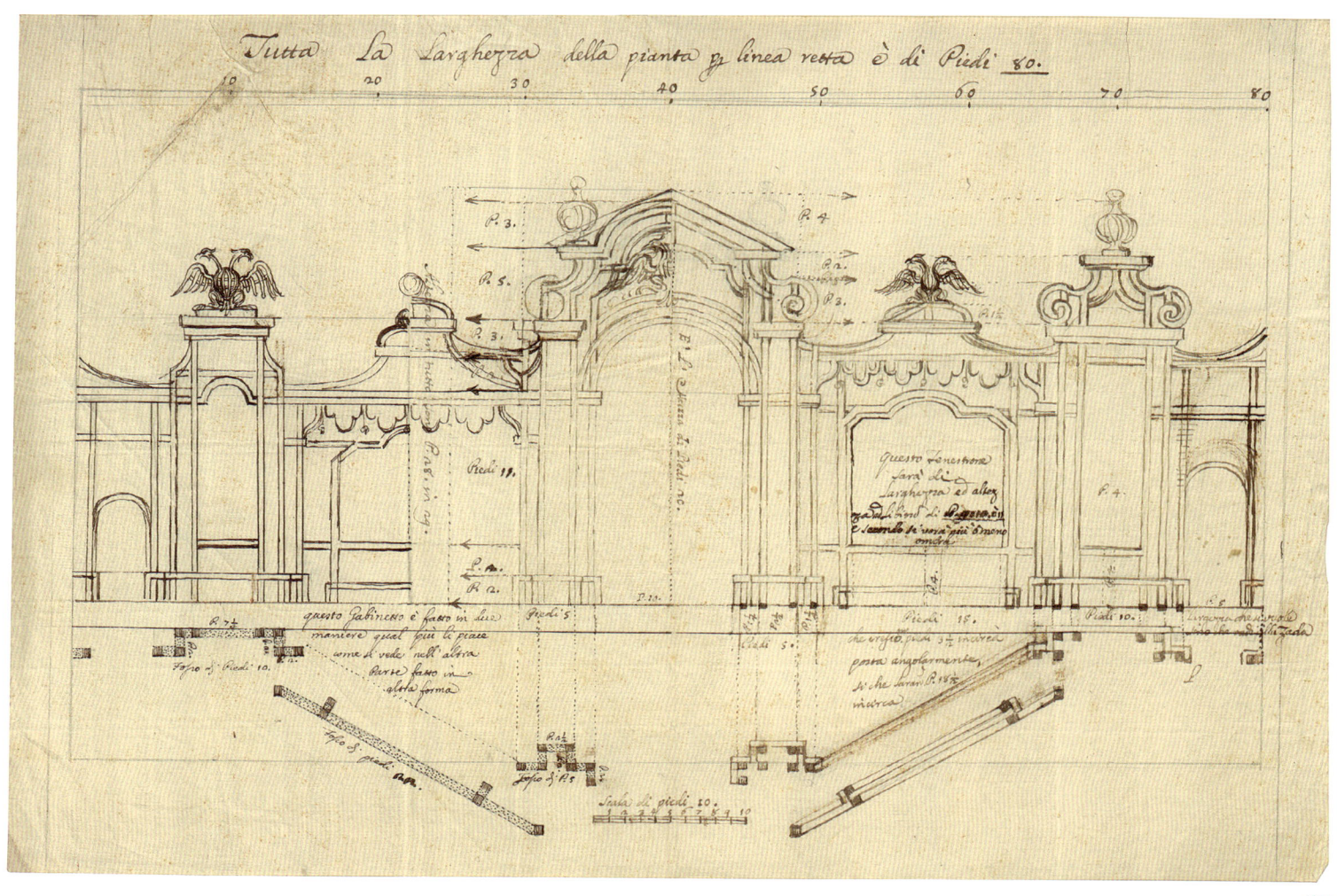

H04
# Entwurf einer Treillage-Architektur (eines Vogelhauses?)

1720er / 1740er Jahre
unbekannter ital. Künstler (18. Jahrhundert)
28,7 cm x 42,5 cm
Graphitstift, Feder in Braun
Maßstab: 10 piedi
kl I Z A 2: 7

Die italienisch beschriftete, weder datierte noch signierte Zeichnung zeigt die Front eines Gebäudes in Lattenwerk-Konstruktion. Die Treillage ist links und rechts durch die Rahmenlinie angeschnitten, ein Situationskontext ist nicht angedeutet. Mit einer Breite des gezeigten Ausschnittes von „Piedi 80" (circa 26 Meter) und einer Höhe der Giebelspitze über dem Mittelportal von „Piedi 28 in 29" (circa 9,5 Meter) handelt es sich um eine Konstruktion von beträchtlichen Ausmaßen. Die hölzernen Stützen sind tief im Boden verankert und sollen durch tiefe, im Plan punktierte Entwässerungsrillen („Fosso") vor dem Verrotten bewahrt werden.

Der Zeichner stellt auf der linken und der rechten Blatthälfte Gestaltungsvarianten zur Wahl, die sich vor allem in den oberen Abschlüssen, im figürlichen und ornamentalen Dekor unterscheiden. Der polygonal vorspringende Mittelteil öffnet sich in einem halbrund abschließenden Portal und in den seitlichen Achsen in jeweils einem breiten Fenster („Fenestrone") über einer etwa hüfthohen Brüstung. Lambrequins dekorieren den oberen Abschluss der Fenster, die doppellagig aufgebaut sind. Weitere, schmalere Fensteröffnungen schließen seitlich an. Die oberen Abschlüsse variieren Voluten, Vasen und Giebelformen. Doppelköpfige Adler aus Lattenkonstruktion sind das auffälligste figürliche Element.

Notiert der Zeichner links „questo gabinetto è fatto in due maniere qual più li piace come si vede nell'altra parte fatto in altra forma", so gibt er weder über die Tiefe noch über den oberen Abschluss oder die Funktion des „gabinetto" Auskunft. Aufgrund der Größe und zugleich des ephemeren Charakters kann es sich um einen als Gartenzier errichteten Treillage-Pavillon handeln, wie sie im frühen 18. Jahrhundert auch in oberitalienischen Gärten verbreitet waren.[1] Der vorspringende Mittelteil und die Disposition und Form der seitlichen Fenster lassen jedoch vermuten, dass es sich um ein Vogelhaus handelt, dessen Fensteröffnungen durch Drahtgitter verschlossen werden. Die Notiz des Zeichners, Höhe und Breite der Fenster seien nach Wunsch zu wählen, „secondo si vorà più o meno ombra", kann als Hinweis auf eine Nutzung für verschiedene Vogelarten verstanden werden.

Im deutschsprachigen Raum gehörten Vogelhäuser in den ersten Jahrzehnten des 18. Jahrhunderts zu den beliebtesten Gartengebäuden.[2] Die doppelköpfigen Adler als Schmuck des Gebäudes lassen auf eine Entstehung in einem der oberitalienischen Reichslehen schließen und eignen sich zudem auch ikonografisch für ein Vogelhaus. Die 1726 bis 1743 publizierten Ansichten Mailänder Villengärten im Stichwerk von Marc' Antonio Dal Re zeigen mehrere aufwendige Vogelhäuser, „Uccelliere", etwa im Garten der Villa Arconati in Castellazzo.[3] Ein Vergleichsbeispiel ist 1720 im Stichwerk von Johann David Fülck zu finden.[4] Lassen die ungeübte Hand des Zeichners und der archaisch-provinzielle Zeichenstil auf die Entstehung in einem der kleineren Reichslehen schließen, so setzt die Größe des Gebäudes doch eine größere Gartenanlage voraus.

*Iris Lauterbach*

---

1 Siehe Dal Re 1963.
2 Lauterbach 2023.
3 Dal Re 1963.
4 Fülck 1720, Taf. 47: „Cabinet mit 2 Vollier auf beyden Seiten".

262 | KATALOG

## H05
# Grundriss und Ansicht einer Brunnenkaskade

um 1760
Unbekannter Künstler (18. Jahrhunderts)
74 cm x 51 cm
Feder, Pinsel, farbig laviert
Maßstab in Schuh (Fuß) und Daumbreit (Zoll)
gr D Z 4: 1

Prospect einer herrlichen und Wasserreichen Cascade
Matthias Diesel (1675–1752)
Kupferstich von Karl Remshard (1678–1735)
aus: Diesel 1717, o. Nr., 2 Haupt 307 (1)

Die großformatige Darstellung einer Kaskadenanlage für einen herrschaftlichen Garten in Grundriss und Ansicht ist vermutlich um 1760 entstanden. Das Blatt enthält abgesehen von einigen wenigen Maß- und Zahleneintragungen kaum weiterführende Hinweise. Aufgrund des erst seit 1750 gebräuchlichen Wasserzeichens der niederländischen Papiermacher Dirk & Cornelis Blauw ist die Datierung Haupts, der das Blatt „um 1720" einordnete, nicht haltbar.[1] Sicher ist dagegen seine grobe Zuordnung in den deutschen bzw. böhmisch-österreichischen Raum anhand der Kürzel für die Maße in „Schuh" und Zoll (bzw. „d"= „Daumenbreiten").

Der Grundriss ist als Aufsicht angelegt, in der durch Schattierung und durch die Darstellung des bewegten Wassers eine größere Räumlichkeit erzeugt wird. In den Plan sind die wichtigsten Maße eingetragen, alle skulpturalen Elemente – beispielsweise die Postamente mit den Muscheln – sind durchnummeriert, die Standorte der flankierenden liegenden Skulpturen wurden mit dem Eintrag „Status" gekennzeichnet. Alle für die Ausführung nötigen Informationen sind aus dem Plan entnehmbar, sodass er nicht nur als Präsentation für den Bauherrn, sondern auch zur Veranschlagung von Kosten oder als Vorlage für den Bildhauer gedient haben kann. Irritierend sind leichte Unregelmäßigkeiten durch die asymmetrische Darstellung der Ansätze des unteren großen Beckens sowie der beiden mittigen Muschelpodeste. Anhand der angegebenen Maße lässt sich für die Anlage zwischen den seitlichen Treppenaufgängen eine Breite von etwa neun Meter und für die Sockel der überlebensgroßen Figuren eine Länge von etwa drei Meter ermitteln. Die Figuren sind somit in ihren Dimensionen und ihrem Habitus mit denen der allegorischen Figuren der „Donau" und der „Isar" an der großen Kaskade im Nymphenburger Schlosspark vergleichbar, die 1717 Giuseppe Volpini für die von Joseph Effner entworfene Vorgängeranlage geschaffen hatte.

Zur Zeit der Entstehung des Entwurfs ist die Standardisierung dieser liegenden Flussgötter und Nymphen und ihrer allegorischen Implementierung als flankierende Figuren von Wassertreppen oder Brunnen bereits abgeschlossen und kann an eine lange Tradition anknüpfen, die in den italienischen Gärten der Renaissance ihre Vorbilder hat.[2] Im deutschsprachigen Raum findet sich als frühes Beispiel die Gegenüberstellung einer weiblichen und männlichen Flussgottheit in den seitlichen Nischen der Großen Kaskade von Hannover-Herrenhausen (1685). Um 1720, der Entstehungszeit der Nymphenburger Figurengruppe, lassen sich ein ähnliches Figurenpaar an der Kaskade des Schleißheimer Schlossgartens (Donau und Isar) sowie an der der Proserpina-Grotte vorgelagerten Kaskade der Favorita bei Mainz, hier mit den männlichen Allegorien des Mains und des Rheins aufführen.[3] Als Beispiele aus dem Entstehungszeitraums des Blattes können Figurenprogramme bei den Kaskadenanlagen im Schwetzinger Schlossgarten (Danubius und Rhenus), im ab 1761 umgestalteten Garten von Schloss Seehof (zwei Flussgottheiten), in Molsdorf (Flussgott und Nymphe), Český Krumlov (Flussgott und Nymphe, 1750) oder in Ludwigslust (Stoer und der Recknitz als liegende Flussgötter, 1775) genannt werden.

Obwohl die allegorische Auszeichnung des Figurenpaars als Gegenüberstellung einer männlichen und einer weiblichen Flussgottheit eine Zuordnung erleichtert, ist die Lokalisierung des Entwurfes bisher nicht geglückt. Auch das Anlageschema liefert hierzu kaum Anhaltspunkte.

Abb. 2

Besonders angeregt durch die französischen Kaskadenanlagen (Versailles, *Salle de Bal, Théatre d'Eau*; Marly, *Bassin de Nappes*; Chantilly u. a.) entwickelte sich im Verlauf des 18. Jahrhunderts ein nur schwer überschaubarer Reichtum an Varianten, die für den bayerisch-österreichischen Raum besonders über die Stichserien von Salomon Kleiner, Matthias Diesel oder Franz Anton Danreiter bekannt gemacht wurden (Abb. 2).[4] Als kleinere Variante dieser Art zeigt der hier vorgestellte Entwurf zwar eine gewisse Nähe zu den Entwürfen bei Danreiter oder Diesel, greift aber in der Zierlichkeit seiner Anlage und dem Wegfall des oberen Bassins spätere Entwicklungen auf.[5] *Simon Paulus*

1 Voorn 1960, S. 412ff; Haupt Katalog Handzeichnungen 1899, S. 39.
2 Appuhn-Radtke, Sibylle , Flußgott, in: RDK, Bd. X (2003), Sp. 53–117; https://www.rdklabor.de/w/?oldid=89275 [01.12. 2021]
3 Zech 2010, S. 263.
4 Diesel 1717, Le Blond/Dézallier d'Argenville 1731. Genere l hierzu Zech 2010, sowie Hansmann 1983 und Lauterbach 2010.
5 Zech 2010, S. 163–166. Hinsichtlich ihrer Größe sind einige Anlagen, die Diesel 1717 zeigt, vergleichbar: Harlaching, Hohenburg bei Lenggries, Hacklberg bei Passau und Zamberg (Senftenberg), zudem auch Ateglofsheim (Kupferstich von Michael Wening von 1721).

## H06
# Ansichtsskizze zu einer Brunnenterasse mit Kolonnade

um 1775
François Cuvilliés d.J. (1731–1777), zugeschrieben
53,6 cm x 36,4 cm
Graphitstift, Feder, Pinsel, farbig getuscht
kl F Z 1: 5

Dass die lebhaft getuschte und nur zur Hälfte dargestellte Ansicht einer als Kolonnade ausgebildeten Brunnenterasse auf schnelle Wirkung bedacht ist, wird bei näherer Betrachtung deutlich. Die Details sind mit raschem Pinselstrich nur grob angedeutet.[1] Dennoch entfaltet sich eine räumlich- und tektonisch klar konzipierte Architektur frühklassizistisch-französischer Prägung. Den Baukörper des Mittelrisalits der spiegelsymmetrischen Anlage beherrscht eine große Rundbogennische, flankiert von jeweils kleineren Nischen für Figurengruppen. Die flankierende, vorgeblendete Säulengebälkrahmung ionischer Ordnung wird in den Flügelbauten als Kolonnade aufgegriffen und findet in einem dreiachsigen Seitenrisalit ihren Abschluss. Die Wandflächen sind teils in Rustika, teils als Grottenwerk ausgeführt. In den Kolonnaden wechseln sich Skulpturen und Brunnen ab. Über mehrere Kaskaden ergießen sich die Wasserströme in ein großes vorgelagertes Becken.

Die Zuschreibung des Entwurfs an den kurbayerischen Hofbaumeister François de Cuvilliés d. J. stammt von Haupt selbst, der das Blatt in seinem Verzeichnis unter der Kategorie „Gartenanlagen" als „Französisch, ca. 1780[!] (Cuvilliés.) Halle mit Cascaden"[2] verbuchte. Inwiefern diese Zuschreibung auf eine ältere Überlieferungskette zurückgeht, ist sammlungsgeschichtlich nicht mehr rekonstruierbar.[3] Im werkmonografisch bisher kaum erschlossenen Œuvre Cuvilliés d. J. findet sich kein direkter Hinweis auf ein solches Projekt,[4] doch zeigen sich starke Ähnlichkeiten im Zeichenstil, sodass die Urheberschaft zumindest im Bereich des Möglichen liegt. Da Cuvilliés zudem im Rahmen seines Tätigkeitsspektrums als Hofbaumeister auch mit Projekten der Gartenarchitektur und -anlage befasst war, bzw. Projekte seines Vaters zu Ende führte (z. B. die kleine Kaskade im Schlossgarten in Nymphenburg, 1768), liegt eine Beschäftigung mit dem Thema ebenfalls nahe.

Unabhängig von der Frage der Urheberschaft scheint es sich bei dem Projekt um eine freie Entwurfsaufgabe zu handeln, wie sie besonders an den Architekturschulen in Rom oder Paris in den 1770er und 1780er Jahren üblich waren. Beispiele für solche monumentaleren Brunnen- und Bäderarchitekturen finden sich stellvertretend bei Johann Andreas Gärtner (1744–1826) aus seiner Ausbildungszeit an der Pariser Académie Royale d'Architecture in den 1770er Jahren[5] oder aber auch bei Peter Joseph Krahe (1758–1840), der in seiner römischen Studienzeit basierend auf einer Bauaufnahme der *grande piscina* der Villa Madama 1783/85 das Thema der Brunnenterrasse in mehreren Entwürfen variierte.[6] Auch für den Zeichner des Blattes könnten italienische Brunnenterassen des 16. Jahrhunderts wie die der Villa Madama, der Villa d'Este (Tivoli) oder der Villa Aldobrandini als Anregung gedient haben, kombiniert mit barocken Vorbildern von Brunnenkolonnaden, wie sie sich beispielsweise mit dem *Bosquet de la Colonnade* im Garten von Versailles anboten. Gleichzeitig ist der Entwurf in einer Entwicklungslinie zu sehen, der den Typus der Brunnen- und Kurhauskolonnade vorbereitet.[7]

Vor diesem Hintergrund ist denkbar, dass Cuvilliés, der durch seine eigene Pariser Studienzeit 1754–1755 mit den zeitgenössischen Strömungen in Paris und Rom vertraut war, hier einen eigenen Beitrag für seine unvollendet gebliebene „Ecole de l'Architecture Bavaroise"[8] beisteuerte und gleichzeitig auch in der Gartenarchitektur jene „edle Simplicität" umsetzen wollte, die das 1770 zunächst für Kirchenbauten erlassene Generalmandat des Kurfürsten Maximilian III. Joseph einforderte.[9]

*Simon Paulus*

1 Anhand der Ausführung der Pinselstriche ist auch erkennbar, dass das Blatt auf der rechten Seite nicht beschnitten wurde, die Zeichnung also vollständig ist.
2 Haupt Katalog Handzeichnungen 1899, S. 20, 39. L. Vossnack fügte dem Blatt als kuratorische Notizen „Garten" und „französisch (Cuvilliès d. J.), ca. 1778" hinzu.
3 Das betrifft nicht zuletzt auch weitere in der Sammlung befindliche Blätter Cuvilliés [Katalog C06 u. D18]: m F Z 1: 2; kl D Z 11: 3, 5 und 8 aus der Sammlung Christian Hammer, Stockholm; m F Z 5: 2 (Tischentwürfe); m F Z 3: 3 (Zuschreibung unwahrscheinlich).
4 Die drei erhaltenen Skizzenbücher Cuvilliés (StAMünchen, Sign. HV Zimelie 179; Bayerisches Nationalmuseum, Sign. 8825, und Staatliche Graphische Sammlung, Inv. Nr. 32641- a Z scheinen hierzu keinen Hinweis zu enthalten. Siehe Gossel 2002.
5 Vgl. Nerdinger/Zimmermann 1986, S. 28–33.
6 Dorn 1969, S. 61f, 195–197, Kat. Nr. 231–233.
7 z. B. Wiesbaden 1826/27. Dazu weiterführend Grötz/Phillipp 2006.
8 Schnell 1961, sowie TIB 2 Haupt 260.
9 Heß 1989.

## H07
## Ansicht eines Rundtempels mit Säulenportiken

Ende 18. Jahrhundert
Johannes Feer, Vater (1763–1823), zugeschrieben
46,0 cm x 33,0 cm
Feder, Pinsel, grau laviert
Blatt links und unten beschnitten
gr D Z 2: 4

Ansicht und Grundriss eines kleinen Tempels
sig. u. dat. u.r.: „Maynz. Feer fecit Dez. 1319"
Johannes Feer, Sohn (1796–1830)
53,6 cm x 36,4 cm
„Maßstab von 10 Fussen", „Zolle"
m D Z 4(2): 14

Als Elemente der Gartengestaltung gehörten kleinere Bauwerke wie Casinos oder Pavillons auch zu den beliebtesten Entwurfsaufgaben im Rahmen der Architektenausbildung. In der Sammlung Haupt findet sich gleich eine ganze Reihe unterschiedlichster Beispiele, die zwischen etwa 1780 und 1820 entstanden sind. Um einen solchen Schülerentwurf handelt es sich auch bei einem der beiden hier vorgestellten Blätter mit dem in Ansicht und Grundriss dargestellten Entwurf eines kleinen tempelartigen Bauwerks (Abb. 2).[1] Der spiegelsymmetrisch aufgebaute Entwurf setzt sich aus einem kubischen, schlichten Baukörper mit einer darüber im Segment hervortretenden Kuppel mit abgetreppten Ansatz zusammen, dem ein dorischer Tempelportikus vorgelagert ist. In den Kubus des Baukörpers eingehöhlt erscheint ein Raum auf kreisförmigem Grundriss mit vier in den Diagonalen angeordneten halbrunden Nischen. Im Grundriss erkennbar ist die Aufsicht auf ein Altarpodest an der dem Eingang gegenüberliegenden Seite.[2]

Laut Signatur am unteren rechten Blattrand entstand die Zeichnung im Dezember 1819 in Mainz durch einen Zeichner, von dem wir nur den Nachnamen, „Feer" erfahren. Dieser Name begegnet uns in der Sammlung nochmals in Verbindung mit einer Zuschreibung für einen weiteren Entwurf im Bestand der Großformate (Abb. 1).[3] Im Gegensatz zum signierten Blatt von 1819 dürfte das großformatigere jedoch einige Jahrzehnte älter sein. Bis auf die Tatsache, dass es sich bei beiden um Varianten eines kleinen Zentralbaus in Anlehnung an das (antik)-römische Pantheon und Vorbilder palladianischer Bauten handelt, haben beide Entwürfe wenig gemeinsam. So wirkt der großformatige Entwurf deutlich versierter und eleganter und lässt in seiner Stilistik Einflüsse der Pariser *Académie Royale d'Architecture* erkennen. Sie stammen also sicherlich nicht aus derselben Hand.

Der Name Feer taucht im Zusammenhang mit der Biographie Friedrich Weinbrenners (1766–1826) auf. Dabei handelt es sich um den Schweizer Ingenieur Johannes Feer, mit dem Weinbrenner seit 1789 eine engere Freundschaft verband.[4] Der aus Zürich stammende Ingenieur, Geodät und Astronom hatte zwischen 1783 und 1786 eine Bildungsreise durch deutsche und französische Städte, u.a. Wien, Dresden und Paris, absolviert und anschließend über Zürich hinaus eine gewisse Bedeutung erlangt. Zwischen 1798 und 1805 war er als Bauinspektor des Herzogs Georg I. von Sachsen-Meiningen tätig, bevor er für das Amt eines „Civilingenieur-Architekten und Fortifications-Directors" von der Stadt Zürich zurückberufen wurde. Über eine Mitteilung Franz Xaver Zachs (1754–1832) ist überliefert, dass „Herr Feer […] ein sehr erfinderischer Kopf, ein guter Astronom, ein guter Baumeister, und ein sehr fertiger und geschickter Zeichner" gewesen sei.[5] Zach erwähnt im Zusammenhang mit seinem Tod auch einen Sohn, der wohl gleichfalls als Ingenieur und Baumeister tätig war.[6] Eine Tochter, Lisette Feer (1794–1866), erwarb sich einen regionalen Ruf als Malerin und Lithografin.

Sehr wahrscheinlich handelt es sich bei dem Zeichner des Blattes von 1819 um den gleichnamigen Sohn Feers, der auch mit jenem „Feer in Zürich" identisch sein dürfte, den Alois Schreiber als „Schüler" Weinbrenners gelistet hat.[7] Verbindungen zwischen dem Vater und Weinbrenners Schülerkreis gab es auch während seiner Tätigkeit als Bauinspektor bei Herzog Georg I. von Sachsen-Meiningen: Mit dem Weinbrenner-Schüler Johann Anton Ferdinand Thierry (1777–1833) realisierte er 1800 den Bau des Kurtheaters Bad Liebenstein. Inwieweit

Abb. 2

der Vater als Zeichner und Entwerfer des älteren Projektes für einen Gartentempel in Frage kommen dürfte, muss unbeantwortet bleiben.

*Simon Paulus*

1   Von A. Haupt als „Gartenhalle" bzw. „Rotunde" vermerkt (Haupt Katalog Handzeichnungen 1899, S. 32). Das Blatt befand sich ursprünglich in der Mappe XXXIIIa und gelangte wohl irrtümlich in die Mappe XXIVa. Es könnte in engem Zusammenhang mit weiteren Blättern aus der Sammlung Christian Hammers stehen, dessen Sammlerstempel es trägt.
2   Als einzige dekorative Elemente sind an den Eckpunkten der Traufzone jeweils Profile von Frauenköpfen antiker Prägung erkennbar.
3   Handschriftliche Notiz in Bleistift „Pavillon 18. Jh. Feer, franz. Einfluss", vermutl. Lieselotte Vossnack. Das Blatt ist im Hauptschen Verzeichnis nicht auffindbar.
4   Eintrag vom 4.10.1790 im Freundschaftsalbum von F. Weinbrenner (1789–92), Stadtarchiv Karlsruhe, 8/StS 13/104, 46a-b.
5   Wolf 1873, S. 17, Anm. 34, mit Verweis auf Zach 1798, S. 247.
6   Wolf 1873, S. 27. Bis auf den Eintrag in der GND ließen sich weitere biographische Daten zu Johannes Feer Sohn nicht ermitteln.
7   Weinbrenner 1829, S. 297.

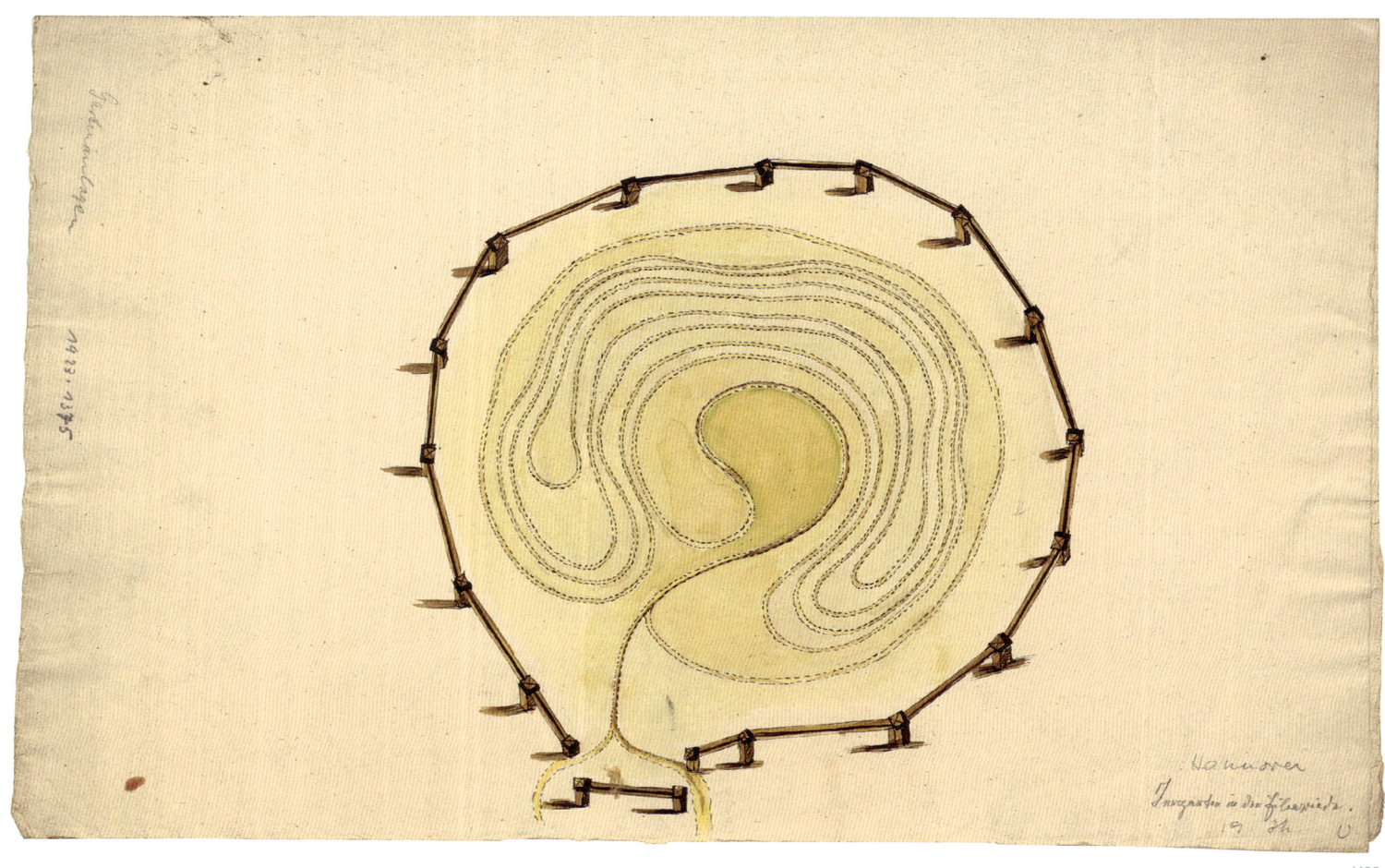

268 | KATALOG

## H08
# Das historische Labyrinth in der Eilenriede Hannover

zweite Hälfte 19. Jahrhundert
unbekannter Künstler
24,9 cm x 39,8 cm
Feder und Pinsel, farb. getuscht
kl D Z 7: 1

Bei dem Blatt handelt es sich um die kolorierte Handzeichnung eines Labyrinthes. Es ist weder signiert noch datiert, die Aufschrift „Hannover – Irrgarten in der Eilenriede – 19. Jahrhundert" ist vermutlich nachträglich auf das Blatt gebracht worden. Zu sehen ist das historische Labyrinth in der Vorderen Eilenriede, dessen einstiger Standort sich gegenüber der Kreuzung Bödekerstraße/Hohenzollernstraße befand. Das Labyrinth wurde auch als „Rad" bezeichnet.

Indikator für die zeitliche Einordnung des Blattes ist der dargestellte Zustand des Labyrinthes, namentlich die Art der Windungen. Diese ist identisch mit einer Zeichnung des Rades aus dem Jahr 1858 von A. Lüdecke, die jedoch nur in Umzeichnungen überliefert ist.[1] Daneben ist vor allem die Form ausschlaggebend, denn das Rad wurde im Lauf der Jahre mehrfach in Gestalt und Größe verändert.[2] Ursprünglich kreisrund angelegt, entwickelte sich seine Form allmählich zu der auf der Zeichnung erkennbaren annähernden Nierenform.[3]

Bei dem im Rasen angelegten Rad handelt es sich typologisch um ein Labyrinth und nicht um einen Irrgarten, bei dem es Verzweigungen und Sackgassen auf dem Weg zum Ziel gibt.[4] Das Labyrinth in der Eilenriede gehört zum Typ baltisches Rad.[5] Es unterscheidet sich in zwei wesentlichen Punkten vom klassischen Labyrinth, dessen Weg ohne Verzweigungen zur Mitte führt und dort endet. Zurück führt nur derselbe Weg, Ein- und Ausgang sind identisch.[6]

Das historische Rad in der Eilenriede zeichnete sich dadurch aus, dass es *zwei* Ein- bzw. Ausgänge hatte, deren Gänge beide zum Mittelpunkt des Labyrinths führten und durch eine Schleife miteinander verbunden waren.[7] Dieses Detail ist nicht unbedeutend, denn auf der vorliegenden Zeichnung ist zwar die Schleife, durch die die Wege im Mittelpunkt verbunden sind, abgebildet, jedoch lediglich ein Zu- und Ausgang. Unklar ist daher, ob es sich um eine Bestandszeichnung oder um eine Alternativplanung handelt.

Der Ursprung des Eilenriede-Labyrinthes ist nicht gesichert. Manche Quellen besagen, dass es im Jahr 1490 von Soldaten des Herzogs Heinrich d. Ä. zu deren Vergnügen angelegt worden sei.[8] Andere datieren seinen Anfang auf das Jahr 1626, als es durch Söldner von General Tilly zu deren Zeitvertreib errichtet worden sei.[9] Urkundlich erwähnt wurde das Rad erstmalig 1642 in der Hannoverschen Stadtchronik. In jenem Jahr besuchte der protestantische Erzbischof von Bremen, Herzog Friedrich von Holstein, mit seiner Braut, Herzogin Sophia Amalia von Braunschweig und Lüneburg, seinen hannoverschen Schwager. Die Herrschaften verbrachten zwei Tage in der Eilenriede, wo ihnen das Rad „zur Belustigung" diente.[10] Einige Jahre später, 1649, erwähnte der Konrektor Georg Schrader in einer Rede ein Labyrinth mit gewundenen Gängen, in dem Jungen und Mädchen um die Wette liefen.[11]

Als in den 1880er Jahren eine Restaurierung des Labyrinthes erfolgte, wurde die Zahl der Gänge reduziert.[12] Fünf Jahrzehnte später, ab 1928, fanden unter Leitung des damaligen Stadtgartendirektors Hermann Kube (1866–1944) Umgestaltungsmaßnahmen in der Vorderen Eilenriede statt.[13] In diesem Zuge wurde das historische Rad entfernt.[14] Wenige Jahre später, wohl 1935, entstand an anderer Stelle inmitten der Eilenriede das neue, bis heute überlieferte Rad. Es ist keine originalgetreue Rekonstruktion, sondern eine freie Paraphrase des historischen Vorbildes und unterscheidet sich sowohl durch den zentralen Baum, als auch in Größe und Form. Die verschiedentlich zu lesende Aussage, dass es eines der drei letzten historischen Rasenlabyrinthe in Deutschland sei, ist daher unzutreffend.[15] *Juliane Roth*

1 Vgl. Hannoversche Geschichtsblätter, 8 (1905), S. 184–186, hier S. 185 (dort mit Provenienz Stadtarchiv Hannover angegeben) sowie Leonhardt 1938, S. 63.
2 Krüger 1995, S. 14.
3 Leonhardt 1938, S. 64.
4 Krüger 1995, S. 5.
5 Candolini 2004, S. 60.
6 Ebd., S. 6.
7 Leonhardt 1938, S. 62.
8 Mithoff 1871, S. 97 und Jugler 1884, S. 26.
9 Jugler 1884, S. 28.
10 Ebd., S. 29.
11 Jugler 1884, S. 27.
12 Leonhardt 1938, S. 64.
13 Hallbaum 1931, S. 160.
14 Leonhardt 1938, S. 52.
15 Für diesen Hinweis danke ich Gerd Garnatz.

# Topographia und Reisestudien

## I01
# Ansicht von Marostica

„Marostiga 1575"
unbekannter Zeichner (flämisch?), 16. Jh.
18,3 cm x 29,2 cm
Feder in Braun
kl I Z A 6: 1

Verso: Skizze eines baumgesäumten Weges am Ufer eines Flusses
um 1575
unbekannter Zeichner, 16. Jh.
kl I Z A 6: 1a

Hingeworfen mit schnellen Strichen, breitet sich die Ansicht einer Stadt vor dem Betrachter aus. Eine von niedrigen Gebäuden gesäumte Hauptstraße wird überragt vom zinnenbekrönten Turm eines Kastells, hinter dem sich ein repräsentativer Bau mit Arkadengang und Uhrenturm erhebt. Über einen Brunnen wandert der Blick in die Tiefe der Darstellung, die im Hintergrund von einer Bergkette mit Mauerzug und einem weiteren Kastell beschlossen wird. In den Details vage, inszeniert die Zeichnung geschickt strukturierende Elemente wie die Achse des Straßenzugs und die Abfolge architektonischer Formen, die sich an ihr entlangziehen. Feine Spuren von ausradierten Vorskizzen in Graphit belegen die Sorgfalt, mit der die Komposition angelegt wurde.

Eine Inschrift im Blatt identifiziert den Ort als „Marostiga", das heutige Marostica bei Vicenza in Norditalien.[1] Mit seinen mittelalterlichen Befestigungsanlagen galt die Stadt, eine der sogenannten *città murate*, bereits in der frühen Neuzeit als sehenswert.[2] Der Mauerring mit dem hochgelegenen Castello superiore umschließt weitläufig den Siedlungskern rund um die zentrale Piazza degli Scacchi. Sie wird flankiert vom Palazzo del Doglione und dem Castello inferiore, den zwei Gebäuden, die auch im Haupt'schen Blatt Vorder- und Mittelgrund beherrschen. Am Kastellturm verweist ein geflügelter Markuslöwe auf die politischen Verhältnisse: 1575 – laut Inschrift Entstehungsjahr der Zeichnung – war die Stadt Teil der venezianischen Terraferma.

Auf der Rückseite des Blattes findet sich mit der Ansicht eines baumgesäumten Weges am Ufer eines Flusses eine weitere Skizze, vermutlich von derselben Hand (Abb. 2). Beidseitige Nutzung und Format legen nahe, dass der Bogen aus einem Skizzenbuch herausgelöst wurde; möglicherweise entstanden die Zeichnungen auf einer Reise.

Technik und Motive des unsignierten Blattes verraten einen geübten Zeichner mit ausgeprägtem Interesse an urbanen und landschaftlichen Gefügen. In der Darstellung Marosticas manifestiert sich die Etablierung der Stadtansicht als Bildgegenstand während des 16. Jahrhunderts, eine Entwicklung, die von den illustrierten Städtebüchern niederländischer und deutschsprachiger Verleger entscheidend beeinflusst wurde.[3] Die Landschaft als eigenständiges Bildmotiv auf der Rückseite verweist auf Zeichnungen flämischer Tradition aus dem Umfeld Pieter Bruegels d. Ä. (1525/30–1569).[4]

Der Zeichner könnte jenem Kreis nordalpiner Künstler entstammen, die sich um 1600 in Italien aufhielten und dort in der Landschafts- und Stadtdarstellung neue Impulse setzten.[5] Zu diesen *Oltramontani* gehörte auch der in Antwerpen ausgebildete Maler Lodewijk Toeput, genannt *Il Pozzoserrato* (um 1550–1603/1605), der ab 1576 in Venedig nachweisbar ist.[6] Seinen Zeitgenossen galt er als fähiger Landschaftsmaler,[7] und 1577 kam er über Joris Hoefnagel (1542–1600) mit den Arbeiten an Georg Brauns und Franz Hogenbergs Städteatlas *Civitates Orbis Terrarum* in Kontakt, für den er mehrere Vorlagezeichnungen lieferte.[8]

Das Haupt'sche Blatt spiegelt diese Schwerpunkte und zeigt in Technik und Komposition Parallelen zu anderen, Toeput zugeschriebenen Arbeiten auf Papier.[9] Datierung und Entstehungsort decken sich zudem mit den bekannten Stationen seines Lebens.[10] Ob die Zeichnungen allerdings tatsächlich aus der Hand des Antwerpeners stammen oder einem seiner Zeitgenossen zuzuschreiben sind, ist offen. Der Blick auf Toe-

Abb. 2

puts Schaffen beleuchtet nichtsdestotrotz die Kontexte, aus denen heraus im Norditalien des 16. Jahrhunderts Stadt- und Landschaftsdarstellungen wie die des Haupt'schen Blattes entstanden. *Else Schlegel*

---

1 Zur Stadt: Muraro 2009. Die Schreibweise mit „g" findet sich bereits 1483: Sanudo 2014, S. 370.
2 Sanudo 2014, S. 370–373.
3 Siehe dazu: Behringer/Roeck 1999.
4 Vgl. dazu Anzelewsky 1975.
5 Schatborn 2001; Härting 2020.
6 Luciani/Mason Rinaldi 1988; Gerszi 1992; dies. 1999.
7 Mander 1906, Bd. 2, S. 342, 345.
8 Gerszi 1999, S. 90. Er kopierte auch Stiche Hofnagels: z.B. Gerszi 1992, S. 385, Kat. 7, Abb. 14. Zu den *Civitates*: Braun/Hogenberg 2008.
9 Vgl. z.B.: Ansicht von Verona (Vaduz, Sammlung Ratjen, Inv.-Nr. R 231; Gerszi 1992, S. 385, Abb. 20); Ansicht einer Dorfstraße (Florenz, GDSU, Inv.-Nr. 759PF; Gerszi 1992, S. 387, Kat. 14, Abb. 29); Ansicht der Piazzetta S. Marco in Venedig, 1585, Kupferstich (The Illustrated Bartsch 73, 2 (2016), S. 290–291, Nr. 472; die Adresse mit dem Namen Toeputs dort unvollständig transkribiert, auf den Abzügen jedoch gut lesbar; vgl. Exemplar in Braunschweig, HAUM, Kupferstichkabinett, Top. Smlg., Größe 3, o. Inv.-Nr.).
10 Das genaue Datum von Toeputs Ankunft in Venedig ist unklar, bereits 1573 könnte er vor Ort gewesen sein: Gerszi 1999, S. 89.

## I02
# Ansicht der Domkirche Santa Maria Assunta in Lodi

„Daß hindere Theil der Dom Kirche Zu Lodi"
17. Jh.
Unbekannter Zeichner, deutsch/niederländisch?, 17. Jh.
15,5 cm x 19,9 cm
Graphitstift, Pinsel, laviert
kl D Z 1: 3

Blick von der Piazza del Mercato in Lodi auf die Chorseite des Doms
im heutigen Zustand
Foto: Archiv IGT

Eine wechselhafte Geschichte prägt das urbane Gefüge der norditalienischen Stadt Lodi. Nach der Zerstörung des alten Laus Pompea befahl der Stauferkaiser Friedrich Barbarossa 1158 im Zuge der Neugründung des Ortes auch den Bau eines neuen Bischofssitzes. Auf die Weihe der heutigen Domkirche im 14. Jahrhundert folgte eine Reihe von Modernisierungen, bevor eine Restaurierungskampagne den Bau zwischen 1958 und 1966 auf einen rekonstruierten mittelalterlichen Zustand zurückführte.[1]

Das Hauptsche Blatt zeigt eine Ansicht des Domchors von Nordosten, in der das Rund der Hauptapsis mit ihrem Baudekor aus Blendarkaden und Lisenen dominiert. Sie wird flankiert von zwei Nebenapsiden, deren nördliche hinter einer Kapelle verborgen ist. Dachfirst, *campanile* und umliegende Bauten sind angedeutet. Die Perspektive ist aus gutem Grund gewählt: An den Langseiten ist der Dom eng umbaut, nur Hauptfassade und Chor überblicken schon vor 1700 große Platzanlagen.[2] Die Piazza del Mercato, auf welcher der Zeichner gestanden haben muss, machte die Außenmauern des Chors zur zweiten Schauseite.

Das Blatt trägt weder Datum noch Signatur, lässt sich zeitlich aber dennoch gut einordnen. Zwischen 1567 und 1569 wurde das Innere der Hauptapsis im Dom neu freskiert, dafür das zentrale Fenster geschlossen und zwei seitliche Fenster geöffnet.[3] Die Zeichnung dokumentiert diesen heute nicht mehr existenten Zustand; gleichzeitig fehlt eine Kapelle, die erst um 1760 der südlichen Nebenapsis vorgesetzt wurde.[4] Dieser chronologische Rahmen deckt sich mit einem wohl von Haupt stammenden Vermerk auf dem Träger, der die Zeichnung ins 17. Jahrhundert datiert. In ihrer Überlagerung von Schraffuren und Lavuren erinnert auch die Technik an niederländische Zeichnungen der gleichen Zeit [Vgl. A11].[5]

Rechts oben im Blatt greift eine Skizze die Blendarkaden der Apsis erneut auf und betont so den Studiencharakter des Blatts. Möglicherweise gehörte der Zeichner zur wachsenden Zahl kunstinteressierter Reisender, die in der frühen Neuzeit aus den Ländern nördlich der Alpen nach Italien aufbrachen.[6] Dabei waren nicht nur antike und zeitgenössische Kunst und Architektur von Interesse, auch das materielle Erbe der Jahrhunderte dazwischen wurde studiert und rezipiert.[7] Besonders die großen Sakralbauten standen aufgrund ihrer architektonischen, religiösen und gesellschaftlichen Bedeutung im Fokus. Das Hauptsche Blatt spiegelt diese Aufmerksamkeit und inszeniert den Dom von Lodi aus einem Blickwinkel, der sich in frühneuzeitlichen Kirchendarstellungen immer wieder findet.[8]

Eine handschriftliche Notiz auf dem Träger ordnet das Blatt dem Nachlass des Dresdner Künstlers Adrian Zingg (1734–1816) zu.[9] Zingg, der als Landschaftsmaler zu den wichtigsten Figuren der frühen deutschen Romantik gehörte, trug eine umfangreiche Sammlung von Kunstwerken zusammen, die auch Stadt- und Architekturdarstellungen umfasste.[10] Diese vermutliche Provenienz überrascht kaum: Eng verknüpft mit den Ideen der romantischen Bewegung, intensivierte sich im deutschsprachigen Raum ab 1800 das Interesse am Mittelalter. Auch die Faszination mit den Bauten der norditalienischen Romanik hielt an. Sie wurden – gemeinsam mit ihren urbanen Kontexten – zu wichtigen Bezugspunkten der europäischen Architektur. *Else Schlegel*

Abb. 2

1. Degani 1960, Caretta/Degani/Novasconi 1966; Zur Restaurierung: Pallavera 2014.
2. Vgl.: Agostino Petracino, Descrittione geografica città di Lodi, Holzschnitt, aquarelliert, 1648 (Lodi, Biblioteca Comunale Laudense; Guglielmi 2001, Abb. S. 56).
3. Degani 1960, S. 11; Caretta/Degani/Novasconi 1966, S. 207.
4. Degani 1960, S. 15-16 und Abb. 27.
5. Schatborn 2001.
6. Grundlegend: Schudt 1959; zu niederländischen Reisenden: Verhoeven 2015.
7. Vgl. dazu z.B. Bickendorf 1998; Pericolo/Richardson 2015.
8. Z.B.: Anonymus Fabriczy, Ansichten von San Vittore al Corpo und San Martino in Mailand, Feder laviert, um 1570 (Staatsgalerie Stuttgart, Graphische Sammlung, Inv.-Nr. C 5781). Geißler/Pannewitz 1984, Kat.-Nr. 98-99; https://www.staatsgalerie.de/g/sammlung/sammlung-digital/einzelansicht/sgs,'werk/einzelansicht/6E5D06B440B6F3603E6D01B0B288AE0E.html
9. Kuhlmann-Hodick/Schnitzer/Waldkirch 2012.
10. Im Verzeichnis von Zinggs Nachlass, der 1816 versteigert wurde, ist das Hauptsche Blatt nicht einzeln aufgeführt, verbirgt sich aber möglicherweise in einem der nur kursorisch beschriebenen Zeichnungskonglomerate: „Auctionsverzeichniss der zum Nachlasse des Herrn Professor Zingg gehöriger, sehr ansehnlichen Sammlung von Handzeichnungen, Kupferstichen und Oehlgemählden...", Anhang zu: Wiedemann [o.J.].

## 103
# Die Kinzigbrücke in Hanau

„Die Küntzbrücke zu Hanau 1657 gezeichnet"
1657
unsigniert, Künstler unbekannt (ehem. Johann Hauer zugeschr.)
16,7 cm x 15,2 cm
Feder, Pinsel, laviert
kl D Z 1: 6

Ansicht von Hanau im Jahr 1632
Matthäus Merian d. Ä.
Kupferstich aus: Zeiller/Merian 1646, n. S. 50

Die lavierte Federzeichnung zeigt eine steinerne Bogenbrücke mit einem Torturm, beide in einem ruinösen Zustand. Anstelle eines Turmhelms sitzt auf dem Turm ein windschiefes Holzhüttchen, an der Brücke sind Risse und Bewuchs zu sehen. Das Ensemble ist formatfüllend ins Bild gesetzt, wohingegen die angrenzende Stadt nur angedeutet wird. Der Inschrift nach handelt es sich bei dem Bauwerk um die Kinzigbrücke bei Hanau im Jahre 1657. In Hanau, wo sich bedeutende Handelsstraßen von Frankfurt am Main nach Leipzig und Nürnberg kreuzten und wo die Kinzig in den Main mündet, gab es tatsächlich eine steinerne Brücke über die Kinzig, die 1556–59 errichtet und 1615 mit einem Torturm gesichert worden war.

Das Motiv ist insofern überraschend, als Hanau im 17. Jahrhundert eigentlich für seine besonders imposante Befestigungsanlage bekannt war. Dieser Umstand war Albrecht Haupt sicherlich geläufig, da Hanau in der Nachbarschaft von dessen Geburtsort Büdingen liegt. Anders als dort existierten Hanaus Festungswerke zu Haupts Lebzeiten allerdings nicht mehr.[1]

Die Stadt war im 16. Jahrhundert wie viele umliegende Residenzstädte mit einer neuen Befestigungsanlage umgeben worden. Die unter Philipp Ludwig II. ab 1597 angelegte Neustadt mit dem berühmten Schachbrettplan nach dem Entwurf von Nicolas Gillet wurde ebenfalls befestigt. Bis in die 1630er Jahre wurde die Festung mit Wällen, vorgelagerten Rondellen, Lünetten und Ravelins, Gräben und einem Glacis immer weiter ausgebaut.[2] Dokumentiert wurde die Anlage von Matthäus Merian, der eine Vogelschau und eine Ansicht in der „Topographia Hassiae" publizierte (Abb. 2).[3] Die inschriftlich auf 1632 datierte Ansicht gibt die Kinzigbrücke mit sechs Bögen wieder, der stattliche Torturm hat ein steiles Dach mit Zwerchgiebel über dem Torbogen.

Demgegenüber erscheint der in der vorliegenden Zeichnung dokumentierte Zustand beklagenswert. Die Geschehnisse des Dreißigjährigen Kriegs können den Niedergang erklären, denn das an geopolitisch wichtiger Stelle gelegene Hanau wurde zum Kriegsschauplatz. Die Gustav Adolfs Truppen eroberten Hanau 1631 im Handstreich und hielten es bis 1638 besetzt. Große Opfer forderte 1635/36 eine neun Monate andauernde, erfolglose Belagerung durch kaiserliche Truppen.[4] Man kann also vermuten, dass der Torturm im Dreißigjährigen Krieg substanziell beschädigt wurde und in diesem Zustand zunächst verblieb.

Erst für das Jahr 1663 sind in den Rechnungsbüchern der Stadt umfangreiche Baumaßnahmen an der Kinzigbrücke dokumentiert, darunter die Lieferung von diversen Fuhren Quaderstein.[5] Ansichten, die Conrad Westermayr 1813 anfertigte, zeigen auf dem steinernen Turm nun einen zweigeschossigen Fachwerkaufbau mit barockem Mansarddach.[6] Während weite Teile der Festung ab 1806 auf Befehl Napoleons demoliert wurden, nutzte man den wiederhergestellten Margaretenturm noch bis 1829 als Gefängnis.

Seinen Verzeichnissen nach erwarb Haupt die Zeichnung in dem Glauben, sie stamme von dem Nürnberger Maler und Kunsthändler Johann Hauer. Hauer (1586–1660) ist heute für seine Tätigkeit als Dürer-Biograph, Ätzmaler und Verleger bekannt, Zeichnungen sind von

Abb. 2

ihm nicht überliefert. Möglicherweise geht die Zuschreibung auf den Kunsthandel zurück.[7] Doch unabhängig von der unklaren Autorschaft ist das Blatt ein rares Dokument der Zerstörungen des Dreißigjährigen Kriegs, das die Festungsstadt Hanau von einer wenig bekannten und wenig heroischen Seite zeigt. Vielleicht hat gerade das Motiv der Verwundbarkeit und Vergänglichkeit Haupt besonders angesprochen.
*Sonja Hnilica*

---

1  Zu den Überresten der Stadtbefestigung vgl. Küppers 2020.
2  Zur Stadtbefestigung vgl. Bott 1962; Schwitalla 2006; Müller 2011.
3  Zeiller/Merian 1646, S. 49f. Zu den Plänen und Ansichten von Hanau vgl. Hanauer Geschichtsverein e. V. 1978, S. 166–207.
4  Vgl. Müller 2011.
5  Vgl. Ausgabenaufstellung und Belege zu Baukosten in den Bürgermeisterrechnungen Altstadt 1663 (Stadtarchiv Hanau, Sign. B11663). Für diesen und viele weitere Hinweise danke ich ganz herzlich Dr. Eckhard Meise, Hanau.
6  Hanauer Geschichtsverein e. V. 1978, S. 232 sowie Abb. 546–549.
7  Vgl. Fries, W.(alter): ‚Hauer, Johann', in: Thieme/Becker, 16 (1923), S. 127; sowie Tacke 2001.

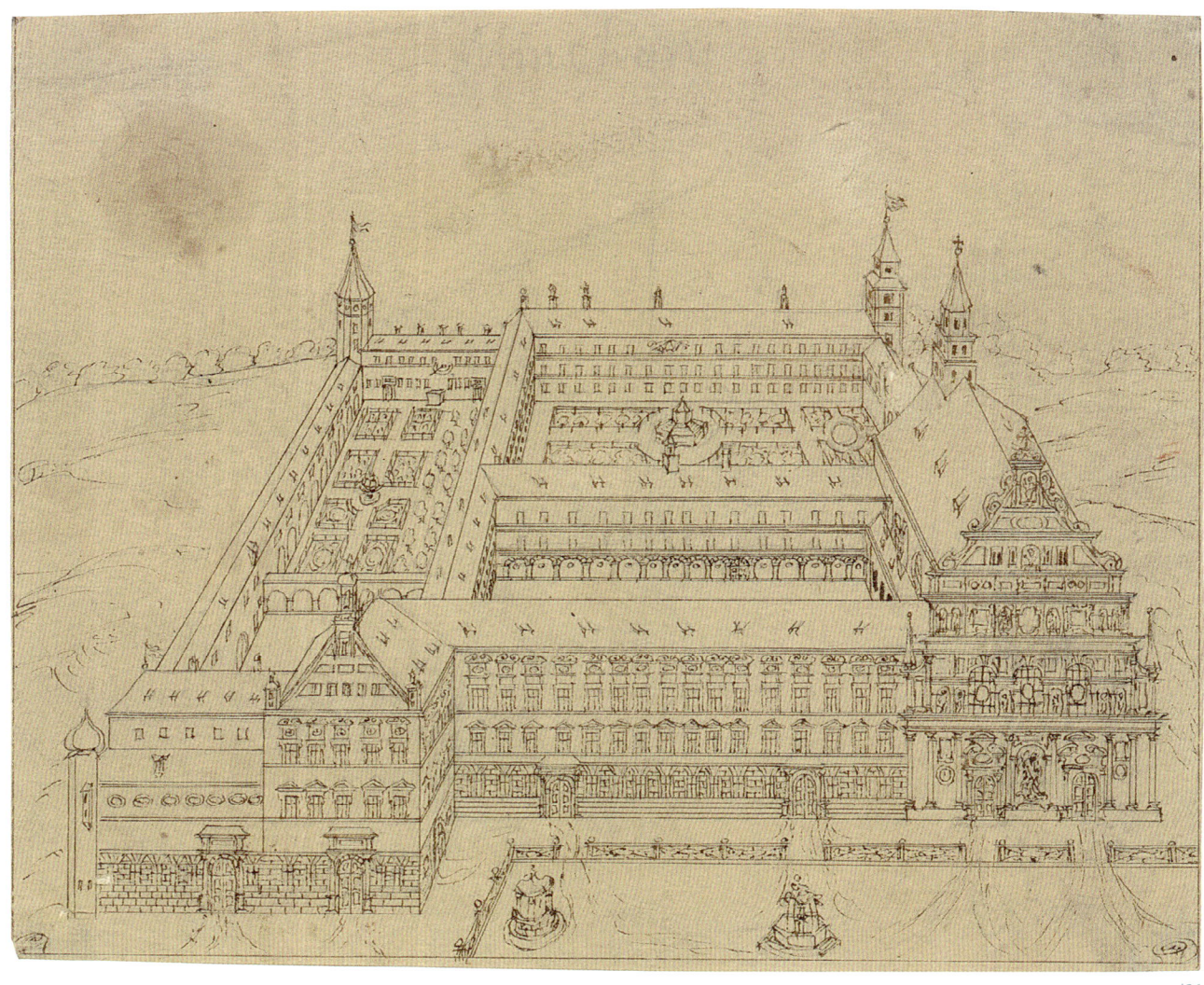

## I04
# Vogelschau auf das Münchner Jesuitenkollegium mit der Kirche St. Michael

um 1670
Unbekannter Künstler d. 17. Jahrhunderts
14,2 cm x 17,1 cm
Feder, Graphitstift
kl D Z 1: 8

Vogelschau auf das Jesuitenkollegium
vor 1623
Johann Smissek (ca. 1585–1650)
Kupferstich
HAB, Cod. Guelf. 23.3 Aug. 2°, fol. 162r

Bei der Beschreibung der Michaelskirche und dem Kollegiumsbau der Jesuiten in München gerät Albrecht Haupt in seinem Grundlagenwerk über die „Baukunst der Renaissance in Frankreich und Deutschland" (1916) ins Schwärmen. Sie stünden „nicht nur hier [in Bayern], sondern überhaupt in Deutschland in allererster Linie".[1] Man hätte sich daher gewünscht, von ihm auch Näheres zu einer Zeichnung aus seinem Besitz zu erfahren, die den Komplex des später als „Alte Akademie" bezeichneten Kollegiums aus der Vogelperspektive von Süden, ihrer Schauseite, zeigt und die Haupt selbst einem unbekannten Münchner Meister der Zeit „um 1590" zugeordnet hatte.[2] Doch fand die Zeichnung weder bei ihm noch in der späteren Forschung Beachtung.

Der gewaltige Baukomplex, für den allein 34 Hausstätten abgerissen werden mussten, entstand in mehreren Bauetappen ab 1574,[3] wobei der zwischen 1583 und 1590 vermutlich nach Plänen Friedrich Sustris (1540–1599) errichtete zentrale Kollegienflügel und die daran anschließende Kirche schon unter den Zeitgenossen große Bewunderung erregten. Philipp Hainhofer bemerkte 1611, die Anlage sei „nach dem Escurial in Spagna […] das fürnembst Collegium in gantz Europa."[4]

Vergleicht man die Zeichnung mit den bekannten historischen Darstellungen, gerät die Datierung Haupts jedoch ins Wanken: Im dem spätestens 1623 abgeschlossenen Hainhoferschen Bericht beigefügten Stich Johann Smis(s)eks (ca. 1585–1650)[5] ist westlich des in die Neuhauser Straße hineinragenden Trakts des Wilhelminums noch eine Reihe von Bürgerhäusern zu erkennen, deren Abriss wohl erst in den 1620er oder 1630er Jahren erfolgte (Abb. 2).[6] Auf den Stadtplänen von Tobias Volckmer (1613) und Wenzel Hollar (1623) ist dieser alte Hausbestand ebenfalls noch sichtbar. Die 1644 veröffentlichte Darstellung Matthäus Merians und auch seine zeitgleiche Stadtansicht zeigen dagegen hier eine Mauer und dahinter einen langen Hof, der wohl in idealisierter Form durch einen in Nord-Süd-Richtung verlaufenden schmalen Gebäudeflügel abgeschlossen wird. Der Meriansche Zustand wird auch noch in späteren Stadtplänen wiederholt,[7] obwohl spätestens 1654 hier bereits wieder eine neue Bebauung mit Wirtschaftsgebäuden existierte, wie sie auch die Zeichnung abbildet.[8] Um 1700 und Anfang des 19. Jahrhunderts wurde die gesamte umschließende Bebauung des Wirtschaftshofes durch Neubauten ersetzt.

Die Hauptsche Zeichnung ordnet sich in die Folge der genannten Darstellungen ein. Sie besitzt zwar den gleichen Blickwinkel, dürfte aber als selbstständige Wiedergabe eines Kenners gelten, da sie im Gegensatz zu Wenings oder Merians Abbildungen keine Gebäudeteile idealisiert[9] und auch eigene Gebäudekubaturen aufweist. In ihrer künstlerischen Qualität und zeichnerischen Genauigkeit bleibt sie jedoch hinter den genannten Darstellungen zurück. Ihre Anfertigung dürfte in die 1670er Jahre fallen, da sich im Gegensatz zum zweiten überlieferten Stich Smisseks aus der Zeit um 1650[10] und dem Stich Merians im Bereich des als botanischer Nutz- und Lehrgarten angelegten Kollegiumsgarten bereits eine neue, barockisierte Aufteilung erkennen lässt, die dann auch im um 1700 entstandenen Stich von Michael Wening

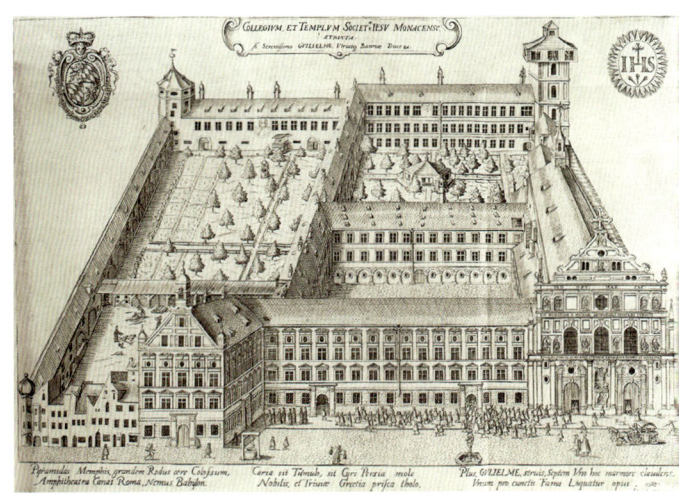

Abb. 2

(1645–1718) abgebildet ist.[11] Auffällig ist, dass der Zeichner den Baukomplex aus seiner städtischen Struktur herausgelöst hat und ihn mit einer skizzierten Landschaft umgab – Möglicherweise auch hier ein Seitenwink auf den immer wieder bemühten Vergleich zum Escorial.[12] *Simon Paulus*

1 Haupt 1916, S. 232.
2 Haupt Katalog Handzeichnungen 1899, S. 64.
3 Dazu Dischinger 1984.
4 HAB Wf, Cod. Guelf. 23.3 Aug. 2°, fol. 166v.
5 Dazu Langenkamp 1990, T. 1, S. 121, Nr. VI., und Terhalle 1997, S. 388–389, Kat.-Nr. 88.
6 Spätestens 1644, vgl. Dischinger 1984, S. 80.
7 U.a. bei den Plänen Johann Stridbeck d. J. (1697) und Matthäus Seutter (1742). Auf dem Vogelschauplan von Matthias Paur (1705) ist dagegen Bebauung vorhanden.
8 Sie beinhalteten laut zwei überlieferten Plänen dieser Zeit Stallungen, ein Brauhaus und eine Malzdörre. Vgl. Dischinger 1984, Plan S. 83.
9 Bspw. Glockenturm an der Nordostecke.
10 Kupferstich im Stadtarchiv/Stadtmuseum München, M I, 25
11 Kupferstich in: Historico-Topographica Descriptio. Das ist: Beschreibung, des Churfürsten- und Hertzogthums Ober- und Nider-Bayrn, Bd. 1, 1696–1701. Dieser Zustand findet sich auch im um 1570 erstellten Stadtmodell Jakob Sandners, das vermutlich hier später (um 1700?) verändert wurde.
12 Dazu Altmann 1987.

280 | KATALOG

## 105
## Thronsaal im Festsaalbau der Münchner Residenz
## Münchner Hofgartentor und Festsaalbau der Residenz

nach 1842
unbekannter Künstler (Heinrich Adam?)
Graphitstift, farbig laviert; Feder über Graphitstift auf Transparentpapier
11,6 cm x 15,3 cm; 12,5 cm x 16,7 cm
kl D Z 13: 8; kl D Z 13: 9

Die beiden Blätter zeigen Hauptwerke des bayerischen Hofarchitekten Leo von Klenze (1784–1864), die dieser für seinen königlichen Auftraggeber Ludwig I. von Bayern schuf: Die farbig lavierte Zeichnung zeigt den Blick in den Thronsaal des 1835/42 errichteten Festsaalbaus im Norden des weitläufigen Residenzareals. Dessen Außenansicht präsentiert die zweite, mit wenigen Hilfslinien organisierte, teilweise wohl durchgepauste Zeichnung auf Transparentpapier. Hauptgegenstand dieses Blattes ist allerdings das erste Münchner Bauwerk, das Klenze 1816/18 für den damaligen Kronprinzen Ludwig in München errichtete: Das triumphbogenartige Tor, durch welches eine breite Fahrstraße in den Hofgarten der Residenz führt, dessen Mauern Kaufbuden flankieren.[1]

Auch wenn aus Klenzes Büro zahlreiche überarbeitete Pausen nach Originalentwürfen überliefert sind, können die beiden Zeichnungen kaum als eigenhändige Arbeiten des Hofbauintendanten angesprochen werden. Dagegen sprechen die teils freihändig gezogenen Konturen der Architekturglieder mit ihren summarisch angedeuteten Details und das starke Interesse an den belebenden Staffagefiguren. Klenzes erhaltene Präsentationszeichnungen charakterisiert hingegen eine durchorganisierte, akribische Präzision. Auch handelt es sich bei den rasch auf das Papier gesetzten Darstellungen nicht um frühe, noch suchende Ideenskizzen. Dies macht etwa die farbige Lavierung der seitlich platzierten, monumentalen Statuen im Thronsaal kenntlich, deren gelblicher Ton Feuervergoldung bezeichnet. Dieser Zyklus von zwölf Wittelsbacher Regenten war nämlich zu Beginn der Planungen noch zur Ausführung in weißem Marmor vorgesehen, und erst zu einem späten Zeitpunkt konnte Klenze den Widerstand Ludwigs I. überwinden und die kontrastreichere Umsetzung in vergoldetem Bronzeguss durchsetzen.

Eher als im Umfeld des Klenzeschen Baubüros sind die beiden Blätter daher wohl in den zusammenfassenden Darstellungen zu verorten, welche die Repräsentationsbauten und Wohninterieurs der bayerischen Könige gesammelt und in kleinem Format dem neugierigen Betrachter vorstellten. Solche Konvolute gab es mehrere, unter denen als wohl bekanntestes und aufwendigstes das sogenannte „Wittelsbacher Album" herausragt,[2] welches eine Reihe detailreicher Raumbilder aus der Münchner Residenz und dem Sommerschloss Nymphenburg enthält. 1821 als Geburtstagsgeschenk der Stiefmutter Ludwigs I., Karoline von Baden, an ihren Gemahl König Max I. Joseph begonnen, wurde diese gleichermaßen persönlich wie repräsentativ gestimmte Sammlung königlicher Interieurbilder bis in die Jahrhundertmitte immer weiter ergänzt. Zu den ursprünglich beauftragten Künstlern Domenico Quaglio, Ernst Bandel, Wilhelm Rehlen und Friedrich Ziebland, traten später weitere wie Franz Xaver Nachtmann und Karl Grünwedel hinzu, die beide bereits auch die neu von Klenze für Ludwig I. geschaffenen Räume im Bild dokumentierten. Gleichfalls fand ein Christian Ruben zuzuschreibendes Aquarell des Thronsaals Aufnahme in das Album.[3] Es ist aus annähernd der gleichen Perspektive wie das hier besprochene Blatt aufgenommen, richtet den Blickpunkt aber weiter aus und hebt damit stärker die monumentale Wirkung des im Farbdreiklang Weiß-Gold-Rot leuchtenden Prunkraums hervor.

Einen dem königlichen Geburtstagsalbum ähnlichen Überblick über die repräsentativen Neubauten, die im Auftrag der Dynastie entstanden, bieten zudem zeitgenössische Programmbilder wie Heinrich Adams (1787–1862) Gemälde „Das neue München" von 1839 (Münchner Stadtmuseum): In miniaturhaften Veduten zeigt es die Prachtfassaden der unter Ludwig I. errichteten Kirchen, Regierungs- und Kultureinrichtungen der Hauptstadt, darunter auch Klenzes Hofgartentor sowie die Front des Festsaalbaus. Adams freier Duktus in der Wiedergabe der Architekturen sowie sein genrehaftes Interesse an der Figurenstaffage im Biedermeierkostüm weist Bezüge zu den beiden Zeichnungen auf und legen eine Autorschaft des Künstlers oder seines ähnlich arbeitenden Kollegen Johann Baptist Kuhn (1810–1861) nahe.

*Christian Quaeitzsch*

---

1 Zu beiden Bauten siehe: Buttlar 1999, S. 200–205, 209–217 sowie Nerdinger 2000, S. 290–296 und 303–306.
2 Ottomeyer 1979.
3 Vgl. Buttlar 1999, S. 231.

## 106
# Osmanisches Brunnenhaus an einem Friedhof

Sadettin Efendi Sebili, Istanbul
2. Hälfte 19. Jahrhundert
unsigniert
19,3 cm x 31,4 cm
Pinsel, Graphitstift, aquarelliert
kl D Z 1: 1

„Fontaine du champ des morts à Scutari"
1853
Eugène Flandin (1809–1889)
Lithographie
aus: Flandin 1853, T. 43

Die Zeichnung des Brunnenhauses (türkisch: *sebil*) zeigt große Ähnlichkeiten mit anderen historischen Abbildungen des Sadettin Efendi Sebili in Üsküdar (Scutari), auf der östlichen, asiatischen Seite von Istanbul gelegen. Nach internationaler Zeitrechnung wird das Brunnenhaus in das Jahr 1741 datiert (bzw. im Osmanischen Reich nach dem „römischen" (julianischen) Kalender/*Rumi Takvim* in das Jahr 1154).[1] Der Sadettin Efendi Sebili befindet sich am Karacaahmet Friedhof (*Karacaahmet Mezarlığı*), dessen Ursprünge wohl in das 14. Jahrhundert zurückreichen und der heute als größter Friedhof der Türkei gilt.[2]

Der französische Zeichner Eugène Napoléon Jean-Baptiste Flandin (1809–1889)[3] bildete im ersten Band seiner Publikation „L'Orient" aus dem Jahr 1853 eine ähnliche Zeichnung dieses Brunnenhauses ab und schrieb hierzu erläuternd: „A l'entrée d'une des voûtes ombreuses qui circulent au travers de cette nécropole est une jolie fontaine à laquelle s'appuient quatre arcades en ogive, soutenues par de petites colonnes en marbre blanc que surmontent des chapiteaux arabes à facettes prismatiques comme des cristaux."[4] Die Zeichnung von Flandin war untertitelt mit: „Fontaine du champ des morts à Scutari".[5]

Wie auch auf dem vorliegenden Blatt aus der Sammlung Haupt sind durch die vergitterten Fensteröffnungen die Grabsteine erkennbar, in den Worten von Flandin: „A travers les grilles qui ferment ces arcades se voient des pierres funèbres élégamment sculptées et ornées d'arabesques ciselées, coloriées, entremêlées de légendes et de prières adressées au Prophète."[6] Im Hintergrund sind auch hier Bäume, vor allem hochaufragende Zypressen, sowie im Vordergrund Personen dargestellt. Abweichungen der überlieferten Zeichnungen untereinander und zum jüngeren Zustand betreffen unter anderem Details, die Proportionen und Ausformulierung der Bögen.

Das Blatt in der Sammlung Haupt ist nicht signiert und gibt keine Hinweise auf Verfasser oder Entstehungsjahr. Es kann aber angenommen werden, dass es zeitlich nach der Ansicht von Flandin entstanden ist. Die Rückseite des Blattes ist nicht einsehbar, da sie auf ein Trägerblatt montiert wurde. Das handschriftliche Verzeichnis der Zeichnungen, von Albrecht Haupt 1899 abgeschlossen, vermerkt zu dem Blatt: „Constantinopel, Brunnen, Reiseskizze, Deutsch, 19. Jh."[7]

Die Zeichnung ist somit ein anschauliches Beispiel für die Rezeption der Bauten Istanbuls durch Reisende und Architekten aus Europa bzw. Deutschland. Obwohl das Brunnenhaus erst im 18. Jahrhundert errichtet wurde und seine Architektur in eine Zeit der Implementierung westlicher Elemente fällt,[8] wurde das Bauwerk von den Reisenden des 19. Jahrhunderts offenbar als typisch osmanisch/orientalisch wahrgenommen. *Silke Haps*

Abb. 2

1 Die Schreibweise des Namens variiert und wurde hier übernommen von Kumbaracılar 2008, S. 82. Vgl. die hier gezeigte Abbildung, die ursprünglich von Eugène Flandin stammt, s. Flandin 1853, Bd. I, Taf. 43, hier mit der Angabe: „Eug. Flandin, del et lith.", dem Verlag sowie „Imp. Bertauts, r. Cadet, Paris". In Kumbaracılar 2008 – eine jüngere Ausgabe der Arbeiten von Kumbaracılar (1873–1937), teilweise ergänzt um neuere Abbildungen – wird für diese Zeichnung keine Herkunft und das Jahr 1876 angegeben. Eine weitere Abbildung findet sich beispielsweise bereits bei Pardoe 1838, Taf. 132, hier untertitelt mit „Tomb in the cemetery of Scutari" sowie französischer und deutscher Übersetzung und der Angabe von W. H. Bartlett und W. F. Topham.
2 Zum Karacaahmet Mezarlığı siehe Gül/Howells 2013, S. 208.
3 Zu Flandin siehe Calmard, Jean: Flandin and Coste, in: Encyclopædia Iranica, Bd. X, Fasc. 1, S. 35-39. https://iranicaonline.org/articles/flandin-and-coste- (Zugriff am 28. August 2021).
4 Flandin 1853, Bd. I, S. 40.
5 Ebd., Taf. 43.
6 Ebd., S. 40.
7 Haupt Katalog Handzeichnungen 1899, S. 19.
8 Siehe Kumbaracılar 2008, S. 82. Eine knappe Übersicht der „Beginnings of Westernisation" in der Istanbuler Architektur bieten Gül/Howells 2013, S. 17.

## I07
# Das Rathaus von Sterzing (Vipiteno) in Südtirol

„Hôtel de Ville à Sterzing"
undatiert (2. Hälfte 19. Jahrhundert)
August Voigt-Fölger (1837–1918)
28,5 cm x 18,0 cm
Bleistift
kl D Z 2 (2): 7

**Schloss Anger bei Klausen**
August Voigt-Fölger
38,1 cm x 26,2 cm
Bleistift
kl D Z 2 (2): 5

Die Bleistiftzeichnung des Malers August Voigt-Fölger[1] zeigt das spätgotische Rathaus der Stadt Sterzing in Südtirol, unweit des Brennerpasses gelegen. Dargestellt ist die früher sogenannte Hauptstraße der Stadt, deren architektonische Wahrzeichen noch heute der Zwölferturm sowie das hier abgebildete Rathaus sind. Das auf einem Eckgrundstück gelegene Rathaus soll von 1468–1473 aus älteren Häusern zu einer Anlage mit Innenhof geformt geworden sein und hat sein heutiges Aussehen im Wesentlichen ab 1524 erhalten.[2] Auffälliges Merkmal der Fassade ist der vom ersten Geschoss über die volle Gebäudehöhe geführte Eckerker, welcher durch eine Vielzahl von Maßwerkfeldern, Wappen und Fenstern gegliedert wird und mit hohen Dachzinnen aus weißem Marmor abschließt.[3] Als schmückender wie gliedernder Fassadenbestandteil tauchen Erker an vielen Gebäuden des Straßenzuges auf und gehören damals wie heute zu den markanten architektonischen Merkmalen dieser Region.[4]

Zu den charakteristischen Elementen des Baus gehört der Laubengang mit Spitzbogen und Sterngradgewölbe, welcher vormals vom Rathaus bis zum damaligen südlichen Ende der Straße verlief.[5] Weniger detailreich stellt der Zeichner das 1739 errichtete Denkmal für den heiligen Nepomuk dar, mit dem die Stadt den Heiligen um Schutz vor Überschwemmungen bittet, sowie den im Bildvordergrund befindlichen Brunnen und den von ihm gespeisten schmalen Wasserlauf. Mit den vom Brunnen kommenden Frauen reicherte Voigt-Folger seine Stadtvedute um eine Genreszene an, die nicht unwesentlich zum altertümlichen Flair der Situation beiträgt.

Das Wirken von Voigt-Fölger als Maler von Landschaften und Architekturen sowie später als Lehrer an der TH Hannover lässt sich ausschnitthaft nachvollziehen. In Hannover wurden seine Werke unter anderem auf dem Hannoveraner Kunstsalon gezeigt[6] und von den städtischen Museen erworben.[7] Seine künstlerische Ausbildung erhielt Voigt-Fölger zunächst an der Wiener Akademie der bildenden Künste als Schüler von Albert Zimmermann,[8] ehe er anschließend nach Paris ging und dort ab 1873 an verschiedenen Kunstinstituten bis 1893 wirkte.[9] Ab 1895 war er an der TH Hannover als Dozent für Landschaftszeichnen und Aquarellieren beschäftigt, 1912 schließlich wurde er zum Professor ernannt. Voigt-Fölger blieb bis zu seinem Tod an der TH Hannover tätig. Er war somit nicht nur ein älterer Zeitgenosse, sondern auch ein Kollege von Albrecht Haupt.

Von der nicht datierten Reise Voigt-Fölgers nach Südtirol sind in der Sammlung sieben Bleistiftzeichnungen erhalten, die wohl erst um 1926 aus seinem Nachlass erworben wurden. Die Mehrheit der Blätter ist vom Maler signiert worden und enthält einen knappen Hinweis zum Entstehungsort oder dem dargestellten Gebäude (Abb 2). Die regionalen Bezüge der sieben Motive, die verwendeten Zeichentechniken und letztlich die Signaturen lassen keine Zweifel daran, dass alle sieben Blätter von August Voigt-Fölger stammen und wohl auf derselben Reise entstanden sind. Die französische Beschriftung könnte ein Indiz sein, dass sie während seiner Pariser Jahre entstanden sind.
*Robert Huth*

Abb. 2

1 Der Geburtsname lautete August Heinrich Friedrich Voigt, wurde aber später um den Nachnamen der Mutter erweitert.
2 Wundram 1972, S. 735. Eine ausführliche Beschreibung der Innenräume und Ausstattung findet sich bei: Weingartner 1923, S. 120-121.
3 Für die Restaurierung des Rathauses 1887-1890 (es hatte sich u.a. der stützende Unterbau des Erkers gesenkt) wurde der Landeskonservator Johann Deininger beauftragt. Vgl. dazu Kramer 1951, S. 458 sowie: Steffen 1905, o. S.
4 Vgl. dazu Essenwein/Stiehl 1908, S. 174.
5 Riehl 1908, S. 96.
6 Die Kunst, 17 (1902), S. 261.
7 Zum Erwerb durch das Kestner-Museum siehe: Die Kunst, 18 (1903), S. 97. Im Historischen Museum Hannover befindet sich ferner ein Gemälde Voigt-Fölgers, das die von Laves errichtete Villa Bella Vista als Hintergrundkulisse einer Gartenwirtschaft zeigt.
8 Die Kunst, 17 (1902), S. 261. Fälschlicherweise wird darin Karl Zimmermann als Lehrer genannt, es handelt sich aber um Albert Zimmermann.
9 Catalogus Professorum 1981, S. 327.

## 108
# Rathaus Aachen

wohl zweite Hälfte 19. Jahrhundert
unbekannter Künstler
14,1 cm x 17,8 cm
Federzeichnung, laviert
kl D Z 1: 9

„DAZ RATHUS ZU ACH"
1520
Albrecht Dürer
Silberstiftskizze
Musée Condé, Chantilly

Nur wenige Darstellungen geben den mittelalterlichen Zustand des Aachener Rathauses so detailliert wieder, wie es der uns unbekannte Künstler in seiner Zeichnung getan hat. Das um 800, ursprünglich als Königssaal der Pfalz Karl des Großen errichtete Bauwerk, wurde um 1330 von König Ludwig dem Bayern an die Bürger der Reichsstadt übergeben und von diesen in gotischen Formen zu einem repräsentativen Rathaus umgebaut.

Aus der Erbauungszeit des Rathauses im 14. Jahrhundert ist keine Abbildung überliefert. Die erste Frontalansicht fertigte ein unbekannter Künstler in der zweiten Hälfte des 15. Jahrhunderts an.[1] Albrecht Dürer skizzierte das Aachener Rathaus 1520 von Nordwesten in einer übereck gestellten Perspektive (Abb. 2).[2] Er nahm dabei einen ähnlichen Blickwinkel ein, wie der Zeichner des vorliegenden Blattes, allerdings von einem höheren Standpunkt aus. Dürer korrigierte die Konstruktion der Perspektive während des Skizzierens und ließ Fehler stehen. Die große technische Sicherheit unseres unbekannten Künstlers lässt darauf schließen, dass seine Zeichnung deutlich jünger ist. Dies und der ähnliche Blickwinkel der beiden Zeichnungen gaben bereits Anfang des 20. Jahrhunderts zu der Vermutung Anlass, dass es sich um eine neuzeitliche Nachahmung handeln könnte.[3] Aufgrund der fehlenden Autorenschaft und unsicheren zeitlichen Einordnung ist die Darstellung selten publiziert worden.[4]

Dessen ungeachtet macht die Darstellung der repräsentativen Marktfassade mit dem halbrunden Marienturm im Vordergrund die besondere Bedeutung des Aachener Rathauses deutlich: Bei den Krönungsfeierlichkeiten der Deutschen Könige in Aachen fand hier das zum Zeremoniell gehörende Festmahl statt. Das Gebäude erfüllte somit eine Doppelfunktion als Rathaus und Palast. Und noch lange nachdem die letzte Krönung in Aachen 1531 stattgefunden hatte, übertitelte Matthäus Merian seine Ansicht des Rathauses von 1647 mit „Das PALATIUM und Rahthause zu Achen".

Die mittelalterliche Figurenfassade des Rathauses wurde im Barock umgestaltet und in der zweiten Hälfte des 19. Jahrhunderts wieder idealisierend rekonstruiert. Die über Jahre währende Debatte über ihre Neugestaltung wurde auch anhand der bekannten historischen Abbildungen geführt. Letztendlich weggelassen wurden die auf den Zeichnungen sichtbaren unregelmäßigen Vorbauten: ein über der Eingangstreppe auf Säulen aufgeständerter hölzerner Erker, eine Galerie sowie mehrere Buden.

Wollte man die Zeichnung des unbekannten Autors anhand der sich verändernden baulichen Merkmale der Marktfassade in die Reihe der datierten historischen Zeichnungen des Rathauses einordnen, so ergibt sich ein nahezu anachronistischer Ansatz: die Rathausuhr ist in einer niedrigeren Höhe angebracht, als in einer Zeichnung von 1566;[5] und das große Portal im Marienturm noch nicht unterteilt, wie in der Zeichnung Dürers von 1520 (Abb. 2). Die meisten Übereinstimmungen in den baulichen Merkmalen – bis hin zur Anordnung der Buden – gibt es tatsächlich mit der ältesten erhaltenen Zeichnung des Aachener Rathauses aus der zweiten Hälfte des 15. Jahrhunderts. Dies bestärkt den bereits geäußerten Verdacht, dass es sich bei dem Blatt um eine rekonstruierende Zeichnung aus der zweiten Hälfte des 19. Jahrhunderts handelt. Der Künstler könnte in einer Zeit, in der über die Regotisierung des Rathauses in Aachen gestritten wurde, auf der Grundlage der ihm bekannten historischen Quellen

Abb. 2

das Aussehen des Rathauses im 15. Jahrhundert idealistisch und in der Maniera eines Künstlers des 16. Jahrhunderts rekonstruiert haben – gewissermaßen als Beitrag zur damaligen Diskussion. *Judith Ley*

1 „RAT HAUSS CZUM AUCH", Federzeichnung, 2. Hälfte 15. Jahrhundert, Stadtarchiv Aachen.
2 Faymonville 1924, S. 728; Grimme 1996, S. 32–34.
3 Pick/Laurent 1914, S. 25, Tafel 2. Das dort erwähnte Wasserzeichen mit dem Stadtwappen von Lippstadt konnte bei einer erneuten Untersuchung des Blattes durch Simon Paulus nicht bestätigt werden. Jedoch scheint es sich um historisches Papier zu handeln.
4 Helg/Linden 2006, S. 63, Abb. 24.
5 Rathaus und Markt Aachen aus dem ältesten Stadtplan von Aachen (Ausschnitt), Kupferstich, 4 Einzelblätter je 31,9 cm x 27,4 cm, kurz nach 1566, Stadtbibliothek Aachen.

## 109
## Annenkapelle Hildesheim, Süd- und Westansicht

„Annenkapelle. Nach einer Aufnahme gezeichnet von H. W. Lohse."
um 1890
H. W. Lohse
Feder und Pinsel, farbig getuscht
44,2 cm 57,4 cm
m D Z 3: 3

Bauaufnahme der Annenkapelle
um 1890
Foto aus dem Nachlass des Architekten Richard Herzig
aus: Kozok 2006

Als ein Kleinod gotischer Architektur gilt die Annenkapelle in Hildesheim, die sich inmitten des Kreuzgartens des Domes befindet. Die Zeichnungen von H. W. Lohse zeigen die rund 8m lange und 4m breite Kapelle, wie sie sich bis heute darstellt. Einzig der barocke Dachreiter wurde nach 1945 nicht wiederaufgebaut. Zu sehen sind die Süd- und die Westansicht als orthogonales Aufmaß. Gut zu erkennen sind die Sandsteinquader mit durchgehenden Lagerfugen, auch wenn die Anordnung der Steine nicht ganz der Begebenheit entspricht. Neun zweibahnige Spitzbogenfenster, deren Maßwerk sich aus mit Lilien geschmückten Dreipässen zusammensetzt, gliedern mit den Strebepfeilern die Gestalt der Kapelle. Nur die beiden westlichen Pfeiler tragen noch Fialen. Die restlichen wurden im 18. Jahrhundert abgenommen, da die Wände sich neigten und die Gefahr bestand, dass sie herunterstürzten. Wasserspeier in Gestalt von groteskem Hund, Schwein, Löwe und Flugdrache sind heute ohne Funktion. Auffallend ist die schlichte Westfront. Lediglich im Tympanon befindet sich das später hinzugefügte Flachrelief mit der Darstellung der Anna Selbdritt.

Die Ansichten sind sehr detailliert ausgearbeitet. Auf der Südfassade ist sogar der Abfluss der Piscina eingezeichnet, der die Form einer Maske besitzt. Auch die auf der Zeichnung dargestellte Holztür mit den eisernen Beschlägen gibt es bis heute. Die Zeichnung dürfte in Zusammenhang mit der Instandsetzung durch den Regierungs- und Baurat Hermann Cuno (1831–1896) um 1890 entstanden sein. Dass die Annenkapelle damals vermessen wurde, bezeugt ein Foto aus dem Nachlass des Architekten Richard Herzig (1851–1934), das zwei Architekten während des Aufmaßes zeigt (Abb. 2).[1] Wer H. W. Lohse war, konnte bislang nicht ermittelt werden. Anzunehmen ist, dass es sich um einen Mitarbeiter aus den Büros von H. Cuno oder R. Herzig handelte.[2] Möglicherweise war A. Haupt mit ihm persönlich bekannt.

Unser Wissen über die Annenkapelle geht vorwiegend auf Johann Michael Krâtz (1807–1885) zurück.[3] Er hatte 1840 ein umfangreiches Werk zur Geschichte des Doms geschrieben und dort auch die Annenkapelle umfassend gewürdigt.[4] Deren Erbauer war Otto von Wohldenberg († 1331), der sie 1303/04 errichten ließ und der Heiligen Maria und ihrer Mutter Anna weihte.[5] Otto von Wohldenberg war zum Zeitpunkt der Erbauung noch Propst des Hildesheimer Moritzstifts und wurde erst 1319 zum Bischof von Hildesheim gewählt. Am 4. März 1321 stellte Otto eine Stiftungsurkunde für die Annenkapelle aus.[6] Daraus geht hervor, dass das Bauwerk als Memorialkapelle seiner Familie bestimmt gewesen ist.

1715 erhielt die Kapelle den hölzernen Dachreiter.[7] In jenem Jahr wurde der Dachstuhl erneuert und das Dach mit Blei gedeckt (später durch Kupfer ersetzt). Die Säkularisation des Domes im Jahr 1810 ging auch an der Annenkapelle nicht spurlos vorüber. Das Gebäude wurde profaniert und als Lagerraum für Weinfässer genutzt.[8] Ungeachtet früherer Sanierungen war der Zustand 1888 renovierungsbedürftig. Unter der Leitung von H. Cuno wurde die Kapelle schließlich bis 1890 umfassend restauriert. Unter anderem erhielten die „alten mit schönen Farben gezierten Fenster", die mit den Wappen der Grafen von Wohldenberg geschmückt waren, eine neue Verglasung mit grünem Ornamentglas.[9] *Maike Kozok*

Abb. 2

1   Kozok 2006, S. 54.
2   In dem von Adolf Zeller verfassten Inventarband der Kunstdenkmäler von Hildesheim aus dem Jahr 1911 befinden sich zwei fast identische Zeichnungen, vgl. Zeller 1911, S. 136, Fig. 95–97. Allerdings stammen sie von einem Zeichner namens Bischof.
3   Nitsch 1935; Rickhey 1952; Bode 2012.
4   Krâtz 1840.
5   Ebd. S.160.
6   UBHH 4, S. 319, Nr. 589. Weitere Dotierungen UBHH 4, S. 443 Nr. 811. Das Jahr 1321 wird allgemein als das Jahr der Erbauung der Annenkapelle angesehen. Da jedoch in der Urkunde von einem Priester die Rede ist, dem Otto die Kapelle bereits übertragen habe, können wir davon ausgehen, dass die Kapelle in diesem Jahr fertig gestellt war. So auch Krâtz 1840, S. 160; Seeland 1953, S. 34 und Kruppa/Wilke 2006, S. 379.
7   Mithoff 1875, S. 121.
8   Seeland 1953, S. 39.
9   Mithoff 1875, S. 122. So auch Zeller 1911, S. 138.

J  Historische Konvolute

Abb. 1

## J01
# Nachgotische Proberisse der Nürnberger Steinmetzbruderschaft

Anfang 16. – Anfang 18. Jahrhundert
verschiedene Zeichner, unsigniert
unterschiedliche Formate, teilw. stark beschädigt
Feder (schwarz, braun)
gr D Z 1

Die Sammlung Haupt bewahrt einen der größten zusammenhängenden Bestände sogenannter „Proberisse" auf.[1] Hierbei handelt es sich um Zeichnungen, die an den Bauhütten und in den Steinmetzbruderschaften im Rahmen der Ausbildung angefertigt wurden. An zumeist standardisierten Aufgaben wurden verschiedene Varianten zur Konstruktion von Gewölbeformen, Rippenprofilen und Steinschnitten in mehreren Projektionsebenen durchgespielt. Vergleichbare Blätter sind u.a. in den Stuttgarter Sammlung Nicolai, in der Herzog August Bibliothek Wolfenbüttel und im Bestand der „Wiener Baurisse" (Albertina) erhalten geblieben.[2] Weitere Beispiele aus dem gleichen Kontext enthält auch das Baumeisterbuch des Nürnberger Ratsbaumeisters Wolf Jacob Stromer (1561–1614).[3]

Die prüfenden Geschworenen des Steinmetzhandwerks versahen die ihnen zur Approbation vorgelegten Pläne zumeist mit ihren Meisterzeichen. Im Fall der 34 Pläne in der Sammlung Haupt erfolgte dies über Prägestempel, die sich auf 19 Blättern finden lassen. In der Regel kennzeichneten das Blatt jeweils drei Prüfer mit ihren Siegeln. Die charakteristische, leicht ovale Form der Stempel weist neben weiteren Indizien auf eine Herkunft der Blätter aus der Nürnberger Steinmetzbruderschaft hin, wie sie Carl Alexander Heideloff (1789–1865) 1844 abgebildet hat.[4] Heideloff war wohl auch der letzte, der die Hinterlassenschaft der Steinmetzbruderschaft noch als geschlossenen Bestand untersuchen konnte.[5]

Die Tradition des Proberisses nach gotischen Mustervorlagen wurde besonders im süddeutschen Raum noch bis in das 18. Jahrhundert fortgeführt. Wie ein erster Abgleich des verwendeten Papiers bei den Blättern ergab, be-

Ansicht eines Chors mit Profilschemata zu Fenstergewände- und Maßwerkformen
Unbekannter Zeichner, 17. Jh.
45,0 x 62,5 cm
Feder
Maßstab (ohne Maßangabe)
drei Meisterstempel (o.l.)
gr D Z 1: 11

Grundriss eines Chors mit Quadratschema und Gewölbespiegel
Unbekannter Zeichner, 17. Jh.
62,5 cm x 45 cm
Feder
Maßstab (ohne Maßangabe)
drei Meisterstempel (o.l.)
gr D Z 1: 3

Abb. 2

Abb. 3

Ansicht einer viergeschossigen Gebäudefassade in Werkstein
2. Hälfte 16. Jh.
Unbekannter Zeichner
49,0 cm x 61,0 cm
Feder
Maßstab (ohne Maßangabe)
drei Meisterstempel (o.l.: F.S., H.M.M., H/P[?].I.M.)
gr D Z 1: 30

Grundriss mit einfachem Gewölbespiegel und Bogenaustragung
2. Hälfte 16. Jh.
Unbekannter Zeichner
51,0 x 35,5 cm
Feder
Maßstab (ohne Maßangabe)
drei Meisterstempel
gr D Z 1: 20

Erdgeschossgrundriss zu einem mehrgeschossigen Bürgerhaus
2. Hälfte 16. Jh.
Unbekannter Zeichner
61,0 cm x 48,5 cm
Feder
Maßstab (ohne Maßangabe)
drei Meisterstempel (o.l., wie gr D Z 1:30)
gr D Z 1: 31

zeugen auch sie eine solche längere Tradition. Etwa die Hälfte zeigt das Wasserzeichen der ab etwa 1550 produzierenden Weidenmühle in Nürnberg und dürfte damit in diesem Zeitraum bearbeitet worden sein,[6] doch finden sich einige wenige ältere Blätter des frühen 16. Jahrhunderts sowie aus deutlich jüngerer Papierfabrikation des beginnenden 18. Jahrhunderts.[7] Damit deckt das Konvolut einen Entstehungszeitraum von gut zweihundert Jahren ab. Drei Themengruppen sind zu unterscheiden: 1) Grund- und Aufrisse zu einer einschiffigen Kapellen-, bzw. Chorarchitektur mit dazugehörigen Gewölbefigurationen (19 Blätter, Abb. 1 u. 2). 2) Zeichnungen mit Quadratschemata und Bogenaustragungen (10 Blätter, Abb. 5). 3) Ein Satz von Planzeichnungen zu einem größeren Bürgerhaus (5 Blätter).

Die hierzu gehörigen vier Grundrisse und eine Fassadenansicht (Abb. 3 u. 4) eines viergeschossigen steinernen Bürgerhauses sind anhand der Wasserzeichen in das späte 16. Jahrhundert zu datieren. Drei der Pläne (die Fassadenansicht und jeweils ein Erdgeschoss- und Obergeschossgrundriss) scheinen zusammengehörig, zwei weitere Obergeschossgrundrisse weichen ab. Das dargestellte Gebäude folgt dem Typus des Nürnberger Kaufmannshauses und steht in seiner schlichten Ausführung der Fassade in Werkstein in der Tradition des lokalen Bürgerhausbaus, wie er im Zeitraum der Entstehung der Zeichnungen u.a. durch Bauten Jakob Wolffs d. Ä. repräsentiert wurde (z.B. Fembohaus, 1591–1596).[8] Obwohl es sich dem Kontext nach um Musterentwürfe handelte, ist ein Zusammenhang mit einem der über 27 Neubauprojekte, die sich zwischen etwa 1590 und 1610 für Nürnberg nachweisen lassen, denkbar.[9] *Simon Paulus*

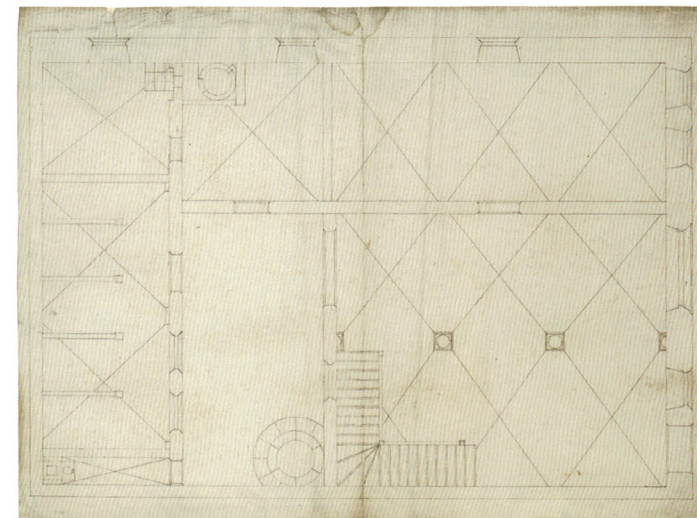

Abb. 4

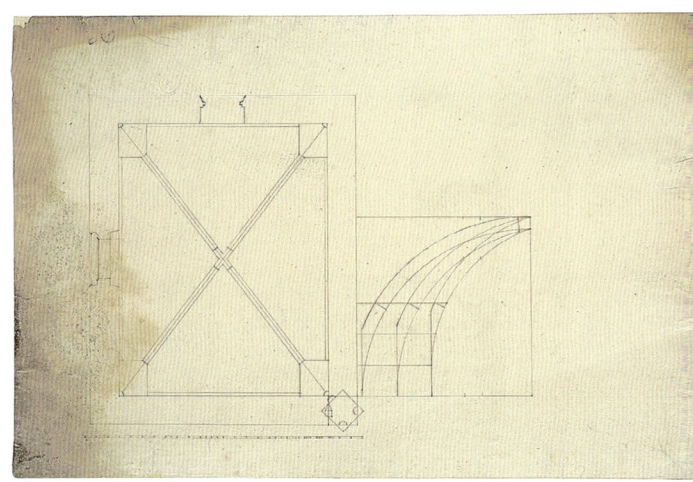

Abb. 5

1   Siehe dazu auch im Essay von Simon Paulus, S. 59
2   Müller 1984a, S. 85, und 1984b, hier S. 95, 97, Kat. Nr. 68, S. 108, Abb. S. 98; Müller 1990; Paulus 2021, S. 32–34.
3   Germanisches Nationalmuseum Nürnberg, dazu besonders Müller 1975. In die Reihe gehören auch die um 1620 einzuordnenden Risse Hans Heinrich Stadlers in dessen Zeichnungsbuch. Vgl. Reinle 1994, S. 52–72.
4   Heideloff 1844, Tafel I.
5   Vgl. Knop 2009, S. 198; Böker/Brehm/Hanschke/Sauvé 2011, S. 173-186. Einige Blätter könnten bereits zuvor in die Sammlung Nicolai gelangt sein (Slg. Nicolai, Bd. 5, fol. 96r–112r). Meisterstempel sind nicht (mehr) feststellbar.
6   um 1550/1560, Wappen von Nürnberg (gespaltener Heroldsschild mit Adler und Schrägbalken), darüber Krone, Reif mit zwei Perlen/Schnörkel (WZIS DE4230-FolMsMus4B_999; ähnlich Briquet Nr. 925); Die Papiermarke verwendete Endres Örtel, Inhaber der Weidenmühle, seit etwa 1550; 1556 wurde der Gebrauch der Marke vom Rat erneut bestätigt.
7   Bspw. Blatt Fa 18: Wappen mit Lilie, darüber Krone, Unterschrift LVG (Lubertus van Gerrevink); Gegenzeichen: Schriftzug IHS (darüber +), darunter I VILLEDARY (zweikonturig, verm. Jean III. Villedary).
8   Vgl. Schwemmer 1972, S. 63–77, besonders 71, 77f.
9   Vgl. Schultheiß 1968, S. 290–297. Zumeist handelt es sich dabei aber um Bauten mit Einbezug älterer Bausubstanz.

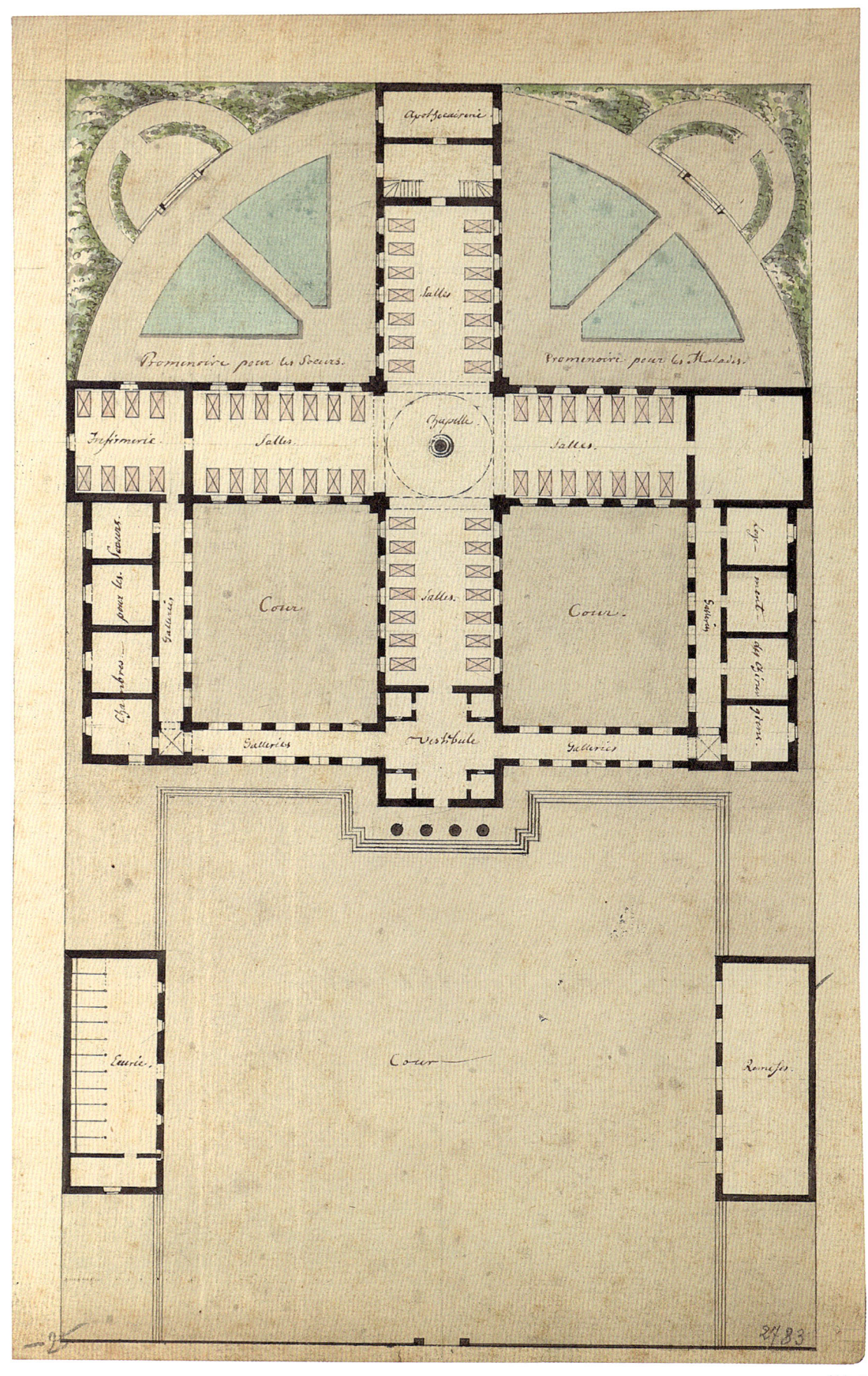

Abb. 1

## J02
# Portefeuille des schwedischen Architekten C. F. Sundvall

1791–1817
Carl Fredrik Sundvall (1754–1831)
unterschiedliche Formate
Feder, teilw. Graphitstift, teilw. Pinsel, laviert
Mappen XXIVb, 1-6

**Grundriss für ein Hospital**
verso: „Un Hopital" „Pariß"
40,0 cm x 24,5 cm
Feder, Pinsel, farb. laviert
XXIV b (4): o.N.

**Grundriss und Ansicht eines Wohn- und Wirtschaftsgebäudes**
verso: u.r. „pour M le Comte de Hoorn à Ekebyholm"
25,6 cm x 33,2 cm
Feder, Pinsel, laviert
XXIV b (1): o.N.

**Entwurf eines Landhauses für den Comte de Bunge, Grundriss**
22,2 cm x 33,0 cm,
Feder, Pinsel, laviert
Maßstab „Al[na]r"
XXIV b (3): o.N.

Unter den Zeichnungen schwedischer Architekten und Projekte, die sich in der Sammlung Haupts befinden, sticht ein Konvolut von 70 Blättern hervor, das als „Portefeuille" eines Architekten gedeutet werden kann. Es umfasst kleinformatige Grundrisse, Schnitte und Ansichten zu Projekten, die teilweise sehr genaue – zumeist in Französisch verfasste – Angaben zu Bauherren, Orten und in wenigen Fällen auch Jahreszahlen enthalten. Der Name des Architekten aber bleibt ungenannt. Auch Haupt war der Urheber der 70 Blätter unbekannt, er verzeichnete sie unter dem Begriff „Empirestil" als „Entwürfe von Gebäuden […] desgl. Schwedischer Architekten, meistens einer Hand" in einer eigenen Mappe (XXIVb).[1] Lediglich ein Blatt mit der Ansicht einer Winde für die Schiffswerft in Karlskrona, das aus der Reihe als einzige Maschinenzeichnung inhaltlich und stilistisch heraussticht, ist mit Adolph Modéèr (1739–1799) unterzeichnet. Es trägt zudem den Sammlerstempel Christian Hammers, was auf die Herkunft aus der Stockholmer Sammlung des schwedischen Kunstmäzens hindeutet. Jedoch kann es sich bei Modéèr nicht um den Zeichner der anderen Blätter handeln.

Vielmehr deuten die auf den Blättern genannten Personen – allesamt Mitglieder des schwedischen Adels oder des Großbürgertums – und auch die hohe Qualität der Entwürfe auf einen etablierten, in Frankreich geschulten Architekten hin (Abb. 1), der im anhand der Jahresangaben eingrenzbaren Zeitraum zwischen etwa 1791 und 1817 u.a. private Aufträge für sie bearbeitete. Genauer identifizierbar sind u.a.

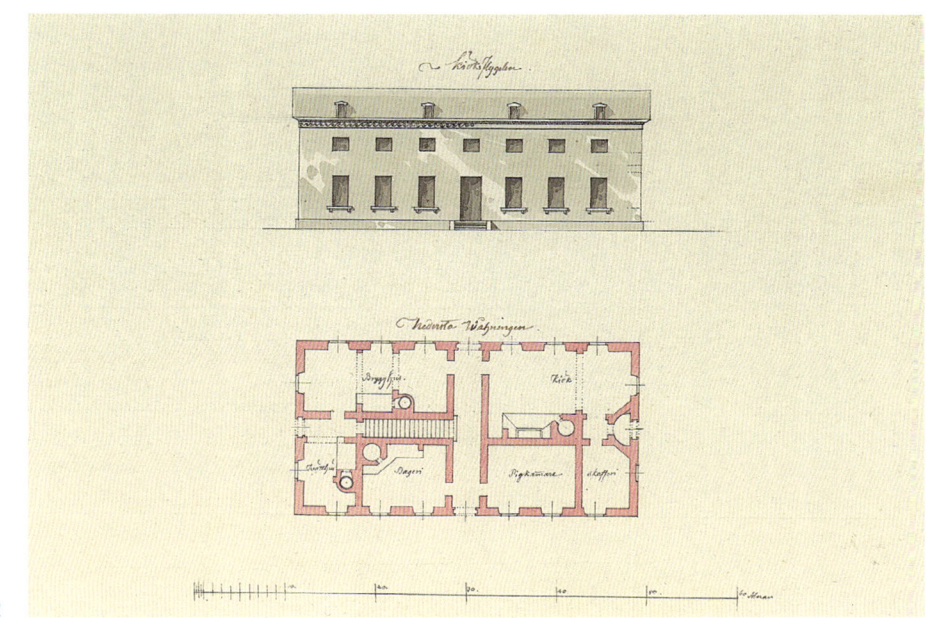
Abb. 2

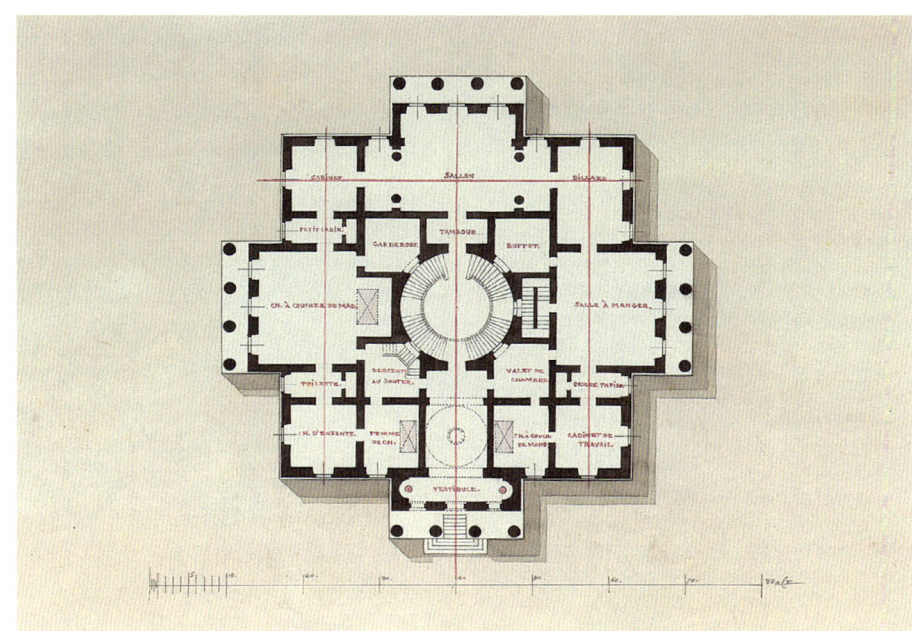
Abb. 3

Abb. 4

Entwurf für eine Kirche (Härnosand), Ansicht, Schnitt und Grundriss
24,7 cm x 32,6 cm,
Feder, Pinsel, farb. laviert
Maßstab „Al[na]r"
XXIV b (5): o.N.

Entwurf eines Altars, Ansicht und Grundriss
33,1 cm x 25,1 cm
Feder, Pinsel, farb. laviert
Maßstab „Al[na]r"
XXIV b (5): o.N

Projekte von Landhäusern oder Wirtschaftsbauten (Abb. 2 u. 3), beispielsweise für den Flügelbau des Schlosses Ekebyholm (ab 1793) für den „Comte de Horn" (Clas Fredrik Horn af Åminne (1763–1823))[2] oder drei Blätter mit Grundrissen und einer Ansicht für ein Wohngebäude „pour M. Ad. Engeström a batir à sa terre Österby" (Adolph von Engeström (1753–1825)).[3] Daneben finden sich auch Entwürfe für Schulbauten (1799), Kirchen, Altäre und Kanzeln (Abb. 4–5), u.a. für die Kirchen in Jönköping (1814), Härnösand und Örebro (1808), sowie Grabmonumente für die Familien Rosenborg (1817) und Eberstein, für ein Belvedere in Stiernvik(?) und einige Gartenarchitekturen für die Parkanlage auf der Stockholmer Insel Helgeandsholmen sowie weitere nicht näher benannte Orte.

Einige der Projekte und Bauherren lassen im Abgleich mit der streng gehaltenen Architektur- und Zeichenstilistik generell auf die Urheberschaft Carl Fredrik Sundvalls schließen.[4] Carl Fredrik Sundvall hatte zunächst eine Ausbildung bei seinem Onkel Carl Fredrik Adelcrantz (1716–1795) genossen, bevor er seine Studien in Paris 1783–88 (bei Jean Augustin Renard (1744–1807)) und in Rom 1788–91 fortsetzte. Nach seiner Rückkehr protegierte ihn Adelcrantz und vermittelte ihm private Aufträge.[5] Sundvall, der ab 1791 als Hofintendant im königlichen Bauamt tätig war und 1813 Professor an der Königlichen Kunstakademie wurde, gilt als hochtalentierter „Künstlerarchitekt", der innerhalb der schwedischen Architekturszene jedoch eine Außenseiterrolle einnahm.[6] Die Blätter des „Portefeuille" fallen in eine Zeit, in der Sundvall einige Rückschläge bei der Beteiligung an öffentlichen Großaufträgen erleiden musste. Im Rahmen seiner Anstellung als Bauintendant war er vielfach auch mit Kirchenbauprojekten und kleineren öffentlichen Bauten

Abb. 5

betraut. Das in der Sammlung aufbewahrte „Portefeuille" gibt somit das gesamte Spektrum seiner Tätigkeit wieder und offenbart neue und genauere Einblicke zu seinem Werk. Von Sundvall findet sich im Bestand der Haupt'schen Sammlung noch ein ausgeführter Orgelprospektentwurf für die „Markims Kyrka" bei Stockholm, datiert 1828.[7]

*Simon Paulus*

1   Haupt Katalog Handzeichnungen 1899, S. 30.
2   Söderberg 1968, S. 131–138.
3   Engeström erbte von seinem Onkel Mattias Benzelstierna 1791 den Gutshof Österby in der Gemeinde Åland, auf den er sich nach seiner Pensionierung zurückzog. Vgl. Lange 1985.
4   Verbindungen bestanden u.a. zu Adolph von Engeström oder der Familie des Fabrikanten Johannes Swartz (1759–1812).
5   Fogelmarck 1957, S. 44–46.
6   Lundström 2019, S 307. Zur Einordnung und Bedeutung Sundvalls siehe auch Andersson/Bedoire 1986, S. 26, 86f; Sjöberg 1994, S. 56; Laine 2001; Bedoire 2015, Bd. 1, S. 393–429.
7   gr Sk Z 1: 1.

J Historische Konvolute | 299

Abb. 1

## J03
# Zeichnerischer Nachlass Carl Luckow

um 1848
Carl Luckow (1828-1885), teilw. signiert „Luckow"
oder „Nov. 48. Luckow"
Verschiedene Formate und Maltechniken
 z.T. montiert, z.T. koloriert
gr 2 Haupt 1506–1518

**Venedig, Straßenszene mit Wäscheleine**
**29,5 cm x 38,0 cm**
Graphitstift, Pinsel, getuscht
Mappe „versch. Aquarelle und Zeichnungen"
gr 2 Haupt 1517, o. Nr.

**„Chorfassade, Dom in Lucca"**
29,7 cm x 37,7 cm
Graphitstift, Pinsel, getuscht
Mappe „Lucca"
gr 2 Haupt 1507, o. Nr.

Die als „Zeichnerischer Nachlass" betitelte Mappe enthält 96 Blätter. Es handelt sich mehrheitlich um Reiseskizzen, unter denen sich Bauaufnahmen, Stadt- und Fassadenansichten sowie Grundrissskizzen, architektonische Detailstudien und einzelne Landschaftsskizzen finden. Die Zeichnungen weisen unterschiedliche Maltechniken auf und sind in unterschiedlichen Formaten auf Pergamin-, Hadern- sowie holzschliffhaltigen Papieren ausgeführt. Einige Papiere tragen das Wasserzeichen der in den 1830er/40er Jahren aktiven toskanischen Papiermühle „G. C. CINI" in San Marcello Pistoiese. Den inhaltlichen Schwerpunkt bilden 60 Blätter zu Italien, wobei die Städte Florenz (10 Bl.), Lucca (6 Bl.), Pisa (6 Bl.), Pistoia (5 Bl.), Rom (10 Bl.) und Siena (23 Bl.) vertreten sind. Weitere 36 Blätter sind Paris Hotel Cluny (10 Bl.), Deutschland (4 Bl.), Trachten (4 Bl.), Initialen (4 Bl.) und einem Kirchenentwurf (2 Bl.) gewidmet; in zwei kleineren Konvoluten finden sich gemischte „Aquarelle und Zeichnungen" (8 Bl.) und einige unter „Verschiedenes" (4 Bl.) zusammengefasste Impressionen aus Neapel, Ferrara und Torcello (Abb. 1).

Die Zeichnungen stammen von dem Architekten und mecklenburgischen Baubeamten Carl Luckow (1828–1885), der unter Willebrand in den 1870er/80er Jahren zunächst als Baukonducteur, später als Landbaumeister an verschiedenen mecklenburgischen Bauvorhaben beteiligt war. Zu seinen bekanntesten Bauten zählen das 1878 errichtete Land- und Amtsgericht Rostock sowie mehrere Bauten der Rostocker Universität.[1] Die Blätter Luckows lagerten ursprünglich zusammen mit Zeichnungen aus den Nachlässen Bramati und Henneberg in einer gemeinsamen Mappe (gr 2 Haupt 1505), wurden später entnommen und in eine gesonderte Mappe gebracht. Wie und wann sie in die Sammlung Albrecht Haupt gelangten, ist unklar. In seinem *Katalog über ältere Handzeichnungen* (1899) notierte Haupt dazu „Luckow […] Aus seinem Nachlass, meist Reisestudien aus Italien + Frankr: 92 Bl., dazu ein Skizzenbuch"[2] und bezifferte beide Zugänge auf je 10 RM. Im Auktionskatalog zum Nachlass Luckows, der 1885 in Rostock zur Versteigerung kam, sind diese Blätter nicht aufgeführt. Unter „Mobilien, Bilder u.s.w." und „Illustrierte Prachtwerke und architectonische Sammelwerke"[3] sind jedoch verschiedene Materialien mit inhaltlichem Bezug zu Luckows eigenen Reiseskizzen und den sich darin widerspiegelnden Interessen verzeichnet. Dazu gehören etwa ein

Abb. 2

„Prospect von Rom, gestochen von Basi, 1765', „Italien. Eine Wanderung von den Alpen bis zum Aetna, von Stieler u. Kaden. Stuttgart 1876", ein „Holzkarton mit ca. 60 Photographien von Venedig in Quart" sowie sechs Mappen mit weiteren 350, nicht näher bezeichneten Photographien und „13 Tafeln, groß Folio, Roma, […], Kupferstiche der Loggien des Vaticans in Rom"[4] des um 1800–1816 tätigen römischen Druckers und Verlegers Nicola D'Antoni.

Die Datierung der Mappe auf das Jahr 1848 fällt zusammen mit dem Beginn von Luckows Architekturstudium an der Polytechnischen Schule Karlsruhe.[5] Es liegt nahe zu vermuten, dass er unmittelbar davor oder direkt zu Beginn des Studiums eine größere Exkursion

Abb. 3

Abb. 4

Portal und Detailstudie aus den „Loggien des Vaticans"
43,2 cm x 28,2 cm, 39,0 cm 30,0 cm
Graphitstift, Pinsel, getuscht
Mappe „Rom"
gr 2 Haupt 1510, o. Nr.

„Dom in Lucca, Gewölbe-Malerei"
43,5 cm x 29,7 cm
Graphitstift, Pinsel, teilw. getuscht, Zirkeleinstiche
Mappe „Lucca"
gr 2 Haupt 1507, o. Nr.

nach Italien unternahm, auf der die Zeichnungen entstanden.[6] Wenngleich nicht bekannt ist, wie vollständig die Skizzen hier überliefert sind, lassen die vorhandenen Blätter einen eindeutigen Interessenschwerpunkt auf Ausstattung, Fresken und Kunstgegenständen erahnen. Während aus Lucca mehrere Blätter zum Dom vorliegen (Abb. 2 u. 5), in Pisa die monumentale Friedhofsanlage von Camposanto festgehalten wurde und in Pistoia offenbar unterschiedliche Fassaden Luckows Interesse fanden, befassen sich die Blätter aus Florenz v.a. mit den Altären, Tabernakeln und Fresken des Or San Michele, der Basilika San Miniato al Monte und der Loggia dei Lanzi an der Piazza della Signoria. Auch in Sienna, das mit insgesamt 23 Skizzen zu Dom und Bibliothek, Palazzo Buonsignori und Palazzo Pubblico/Rathauskapelle die meisten Skizzen liefert, zeigt sich neben Fassadengestaltungen ein deutlicher Fokus auf Wandfassungen, Fresken und Chorstühlen. Die römischen Blätter widmen sich sogar ausschließlich den Malereien in den Loggien des Vatikan (Abb. 3–4).

*Hedda Saemann*

Abb. 5

1  Spiegel 1981, S. 10.
2  Katalog Handzeichnungen 1899, S. 60f.
3  Auktionskatalog Luckow 1885, S. 9–11. Ebenfalls in der Sammlung enthalten: Carl Luckow: [Architektonisches Skizzenbuch], 1848–1850 – 2 Haupt 1604, 2c 3711, darin: 30 Blätter: Bl. 1.3.5.6.8.9.10.12.19.20: Maulbronn [z.T. dat. 1848]; Bl. 2: Pompei; Bl. 4 Bahnwartshäuschen bei Karlsruhe; Bl. 7:Il Duomo in Prato 1848; Bl. 5II: Würzburg; Bl. 13.22: Landschaft unbezeichnet; Bl. 14: Elisabethkirche in Marburg; Bl. 15: Kirche zu Bauschlott, gebaut 1835-38; Bl. 16: Mitelburg bei Neckarsteinach; Bl. 17: Schwalbennest bei Neckarsteinach; Bl. 18: Allerheiligen; Bl. 19: von F. Schlatter 1849; Bl. 21: von Friedrich Fendert 1849 Trinkgefäß; Bl. 23: von E. Heulser 1849; Bl. 24: Ortenberg 1850; Bl. 25-29: Blattwerk, Freiburg; Bl. 30: Heidelberger Schloss von Ludwig Diemer
4  Ebd.
5  Dvorak 2018, S. 467.
6  Da die meisten Einzelblätter nicht datiert sind, bleibt offen, ob alle in der Mappe enthaltenen Zeichnungen, z.B. die Zeichnungen zum Hotel de Cluny, von nur einer Reise stammen. Das auf 1848–1850 datierte „Architektonische Skizzenbuch" (2 Haupt 1604, 2c 3711), das Zeichnungen von verschiedenen Stationen innerhalb Deutschlands enthält, fällt ebenfalls in Luckows Studienzeit bis 1851.

# ANHANG

Literatur

Abkürzungen

Archivalien, unveröffentlichte Berichte und Gutachten
aus dem Archiv der Sammlung Haupt

# LITERATUR

**ALLO MANERO 2015** Allo Manero, Adelaida: La estampa original del catafalco que espantó y maravilló a Cervantes, in: Boletín de la Real Academia de Bellas Artes de San Fernando, 117 (2015), S. 87–120

**ALM/RAMSAY HERTHELIUS 2007** Alm, Göran und Antoinette Ramsay Herthelius: Bernadottebiblioteket: en kunglig kulturskatt (Kungl. Husgerådskammaren), Stockholm 2007

**ALTMANN 1987** Altmann, Lothar: Der Baukomplex um St. Michael in München – ein bayerischer Escorial?, in: Festschrift für Norbert Lieb zum 80. Geburtstag (Jahrbuch des Vereins für Christliche Kunst in München 16), hg. v. Lothar Altmann, München 1987, S. 73–80

**AMATI 1802** Amati, Carlo: Regole di chiaroscuro in Architetture, Mailand 1802

**ANDERSSON/BEDOIRE 1986** Andersson, Hendrik O. und Fredric Bedoire: Swedish architecture: Drawings, 1640–1970 / Svensk arkitektur: ritningar, 1640–1970, Stockholm 1986

**ANZELEWSKY 1975** Anzelewsky, Fedja (Hg.): Pieter Bruegel d.Ä. als Zeichner. Herkunft und Nachfolge, Ausstellungskatalog Berlin, Berlin 1975

**ANZELEWSKY/MIELKE 1984** Anzelewsky, Fedja und Hans Mielke: Albrecht Dürer. Kritischer Katalog der Zeichnungen, Berlin 1984

**ARENS 1955** Arens, Fritz: Die Pläne der Mainzer Dompropstei und andere Bauten von Françoise Ignaçe M, in: Mainzer Zeitschrift, 50 (1955), S. 56–68

**ASCHE 1998** Asche, Susanne: Residenzstadt – Bürgerstadt – Großstadt. Auf dem Weg von der Residenz zum Industrie- und Verwaltungszentrum 1806–1914, in: Karlsruhe. Die Stadtgeschichte, hg. v. Susanne Asche, Ernst Otto Bräunche, Manfred Koch, u. a., Karlsruhe 1998, S. 218–221

**ASHBY/PIERCE 1924** Ashby, Thomas und Stephen Rowland Pierce: The Piazza Del Popolo: Rome. Its History and Development, in: The Town Planning Review, 11 (1924), Nr. 2, S. 75–96

**AUCLAIR 2011** Auclair, Mathias: L'atelier de décors de l'Opéra (1803–1822), in: Revue de la Bibliothèque National de France, 37 (2011), S. 5–10

**AUFFARTH/PIETSCH 2002** Auffarth, Sid und Wolfgang Pietsch: Die Universität Hannover, Ihre Bauten, Ihre Gärten, Ihre Planungsgeschichte, Petersberg 2003

**AUKTIONSKATALOG HAENDCKE 1896** Katalog der werthvollen und reichhaltigen Sammlungen von Kupferstichen: Radirungen, Holzschnitten alter Meister aller Schulen, Handzeichnungen älterer und neuerer Meister, Linienstichen, modernen Prachtblättern, Farbdruckblättern etc. etc., aus den Nachlässen der Herren Verlagsbuchhändler H. Haendcke in Radebeul-Dresden, Rentner Jakob Hertling, Kalk etc., Versteigerung zu Köln den 8. bis 17. October 1896 (1896); J. M. Heberle (H. Lempertz' Söhne), Köln 1896

**AUKTIONSKATALOG HASSELMANN 1894A** Katalog der Gesammten Kunstsammlungen des Herrn Architect Fritz Hasselmann in Offenstetten, früher in München, I. ABTHEILUNG, Versteigerung in München, Residenzstrasse 12/1, Donnerstag den 31. Mai 1894 […], Auction bei Hugo Helbing, München 1894

**AUKTIONSKATALOG HASSELMANN 1894B** Katalog der II. Abtheilung der Gesammten Kunstsammlungen des Herrn Architect Fritz Hasselmann […] 6. Juni 1894, Kunst-Auction von Hugo Helbing, München 1894

**AUKTIONSKATALOG LEMPERTZ 1905** Sammlung Heinrich Lempertz sen., † zu Köln a. Rh., Katalog der Handzeichnungen-Sammlung […],Versteigerung zu Köln a. Rh. den 17. Oktober 1905 und ff. Tage, […] bei J. M. Heberle (H. Lempertz' Söhne) […], Köln 1905

**AUKTIONSKATALOG LIPHART 1898** Catalog der hinterlassenen Kunstsammlung des Herrn Karl Eduard von Liphart ehemals in Florenz nebst einigen anderen Beiträgen, Zweite Abteilung: Handzeichnungen und Aquarellen […], Versteigerung zu Leipzig, Dienstag den 26. April und folgende Tage […] durch die Kunsthandlung von G. C. Boerner, Leipzig 1898

**AUKTIONSKATALOG LUCKOW 1885** Katalog über die zum Nachlasse des wail. Landbaumeisters Luckow in Rostock gehörenden kunstgewerblichen Sachen welche in Rostock, Neuer Markt Nr. 12 [...] am Dienstag, den 29. September 1885 ... öffentlich verkauft werden sollen, Rostock 1885

**AUKTIONSKATALOG PHILIPPI/WERNER 1909** Kupferstiche, Radierungen, Holzschnitte, Clairobscures, Schabkunstblätter, Farbendrucke, Lithographien etc., Handzeichnungen und Aquarelle. Dabei Nachlass des Herrn L. H. Philippi, Hamburg und des Malers Professor Fritz Werner, Berlin, Versteigerung Donnerstag, den 2. Dezember 1909 […], Rudolph Lepke's Kunst-Auctions-Haus, Berlin 1909

**AURENHAMMER 1961** Aurenhammer, Hans: Eine Landschaft der Goethezeit von Carl Philipp Schallhas: in: Mitteilungen der Österreichischen Galerie, 5 (1961), Nr. 49, S. 11–17

**BACCI 1571** Bacci, Andrea: De Thermis [...] libri septem, Venedig 1571

**BAER/KRUFT/ROECK 1985** Baer, Wolfram, Hanno-Walter Kruft und Bernd Roeck (Hg.): Elias Holl und das Augsburger Rathaus. Ausstellungskatalog Augsburg, Regensburg 1985

**BALISTRERI 2014** Balistreri, Emiliano (Hg.): Giannantonio Selva – Biografia e opera (Esempi di Architettura 24), Rom 2014

**BALL-KRÜCKMANN 2002** Ball-Krückmann, Babette: I progetti scenografici dei Galli Bibiena come opere di arte grafica, in: I Bibiena una famiglia in scena: da Bologna all'Europa, hg. v. Daniela Gallingani, Florenz 2002, S. 101–112

**BALL-KRÜCKMANN 2009** Ball-Krückmann, Babette: Carlo Galli Bibiena. Seine Bühnenbildner für das Markgräfliche Opernhaus in Bayreuth. Zwischen Tradition und Lokalsituation, in: Wilhelmine von Bayreuth heute. Das kulturelle Erbe der Markgräfin (Archiv für Geschichte von Oberfranken, Sonderband), hg. v. Günter Berger, Bayreuth 2009, S. 241–266

**BALL-KRÜCKMANN 2019** Ball-Krückmann, Babette: Meisterstücke der Erfindung und konkrete Wirklichkeit: Inszenierung herrschaftlicher Räume im Bühnenbild. Carlo Galli Bibienas Entwürfe für Bayreuth, in: Musiktheater im höfischen Raum des frühneuzeitlichen Europa. Hof – Oper – Architektur, hg. v. Margret Scharrer, Heiko Laß und Matthias Müller, Heidelberg 2019, S. 511–536

**BAMBERG 2018** Bamberg, Ludwig Christian: Die Garnisonkirchen des Barock in Berlin und Potsdam: Baukunst im Kontext, Hildesheim 2018

**BANASCHIK-EHL 1974** Banaschik-Ehl, Christa: Scharnhorsts Lehrer, Graf Wilhelm von Schaumburg-Lippe in Portugal. Die Heeresreform 1761–1777, Osnabrück 1974 (Zugl. Diss. Univ. Saarbrücken 1969)

**BANKMANN 1982** Bankmann, Ulf: Der Haupttempel von Mexiko-Tenochtitlan im Bühnenbild Karl Friedrich Schinkels, in: Mexicon, 4 (1982), Nr. 3, S. 38–42

**BAROCK IM VATIKAN 2006** Barock im Vatikan, hg. v. Kunst- und Ausstellungshalle der Bundesrepublik Deutschland, Ausstellungskatalog Bonn und Berlin, Leipzig, 2006

**BARTSCH 1920** Bartsch, Adam von: Le Peintre graveur, Würzburg 1920

**BAUMEISTER 1951** Baumeister, Engelbert: Zeichnungen des Egid Quirin Asam, in: Das Münster, 4 (1951), S. 208–218.

**BAUR-HEINHOLD 1952** Baur-Heinhold, Margarete: Süddeutsche Fassadenmalerei vom Mittelalter bis zur Gegenwart, München 1952

**BECKER 1994** Becker, Maria: Architektur und Malerei: Studien zur Fassadenmalerei des 16. Jahrhunderts in Basel, hg. v. Gesellschaft für das Gute und Gemeinnützige [Zugl.: Basel, Univ., Diss., 1993], Basel 1994

**BEDOIRE 2015** Bedoire, Fredric: Den svenska arkitekturens historia, 2 Bd., Stockholm 2015

**BEDOIRE 2018** Bedoire, Fredric: Adelcrantz och kärleken till konsterna, Stockholm 2018

**BEHRINGER/ROECK 1999** Behringer, Wolfgang und Bernd Roeck (Hg.): Das Bild der Stadt in der Neuzeit 1400–1800, München 1999

**BENEDEN/UPPENKAMP 2011** Benneden, Ben van und Barbara Uppenkamp: Palazzo Rubens. De meester als architect, Brüssel 2011

**BENEDIK 2017** Benedik, Christian: Meisterwerke der Architekturzeichnung aus der Albertina, München 2017

**BENESCH 1936** Benesch, Otto: Oesterreichische Handzeichnungen des 15. und 16. Jahrhunderts, Freiburg i. B. 1936

**BENTINI/LENZI 2000** Bentini, Jadranka und Deanna Lenzi (Hg.): I Bibiena una famiglia europea, Venedig 2000

**BERG VILLNER 1997** Berg Villner, Lena: Tempelman. Architekten Olof Tempelman 1745–1816, Stockholm 1997

**BERGAMINI 2012** Bergamini, Giuseppe: Giulio Quaglio, European painter, in: The restoration of Quaglio's wall paintings in Ljubljana Cathedral, hg. v. Mateja Neža Sitar, Ljubljana 2012, S. 14–23.

**BERGER 2003** Berger, Julia: Carl Ludwig Wimmel, in: Architekturzeichnungen des Barock, Klassizismus und Historismus, hg. v. Jürgen Döring, Hamburg 2003, S. 52–59

**BEUDERT 2006** Beudert, Peter: Stage Painters at the Parisian Opera in the Nineteenth Century, in: Music in Art, 31 (2006), Nr. 1/2, S. 63–72

**BIALEK 1955** Bialek, Paul: Wilhelm Jeremias Müller. Der Baumeister des Louis XVI. in Karlsruhe, Karlsruhe 1955 (Typoskript) (Zugl. Diss. TH Karlsruhe 1956)

**BICKENDORF 1998** Bickendorf, Gabriele: Die Historisierung der italienischen Kunstbetrachtung im 17. und 18. Jahrhundert (Berliner Schriften zur Kunst 11), Berlin 1998

**BIGGI 1995** Biggi, Maria Ida: L'immagine e la scena. Giuseppe Borsato, scenografo alle Fenice 1809–1823, Venedig 1995

**BIRETT 1834** Birett, Wilhelm: Verzeichnis der von Titl. Herrn C.A. Nilson, ehem. Bau-Ingenieur und Lehrer der Mathematik, hinterlassenen, […] Bücher […] vom 20. May 1834 an […] Auctions-Anstalt des Antiquar Wilhelm Birett, […] öffentlich versteigert werden. […], Band 14, München 1834

**BLAŽIČEK/HEJDOVÁ/PREISS 1977** Blažiček, Oldřich, Dagmar Hejdová und Pavel Preiss: Kunst des Barock in Böhmen, Ausstellungskatalog Essen, Recklinghausen 1977

**BODE 2012** Bode, Andreas: Die geheimnisvolle Handschrift, in: Hildesheimer Allgemeine Zeitung, 27. Oktober 2012

**BÖKER 1989** Böker, Hans Josef: Unbekannte Planzeichnungen Lambert Friedrich Corfeys, in: Westfalen, 67 (1989), S. 171–183

**BÖKER 1990** Böker, Hans Josef: Eine Planung Lambert Friedrich Corfeys für Schloß Nordkirchen, in: Westfalen, 68 (1990), S. 89–100

**BÖKER 1995** Böker, Hans Josef: Vorläufer und Konkurrenten. Pictorius und Corfey, in: Johann Conrad Schlaun 1695–1773. Architektur des Spätbarock in Europa, hg. v. Klaus Bussmann, Stuttgart 1995, S. 623–637

**BÖKER/BREHM/HANSCHKE/SAUVÉ 2011** Böker, Johann Joseph, Anne-Christine Brehm, Julian Hanschke und Jean-Sébastien Sauvé: Architektur der Gotik: Ulm und Donauraum. Ein Bestandskatalog der mittelalterlichen Architekturzeichnungen aus Ulm, Schwaben und dem Donaugebiet, Wien 2011

**BONNEFOIT 1997** Bonnefoit, Régine: Johann Wilhelm Baur (1607–1642). Ein Wegbereiter der barocken Kunst in Deutschland, Tübingen – Berlin 1997 (Zugl. Diss. Univ. Heidelberg 1995)

**BONORDEN 1993** Bonorden, Wolfgang: Graf Wilhelm zu Schaumburg-Lippe (1724–1777) und sein erster Festungskommandant auf dem Wilhelmstein im Steinhuder Meer, der Major Jean d'Etienne (1725–1798), in: Schaumburg-Lippische Heimatblätter, 44 (1993), S. 122–129, 137–144, 153–159

**BORDONI 1816** Bordoni, Antonio Maria: De' contorni delle ombre ordinarie, Mailand 1816

**BORGHINI/D'ALESSIO/SCOCCIANTI 2019** Borghini, Stefano, Alessandro D'Alessio und Maria Maddalena Scoccianti (Hg.): Aureo filo. La prima reggia di Nerone sul Palatino, Mailand 2019

**BORSATO 1831** Borsato, Giuseppe: Opera ornamentale di Giuseppe Borsato per cura della I.R. Accademia di Belle Arti in Venezia, Venedig–Mailand 1831

**BÖRSCH-SUPAN 1971** Börsch-Supan, Helmut: Die Kataloge der Berliner Akademie-Ausstellungen 1786–1850, 3 Bde., Berlin 1971

**BÖRSCH-SUPAN 1977** Börsch-Supan, Eva: Berliner Baukunst nach Schinkel 1840–1870, München 1977

**BÖSEL/FROMMEL 2000** Bösel, Richard und Christoph Luitpold Frommel (Hg.): Borromini – Architekt im barocken Rom, Ausstellungskatalog Wien, Mailand 2000

**BOSSAGLIA 1968** Bossaglia, Rossana: Biffi, Gianandrea il Vecchio, in: Dizionario Biografico degli Italianai, Bd. 10, Rom 1968, S. 380–381.

**BOTT 1962** Bott, Heinrich: Stadt und Festung Hanau nach dem Stockholmer Plan des Joachim Rumpf vom 8. Januar 1632 und nach anderen Plänen und Ansichten des 17. und 18. Jahrhunderts, in: Hanauer Geschichtsblätter, 18 (1962), S. 183–222

**BÖTTIGER 1806** Böttiger, Carl August: Chalkographisches Denkmal auf Klopstock, in: Zeitung für die elegante Welt, 154 (1806), Sp.1233–1236, 155 (1806), Sp. 1245–1246 und 156 (1806), Sp. 1253–1256

**BÖTTIGER 1807** Böttiger, Carl August: Chalkographisches Denkmal auf Schiller, in: Zeitung für die elegante Welt, 96 (1807), Sp.761–766

**BRAUN/HOGENBERG 2008** Braun, Georg und Franz Hogenberg: Städte der Welt. Civitates Orbis Terrarum. 363 Kupferstiche revolutionieren das Weltbild. Gesamtausgabe der kolorierten Tafeln 1572–1617, hg. v. Stephan Füssel, Köln 2008

**BRAUNER 1986** Brauner, Heinrich: Lehrbuch der Konstruktiven Geometrie, Wien – New York 1986

**BREDEKAMP 1991** Bredekamp, Horst: Vicino Orsini und der Heilige Wald von Bomarzo. Ein Fürst als Künstler und Anarchist, Worms ²1991

**BREDEKAMP 2021** Bredekamp, Horst: Michelangelo, Berlin 2021

**BROWNLEE 1986** Brownlee, David B.: Friedrich Weinbrenner, Architect of Karlsruhe: A Catalogue of the Drawings in the Architectural Archives of the University of Pennsylvania, Philadelphia 1986

**BRUCKER/VILÍMKOVÁ 1989** Brucker, Johannes und Milada Vilímková (Hg.): Dientzenhofer. Eine bayerische Baumeisterfamilie in der Barockzeit, Rosenheim 1989

**BRUGNOLI/SANDRINI 1988** Brugnoli, Pierpaolo und Arturo Sandrini: L'architettura a Verona nell'età della Serenissima (secc. XV–XVIII), Venedig 1988

**BRUNNER-MELTERS 2002** Brunner-Melters, Monika: Das Schloß von Raudnitz 1652–1684: Anfänge des habsburgischen Frühbarock (Manuskripte für Kunstwissenschaft 60), Worms 2002

**BUDDENSIEG 1962** Buddensieg, Tilmann: Die Konstantinsbasilika in einer Zeichnung Francescos di Giorgio und der Marmorkoloss Konstantins des Großen, in: Münchner Jahrbuch der bildenden Kunst, 13 (1962), S. 37–48.

**BURG 1915** Burg, Hermann: Der Bildhauer Franz Anton Zauner und seine Zeit. Ein Beitrag zur Geschichte des Klassizismus in Österreich, Wien 1915

**BURKE 1976** Burke, James D.: A Drawing by Johannes Collaert, in: Master Drawings, Vol. 14, 4 (1976), S. 384–386+432

**BURKHARD 1932** Burkhard, Arthur: Hans Burgkmair (Meister der Graphik 15), Berlin 1932

**BUSIRI VICI 1957** Busiri Vici, Andrea: Visioni architettonico-figurative del soggiorno in Italia di Giov. Guglielmo Baur, in: Palladio, 7 (1957), S. 30–40

**BUTTLAR 1999** Buttlar, Adrian von, Leo von Klenze. Leben, Werk, Vision, München 1999

**BUZZI/ZARDIN 1997** Buzzi, Franco und Danilo Zardin (Hg.): Carlo Borromeo e l'opera della „Grande Riforma". Cultura, religione e arti del governo nella Milano del pieno Cinquecento, Mailand 1997

**CAFFI 1835** Caffi, Ipolito: Lezioni di Prospettiva, Rom 1835

**CANDOLINI 2004** Candolini, Gernot: Die Faszination der Labyrinthe. Das Praxisbuch, München 2004

**CANNONE/GALLAVOTTI CAVALLERO 2021** Cannone, Marco und Daniela Gallavotti Cavallero: Aggiunte sui viaggi in Italia di Joseph Heintz il vecchio, la scoperta delle statue antiche e dei bronzetti di Giambologna. Un caso di paragone fra le arti, in: Rivista dell' istituto nazionale d'archeologia e storia dell' arte, 76 (2021), S. 213–256

**CAPRA 1968** Capra, Maria: Das Laudongrab in Hadersdorf, in: Penzinger Museumsblätter, 18 (1968), S. 309–313

**CARETTA/DEGANI/NOVASCONI 1966** Caretta, Alessandro, Alessandro Degani und Armando Novasconi: La cattedrale di Lodi, Lodi 1966

**CARLSSON/JOHANSSON 1990** Carlsson, Sten-Åke und Tore Johansson: Inventarium över svenska orglar 1989, II, Linköpings stift, Tostared 1990

**CASTELLI 1816** Castelli, J.F.: Ferdinand Cortez, oder: die Eroberung Mexicos, München 1816

**CATALOGUS PROFESSORUM 1981** Catalogus Professorum 1831–1981. Festschrift zum 150jährigen Bestehen der Universität Hannover, Bd. 2, Stuttgart – Berlin – Köln – Mainz 1981

**CAZZANI 1996** Cazzani, Eugenio: Vescovi e arcivescovi di Milano, Mailand 1996

**CHURCHILL 1990** Churchill, W. A.: Watermarks in Paper in Holland, England, France etc. in the XVIIth and XVIIIth Centuries and their Interconnection, Amsterdam 1990 (Reprint der Ausgabe 1935)

**GIANNINI 1720** Giannini, Sebastiano: Opera del Caval.[iere] Francesco Boromino cavata da suoi originali cloè la chiesa, e fabrica della Sapienza di Roma con le veduta in proespettiva con lo studio delle proporz.[io]ni, geometriche, piante, alzate, profili e spaccati, Rom 1720

**CICCONE 2015** Ciccone, Maurizia: Costruire l'identità: la fabbrica di San Giovanni dei Fiorentini tra il 1508 e gli anni del pontificato di Leone X, in: Identità e rappresentazione. Le chiese nazionali a Roma 1450–1650, hg. v. Alexander Koller und Susanne Kubersky-Piredda, Rom 2015, S. 327–356

**CILLESSEN 1994** Cilleßen, Wolfgang: „Die unsichtbare Sammlung". Die Sammlung und das Werk des Pariser Architekten Hippolyte Destailleur (1822–1893) in der Kunstbibliothek. Zur Entstehung der Ornamentstichsammlung und der Sammlung der Handzeichnungen, in: Kunst in der Bibliothek. Zur Geschichte der Kunstbibliothek und ihrer Sammlungen, hg. v. Bernd Evers, Ausstellungskatalog Berlin, Berlin 1994, S. 43–59

**CLERI/PAOLI 1995** Cleri, Benita und Feliciano Paoli: Incisioni del '600. Le collezioni di Casteldurante dai Della Rovere agli Ubaldini, Urbani 1992

**COARELLI 2001** Coarelli, Filippo: Roma (Guide Archeologiche), Bari ⁶2001

**COBURGER 2011** Coburger, Uta: Von Ausschweifungen und Hirngespinsten. Das Ornament und das Ornamentale im Werk Egid Quirin Asams, Göttingen 2011 (Zugl. Diss. Univ. Gießen 2007)

COCCHI 1851 Cocchi Francesco: Lezioni di prospettiva pratica, e regole abbreviatrici per disegnare le scene, Bologna 1851

COLENBRANDER 1985 Colenbrander, Herman Th.: Una veduta di Jan de Bisschop della chiesa dei SS. Cosma e Damiano a Roma, in: Mededelingen van het Nederlands Instituut te Rome, 46 (1985), S. 107–119

CONFORTI 1993 Conforti, Claudia: Giorgio Vasari architetto, Mailand 1993

CONNORS 1993 Connors, Joseph: Francesco Borromini (1599–1667): Die Revolution des Graphits, in: Von Bernini bis Piranesi. Römische Architekturzeichnungen des Barocks, hg. v. Elisabeth Kieven, Stuttgart 1993, S. 33–38

CONNORS 1996 Connors, Joseph: Borromini's S. Ivo alla Sapienza: the spiral, in: The Burlington Magazine, 138 (1996), Nr. 1123, S. 668–682

CONNORS 2012 Connors, Joseph: Giovanni Battista Falda and Lievin Cruyl. Rivalry between printmakers and publishers in the mapping of Rome, in: Piante di Roma dal Rinascimento ai catasti, hg. v. Mario Bevilacqua und Marcello Fagiolo, Rom 2012, S. 218–231

COPPA 1989 Coppa, Simonetta: La cultura figurativa del tardo Cinquecento e del primo Seicento. Presenze milanesi: Pietro Gnocchi, Carlo Buzzi, Bartolomeo Roverio detto il Genovesino. Presenze Comasche: Francesco Guaita, Abbondio BAruta, Marcello Venusti a Grosotto, il Duchino e Domenico Caresano a Gallivaggio, in: Arte lombarda, 88/89 (1989), Nr. 1/2, S. 16–30

COSTA 1747 Costa, Giovanni Francesco: Elementi di Prospettiva per uso degli architetti e pittori, Venedig 1747

CRESPI 1769 Crespi, Luigi: Felsina pittrice. Vite de' pittori bolognesi, Bd. 3, Rom 1769

CUGY/LETOURMY-BODIER/SELBACH 2017 Cugy, Pascale, Georgina Letourmy-Bordier und Vanessa Selbach: Les „estampes habillées": acteurs, pratiques et publics en France aux XVIIᵉ et XVIIᵉ siècles, in: Perspective, 1 (2016), URL: http://journals.openedition.org/perspective/6320; DOI: https://doi.org/10.4000/perspective.6320

CUNO 1890 Cuno, Hermann: Der Dom zu Hildesheim, Hildesheim 1890

CURRAN/GRAFTON/LONG/WEISS 2009 Curran, Brian, Anthony Grafton, Pamela O. Long und Benjamin Weiss: Obelisk. A History, Cambridge 2009

CUVILLIÉS D. J. 1769/1776 Cuvilliés d. J., François: Ecole de l'Architecture Bavaroise, München [1769/1776]

CZÉRE 1989 Czére, Andrea: Disegni di artisti bolognesi nel Museo delle Belle Arti di Budapest, Bologna 1989

DAL RE 1963 Dal Re, Marc'Antonio: Ville di delizia o siano palagi camparecci nello Stato di Milano, Mailand 1963

DANREITER/DÉZALLIER D'ARGENVILLE/LE BLOND 1764 Danreiter, Franz Anton [Übers.], Antoine Joseph Dézallier D'Argenville und Alexandre Le Blond [Ill.]: Herrn Alexander Blonds neueröfnete Gärtner-Akademie oder: die Kunst Pracht- und Lust-Gärten sammt derselben Ausziehrungen und Wasserwerken wohl anzulegen: Mit drey-und dreyßig Kupfer-Taffeln versehen, Augsburg 1764

DAVID 1601 David, Jan: Veridicus Christianus, Antwerpen 1601

DE FEO 2017 De Feo, Roberto: Giuseppe Borsato 1770–1849, Venedig 2016

DEGANI 1960 Degani, Alessandro: Il duomo di Lodi. La costruzione e le trasformazioni plurisecolari, in: Archivio Storico Lodigiano, 8 (1960), S. 3–35

DEHIO 1987 Dehio, Georg: Handbuch der deutschen Kunstdenkmäler. Neubearbeitung: Die Bezirke Cottbus und Frankurt/Oder, Berlin 1987

DEHIO SCHLESIEN 2005 Dehio-Handbuch der Kunstdenkmäler in Polen: Schlesien, hg. von Ernst Badstübner, Dietmar Popp, Andrzej Tomaszewski und Dethard von Winterfeld, München – Berlin 2005

DEL BIANCO 2015 Del Bianco, Katharina: Der Architekt Giuseppe Piermarini und seine Theater für Monza, Mantua, Cremona und Matelica, Erlangen 2015 (Zugl. Diss. Univ. Erlangen 2009)

DEMPS 2012 Demps, Laurenz: Die ehemalige Königliche Bibliothek. Bau- und Nutzungsgeschichte, in: Kommode. Die Fassadenrestaurierung der ehemaligen Königlichen Bibliothek, hg. v. Ingrid Hentschel und Jan-Hendrik Olbertz, Berlin 2012, S. 13–47

DIESEL 1717 Diesel, Matthias: Erlustierende Augenweide in Vorstellung herrlicher Gärten und Lustgebäude. Theils inventiert und angelegt, theils nach dermahligem Sito gezeichnet. Drei Teile, Augsburg 1717

DISCHINGER 1984 Dischinger, Gabriele: Ein Plan des Münchener Jesuitenkollegiums, in: Jahrbuch des Vereins für Christliche Kunst in München, 15 (1985), S. 79–86

DISCHINGER 1988 Dischinger, Gabriele: Zeichnungen zu kirchlichen Bauten bis 1803 im Bayerischen Hauspsstattsarchiv (Architekturzeichnungen in den Staatlichen Archiven Bayerns 1), Wiesbaden 1988

DISCHINGER 1990 Dischinger, Gabriele: Eine „Glanzleistung" Egid Quirin Asams. Der Entwurf für die Hl.-Grab-Kirche in Deggendorf, in: Studien zur Künstlerzeichnung. Klaus Schwager zum 65. Geburtstag, hg. v. Stefan Kummer und Georg Satzinger, Stuttgart 1990, S. 236–257

DITTMER 1822 Dittmer, Heinrich: Authentische und vollständige Beschreibung aller Feyerlichkeiten, welche in dem Hannoverschen Lande bey der Anwesenheit Seiner Königl. Majestät Georgs des Vierten, während dem Monate October 1821 veranstaltet worden sind, Hannover 1822

DITTSCHEID/SCHNEIDER 1981 Dittscheid, Hans Christoph und Reinhard Schneider: François Ignaçe M und die Baukunst des französ. Klassizismus. Zu seinen Bauten und Planungen in Trier, Mainz und Wallenstein, in: Mainzer Zeitschrift, 76 (1981), S. 125–143

DOLAN 2011 Dolan, Alice: An Adorned Print: Print Culture, Female Leisure and the Dissemination of Fashion in France and England, around 1660–1779, in: V&A Online Journal, 3 (2011), URL: http://www.vam.ac.uk/content/journals/research-journal/issue-03/an-adorned-print-print-culture,-female-leisure-and-the-dissemination-of-fashion-in-france-and-england,-c.-1660-1779/

DORN 1969 Dorn, Reinhard: Peter Joseph Krahe. Leben und Werk, Bd. 1, Die Studienjahre in Düsseldorf und Rom 1778–1786, Braunschweig 1969

DORST 1917 Dorst, Friedrich: Charles Mangin und seine Bauten in den Trierer und Mainzer Landen (1779–1793), in: Mainzer Zeitschrift, 12/13 (1917/18), S. 89–114

DREHER 1993 Dreher, Thomas: ‚Bayer, August von', in: Saur Allgemeines Künstler-Lexikon. Die Bildenden Künstler aller Zeiten und Völker, Bd. 7, München – Leipzig 1993, S. 665–666

DRESCHER/BADSTÜBNER-GRÖGER 1991 Drescher, Horst und Sibylle Badstübner-Gröger: Das Neue Palais in Potsdam. Beiträge zum Spätstil der friderizianischen Architektur und Bauplastik, Berlin 1991

DUBOURG GLATIGNY 2002 Dubourg Glatigny, Pascal: Hans Vredeman de Vries und die Perspektive, in: Hans Vredeman de Vries und die Renaissance im Norden, hg. v. Heiner Borggrefe, Vera Lüpkes u.a., München 2002, S. 127–134

DÜRER 2000 Albrecht Dürer. Das Gesamtwerk. Sämtliche Gemälde, Handzeichnungen, Kupferstiche und Holzschnitte. Mit der Monographie „Albrecht Dürer. Werk und Wirkung" von Fedja Anzelewsky (Die Digitale Bibliothek 28), [CD-ROM], Berlin 2000

DVORAK 2018 Dvorak, Helge: Biographisches Lexikon der Deutschen Burschenschaft, Bd. 2: Künstler, Heidelberg 2018

EBENBAUER 2005 Ebenbauer, Melitta: Zur Geschichte der Dommusik, in: Die Musikhandschriften des Domarchivs St. Stephan in Wien. Mit einer Einleitung von Melitta Ebenbauer, hg. von Michael Jahn, Wien 2005, S. 11–56

EBERT/FROSCHAUER 2019 Ebert, Carola und Eva Maria Froschauer (Hg.): Vom Baumeister zum Master. Formen der Architekturlehre vom 19. bis ins 21. Jahrhundert, Berlin 2019

EGGER 1903 Egger, Hermann: Kritisches Verzeichnis der Sammlung architektonischer Handzeichnungen der k.k. Hof-Bibliothek, 1. Teil, Wien 1903

EHRENBERG 1909 Ehrenberg, Kurt: Baugeschichte von Karlsruhe 1750–1870. Bau- und Bodenpolitik. Eine Studie zur Geschichte des Städtebaus, Karlsruhe 1909

EHRLE 1908 Ehrle, Francesco: Roma primo di Sisto V. La pianta di Roma di Dupérac-Lafréry del 1577, Vatikanstadt 1908

ELLEGAST 1983 Ellegast, Abt Burkhard: Die baulichen Gegebenheiten des Stiftes Melk vor dem barocken Neubau Abt Berthold Dietmayrs, in: Stift Melk, Geschichte und Gegenwart, Bd. 3, hg. v. P. Wilfried Kowarik, [St. Pölten] 1983, S. 106–176

ELLEGAST 1989 Ellegast, Abt Burkhard: Die bauliche Substanz des Stiftes Melk im 17. Jahrhundert, in: 900 Jahre Benediktiner in Melk, hg. v. Ernst Bruckmüller, Jubiläumsausstellung 1989, Melk 1989, S. 437–440

ENGEL 2001 Engel, Martin: Das Forum Fridericianum und die monumentalen Residenzplätze des 18. Jahrhunderts, Diss. FU Berlin 2001 (Typoskript) (online Publikation 2004)

ENGELBERG 2013 Engelberg, Meinrad von: Renovatio, oder: Warum das Stift Herzogenburg eine Barockkirche hat, in: 900 Jahre Stift Herzogenburg, Aufbrüche – Umbrüche – Kontinuität, Tagungsband zum wissenschaftlichen Symposium vom 22.–24. September 2011, hg. v. Günter Katzler und Victoria Zimmerl-Panagl, Innsbruck 2013, S. 351–382

ESSENWEIN/STIEHL 1908 Essenwein, August von und Otto Stiehl: Handbuch der Architektur Teil 2. Die Baustile. Historische und Technische Entwickelung, Band 4, Die romanische und die gotische Baukunst, Der Wohnbau des Mitelalters, Breslau ²1908

EVERKE 2015 Everke, Gerhard: „sich über die Schranken des Handwerks erheben" Friedrich Weinbrenners Selbstverständnis als Lehrer im Austausch mit seinen Schülern, in: Friedrich Weinbrenner 1766–1826. Architektur und Städtebau des Klassizismus, hg. v.

Brigitte Baumstark, Ausstellungskatalog Karlsruhe, Petersberg 2015, S. 159–173

**EVERS 1994** Evers, Bernd: Kunst in der Bibliothek. Zur Geschichte der Kunstbibliothek und ihrer Sammlungen (mit Chronik der Kunstbibliothek), in: Kunst in der Bibliothek. Zur Geschichte der Kunstbibliothek und ihrer Sammlungen, hg. von Bernd Evers, Ausstellungskatalog Berlin), Berlin 1994, S. 7–42

**FALK 1968** Falk, Tilman: Hans Burgkmair; Studien zu Leben und Werk des Augsburger Malers, München 1968

**FAULWASSER 1901** Faulwasser, Julius: Die St. Michaelis Kirche in Hamburg, Hamburg 1901

**FAVILLA/RUGOLO 2015** Favilla, Massimo und Ruggero Rugolo: "Basta che la superficie appahgi la vista": introduzione allo studio dello stucco a Venezia dal barocco al rococò, in: Arte Veneta 72 (2015), S. 119–154

**FAYMONVILLE 1924** Faymonville, Karl: Rathaus, in: Die Kunstdenkmäler der Stadt Aachen, Bd. 3, Die profanen Denkmäler und die Sammlungen der Stadt Aachen, hg. v. Karl Faymonville, Joseph Laurent, Richard Pick und Max Schmid-Burgk, Düsseldorf 1924, S. 722–760

**FERNOW 1807A** Fernow, Carl Ludwig: Monument auf Klopstock, in: Journal des Luxus und der Moden, April 1807, S. 229–232

**FERNOW 1807B** Fernow, Carl Ludwig: Schillers Denkmal, in: Journal des Luxus und der Moden, August 1807, S. 495–503

**FERRARI 2003** Ferrari, Stefania: Ville venete: la provincia di Verona, Bd.7, Venedig 2003

**FIDLER 2015** Fidler, Petr: Architektúra seicenta, Bratislava 2015

**FIORIO 2006** Fiorio, Maria Teresa: Le chiese di Milano, Mailand 1985, ²2006

**FLANDIN 1853** Flandin, Eugène: L'Orient, Bd. 1: Bosphore, Stamboul, Smyrne, Paris 1853

**FLECHSIG 1931** Flechsig, Eduard: Albrecht Dürer: sein Leben und seine künstlerische Entwickelung, 2. Bde., Berlin 1931

**FOGELMARCK 1957** Fogelmarck, Stig: Carl Fredrik Adelcrantz, arkitekt, Stockholm 1957

**FOSSIER 1997** Fossier, François: Les dessins du Fonds Robert de Cotte de la Bibliothèque nationale de France, Paros – Rom 1997

**FRANK 2016** Frank, Martina: Skizzen, Zeichnungen und Druckgrafiken als Quellen für die Wiener Tätigkeit der Galli Bibiena, in: Spettacolo barocco. Triumph des Theaters, hg. v. Andrea Sommer Mathis, Daniela Franke und Rudi Risatti, Petersberg 2016, S. 151–168

**FRANK 2017** Frank, Martina: Appunti sullo Sketchbook dei Galli Bibiena della Houghton Library, in: Illusione scenica e pratica teatrale, hg. v. Maria Ida Biggi, Florenz 2017, S. 323–338

**FRANK 2020** Frank, Martina: Questioni di scala e funzione, in: L'architettura dipinta: storia, conservazione e rappresentazione digitale. Quadraturismo e grande decorazione nella pittura di età barocca, hg. v. Stefano Bertocci und Fauzia Farneti, Florenz 2020, S. 251–260

**FRANK/MATHIES/POULET 2002 I** Frank, Christoph, Ulrike D. Mathies und Anne Poulet: Diderot, Guiard and Houdon: projects for a funary monument at Gotha, in: The Burlington Magazine, 144 (2002), Nr. 1189, S. 213–221

**FRANK/MATHIES/POULET 2002 II** Frank, Christoph, Ulrike D. Mathies und Anne Poulet: Diderot, Guiard and Houdon: projects for a funary monument at Gotha, in: The Burlington Magazine, 144 (2002), Nr. 1193, S. 475–484

**FRANKE/RISATTI/SOMMER-MATHIS 2016** Franke, Daniela, Rudi Risatti und Andrea Sommer-Mathis (Hg.): Spettacolo barocco! Triumph des Theaters, Ausstellungskatalog Wien, Wien 2016

**FRANZ 1953** Franz, Heinrich Gerhard: Zacharias Longuelune und die Baukunst des 18. Jahrhunderts in Dresden, Berlin 1953

**FRANZ 1985** Franz, Heinrich Gerhard: Dientzenhofer und „Hausstätter". Kirchenbaumeister in Bayern und Böhmen, München – Zürich 1985

**FRANZ 1988** Franz, Heinrich Gerhard: Die Frauenkirche in Dresden und ihr Erbauer George Bähr im Kontext der kursächsischen Barockbaukunst, in: Jahrbuch des Zentralinstituts für Kunstgeschichte, 4 (1988), S. 143–190

**FRANZ 1992** Franz, Heinrich Gerhard: Longuelune und die "Stilwende" in der kursächsisch-polnischen Baukunst des 18. Jahrhunderts, in: Österreichische Zeitschrift für Kunst und Denkmalpflege, 46 (1992), Nr. 3/4, S. 116–124

**FRENZEL 1831** Frenzel, J. G. A.: Überblick der von dem Grafen Franz von Sternberg-Manderscheid […] nachgelassenen Kupferstich- und Handzeichnungssammlung, Dresden 1831

**FRENZEL 1836–1842** Frenzel, J. G. A.: Sammlung der Kupferstiche und Handzeichnungen Sr. Excellenz des Herrn Grafen Franz v. Sternberg-Manderscheid, I–IV, Dresden 1836–1842

**FRÖHLICH 2008** Fröhlich, Anke: „… er folgte seinem eigenen Genius…": dem Landschaftsmaler Jacob Friedrich Mechau (1745–1808) zum 200. Geburtstag, in: Dresdner Kunstblätter, 52 (2008), S. 80–91

**FROMMEL 2008** Frommel, Christoph Luitpold: Alberti e la porta trionfale di Castel Nuovo a Napoli, in: Annali di architettura, 20 (2008), S. 13–36

**FÜLCK 1720** Fülck, Johann David: Neue Garten Lust oder Völliges Ornament so bey Anlegung Neuer Lust- und Blumen- als auch Küch- und Baum Gärten höchst nöthig und dienlich, Augsburg 1720

**FUSENIG 2005** Fusenig, Thomas: Neeffs und Co. die Antwerpener Architekturmalerei im frühen 17. Jahrhundert, in: Hans Vredeman de Vries und die Folgen (Studien zur Kultur der Renaissance 3), hg. v. Heiner Borggrefe und Vera Lüpkes, Marburg 2005, S. 143–151

**FUSENIG/VERMET 2002** Fusenig, Thomas und Bernat Vermet: Der Einfluss von Vredeman de Vries auf die Malerei, in: Hans Vredeman de Vries und die Renaissance im Norden, hg. v. Heiner Borggrefe, Vera Lüpkes u.a., München 2002, S. 161–184

**GALAVICS 1984** Galavics, Geza: Antonio Galli Bibiena in Ungheria e in Austria, in: Acta Historiae Artium Academiae Scientiarum Hungaricae, 30 (1984), S. 177–263

**GALLI BIBIENA 1711** Galli Bibiena, Ferdinando: L'Architettura Civile preparata su la geometria, e ridotta alle prospettive, considerazioni pratiche […], Parma 1711

**GALLI BIBIENA 1725** Galli Bibiena, Ferdinando: Direzione Della Prospettiva Teorica corrispondenti a quelle dell'Architettura, Istruzione A' Giovani Studenti di Pittura, e Architettura, Bologna 1725

**GALLI BIBIENA 1740** Galli Bibiena, Giuseppe: Architetture, e Prospettive Dedicate alla Maesà Di Carlo Sesto Imperator de' Romani […] Sotto la Direzione di Andrea Pfeffel, Augsburg 1740

**GARAS 1971** Garas, Klara: Antonio Galli Bibiena et Franz Karl Palko, in: Bulletin du Musée Hongrois des Beaux-Arts, 37 (1971), S. 65–85

**GARMS 1995** Garms, Jörg: Vedute di Roma dal Medioevo all'Ottocento. Atlante iconografico, topografico, architettonico. 2 Bde, Neapel 1995

**GATENBRÖCKER 2005** Gatenbröcker, Silke: Aquarelle und Zeichnungen aus Romantik und Biedermeier. Die Sammlung ‚Andenken meiner Zeitgenossen' des Bernhard Hausmann (1784–1873), (Sammlungskataloge des Herzog Anton Ulrich-Museum Braunschweig 14), Braunschweig 2005

**GEISSLER 1979/1980** Geissler, Heinrich: Zeichnung in Deutschland: deutsche Zeichner 1540–1640, Ausstellungskatalog Stuttgart,), 2 Bde, Stuttgart 1979–1980

**GEISSLER/PANNEWITZ 1984** Geissler, Heinrich und Otto Pannewitz (Hg.): Meisterwerke aus der Graphischen Sammlung: Zeichnungen des 15. bis 18. Jahrhunderts, Ausstellungskatalog Stuttgart, Stuttgart 1984

**GERDING 2002** Gerding, Henrik: The Tomb of Caecilia Metella. Tumulus, Tropaeum, and Thymele, Lund 2002

**GERSZI 1992** Gerszi, Teréz: The Draughtmanship of Lodewijk Toeput, in: Master Drawings, 30 (1992), Nr. 4, S. 367–395

**GERSZI 1999** Gerszi, Teréz: Recent contributions to Lodewijk Toeput's Oeuvre of Drawings, in: Ex Fumo Lucem. Baroque Studies in Honour of Klára Garas, hg. v. Zsuzsanna Dobos, Budapest 1999, Bd. 1, S. 89–96

**GETKA-KENIG 2016** Getka-Kenig, Mikolaj: The Palladian Bridge revisited: The Imperial Ideology of Classicism and the Architectural Replication of a Garden Pavillon, in: Garden History, 44 (2016), Nr.1, S. 90–104

**GHISETTI GIAVARINA 1990** Ghisetti Giavarina, Adriano: Aristotile da Sangallo. Architettura, scenografia e pittura tra Roma e Firenze nella prima metà del Cinquecento. Ipotesi di attribuzione dei disegni raccolti agli Uffizi, Rom 1990

**GIANNINI 2012** Giannini, Massimo Carlo: Monti, Cesare in: Dizionario Biografico degli Italiani, Bd.. 76, Rom 2012, S. 231–235

**GIUMANINI 2000** Giumanini, Michelangelo L.: I premi Marsili-Aldrovandi (1727–1803), Bologna 2000

**GLANZ 1991** Glanz, Alexandra: Alessandro Galli Bibiena (1686–1748): "Inventore delle Scene" und "Premier Architecteur" am kurpfälzischen Hof in Mannheim. Ein Beitrag zur Bibiena-Forschung, (Schriften der Gesellschaft für Theatergeschichte 69), Berlin 1991

**GOSSEL 2002** Gossel, Sirit: Die drei Skizzenbücher Cuvilliés d. J. (1731–1777) in München unter besonderer Berücksichtigung der Grabmalentwürfe, München 2002 (Magisterarbeit, Ludwig-Maximilians-Universität München 2002)

**GRANUZZO 2015** Granuzzo, Elena: Pompei, Alessandro, in: Dizionario Biografico degli Italiani, Bd. 84, Rom 2015

**GREISENEGGER/KRZESZOWIAK 2008** Greisenegger, Wolfgang und Tadeusz Krzeszowiak (Hg.): Schein werfen. Theater, Licht, Technik, Wien 2008

**GRIMME 1996** Grimme, Ernst Günther: Das Rathaus zu Aachen, Aachen 1996

**GRITTI 2016** Gritti, Jessica: Richino, Francesco Maria di, in: Dizionario Biografico degli Italiani, Bd. 87, Rom 2016

**GRÖTZ/PHILLIP 2006** Grötz, Susanne und Philipp, Klaus Jan: Badehäuser – Ein Thema der Architektur um 1800, in: Balnea. Architekturgeschichte des Bades, hg. v. Susanne Grötz und Ursula Quecke, Stuttgart 2006, S. 99–122

**GROHMANN 1796–1806** Grohmann, Johann Gottfried: Ideenmagazin für Liebhaber von Gärten, englischen Anlagen, und für Besitzer von Landgütern, um Gärten und ländliche Gegenden sowohl mit geringem, als auch (mit) großem Geldaufwand, nach den originellesten Englischen, Gothischen, Sinesischen Geschmacksmanieren zu verschönern und zu veredeln, Leipzig 1796–1806

**GROSSKOPF-KNAACK 1988** Grosskopf-Knaack, Suzanne: Carl Julius Milde (1803–1875), Hamburg 1988 (Diss. Univ. Hamburg 1988)

**GROTH 1990** Groth, Hakan: Neoclassicism in the North. Swedish Furniture and Interiors 1770–1850, London 1990

**GRUBER-BALLEHR 1981** Gruber-Ballehr, Helmut Maximilian: Die Bauten der Museums- und Harmoniegesellschaften in Südwest-Deutschland. Studien zum Gesellschaftsbau im 19. Jahrhundert, Tübingen 1981 (Diss. Univ. Tübingen 1981)

**GUERRA 2008** Guerra, Sofia: O Forte de Nossa Senhora da Graça, in: Monumentos, 28 (2008), S. 44–51

**GUGLIELMI 2001** Guglielmi, Eugenio: La cattedrale di Lodi. L'immagine della fede tra storia e simbolo, Lodi 2001

**GUINOMET 2017** Guinomet, Claire: Das italienische Sakramentstabernakel im 16. Jahrhundert. Tempietto – Architekturen *en miniature* zur Aufbewahrung der Eucharistie, (Röm. Studien der Bibliotheca Hertziana 38), München 2017 (Zugl. Diss. Univ. Bonn 2010)

**GÜL/HOWELLS 2013** Gül, Murat und Trevor Howells: Istanbul Architecture, Boorowa 2013

**GÜNTHER 1988** Günther, Hubertus: Das Studium antiker Architektur in den Zeichnungen der Hochrenaissance, Tübingen 1988 (Römische Forschungen der Bibliotheca Hertziana 24)

**GÜTHLEIN 1973** Güthlein, Klaus: Der österreichische Barockbaumeister Franz Munggenast, Heidelberg 1973 (Diss. Univ. Heidelberg 1973)

**GÜTHLEIN 2017** Güthlein, Klaus: Der Einfluss Der Wiener Kunstakademie auf die Architekturzeichnung um die Mitte des 18. Jahrhunderts, in: Die Quadratur des Raumes, hg. v. Monika Melters und Christoph Wagner, Berlin 2017, 113–129

**HADAMOVSKY 1962** Hadamovsky, Franz: Die Familie Galli Bibiena in Wien. Leben und Werk für das Theater, Wien 1962

**HADAMOWSKY 1966** Hadamowsky, Franz: Die Wiener Hoftheater (Staatstheater), Verzeichnis der aufgeführten Stücke mit Bestandsnachweis und täglichem Spielplan, Teil 1, 1776–1810, Wien 1966

**HAGER 1909** Hager, Georg: Die Kunstdenkmäler des Königreichs Bayern, Oberpfalz und Regensburg, Heft 9. Bezirksamt Eschenbach, München 1909

**HAJÓS 1989** Hajós, Géza: Romantische Gärten der Aufklärung. Englische Landschaftsarchitektur des 18. Jahrhunderts in und um Wien, Wien – Köln 1989

**HALLBAUM 1931** Hallbaum, Franz: Die Vordere Eilenriede in Hannover. Waldpark und Schönheitswald, in: Die Gartenkunst, 44 (1931), S. 159–164

**HAMMER 1968** Hammer, Karl: Jakob Ignaz Hittorff. Ein Pariser Baumeister 1792–1867, Pariser Historische Studien, hg. v. Deutschen Historischen Institut in Paris, Bd. 6, Stuttgart 1968

**HANAUER GESCHICHTSVEREIN E. V. 1978** Hanauer Geschichtsverein e. V. (Hg.): 675 Jahre Altstadt Hanau. Festschrift zum Stadtjubiläum und Katalog zur Ausstellung im Historischen Museum der Stadt Hanau am Main, Hanau 1978

**HANSCHKE 2019** Hanschke, Julian: Die ehemaligen englischen Landschaftsgärten in Karlsruhe und die Wörlitzer Anlagen, in: Stadt und Garten, Oberrheinische Studien, 40 (2019), S. 97–124

**HANSMANN 1983** Hansmann, Wilfried: Gartenkunst der Renaissance und des Barock, Köln 1983

**HANSMANN 2009** Hansmann, Wilfried: Das Gartenparterre. Gestaltung und Sinngehalt nach Ansichten, Plänen und Schriften aus sechs Jahrhunderten, Worms 2009

**HÄRTING 2020** Härting, Ursula: Viele Wege führen nach Italien. Oltramontani um 1600 – Künstler reisen über die Alpen, in: Tacke, Andreas u.a. (Hg.), Künstlerreisen. Fallbeispiele vom Mittelalter bis zur Gegenwart (Kunsthistorisches Forum Irsee 7), Petersberg 2020, S. 46–64

**HASCHE 1784** Hasche, Johann Christian: Versuch einer Dresdner Kunstgeschichte. 2. Probe, in: Magazin der Sächsischen Geschichte, 1 (1784), S. 147–169

**HASCHER 1996** Hascher, Doris: Fassadenmalerei in Augsburg vom 16. bis zum 18. Jahrhundert, Augsburg 1996

**HASELBÖCK 1988** Haselböck, Hans: Sechs Jahrhunderte Orgelbau im Wiener Stephansdom, in: Von der Orgel und der Musica Sacra. Historisch-kritische Beiträge zu Fragen von Orgelbau, Orgelkomposition und neuer Kirchenmusik, hg. v. Hans Haselböck, Wien – München 1988

**HAUPT 1899/1900** Haupt, Albrecht: Gedankenspäne zur neuen Bewegung I, in: Kunst und Handwerk. Zeitschrift für Kunstgewerbe und Kunsthandwerk, 50 (1899–1900), S. 209–213

**HAUPT 1903** Haupt, Albrecht: Ein spanisches Zeichenbuch der Renaissance. Mit sieben Textabbildungen, in: Jahrbuch der Königlich Preußischen Kunstsammlungen, 24 (1903), I. Heft, Studien und Forschungen, S. 3–13

**HAUPT 1905** Haupt, Albrecht: Die Fälschung im Wetzlarer Skizzenbuch, in: Deutsche Bauzeitung, 39 (1905), Nr. 51, S. 310–311

**HAUPT 1911** Haupt, Albrecht: Die kranke deutsche Kunst. Auch von einem Deutschen. Nachträgliches zu Rembrandt als Erzieher, Leipzig 1911

**HAUPT 1916** Haupt, Albrecht: Baukunst der Renaissance in Frankreich und Deutschland, Handbuch der Kunstwissenschaft, hg. v. Albrecht Haupt und Fritz Burger, Bd. [6], Berlin 1916

**HAUPT 1923** Haupt, Albrecht: Die Hauptsche Sammlung alter Architektur- und Ornamentstiche und Bücher an der Technischen Hochschule zu Hannover, in: Mitteilung der hannoverschen Hochschulgemeinschaft, 5 (1923), S. 51–53

**HAYMANN 1809** Haymann, Christoph Johann Gottfried: Dresdens theils neuerlich verstorbne theils jetzt lebende Schriftsteller und Künstler wissenschaftlich classificirt nebst einem dreyfachen Register. Dresden 1809

**HECKMANN 1990** Heckmann, Hermann: Barock und Rokoko in Hamburg. Baukunst des Bürgertums, Stuttgart 1990

**HECKMANN 1996** Heckmann, Hermann: Baumeister des Barock und Rokoko in Sachsen. Berlin 1996

**HECKMANN 2003** Heckmann, Hermann: Artikel "Faesch (Fäsch), Johann Rudolph", in: Saur Allgemeines Künstler-Lexikon, Bd. 36, München – Leipzig 2003, S. 192–193

**HEIDELOFF 1844** Heideloff, Carl: Die Bauhütte des Mittelalters in Deutschland. Eine kurzgefaßte geschichtliche Darstellung, Nürnberg 1844

**HEIGL/BREDOW 1971** Heigl, Curt und Barbara Bredow (Hg.): Gold+Silber, Schmuck+Gerät: von Albrecht Dürer bis zur Gegenwart, Ausstellungskatalog Nürnberg, München 1971

**HEILMANN/NANOBASHVILI/PFISTERER/TEUTENBERG 2015** Heilmann, Maria, Nino Nanobashvili, Ulrich Pfisterer und Tobias Teutenberg (Hg.): Lernt Zeichnen! Techniken zwischen Kunst und Wissenschaft 1525–1925, Passau 2015

**HEILMEYER/SCHRAUDOLPH/WIEWELHOVE 1992** Heilmeyer, Wolf-Dieter, Ellen Schraudolph und Hildegard Wiewelhove: Der Ruhm des Pantheon, Berlin 1992

**HELG/LINDEN 2006** Helg, K. Georg und Jürgen Linden: Vom Kaiserglanz zur Bürgerfreiheit. Das Aachener Rathaus – ein Ort geschichtlicher Erinnerung, Aachen 2006

**HELKE 2005** Helke, Gun-Dagmar: Johann Esaias Nilson (1721–1788) Augsburger Miniaturmaler, Kupferstecher, Verleger und Kunstakademiedirektor (Beiträge zur Kunstwissenschaft 82), München 2005

**HENKE 2013** Henke, Thorsten: Edwin Oppler, in: Bürgerschätze. Sammeln für Hannover. 125 Jahre Museum August Kestner, hg. v. Wolfgang Schepers, Hannover 2013, S. 75–78

**HENTSCHEL 1969** Hentschel, Walter: Die Zentralbauprojekte Augusts des Starken. Ein Beitrag zur Rolle des Bauherrn im deutschen Barock, Berlin 1969

**HENTSCHEL/MAY 1973** Hentschel, Walter und Walter May: Johann Christoph Knöffel. Der Architekt des sächsischen Rokokos, Berlin 1973

**HERMANN/HESSE 1993** Hermann, Claudia und Jochen Hesse: Das ehemalige Hertensteinhaus in Luzern, die Fassadenmalerei von Hans Holbein d. J., in: Unsere Kunstdenkmäler, Mitteilungsblatt für die Mitglieder der Gesellschaft für Schweizerische Kunstgeschichte 44 (1993), Nr. 2, S. 173–186

**HERTZIG 2001** Hertzig, Stefan: Das Dresdner Bürgerhaus zur Zeit Augusts des Starken, Dresden 2001

**HESS 1989** Heß, Helmut: Das kurfürstlich-bayerische Generalmandat vom 4. Oktober 1770. "edle Simplicität" wird behördlich verordnet, (Schriften aus dem Institut für Kunstgeschichte der Universität München 47), München 1989

**HEUSINGER 1997** Heusinger, Christian von: Herzog Anton Ulrich-Museum Braunschweig. Die Handzeichnungssammlung, Geschichte und Bestand, Braunschweig 1997

**HILMERA 1965** Hilmera, Jiří: Perspektivní scéna 17. a 18. století v Čechách, Prag 1965

**HIRSCH 1932** Hirsch, Fritz: 100 Jahre Bauen und Schauen, Karlsruhe 1932

**HIS 1873** His, Eduard: Urs Graf, Goldschmied, Münzstempelgraveur und Formschneider von Basel, in: Zahns Jahrbücher für Kunstwissenschaft 5 (1873), S. 257–262

**HOELTJE 1964** Hoeltje, Georg: Georg Friedrich Ludwig Laves, Hannover 1964

**HOLLSTEIN O.J.** Hollstein, Friedrich: Dutch and Flemish etchings, engravings and woodcuts c.1450–1700, Bd. 3: Boekhorst-Brueghel, Amsterdam o.J.

**HORYNA 1998** Horyna, Mojmír: Jan Blažej Santini-Aichel, Prag 1998

**HOUBRAKEN 1718** Houbraken, Arnold: De groote schouburgh der Nederlantsche konstschilders en schilderessen, Bd. 1, Amsterdam 1718

**HÜBNER 2016** Hübner, Christine: Simon Quaglio. Theatermalerei und Bühnenbild in der ersten Hälfte des 19. Jahrhunderts (Ars et Scientia. Schriften zur Kunstwissenschaft 15), Berlin – Boston 2016 (Zugl. Diss. Univ. Erfurt)

HÜLSEN 1921 Hülsen, Christian: Das Speculum Romanae Magnificentiae, in: Collectanea variae doctrinae Leoni S. Olschki sexagenario, München 1921, S. 121–170

JAGER 2019 Jager, Markus: Hannoversche Schule und/oder Hase-Schule? Akademische Selbstbehauptung in Zeiten preußischer Annexion, in: Conrad Wilhelm Hase (1818–1902). Architekt – Hochschullehrer – Konsistorialbaumeister – Denkmalpfleger, hg. v. Markus Jager, Thorsten Albrecht und Jan Willem Huntebrinker, Petersberg 2019, S. 15–29

JAGER 2021 Jager, Markus: Von der Dozentur zur Rektoratswürde. Kunstgeschichte und Kunsthistoriker an der TH Hannover – Chronik der ersten Jahrzehnte, in: Kunstgeschichte an Polytechnischen Instituten, Technischen Hochschulen, Technischen Universitäten. Geschichte – Positionen – Perspektiven, hg. v. Robert Stalla, Wien – Köln – Weimar 2021, S. 191–221

JATTA 1992 Jatta, Barbara: Lievin Cruyl e la sua opera grafica. Un artista fiammingo nell'Italia del Seicento (Etudes de l'Art 7), Brüssel 1992

JESSEN 1894 Jessen, Peter: Katalog der Ornamentstich-Sammlung des Kunstgewerbe-Museums, Leipzig 1894

JOHANNES 2009 Johannes, Ralph (Hg.): Architektenausbildung in Europa von Vitruv bis Mitte des 20. Jahrhunderts. Geschichte, Theorie, Praxis, Hamburg 2009

JOIN-DIÉTERLE 1988 Join-Diéterle, Catherine: Les Décors de Scène de l'Opéra de Paris, Paris 1988

JUGLER 1884 Jugler, August: Die Eilenriede in alter Zeit. Ein Kulturbild aus Hannovers Vergangenheit, Hannover 1884

KABIERSKE 2015 Kabierske, Georg: Weinbrenner und Piranesi. Zur Neubewertung von zwei Grafikalben aus dem Besitz von Friedrich Weinbrenner in der Staatlichen Kunsthalle Karlsruhe, in: Friedrich Weinbrenner 1766–1826. Architektur und Städtebau des Klassizismus, hg. v. Brigitte Baumstark, Ausstellungskatalog Karlsruhe, Petersberg 2015, S. 75–87

KAMM 1988 Kamm, Thomas: Egid Quirin Asam – die Zeichnung einer Rundkapelle (Schriften aus dem Institut für Kunstgeschichte der Universität München 27), München 1988

KARL 1991 Karl, Thomas: Die Baumeisterfamilie Munggenast, Ausstellungskatalog, St. Pölten 1991

KATALOG CLÉRISSEAU 1995 Charles-Louis Clérisseau (1721–1820), Desins du musée de l'Ermitage Saint-Petersbourg, Ausstellungskatalog, Paris 1995

KATALOG WEINBRENNER 2015 Friedrich Weinbrenner 1766–1826. Architektur und Städtebau des Klassizismus, hg. v. Brigitte Baumstark, Ausstellungkatalog Karlsruhe, Petersberg 2015

KAULBACH 2007 Kaulbach, Hans-Martin: Deutsche Zeichnungen vom Mittelalter bis zum Barock. Bestandskatalog, hg. v. Staatsgalerie Stuttgart, Graphische Sammlung, mit Beiträgen von Guido Messling und Texten von Heinrich Geissler, Ostfildern 2007

KERBER 1971 Kerber, Bernhard: Andrea Pozzo (Beiträge zur Kunstgeschichte 6), Berlin – New York 1971

KETELSEN 2014 Ketelsen, Thomas (Hg.): Der Abklatsch: eine Kunst für sich, Köln 2014

KIELING 1986 Kieling, Uwe: Berliner Baubeamte und Staatsarchitekten im 19. Jahrhundert, Berlin 1986

KIENE 2012 Kiene, Michael: Die Alben von Jakob Ignaz Hittorff. Die italienische Reise 1822–1824 (Paris – Rom)(Inventar der Zeichnungen von Jakob Ignaz Hittorff in der Universitäts- und Stadtbibliothek Köln 3), Köln 2012

KIENE 2016 Kiene, Michael: „Restitution" as a Fact and an Ideal: From Vision to Documentation and Transfer Knowledge, in: „Sicile Ancienne". Hittorff and the Architecture of classical Sicily, hg. v. Michael Kiene, Lorenzo Lazzarini, Clemente Marconi. (Inventar der Zeichnungen von Jakob Ignaz Hittorff in der Universitäts- und Stadtbibliothek Köln 5), Köln 2016, S. 23–44.

KIEVEN 1991 Kieven, Elisabeth (Hg.): Architettura del Settecento a Roma nei disegni della Raccolta Grafica Comunale. Ausstellungskatalog Rom, Rom 1991

KIEVEN 1993 Kieven, Elisabeth: Von Bernini bis Piranesi. Römische Architekturzeichnungen des Barock, Stuttgart 1993

KIEVEN 2010 Kieven, Elisabeth: Il disegno di architettura a Roma, in: Giuseppe Piermarini tra barocco e neoclassico: Roma, Napoli, Caserta, Foligno, hg. v. Marcello Fagiolo und Marisa Tabarrini, Perugia 2010, S. 113–125

KILIAN 2005 Kilian, Jennifer M.: The paintings of Karel du Jardin 1626–1678, Catalogue raisonné, Amsterdam 2005

KIRCHER 1667 Kircher, Athanasius: Athanasii Kircheri E Soc. Jesu China Monumentis, Qua Sacris quà Profanis, Nec non variis Naturae & Artis Spectaculis, Aliarumque rerum memorabilium Argumentis Illustrata …, Amsterdam 1667

KITSCHKE 2007 Kitschke, Andreas: Ludwig Ferdinand Hesse (1795–1876). Hofarchitekt unter drei preußischen Königen, München 2007

KLAPPENBACH 2001 Klappenbach, Käthe: Kronleuchter mit Behang aus Bergkristall und Glas sowie Glasarmkronleuchter bis 1810, hg. v. Burkhardt Göres, Berlin 2001

KLAPPENBACH 2019 Klappenbach, Käthe: Kronleuchter des 17.–20. Jahrhunderts aus Messing bronze doré, Zinkguss, Porzellan, Holz, Geweih, Bernstein und Glas, hg. v. Generaldirektion der Stiftung Preußische Schlösser und Gärten Berlin-Brandenburg, Regensburg 2019

KLEINMANNS 2015 Kleinmanns, Joachim: Biografie Friedrich Weinbrenner, in: Friedrich Weinbrenner 1766–1826. Architektur und Städtebau des Klassizismus, Petersberg 2015, S. 21–22

KLEISNER 1999 Kleisner, Tomáš: Účást Josefa Hagera na výzdobě pražské katedrály k jubileu svatořečení Jana Nepomuckého roku 1779, in: Zprávy památkové péče, 59 (1999), S. 274–275.

KLEMM 1972 Klemm, Christian: Der Entwurf zur Fassadenmalerei am Haus "Zum Tanz" in Basel: ein Beitrag zu Holbeins Zeichnungsoeuvre, in: Zeitschrift für schweizerische Archäologie und Kunstgeschichte, 9 (1972) Nr. 4, S. 165–175

KLINKHAMELS 1995 Klinkhamels, Susanne: Die Italien-Studienreise (1822–1824) des Architekten Jakob Ignaz Hittorff: Zeichnungen nachantiker Architektur. 52. Veröffentlichung der Abteilung Architekturgeschichte des Kunsthistorischen Instituts der Universität Köln, hg. von Günther Binding, Köln 1995

KLINSKY 1799 Klinsky, Johann Gottfried: Versuch über die Harmonie der Gebäude zu den Landschaften. Mit 5 Kupfern in aqua tinta, Dresden o.J. [1799]

KNALL-BRSKOVSKY 1984 Knall-Brskovsky, Ulrike: Italienische Quadraturisten in Österreich, Wien-Köln-Weimar 1984

KNAPP 2000 Knapp, Ulrich: Der Hildesheimer Domkreuzgang und seine Nebengebäude – Versuch einer Bestandserfassung, in: Ego sum hildensemensis. Bischof, Domkapitel und Dom in Hildesheim 815 bis 1810 (Kataloge des Dom-Museums Hildesheim 3), Petersberg 2000, S. 331–379

KNOBELSDORF 2020 Knobelsdorf, Tobias: Die ehemalige Hauptwache am Dresdner Neumarkt – ein Bau vor Johann Christoph Naumann (1664–1742), in: Die Dresdner Frauenkirche. Jahrbuch zu ihrer Geschichte und Gegenwart, 24 (2020), S. 75–104

KNOBELSDORF 2021a Knobelsdorf, Tobias: Das Dresdner Zeughausareal – Umgestaltungsplanungen des 18. Jahrhunderts, in: Die Dresdner Frauenkirche. Jahrbuch zu ihrer Geschichte und Gegenwart, 25 (2021), S. 89–128

KNOBELSDORF 2021b Knobelsdorf, Tobias: Hofbaumeister ohne Hofbauten. Friedrich August Krubsacius und sein Wirken im „öffentlichen" Bauwesen Dresdens, in: Vogel 2021, S. 41–108.

KNOFLER 2021 Knofler, Monika: Rekonstruktion von Künstlernetzwerken anhand der Sammlung Jäger, Wien, Akademie der bildenden Künste, Kupferstichkabinett, in: Zeichnungssammlungen in Wien und Mitteleuropa: Akteure – Praktiken – Rahmendiskurse, hg. v. Sebastian Schütze, Boston – Berlin 2022 (*in Vorbereitung*).

KNOP 2009 Knop, Andrea: Carl Alexander Heideloff und sein romantisches Architekturprogramm. Monographie und Werkkatalog (Nürnberger Werkstücke zur Stadt- und Landesgeschichte 67), Nürnberg 2009

KNOX 2009 Knox, Tim: Sir John Soane's Museum London, London 2009

KNUFINKE 2010 Knufinke, Ulrich: Emanuel Bruno Quaet-Faslem 1785–1851. Ein Architekt des Klassizismus. Nienburg/Weser 2010

KÖNNER 1992 Könner, Klaus: Der süddeutsche Orgelprospekt des 18. Jahrhunderts. Entstehungsprozess und künstlerische Arbeitsweisen bei der Ausstattung barocker Kirchenräume, Tübingen 1992

KORŠUNOVA 1974 Koršunova, Militsa F.: Drawings by West European and Russian Masters from the Collection of the State Hermitage and the Russian Museum in Leningrad, Manchester 1974

KOS 1995 Kos, Jerzy Krzysztof: Czy Karl G. Langhans był twórcą Pałacu Hatzfeldów? in: Architektura Wrocławia, Bd.1: Dom, Wrocław 1995, S. 189–200

KOZOK 1987 Kozok, Maike: Historische Architekturtraktate aus der Sammlung Haupt, Ausstellungskatalog Hannover, Hannover 1987

KOZOK 2006 Kozok, Maike: Richard Herzig (1851–1934) und die Neuromanik in Hildesheim, in: Hildesheimer Kalender 2007. Jahrbuch für Geschichte und Kultur, Hildesheim 2006, S. 52–66

KRAMÁŘOVÁ 2019 Kramářová, Helena: Die Dommusik zu St. Stephan im 18. Jahrhundert – Institutionsgeschichte, in: Musicologica Brunensia, 54 (2019), Nr. 1, S. 109–143

KRAMER 1951 Kramer, Hans: Beiträge zu einer Chronik von Sterzing und Umgebung 1814 bis 1914, Innsbruck 1951 (Veröffentlichungen des Tiroler Landesmuseums Ferdinandeum 31)

KRAPF 1998 Krapf, Michael (Hg.): Triumph der Phantasie. Barocke Modelle von Hildebrandt bis Mollinarolo, Wien 1998

KRÄTZ 1840 Krätz, Johann Michael: Der Dom zu Hildesheim, seine Kostbarkeiten, Kunstschätze und sonstige Merkwürdigkeiten, Neudruck der Bände 2 und 3 von 1840, Erstdruck von Band 1: Geschichte und Beschreibung des Domes zu Hildesheim (Hildesheimer historische Mitteilungen 2), Hildesheim 2013, S. 156–171

**KŘEČKOVÁ 2020** Křečková, Jitka (Hg.): Poutní areál P. Marie Vítězné. 400 let od bitvy na Bílé hoře, Prag 2020

**KŘEČKOVÁ/ZICH 2020** Křečková, Jita und Leoš Zich: Výstavba poutního areálu – stavitelé a stavebníci, in: Poutní areál P. Marie Vítězné. 400 let od bitvy na Bílé hoře, hg. v. Jitka Křečková, Prag 2020, S. 93–99

**KRISTELLER 1990** Kristeller, Paul Oskar: Renaissance Thought and the Arts: Collected Essays, Princeton 1990

**KRONBICHLER 1987** Kronbichler, Johann: Barocke Altarentwürfe, hg. v. Diözesanmuseum St. Pölten, Ausstellungskatalog, St. Pölten 1987

**KRONBICHLER 2007** Kronbichler, Johann: Grandezza – der Barockmaler Daniel Gran 1694–1757, hg. v. Diözesanmuseum St. Pölten, Ausstellungskatalog, St. Pölten 2007

**KRÜCKMANN 1998** Krückmann, Peter O. (Hg.): Galli Bibiena und der Musenhof der Wilhelmine von Bayreuth, München – New York 1998

**KRÜGER 1995** Krüger, Kurt: Rasenlabyrinthe, Marburg a. d. Lahn 1995 (unveröffentlichtes Typoskript)

**KRUMMHOLZ 2021** Krummholz, Martin: Antonio Porta a středoevropská architektura 17. století, in: Barokní nástěnná malba v českých zemích. Tencalla I, hg. v. Martin Mádl, Prag 2021, S. 251–265

**KRUPPA/WILKE 2006** Kruppa, Nathalie und Jürgen Wilke: Das Bistum Hildesheim, Bd. 4: Die Hildesheimer Bischöfe von 1221 bis 1398 (Germania Sacra 46), Berlin – New York 2006

**KUCHYNKA 1923** Kuchynka, Rudolf: Hagerovy fresky, in: Památky archeologické, 33 (1922–1923), S. 242–250

**KUHLMANN-HODICK/SCHNITZER/WALDKIRCH 2012** Kuhlmann-Hodick, Petra, Claudia Schnitzer und Bernhard von Waldkirch (Hg.): Adrian Zingg. Wegbereiter der Romantik, Ausstellungskatalog Dresden und Zürich, Dresden 2012

**KUMBARACILAR 2008** Kumbaracılar, İzzet: Istanbul sebilleri, Istanbul 2008

**KUMMER 1974** Kummer, Stefan: Mailänder Kirchenbauten des Francesco Maria Ricchini, 3 Bde, Würzburg 1974

**KÜPPERS 2020** Küppers, Sabine: Der frühneuzeitliche Festungsbau von Hanau – neue archäologische Untersuchungen und Erkenntnisse, in: Denkmalpflege & Kulturgeschichte, 3 (2020), S. 27–33

**KÜSTER 2003** Küster, Ulf: Theatrum mundi. Die Welt als Bühne. Ausstellungskatalog München, Wolfratshausen 2003

**LADE 1990** Lade, Günter: Orgeln in Wien, Wien 1990

**LAHRKAMP 1977** Lahrkamp, Helmut (Hg.): Lambert Friedrich Corfey. Reisetagebuch 1688–1700, Münster 1977

**LAINE 2001** Laine, Christian: Arkitekten Carl Fredrik Sundvall, in: Stjernsund i Närke: slottet och godset, hg. v. Anders Åman, Stockholm 2001, S. 102–119

**LAMBERTI 1787** Vincenzo Lamberti: La regolata costruzione de teatri, Neapel 1787

**LAMMERT 1981** Lammert, Marlies: David Gilly. Ein Baumeister des deutschen Klassizismus, Berlin (1931), Berlin ²1981 (Die Bauwerke und Kunstdenkmäler von Berlin, Beiheft 6)

**LANDRIANI 1830** Landriani, Paolo: Corso di Prospettiva decorativa eol titolo, Mailand 1830

**LANGE 1985** Lange, Ulrich: Osterby i Aland. En byggnadshistorisk beskrivning, in: Upplandsmuseets årsskrift 1934/85, S. 47–60

**LANGEDIJK 1961** Karla Langedijk: Eine unbekannte Zeichnungsfolge von Lieven Cruyl in Florenz, in: Mitteilungen des Kunsthistorischen Institutes in Florenz, 10 (1961), Nr. 2, S. 67–94

**LANGENKAMP 1990** Langenkamp, Anne: Philipp Hainhofers Münchner Reisebeschreibungen. Eine kritische Ausgabe, 2 Bde., Berlin 1990 (Zugl. Diss. TU Berlin 1989)

**LAUDEL 1990** Laudel, Heidrun: Projekte zur Dresdner Residenz in der Regierungszeit Augusts des Starken, in: Matthäus Daniel Pöppelmann 1662–1736 und die Architektur der Zeit Augusts des Starken, hg. v. Kurt Milde unter Mitarbeit von Klaus Mertens und Gudrun Stenke, Dresden 1990, S. 299–312

**LAUTERBACH 2010** Lauterbach, Iris: Franz Anton Danreiter, hochfürstlicher Garteninspektor in Salzburg, in: Barockberichte, 53/54 (2010), S. 501–520

**LAUTERBACH 2010** Lauterbach, Iris: „die Seele der Gärten und ihre vornehmste Zierde": Wasser in der Gartenkunst des Barock, in: Hortus ex machina. Der Bergpark Wilhelmshöhe im Dreiklang von Kunst, Natur und Technik, (Arbeitshefte des Landesamts für Denkmalpflege Hessen 16), Stuttgart 2010, S. 97–106

**LAUTERBACH 2012** Lauterbach, Iris: Das Bild des Gartens in der Druckgrafik, in: Gartenkunst in Deutschland von der Frühen Neuzeit bis heute. Geschichte – Themen – Perspektiven, hg.v. Stefan Schweizer und Sascha Winter, Regensburg 2012, S. 356–370

**LAUTERBACH 2023** Lauterbach, Iris: „Une myriade de formes et de varietes": les volieres dans les jardins allemands du XVIIIe siecle, in: Flaminia Bardati, Julien Bondaz, Emmanuel Lurin und Melanie Roustan (Hg.): Encager le ciel. Histoire, anthropologie et estetique des volieres, Paris 2023 (im Druck)

**LAVADINHO 1929** Lavadinho, Domingos: O Forte da Graça. Esboco duma memória histórica e descritiva, Elvas 1929

**LAVIN 1984** Lavin, Irving: Bernini's Baldachin: Considering a Reconsideration, in: Römisches Jahrbuch für Kunstgeschichte, 21 (1984), S. 406–413

**LE BLOND/DÉZALLIER D'ARGENVILLE 1731** Le Blond, Alexandre und Antoine Dézallier d'Argenville Joseph: Die Gärtnerey, So wohl In ihrer Theorie oder Betrachtung, als Praxi oder Übung, Augsburg 1731

**LÉCOSSE 2018A** Lécosse, Cyril: Jean-Baptiste Isabey: petits portraits et grands desseins, Paris 2018

**LÉCOSSE 2018B** Lécosse, Cyril: The Imperial Household and the Theatres of the Regime, in: Napoleon. The Imperial Household, hg. v. Sylvain Cordier, New Haven – London 2018, S. 274–277

**LEHMANN 1749** Lehmann, Johann Christian: Johann Christian Lehmanns allgemeine Oeconomische Holz-Spahr-Kunst, oder deutliche und richtige Anweisung zur Erbauung vorteilhafter Stuben- und Haushaltungsöfen, … . Leipzig 1749

**LEMKE 2019** Lemke, Gundela: Albrecht Haupt als Hochschullehrer und Forschungsreisender, in: Herrenhausen und Europa – ein Gartennetzwerk, hg. von Andreas Urban, Ausstellungskatalog, Hannover 2019, S. 28–33

**LENTES 1996** Lentes, Ernst-Alfred: Carl Wilhelm Götzloff: ein Dresdner Romantiker mit neapolitanischer Heimat, Stuttgart 1996

**LENZI 1992** Lenzi, Deanna: Le tempere di architettura, in: Meravigliose scene Piacevoli inganni, hg. von Alice Beaumont und Deanna Lenzi, Arezzo 1992

**LEONHARDT 1938** Leonhardt, Karl Friedrich: Das Rad in der Eilenriede. Sein Ursprung und seine Bedeutung, in: Hannoversche Geschichtsblätter, 1938 (Sonderheft Eilenriede), S. 52–65

**LEUSCHNER 2019** Leuschner, Eckhard: Ein Exemplar von Andrea Pozzos PERSPECTIVA PICTORVM ET ARCHITECTORVM (1693) mit Besitzeintrag von Egid Quirin Asam, in: Scholion 11 (2019), S. 189–195

**LEXIKON FÜR KIRCHLICHES KUNSTGUT 2010** Lexikon für kirchliches Kunstgut, hg. Arbeitskreis für Inventarisation und Pflege des kirchlichen Kunstgutes, Regensburg 2010

**LINDAHL/NISBETH 2007** Lindahl, Göran und Åke Nisbeth: André Mollet – a biography, in: André Mollet: Le jardin de Plaisir (Kommentarband). Gyllene Snittet, Uppsala 2007

**LOKŠOVÁ 2014** Loksová, Pavlina: Život a dílo pozdně barokního malíře Josefa Hagera, diplomová práce, UKU, KTF, UK Prag 2014 (online: http://hdl.handle.net/20.500.11956/72401)

**LORENZ 1996** Lorenz, Hellmut: Das Palais Hatzfeld in Breslau/Wrocław, Carl Gotthard Langhans oder Isidore Canevale?, in: Österreichische Zeitschrift für Kunst und Denkmalpflege, 50 (1996), S. 86–93

**LUCIANI/MASON RINALDI 1988** Luciani, Domenico und Stefania Mason Rinaldi (Hg.): Toeput a Treviso. Ludovico Pozzoserrato, Lodewijk Toeput, pittore neerlandese nella civiltà veneta del tardo Cinquecento, Atti del Seminario Treviso, 6–7 novembre 1987, Treviso 1988

**LUDMANN 1979** Ludmann, Jean-Daniel: Le Palais Rohan de Strasbourg, Straßburg 1979

**LUNDSTRÖM 2019** Lundström, Bo: Sundvall, Carl Fredrik, in: Svenskt biografiskt lexikon, Band 34 (2013–2019), S. 307 (online: https://sok.riksarkivet.se/Sbl/Presentation.aspx?id=34730)

**MACEK 2021** Macek, Petr: Stavitel Antonio Porta a architektura jeho okruhu, in: Barokní nástěnná malba v českých zemích. Tencalla I, hg. v. Martin Mádl, Prag 2021, S. 227–249

**MADER-KRATKY 2017** Mader-Kratky, Anna: Der Wiener Hofarchitekt Johann Ferdinand Hetzendorf von Hohenberg (1733–1816), Wien 2017 (Diss. Univ. Wien 2017)

**MÁDL/ŠEFERISOVÁ LOUDOVÁ 2016** Mádl, Martin; Šeferisová Loudová, Michaela: Malíři ve službách benediktinských klášterů a jejich představených, in: Barokní nástěnná malba v českých zemích. Benediktini I, hg. v. Martin Mádl, Radka Heisslerová, Michaela Šeferisová Loudová und Štěpán Vácha, Prag 2016, S. 89–98

**MAGIRIUS 1989** Magirius, Heinrich: Geschichte der Denkmalpflege Sachsen. Von den Anfängen bis zum Neubeginn 1945. Berlin 1989

**MAGIRIUS 1990** Magirius, Heinrich: Historische Monumente im Augusteischen Dresden, in: Matthäus Daniel Pöppelmann 1662–1736 und die Architektur der Zeit Augusts des Starken, hg. v. Kurt Milde unter Mitarbeit von Klaus Mertens und Gudrun Stenke, Dresden 1990, S. 207–219

**MAI 1969** Mai, Hartmut: Der evangelische Kanzelaltar. Geschichte und Bedeutung, Halle 1969

**MANDER 1906** Mander, Karel van: Das Leben der niederländischen und deutschen Maler, übers. nach der Ausgabe von 1617 v. Hans Floerke, 2 Bde., München 1906

**MARCHEGIANI 2005** Cristiano Marchegiani, Passaggio al Neoclassico. Dalla salle oblongue verso la cavea vitruviana: geometrie teatrali nel secondo Settecento fra Parigi e Roma, in: Studiolo. Revue d'histoire de l'art de l'Académie de France à Rome, 3 (2005), S. 133–168

MARCONI 2016 Marconi, Clemente: Sicile Ancienne: An Appraisal, in: „Sicile Ancienne". Hittorff and the Architecture of classical Sicily, hg. v. Michael Kiene, Lorenzo Lazzarini, Clemente Marconi. (Inventar der Zeichnungen von Jakob Ignaz Hittorff in der Universitäts- und Stadtbibliothek Köln 5), Köln 2016,S. 12–22

MARCONI/KIENE 2016 Marconi, Clemente und Michael Kiene: Inventory, in: „„„Sicile Ancienne". Hittorff and the Architecture of classical Sicily, hg. v. Michael Kiene, Lorenzo Lazzarini, Clemente Marconi. (Inventar der Zeichnungen von Jakob Ignaz Hittorff in der Universitäts- und Stadtbibliothek Köln 5), Köln 2016,, S. 45–192

MAROT UM 1670/1727 Marot, Jean: L'architecture française, Paris um 1670 / erweiterte Ausgabe Paris 1727

MARTIKAINEN 1997 Martikainen, Juhani: Orglar i Finland från tiden 1600–1800: deras byggare, hist, konstruktion o stil, Helsinki 1997

MARTIN/WALTER 2012 Martin, Étienne und Marc Walter: Le Palais Rohan, Straßburg 2012

MATTEUCCI 1980 Matteucci, Anna Maria: L'arte del Settecento emiliano. Architettura, scenografia, pittura di paesaggio, Bologna 1980

MATTEUCCI/LENZI 1977 Matteucci, Anna Maria und Deanna Lenzi: Cosimo Morelli e l'architettura delle legazioni pontifiche, Imola 1977

MCANDREW 1974 McAndrew, John: Catalogue of the Drawings Collection of the Royal Institute of British Architects: Antonio Visentini, Farnsborough 1974

MEETZ 2003 Meetz, Karen Sabine: TEMPORA TRIUMPHANT. Ikonographische Studien zur Rezeption des antiken Themas der Jahreszeitenprozession im 16. und 17. Jahrhundert und zu seinen naturphilosophischen, astronomischen und bildlichen Voraussetzungen, Diss., Univ. Bonn 2003, (online: http://hdl.handle.net/20.500.11811/1985)

MEISSNER 1987 Meissner, Helmuth: Kirchen mit Kanzelaltären in Bayern, München 1987

METTERNICH-THOENES 1987 Metternich, Franz Graf Wolff: Die frühen St.-Peter-Entwürfe 1505–1514, aus dem Nachlaß herausgegeben, bearbeitet und ergänzt von Christof Thoenes, (Römische Forschungen der Bibliotheca Hertziana, 25), Tübingen 1987

MEYDER 2010 Meyder, Simone: „Mehr königlich als frei". Robert de Cotte und das Bauen in Straßburg nach 1681, Münster – New York – Berlin – München 2010

MEYER 1975 Meyer, Eugen A.: Verträumtes Basel, Basel 1975

MEZZANOTTE 1972 Mezzanotte Paolo: Buzzi, Carlo, in: Dizionario Biografico degli Italiani, Bd. 15, Rom 1972, S. 653-655

MICHALSKI 1985 Michalski, Sergiusz: Das Ausstattungsprogramm des Augsburger Rathauses, in: Elias Holl und das Augsburger Rathaus, Regensburg 1985, S. 77–90

MILDE 1990 Milde, Kurt (Hg.): Matthäus Daniel Pöppelmann 1662–1736 und die Architektur der Zeit Augusts des Starken, unter Mitarbeit von Klaus Mertens und Gudrun Stenke, (Fundus-Bücher 125), Dresden 1990, S. 299–312

MILIZIA 1771 Milizia, Francesco: Del Teatro, Venezia, Rom 1771

MILIZIA 1794 Milizia, Francesco: Trattato completo, formale e materiale del teatro, Venedig 1794

MILIZIA 1797 Milizia, Francesco: Dizionario delle Belle Arti del Disegno y Estratto in Gran Parte dalla Enciclopedia Metodica da Francesco Milizia, Bd. 2 (2. Ed.), Bassano 1797

MITHOFF 1871 Mithoff, Wilhelm: Kunstdenkmale und Alterthümer im Hannoverschen, Hannover 1871

MITHOFF 1875 Mithoff, Hector Wilhelm Heinrich: Kunstdenkmale und Alterthümer im Hannoverschen, Bd. 3: Fürstenthum Hildesheim nebst der ehemals freien Reichsstadt Goslar, Hannover 1875

MODESTI 2012 Modesti, Paola: I disegni architettonici di Antonio Visentini (1688–1782): un corpus inedito e una produzione con un'etichetta da riconsiderare, in: "Porre un limite all'infinito errore". Studi di storia dell'architettura dedicati a Christof Thoenes, hg. v. Alessandro Bordini und Giovanna Curcio, Rom 2012, S. 191–208

MÖHLE 2018 Möhle, Martin: Fassadenmalerei in Basel, in: Fassaden. Historische Gestaltung von Bauten und des öffentlichen Raumes, Jahrbuch für Hausforschung 65, hg. v. Michael Goer u.a., Petersberg 2018, S. 17–30

MONGE 1820 Monge, Gaspard: Géométrie descriptive, Paris 1820

MONTAIGLON 1856 Montaiglon, Anatole de: Catalogue raisonné de l'oeuvre de Claude Mellan d'Abbeville, Abbeville 1856

MONTANARI 2009 Montanari, Paolo: Sepolcri circolari di Roma e suburbio. Elementi architettonici dell'elevato, Rom 2009

MORELLO 2014 Morello, Giovanni: Bernini und die „arti minori", in: Schmidt, Hans-Werner, Sebastian Schütze und Jeanette Stoschek (Hg.): Bernini. Erfinder des barocken Rom, Bielefeld 2014, S. 290–316

MORITZ 1793 Moritz, Karl Philipp: Vorbegriffe zu einer Theorie der Ornamente, Berlin 1793

MORRISSEY 2005 Morrissey, Jake: Göttliches Design oder Die Rivalen von Rom, Bernini und Barromini im Kampf um die Architektur in der Ewigen Stadt, Hamburg 2005

MÜLLER 1972 Müller, Werner: Die Lehrbogenkonstruktion in den Proberissen der Augsburger Maurermeister aus den Jahren 1553–1723 und die gleichzeitige französische Theorie, in: Architectura, 1 (1972), S. 17–33

MÜLLER 2001 Müller, Christian: Urs Graf. Die Zeichnungen im Kupferstichkabinett Basel, Basel 2001

MÜLLER 2011 Müller, Michael: Bau und Bedeutung der Festung Hanau im Dreißigjährigen Krieg, in: Der Dreißigjährige Krieg in Hanau und Umgebung, hg. v. Hanauer Geschichtsverein, (Hanauer Geschichtsblätter 45), Hanau 2011, S. 93–121

MÜLLER 1975 Müller, Werner: Die Zeichnungsvorlagen für Friedrich Hoffstadts „Gothisches A.B.C.-Buch" und der Nachlaß des Nürnberger Ratsbaumeisters Wolf Jacob Stromer (1561–1614), in: Wiener Jahrbuch für Kunstgeschichte, 28 (1975), Nr. 1, S. 39–54

MÜLLER 1976 Müller, Werner: Das Weiterleben gotischer Überlieferungen in der oberdeutschen Steinmetzlehre vom endenden 16. bis ins 18. Jahrhundert, in: Technikgeschichte 43 (1976), Nr. 4, S. 268–281

MÜLLER 1984A Müller, Werner: Des Chores Maß und Gerechtigkeit in den Proberissen der Herzog August Bibliothek, in: Architekt & Ingenieur. Baumeister in Krieg und Frieden, hg. v. Ulrich Schütte, Wolfenbüttel 1984, S. 85–90

MÜLLER 1984B Müller, Werner: Architektur und Mathematik, in: Architekt & Ingenieur. Baumeister in Krieg und Frieden, hg. v. Ulrich Schütte, Wolfenbüttel 1984, S. 94–108

MÜLLER 1990 Müller, Werner: Grundlagen gotischer Bautechnik, München 1990

MUMMENHOFF/DETHLEFS 2012 Mummenhoff, Karl Eugen und Gerd Dethlefs: Schloss Nordkirchen, Berlin 2012

MUNDHENKE1988 Mundhenke, Herbert: Die Matrikel der Höheren Gewerbeschule, der Polytechnischen Schule und der Technischen Hochschule zu Hannover (Band 1: 1831–1881), Hildesheim 1988

MURARO 2009 Muraro, Giuseppe Antonio: Marostica. I castelli, le mura, il borgo. Origine, struttura, vicende, Cittadella 2009

MURARO/POVOLEDO 1970 Muraro, Maria Teresa und Elena Povoledo (Hg.): Disegni teatrali dei Bibiena, Vicenza 1970

MYERS 1975 Myers, Mary: Architectural and Ornament Drawings: Juvarra, Vanvitelli, the Bibiena Family, and other Italian Draughtsmen, New York 1975

NAGLER 1851 Nagler, Georg Kaspar: Neues allgemeines Künstler-Lexicon oder Nachrichten von dem Leben und den Werken der Maler, Bildhauer, Baumeister, Kupferstecher, Formschneider, Lithographen, Zeichner, Medailleure, Elfenbeinarbeiter, etc., Bd. 21, München 1851

NERDINGER 2000 Nerdinger, Winfried (Hg.), Leo von Klenze. Architekt zwischen Kunst und Hof 1784–1864, München 2000

NERDINGER/ZIMMERMANN 1986 Nerdinger, Winfried und Florian Zimmermann (Hg.): Die Architekturzeichnung. Vom barocken Idealplan zur Axonometrie, München 1986

NESSELRATH 1997 Nesselrath, Arnold: Il 'Libro di Michelangelo' a Lille, in: Quaderni dell'Istituto di Storia dell'Architettura 24 (1994) [ersch. 1997], S. 35–52.

NESSELRATH 2014 Nesselrath, Arnold: Der Zeichner und sein Buch. Die Darstellung der antiken Architektur im 15. und 16. Jahrhundert, (Cyriacus. Studien zur Rezeption der Antike 5), Mainz – Ruhpolding – Wiesbaden 2014.

NESTLER 1994 Nestler, Iris: Die Wallfahrtskirche Maria Dorfen. Eine Monographie, Dorfen 1994, (Zugl. Diss. Univ. LMU München 1994)

NETZER 1980 Netzer, Susanne: Johann Matthias Kager: Stadtmaler von Augsburg (1575–1634), München 1980

NEUMANN 1994 Neumann, Robert: Robert de Cotte and the Perfection of Architecture in Eighteenth-Century France, Cicago – London 1994

NICOLAI 1779 Nicolai, Friedrich: Beschreibung der Königlichen Residenzstädte Berlin und Potsdam, Berlin 1779

NICOLAI 1786 Nicolai, Friedrich: Beschreibung der Königlichen Residenzstädte Berlin und Potsdam, Berlin 1786

NICOLAI/SAEMANN 2019 Nicolai, Susanne und Hedda Saemann: Albrecht Haupt als Sammler und Architekt, in: Herrenhausen und Europa – ein Gartennetzwerk, Ausstellungskatalog, hg. von Andreas Urban, Hannover 2019, S. 20–27

NIEDERMEIER 1995 Niedermeyer, Michael: Erotik in der Gartenkunst. Eine Kulturgeschichte der Liebesgärten, Leipzig 1995

NIEMEYER 1987 Niemeyer, Hans Georg: Der Bauforscher und Archäologe Hittorff, in: Jakob Ignaz Hittorff. Ein Architekt aus Köln im Paris des 19. Jahrhunderts, Ausstellungskatalog Köln, Köln 1987, S. 49–57

**NITSCH 1935** Nitsch, Leo: Johann Michael Krätz, ein Hildesheimer Geschichtsschreiber, in: Hildesheimer Allgemeine Zeitung, 17. Juli 1935, Beilage „Aus der Heimat", S. 38–39

**OCHWADT 2008** Ochwadt, Curd: Wilhelmstein und Wilhelmsteiner Feld. Vom Werk des Grafen zu Schaumburg-Lippe (1724–1777), Bückeburg 2008

**OLIVAS 1664** Olivas, Giovanni Paolo: Prediche dette nel palazzo apostolico da Gian Paolo Oliva. E ristampate, Bd. 2, Rom 1664

**ONKEN 1981** Onken, Alste: Friedrich Gilly 1772–1800, Berlin 1981 (Korrigierter, im Wesentlichen aber unveränderter Nachdruck der 1. Aufl. 1935 = Die Bauwerke und Kunstdenkmäler von Berlin, Beiheft 7)

**ORUETA 1917** Orueta, Ricardo de: Berruguete y su obra, Madrid 1917

**OTTOMEYER 1979** Ottomeyer, Hans (Hg.): Das Wittelsbacher Album. Interieurs königlicher Wohn- und Festräume 1799–1848, München 1979

**PABEL 1986** Pabel, Reinhold: Der Kleine und der Große Hamburger Michel, Hamburg 1986

**PALLADIO 1570** Palladio, Andrea: I Quattro Libri Dell'Architettura, Venedig 1570

**PALLAVERA 2014** Pallavera, Ferruccio: Il Duomo di Lodi dal barocco al romanico. Demolizioni, rifacimenti e restauri (1958–1966) (Quaderni di Studi Lodigiani 15), Lodi 2014

**PARDOE 1838** Pardoe, Julia: The Beauties of the Bosphorus; by Miss Pardoe, Author of „The City of the Sultan", illustrated in a Series of Views of Constantinople and its Environs, from original Drawings by W. H. Bartlett, London 1838

**PARTHEY 1853** Parthey, Gustav: Wenzel Hollar, Beschreibendes Verzeichnis seiner Kupferstiche, Berlin 1853

**PARTSCH 2009** Partsch, Susanne: Biffi. Gian Andrea, in: Allgemeines Künstler Lexikon online (2009).

**PATETTA 1992** Patetta, Luciano: Autografia ricchiniana, in: Il Disegno di Architettura, 3 (1992), Nr. 5, S. 58–62

**PATETTA 1994** Patetta, Luciano: Il corpus di disegni di Francesco Maria Ricchini: autografi, prodotti della bottega, repliche, copie, in: I disegni d'archivio negli studi di storia dell'architettura, atti del convegno, Neapel 12.–14.6. 1991, hg. v. Giancarlo Alisio, Neapel 1994, S. 51–57

**PATTÉ 1782** Patté, Pierre: Essai sur l'Architecture Théatrâle, Paris 1782

**PATZAK 1930** Patzak, Bernhard: Das herzogliche Schloss zu Sagan, in: Belvedere, 16 (1930), S. 126–133

**PAULUS 2011** Paulus, Simon: Deutsche Architektenreisen. Zwischen Renaissance und Moderne, Petersberg 2011

**PAULUS 2021** Paulus, Simon: Wissensspeicher der Baukunst. Die Architektur- und Ingenieurszeichnungen in der Herzog August Bibliothek (Wolfenbütteler Hefte 34), Wiesbaden 2021

**PERICOLO/RICHARDSON 2015** Pericolo, Lorenzo und Jessica N. Richardson (Hg.): Remembering the middle ages in early modern Italy, Turnhout 2015

**PEZZL 1807** Pezzl, Johann: Die Umgebungen Wiens, Wien 1807

**PFEIFFER 1940** Pfeiffer, Wolfgang: Dresdner Palaisbauten des 18. Jahrhunderts, o.O., o.J. (= nicht eingereichte Diss. an der Universität München, um 1940, masch. Ms. an der SLUB Dresden, Digitalisat: https://digital.slub-dresden.de/werkansicht/dlf/6458/1)

**PHILIPP 1997** Philipp, Klaus Jan: Um 1800. Architekturtheorie und Architekturkritik in Deutschland zwischen 1790 und 1810, Stuttgart – London 1997

**PHILIPP/RENZ 2012** Philipp, Klaus Jan und Kerstin Renz (Hg.): Architekturschulen. Programm, Pragmatik, Propaganda. Tübingen 2012

**PICK/LAURENT 1914** Pick, Richard und Joseph Laurent: Das Rathaus zu Aachen, Aachen 1914

**PODLAHA 1911** Podlaha, Antonín: Posvátní místa království Českého: dějiny a popsání chrámů, kaplí, posvátných soch, klášterů I jiních pomníků katolické víry a náboženosti v království Českém. Řada první: arcidieceze pražská V: vikariát libocký, Prag 1911, S. 21–28

**POMPEI 1735** Pompei, Alessandro: Li cinque ordini d'architettura civile di Michel Sanmicheli non più veduti in luce, ora pubblicati ed esposti con quelli di Vitruvio e d'altri cinque, Verona 1735

**POSCHARSKY 1963** Poscharsky, Peter: Die Kanzel. Erscheinungsform im Protestantismus bis zum Ende des Barocks, Gütersloh 1963

**POZZO 1702** Pozzo, Andrea: Perspectiva Pictorum Et Architectorum. Prospettiva De Pittori Et Architetti. Andreæ Putei E Societate Jesu, Bd 1, Rom 1702

**POZZO 1709** Pozzo, Andrea: Perspectiva Pictorum atque architectorum. Der Mahler und Baumeister Perspectiv, Bd. 1, Augsburg 1709

**PREISS 1992** Preiss, Pavel: Jevištní výtvarníci kotecké scény, in: Divadlo v Kotcích. Nejstarší pražské městské divadlo, hg. v. František Černý, Prag 1992, S. 33–42, 410–455

**PREISS 1999** Preiss, Pavel: Frantisek Karol Palko, Prag 1999

**PRETSCH 1994** Pretsch, Peter: Karlsruher Vereine. Die Museumsgesellschaft, in: Blick in die Geschichte. Karlsruher stadthistorische Beiträge 1988–1993, hg. v. Manfred Koch und Leonhard Müller, Karlsruhe 1994, S. 186–190

**PUNTIGAM 2020** Puntigam, Sigrid (Hg.): Der Mecklenburgische Planschatz. Architekturzeichnungen des 18. Jahrhunderts aus der ehemaligen Sammlung der Herzöge von Mecklenburg-Schwerin, hg. im Auftrag der Staatlichen Schlösser, Gärten und Kunstsammlungen Mecklenburg-Vorpommern und der Landesbibliothek Mecklenburg-Vorpommern Günther Uecker, Bd. 2, Katalogband, Dresden 2020

**QUAGLIO 1811** Quaglio, Johann Maria von: Praktische Anleitung zur Perspektiv mit Anwendung auf die Baukunst, München 1811

**RABEYROLLES-DESTAILLEUR 2006** Rabeyrolles-Destailleur, Cédric: Hippolyte Destailleur (1822–1893): architecte et collectionneur, in: L'Artiste collectionneur de dessin, hg. v. Catherine Monbeig-Goguel Bd. 1, Mailand 2006, S. 147–162

**RÄDLINGER 2008** Rädlinger, Christine: Geschichte der Münchner Brücken. Brücken bauen von der Stadtgründung bis heute, München 2008

**RASPE 2007** Raspe, Martin: Basilica di Santa Maria degli Angeli e dei Martiri, in: Rom, hg. v. Christina Strunck, (Studien zur internationalen Architektur- und Kunstgeschichte, 43), Petersberg 2007, S. 246–250

**RASPE 2014** Raspe, Martin: Kat. Nr 14, in: Architektur- und Ornamentgraphik der Frühen Neuzeit: Migrationsprozesse in Europa, hg. v. Sabine Frommel und Eckhard Leuschner, Rom 2014, S. 38–39

**RAUSA 1997** Rausa, Federico: Pirro Ligorio, tombe e mausolei dei romani, Bd. 1, Rom 1997

**REELFS 1984** Reelfs, Hella: Katalog, in: Friedrich Gilly 1772–1800 und die Privatgesellschaft junger Architekten, Ausstellungskatalog Berlin, Berlin 1984, S. 77–211

**REINLE 1994** Reinle, Adolf: Italienische und deutsche Architekturzeichnungen, 16. und 17. Jahrhundert. Die Plansammlungen von Hans Heinrich Stadler (1603–1660), Johann Ardüser (1585–1665) und ihre gebauten Gegenstücke, Basel 1994

**REPISHTI/SCHOFIELD 2004** Repishti, Francesco und Richard Schofield: Architettura e controriforma. I dibattiti per la facciata del duomo di Milano 1582–1682, (Documenti di architettura 153), Mailand 2004

**REYMAIER 2020** Reymaier, Konstantin (Hg.): Die Riesenorgel im Wiener Stephansdom, Regensburg 2020

**RICCATI 1790** Riccati, Francesco: Della Costruzione de' Teatri secondo il Costume d'Italia vale a dire in piccole Logge, Venedig 1790

**RICCI 2008** Ricci, Giuliana: Piermarini e il sistema teatrale a Milano, in: Il teatro a Milano nel Settecento, hg. v. Annamaria Cascetta und Giovanna Zanlonghi, Bd. 1: I contesti Mailand 2008, S. 503–524

**RICHTER 2017** Richter, Elke: Gebaute Diskrepanz. Das Gebäude der Königlichen Hofbibliothek in Berlin 1774 bis 1970, Cottbus 2017, (Diss. BTU Cottbus)

**RICHTER 2020** Richter, Elke: Die Königliche Hofbibliothek in Berlin 1774–1970. Ein Bauwerk zwischen Tradition und Transformation, (Die Bauwerke und Kunstdenkmäler von Berlin, Beiheft 41), Berlin 2020

**RICKHEY 1952** Rickhey, Fritz: Biedermeiermenschen im Hildesheimer Land, in: Allgemeiner Heimat-Kalender für Stadt und Land Hildesheim, 1952, S. 79–80

**RIEHL 1908** Riehl, Berthold: Die Kunst an der Brennerstrasse, Leipzig 1908

**RINN-KUPKA 2018** Rinn-Kupka, Barbara: Stuck in Deutschland. Von der Frühgeschichte bis in die Gegenwart, Regensburg 2018

**RISATTI 2019** Rudi Risatti: »Kein Tag gehe dahin, ohne daß er etwas erdacht habe«. Einblicke in die Wiener Bühnenbildkunst bis 1869, in: Geschichte der Oper in Wien, hg. v. Otto Biba, Herbert Seifert, Oliver Rathkolb, Dominique Meyer, Oliver Láng und Andreas Láng, Band 1: Von den Anfängen bis 1869, Wien 2019, S. 308–349

**RIZZI 2014** Rizzi, Wilhelm Georg: "… es möchte etwas angeerbtes tyrolerisches in das Concept einfließen …" – Das Duo Daniel Gran und Franz Munggenast, in: Conservatum est. Festschrift für Franz Caramelle zum 70. Geburtstag, hg. v. Leo Andergassen und Michaela Frick, Innsbruck 2014, S. 371–390

**RÖDER/WENGER 2012** Röder, Annemarie und Michael Wenger (Hg.): Karl Ludwig Zanth – Stationen. Eine Biografie in Daten, in: Karl Ludwig von Zanth. Der Erbauer der Wilhelma in seiner Zeit, Stuttgart 2012, S. 5–16.

**ROETTGEN 1997** Roettgen, Steffi: Wandmalerei der Frührenaissance in Italien, Bd. 2: Die Blütezeit 1470–1510, mit Aufnahmen von Antonio Quattrone und Fabio Lensini, München 1997

**ROGERS CATALOGUE 1799** Catalogue of the extensive cabinet of capital drawings, by the greatest masters of all the schools […] collected with superior judgment by Charles Rogers […], London 1799

**ROSEROT 1901** Roserot, Alphonse: Laurent Guiard, premier sculpteur du duc de Parme (1723–1788), in: Réunion des Sociétés des Beaux-Arts des Départements à la Sorbonne, 25 (1901), S. 368–398

**ROSSI-MELOCCHI 1805** Rossi-Melocchi, Cosimo: Saggio teorico-pratico intorno la terminazione dell'Ombre nei diversi soggetti d'Architettura geometrica, Florenz 1805

ROYT 2020 Royt, Jan: Wallfahrtsort St. Maria de Victoria auf dem Weißen Berg, 3. überarbeitete Auflage, o. O. (Prag) 2020

RUBACH 2016 Rubach, Birte: Ant. Lafreri formis Romae. Der Verleger Antonio Lafreri und seine Druckgraphikproduktion, Berlin 2016, (Zugl. Diss. HU Berlin 2009)

SAEMANN 2014 Saemann, Hedda: Konzeption einer Forschungsdatenbank zur Erschließung der Graphischen Einzelblätter der Sammlung Haupt (TIB/UB Hannover), (Masterarbeit, Humboldt-Universität zu Berlin 2019), Typoskript

SALGE 2021 Salge, Christiane: Baukunst und Wissenschaft: Architektenausbildung an der Berliner Bauakademie um 1800, Berlin 2021

SANUDO 2014 Sanudo, Marin: Itinerario per la terraferma veneziana. Edizione critica e commento, hg. v. Gian Maria Varanini, Rom 2014

SAUNDERS 1790 Saunders, George: A treatise on theatres, London 1790

SCHAPELHOUMAN/SCHATBORN 1998 Schapelhouman, Marijn und Peter Schatborn: Dutch Drawings of the Seventeenth Century in the Rijksmuseum, Amsterdam: Artists Born between 1580 and 1600, 2 Bde., Amsterdam 1998

SCHATBORN 2001 Schatborn, Peter (Hg.): Drawn to warmth. 17th-century Dutch artists in Italy, Ausstellungskatalog Amsterdam, Amsterdam 2001

SCHAU 2018 Schau, Peter: Albrecht Haupt. Briefe an Raúl Lino 1897 bis 1932, [o.O.] [2018], (online: https://edocs.tib.eu/files/e01mr18/1041844263.pdf)

SCHIRMER 1977 Schirmer, Wulf (Hg.): Friedrich Weinbrenner, 1766–1826. Ausstellungskatalog Karlsruhe, Karlsruhe 1977

SCHLITT 2003 Schlitt, Gerhard: Die Bibliotheken, in: Die Universität Hannover. Ihre Bauten – Ihre Gärten – Ihre Planungsgeschichte, hg. v. Sid Auffarth und Wolfgang Pietsch, Petersberg 2003, S. 133–148

SCHMIDT 1978 Schmidt, Hans-Wolfgang: Die gewundene Säule in der Architekturtheorie von 1500 bis 1800 Stuttgart 1978, (Zugl. Diss. TH Karlsruhe1977)

SCHMIDT/SCHÜTZE/STOSCHEK 2014 Schmidt, Hans-Werner, Sebastian Schütze und Jeanette Stoschek (Hg.): Bernini. Erfinder des barocken Rom, Bielefeld 2014

SCHNELL 1961 Schnell, Johannes: François de Cuvilliés' Schule Bayerischer Architektur. Ein Beitrag zum Stichwerk und zur Architekturtheorie beider Cuvilliés, München 1961, (Diss. LMU München)

SCHNELL/SCHEDLER 1988 Schnell, Hugo und Uta Schedler: Lexikon der Wessobrunner, München – Zürich 1988

SCHUDT 1959 Schudt, Ludwig: Italienreisen im 17. und 18. Jahrhundert (Römische Forschungen der Bibliotheca Hertziana 15), Wien – München 1959

SCHULTHEISS 1968 Schultheiß, Werner: Baukosten Nürnberger Gebäude in reichsstädtischer Zeit, in: Mitteilungen des Vereins für Geschichte der Stadt Nürnberg, 55 (1967/68), S. 270–299

SCHUMANN 2005 Schumann, Ulrich Maximilian: Friedrich Weinbrenner. Italienerfahrung und praktische Ästhetik, in: Zeitschrift für Kunstgeschichte, 68 (2005), Nr. 2, S. 234–262

SCHUMANN 2008 Schumann, Ulrich Maximilian: Friedrich Weinbrenners Weg nach Rom. Bauten, Bilder und Begegnungen, Ausstellungskatalog Karlsruhe 2008

SCHUMANN 2010 Schumann, Ulrich Maximilian: Friedrich Weinbrenner: Klassizismus und „praktische Ästhetik" (Friedrich Weinbrenner und die Weinbrenner-Schule 5), Berlin – München 2010

SCHUMANN 2012 Schumann, Ulrich Maximilian: Die Weinbrenner-Schule. Ihre offenen Geheimnisse und heimlichen Erfolge, in: Architekturschulen. Programm, Pragmatik, Propaganda, hg. v. Klaus Jan Philipp und Kerstin Renz, Berlin 2012, S. 115–127

SCHUMANN 2019 Schumann, Ulrich Maximilian: Klassik und Reform. Von Friedrich Weinbrenner zu Friedrich Ostendorf, in: Stadt und Garten, Oberrheinische Studien, 40 (2019), S. 155–178

SCHUMANN 2021 Schumann, Ulrich Maximilian: Weinbrenners abwesendes Meisterwerk. Das „Römische Haus" im Rotenfelser Schlosspark, in: Heimatbuch 2021, hg. v. Landkreis Rastatt, 2021 S. 131–143

SCHÜTTE 1984 Schütte, Ulrich (Hg.): Architekt & Ingenieur. Baumeister in Krieg und Frieden, Ausstellungskatalog Wolfenbüttel, Wolfenbüttel 1984

SCHÜTZ 1990 Schütz, Ilse: Leben und Werk Johann Joseph Reslers (1702–1772) – ein Beitrag zur Geschichte der Barockplastik in Österreich, in: Jahrbuch für Landeskunde von Niederösterreich, 54–55 (1990), S. 303–332

SCHÜTZ 2000 Schütz, Bernhard: Die kirchliche Barockarchitektur in Bayern und Oberschwaben 1580–1780, München 2000

SCHÜTZE 1994 Schütze, Sebastian: „Urbano inalza Pietro, e Pietro Urbano": Beobachtungen zu Idee und Gestalt der Ausstattung von Neu-St. Peter unter Urban VIII., in: Römisches Jahrbuch der Bibliotheca Hertziana, 29 (1994), S. 213–287

SCHÜTZE 2006A Schütze, Sebastian: Die Ausstattung von Neu-St. Peter, in: Barock im Vatikan, hg. v. Kunst- und Ausstellungshalle der Bundesrepublik Deutschland GmbH, Ausstellungkatalog Bonn und Berlin, , Leipzig 2006, S. 117–172

SCHÜTZE 2006B Schütze, Sebastian: Urban VIII., in: Barock im Vatikan, hg. v. Kunst- und Ausstellungshalle der Bundesrepublik Deutschland GmbH, Ausstellungkatalog Bonn und Berlin, Leipzig 2006, S. 251–288.

SCHWEMMER 1972 Schwemmer, Wilhelm: Das Bürgerhaus in Nürnberg, Tübingen 1972

SCHWITALLA 2006 Schwitalla, Guntram: Die Vorgeschichte Hanaus, in: Stadt Hanau, hg. von Landesamt für Denkmalpflege Hessen und Carolin Krumm, (Denkmaltopographie Bundesrepublik Deutschland. Kulturdenkmäler in Hessen, Main-Kinzig-Kreis 1), Stuttgart 2006, S. 15–80

SCOTTI 1973 Scotti, Aurora: Disegni di architettura, in: Il Seicento Lombardo 3: Catalogo dei disegni, libri, stampe, Ausstellungskatalog Mailand, Mailand 1973

SCOTTI TOSINI 1998 Scotti Tosini, Aurora: Tre nuovi fogli per Giuseppe Galli Bibiena (Esiti 16), Turin 1998

SEEGER 2010 Seeger, Ulrike: Die „Tapisseries du roy" des Verlags Johann Ulrich Kraus von 1687. Ein Beitrag zum französischen Nachstichwesen in Augsburg vor 1700, in: Münchner Jahrbuch der bildenden Kunst, 61 (2010), S. 69–107

SEEGER 2020 Seeger, Ulrike: Rezeptionsmedium Kupferstich in reichsfürstlichen architektur- und ornamentgeschichtlichen Sammlungen, in: Der Mecklenburgische Planschatz. Architekturzeichnungen des 18. Jahrhunderts aus der ehemaligen Sammlung der Herzöge von Mecklenburg-Schwerin, hg. v. Sigrid Puntigam im Auftrag der Staatlichen Schlösser, Gärten und Kunstsammlungen Mecklenburg-Vorpommern und der Landesbibliothek Mecklenburg-Vorpommern Günther Uecker, Bd. 1, Essayband, Dresden 2020, S. 214–223

SEELAND 1953 Seeland, Hermann: Die St. Annenkapelle im Domfriedhof zu Hildesheim, in: Unsere Diözese 22 (1953), S. 29–43

SEITZ 1973 Seitz, Reinhard H.: Zum Werk von Wolfgang Dientzenhofer d. Ä. und zu seiner Stellung im oberpfälzischen Bauwesen um das Jahr 1700, in: Verhandlungen des historischen Vereins der Oberpfalz und Regensburg, 113 (1973), S. 177–190

SEKYRKA 1997 Sekyrka, Tomáš (Hg.): Umění a mistrovství. Pražská malířská bratrstva 1348–1783, Ausstellungskatalog Prag, Prag 1997

SEMENZATO 1961 Semenzato, Camillo: Un architetto illuminista: Alessandro Pompei, in: Arte veneta, 15 [1961(1962)], S. 192–200

SERLIO 1540A Serlio, Sebastiano: Regole generali di architettura di Sebastiano Serlio sopra le cinque maniere degli edifici, cioè, Thoscano, Dorico, Ionico, Corinthico, e composito: con gliessempi de l'antiquita […], Venedig ²1540

SERLIO 1540B Serlio, Sebastiano: Il terzo libro di Sabastiano Serlio bolognese, nel qual si figurano e descrivono le antiquità di Roma e le altre che sono in Italia e fuori d'Italia, Venedig 1540

SJÖBERG 1994 Sjöberg, Ursula: Carl Christoffer Gjörwel 1766–1837, Byggnader och inredningar i Sverige och Finland, Stockholm 1994

SMOLIŃSKI 2008 Smoliński, Mariusz: Pochodzenie artystów włoskich czynnych na Śląsku w 2 połowie XVII wieko. Zarys zagadnienia, in: Sleszko země koruny České. Historia a kultura 1300–1740, hg. v. Helena Dáňová, Jan Klípa und Lenka Stolárová, Prag 2008, S. 697–713

SMYTH-PINNEY 2000 Smyth-Pinney, Julia M.: Borromini's Plans for Sant'Ivo alla Sapienza, in: Journal of the Society of Architectural Historians, 59 (2000), S. 312–337

SÖDERBERG 1968 Söderberg, Bengt G.: Slott och herresäten i Sverige, Uppland 1, Malmö 1968

SORS 2015 Sors, Anne Katrin: Religiöse Druckgraphik in Antwerpen um 1600 – Jan Davids Andachtsbücher und Theodoor Galles Illustrationen, [Diss. FU Berlin 2015], [online: http://dx.doi.org/10.17169/refubium−13375]

SPIEGEL 1981 Spiegel, Hanna: Die großen Architekten und Baumeister Mecklenburgs, in: Mecklenburg. Heimatzeitschrift für Landsleute und Freunde Mecklenburgs, 23 (1981), Nr. 1, S. 10–11

STATNIK 2019 Statnik, Björn: Ignaz Günther. Ein bayerischer Bildhauer und Retabel-Architekt im Europa der ausgehenden Barock- und Rokokozeit, [Habil Bamberg 2018], Petersberg 2019

STEFFEN 1905 Steffen, Hugo: Das Rathaus in Sterzing und die daranstoßenden Gebäude, in: Baudenkmäler Deutscher Vergangenheit, 1 (1905), Nr. 5, o. S.

STELAND 1967 Steland, Anne Charlotte: Jan Asselyn und Karel Dujardin, in: Raggi 7 (1967), Nr. 3/4, S. 99–107

STERBOVA 2016 Štěrbová, Daniela: Variantenpläne im ‚Dientzenhofer-Skizzenbuch' – vom Imitieren zum Inventieren, in: Imitat, Zitat, Plagiat und Original in Literatur und Kultur der Frühen Neuzeit, hg. v. Andreas Beck und Nora Ramtke, Berlin 2016, S. 109–134

**STRAUSS 1974** Strauss, Walter Leopold: The Complete Drawings of Albrecht Dürer, New York 1974

**STRUBECKER 1967** Strubecker, Karl: Vorlesungen über Darstellende Geometrie, Göttingen 1967

**TACKE 2001** Tacke, Andreas: Johann Hauer: Nürnberger Flach- und Ätzmaler, Kunsthändler, Verleger und Dürerforscher des 17. Jahrhunderts. Eine Fallstudie zur handwerksgeschichtlichen Betrachtung des Künstlers im Alten Reich, in: ‚Der Mahler Ordnung und Gebräuch in Nürmberg'. Die Nürnberger Maler(zunft)bücher ergänzt durch weitere Quellen, Genealogien und Viten des 16., 17. und 18. Jahrhunderts, hg. v. Andreas Tacke, München – Berlin 2001, S. 11–141

**TELESKO 2014** Telesko, Werner: Der Koloman-Altar, in: Ein Heiliger unterwegs in Europa, Tausend Jahre Koloman-Verehrung in Melk (1014–2014), hg. v. Meta Niederkorn-Bruck, Wien 2014, S. 377–406

**TERHALLE 1997** Terhalle, Johannes: „… ha della Grandezza de padri Gesuiti" Die Architektur der Jesuiten um 1600 und St. Michael in München, in: Rom in Bayern. Kunst und Spiritualität der ersten Jesuiten, hg. v. Reinhold Baumstark, Ausstellungskatalog München, München 1997, S. 83–146

**TEZA 2017** Teza, Laura: The 'impresa' of Federico Zuccari and the Accademia degli insensati of Perugia, in: Journal of the Warburg and Courtauld Institutes, 80 (2017), S. 127–159

**THELEN 1967A** Thelen, Heinrich: Francesco Borromini, Bd. 1: die Handzeichnungen, Graz 1967

**THELEN 1967B** Thelen, Heinrich: Zur Entstehungsgeschichte der Hochaltar-Architektur von St. Peter in Rom, Berlin 1967

**THIEME/BECKER 1907–1950** Thieme, Ulrich und Felix Becker (Hg.): Allgemeines Lexikon der bildenden Künstler von der Antike bis zur Gegenwart, 37 Bde, Leipzig 1907–1950

**THOENES 1968** Thoenes, Christoph: Bemerkungen zur St. Peter-Fassade Michelangelos, in: Munuscula Discipulorum. Kunsthistorische Studien für Hans Kauffmann, Berlin 1968, S. 331–341

**THOENES 2015** Thoenes, Christoph: Der Neubau, in: Hugo Brandenburg, Antonella Ballardini und Christof Thoenes: Der Petersdom in Rom. Die Baugeschichte von der Antike bis heute, Petersberg 2015, S. 165–303.

**THÖNE 1960** Thöne, Friedrich: Ein deutschrömisches Skizzenbuch von 1609–11 in der Herzog-August-Bibliothek zu Wolfenbüttel, Berlin 1960

**TIETZE 1929** Tietze, Hans: Zeichnungen von Michael Pacher und Hans Multscher, in: Wiener Jahrbuch für Kunstgeschichte, 6 (1929), S. 74–81

**TIETZE-CONRAT 1918** Tietze-Conrat, Erica: Johann Wilhelm Baurs Zeichnungen in der fürstlich Liechtensteinschen Bibliothek in Wien, in: Mitteilungen der Gesellschaft für vervielfältigende Kunst, Beilage der „Graphischen Künste", 2/3 (1918), S. 25–32

**TORELLI 1788** Torelli, Giuseppe: Elementorum Prospectivae, hg. v. Giovanni Battista Bertolini, 2 Bde., Venedig 1788

**TROST 1973** Trost, Brigitte: Domenico Quaglio 1787–1837. Monographie und Werkverzeichnis, (Materialien zur Kunst des 19. Jahrhunderts 6), München 1973

**UBHH 2 – 6** Urkundenbuch des Hochstifts Hildesheim und seiner Bischöfe 2 – 6, bearb. v. H. Hoogeweg (Quellen und Darstellungen zur Geschichte Niedersachsens 6, 11, 22, 24, 28), Hannover – Leipzig 1901–1911

**UNVERFEHRT 1992** Unverfehrt, Gerd (Hg.): Fantastische Formen: Ornamente von Dürer bis Boucher, Ausstellungskatalog Göttingen, Göttingen 1992

**URBAN 2019** Urban, Andreas (Hg.): Herrenhausen und Europa – ein Gartennetzwerk, Ausstellungskatalog Hannover, Hannover 2019

**VALDENAIRE 1919** Valdenaire, Arthur: Friedrich Weinbrenner. Sein Leben und seine Bauten, Karlsruhe 1919

**VALDENAIRE 1926** Valdenaire, Arthur: Friedrich Weinbrenner, sein Leben und seine Bauten, Karlsruhe 1926

**VALDENAIRE O.J. (UM 1932)** Valdenaire, Arthur: Karlsruhe. Die klassisch gebaute Stadt, Augsburg o.J. (um 1932)

**VAN GELDER 1971** van Gelder, Jan Gerrit: ‚Jan de Bisschop 1628–1671', in: Oud Holland 86 (1971), S. 201–288

**VASORI 1981** Vasori, Orietta: I monumenti antichi in Italia nei disegni degli Uffizi, (Xenia. Quaderni 1), Rom 1981

**VECCHIATO 1986** Vecchiato, Francesco: Una signoria rurale nella Repubblica Veneta. I Pompei d'Illasi, Verona, 1986

**VERHOEVEN 2015** Verhoeven, Gerrit: Europe within reach. Netherlandish travellers on the Grand Tour and beyond (1585–1750), (Egodocuments and History Series 9), Leiden 2015

**VIVIAN 1989** Vivian, Frances: The Consul Smith Collection: masterpieces of Italian drawing from the Royal Library, Windsor Castle. Raphael to Canaletto, München 1989

**VLČEK 2004** Vlček, Pavel (Hg.): Encyklopedie architektů, stavitelů, zedníků a kameníků v Čechách, Prag 2004

**VLČEK/MEZIHORÁKOVÁ 2017** Vlček, Pavel und Klára Mezihoráková: Poutní kostel Panny Marie Vítězné na Bílé hoře s kaplí Božího hrobu, in: Umělecké památky Prahy. Velká Praha M/Ž, 1. Malešice – Újezd u Průhonic, hg. v. Dalibor Prix, Prag 2017, S. 381–389

**VOGEL 2021** Vogel, Gerd-Helge (Hg.): Friedrich August Krubsacius 1718–1789. Der sächsische Hof- und Oberlandbaumeister und seine Beziehungen ins Zwickauer Muldenland, Berlin 2021

**VOLK 1991** Volk, Peter: Ignaz Günther. Vollendung des Rokoko, Regensburg 1991

**VOORN 1960** Voorn, Henk: De Papiermolens in de Provincie Noord-Holland, Haarlem 1960

**VOSSNACK 1948** Vossnack, Lieselotte: Ein Vorentwurf zu Berninis Johannespredigt, in: Festschrift zum fünfundsechzigsten Geburtstag von Otto Leunenschloss, hg. v. Lieselotte Vossnack und Fritz Meyen, Hannover 1948, S. 55–65

**VOSSNACK 1962** Vossnack, Liselotte: Zwei "Römische Veduten" von Lieven Cruyl, 1674, in: Jahrbuch der Technischen Hochschule Hannover (1960/62), S. 126–131

**VOSSNACK 1966A** Vossnack, Lieselotte: Kat.-Nr. III/13, in: Herrenhausen 1666–1966. Europäische Gärten bis 1700, (Ausstellungskatalog Hannover 1966), Hannover 1966, S. 60

**VOSSNACK 1966B** Vossnack, Lieselotte: Kat.-Nr. III/26, in: Herrenhausen 1666–1966. Europäische Gärten bis 1700, (Ausstellungskatalog Hannover 1966), Hannover 1966, S. 66

**VOSSNACK 1984** Vossnack, Lieselotte: "…denn die Gartenkunst ist eine Kunst des Friedens" – Gärten und Barock, in: Architekt & Ingenieur. Baumeister in Krieg und Frieden, hg. v. Ulrich Schütte, Ausstellungskatalog Wolfenbüttel, Wolfenbüttel 1984, S. 268–279

**WADDY 1990** Waddy, Patricia: Seventeenth-century Roman palaces: use and the art of the plan, London 1990

**WAQUET 1987** Waquet, Françoise: Baumeister für königliche Feste und Zeremonien, in: Jakob Ignaz Hittorff. Ein Architekt aus Köln im Paris des 19. Jahrhunderts, Ausstellungskatalog Köln, Köln 1987, S. 18–32

**WARNCKE 1979** Warncke, Carsten Peter: Die ornamentale Groteske in Deutschland: 1500–1650, 2 Bde., Berlin 1979

**WEINBRENNER 1810–1819** Weinbrenner, Friedrich: Architektonisches Lehrbuch, 3 Bde., Tübingen 1810–1819

**WEINBRENNER 1829** Weinbrenner, Friedrich: Denkwürdigkeiten aus seinem Leben, von ihm selbst geschrieben, hg. von Aloys Schreiber, Heidelberg 1829

**WEINBRENNER 1830** Weinbrenner, Friedrich: Ausgeführte und projectirte Gebäude, Drittes Heft, Projectirtes Rath- und Ständehaus und Landstandsgebäude, Karlsruhe 1830

**WEINBRENNER 2015** Weinbrenner, Friedrich: Architektonisches Lehrbuch, bearbeitet und herausgegeben von Ulrich Maximilian Schumann, Bad Saulgau 2015

**WEINBRENNER 2017** Weinbrenner, Friedrich: Worte und Werke, Bad Saulgau 2017

**WEINGARTNER 1923** Weingartner, Josef: Die Kunstdenkmäler Südtirols. Bd. 1: Oberes Eisacktal, Pustertal, Ladinien, Wien 1923

**WELT IM UMBRUCH 1980** Welt im Umbruch, Augsburg zwischen Renaissance und Barock Ausstellungskatalog Augsburg, Augsburg 1980

**WENGER 2012A** Wenger, Michael: Karl Ludwig Zanth – unterwegs. Paris – Italien – England, in: Karl Ludwig von Zanth. Der Erbauer der Wilhelma in seiner Zeit, hg. von Annemarie Röder, Michael Wenger, Stuttgart 2012, S. 41–64

**WENGER 2012B** Wenger, Michael: Festarchitekturen für französische Könige. Karl Ludwig Zanth bei Hittorff und Lecointe in Paris 1820–1831, in: Karl Ludwig von Zanth. Der Erbauer der Wilhelma in seiner Zeit, hg. v. Annemarie Röder, Michael Wenger, Stuttgart 2012, S. 65–76

**WENZEL 2017** Wenzel, Kai: Relation und Funktion. Das barocke Palais Hatzfeld zu Breslau, in: Gestaltungsräume. Studien zur Kunstgeschichte in Mittel- und Ostmitteleuropa. Festschrift zu Ehren von Prof. Dr. Michaela Marek, hg. v. Susanne Kimmig-Völkner, Eva Pluhařová-Grigienė und Kai Wenzel, Regensburg 2017, S. 41–62

**WESSELY 1886** Wessely, Joseph Eduard: Neeffs, Peeter, in: Allgemeine Deutsche Biographie (ADB). Band 23, Leipzig 1886, S. 364

**WESTFEHLING 1987** Westfehling, Uwe: Hittorfs Studienreisen nach England, Deutschland und Italien, in: Jakob Ignaz Hittorff. Ein Architekt aus Köln im Paris des 19. Jahrhunderts, Ausstellungskatalog Köln, Köln 1987, S. 33–48

**WETHLEY 1966** Wethey, Harold E.: A History of Spanish Painting, hg. v. Chandler Rathfon Post, Bd. 14: The later Renaissance in Castille, Cambridge/Mass 1966

**WEYERMAN 1729** Weyerman, Jacob Campo: De Levens-Beschryvingen der Nederlandsche Konst-Schilders en Konst-Schilderessen: met een uytbreyding over de Schilder-Konst der ouden, Bd. 2, s'Gravenhage 1729

**WIEDEMANN [O.J.]** Wiedemann, Karl: Adrian Z., Der Künstler, seine Werke und die sächsische Landschaftskunst, Typoskript o.J. (Dresden, Staatliche Kunstsammlungen, Kupferstich-Kabinett)

**WILD 1987** Wild, Nicole: Décors et costumes du XIXe siècle, Bd. 1: L'Opéra de Paris, Paris 1987

**WILKE 2016** Wilke, Thomas: Innendekoration. Graphische Vorlagen und theoretische Vorgaben für die wandfeste Dekoration von Appartements im 17. und 18. Jahrhundert in Frankreich, 2 Bde., München 2016

**WIMMER 2007** Wimmer, Clemens Alexander.: Die Broderie der Gärten, in: Barockberichte, 46/47 (2007), S. 61–78

**WIMMER 2014** Wimmer, Clemens Alexander: Lustwald, Beet und Rosenhügel: Geschichte der Pflanzenverwendung in der Gartenkunst, Weimar 2014

**WINZELER 2015** Winzeler, Marius: Blüte des Spätbarock in St. Marienthal. Architektur und Kunst im Klosterland. Zur Kunstpatronage der Zisterzienserinnenabtei 1740–1800, in: Philipp Leubner. Spätbarock an der Lausitzer Neiße, 1733–1803, hg. v. Zuzana Stepanovicova und Marius Winzeler, Zittau 2015, S. 130–160

**WINZELER 2019** Winzeler, Marius: Das Wahrzeichen von Ostritz erstrahlt in neuem Glanz. Mariä Himmelfahrt – einer der kostbarsten Sakralbauten der Oberlausitz, in: Ora et labora. Zeitschrift des Freundeskreises von St. Marienthal, 60 (2019), S. 6–13

**WOLF 1873** Wolf, Rudolph: Eine Vorlesung von Johannes Feer im Jahre 1817, in: Neujahrsblatt, herausgegeben von der Naturforschenden Gesellschaft auf das Jahr 1873, Nr. LXXV, Zürich 1873

**WRABEC 2007** Wrabec, Jan: Die böhmische Strömung in der schlesischen Baukunst, in: Schlesien. Die Perle in der Krone Böhmens. Geschichte – Kultur – Kunst, hg. v. Mateusz Kapustka, Jan Klípa, Andrzej Kozieł, Piotr Oszczanowski und Vít Vlnas, Prag 2007, 289–311

**WUNDRAM 1972** Wundram, Manfred (Hg.): Reclams Kunstführer Italien, Bd. 2, Stuttgart 1972

**ZACH 1798** Zach, Franz Xaver: Allgemeine geographische Ephemeriden, Weimar 1798, S. 247

**ZAJIC/ROLAND** Zajic, Andreas und Martin Roland: Illuminierte Urkunden 1300_Halberstadt, in: Urkunden als offene Forschungsdaten. Langzeitarchivierung von Monasterium.net in GAMS, Graz 04.12.2020,(online: URL: https://gams.uni-graz.at/o:cord.0cac99f2.b73f.3892.b5ca.8785d4d08b18, Handle: http://hdl.handle.net/11471/562.20.103)

**ZANETTI 1766** Zanetti, Eustachio: Trattato teorico-pratico di Prospettiva, Bologna 1766

**ZANNANDREIS 1891** Zannandreis, Diego: Le vite dei pittori scultori e architetti veronesi, Verona 1891

**ZECH 2010** Zech, Heike Juliane: Kaskaden in der deutschen Gartenkunst des 18. Jahrhunderts, vom architektonischen Brunnen zum naturimitierenden Wasserfall, Berlin u.a. 2010

**ZECHMEISTER 1971** Zechmeister, Gustav: Die Wiener Theater nächst der Burg und nächst dem Kärntnerthor von 1747 bis 1776: im Anhang chronologisches Verzeichnis aller Ur- und Erstaufführungen, Wien 1971

**ZEILLER/MERIAN 1646** Zeiller, Martin und Matthäus Merian (Hg.): Topographia Hassiae, Et Regionum Vicinarum. Das ist: Beschreibung und eigentliche Abbildung der vornehmsten Städte und Plätze in Hessen […], Frankfurt am Main 1646

**ZEITLER 2004** Zeitler, Kurt: Architektur als Bild und Bühne. Zeichnungen der Bramante- und Michelangelo-Nachfolge aus dem Atelierbestand des Alessandro Galli Bibiena, Staatliche Graphische Sammlung München. Ein Bestandskatalog, München 2004

**ZELLER 1911** Zeller, Adolf: Die Kunstdenkmäler der Provinz Hannover, Bd. 2. Regierungsbezirk Hildesheim 4. Stadt Hildesheim, Kirchliche Bauten, Hannover 1911

**ZIMMER 1988** Zimmer, Jürgen: Joseph Heintz der Ältere. Zeichnungen und Dokumente, München 1988

**ZISCHKA 1977** Zischka, Ulrike: Zur sakralen und profanen Anwendung des Knotenmotivs als magisches Mittel, Symbol oder Dekor, eine vergleichend-volkskundliche Untersuchung, München 1977

**ZISENIS 2019** Zisenis, Mathias: Anthonie Ziesenis und Söhne. Bildhauer und Architekten in Amsterdam (ZIESENI FECIT Heft 1), Berlin 2019

**ZOLLNER 1976** Zollner, Hans Leopold: Der Meister des Carlsruher Zopfstils: zum 175. Todestag des Baumeisters Wilhelm Jeremias Müller, in: Ekkhart, Jahrbuch für das Badner Land, 55 (1976), S. 129–137

**ZUCCARI/DE CASTRO 1992** Zuccari, Fermo und Giovanni De Castri: Il Duomo di Milano – Notizie storiche e settanta tavole, Mailand 1863, Reprint Rom 1992

# ABKÜRZUNGEN

| | |
|---|---|
| AKL | Allgemeines Künstlerlexikon |
| BAV | Biblioteca Apostolica Vaticana |
| BNCF | Biblioteca Nazionale Centrale di Firenze |
| BNF | Bibliothèque nationale de France |
| GDSU | Gabinetto Disegni e Stampe degli Uffizi |
| GND | Gemeinsame Normdatei – Deutsche Nationalbibliothek |
| HAAB We | Herzogin Anna Amalia Bibliothek Weimar |
| HAB Wf | Herzog August Bibliothek Wolfenbüttel |
| HStAM | Hessisches Staatsarchiv Marburg |
| IGT | Institut für Geschichte und Theorie der Architektur, Leibniz Universität Hannover |
| Lugt | Frits Lugt, Les marques de collections de dessins & d'estampes, édition en ligne par la Fondation Custodia |
| MHK | Museumslandschaft Hessen-Kassel |
| NLA HA | Niedersächsisches Landesarchiv, Abteilung Hannover |
| ÖNB | Österreichische Nationalbibliothek Wien |
| RIBA | Royal Institute of British Architects |
| RDK | Reallexikon der Deutschen Kunst |
| SächsHStAD | Sächsisches Staatsarchiv, Hauptstaatsarchiv Dresden |
| SKD | Staatliche Kunstsammlungen Dresden |
| SPK | Stiftung Preußischer Kulturbesitz |
| StAD | Dresdner Stadtarchiv |
| StA H | Stadtarchiv Hannover |
| StA Hzbg | Stiftsarchiv Herzogenburg |
| StA K | Stadtarchiv Karlsruhe |
| StAM | Stadtarchiv München |
| SuStB A | Staats- und Stadtbibliothek Augsburg |
| TIB | Technische Informationsbibliothek Hannover |

# ARCHIVALIEN, UNVERÖFFENTLICHTE BERICHTE UND GUTACHTEN AUS DEM ARCHIV DER SAMMLUNG HAUPT

### ARCHIVORDNER AUS DEM ARCHIV DER TIB/UNIVERSITÄT HANNOVER, STANDORT TIB SLG. A. HAUPT

Ordner „Akten betreffend Sammlung Haupt" (1922–1938), Archiv der Bibliothek der Technischen Hochschule Hannover, Abt. Eb Nr 1, Laufzeit [1900]/1922–1938, 1. April 1922– 31. März 1938

Ordner „Akten betreffend Kataloge" (1922–1938), Archiv der Bibliothek der Technischen Hochschule Hannover, N Bd. 2, Abt. N Nr. 1, Laufzeit 1. April 1922–31. März 1938

### UNSIGNIERTE STEHORDNER, STANDORT TIB, RAUM 011

Ordner Slg. Haupt 1 (1954–1976), Korrespondenz, Leih- und Reproanfragen, Ausstellungen, Artikel, Laufzeit [1901]/1954-1976

Ordner Slg. Haupt 2 (1977–1982), Korrespondenz, Leih- und Reproanfragen, Ausstellungen, Artikel; Laufzeit 1977–1982

Ordner Slg. Haupt 3 (1981–1991), Korrespondenz, Leih- und Reproanfragen, Ausstellungen, Artikel; Laufzeit 1981/1982–1991

Ordner Slg. Haupt 4 (1992–1995), Korrespondenz, Leih- und Reproanfragen, Ausstellungen; Laufzeit 1992–1995

Ordner „Anfragen Slg. Haupt" (1995–2018)

Ordner „Slg. Haupt / Graph. Einzelblätter Projekt M. Köhler „Gartenkultur"" (1998)

Ordner „Ausstellungen" (1996–2018)

### HAUPT KATALOG BÜCHER 1896

Haupt, Albrecht: „Katalog Bücher"; Innentitel: Katalog der Architektur-Bibliothek und Ornamentstiche, Bände und Convolute, Albrecht Haupt Hannover 1896"; handschriftliches Verzeichnis, Laufzeit 1896–?; TIB Archiv Haupt 2, Altsign. No. 1

### HAUPT KUPFERSTICHKATALOG A–M 1895

Haupt, Albrecht: Titel „Kupferstichkatalog Einzelblätter A–M"; Innentitel „Einzelblätter Kupferstiche und Ornamentensammlung A–M, A. Haupt 1895"; handschriftliches Verzeichnis, Laufzeit 1895–1923(?); TIB Archiv Haupt 2, Altsign. No. 2a

### HAUPT KUPFERSTICHKATALOG N–Z 1896

Haupt, Albrecht: Titel „Kupferstichkatalog Einzelblätter N–Z und Unbekannte"; Innentitel „Einzelblätter Kupferstich- und Ornamenten-Sammlung N–Z und Unbekannte, A. Haupt 1896"; handschriftliches Verzeichnis, Laufzeit 1896–1923[?]; TIB Archiv Haupt 2, Altsign. No. 2b

### HAUPT KATALOG ORNAMENTSTICHE 1897

Haupt, Albrecht: Titel „Alphabetischer Hauptkatalog"; Innentitel „Hauptkatalog der Ornamentstiche. Prof. Dr. Albrecht Haupt Hannover 1897, fertig gestellt 2/9 1901"; handschriftliches Verzeichnis, Laufzeit 1897–1923; TIB Archiv Haupt 2, Altsign. No. 3

### HAUPT KATALOG HANDZEICHNUNGEN 1899

Haupt, Albrecht: Titel „Katalog über ältere Handzeichnungen", „Prof. Dr. A. Haupt 1899", handschriftliches Verzeichnis, Laufzeit 1899–1901[?]; TIB Archiv Haupt 2, Altsign. No. 4

### HÖLSCHER VERZEICHNIS 1936

Hölscher, Uvo: Verzeichnis von Architekturzeichnungen aus dem Besitz der Bibliothek der Technischen Hochschule Hannover, Typoskript, Hannover 1936; TIB Archiv Haupt 4a c 472

### VOSSNACK BERICHT 1941

Vossnack, Lieselotte: Die Sammlung Haupt, Typoskript, Hannover 1941; TIB Archiv Haupt 6 a 5649

### VOSSNACK BERICHT 1969

Vossnack, Lieselotte: Bericht über die Vorarbeiten zu einem Gutachten über die graphische Abteilung der „Sammlung" Haupt der Bibliothek der Technischen Universität Hannover, Typoskript, Dezember 1969 (enthalten in Ordner Slg Haupt 1, 1954–1997, o. S.)

### VOSSNACK GUTACHTEN 1969

Vossnack, Lieselotte: Gutachten über die graphische Abteilung der „Sammlung Haupt" der Universitätsbibliothek der Technischen Universität Hannover, Typoskript, Hannover 1969; TIB Archiv Haupt 12 AB 6255

### VOSSNACK BERICHT 1982

Lieselotte, Vossnack: Katalogisierung und wissenschaftliche Bearbeitung der Abteilung „Italien" der graphischen Bestände der „Sammlung Haupt" (Technische Informationsbibliothek Hannover), Arbeitsbericht, Typoskript, April 1982; TIB Archiv Haupt o. Sign.

### KÖHLER VERZEICHNIS 1997

Köhler, Marcus: Kurzverzeichnis der Zeichnungen in Sammlung Haupt, Typoskript, Hannover 1997; TIB Archiv Haupt o. Sign.

### JOHN DIPLOMARBEIT 2006

John, Kalyana: Die grafischen Einzelblätter der Sammlung Haupt in der Technischen Informationsbibliothek und Universitätsbibliothek Hannover. Überlegungen zur Erschließung und Bereitstellung, (zgl. Diplomarbeit an der Fachhochschule Hannover 2006), Typoskript, 2006; TIB Archiv Haupt 20 H 06 B 287

### SAEMANN KONZEPTION 2014

Saemann, Hedda: Konzeption einer Forschungsdatenbank zur Erschließung der Graphischen Einzelblätter der Sammlung Haupt (TIB/UB Hannover), (zgl. Masterarbeit, Humboldt-Universität zu Berlin 2019), Typoskript, 2014; TIB Archiv Haupt o. Sign.

### LÜTJEN 2022

Lütjen, Andreas: Bibliothekarische Frauenbiographien zwischen Weimarer und Bonner Republik. Dargestellt an den paradigmatischen Lebensläufen von Elisabeth Boedeker (1893–1980) und Dr. Elisabeth Weber (1903–1948), Bibliothekarinnen an der Bibliothek der Technischen Hochschule Hannover, unveröffentl. Manuskript, 2022: TIB Archiv Haupt o. Sign.